◉ 全程图解 一看就懂 内容全面 一本读通 ◉

图 解
管理学

谭慧 编著

中国华侨出版社
北 京

图书在版编目（CIP）数据

图解管理学 / 谭慧编著 .—北京：中国华侨出版社，2016.12（2020.1 重印）
ISBN 978-7-5113-6576-7

Ⅰ．①图… Ⅱ．①谭… Ⅲ．①管理学—图解 Ⅳ．① C93-64

中国版本图书馆 CIP 数据核字（2016）第 300222 号

图解管理学

编　　著：谭　慧
责任编辑：紫　岚
封面设计：李艾红
文字编辑：胡宝林
美术编辑：张　诚
插画绘制：圣德文化
开　　本：720mm×1020mm　1/16　印张：28　字数：550 千字
印　　刷：北京德富泰印务有限公司
版　　次：2017 年 4 月第 1 版　2020 年 1 月第 2 次印刷
书　　号：ISBN 978-7-5113-6576-7
定　　价：68.00 元

中国华侨出版社　北京市朝阳区西坝河东里 77 号楼底商 5 号　邮编：100028
法律顾问：陈鹰律师事务所
发行部：（010）58815874　　　　　传　真：（010）58815857
网　址：http://www.oveaschin.com　　E-mail：oveaschin@sina.com

如果发现印装质量问题，影响阅读，请与印刷厂联系调换。

前　言

　　管理者每天都应该学点管理学，不仅要在管理知识上获得增长，更为重要的是，通过学习体现出积极向上、竭力促进企业发展的精神。

　　如果不学习，或者满足现状，管理工作就会出现问题。

　　首先，管理者会在组织的成长过程中变得"越来越小"。道理很简单，如果组织在成长，规模与业务与日俱增，而管理者却在原地踏步，两者相比，就等于管理者在缩小。

　　由此便会产生恐龙现象。管理大师德鲁克对此有经典的论述："如果组织像恐龙一样，试图用一个微小、集中的神经系统来控制无比庞大的身躯，必会招致毁灭。唯一的解决之道就是管理者通过持续的成长与组织的成长相匹配，从而始终保持并促进组织的和谐发展。"

　　其次，管理者会使组织失去灵魂和生命。德鲁克曾说："在每个企业中，管理者都要赋予企业生命，为企业注入活力。如果没有管理者的卓越领导，生产资源将永远只是资源，无法变成产品。然而，资源和环境每时每刻都在发生变化，如果管理者不能与时俱进，不能在管理知识和技能上得到提升，管理者就会丧失对企业的有效指导，从而使企业走向衰败。"

　　最后，管理者将会失去获得利润的能力。管理的首要功能就在于整合企业的各项资源以获得存在于企业外部的成果。也就是说，管理者通过对各项资源的管理、掌控、组合，以及合理地交叉运用，使企业获得利润。然而，如果管理者不能根据客观环境的变化而对市场进行精准地把握，不能对已经出现的商机进行精准地捕捉，那么企业就会在竞争中处于下风，这样生产资源不仅未能产生利润，反而成为败军之下的高额成本。这对企业来说，绝对是一场灾难。

　　上述三种，仅是管中窥豹，事实上管理者在学习与成长上的惰性会给企业的运营带来诸多问题。有些问题能撼动企业根基，有些会影响企业日常工作，但无论是使组织失去灵魂和生命，或者失去获得利润的能力，都是企业无力承受的。

　　管理者要想使这些顽疾远离企业躯体，唯一的出路就是学习。

　　学什么？这正是本书要回答的问题，也是本书的价值所在。

　　首先，要学战略和决策，这是企业运营的大脑和方向。战略不仅为企业的发展确定目标，还能通过科学的规划来确保这些目标的达成。决策是管理者每时每刻都在面对的问题，好的决策不仅能使企业在竞争中处于有利地位，还能促使企业在市场竞争中获胜。

其次，要学企业运营过程中要用到的各种"术"。这些"术"包括：竞争优势管理、营销管理、组织架构管理、成本管理、人事管理、创新管理、组织形象管理、制度管理、绩效管理、企业文化管理、社会责任管理，等等。所谓"术"就是方法、技巧，这些"术"涵盖企业运营的方方面面，不仅能使管理者在面对日常问题时获得常规的解决之道，还能在面对刁钻问题时获得高人一等的处理方法。

再者，管理者要学会管理未来，这是管理工作的至高境界。优秀的管理者能够使管理工作产生最大效益，而卓越的管理者能够在今天看透未来。本书中的变革管理和趋势管理，讲述的就是管理者该如何管理未来。德鲁克曾说："如果管理者不能着眼于未来做决策，就必然不能赢得未来。"管理者要想实现从优秀到卓越，就必须掌握管理未来的技能。

最后，管理者还需要学习管理艺术。管理工作的对象是人，如果缺乏管理艺术，就难以实现卓越管理。这不仅需要管理者精通团队管理、目标管理、激励管理，还需要管理者精通柔性管理和人性管理，要懂得员工的期望和心思。人是动态的，管理艺术的追求也是无止境的。

饕餮大餐已经呈现在你面前，请大家慢慢、仔细享用。

目录

第一章 战略管理：确保战略目标实现 　1
　战略性错误不能犯 　2
　不能以战略预测未来 　4
　在商业理论上寻求突破 　6
　市场定位是战略重点 　8
　成功的战略是务实的 　10
　好战略应有未来意识 　12
　好战略要能转化为具体的工作安排 　15
　以利润为目标会被误导 　17
　任何目标都必须被执行 　20
　果敢放弃没有前景的任务 　23
　以科学计划成就未来 　25
　在最擅长的领域内发力 　28

第二章 决策管理：促使决策达到令人满意的水平 　31
　决策从目标开始 　32
　发言之前先调查 　34
　充分引进智囊的大脑 　38
　决策过程并不排斥预测 　41
　在准确定位中超前决策 　44
　学会运用传统决策艺术 　46
　善于运用四种创新决策 　49
　在战术上重视决策实施 　52
　决策中必须坚持"六不可" 　55
　决策必须能够应对变化 　57
　充分占有利于决策的信息 　59

好的决策要着眼于未来 …… 61
不要在搜集信息上吝啬 …… 63

第三章 营销管理：让客户掏钱变得更主动　65

谁适合当营销经理 …… 66
选好你的手下干将 …… 68
营销管理要集思广益 …… 70
营销从市场调查起步 …… 72
抓住消费者心理 …… 74
如何选择渠道成员 …… 76
如何激励渠道成员 …… 78
调整与修改渠道体系 …… 80
不断争取新客户 …… 82
定价的策略和方法 …… 84
进行有效的价格管理 …… 88
用诚实赢得顾客 …… 89
给予顾客无处不在的爱 …… 92
特别的爱给特别的你 …… 94

第四章 成本管理：打造内耗最小的企业　97

成本控制是一种思想 …… 98
努力降低材料费用 …… 99
控制平均工资水平 …… 101
日常综合费用控制 …… 103
目标成本控制的着眼点 …… 105
首先要预测目标成本 …… 107
两种方式分解目标成本 …… 109
成本工具的三种选择 …… 111
越分权越加强内部控制 …… 113
责任成本制度的内容 …… 116
每个人都是责任中心 …… 118
责任成本的确定及考核 …… 120

第五章 组织架构管理：创建利于解决问题的有效框架　123

设计之前先分析 …… 124

组织结构设计原则 ·················· 125
确定出各个部门 ····················· 127
企业组织职务设计 ·················· 130
组织中的四大顽症 ·················· 132
必须给组织减肥 ····················· 134
组织结构设计的要素 ··············· 136
组织集权与分权模式 ··············· 137
不要复杂也不要太宽 ··············· 140
越是万能的越是错误 ··············· 142
配合战略调整而调整 ··············· 143
利于贡献才是最好的 ··············· 144
能够积极促进内部沟通 ············ 146
促进员工自我管理 ·················· 147
促进信息流动而非障碍 ············ 149
先有奖赏后有英雄 ·················· 150

第六章 人事管理：让每一次人事决策都做对   153

人事决策最为重要 ·················· 154
员工是管理者的顾客 ··············· 156
评估只能看绩效 ····················· 157
升迁一定会有副作用 ··············· 160
将人力看做是资源 ·················· 162
任人时要不拘一格 ·················· 164
将员工与企业进行捆绑 ············ 166
放胆引进，放手使用 ··············· 168
在要害处只收不放 ·················· 170
怎样考核才最公正 ·················· 172
提拔太快不利于成长 ··············· 173
懂人才能知人善任 ·················· 175
要注重人与人的搭配 ··············· 177
发现隐藏在基层的人才 ············ 179
给予最适合的任务 ·················· 181
正确提拔源自科学程序 ············ 183

第七章　用人艺术：促使每个员工自动自发工作　　185

　　正直凝聚着全部人格 …… 186
　　雇用最合适的员工 …… 187
　　创造最有效的工作环境 …… 189
　　赋予权力即赋予责任 …… 191
　　将各个人的位置摆正 …… 194
　　管理者须知"六戒" …… 197
　　相信你正在使用的人 …… 199
　　适合的才是优秀的 …… 201
　　求全责备会成孤家寡人 …… 203
　　批评是手段不是目的 …… 205
　　四种人不能被重用 …… 208
　　用人时要因人而异 …… 210
　　满足员工的工资期待 …… 212
　　任何人都能多用 …… 214

第八章　柔性管理：获得员工的心灵共鸣　　217

　　柔性管理的内涵和本质 …… 218
　　柔性管理产生的原因 …… 219
　　柔性管理的四种方式 …… 220
　　柔性管理的判断标准 …… 223
　　沟通是实施成功的保证 …… 226
　　员工是最需要感谢的人 …… 228
　　员工紧张是管理的天敌 …… 230
　　管理要以和而兴 …… 232
　　制度无情人有情 …… 234
　　下属的微笑就是力量 …… 237
　　没有哪种风格是最好的 …… 238
　　释放你的爱心和福祉 …… 241
　　与员工进行情感交融 …… 242
　　下属其实也是管理者 …… 244

第九章　目标管理：促使组织成员激情澎湃　　247

　　目标管理是一种程序 …… 248
　　选择好目标管理类型 …… 249

按照程序进行管理 …… 251
设定最佳的目标体系 …… 253
目标要以问题为导向 …… 254
设定有效目标的原则 …… 257
设定目标应考虑的因素 …… 259
有效目标的设定方法 …… 260
目标管理的追踪管制 …… 263
管理之前先明确责任 …… 266
为成功实施准备条件 …… 268
从具体的目标开始 …… 271
改善不合理的执行架构 …… 273
促使下属自觉执行 …… 274
目标成本控制的要点 …… 276
期末目标考核不能少 …… 278
提高目标评估的有效性 …… 280

第十章　授权管理：让领导的工作回归简单　283

形成完整的计划 …… 284
选择合适的时机 …… 286
必须树立的观念 …… 287
授权必须遵守原则 …… 290
防止失控的方法 …… 292
有效授权的实施过程 …… 294
分工是授权的真谛 …… 298
授权授给什么样的人 …… 300
有些事不适合放手 …… 302
完成授权需要三要素 …… 304
不要成为下属的下属 …… 306
让下属全部行动起来 …… 308
授权中存在的误区 …… 310
充分信任是授权的基础 …… 312
恰到好处地委派工作 …… 313
授权过程中监控要到位 …… 317

第十一章　团队管理：建设高效团队　　**319**

- 管理者先自身定位 ··· 320
- 你需要完成十项工作 ··· 321
- 化解各种矛盾和冲突 ··· 323
- 善于适时为团队减压 ··· 325
- 莫让团队失去理想 ··· 327
- 描绘清晰的团队愿景 ··· 329
- 团队凝聚力的标志 ··· 331
- 保持并促进团队高效 ··· 333
- 塑造团队文化的方法 ··· 335
- 学习型团队的五项修炼 ··· 337
- 高效团队的特征 ··· 339
- 高效团队的必备要素 ··· 341
- 创建高效团队的步骤 ··· 344
- 几种可供选择的管理模式 ··· 346
- 让管理模式趋于完美 ··· 348
- 如何培养团队精神 ··· 351
- 解决冲突的通用方法 ··· 353

第十二章　制度管理：以制度塑造职业规范　　**355**

- 重视制度才能卓越 ··· 356
- 管理者首先以身作则 ··· 358
- 灵活是最好的运用 ··· 360
- 成就理想的组织体系 ··· 362
- 制定制度必须遵守的十大原则 ··· 364
- 信息沟通系统要完善 ··· 366
- 潜规则不能代替制度 ··· 368
- 制度不排斥任人唯亲 ··· 370
- 必须兼具软硬两手 ··· 372
- 坚决维护制度的公正性 ··· 374

第十三章　绩效管理：让绩效真正发挥管理功能　　**377**

- 绩效管理与绩效考核 ··· 378
- 弄清各方成功的前提 ··· 380
- 标准稍多优于稍少 ··· 382

- 共同沟通绩效计划 ············ 385
- 绩效沟通必不可少 ············ 386
- 绩效信息数据的收集 ············ 389
- 绩效评估和绩效改善 ············ 391
- 需要重视的几对关系 ············ 392
- 绩效指标设定的原则 ············ 394
- 加强对管理者的考核 ············ 396
- 评估中的敏感事件处理 ············ 398

第十四章　项目管理：找准分化战略　　401

- 项目管理的含义 ············ 402
- 项目管理的九大领域 ············ 403
- 项目管理的四项原则 ············ 406
- 如何挑选项目经理人 ············ 408
- 制订科学的项目计划 ············ 411
- 项目成功管理的标志 ············ 414
- 团队绩效的影响因素 ············ 416
- 项目团队的文化建设 ············ 418
- 项目沟通障碍及改善 ············ 420
- 进度失控的原因及对策 ············ 423
- 公共关系危机的预防 ············ 425
- 危机处理的原则和程序 ············ 427
- 危机处理的基本对策 ············ 430

第一章
战略管理：确保战略目标实现

战略性错误不能犯

中国著名营销专家何学林指出:"战略性错误是不能犯的,一个战略性错误可能导致整个企业全军覆没,整个人生一败涂地,而且永无东山再起之日。"

20世纪80年代,日本制造是世界的旗帜,索尼、松下、丰田等企业成为世界级品牌,美国制造则节节败退。就在这个时候,美国以IBM为首的公司开始生产个人计算机及各种配件。美国公司首先找到日本人,问是否愿意给美国代工。日本的企业集体反对,只有NEC做了规模不大的投入。于是美国又去韩国和中国台湾寻找,把辅助产品交给其代工。结果,韩国的三星、LG得以迅速崛起;中国台湾新竹工业园也大规模地生产电脑配件,成为世界最大的代工基地。日本的企业很后悔,在笔记本市场奋起直追,最后在整个电脑硬件领域只有这块市场有一席之地。

20世纪90年代,美国开始了互联网的建设,美国企业再次找到了日本,日本人觉得互联网只适合于军事应用,再次集体选择了放弃。在如今的互联网世界里,韩国和中国远远走在了日本的前面。

日本曾经是全球领先的游戏产业大国,但曾独领风骚出品了无数款风靡全球游戏的日本游戏业,在网络游戏时代来临却反应迟钝,坚守在以掌机、家用机为主的电子游戏市场。韩国近些年抓住机遇,在网游市场中独树一帜,不仅独霸本国市场,还在亚洲各国不断拓展市场。

中国网络游戏厂商们也凭借着多年来艰苦卓绝的努力获得了立足之地。在人才储备、游戏策划、程序开发等方面有着强大实力的日本游戏厂商则逐步落伍,虽然后来为进军网络游戏作出过诸多的努力,无奈最后皆以失败告终。

两次战略决策失误使得日本在全球的IT潮流中远远落后,现在日本的优势仍在工业制造,与处在知识经济时代的美国相比,它已经落后了一个层次。

爱尔兰自20世纪90年代中期以来,国民经济持续高速增长。目前,爱尔兰已经超过美国成为世界上最大的软件出口国,在欧洲大陆出售的软件产品中,有60%产自爱尔兰。从昔日的"欧洲农村"一跃成为"欧洲软件之都",这主要得益于爱尔兰从20世纪70年代起实施的"科教兴国"战略。现在,爱尔兰已步入欧洲富裕国家的行列,这是正确战略的威力。

所有企业制定战略时都不能草率,都要对所处历史时期的特有经济规律有深刻把握,对宏观环境和行业动态有透彻理解,对竞争对手和自身竞争能力有深入了解。

检验企业发展战略是否出现偏颇的角度有:战略与企业的长期目标是否一致;

战略与企业的竞争优势是否一致；战略是否突出了企业的目标市场和消费群体；战略目标是否被更多的子目标所分解。一般而言，企业发展战略会与企业的长期目标一致，能够发挥出企业的竞争优势，为企业确定出最容易获得利润的目标市场，并且被分解成阶段性目标和众多子目标。

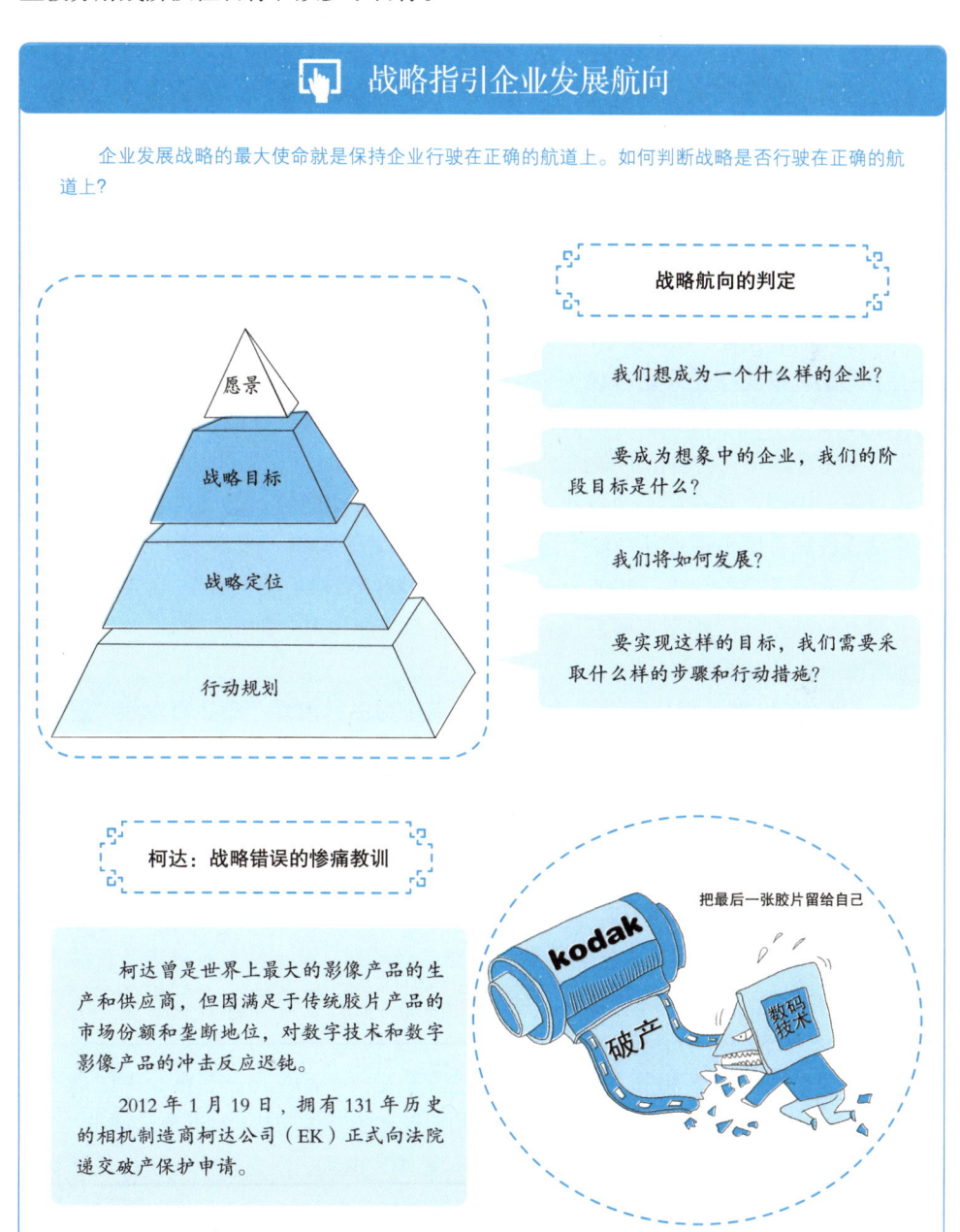

战略指引企业发展航向

企业发展战略的最大使命就是保持企业行驶在正确的航道上。如何判断战略是否行驶在正确的航道上？

金字塔（自上而下）：愿景、战略目标、战略定位、行动规划

战略航向的判定

- 我们想成为一个什么样的企业？
- 要成为想象中的企业，我们的阶段目标是什么？
- 我们将如何发展？
- 要实现这样的目标，我们需要采取什么样的步骤和行动措施？

柯达：战略错误的惨痛教训

柯达曾是世界上最大的影像产品的生产和供应商，但因满足于传统胶片产品的市场份额和垄断地位，对数字技术和数字影像产品的冲击反应迟钝。

2012年1月19日，拥有131年历史的相机制造商柯达公司（EK）正式向法院递交破产保护申请。

把最后一张胶片留给自己

3

不能以战略预测未来

管理者应该在制定战略的过程中，认真思考战略规划作为一种思想与企业经营技术之间的关系。

走过60多年发展历程的彪马（PUMA）公司，已成为全球最大的运动鞋、服饰及用品制造商之一。其实，它的发展并非一帆风顺，也遭遇过濒临倒闭的生存危机。而转危为安的原因则是彪马采用明确的战略思想来指导企业发展。

为了成功实施全球市场战略，彪马采用的指导思想是：从全球的视角看待市场开发。为真正落实这一战略意图，公司CEO首先要做出表率。彪马公司CEO和董事会主席约亨·蔡茨接受采访时说："作为全球CEO，必须要有开放的头脑和良好的教育，需要利用一切机会去了解各国不同的风土人情，以更好地开阔视野，适应多元化的文化背景和完善自己的做法。这样，当机会来临时，你才可以抓住它。"

目前，中国市场在彪马全球市场中具有举足轻重的地位，彪马为此还提出了具体的发展目标：销售网点从700个发展到1200个，到2008年发展到1600多个；增长率在2006年达到100%，2007年达到50%，2008年预期达到40%；3年内实现稳居中国市场前三强。约亨·蔡茨说："我们将不断加大对中国市场的投入，以抓住中国难得的市场发展机会。"

自1993年以来，彪马获得了长足发展，其中对品牌内涵、产品研发和渠道发展理念进行重新定位发挥了重要作用。在品牌方面，彪马将体育运动当作一种生活态度，始终贯彻"运动生活"的理念，将运动、休闲和时尚元素融入品牌中，同时继承了很多传统元素，最终形成以传统、体育运动、科技创新和崭新设计为基础的品牌理念。

在产品方面，彪马以"运动生活"为宗旨，将体育运动、生活潮流和时尚元素融入产品中。除足球运动用品、跑道用品、瘦身运动用品等核心产品线外，还开发了高尔夫系列、摩托车系列、泳装系列、帆船运动系列、城市活力系列等新产品线。在产品结构上，已形成鞋类、服装、饰品三大类，2006年它们分别占彪马公司总销售额的59.9%、33.6%、6.5%。

彪马现在已在全球40多个国家采用外包方式进行产品生产，目前，中国是彪马全球最大的生产基地。为使产品不失个性，"我们现在主要像教练，而不是运动员"。"给研发人员足够的创作空间，让他们在设计上有很多自由度，因为我们的宗旨是革新。但我们也要确保他们能够执行好，以达到我们的预期目标。不过，我们的产品是为那些乐意去做一些新尝试的消费群体设计的。"约亨·蔡茨说。

渠道方面，彪马在全球80多个国家建立了庞大的销售网络，包括体育用品店、百货公司和专门店。现在，彪马加大在批发、零售领域的合作，建立子公司，并在全球采取兼并策略，以建立新的合资公司，发展新的合作伙伴。对不同类型和风格的产品，彪马采取不同的销售渠道，以确保自己可以进行多元化的产品拓展。

需要注意的是，我们发现在影响战略制定的各种因素中，促进增长的理念在潜移默化中影响最大，使战略制定者忽视了对战略不利因素的考察和判断，使组织在成长过程中掉入陷阱。

很多管理者在制定战略的过程中，不知不觉受利润导向的控制，总是想着如何达到客观的利润指标，而忽视了对目标达成过程中各种风险的评估，致使在战略推行过程中遭遇不利情况时惊慌无措。所以，在制定战略时，不要只想着如何获得利润，而是要着眼于如何创造出利于目标达成的积极因素。

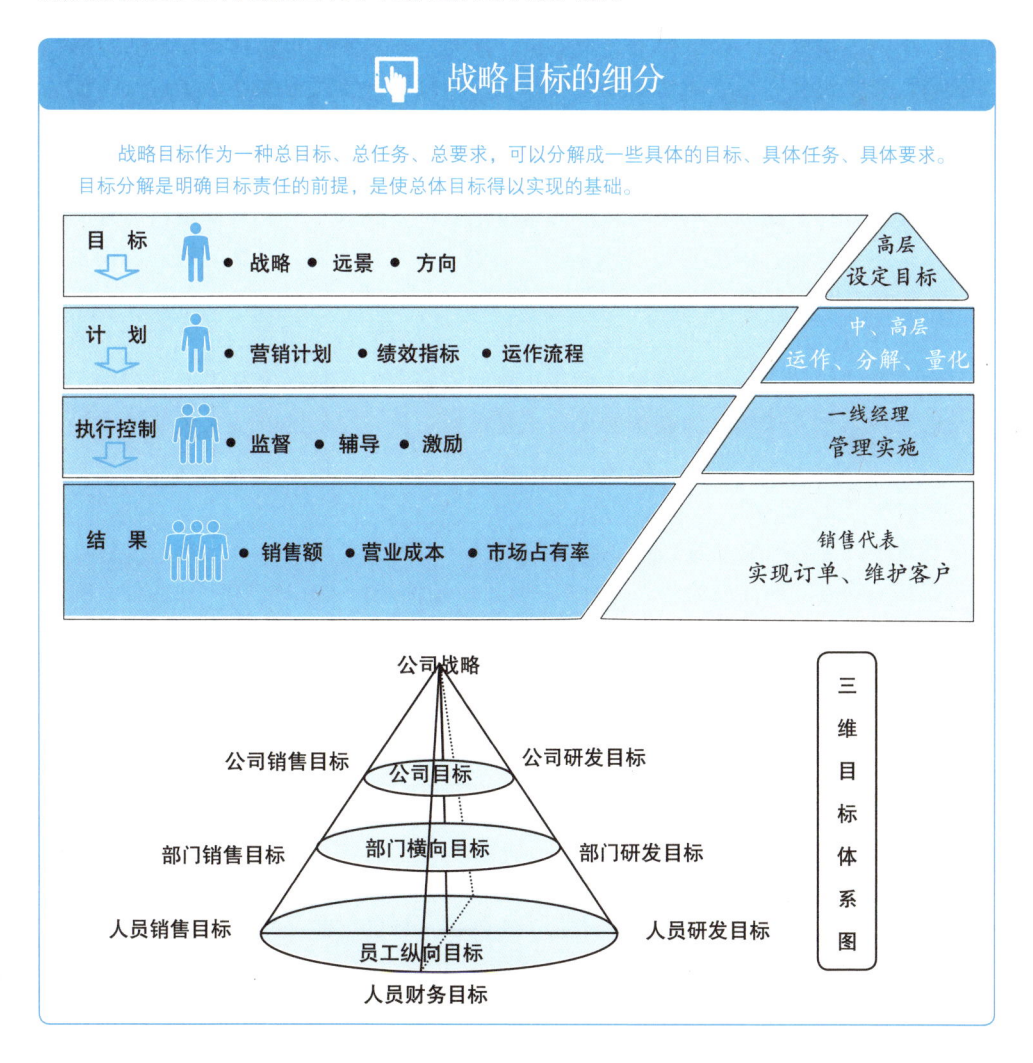

战略目标的细分

战略目标作为一种总目标、总任务、总要求，可以分解成一些具体的目标、具体任务、具体要求。目标分解是明确目标责任的前提，是使总体目标得以实现的基础。

目标	• 战略 • 远景 • 方向	高层设定目标
计划	• 营销计划 • 绩效指标 • 运作流程	中、高层运作、分解、量化
执行控制	• 监督 • 辅导 • 激励	一线经理管理实施
结果	• 销售额 • 营业成本 • 市场占有率	销售代表实现订单、维护客户

三维目标体系图

公司战略
公司销售目标 — 公司目标 — 公司研发目标
部门销售目标 — 部门横向目标 — 部门研发目标
人员销售目标 — 员工纵向目标 — 人员研发目标
人员财务目标

在商业理论上寻求突破

在20世纪70年代，通用汽车、福特和克莱斯勒无论是质量、款式还是价格上，都不差于日本车，但这些美国汽车的市场份额仍然不断地被日本这个竞争对手一步步地蚕食着。美国汽车这三巨头已经极大地降低了成本，福特的一些汽车厂甚至已经成为全球成本最低的汽车厂。可是在优秀的日本企业赢利的同时，这三大汽车巨头却亏损不止。

造成美国汽车工业窘状的根本原因就是其商业理论的过时。在20世纪70年代初期，中东战争爆发，全球爆发金融危机。这为一直对美国市场伺机而动的日本汽车公司创造了机会。尽管经历了连续快速增长的日本汽车工业也受到了这次石油危机带来的影响，在1974年出现自1965年以来的首次负增长，但在那一年，日本汽车率先掉头，它们减少了对耗油量大的大型汽车的投入，转而全力发展节能小型车。

小型车开辟了新的市场蓝海，因为其特别省油，受到了深受石油危机困扰的欧美民众的热烈欢迎。1976年日本汽车出口达到250万辆之多，首次超过国内销量。三巨头这时才如梦方醒，开始重金投入开发省油的小车型。

其实在日本汽车大举进入之前，它们并不是没有发现小型车的市场需求，但为了不在原有的竞争格局中率先发生变化，它们三家中的任何一家都没有对这种车型有足够重视。它们依然认为豪华的大型车是市场主流。它们的麻痹大意使日本抢占了先机，因为错失这片蓝海，美国三巨头损失惨重，三个巨头中实力较弱的克莱斯勒公司险些因此而破产。

西班牙的著名时装品牌Zara的做法特别具有指导意义。

虽然面对着欧洲高昂的劳动力成本，但Zara依然选择了在欧洲生产。为什么呢？因为劳动力成本只占了整条产业链的25%，劳动力成本在整条产业链中并不重要。真正能节省成本的是产业链的高效整合，这才是符合现代商战的新理论。

Zara为了加快运输的速度，它的物流基地挖了200公里的地下隧道，用高压空气运输，速度奇快无比。它用飞机而不是用轮船将成品运送到上海和香港，虽然飞机的运费很高，但是高效整合下来，总成本还是降下来了。

更令人叫绝的还有另外两招。第一招是，它有意减少需求量最大的中号衣服，故意弄成供不应求的假象。当各位爱美的女性想买中号衣服却买不到的时候，相反会更进一步勾起了她们的购买欲。毕竟，人都是这样的，越是得不到的东西却越觉得是好的。这样不但加快了周转率，同时吸引了更多的客户。

更令人跌破眼镜的是它的第二招：放弃自主创新！假设它一共向市场推出了100

件衣服，前天卖了12件，昨天卖了6件，今天卖了7件，它就根据这三天卖掉的衣服的共性来设计衣服，根据趋势变化稍作修改，而不要创新。这样不但大幅度缩减了产品设计的速度，而且可以在市场需求产生变化之前迅速推向市场，抓住市场动脉。而其设计的衣服推向市场的时间不会超过12天。这种新的商业理论就叫作"市场快速反应"。这种比较前沿的商业理论使得它的衣服总是最新潮、最受消费者的喜爱。

从中国企业的现实情况来看，经验管理仍然是中国管理者者管理企业的主流，企业的成败在很大程度上取决于管理者的经验、经历和能力。中国管理者者迫切需要进行管理上的创新变革。企业的稳定经营最终还是要靠一套规范化的管理制度。

管理方式本身并没有好坏之分，只是在不同的企业、不同的环境、不同的历史阶段中所使用的管理方式是不同的。对于很多企业来说，管理创新极其关键，经营管理模式能否形成新的突破，决定了企业究竟能走多远。

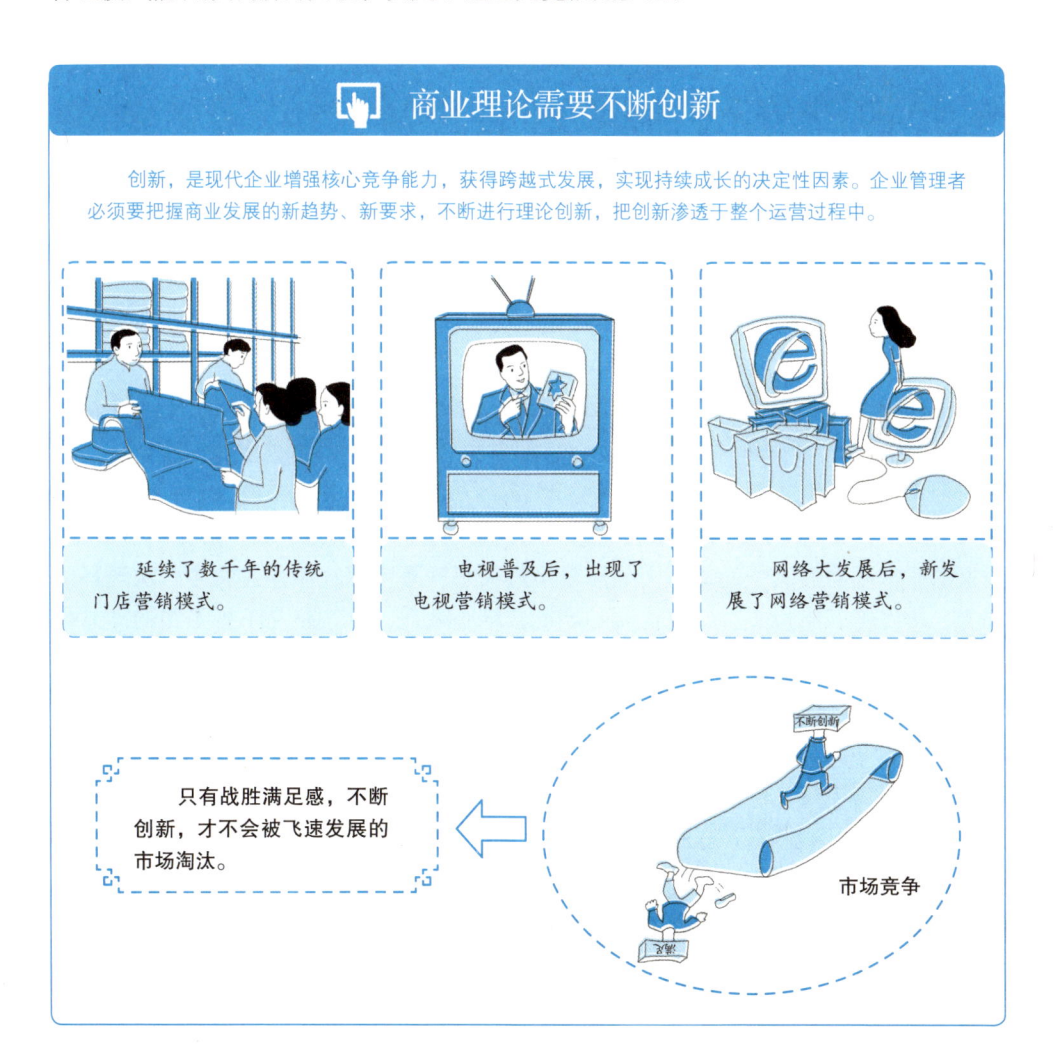

商业理论需要不断创新

创新，是现代企业增强核心竞争能力，获得跨越式发展，实现持续成长的决定性因素。企业管理者必须要把握商业发展的新趋势、新要求，不断进行理论创新，把创新渗透于整个运营过程中。

| 延续了数千年的传统门店营销模式。 | 电视普及后，出现了电视营销模式。 | 网络大发展后，新发展了网络营销模式。 |

只有战胜满足感，不断创新，才不会被飞速发展的市场淘汰。

不断创新

市场竞争

市场定位是战略重点

很多企业失败的根源不在于技术或产品上，而是定位上。市场定位能够使管理者知道自己的利润在哪儿，定位不清晰，产品再好，也难逃失败的结局。

企业管理者在战略布局上最容易出现的问题是：

1. 将战略的制定看做是一件随意而为的事情，忽视或漏掉了严谨、科学的分析程序和决议过程。

2. 将战略制定完全看做是企业内部制定的事，而忽视或漏掉了对市场需求的调研。

3. 将战略的制定单纯地看做是战略的制定，而忽视了与战术之间的匹配和适应。

4. 将战略的执行看做是普通的任务，缺乏对战略高度的认知，缺乏对战略执行的监督和审视，使组织在获得最终成果上打上折扣。

第一次世界大战以后，美国的年轻人习惯在嘴上叼一支香烟以表示沮丧的情绪，同样也包括许多女青年。开发女士香烟被莫利普·莫里斯公司认为是一个千载难逢的机会，它决心从女士的腰包里大捞一笔。很快，人们在各种媒体上频频地看到这样的广告：娇丽的女郎叼着香烟吞云吐雾。有幸被叼在她们嘴上的，就是莫利普·莫里斯公司的杰作：万宝路香烟。

那些广告，制作就花了不少钱。公司里很多人为此感到不安，但经营层信心十足："大家不要担心，不出一年，万宝路一定会打开市场，到时候我们就等着数钱吧！"

但事实上呢？1年、2年、10年、20年，万宝路的包装换了好几回，广告中的佳人也换得更加靓丽，但不知道为什么，经营者们心目中的热销场面始终未曾出现。大家都非常不明白其中的原因。是质量不过关吗？万宝路在制作过程中，从选料到加工，始终把好质量关，选取优质的烟草，精心处理，万宝路是不折不扣的高品位香烟啊，绝对不会辜负姑娘们的红唇。是价格太高吗？在美国国内的香烟市场上，万宝路的价格，对于大众烟民来说都是可以接受的。

20年后的一天，公司一位高层管理人员极其偶然地闪过一个念头："是不是我们的市场定位出现了问题呢？"他当即请来广告策划专家，给万宝路把脉诊断。一番"望闻问切"，专家也认为是定位出了问题，并当即指出，应该抛弃坚持了20年的广告定位，另起炉灶。一个宣传了20年的品牌被割舍，肯定是一件痛苦的事情，抛开感情不说，仅花掉的钞票就让人心痛不已。但为了走出20年的低谷，公司经营层终于同意了专家的意见。

一个全新而又大胆的创意诞生了：以富有阳刚之气的美国男子汉形象来代替原

来的娇俏女郎。广告公司费了很大的周折，在西部一个偏僻的农场找到一个"最富男子汉气质"的牛仔，并让他出演万宝路广告的主角。新广告于1954年推出，一问世即引起了烟民的狂热躁动。他们争相购买万宝路，要么叼在嘴上，要么夹在指尖，模仿那个硬汉的风格。万宝路的销售额也直线上升，新广告推出后的第一年，销售额就增加了3倍，一举成为全美十大香烟品牌之一。

在企业发展中，定位决定市场成功。定位就是要让自己进入消费者的大脑，让消费者对你的产品有个清晰的了解。这一理念，多年来一直影响着美国乃至世界企业的市场营销战略。企业在全面了解、分析目标消费者、供应商需求的信息以及竞争者在目标市场上的位置后，再确定自己的产品在市场上的位置及如何接近顾客，这样才能使营销获得最大限度的成功。

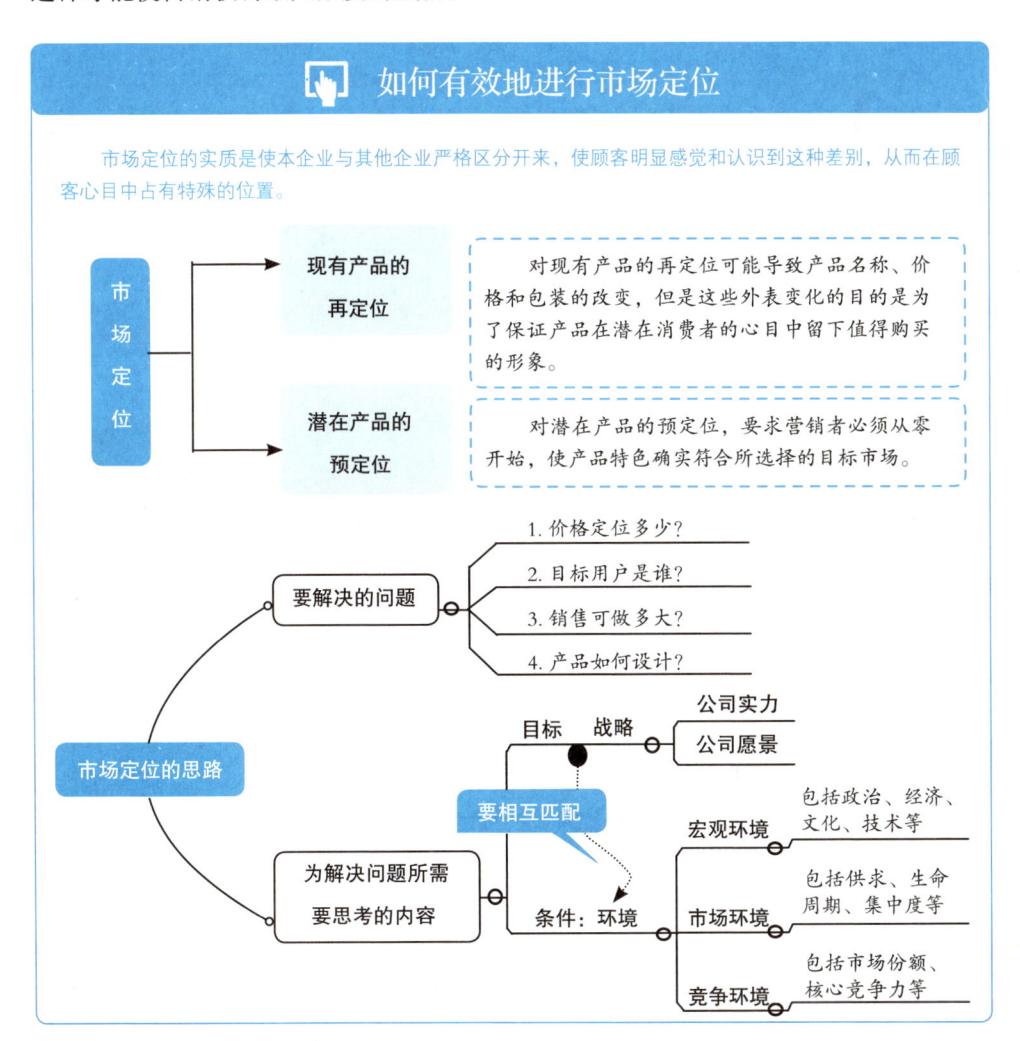

如何有效地进行市场定位

市场定位的实质是使本企业与其他企业严格区分开来，使顾客明显感觉和认识到这种差别，从而在顾客心目中占有特殊的位置。

市场定位
- 现有产品的再定位：对现有产品的再定位可能导致产品名称、价格和包装的改变，但是这些外表变化的目的是为了保证产品在潜在消费者的心目中留下值得购买的形象。
- 潜在产品的预定位：对潜在产品的预定位，要求营销者必须从零开始，使产品特色确实符合所选择的目标市场。

市场定位的思路

要解决的问题：
1. 价格定位多少？
2. 目标用户是谁？
3. 销售可做多大？
4. 产品如何设计？

为解决问题所需要思考的内容：
- 目标 战略（要相互匹配）
  - 公司实力
  - 公司愿景
- 条件：环境
  - 宏观环境：包括政治、经济、文化、技术等
  - 市场环境：包括供求、生命周期、集中度等
  - 竞争环境：包括市场份额、核心竞争力等

企业要做出正确有效的定位，往往需要遵循一定的步骤：

1. 确定定位层次。确定定位层次是定位的第一步。确定定位层次就是要明确所要定位的客体，这个客体是行业、公司、产品组合，还是特定的产品或服务。

2. 识别重要属性。定位的第二步是识别影响目标市场顾客购买决策的重要因素。这些因素就是所要定位的客体应该或者必须具备的属性，或者是目标市场顾客具有的某些重要的共同特征。

3. 绘制定位图。在识别出了重要属性之后，就要绘制定位图，并在定位图上标示出本企业和竞争者所处的位置。一般都使用二维图。如果存在一系列重要属性，则可以通过统计程序将之简化为能代表顾客选择偏好的最主要的二维变量。定位图选择的二维变量，既可以是客观属性，也可以是主观属性，还可以是将两者结合起来的。但无论是选择主观属性，还是客观属性，都必须是"重要属性"。

4. 评估定位选择。里斯和屈劳特曾提出三种定位选择：一是强化现有位置，避免正面打击冲突。二是寻找市场空隙，获取先占优势。三是竞争者重新定位，即当竞争者占据了它不该占有的市场位置时，让顾客认清对手"不实"或"虚假"的一面，从而使竞争对手为自己让出它现有的位置。

5. 执行定位。定位最终需要通过各种沟通手段如广告、员工的着装和行为举止以及服务的态度、质量等载体传递出去，并为顾客所认同。

成功的战略是务实的

真正的商人凡事不是从"我认为"出发，而是从"市场信息反馈中"得知真正的需求。市场是最好的战略大师，真正的战略必然是促使企业不断满足市场需求的战略。

成功的管理者往往会深入地对市场进行观察，并认真分析消费者的需求、期望，以决定研发什么样的创新产品来满足市场。

2004年，巨人集团史玉柱投资网络游戏，开发《征途》。他把玩家的需求放在第一位，曾与2000个玩家聊过天，每人至少2小时。这样算下来，总共用了4000多个小时。在4000多个小时的聊天过程中，他摸清了玩家的心理特点和需求特点，然后根据玩家的需要进行《征途》游戏的设计和创新。史玉柱将消费者当作是最好的老师，消费者给予其丰厚的回报。《征途》游戏成为中国同时在线人数最多的游戏。

史玉柱的成功说明了一个道理：只有实地考察市场才能最直观感受到消费者的需求，也最容易给管理者提供创新的灵感，使他们利用创新成果获得成功。

20世纪50年代初期，美国的劳拉·阿什雷创立了劳拉·阿什雷公司，该公司主要生产女性装饰用品,其新颖的产品唤起了美国女性的浪漫情怀,所以产品很受欢迎。尤其是在20世纪70年代在人们普遍怀旧的情结下,公司通过其怀旧产品的推出,很快由一家小作坊发展到一个拥有50家专卖店的大公司,劳拉·阿什雷也成为国际知名品牌。

劳拉·阿什雷去世以后,她的丈夫伯纳德仍沿着劳拉所设立的经营方向,按照原来的经营模式、框架甚至制度规范继续发展该公司。然而,随着时代的发展,越来越多的女性开始走出家庭谋求工作,市场逐步倾向于职业饰物,因此女性装饰行业发生了巨大的改变。伴随着关税壁垒的逐步瓦解,精品店大多都将生产基地设到海外以削减成本,或者将生产全部外包。但劳拉·阿什雷公司却相反,该公司仍然继续沿着过去曾为其带来成功的老路,仍然生产式样陈旧的老式饰物,并且以昂贵的成本自己生产,由此,公司的竞争力也日渐衰退。

20世纪80年代末期,一家管理咨询机构明确指出了该公司所面临的挑战,并提出了相应的应对措施。在认识到需要适应变化而采取措施后,劳拉·阿什雷公司的董事会物色了好几位总经理,并且要求他们中的每一位都必须提出对公司进行改组和改造的方案,以提高销售和降低成本。所有的改革方案都被付诸行动,但都没能够改变公司的战略方向。

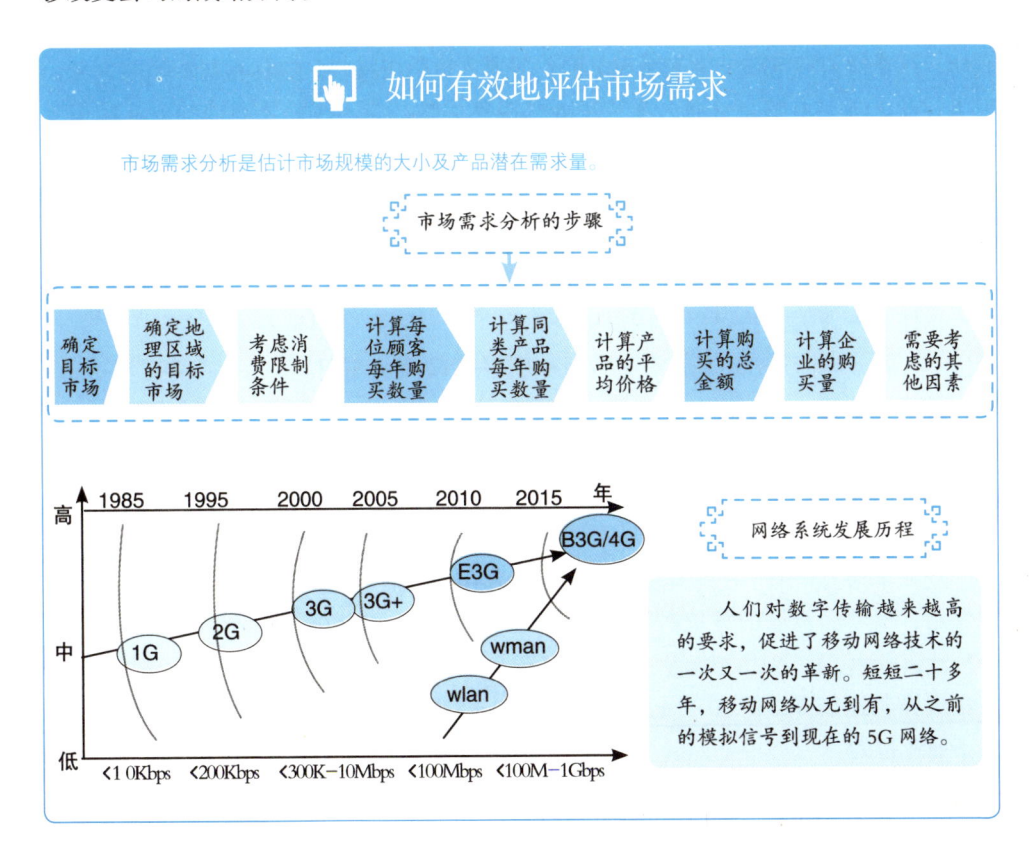

如何有效地评估市场需求

市场需求分析是估计市场规模的大小及产品潜在需求量。

市场需求分析的步骤

确定目标市场 → 确定地理区域的目标市场 → 考虑消费限制条件 → 计算每位顾客每年购买数量 → 计算同类产品每年购买数量 → 计算产品的平均价格 → 计算购买的总金额 → 计算企业的购买量 → 需要考虑的其他因素

网络系统发展历程

人们对数字传输越来越高的要求,促进了移动网络技术的一次又一次的革新。短短二十多年,移动网络从无到有,从之前的模拟信号到现在的5G网络。

- 1985 1G <10Kbps
- 1995 2G <200Kbps
- 2000 3G <300K—10Mbps
- 2005 3G+
- 2010 E3G wman wlan <100Mbps
- 2015 B3G/4G <100M—1Gbps

市场是最好的老师，真正的战略都隐藏在市场之中。

战略的重要任务之一就是要帮助企业找出优势和劣势，以及如何扬长避短。成功的战略模式是务实的。务实的含义就是把战略的制定建立在对市场需求的准确理解和判断上。成功地制定和实施企业战略是企业卓越管理最可靠的保证。随着市场经济的深入发展，企业战略的管理也越来越呈现出动态化、系统化的特征，越来越急迫地要求我们用更新更有效的方法来进一步审视企业战略的制定、执行、评价与控制的全过程。而这个有效的方法就是用市场需求来评估。

好战略应有未来意识

德鲁克说："决策是使大量分歧的时间幅度同步化为现在的一台时间机器。"我们只是现在才了解这一点。我们只有在目前才能做决策，但我们在做决策时却不能只是为了目前。最权宜、最机会主义的决策——且不说那种根本不做决定的决策了——如果不说是永久地和无可挽回地承担责任，也会使我们在今后一个长时期内承担责任。苹果电脑公司诞生在一个旧车库里，他的创始人之一是乔布斯。苹果的成功，在于他们把电脑定位于个人电脑，普通人也可以操作。这具有划时代的意义，因为在此之前，电脑是普通人无缘摆弄的庞然大物，它不仅需要高深的专业知识，还得花上一大笔钱才能买到手。

因此，乔布斯很快推出了供个人使用的电脑，这引起了电脑有好者的广泛关注。更为重要的是，苹果公司还开发出了麦金塔软件，这也是软件业一个划时代的、革命性的突破，开创了在屏幕上以图案和符号呈现操作系统的先河，大大方便了电脑操作，使非专业人员也可以利用电脑为自己工作。苹果公司靠着这一系列的实力，诞生不久就一鸣惊人，市场占有率曾经一度超过IT老大IBM。

然而，在进入20世纪90年代，网络经济迅速发展，苹果公司却慢了下来，未能抓住网络化这一契机，市场占有率急剧萎缩，财务状况日趋恶化，连续两年一度亏损，数额高达数亿美元。苹果公司想出了各种办法，但种种努力都没有产生太大的效果。

就在苹果公司上下一筹莫展之际，IT界传出一个震惊的消息，微软总裁比尔·盖茨宣布，他将向自己的竞争对手——陷入困境的苹果电脑公司投入1.5亿美元的资金！此语一出，IT界为之哗然。比尔·盖茨大发慈悲了吗？作为世界首富，比尔·盖茨在世界各地捐资，但这一回，他却不是捐资，更不是行善，他向苹果注入资金是出于商业目的。

因为在中国，有句话是这样说的，"瘦死的骆驼比马大"。他知道，苹果作为曾经辉煌一时的电脑霸主，尽管元气大伤，但它的实力仍然非常巨大。在这个时候，很多电脑公司包括微软的一些竞争对手如IBM、网景等，都利用苹果此时的窘境，提出与苹果合作，来达到和微软竞争的目的。显然，如果微软不与苹果合作，对手的力量就会更强大。

另外，美国《反垄断法》中有规定，如果某个企业的市场占有率超过规定标准，市场又无对应的制衡商品，那么这个企业就应当接受垄断调查。如果苹果公司垮了，微软公司推出的操作系统软件市场占有率就会达到92%，必然会面临垄断调查，仅仅是诉讼费就将超过从苹果公司让出的市场中赚取的利润。

战略规划应有危机意识

市场竞争越激烈，变数就越多，企业所面临的危机类型也就越多。如何将企业遭遇危机的风险降至最低，是企业得以生存和发展的关键之所在。

提高危机意识步骤

- 树立危机意识
- 设立危机管理机构
- 建立危机预警系统
- 制定危机管理方案
- 企业内部公关培训
- 建立并维护媒体平台
- 加强内部传播流程管理

危机管理流程

防范
检视潜在危机
研拟防范措施
拟订危机处理计划
模拟演练
"买保单"

善后（复原）
评估总价
彻底整顿改进
主动沟通
进行新的营销举措

处理（迅速反映）
调动资源
掌握正确信息
采取行动，积极应变，主动实时沟通

而这时和苹果合作，则可以把苹果拉到自己这一边，苹果和微软的操作软件相加，就基本上占领了整个计算机市场，微软和苹果的软件标准就成了事实上的行业标准，其他竞争对手也就只好跟着走了。当然，微软实力比苹果强大，微软不会在合作中受制于苹果。

如果比尔·盖茨只看到了对手苹果公司衰落对于微软的近期利益，而没有看到苹果的倒闭在未来对于微软的一系列不利的可怕影响，那微软公司必然遭遇"城门失火，殃及鱼池"的麻烦。对未来危机熟视无睹是一个企业衰败的前兆，很多颇负远见的管理者都非常重视这方面。

美国百事可乐公司是国际著名的大企业，但就是在公司事业如日中天的时候，总经理韦瑟鲁普却开始担心汽水市场将会走下坡路，同业之间的竞争也会变得更加激烈。如何来激发员工的工作积极性，使百事公司的员工们相信，如果他们不拆散这部金钱机器，并重新把它建立起来，百事公司就有可能走向衰亡呢？于是，韦瑟鲁普制造了一场危机。

韦瑟鲁普和销售部经理重新设计了工作方法，重新规定了工作任务，要求年收入增长率必须达到15%，否则企业就会失败，百事可乐公司也将不复存在。这一要求可能有些危言耸听，但也在一定程度上反映了市场竞争的激烈程度及由此可能会产生的后果。最终，韦瑟鲁普完成其在公司生涯中一次最艰巨的行动，即被他称为"末日管理"的战略。

百事可乐公司的"末日管理"法，充分运用了各类资产，使公司的现有设备等得到了最大限度的利用，减少了资金的占用，使得资产的循环周转顺畅起来，一些日常管理的节奏也快速起来，公司的经济效益不断地获得提高，事业也蒸蒸日上了。

末日管理就是企业从决策层到生产第一线都在强烈的危机感下运行。一句话就是让人产生犹如末日来临之感。这着眼于未来的超前忧患意识，在当今市场条件下尤为可贵。我们从众多的企业盛极而衰的变迁中可以看出，企业最好的时候，可能就是走下坡路的开始；产品最畅销的时候，往往也是滞销的开端。许多企业在顺境中，神气十足，盲目乐观，被眼前的繁荣冲昏了头脑，认为企业这样好的日子，有什么可怕的，所以不愿去开发新产品，不去开拓市场，依赖自己的那点优势和长处坐吃山空，不思进取。久而久之，优势没了，市场也随之消失，企业的末日真的来临，惨遭失败，跌进低谷，从此一蹶不振，这种情形在一些亏损和倒闭的企业中屡见不鲜。

正如德鲁克所说，明天总会到来，又总会与今天不同，如果不着眼于未来，最强有力的公司也会遇到麻烦。对所发生的事感到吃惊是危险的。哪怕是最大的和最富有的公司，也难以承受这种危险，即使是最小的企业也应警惕这种危险。管理者有责任以未来的眼光关注企业的发展，在危机来临之前就把它消灭在萌芽状态。

好战略要能转化为具体的工作安排

对一项规划的鉴别方法是，管理者是否切实地把各项资源投入于在将来会取得成果的行动之中。如果不是这样，那就只是虚幻的愿望，而不是规划。

战略规划如果不能转化为具体的工作安排，一切都是空谈。战略规划只有通过具体工作的执行，才能发挥出强大的威力。

2007年7月，《财富》发布2007年度全球500强排名，三星以895亿美元的年营业额雄踞行业榜首。三星全球第一电子品牌的形象，在人们心目中再次得到强化。而早在2002年4月2日，美国纽约股市发布消息，三星电子当日市值以496亿美元，历史性地超越索尼480亿美元的市值。这一轰动全球媒体的消息，使得三星员工欢呼雀跃。

然而，很多人还没有忘记，在1999年之前的几年里，三星企业却一度于生死线上挣扎，经营亏损和高负债率几乎令其破产。三星何以能够在如此短的时间里凤凰涅槃？三星两次重大战略的完美执行，是其成功的关键。

三星第一次成功执行的经营战略是成本战略。1969年创立后的相当长时间内，三星电子一直奉行的基本竞争战略就是总成本领先。它以"批量生产、提高效率、降低成本、规模扩大、出口为主"为目标，谋求价格制胜。

三星电子对认定适宜于己的总成本领先战略进行了不折不扣的坚持，把大规模制造发挥得淋漓尽致，并且对这一战略一坚持就是二十多年。总成本战略为三星带来丰厚回报，企业相继取得了黑白电视机、录像机、微波炉、动态存储器等产品项目的世界第一。

竞争大师迈克尔·波特曾说："只有在较长的时间内坚持一种战略而不轻易发生游离的企业才能赢得最终的胜利。"三星用自己的行动证明了这一著名论断。

企业经营战略的重大本质之一即对环境的适应。由于环境静态的相对性和动态的绝对性，一个企业的战略不能常变却又不能不变。因此，企业必须注意战略的拐点在何时出现，努力做到及时应变。德鲁克说："没有任何一种战略能够领导企业超过十年以上。"

1992年，三星的DRAM做到了世界第一，总成本领先战略正处辉煌，这时的它却警觉到了危机的来临，因为当时中国的制造业如同猛虎一般迅速崛起。

当时三星的掌舵人李健熙敏锐地感到，三星电子要在将来继续发展，一定要另辟蹊径，走以创新为核心的差异化道路。但是，差异化战略实施的难度、复杂性远非早已轻车熟路的总成本领先战略堪比。差异化战略最终成了三星战略执行上的败笔。

尽管三星主帅刻意求新思变，但由于整个企业过度沉湎于昔日的辉煌，不能果敢放弃一些没有前景的事务，很多人安于现状，对于新战略认识不足，企业的实际行动多少有些踟蹰和侥幸，加之实力上的一些局限及强大对手的制约，三星电子在差异化战略实施上差强人意。

差异化战略执行的失败，是三星陷入了被动，1997年企业财务面临着空前困顿。困顿使三星在思维上变得清醒，三星企业下定了决心要往差异化高端方向发展，要与索尼、菲利浦等相似行业的世界顶尖高手直面对决。为此，李健熙为三星电子请来了"主刀大夫"尹钟龙。

最终由尹钟龙主导的三星高端差异化战略取得成功。李健熙就将三星电子CEO

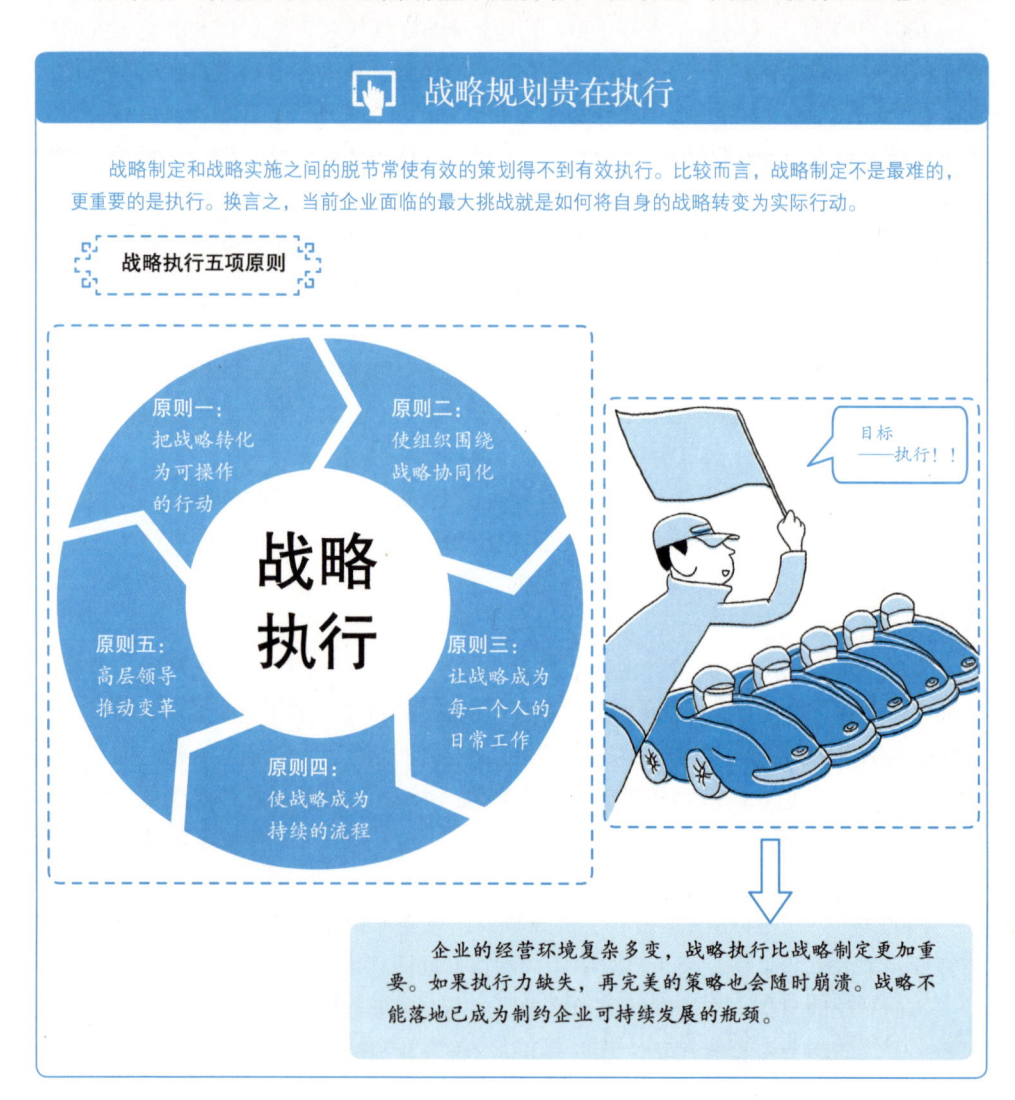

战略规划贵在执行

战略制定和战略实施之间的脱节常使有效的策划得不到有效执行。比较而言，战略制定不是最难的，更重要的是执行。换言之，当前企业面临的最大挑战就是如何将自身的战略转变为实际行动。

战略执行五项原则

- 原则一：把战略转化为可操作的行动
- 原则二：使组织围绕战略协同化
- 原则三：让战略成为每一个人的日常工作
- 原则四：使战略成为持续的流程
- 原则五：高层领导推动变革

战略执行

目标——执行！！

企业的经营环境复杂多变，战略执行比战略制定更加重要。如果执行力缺失，再完美的策略也会随时崩溃。战略不能落地已成为制约企业可持续发展的瓶颈。

的帅印交到了尹钟龙的手中。也许是身份角色的不同，在战略转型上尹比李要更加坚决和无所顾忌。除了在基础研究、设计开发上继续加大力度外，尹钟龙推行了一项至关重要的深层次的改革：在人事方面，他力排众议，废除公司终身雇用制，辞退了75000雇员中的近一半人，同时引入了大批思想活跃并且具有国际视野和工作经验的年轻经理。

人才的革新不仅直接扭转了公司在思想行为模式上的惯性，也为重塑适应新形势的企业文化奠定了必要的物质基础。此外，尹钟龙还对三星电子的产品和市场进行了收缩集中，比如在中国市场，三星不再像过去那样推出其全部产品，而是选择一些高档产品，进行大力推销。与之相配合，关闭了23个销售网点，把注意力集中到中国的10个大城市。

定位在高端市场，集中发力，使三星电子多年积攒下的在半导体、通信以及数字集成方面的基础研究和技术应用能力，便开始无挂无碍地发挥威力。围绕这些方面的核心技术进行整合，三星电子各式高档时尚产品迭出不穷，从挂在墙上犹如一幅画的平板电视机，到雅致的薄型DVD播放机，再到外型令人目眩神迷的移动手机，企业的许多产品真正做到了与众不同。三星的高端差异化战略取得了巨大成功。

2001年岁末，在上海举行的三星"电子领域社长团战略会议"上，李健熙宣布："我们应从原来的建立以低价劳动力为基础的生产基地的战略中走出来，积极探索以产品的高级化、个性化为基础的品牌中心战略。"这可以算作三星电子战略转型的一个明确的宣言和里程碑，其中也不乏首功告成后的志得意满。由于雄心、远见和精明，在对手不经意之间，三星完成了从优秀到卓越的跨越。

三星的成功经历不愧为是将战略转化为工作的典范案例。很多企业管理者仍然会问：如何将战略转化为工作？德鲁克给出了一个检验方法。

德鲁克说："必须对经理人员提出以下的问题来对一项规划进行考验：你目前把你哪些最好的人员投入这项工作？"经理会说（他们绝大多数都这样说）："但是我目前不能把最好的人抽出来。我必须等到他们完成了目前正在做的工作以后才能把他们投入今后的工作。"——这个经理就是承认他并没有一项规划，但这也正好表明他需要一项规划。因为，一项规划的目的正是为了表明稀缺资源——而最好的人正是最稀缺的资源——应该用于何处。

以利润为目标会被误导

只强调利润目标，将会误导管理者，甚至危害到企业的生命。因为管理者会为了眼前的利润，而毁掉企业的未来。他们也会拼命去扩张那些目前销售最好的产品生产线，却忽略那些未来市场的重要商机。

追求利润是每个企业都不能忽视的目标，但企业不能一味强调利润，领导者管理企业要平衡各种需要和目标，利润只是一种比较重要的目标，企业为了战略需要、长远发展，都不会把利润作为第一目标。过度强调利润，就会使管理者重视短期利益，为了今天的利润，不惜牺牲明天的生存。一个不择手段的企业很难建立信誉、一个

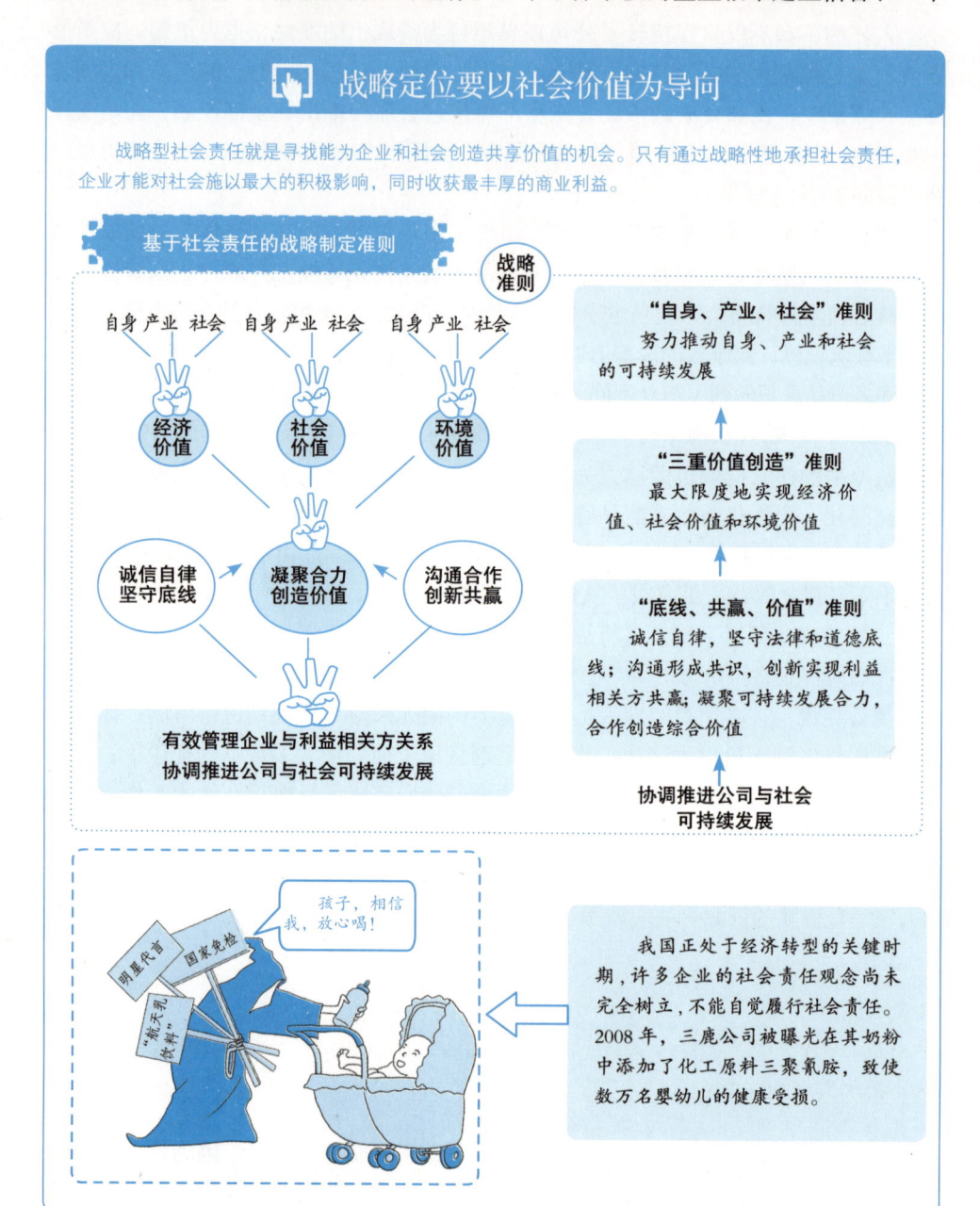

战略定位要以社会价值为导向

战略型社会责任就是寻找能为企业和社会创造共享价值的机会。只有通过战略性地承担社会责任，企业才能对社会施以最大的积极影响，同时收获最丰厚的商业利益。

基于社会责任的战略制定准则

经济价值　社会价值　环境价值

诚信自律　凝聚合力　沟通合作
坚守底线　创造价值　创新共赢

有效管理企业与利益相关方关系
协调推进公司与社会可持续发展

战略准则

"自身、产业、社会"准则
努力推动自身、产业和社会的可持续发展

"三重价值创造"准则
最大限度地实现经济价值、社会价值和环境价值

"底线、共赢、价值"准则
诚信自律，坚守法律和道德底线；沟通形成共识，创新实现利益相关方共赢；凝聚可持续发展合力，合作创造综合价值

协调推进公司与社会可持续发展

我国正处于经济转型的关键时期，许多企业的社会责任观念尚未完全树立，不能自觉履行社会责任。2008年，三鹿公司被曝光在其奶粉中添加了化工原料三聚氰胺，致使数万名婴幼儿的健康受损。

只重视眼前利益的管理者也很难取得大的成就。

德鲁克把一味强调盈利看成是管理中最愚蠢和糟糕的办法。然而环顾现实生活中的管理者，一味强调盈利性的大有人在。很多企业，为了利益不惜损害企业的信誉和形象，甚至铤而走险，肆意践踏法律、道德。前几年频繁出现的毒奶粉、毒大米，各类的假烟假酒，以及黑煤窑、黑砖窑，等等，这些现象都充分说明，任何企业的管理者都不能把利润作为第一目标，都不能只重眼前利益，犯短视的毛病。

不强调盈利性，本质上体现的是管理者的一种品格和修养、一种眼界和视野。

这是发生在一战时奥地利的一个故事：有一位先生非常喜欢美术作品，他拼命工作、节衣缩食，就是为了多收藏几幅名画。皇天不负有心人，数十年来，从伦勃朗、毕加索到其他著名画家的作品，他应有尽有，收藏颇丰。

这位先生早年丧妻，只有一子。时光流逝，当奥地利卷入战争。他依依不舍地送走了远赴战场的儿子。两个月后，他收到了一封信，信上说："我们很抱歉地通知您，令郎在战争中牺牲了。"儿子是为了背回受伤的战友，而被敌人的子弹打中。这个消息对他而言无异于晴天霹雳。

老人一下子苍老了很多，终日在家发呆。就在此时，有一个和儿子同龄的年轻人登门造访。原来这就是他儿子舍命搭救的战友。他说："我知道您爱好艺术，虽然我不是艺术家，但我为您的儿子画了一幅肖像，希望您收下。"老先生泪流满面，他把画挂在大厅，对年轻人说："孩子，这是我最珍贵的收藏。"

一年后，老先生郁郁寡欢而终。他收藏的所有艺术品都要拍卖，消息传开，各地的博物馆馆长、私人收藏家及艺术品投资商们纷纷慕名前来。

拍卖会上，拍卖师坚持先拍卖老人儿子的画像。他说："这幅画起价100美元，谁愿意投标？"会场一片寂静。他又问："有人愿意出50美元吗？"会场仍然一片寂静。这时有一位老人站起来说："先生，10美元可以吗？我虽没有多少钱，但我是他家的邻居，从小看着这个画中的孩子长大，说实话，我很喜欢这个孩子。"拍卖师说："可以。10美元，一次；10美元，两次；好！成交！"

会场立刻一片沸腾，人们开始雀跃，认为名画的拍卖就要开始了。可拍卖师却说："感谢各位光临本次拍卖会，这次的拍卖会已经结束了，根据老先生的遗嘱，谁买了他儿子的画像，谁就能拥有他所有的收藏品。"

所有的人都是为了利益才去参加拍卖会的，然而，所有把利益放在第一位的人，都不能得到那些珍品。作为管理者，当然不能相信天上会掉馅饼，更不会认为"天下会有免费的午餐"，但做企业，既不能指望偶然的机遇，也不能完全靠利润来支撑，只考虑盈利的企业，必定是做不强、做不大、做不久，也无法让顾客信任的企业。

德鲁克说："当一般的生意人被问道什么是企业时，他们的答案通常是企业是营利的组织，一般的经济学家也会这样回答。"然而，这个答案不仅大错特错，而且答非所问。利润和获利率并不是不重要，实际上获利率不是企业及商业活动的目的，

19

只能算是一个限制性的因素。利润也不是所有企业从事活动与决策的原因或理由，而是检验企业效能的指标。

不以利润为目标，就避免了企业为了追求利润而失去绝佳的商业机会。阿里巴巴的创始人马云觉得一个伟大的公司当然也需要赚钱，但是光会赚钱的公司不是伟大的企业。阿里巴巴最重要的原则之一，就是永远不把赚钱作为第一目标。他觉得伟大的公司首先能为社会创造真正财富和价值，可以持续不断地改变这个社会。

很多企业家在刚开始创业的时候，就把为众人服务作为奋斗的目标。譬如比尔·盖茨，他在创业之初就把"让千万人都用得上电脑软件"作为目标；譬如山姆·沃尔顿，他发誓要建立一种既便利又廉价的商业形态，沃尔玛成为实现他这一理想的工具；再如马云，他刚开始创业的使命是"让天下没有难做的生意"。当然，光有一种使命是不行的，必须产生财富，这样，自身创造的价值才可以得到人们的认可。

马云认为，如果要说创造价值和赚钱哪个重要，他会说都重要，但是一定要问哪个更重要，则创造价值更为重要。如果创造了价值没有钱，这个价值根本不是价值。如果创造了这个价值结果没人愿意付钱，这是垃圾，给社会创造的不是价值，而是垃圾。

中国雅虎总裁曾鸣曾用"大舍大得"来概括阿里巴巴的战略选择，他认为马云为了实现使阿里巴巴成为世界上最好的电子商务平台的战略目标，一直"舍得"让新成立的业务处于战略亏损状态。放弃暂时的利润，旨在创造社会价值的理念，使得马云把握住了互联网的命脉。也正是基于这种对电子商务的坚定信念，阿里巴巴成为了世界十大网站之一。

制定战略以利润为导向就会被误导，甚至可以说以利润为目标是错误的。做企业，只有多考虑未来的长远发展，才能逐渐做大做强。

任何目标都必须被执行

无论如何，我们必须明确一点，任何伟大的战略构想，都得落实，这需要优秀的管理机制和管理方法，管理者必须将目标用合适的方法运用到企业的实践中。

目标是行动的承诺，作为企业的基本战略，目标必须被落实到企业实践中去，任何目标都必须被执行和应用。德鲁克认为，有效的目标绝不是美好的愿望，倘若如此，那么企业的目标就形同废纸。因此，任何抽象的目标都必须转化为各项具体的工作，这种工作应该有期限限制，可以考核并有特定的责任者。

一个缺乏执行力的管理者不是一个合格的管理者，一个不能被达到的目标不是一个有效的目标。好的目标必须具有可操作性，只有在运用中才能真正体现目标管理的价值。目标管理的优势就在于，能够有效地提高工作效率。好的目标关键在于落实，在于执行，而运用就必须要有方法，将目标应用得最为成功的国内企业是海尔集团。

海尔集团董事长张瑞敏根据德鲁克的目标管理理论，结合海尔的实际，提出了著名的 OEC 管理法。OEC 管理方法也叫日清日高管理法，它是英文 Overall Every Control and Clear 的缩写，其含义是全方位对每人、每天所做的每件事情进行控制和清理，并要求每天都有所提高，做到"日事日毕，日清日高"。具体地讲，就是企

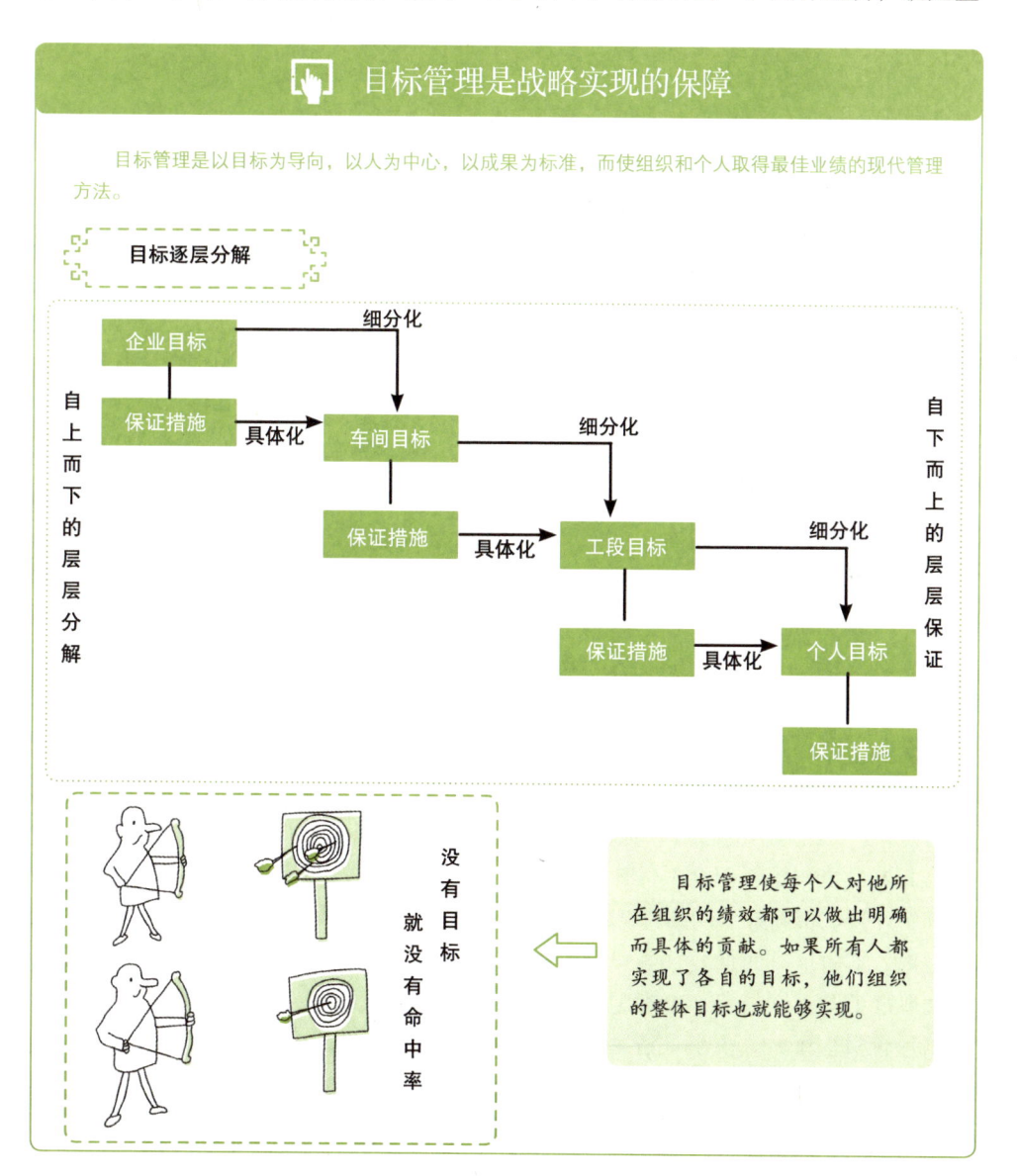

目标管理是战略实现的保障

目标管理是以目标为导向，以人为中心，以成果为标准，而使组织和个人取得最佳业绩的现代管理方法。

目标逐层分解

自上而下的层层分解：企业目标 →（细分化）车间目标 →（细分化）工段目标 →（细分化）个人目标

保证措施（具体化）→ 车间目标；保证措施（具体化）→ 工段目标；保证措施（具体化）→ 个人目标；个人目标 → 保证措施

自下而上的层层保证

没有目标就没有命中率

目标管理使每个人对他所在组织的绩效都可以做出明确而具体的贡献。如果所有人都实现了各自的目标，他们组织的整体目标也就能够实现。

业每天所有的事情都要有人管，做到管理不漏项；所有的人均有管理、控制内容，并依据工作标准对各自控制的事项，按规定的计划执行，每日把实施结果与计划指标进行对照、总结、纠偏，达到对事物发展的过程日控、事事控制的目的，确保事物向着预定的目标发展。

OEC 管理法促使企业以及每位员工、每项工作都能自我设定目标、自我发展、自我约束，并实现良性循环。这一方法可以概括为：总账不漏项，事事有人管，人人都管事；管事凭效果，管人凭考核。其中，总账不漏项是指把企业内部所有的事物按照事与物分成两类，建立总账，使企业正常运行过程中所有的事和物都能在控制网络之内，确保体制完整不漏项，从而有利于全面的目标管理。事事有人管、人人都管事是指将总账中所有的事与物通过层层细化设定目标，并落实到各级人员，由此制定各级岗位职责以及每件事情的工作标准。为达到事事控制的目的，每个人根据其职责建立工作台账，明确每个人的管理范围、工作内容，每项工作的工作标准、工作频度、计划进度、完成期限，等等。管事凭效果、管人凭考核是指任何人在实施过程中，必须依据总台账的要求，开展本职范围内的工作。这就使每个人在相对的自由度下可进行有创造性的能力发挥，力求在短时间内完成各自标准甚至高于标准的各项工作。

海尔集团的 OEC 管理体系由三个基本框架构成，即目标体系、日清控制体系和有效激励体系。

通过完整的管理体系，海尔集团将企业目标有效分解，并层层落实到每一个员工身上。从目标的设定，到目标的控制，再到目标的考核，每一个阶段，目标都能被有效执行。这样就大大提高了员工的工作效率和绩效，并有效地将企业的绩效和员工的个人工作成果统一起来。正是由于海尔建立了科学的目标管理体系并有效地应用了目标，海尔才能快速、持续、健康地发展。

由于海尔的 OEC 管理充分关注了管理中人的因素，因此目标的执行就不是刻板严肃的数字和制度，而转化成员工空前高涨的工作热情。海尔集团洗衣机海外产品经理崔淑立将"日清日高"管理法创造性转化为"夜半日清"就是一个典型案例。

崔淑立刚接手管理美国市场时，同事们都说："拿下美国 B 客户非常难！"因为前任各产品经理在这位客户面前都业绩平平。

真这么难吗？崔淑立不信这个邪。这天，崔淑立刚上班就看到了 B 客户发来的要求设计洗衣机新外观的邮件。因时差 12 个小时，此时恰好是美国的晚上，崔淑立很后悔，如果能即时回复，客户就不用再等到第二天了！从这天起，崔淑立决定以后晚上过了 11 点再下班，这就意味着可以在当地上午时间里处理完客户的要求。

三天过去了，"夜半日清"让崔淑立与客户能及时沟通，开发部很快完成了新外观洗衣机的设计图。就在决定把图样发给客户时，崔淑立认为还必须配上整机图，以利确认。当她"逼着"自己和同事们完成"日清"——整机外观图并发给客户时，已经是晚上12点了。大约凌晨1点，崔淑立回到家，立刻打开家中电脑，当她看到客户的回复："产品非常有吸引力，这就是美国人喜欢的。"她顿时高兴得睡意全无，为自己的"夜半日清"产生效果而兴奋不已！

样机推进中，崔淑立常常半夜醒来打开电脑看邮件，可以回复的就即时给客户答复。美国那边的客户完全被崔淑立的精神打动了，推进速度更快了，B客户第一批订单终于敲定了！

其实，市场没变，客户没变，企业的目标没变，拿大订单的难度也没变，改变的只是一个有竞争力的人——崔淑立。崔淑立完全有理由说："有'时差'，我没法当天处理客户邮件。"但她只认目标，不说理由！崔淑立说："我从中感受到的是自我经营的快乐！有'时差'，也要日清！"

好的目标需要好的方法来落实，好的方法更需要优秀的人去贯彻。海尔通过将目标管理有效地移植，充分地提升了员工的工作境界，使员工以主人翁的精神去经营工作、满足客户需求和创造业绩。

中国有那么多的企业，为什么缺少优秀的企业家，缺少优秀的员工呢？关键在于管理机制，在于管理方法。目标管理的优势不言而喻，为什么执行就那么困难？为什么目标只停留在口头上，而无法落实到行动中？所有的管理者、决策者都必须深入反思这些困扰中国企业发展的基本问题。但无论如何，我们必须明确一点，任何伟大的战略构想，都得落实。

果敢放弃没有前景的任务

管理者能否做到相机行事，一个很重要的前提，就是是否敢于决策。敢于决策，能够抓住时机，顺势而为；决策时犹豫不决，就会贻误战机。关键时候，企业管理者要敢于做决定，甚至要敢于革自己的命。

1984年，由于受日本厂商的猛烈进攻，英特尔存储器业务开始衰退。它生产出的产品像山一样堆积在仓库里，资金周转困难，英特尔陷入困境。幸好后来总裁安迪·格鲁夫创立了目标式管理方式，撑住了英特尔运营的轴心，而且微处理器业务也逐渐成熟起来。

有一天，安迪·格鲁夫与英特尔董事长摩尔讨论公司困境。当时，他问摩尔："如果我们下台了，另选一位新总裁，你认为他会采取什么行动？"摩尔犹豫了一下，回答道："他也许会放弃存储器业务。"安迪·格鲁夫说："那我们为什么不自己动手？"一年后，安迪·格鲁夫提出了新的口号："英特尔，微处理器公司。"英特尔顺利地渡过了危机。

安迪·格鲁夫领导了英特尔这次生死攸关的大转折。后来，他为了向员工解释公司新的战略目标，亲自与公司的高层管理人员、中层经理和基础员工接触，竭尽全力地与他们交流沟通，表明他的意图。而且他还每天花上两个小时，通过电子邮件做员工的思想工作。最后，安迪·格鲁夫成功了，1987年，他头上又新添了一个重要的头衔：英特尔CEO。也就是说，他成了英特尔名副其实的掌舵人。

格鲁夫时常思考这样一个问题：领导人为何常常没有勇气去领导别人？格鲁夫认为，这让人很费解。格鲁夫渐渐发现，可能是由于领导人必须在同事和员工在喋喋不休地争论该走哪条路时，领导人必须在他们之前作出决定。而这个决定必须果断、明确，并且它的成败要多年之后才看到成果。可以想象，这无疑需要十足的信心和勇气，对领导人来说，这是一次严峻的考验。

进行公司战略转型时，公司将从过去的形象向未来的形象作根本性的转变。这个过程之所以会十分艰难，是因为公司今天成形的各个部分都是在过去长时间建造的。如果你和你的员工过去经营的是一家计算机公司，你能想象把它变成软件公司

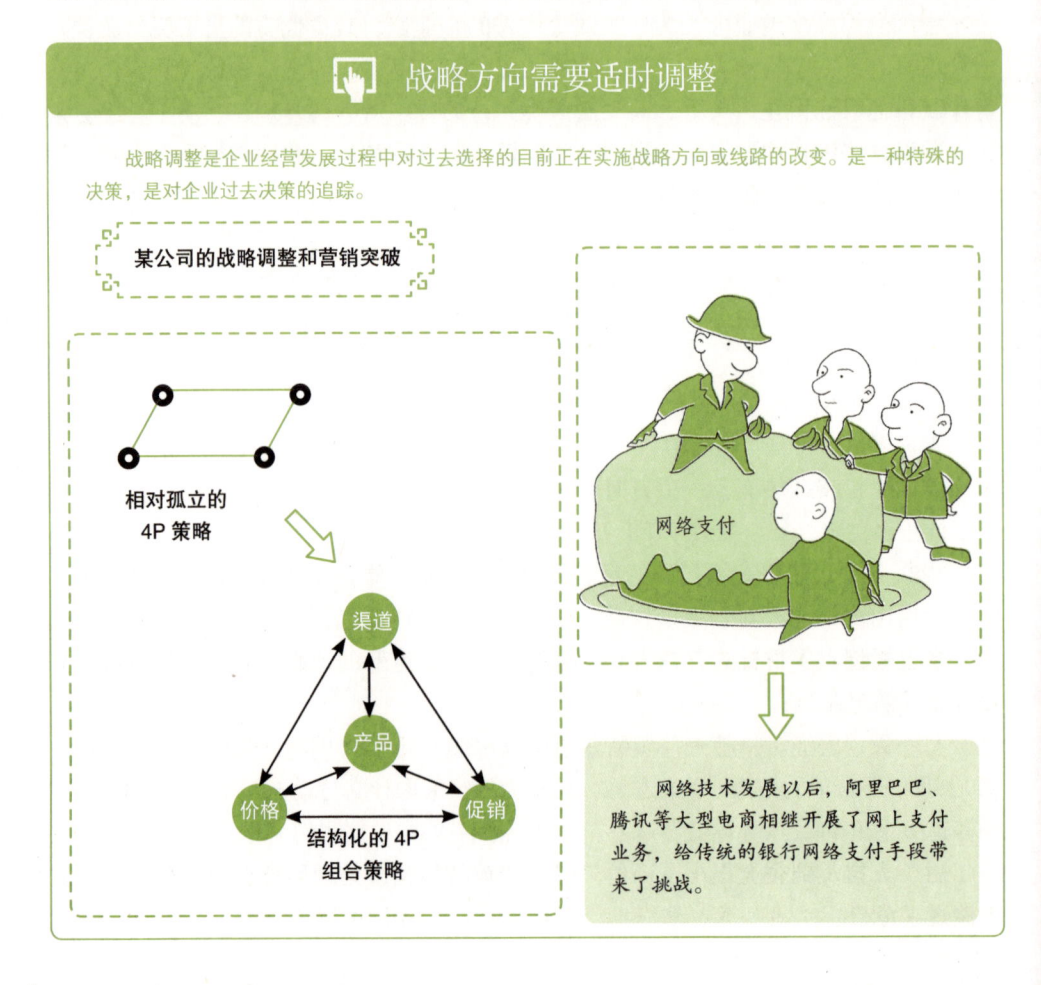

战略方向需要适时调整

战略调整是企业经营发展过程中对过去选择的目前正在实施战略方向或线路的改变。是一种特殊的决策，是对企业过去决策的追踪。

某公司的战略调整和营销突破

相对孤立的 4P 策略

结构化的 4P 组合策略（渠道、产品、价格、促销）

网络支付

网络技术发展以后，阿里巴巴、腾讯等大型电商相继开展了网上支付业务，给传统的银行网络支付手段带来了挑战。

会遇到什么样的情况吗？如果你们原来经营的是半导体业务，那么它突然变成了微处理器公司又会怎样呢？可以确定的是，为了在战略转折点中求得生存，一些管理层的人员需要更换。

英特尔在进行战略转型时，曾经开过一个经理会议，讨论英特尔的"微处理器公司"的新方向。董事长戈登·摩尔这样说："我们若是认真朝这个方向走，5年之内，我们的行政领导中有一半将转变为软件型的领导。"言下之意，是说，英特尔现在的行政管理层，若不转变专业方向，就要被人替代。格鲁夫扫了整个房间的人员一眼，心中想：今后谁去谁留？后来，果然不出戈登·摩尔所料，英特尔管理层的人员有一半转变了他们的方向，另一半人不愿改变则离开了公司。

带领企业跨越战略转折点，有点像在陌生的草地行军一样。企业的新规则还没有完善起来，有的只是刚刚建立，有的闻所未闻。这时候，在你和同伴的手里没有新环境的指南针，你也不清楚自己的目的地究竟在何方。

事情有时会出现紧张的局面，常常在历经战略转折点的时候，最可能出现手下人失去对你的信心的情况，并且你也可能失去对其他人的信心。比这更糟的是，你的信心受到极大打击。管理层的人互相埋怨，内部矛盾不断涌现，争论战不断升级，前途渺茫而不知所措。

这时，作为管理者，必须时刻注意到新方向的召唤。虽然这时你的公司可能已经士气低落、人心疲惫，公司维持到今天已消耗你大量的精力，但是这时你必须找到补充精力的方法，激起你自己和手下人的热情，恢复往日的战斗力。

格鲁夫提醒企业管理者，把自己和自己公司正在拼命征服的穷山恶水看做死亡之谷——只能成功，不能失败，不然就意味着灭亡。它是战略转折点中的必经之地。你无处可逃，也无法改变其凶险的面目，你唯一能做的就是坚定自己的目标，想出有效的办法来克服它，从而引领企业走向更大的辉煌。

以科学计划成就未来

黎巴嫩诗人，被誉为"艺术天才"的纪伯伦曾经说："我宁可做人类中有梦想和有完成梦想计划的、最渺小的人，而不愿做一个伟大的、无梦想的、无计划的人。"孙子生活在公元前500多年的中国，纪伯伦在20世纪初期活跃在地中海东岸，两个毫无交集的人却看到了同样重要的一个事实：计划对于人生来说，如同阳光和空气一样，必不可少。

由个人推及到企业组织，竞争决定着企业的生死，这就需要管理者在"察"字上做足文章。管理者只有在科学、全面地分析客观环境的基础上，才能做出成功的决策。商业竞争是一个动态过程，为竞争做好计划，能够使企业抢占竞争先机，使企业能够未战先胜。

多年前，诺基亚还是一家濒临倒闭的地方性小公司，之所以后来会一跃成为著名的移动电话生产商，其中一个成功的秘诀就是，企业管理者很早地就看到了手机市场的发展前景，他们预料，世界移动电话的需求量会在不久的将来很快进入高速增长期。因此，在确定以手机生产为发展战略后，诺基亚把手机之外的所有业务或剥离、或出售，甚至忍痛砍掉了拥有欧洲最大电视机生产厂商之一的电视生产业

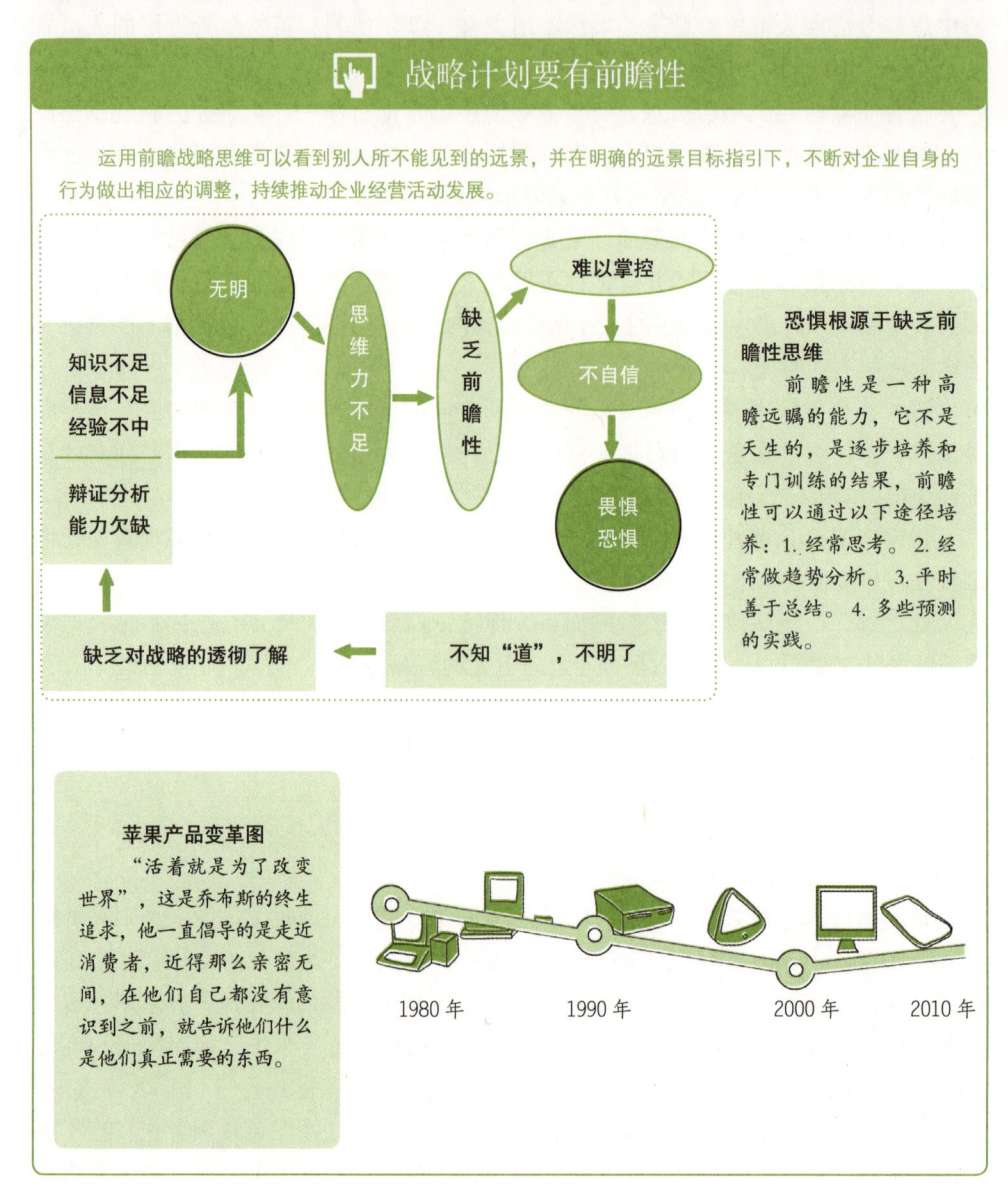

战略计划要有前瞻性

运用前瞻战略思维可以看到别人所不能见到的远景，并在明确的远景目标指引下，不断对企业自身的行为做出相应的调整，持续推动企业经营活动发展。

恐惧根源于缺乏前瞻性思维

前瞻性是一种高瞻远瞩的能力，它不是天生的，是逐步培养和专门训练的结果，前瞻性可以通过以下途径培养：1. 经常思考。2. 经常做趋势分析。3. 平时善于总结。4. 多些预测的实践。

苹果产品变革图

"活着就是为了改变世界"，这是乔布斯的终生追求，他一直倡导的是走近消费者，近得那么亲密无间，在他们自己都没有意识到之前，就告诉他们什么是他们真正需要的东西。

1980年　1990年　2000年　2010年

务。在超前的意识和行动下，诺基亚始终站在手机生产的最前沿。诺基亚领导者们审时度势的超前意识、高瞻远瞩的眼光，使诺基亚最早占领了手机市场，并赢得了市场。

凡事预则立，不预则废。每个企业的发展都离不开市场，但是市场又是发展变化的，当前，企业之间的竞争异常激烈，相互之间不仅仅是人才、资本、产品和技术水平的竞争，同时也是行动与速度的对抗，俗话说"抢先一步赢商机"，如果不善于谋划未来，只是鼠目寸光，关注当前，那么就会失去未来潜在的效益，企业的发展就没有后劲。

房地产行业标志企业万科是一家以电器贸易起家的多元化公司。万科董事长王石曾感慨地说："从海拔 8848 米的高度俯瞰能看到什么？其实，登顶那天云雾弥漫，可见度很低，啥都看不到。做企业比登山更难。两者不同在于，一个是丈量自己的高度，一个是丈量企业的高度。两者相同在于，在信念和目标下，定位自己的脚步，选择正确的路线前行。"

1992 年，当其他企业认为"不能将鸡蛋放在同一个篮子里，需要多产业发展，广区域布局"时，王石发现，万科利润的 30% 来源于房地产，在他看来，房地产这一块并非最大，但是在它的发展速度最快。因此，王石认为，将来市场发展趋势是专业化。于是只专注于住宅，开始做减法。他当时的"减法"几乎囊括到万科所涉足的零售、广告、货运、服装，甚至还有家电、手表、影视等数十个行业。最终，万科成为行业内的龙头老大，其规模之大令其他企业一时难以抗衡。

在《卓有成效的管理者》一书中，管理大师德鲁克说："管理好的企业，总是单调无味，没有任何激动人心的事件。那是因为，凡是可能发生的危机早已被预见，并已将它们转化为例行作业了。"从德鲁克的话中我们可以推导出这样一个结论：好的企业不寄希望于意外的好运气，也从来不会遇到意外的打击，只要按照计划步步为营，就会不断接近目标。

马狮是 20 世纪上半叶英国一家服装公司的品牌，当时人们从穿衣上就能看出身份等级。上流社会的人穿着时髦精致，而下层人士则衣衫褴褛。马狮公司决定靠给下层人士提供物美价廉的衣物来突破社会的阶层壁垒。公司采取了这项战略决定后，就将全部精力都集中在这个目标上。

看起来很令人吃惊，一家百货商店肩负起了社会革命的重任。这一决定意味着企业的目的是满足社会的终极需要。在确立战略发展方向后，马狮公司提出了一系列的计划。例如，创新计划、人力计划、财务计划、简化计划、利润要求、社会责任等。在营销领域的计划是：将客户定为工人和低级职员，去了解他们的好恶以及在服装方面的购买力。

眼界的不同决定了思路的不同，思路的不同决定了计划的不同；计划的不同决定了结果的迥异。当别的公司还在一门心思地钻研如何将衣服制作得更华丽的时候，马狮公司却在思考如果将衣服制作得更为下层人士所接受。将目标分解成具体的计划之后，马狮团队的整个气势和状态都远远超过同行，在别人看来几乎是不可能的扩张景象慢慢就自然而然地出现在马狮公司。

在最擅长的领域内发力

1981年，通用电气旗下仅有照明、发动机和电力3个事业部在市场上保持领先地位。2001年，杰克·韦尔奇退休时，通用电气已有12个事业部在各自的市场上数一数二，如果它们能单独排名的话，那么，通用电气至少有9个事业部能入选500强企业之列。这是杰克·韦尔奇推行"数一数二"战略的辉煌成果。

1981年，杰克·韦尔奇上任后，开始不断向投资者和下属宣传他的"数一数二"经营战略。他认为，未来商战的赢家将是这样一些公司："能够洞察到那些真正有前途的行业并加入其中，并且坚持要在自己进入的每一个行业里做到数一数二的位置——无论是在精干、高效，还是成本控制、全球化经营等方面都是数一数二……20世纪80年代的这些公司和管理者如果不这么做，不管是出于什么原因——传统、情感或者自身的管理缺陷——在1990年将不会出现在人们面前。"

"数一数二"战略开始的时候并不被人们理解。在20世纪80年代，只要企业有赢利就足够了。至于对业务方向进行调整，把那些利润低、增长缓慢的业务放弃，转入高利润、高增长的全球性行业，这在当时根本不是人们优先考虑的事情。当时无论是资产规模还是股票市值，通用电气都是美国排名第10的大公司，它是美国人心目中的偶像。整个公司内外没有一个人能感觉到危机的到来。

但其实当时美国的市场正被日本一个一个地蚕食掉：收音机、照相机、电视机、钢铁、轮船以及汽车。GE的很多制造业务的利润已经开始萎缩。而且1980年美国的经济处于衰退状态，通货膨胀严重，石油价格是每桶30美元，有人甚至预测油价会涨到每桶100美元。这对GE的制造业也是个冲击。

韦尔奇接任通用公司CEO的时候，通过雷吉·琼斯的介绍，韦尔奇和德鲁克见了面。德鲁克问道："如果你当初不在这家企业，那么今天你是否还愿意加入进来？"言外之意，通用公司虽然还是美国排名第10的大公司，但它已经面临着来自全球，特别是日本的竞争压力，利润已经开始萎缩，一些业务处于疲弱不堪的状态。德鲁克接着问道："那么你打算对这家企业采取什么措施？"问题十分简单，也非常深刻，发人深省。

与德鲁克的谈话，使韦尔奇下了推行"数一数二"战略的决心。他的想法非常简单明了：一项业务必须做到"数一数二"，否则就"整顿，出售，或者关闭"。

杰克·韦尔奇对"数一数二"战略的诠释是:"当你是市场中的第四或第五的时候,老大打一个喷嚏,你就会染上肺炎。当你是老大的时候,你就能掌握自己的命运,你后面的公司在困难时期将不得不兼并重组。"

在最初的两年里,GE 出售了 71 项业务和生产线,回笼了 5 亿多美元的资金。

战略定位应瞄准优势领域

战略优势是指企业在较长时期内,在关系全局经营成败方面拥有强大的实力、丰富的资源和优势地位。它是企业在激烈的竞争中取胜的法宝。

利用 SWOT 分析法找到自身优势

内部

优势 Strengths
劣势 Weaknesses
机会 Opportunities
威胁 Threats

利好　　利空

外部

S 代表子行业内部的有利因素,即潜在优势;

W 代表子行业内部的不利因素,即潜在劣势;

O 代表子行业外部的有利因素,即潜在机会;

T 代表子行业外部的不利因素,即潜在威胁。

(外部指子行业所属大行业、上下游及宏观)

SWOT 指数是根据信息影响力随着时间的推移而逐渐降低的时效性特点实时求出的,该指数可以及时反映行业景气情况。

每个企业都有各自的优缺点,在商业竞争中应该扬长避短,挖掘自己的优势潜能,找到适合自己的优势领域,使其成为自己的核心竞争力。

尤其是中央空调业务的出售，在其周围的员工中引起了非常大的心理震动。因为空调业务部是基地设在路易斯维尔的大家电业务部的一个分部，恰好位于 GE 公司的中心地带。

中央空调业务部门的市场占有率只有 10%，这样的市场占有率无法做到由自己掌握命运。GE 品牌的空调产品卖给地方上的分销商后，他们带着锤子和螺丝刀"叮叮咣咣"地把空调器给用户安装上，然后他们就开着车一溜烟地回去了。用户们则把自己对分销商服务的不满记到了 GE 的账上，他们经常投诉 GE。而市场份额大的竞争对手能够获得最好的分销渠道以及独立的承包商。对 GE 来说，空调是一项有缺陷的业务。

出售交易完成一个月之后，杰克·韦尔奇给原来空调业务的总经理斯坦·高斯基打了个电话，他随同业务转让一起去了特兰尼公司。斯坦说道："杰克，我喜欢这儿。每次我早晨起来到公司上班，看到我的老板一整天都在考虑空调的问题。他喜欢空调，他认为空调非常了不起。而我每次和你通电话的时候，我们总是谈用户的投诉，或者是业务的赢利问题。你不喜欢空调，我知道。杰克，现在我们都是赢家，我们都能体会到这一点。在 GE，我是个孤儿。"

这次通话让杰克·韦尔奇进一步认识到，把 GE 的弱势业务转给外边的优势企业，两者合并在一起，这对任何人都是一个双赢的结局。特兰尼在空调行业中占据领先位置，合并后，原 GE 空调部门的人员一下子成了赢家中的一员。面对各种反对意见的狂轰滥炸，斯坦的话坚定了杰克·韦尔奇的决心，无论如何，他都要把"数一数二"战略坚决实施下去。

"数一数二"战略使通用公司很快摆脱了困境，走向成功。这种战略体现的正是发现自我优势的思维方式，企业管理者应该从韦尔奇的做法中获得宝贵的启示和经验。

2200 多年前，数学家阿基米得对国王说："给我一个支点，我就能撬动整个地球。"对于企业而言，如何撬动市场？支点是什么？其实就是要找到自己的优势，找到自己最擅长的业务领域，充分发挥自己的长处，这样才能将市场撬起来，将企业的利润滚动起来。

第二章
决策管理：促使决策达到令人满意的水平

决策从目标开始

第二次世界大战期间，美国要把战争物资源源不断地送往远隔重洋的欧洲。敌人常在公海上把美国运输舰炸沉，使美国损失很大。有人提出了一个对策，即在运输舰上安装高射炮和高射机枪反击敌人，以避免被炸沉。这个意见被采纳了。

但经过一段时间的实践，有人统计发现击落敌机率不高，于是提出责难，认为这个对策是白浪费钱。提出对策者问：当初安装高射炮的目的是什么？以击落敌机为目的时，可以统计敌机被击落率，如果以保卫自己为目的，则应该统计我舰被炸沉率。结果发现安装高射炮后，运输舰被炸沉率大幅度下降。

由此可见，能够达到目的决策，则为成功的决策。

1. 目标的数量控制

有人说："两个以上的目标就等于没有目标。"然而事实并非如此，因为在目前推行目标管理的西方大企业中，大多数目标管理系统都包含有一个经理的30项年度目标。但是，除了少数几件工作外，谁又能做到每个月都干成更多的事情呢？著名的仪器公司美国德州仪器公司如是说："我们是过来人了。过去每一个经理常有一大串目标。但我们逐渐削减、削减、再削减。现在，每一季度我们给每一个产销中心的经理只规定一项目标。如此而已。你能够期望——我们也的确期望——一个人把一件事办成。"

的确，当人们发现自己面临着众多没有轻重缓急可言的目标时，往往就会不知所措，当然，执行起来也就无从下手。因此，一个管理者，只有在提出明确集中的目标时，才能使执行者将人力、物力集中于一点，从而将诸多的目标各个击破。集中的目标一点即明，让人心中有数；分散的目标则不切中要害，让人难以执行。

2. 目标的表达

有些管理者在进行目标决策时，往往很注重其内容的科学性，却拙于目标的表达。文牍案海铺天盖地地向下属压去，使他们无法喘息，严重的信息超载，使他们丧失了辨别轻重缓急的能力。而优秀的管理者却能把目标表达得清楚而流畅，因而做事处处显得游刃有余，因为他们能够充分认识到返朴归真的真谛。实际上，他们不仅仅是使事情保持简单，而且进行了高度的概括与人性化的设计。

目前，西方正在兴起"一分钟目标"，所谓"一分钟目标"就是"写在一页纸上，最多不超过250字"，"任何人都可以在1分钟内看完"。就是说目标的表达要简明、集中。很难想象一项目标隐藏在洋洋万言，甚至数万言的文字海洋中，却指望下属能深刻而透彻地领悟。

3. 科学的目标分解

将总目标具体化和精细化，就称为目标分解。一项积极的、内容科学的目标是决策的原动力，但是在现实中能够有效运转的目标并不是单一的，而是一个由不同层次、不同性质的目标组成的目标体系，它来源于总目标的分解。

经过分解的目标在执行过程中必须服务于总目标，否则就会出现目标置换的现象，从而扰乱整个目标体系结构，从而使总目标失败。目标置换是指分目标的执行者把分目标看做最终目的，而不是把它看做实现总目标的手段，因此严格而僵死地遵循着分目标所规定的规章和制度，即使这些规章和制度已有悖于总目标的宗旨。比如，在许多社会福利机构中，如果严格遵守不给有工作能力的男子的家庭以救济的规定，就可能使其家庭陷入困境，从而造成社会问题，以致使这个机构的总目标失败。

分解目标，应从总目标开始，一级一级从上向下，从组织总决策目标到次级组

目标清晰是有效决策的前提

决策目标是指在一定外部环境和内部环境条件下，在市场调查和研究的基础上所预测达到的结果。决策目标是根据所要解决的问题来确定的，因此，只有明确了决策目标，才能避免决策的失误。

企业决策目标的主要特征

- **层次性**——自上而下可以分为多个层次。
- **多样性**——为适应内外部环境，决策目标多种多样。
- **网络性**——各种目标之间构成比较复杂的网络系统。
- **挑战性**——需要企业员工付出相应的努力和代价才能实现。
- **时间性**——必须明确其时间跨度。

公司决策体系表

层次	决策权	决策目标
股东大会	最终决策权	股东财富最大化
董事会	公司章程规定的重大决策权	（1）公司价值最大化 （2）董事会成员利益
经理	公司经营全面的、较短期的事项决策权	（1）公司价值最大化 （2）个人利益目标（现时和未来收益）
职能部门	与部门职能相关事务的决策权	（1）完成部门职责 （2）部门成员利益

没有目标，何谈路径、方法、手段和战略？有了目标，才能有的放矢、方向明确。知道目前自身所处的位置，明白企业要怎么发展，这是形成凝聚力和团队合作精神的关键。

织目标到更次一级的组织目标再到个人的目标层层展开，延伸到底。在这个过程中形成若干条手段——目的链，因为通常上一级实现目标的手段即达到目标的方法就是下一级的目标。

例如，一个消防部门的首要目标是减少火灾损失，达到这一目标的手段是防火和灭火。这两个手段就变成组织内下一级的目标，并由此引起两个职能——防火和灭火。通常实现这些目标的具体手段是安装消防水龙头，向公众进行宣传教育，按地区分设消防站等。而由哪一个部门或由哪些人去完成这些工作又会形成下级组织的目标以及个人的目标。

在目标的横向分解中，每一个相关的职能部门都要相应地设立自己的目标，而不能出现"盲区"和"失控点"。横向分解后的分目标处于同一层次，是实现上级目标的不同手段。这些手段共同构成实现上级目标的必要条件，因此是缺一不可的。我们还以上面消防部门的目标分解为例，如果认为消防部门减少火灾的办法只是灭火的话，那么防火就成了盲点。相应地，下一级的目标分解中也就不会有防火的措施。而不防火，只灭火，显然是治标不治本，如此理解，怎能成功实现减少火灾的目标呢？

发言之前先调查

调查研究是一个庞大而又系统的工程。调查前，先要有个基本的提纲，明确几个问题，带着问题边调查、边研究，再调查、再研究。最好是几个人一起去。调查是发现问题，更是去找问题产生的原因。不管问题的直接或根本原因是什么、在哪里，我们总可以从基本的实践中找到问题产生之所在，通过分析找到问题产生的真正原因。

调查时一定要向被调查者讲清调查的目的、解决什么问题，以便取得理解和支持，千万不要带着主观的观点和意见去做调查。调查时，要原原本本做记录，而不是筛选听到或看到的材料。整理要及时，越快越好，这有利于发现问题。然后分门别类地整理出来，也有利于以后使用。

调查时不但要抓典型，还应该听取担当不同角色、处于不同地位的人的意见，而且不要在调查之中表明自己的态度，以免影响被调查者，使事实变形，同时也容易使自己产生某种定势，封闭了解、理解问题的道路。要把一个地方、一个单位、一个问题研究透彻。

在调查过程中，不但要听，而且要看。人所处的地位不同，看问题的角度不同，对事物的理解也就不同，这给人们分析问题带来了难度。看一看，可以多找到一些问题的启示点，也可避免被错误信息所误导。

调查的方法多种多样，如问卷调查、抽样调查、集体座谈以及个别走访等。在实际运用中，我们还应注意以下几点：

1. 兼听则明，辩证对待

是非对错，是相对立的矛盾的统一体。许多是非生出之时兴许并无恶意，原本就是指某事而不是对人，或只对人而不是对事。但在人们"传递"信息的过程中，经过许多"传递手"无数次无轻重地添油加醋，重施"佐料"，本意变味走调，甚至是非颠倒，黑白混淆。这就需要决策者保持清醒的头脑、坚定的立场，运用敏锐的思维和正确的鉴别力去面对现实，明辨是非。决策者对是非要善于辨析，不可盲目轻信。是非是非，是是非非。有的是非，说是但又不是，说不是但又是。

俗话说"眼见为实，耳听为虚"。决策者要善于运用辩证法，去做一番调查研究，不可在是非面前随波逐流，始终保持自己应有的个性，并从中悟出真谛，这是决策者应十分注意的问题。对是非的真实性问题，如果没有真凭实据，切忌偏听偏信，以防节外生枝，激化矛盾，扩大事态，造成不必要的严重后果。更重要的是，要对是非能够始终保持清醒的头脑，独立思考，这样就容易明辨是非。

2. 把握中心，突出重点

决策者的调查研究必须紧紧围绕着中心工作进行，并通过调查研究推动中心工作，进而推动全局工作的开展。在错综复杂的工作中抓住最能影响全局的问题，这是决策者管理好全局工作的前提，也是其围绕中心工作进行调查研究的前提。决策者要善于运用矛盾分析的方法，明确各种矛盾之间的相互关系及其对事物发展的作用；明确哪一种矛盾起主导、决定作用，规定和影响着其他矛盾的存在和发展，即主要矛盾；明确主要矛盾的主要方面和表现形式等，从而在调查研究中把握主攻方向，沿着这一方向开展经常的、系列的、反复的调研。

3. 把握全局，细致入微

决策者的调查研究，不总是直接表现为对重大问题的调查研究，也有一些对看似非常细小的问题的调查研究；不总是集中时间和精力进行专题性调研，也有一些随时随地的调研；不总是直接对全面情况进行综合性的调查研究，也有一些对具体情况、具体工作的调研。这些调研对决策者把握全局是不可缺少的。

决策者要经常到基层走一走、看一看，了解社情民意；经常到群众中坐一坐、谈一谈，体察群众的疾苦；经常到市场上去转一转、听一听，感受人们的实际生活。这些看似小事，但它却体现了管理决策者对群众的感情。从某种意义上说，决策者在这些活动中进行调研，可能了解到的情况更真实、更具体、更生动，也更能说明问题。

决策者在这些调研活动中发现问题并及时指导，帮助解决，对推动全局工作是大有裨益的。苗头性问题有时是某一事物的本质反映，有时可以预示事物的发展趋势，有时是某一倾向性问题的前兆。决策者通过调查研究，发现苗头性问题，区分好的苗头和坏的苗头，通过苗头看到倾向，发现实质，对好的苗头及时引导扶持，对坏的苗头及时制止纠正，这样才能保证全局工作的顺利进行。

4. "解剖麻雀"，点面结合

"解剖麻雀"法是从一般到个别，再从个别到一般的工作方法，也是决策者在调查研究中运用较多的一种方法。决策者进行调查研究，要注意解剖典型，就是从具有某种共性的总体事物中，选取一个或若干个有代表性的单位作为对象而进行调查研究。

一个好的典型就是一面旗帜、一种精神、一个路子、一个解决问题的办法；一个坏的典型就是一种警示、一面镜子。通过对正面典型的调查研究，可以得出具有

没有调查就没有发言权

调查就是指运用科学的方法，有目的、有系统地搜集、记录、整理有关信息和资料，进行汇总分析，为战略预测和经营决策提供客观的、正确的资料。

调查的主要方法

- **典型调查**——从调查对象的总体中选取一个或几个具有代表性的单位，进行全面、深入的调查。
- **重点调查**——通过对重点样本的调查来大致地掌握总体的基本数量情况。
- **抽样调查**——从调查对象的总体中抽取一些个人或单位作为样本，通过对样本的调查研究来推论总体的状况。
- **个案调查**——调查的对象只有一个个体，主要目的就是认识所选调查对象的现状和历史，而不要求借此推论同类事物的有关属性。

调查研究是掌握实际情况、获得正确认识的重要前提，是做出正确决策的前提。只有进行了正确的调查研究才能获得发言权。

普遍指导意义的一般方法；通过对反面典型的调查研究，可以得出具有普遍制约意义的一般原则。

决策者首先要根据实际工作的需要，把对解决全面工作有较大影响的问题作为调研目标，从而确定能够反映问题本质和规律的典型。准确地选择典型，可视情况采用择中选点法、择优选点法、择劣选点法和划类选点法等方式。

（1）择中选点法：是在总体事物中，选择发展程度处于中等水平者作为调研的典型对象，用典型对象的调查结果来认识总体的共同本质和一般规律。

（2）择优选点法：是选择在同类事物总体中处于优势或领先地位的事物作为调查研究的对象，总结成功的经验予以推广。

（3）择劣选点法：是在事物的总体中选择薄弱点或问题较多、矛盾较复杂的事物作为调查研究对象，主要是总结教训，提出改进工作的措施。

（4）划类选点法：是把总体中差异很大的各个单位按一定的标准划分为几个不同类型，再从不同类型的单位中选择合适的典型。

5. 把握目标，解决问题

决策者进行调查研究之前，应先围绕中心目标拟定若干问题，然后组织联合调研组带着这些问题着手进行调查研究。决策者要亲自到田间地头、到车间工地、到市场中、到周边地区进行调查，不耻下问，寻求问题的答案。要注意多与群众交谈，多接触一些思想活跃、有独到见解的人，多听取有关专家、学者和研究人员的意见。与此同时，决策者必须边调查边发现、思考和分析问题。

决策者围绕中心工作进行调查研究，就是为了解决中心工作发展中出现的难题和阻力，就是要促进中心工作健康有序地发展。调查研究如果不能解决问题，那么调查研究就没有什么意义和价值了。决策者通过调查研究，了解和掌握了中心工作在发展中存在的主要问题及其表现形式、主要特点、制约因素等，做到了心中有数，就可以根据调查研究的情况，研究对策，提出措施，找准办法，做出正确的决策，然后再对决策实施情况进行调查研究，如此循环往复，中心工作的发展就会越来越顺利。

另外，中心工作不是孤立存在的，它与其他方面的工作有着紧密的联系，其他方面的工作如果出了问题，必然会严重影响中心工作的发展。所以，决策者对这些问题同样不可忽视，同样要带着这些问题去调查研究，拿出解决办法，为中心工作服务。

充分引进智囊的大脑

管理者一方面要尊重智囊人物的意见,一方面又要妥当地处理智囊人物的意见,这就需要管理者在实践中学会运用处理智囊人物意见的高明方法。

1. 智囊团队的组建方法

组建智囊团是否成功,关键在于智囊人物素质的优劣和智囊团人才结构是否合理。因此,组建智囊团时,如何选择配备智囊人物,就成为一项极为重要的工作。管理者必须掌握选择智囊人物的方法与艺术,并亲自参加智囊人物的物色以及选择工作。

从知识结构上,管理者选择的智囊人物首先是专家,其次是杂家,其实是专家中的杂家、专才中的通才,专中有博、以专带博。没有专深的学问,对问题的研究就必然缺少深度,而知识面太窄,又会限制他们的视野和结合、分析问题的能力。由于研究课题具有综合性,即使每个智囊人物都是通才,但光靠一个人的知识、能力也是无济于事的,必须靠智囊群体的合力,靠多个专家的合作,甚至是多"兵种"协同作战。

组建智囊团,要创设协调信任的环境,让参加讨论的人感到心情舒畅,不能有任何压抑感。心理学的研究表明,心理受到压抑的人会阻碍其智力的迸发,使人的智力受阻。管理者要理解智囊成员的心理状况,给予他们发表意见的权利,创造有利于争鸣的环境和气氛,给智囊人物以时间和物质保证;与他们相处时,应放下架子,礼贤下士,不要以领导者自居,或以命令的口气强迫其发表违心的意见;要保持与专家的密切联系,加强感情交流,不要搞成"有事我找你,无事不理人"状况。

2. 如何发挥智囊人物的作用

智囊参与决策对决策的民主化与科学化起着积极的作用。现代企业中,许多成功决策的背后往往也相应地有一个特别高深的智囊机构或智囊系统,并且智囊在管理决策中将起到越来越显著的作用。

(1)专家集团咨询法:又称特尔斐法。运用此法时,先向有关领域的专家明确提出问题,用函询的方式请他们答复。然后,集中整理收集到的书面意见,进行定量分析和归纳,再把函件寄回给他们,让每个人根据统计归纳的结果,慎重考虑别人的意见,并允许修改自己前一次的意见,最后再把意见收集整理归纳。如此反馈之后,专家意见基本上趋于一致。这种做法的好处是:既依靠了专家,又因为对专家姓名保密,从而避免了在专家会议上由于当面接触,因而有顾虑而造成的随声附和的现象。

值得注意的是，对提出的问题应做充分说明，务必使专家充分了解其意图，所提问题要集中，有针对性，不要过于分散，要使各个事件构成一个有机的整体；避免提出组合事件，以免专家难以回答；用词要准确，表明数量概念时要用确数，避免使用无法定量的含糊字眼；预测管理小组的意见不能强加于表格内；表格设计要简化，要有专家阐明意见和做结论的空白；要酌情付给报酬以免影响表格的回收率；要特别注意保密，不可随意泄露专家的意见。

（2）头脑风暴法：这种方法是通过一定的会议形式，将一组智囊人员召集在一起，让他们相互启迪，相互引导，引起联想，发生"共振"，这样就能在较短的时间内获得较多较好的设想和方案。实施时，要召开一种特殊会议，其人数以 5～10 人为宜，多了不便充分发表意见。

此种会议要有一名主持人，主持人在开始时简要地说明会议目的、要解决的问题和要找出的答案，主持人原则上不提新设想，但可提诱导性意见，要创造人人都能充分发言的气氛，当多数与会人员要求发言时，应让那些思想活跃的人先发言，这样可以在更大程度上发掘他们的联想能力。记录员要记下会上提出的所有方案和设想，待会议结束后协助主持人分类整理各种新设想。为了保证其成员的思想高度集中，会议时间以一小时为限。会议地点应选择在安静而不受外界干扰的场所。开会之前要事先通知，告诉大家会议议题，以便使智囊人物事先有所准备，每次会议要限定题目范围，使每一个开会的成员都能针对一个目标，提出自己的设想。

具体操作时，不能批评别人的设想，以防止阻碍创造性设想的提出；可自由发言，畅所欲言，主意越新越好；主意以量生质，主意越多，得到好的设想的可能性就越大；要欢迎综合与改进，可以发挥别人的设想，或者把几个人的主意综合起来产生一个新的设想；会议的气氛力求轻松自由；讨论时，要把所有人的设想的大意都记录下来；另外注意，这种办法适用于讨论比较专门的题目，不能太广泛。头脑风暴法在促进发明创造方面有较好的效果。

（3）咨询专家法：一个部门出现的问题，诸如经营、生产、员工方面的问题，由部门主管向各个领域的专家介绍情况并咨询，然后由专家们实地勘察，提出相应意见。

（4）专题研究法：管理者将需要研究的问题，分成若干个小专题，把这些专题进行分类以后，交给对此专题有一定专门知识的人去研究，然后对各个专题小组研究的情况进行综合。这种方法的特点是研究的问题大，挖掘深，分析比较透，但运用时管理者要有较高的综合能力，否则专题分开以后难以综合。

3. 与智囊团的关系处理

智囊工作非常艰苦，而且是很费脑的工作。我们必须充分地加以尊重。但是，在决策中智囊只能起辅助的作用，而不能越俎代庖。管理者必须用良好的判断力去做出决策，必须合理地、恰当地处理好自己与智囊的关系，这样，才能保证决策的不断完善。

（1）宽容对待。智囊团的意见，有与管理者想法一致的，也有很多不一致、甚至尖锐对立的。对于与自己不一致的意见，管理者更应当细心倾听，认真分析，如果真有道理，那就要服从科学和真理，而不要怕丢面子。

（2）保持独立。一般来说，智囊团中的专家也是现实社会中的人，也是良莠不齐的，未必都能秉公直言，即便是敢于直言的，他们的意见也不可能百分之百都是正确的。一个优秀的管理者，既要善于利用"外脑"，在智囊团工作的基础上做出正确的判断和选择，同时又要有自己的"头脑"，牢记自己的立场，不为智囊团所左右。

（3）正确选择。智囊人物对一个问题的解决会提出多个方案，到底哪个更科学、

决策时要集思广益

个人的知识总是有限的，所以团队的生存与发展，不能只靠领导的"独断专行"，而是应该博采众长，集思广益，才能使团队在竞争日益激烈的市场环境中屹立不倒。

头脑风暴法各阶段内容和注意事项

阶段	工作内容	注意点
头脑风暴前	明确主题	要解决什么问题，这个问题能够解决吗？
	明确头脑风暴的方式(轮流发言、随意发言、先写在纸上后发言……)	注意上下级之间的压力问题，根据组织氛围选择一个方式
	选择参与者	什么人要参与这个问题的解决？
	给与会者相关资料，留足够时间思考	资料要充分，否则会跑题或者脱离实际。
	选择场地	选择一个轻松的场地。
头脑风暴中	宣布规则	宣布不准批评、方式等规则。
	主持人的启发	主持人要事先做好准备。
	进行主持，杜绝批评	保障规则的遵守。
	调动气氛	不要冷场。
头脑风暴后	整理方案 分析方案 得出结果	方案必须是系统的、逻辑的、缜密的，找出可行的方案。

钢铁大王卡内基的墓碑上刻着："一位知道任用比他本人能力更强的人安息在这里。"卡内基的成功，就是因为他敢用比自己强的人。企业智囊团的打造就是集合一切可利用的优质资源，作为企业家外界的左膀右臂，结合他们的力量为企业服务。

更合理、更可行，只有通过比较，权衡利弊，才能得出正确结论。"不怕不识货，就怕货比货"说的就是这个道理。当然在权衡利弊、比较鉴别时，必须有明确的目标、统一的标准。

决策过程并不排斥预测

1967年，日本在苏联常驻的商务人员两三个星期没有见到苏联外贸部、司、局以上的官员在公开场合露面，东京的决策层马上给日本驻各国的有关人员发了电报，要他们查清苏联外贸部高级官员的去向，结果发现他们都聚集在美国进行秘密的粮食贸易谈判。

得到这一情报后，东京马上意识到，苏联派这么多高层人士谈判，一定是一笔很大的粮食买卖；而苏联人大批购买粮食，就会引起国际市场粮价上涨。根据这一预测，日本抢购了一大批粮食。后来的结果，恰恰验证了这一决策的正确性。

正确的决策来源于正确的判断；而正确的判断又来源于对信息的正确处理和对未来所做的科学预测。一切有效的管理活动，都是正确决策的结果。以下介绍几种常用的预测方法：

1. 博克斯—詹金斯法

博克斯—詹金斯法是近似时间序列性的一种普通预测方法，但它与大多数预测方法迥然不同。这种预测方法有很大的灵活性，它并不需要一开始就设定一个固定样式，而是先假定一个可能适合于数据而误差最小的试验性样式。由于这一方法提供了明确信息，使预测人员能判断所假设的试验性样式对于所定预测情况是否正确。如果正确，就可依据此种样式直接进行预测；若不正确，它还能提供进一步的线索，帮助预测人员确定正确的模型。

这种方法不仅要求预测人员具备广泛的知识，而且需要相当多的计算时间，预测成本很高。不过，由于它在预测中显示出惊人的精确性，所以得到了许多预测者的青睐。

2. 回归分析法

回归分析法是根据两个以上变量之间的因果关系进行预测的方法。如果所研究的因果关系只涉及两个变数，称为一元回归分析；如果涉及两个以上的变数，就称为多元回归分析。一元回归分析法，是运用两个变量进行预测的方法，如果两个变量之间呈线性关系，就是一元回归，其所用的方程式就称为线性回归方程。对于更复杂的回归分析，其计算方法相当复杂，一般都是利用电子计算机进行运算，并且有很多现成的程序可供使用，需要时可以查阅相应的参考书。

3. 时序分析法

时序分析法是在过去的历史资料基础之上，依据一组观察数值来推算事物未来的发展情况。例如，把过去的统计数字资料按照时间顺序排列，就形成了一个以时间为序的数列。分析这个序列，从中可以找出其变化的规律性，如果能够通过其他的分析认定事物正处于正常发展阶段，并将继续按这个规律运动，就可以用它来推测事物的未来发展趋势。具体而言，可采取以下不同的计算方式：

（1）简单平均法：这种方法运用的程序是，先按照一定的时间间隔（一个星期、一个月或一个季度等）设定观察期，取得观察期的数据，然后以观察期数据之和除以数据个数（或资料期数）求得平均数，作为对下一个时期的预测数。简单平均法的优点是简单易算。但其不足之处在于，它对数值采取了简单平均的方法，得到的结果有时不够准确，尤其在观察期的数据具有明显的季节变化和长期性的增减变化趋势时，用简单平均法得出的预测结果，其误差常常较大。

（2）移动平均法：如果预测值同与预测期相邻的若干观察期数据有密切的关系，则可以使用移动平均法将观察期的数据由远而近按一定跨越期进行平均，取其平均值，随着观察期的推移，按既定跨越期采集的观察期数据也相应地向前移动，逐一求得平均值，并将接近预测期的最后一个移动平均值作为确定预测值的依据。

（3）加权平均法：此法是指在求平均数时，根据各个观察期数据重要性的不同，

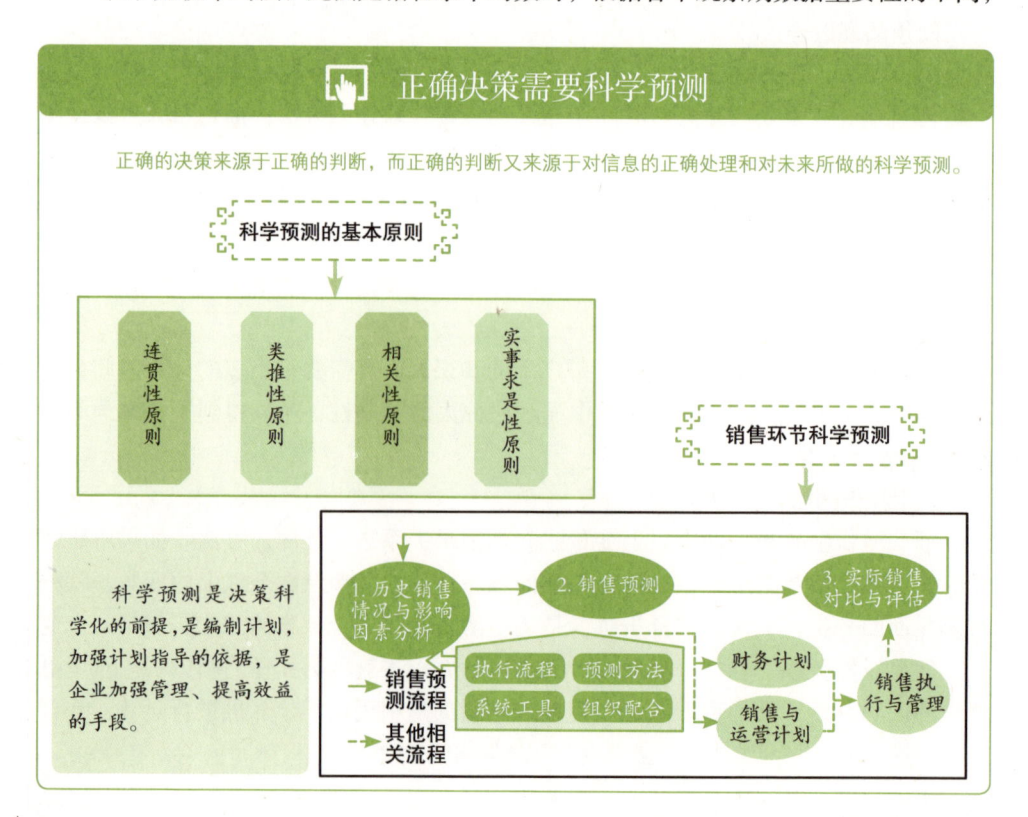

正确决策需要科学预测

正确的决策来源于正确的判断，而正确的判断又来源于对信息的正确处理和对未来所做的科学预测。

科学预测的基本原则
- 连贯性原则
- 类推性原则
- 相关性原则
- 实事求是性原则

销售环节科学预测

科学预测是决策科学化的前提，是编制计划、加强计划指导的依据，是企业加强管理、提高效益的手段。

1. 历史销售情况与影响因素分析 → 2. 销售预测 → 3. 实际销售对比与评估

销售预测流程：执行流程、预测方法、系统工具、组织配合
其他相关流程
财务计划
销售与运营计划
销售执行与管理

分别给予不同权数后再加以平均的方法。加权平均法的关键是确定适当的权数，但至今还没有找到一种确定权数的科学方法，只能依据经验而定。一般的做法是，给予近期数以较大的权数，距离预测期远的则权数递减。

（4）指数加权法：这是一种用指数加权的办法来进行移动平均值的预测方法。所取的指数又叫平滑系数。采用这种加权的方法，可以克服移动平均法中各期数据均占相等比重的缺陷，突出近期数据对预测的影响，进而能反映出总的发展趋势。

4. 经验预测法

经验预测法主要是以经验判断和逻辑推理的方式预测未来。这种方法包括个人经验判断预测法与集体经验判断预测法两种。

（1）个人经验判断预测法主要是依靠管理者个人的智慧、经验及逻辑思维能力，来揭示事物发展的客观规律，以预测未来的方法。这是管理者普遍应用的方法，因为它具有简便灵活、迅速及时、易于掌握等优点。缺点是个人的经验和智慧总有局限性，有时预测结果误差较大。所以，在许多情况下，需要管理层集体来共同预测。

（2）集体经验判断预测法是依靠管理集团的集体智慧、经验及逻辑思维能力对未来的事情进行预测的方法。这种预测方法较之靠个人经验进行预测的方法，显得更全面、更可靠，失误比例较小。

5. 投票法

投票法是以会议投票的方式集中专家的预测意见，并以这种集中的判断作为预测的结果。具体做法是把请来的专家分成若干小组，把要预测的问题印在卡片上发给专家，让他们填写自己的意见，然后把写有专家个人意见的卡片收上来，把各种意见向大家公布，请专家考虑。接着，举行小组投票，得出小组意见。最后，召开全体会议，重新投票，得出总的意见，作为预测结果。

6. 实验法

运用实验法时，要根据事物发生发展的条件与结果之间的内在联系，模拟实际事物的发展过程，从中取得第一手实验数据，并通过对这些数据的分析，预测同类事物在相同条件下的发展趋势和状态。这种方法，普遍应用在科研领域中。在管理活动中，为了预测某一管理对象的发展进程和状态，也常常需要首先进行模拟实验，某些工作的先行试点就具有这种性质。

事物的许多变量是潜在的、随机发生的，这些潜在的偶发因素不可能全部被掌握，以显性变量为基础的每一种正式预测方法都具有不同程度的局限性。因此，在必要的情况下，管理者应充分运用自己的判断能力，越过重重障碍，找到解决问题的最佳途径。

在准确定位中超前决策

决策不是用来欣赏的,而是用来让组织成长或是获利的,是用来竞争的。因此,策略制定必须考虑决策的定位。

1. 环境定位

环境定位就是通过对自身所处的环境进行分析评估,确定自身所处的地位,以便确定自己的发展方向和应运用的战略方案。一般来说,环境定位应从以下三个方面考虑:

(1)大环境:指国家的政策、法律、经济、文化、风俗等因素共同作用所形成的整体性环境。大环境可以确定一个组织运作是否具备法律保障和长远优势。

(2)小环境:指自身所要定位的行业环境,如汽车配件行业、服务行业等。不同的行业有不同的环境,可从地理条件、交通条件、信息条件等角度去考察。

(3)竞争环境:可理解为同行动向,是小环境中的小环境,可以从个别公司的角度思考。先看各家同行与这家公司的竞争状况,以确定你与它们的竞争优势。

美国亚默尔肉食品加工厂的负责人菲力普·亚默尔在环境定位方面做得相当出色。一天,他在报纸上看到了一条关于墨西哥发现了类似瘟疫的病例的报道,他为此而兴奋。他马上联想到,如果墨西哥真的发生了瘟疫,则一定会传染到与之相邻的美国肉食品供应的重要基地加利福尼亚州和得克萨斯州。如果事实如此,肉食品一定会大幅度涨价。于是他当即派医生去墨西哥考察证实,并立即倾囊购买了这两个州的牛肉和生猪,及时运到东部。果然,瘟疫不久就传到了美国西部的几个州。美国政府下令禁止这几个州的食品和牲畜外运,一时之间美国市场肉类奇缺,价格暴涨。菲力普在短短的几个月内净赚了几百万美元。

菲力普的成功就在于他善于捕捉机会,利用环境为自己的发展方向定位。他首先考虑到整个美国肉食紧张这个大环境,然后又考虑到同行业的货源不足即小环境有利于自己的优势,大胆出击,马到成功。

定位环境,必须学会侦测环境,可派出有关人员专门搜集有关环境的情报。环境情报的搜集要有针对性和连续性,要确保其真实准确,虽然电脑网络、书面资料、剪报、企业杂志,都可为你所用,但为了利用和发现机会中蕴藏的潜在价值,最好能够亲临或派人证实。评估时,要考虑产品的种类及可替代产品的情况,能对现存及潜在竞争者的状况做出科学分析。做市场定位时,要把包括销售对象的消费、收入,以及销售地区的人口及其观念予以统筹考虑。

2. 自身定位

一个不了解自己、不了解自己所具有的条件优势与劣势的组织，在竞争日趋激烈的大环境中不可能有出头之日。如果一味强行，其结局也只能是昙花一现。

自身定位指在决策前要充分评估自身所拥有的创业条件。这些条件包括资源、成本、品质、品牌、效率、规模、技术以及成员等。只有通过对这些条件的充分评估、找出自己的优势所在，才能制定出适合自己的方向策略。

3. 超前决策

定位于现实，决策于未来。没有风险，就没有真正的成功。唯有大胆，才是超前决策的保证。商场如战场，智勇双全者胜，我不胜谁胜？要紧的不是失败，而是离成功更近一步。

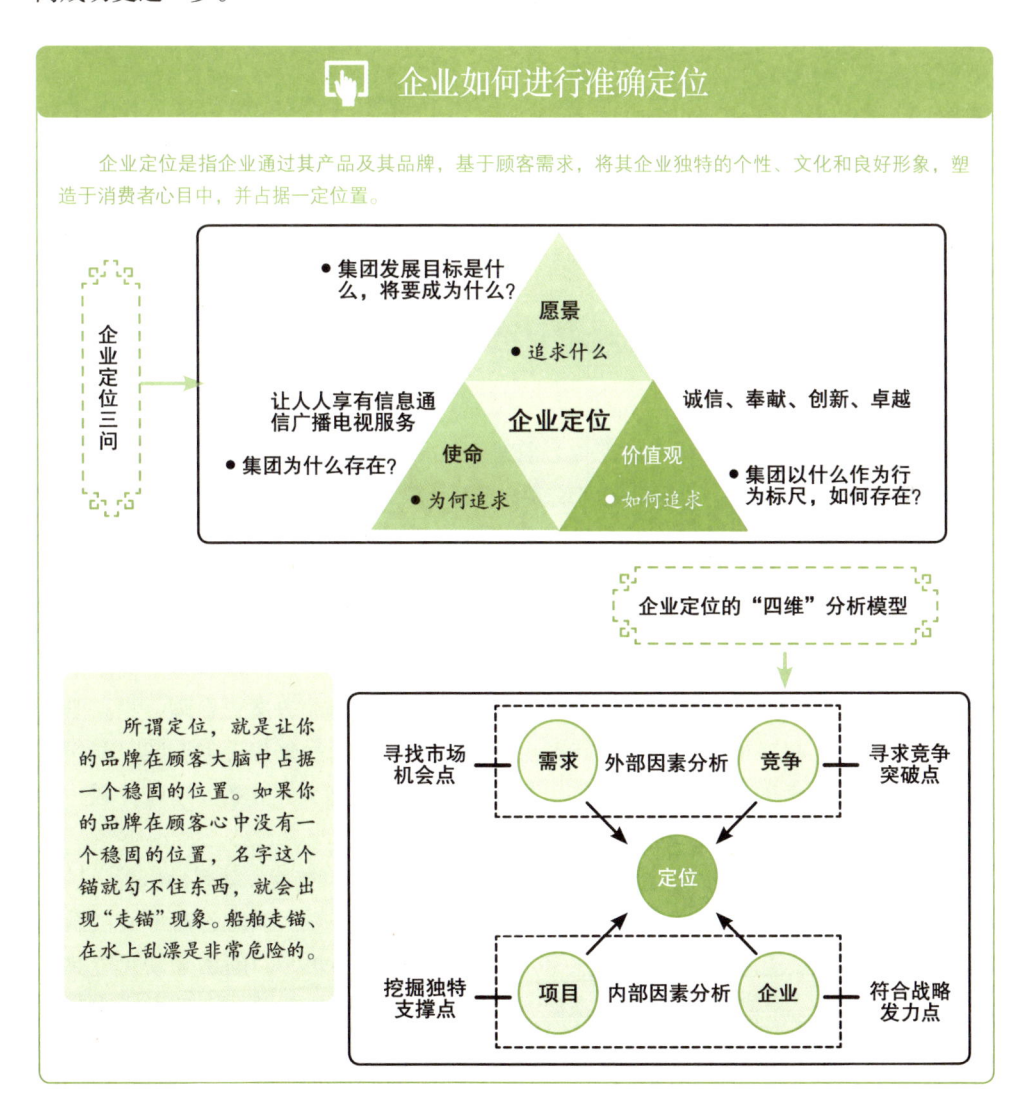

企业如何进行准确定位

企业定位是指企业通过其产品及其品牌，基于顾客需求，将其企业独特的个性、文化和良好形象，塑造于消费者心目中，并占据一定位置。

企业定位三问

- 集团发展目标是什么，将要成为什么？——愿景·追求什么
- 让人人享有信息通信广播电视服务·集团为什么存在？——使命·为何追求
- 诚信、奉献、创新、卓越·集团以什么作为行为标尺，如何存在？——价值观·如何追求

企业定位的"四维"分析模型

- 寻找市场机会点 → 需求（外部因素分析）← 竞争 ← 寻求竞争突破点
- 挖掘独特支撑点 → 项目（内部因素分析）← 企业 ← 符合战略发力点
- → 定位

所谓定位，就是让你的品牌在顾客大脑中占据一个稳固的位置。如果你的品牌在顾客心中没有一个稳固的位置，名字这个锚就勾不住东西，就会出现"走锚"现象。船舶走锚、在水上乱漂是非常危险的。

超前决策的特征是"超前",而非"随后",是典型的"人无我有,人有我新"。超前决策可以使企业在竞争中做到"独此一家,别无分店",有的超前决策即使不是独树一帜,而只是在产品的某个方面更新,超前于别的企业,也会在市场竞争中拥有较高的占有率;甚至有的决策只是实施阶段比别的企业在时间上超前,由于产品先占领市场,便能独领风骚,获得成功。

管理者可以在时间、空间和开发新产品三个方面做出超前决定。更重要的是,管理者在工作中必须强化自我的超前意识,超前意识是人的潜意识的一种,超前意识的开掘,除了多思考外,还需对搜集的信息加以分析研究,在此基础上形成超前决策。

平时要注意留意你周围所发生的事(或新闻媒体的报道),然后设想它的发展趋势及结果,记录下来,然后与该事件发生的实际具体过程相对照,看你能想到几步。记住,能想到几步就写几步。一个胆小怕事、心胸狭窄的人是很难做出一流超前决策的。

因此,管理者应气正胆盛、胸怀宽阔。只有多方面提高自身素质,方能炼就决策的"火眼金睛",永远在竞争中立于不败之地。

学会运用传统决策艺术

方案选优时,必须持科学的态度。管理者在决断时,要从决策目标的总体要求出发,综合评价方案的优劣,争取实现多标准优化。

如果一个方案不仅从某一标准看是优化的,而且与其他标准也不抵触,就可以认为该方案是优化的;如果一个方案达不到多标准中的任何一个,这个方案就该被否定;如果没有一个符合标准的方案,那么就选择那种能满足某些主要标准的方案,不必过分求全。

1. 比较法:一项决策有几个方案,我们不知道到底哪个方案更合理、更科学,必须进行比较,只有通过比较,才能产生最佳方案。对于利弊相近的方案,我们更需要采取比较权衡的办法,从中挑选出相对来说利大而弊小的方案。通过比较,各种方案的利弊、优劣自然就清楚了。

2. 试验法:如果在胸中无数的情况下,急于求成,盲目拍板,就容易出现失误。这种失误由于是全局性的,所以损失也大,而且不容易补救。因此,对一些关系到全局的重大问题,几经研究讨论仍然拿不准,或基本上看准了,但由于缺乏经验,感到没有把握,就不要急于决策或实施,在时间、条件允许的情况下,可以边试验边决策。通常做法是先进行试点,通过试点,掌握第一手材料,获得必要的经验,在此基础上再进行决策,然后实施推广。这样,成功的把握较大,即使试点失败了,损失也是局部的,于全局影响不大。而且,试点所提供的第一手宝贵资料,也为进行正确决策准备了条件。

3. 筛选法:现代管理者必须炼就火眼金睛,必须善于鉴别和选择。在讨论决策方案时,大家七嘴八舌,众说纷纭,仁者见仁,智者见智,常常各执一词,争执不下。这就需要管理者采用科学的标准,不管是来自自身心理因素还是外在压力的一切非科学因素的干扰都要尽力排除,提高自身的分析、判断、综合能力。有的意见虽总的看起来是可行的,但其中常常有不可行的成分;有的意见看来是不合理的,但也常常包含有些可取之处。这就要求管理者客观冷静地进行分析鉴别,去粗取精、去伪存真,经过不断筛选,最后集中精华,做出正确决策。

4. 系统分析法:是把决策过程当作系统来分析研究,把决策系统与外部环境的相互关系当作变量来分析,按照确定的目标,寻求可行的手段,选择最优方案。

从决策过程来看,管理者在决策过程中应注意以下几点:

1. 审查目标。择优决策就是从各种方案中选出实现目标的满意方案。如果偏离目标,任何方案都是不可取的、没有意义的。所谓目标,是指在一定的环境和条件下,在预测的基础上所期望的结果。目标是决策的基础,没有目标,就无所谓决策;而目标选择的正确与否,则直接关系到决策的成败。所以审查目标至关重要。

2. 整体观念。在考虑实施方案所涉及的各方面利益时,要有整体观念,要做到局部利益与整体利益、眼前利益和长远利益的结合。例如,在估计达到目标的结果时,既要考虑经济效益,又要考虑社会效益。在权衡方案的利弊得失时,既要考虑到有利无害、有利有害和有害无利三种情况,也要考虑到在有利有害中又有利大于害、利害相当、利小于害三种状况,以及在有害无利中也有害大、害小之分。在决策权衡中,利大于害当然可取,但在某些情况下,往往是害中取小即为大利。

3. 评估、评优。对所拟定的各个方案,都应从定性和定量两个方面加以分析评估。定性分析主要是直接利用人们的知识、经验和能力,根据已知情况和现有资料,对决策方案做出相应的评价。对一些受社会经济因素影响较大、所含因素错综复杂而多变、综合性较强的战略决策,定性分析有其极为重要的作用。但这类方法往往主观性较强、论证不很严密,需要用定量分析方法做补充,两种方法结合起来应用。

在对各种备选方案的权衡中,并不一定各个指标都优的就是最好的方案,往往是主要指标较好,而能兼顾其他指标的方案是管理者所要选择的方案。此外,在选择方案的过程中,管理者要认真听取各方面不同的意见,包括一些尖锐的反对意见。因为不少好的方案是根据对立的观点提出的。高明的管理者往往不是在众多方案中选取一个方案,舍弃其余方案,而是善于摄取各种方案的优点和长处,综合出一个最佳方案。

4. 区别对待。决策按所处的条件不同，要有不同的思考原则，区别对待，做不同的考虑和处置。对于确定型决策，要根据已有的情报选择最佳方案。对此，管理者要果断地下决心，竭尽全力去获得最佳的结果。

对于风险型决策，应着重考虑选择最有希望的行动方案；准备相关必要的应变方案，当不测之事发生时，能应变自如或进行补救；留有余地，如作战要有预备队一样，投资建设要有后备基金；通过试点、实验和追踪反馈等途径，使风险型决策增加确定性因素，使风险型决策转化为确定型决策。

对于不确定型决策，管理者应"摸着石头过河"，步子不要太快。切忌刚愎自用，轻率莽撞。在试点实验时，应多方案并进。每个方案都要有原则差异，这样不仅成功的希望大了几倍，而且即使失败，也可积累经验，为今后的成功打下基础。

对于竞争型决策，应该充分了解竞争对手，以便在自己的工作中，扬长避短。要清醒认识对手之长，巧妙地加以避免；以己之长，克对手之短，是竞争型决策取胜的基本条件。竞争的关键在于及时变换对策，谁抢前一步，谁就取得了主动权。

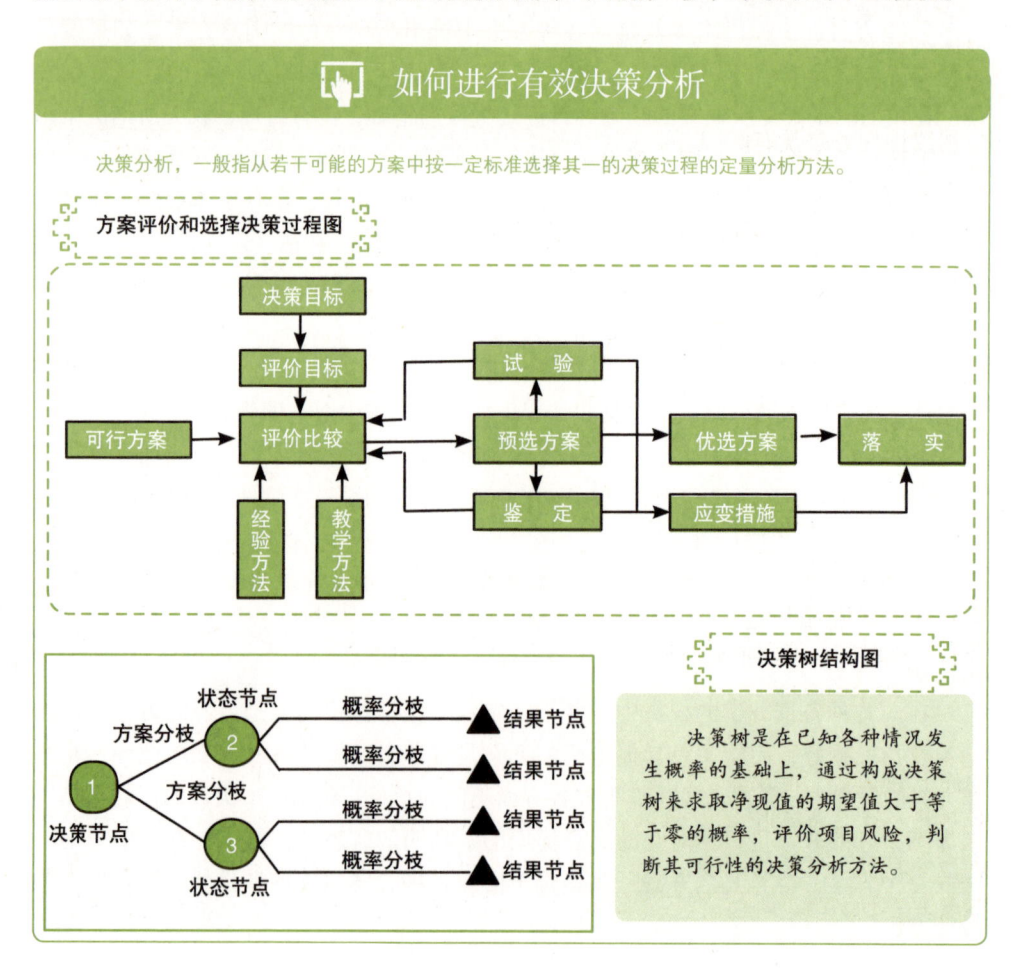

如何进行有效决策分析

决策分析，一般指从若干可能的方案中按一定标准选择其一的决策过程的定量分析方法。

方案评价和选择决策过程图

决策树结构图

决策树是在已知各种情况发生概率的基础上，通过构成决策树来求取净现值的期望值大于等于零的概率，评价项目风险，判断其可行性的决策分析方法。

善于运用四种创新决策

尽管管理者每日面对的事情繁多，需要决策的事情五花八门，但是总结归纳起来，有四种决策方法可供借鉴。

1. 项目决策法

管理者有许多项目的日程要安排，但如何安排则成为一个难题。

项目是指公司在日常事务之外所进行的研究、报告、实验、试验以及其他活动。项目由于不同于平常的单调的工作，所以会吸引高级管理层的注意力。许多项目对于管理者来说是显示智慧和能力的机会，它们也可以是引起别人注意的方式。找到一个引起高级管理层兴趣的项目，出色地完成它，并且确保你做出的成绩显而易见。当然如果事情弄糟了，引起的注意也就完全成为负面的了。

负责一个项目，从一开始就必须明确目标，同时要制定实施项目的日程。日常的规律性任务是没有时间限制的，与此不同，项目应该有一个时限。一旦受命负责一个项目，在开始之前就要建立一个有效的日程并且获得高级管理层的同意。建立的日程应当有明确的标志，这样管理者就能知道项目是否在如期进行。一般的项目日程包括项目名称、目标、标志、完成日期这几部分。管理者详细列出以上项目日程，就能一帆风顺地完成好每个项目，达到有备无患的效果。

要想保证项目如期完成，除了依靠丰富的经验以外，管理者还应建立一个报告系统部门，使自己每天都能确切地知道该项目当前处在什么阶段。

如果进行的是长期项目，就要建立短期和中期目标，从而帮助管理者了解工作是否按期进行；每天监督生产进度和工作质量。建立及时汇报重点工作环节的制度，以获得这方面的信息；如果发现遗漏了某个影响进度的问题，应立即采取行动进行补救；确定问题的"瓶颈"所在，给予它们以特殊的密切关注；做这种类型的部门主管，不要在员工中引起恐惧感，要时刻触摸业务进行的脉搏；在员工的工作场所花费一些时间，询问他们有何问题和担心，记住他们告诉了你什么。

2. 直觉决策法

直觉型思维，具有感觉问题敏锐，能在缺乏信息情报的情况下洞察事物的本质，思维轨迹简洁，以及能"省略"许多不必要的决策程序等优点。它属于一种非逻辑性思维。在夜色朦胧中，人脑能根据模糊的视觉形象识别自己熟悉的亲友和同事，而以"精确"见长的电脑却"不认识"此类目标。可见，特殊的灵感和直觉，是决策者必要的条件。经营者在许多情况下，必须以直觉的方法才能迅速地对事物做出快速、准确、无误的决策。

卓越的直觉型思维能力，不仅能够使管理者在纷繁复杂的社会现象面前迅速地做出某种抉择，而且还能帮助管理者敏锐地洞察事物之间的内在联系，对某一决策方案可能产生的中远期影响以及某一事物在今后的发展趋势，做出比较接近事实的预见。

在管理者中，有些人天生就有这方面的强大潜能，他们处事决断往往会有意料之外的神来之笔。有时直觉能够产生新思想、新认识、新理论、新见解，从而有力推动管理活动的开展。

但直觉，毕竟是一种待证的事实，有时观察范围比较狭窄，有时容易将不相干的事物生拉硬拽，强加搭配。因此，直觉并不是准确无误的，只要条件允许，就应该尽可能运用科学手段进行审核和验证。一位高明决策者，要经过长期锻炼，积累经验，培养一种临事立刻判断事实真相的能力，在紧要关头造成奇效。

3. 现场决策法

为了加快决策速度，管理者可做出现场决策。现场决策是指管理者或管理集体亲自深入现场，对某种事物、问题、方案当场做出决定，以推进管理工作的进程。现场决策具有经验性、灵活性、时效性和复杂性等特征。在现实工作中，不是所有的问题都适合管理者现场决策，只有当管理者对遇到的问题真正了如指掌，而且下属无法解决或不去解决、自己又能解决时，这种决策方式才是有效且必要的。

现场决策有以下几种情况：

（1）当管理者解决某一问题，但情况不太明了、条件不太成熟时，于是到现场去边观察、边研究、边解决。

（2）当管理者深入下属单位检查指导工作时，碰到下属单位无法解决的问题，当场拍板，就地解决。

（3）当在本部门、本单位发生了各种意外事件时，管理者往往要亲临现场，妥善处理善后事宜。

（4）当下属成员都很能干，但因为各自独立行事，不会合作解决问题时，管理者可以召集他们，指示大家共同解决问题。

如果你想发挥你的现场决断能力，那你就必须有勇气，还得有真才实学。你必须善于研究和分析问题，抓住事物的本质，你必须对当时的形势做出迅速而准确的评价，只有这样，你才可能做出正确、明智、及时的决策来。在条件极其不利的情况下，你必须运用正确的逻辑推理、运用常识性知识并积极调动你的分析判断的能力，才能迅速地确定应该采取什么样的行动才不至于失去转瞬即逝的大好机会。

除此之外，你还需要有相当敏锐的预见能力，以便你能够预见在你的决定实施以后可能发生的情况和反应。当形势需要你对原来的计划进行修改的时候，你要采取迅速的行动对原决策做必要地修改，这样会加强你的手下人对你作为他们的管理者的信心。

当你知道什么工作可以由别人来做的时候,你就可以把它们分配下去,不要再去费心考虑它们。对于那些剩下来的必须由你本人亲自处理的事情,你也得分出主次和先后。如果你能把你的问题排出个先后顺序,可能它们就会迎刃而解了。现在你就把你急于要办的事列出一个顺序表来,按照主次依次处理,在同一个序号下不要列出两项工作。在你列出了工作顺序之后,你要全力以赴地解决第一号的问题,一直要坚持到做完为止。然后再用同样的办法去处理第二号问题。不要担心这样做一天只能解决一两个问题,关键在于这样做会逐渐解决你以往积累下来的许多问题。这样一来,你真正关心、真正着急的事情,马上就可以解决了。

你也要让你的下属根据他们工作的主次和先后列出工作日程及顺序表,也让他们按照同样的办法去做。即使这样仍然不能解决问题,你也不要采取其他办法,一旦你使这个系统运转起来,你就要坚持到底。这样你才能逐渐清理掉过去积压下来的问题。

4. 创新思维决策法

随着经济全球化的到来,企业面临市场、人才、环境等各方面的竞争,现代企业家要在纷繁多变的市场经济的不平衡中寻找企业发展和获利的机会,没有强烈的创新意识是不可能成功的。

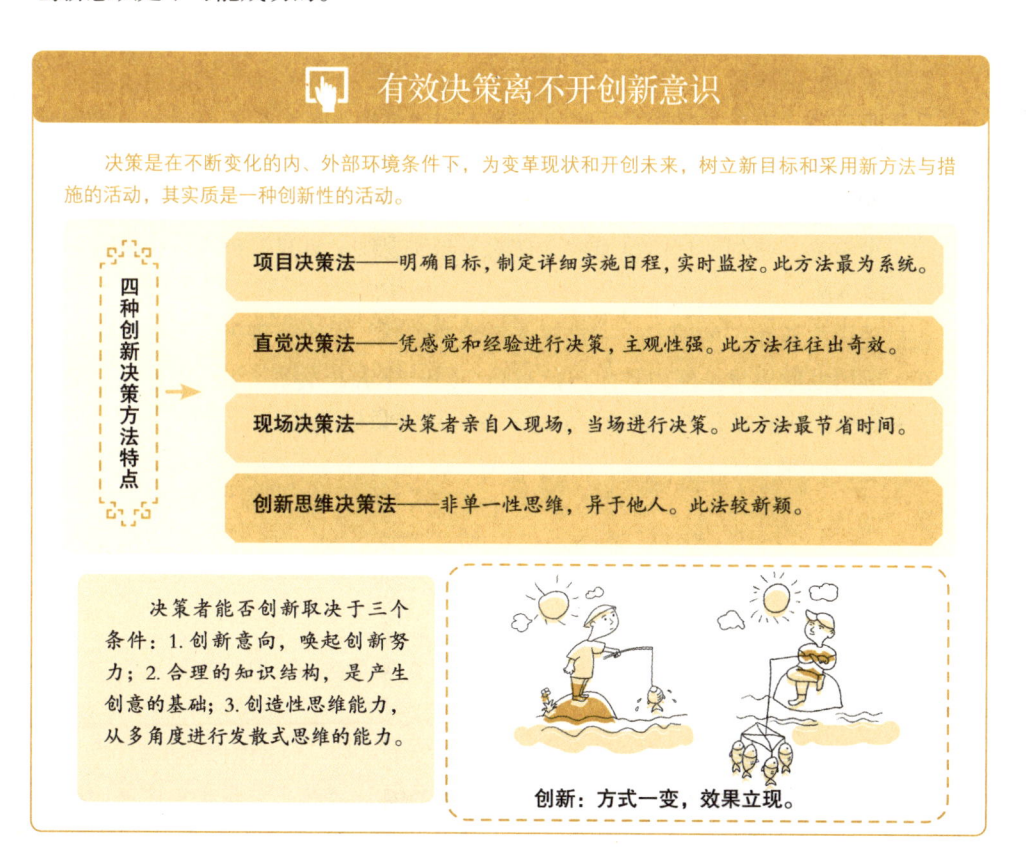

有效决策离不开创新意识

决策是在不断变化的内、外部环境条件下,为变革现状和开创未来,树立新目标和采用新方法与措施的活动,其实质是一种创新性的活动。

四种创新决策方法特点：

- **项目决策法**——明确目标,制定详细实施日程,实时监控。此方法最为系统。
- **直觉决策法**——凭感觉和经验进行决策,主观性强。此方法往往出奇效。
- **现场决策法**——决策者亲自入现场,当场进行决策。此方法最节省时间。
- **创新思维决策法**——非单一性思维,异于他人。此法较新颖。

决策者能否创新取决于三个条件：1. 创新意向,唤起创新努力；2. 合理的知识结构,是产生创意的基础；3. 创造性思维能力,从多角度进行发散式思维的能力。

创新：方式一变,效果立现。

在竞争中，管理者们只有借助自己的创新思维，不断创新，才能始终占领竞争制高点。创新思维是人们面对一个具体问题所进行的异于他人并能导致新颖而有效地提出解决方案的思维方式。创造性思维活动并不是一种单一的思维形式，而是多种在思维方式和具体过程方面并不完全相同的思维形式的总称。一般而言，创造性思维有四种形式：

（1）求异思维：创造性的思维之所以是创造的，就是因为在思维上有其新颖性。面对同样一个问题，可以从某一新的角度或用某种新方法加以分析与解决。也就是能做到与常人不一样，能标新立异，这就是一种求异思维。

（2）收敛思维：又称辐辏思维，是指针对特定的问题，多角度、多方面、多思路考虑解决方案的思维方式和方法。

（3）发散思维：又称辐射思维，与收敛思维反义而互补，是一种由点到面、由面到体、由一到多的思维形式与方法，是典型的创造性思维形式。

（4）逆向思维：即反方向思维，一反他人传统的思维模式与思路，二反自己以往的思维模式与思路，进而达到创造性地解决问题的一种思维模式。

进行决策创新，首先要综合分析。管理者每天的工作千头万绪，碰到的实际问题也很多，这就需要管理者们具备综合分析能力，抓住问题的本质，客观正确地分析，然后做出新颖的决策。

在决策的酝酿阶段，强烈的创造意识通常能对创造见识产生重要的萌发作用，两者呈现明显的"因果关系"。在顿悟阶段，创造意识继续对创造见识起重要的萌发作用，与此同时，创造见识也对创造意识起明显的强化作用，两者呈现积极的"共振关系"。到了验证阶段，创造意识首次将"怀疑"和"不满"转向创造见识，促使其进一步完善，而创造见识也通过自身的不断完善来"满足"创造意识，两者呈现出和谐的协调关系。

在借他山之石攻玉的同时，一定要善于改变现状。作为管理者，要坚信自己能够创新，运用发散思维，努力扩大想象空间，同时注重开发潜意识，那就一定能够在正确决策中找到良好方向，使决策效果不断向既定目标靠近。

在战术上重视决策实施

在执行决策的过程中，市场变化的复杂性和灵活性决定了组织管理的决策也要灵活多变。具体做法有以下几点：

1. 以奇应变

某国烟草公司的推销员到一个海湾旅游区推销A牌香烟，发现市场已被同行占领，难以插足。正在为难之时，一块"禁止吸烟"的牌子触发了他的灵感。他立即制造了许多幅大型广告牌，上写"禁止吸烟"，下写"A牌也不例外"。这一巧发的"奇弹"，正中旅客的奇妙心理：这种烟肯定不错，不如买包尝尝！销量一下就上去了。

要想在竞争中立于不败之地，就要有一套超群的本领，就要有一些异乎寻常的做法，以适应情况的变化。

2. 以智应变

现代社会，是经济实力的竞争，更是智力水平的竞争。在企业界，经济实力弱的企业战胜经济实力强的企业的事例并不少见，究其原因，关键是智力上的差异。在当今，谁拥有第一流的人才，谁就有高质量的产品，谁就能做出高人一等的决策，这样，就顺应了市场的变化，从而保证经营成功。

在市场竞争中，业绩越大风险越大，如果不冒一定风险，企业就不会有大的发展，更不要说日新月异了。所以说勇于冒险，应该是企业家的一种必备素质。以智应变是勇于开拓和敢于冒险的保证，是企业管理决策者的必备素质。

认识了市场发展变化的规律，并不等于企业在竞争中已经获胜；要想获胜，还需把理论转化为实践，把认识变为行动。以智应变就是要你打破以往的条条框框，不为游戏规则所约束，要敢想、敢做、敢干，进而开拓创新。

没有开拓精神，总是跟在别人屁股后头走，是不能应付市场万变的。人们可以认识市场变化的规律，但人的认识是由少到多、由浅入深的过程。因此，人不可能绝对地左右市场的变化，在经营中有可能成功，也有可能失败。

3. 以新应变

世界上最大的民航喷气机制造商——波音公司，始终像野牛一样向前狂进。它先后推出数种多性能、高技术的新型轰炸机、喷气机，使飞机的销售量一直遥遥领先，从而迈入了一个企业发展的新时代。

面对激烈的市场竞争，推陈出新才是最好的应变办法。新产品"新"就新在工艺、材料、造型方面。它和老产品相比，或者性能多、质量优，或者价格廉、规格多，或者造型美、材料新，或者能以全新的面貌满足人们的新需要。新产品一般都会受到社会和消费者的欢迎。

因为，人们的需要是多层次的，消费者的消费也是无止境的，社会需要大量新产品的不断涌现。同时，现代科学技术的"爆炸式"增长，又为企业不断推出新产品提供了可能或条件，企业也必须适应需求而研制出适销对路的产品，才能保证企业在市场竞争中永葆活力。

4. 以快应变

腾本于1966年成立尤尼登公司，该公司以生产无线电通讯机、CB对话机为主。1975年电晶体席卷整个美国市场，腾本也跟着活跃在美国商界。但他认为这种情况不会长久，到一定时候就会走下坡路，于是停止生产电晶体，转向其他产品。果然不出他所料，一阵热潮过后，市场上对电晶体的需求大减，由于他有先见之明，变在人先，存货所剩无几。相反，他的同行却是货物积压卖不出去。

打仗兵贵神速，企业在决策实施过程中，也应该做到"以快应变"。在科学技术迅速发展的今天，企业之间的竞争在一定程度上就是时间竞争，谁变在人先，谁就能先发制人。

5. 以变应变

美国梅西百货公司是世界著名的百货公司，它的总裁在总结经营之道时说："变化是我们梅西百货公司的生命。"该公司刚创建时的口号是"用现款买便宜货"，该口号极大地吸引着顾客。后来，顾客喜欢订货，这个公司根据这一变化，采取记账买东西的办法，又大受顾客欢迎。

这个公司的竞争对手采取了向顾客提供分期付款的策略，抢走了梅西公司的许多生意。梅西公司针锋相对，采取了"用后再付"的推销方式，即顾客可以先试用，试用后决定买时，再给18个月的时间，分批付款。这样，又把顾客争取过来。梅西公司通过实施这种"用后再付"的购物方法，再一次焕发"青春"。

变化是发展的生命，有时，这种变化超乎人们的想象。竞争对手都在研究对方，不断变换制服对手的策略和手法。企业只有以变应变，才能立足于不败之地。

人世间的事情没有一件是绝对完美或接近完美的。如果要等所有条件都具备以后才去做，就只能永远等待下去。一个优秀的组织管理人员，面对瞬息万变、险象环生的竞争市场，必须以变应变，具有"见缝插针"的决策和实施能力。

决策实施重在随机应变

俗话说"计划赶不上变化快"，如果决策在实施过程中出现了影响决策达成的意外情况，在具体执行环节就要进行及时调整，随机应变，以期尽量达成决策的既定目标。

《易经》有云：穷则变，变则通，通则久。国际化浪潮永远是一个流动的"世界"，市场不断变化，需求和规则不断演变，企业在参与经营的过程中，倘若不能把握应变的精髓，必定会输在措手不及和无知无畏上。

决策中必须坚持"六不可"

制约决策者的决策失误，要靠完善的监督，也靠自我的约束。具体来说，在决策的过程重要，要做到六不可：

1. 不可主观臆断

决策是建立在坚实的事实的基础之上的，而不是建立在你的感觉之上的。如果你不能把客观事实和主观意见分离开，你就会遇到各种各样的麻烦。

2. 不苛求完美

一个人不可能永远正确，所以如果你犯了什么错误，能做到及时更正就不会使错误继续发展下去，就不会造成不可挽回的损失。无论什么时候，只要你发现自己的决定错了，就要立刻下令停止，重新修改，以减少不必要的损失。

有的人做什么事情都下不了决心，甚至像买一件衣服、一双鞋这样的小事都拿不定主意。有的时候就连晚饭该做什么都犹豫，其原因说来说去就是害怕有什么不当的地方。当你拒绝承认自己的错误时，通常都会把事情弄得更糟。承认你错了并不等于承认你愚蠢，可是，当你明知自己错了而又不想改变主意，顽固地坚持自己的错误时，这就是愚蠢的表现了。

3. 不可害怕承担责任

对于有些人来说，一个决定不是一个选择而是一堵坚硬的砖墙，那将使他们做任何事情都会感到软弱无力。这种恐惧是与害怕失败紧密地联系在一起的。多数的心理学家认为这是商人走向成功的最大障碍。

所以，如果你由于害怕承担责任而不采取行动，你将一事无成。如果你发觉自己走上了错误的道路，不妨照前面说过的那样，迷途知返，重新开始。敢于承认错误，敢于把错误的决定改成正确的决定，是一个人的良好管理能力和智慧的标志，也是走向成功的一种象征。

4. 不可恐惧闲言

希望得到别人尊敬是我们人类的最基本、最自然的一种愿望，但那也是有限度的。你要记住，你只对你自己说什么或做什么负有责任。有很多人不敢大胆地说出自己的心里话，这是因为他们害怕别人可能有什么想法，更怕遭到别人的议论。他们犹犹豫豫不敢宣布他们的决定，主要原因是害怕别人的批评。这就是说他们需要别人认为他们好，不能认为他们不好。这种想法有碍于你的决策。

5. 不可一劳永逸

决策不是静态的、一次完成的。一次决策后，管理者需要进行追踪决策，要继续监督方案的实施过程；根据出现的新情况和新问题，随时对既定方案进行修正和调整，在必要时候用备用方案取而代之。

6. 不可犹豫不决

决策的优势性和可行性是包含一定的、相应的时间空间意义的，议而不决，拖延决策或拖延实施过程，就会由于时过境迁而使原来的最佳方案失去凭借，丧失其优势性。

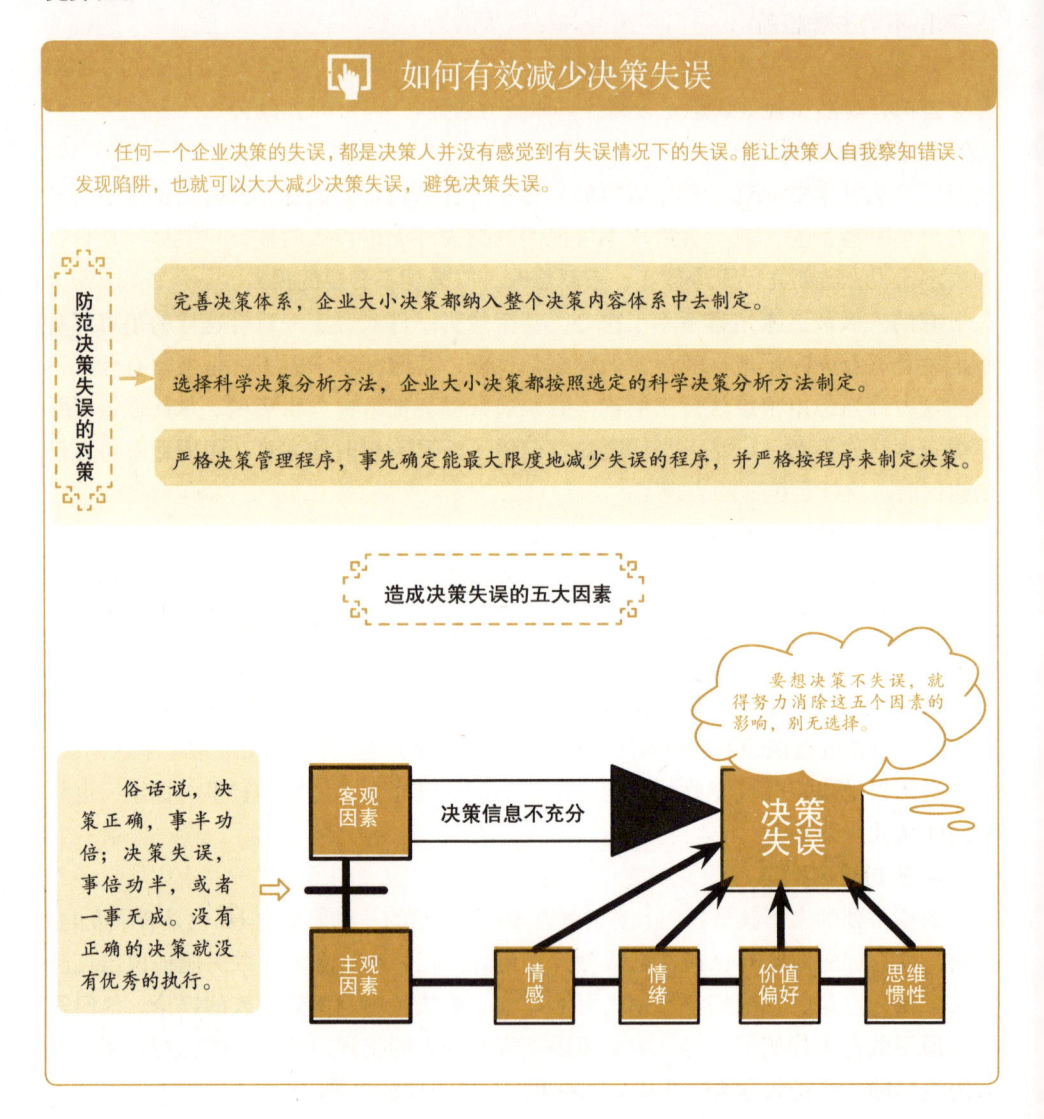

如何有效减少决策失误

任何一个企业决策的失误，都是决策人并没有感觉到有失误情况下的失误。能让决策人自我察知错误、发现陷阱，也就可以大大减少决策失误，避免决策失误。

防范决策失误的对策

- 完善决策体系，企业大小决策都纳入整个决策内容体系中去制定。
- 选择科学决策分析方法，企业大小决策都按照选定的科学决策分析方法制定。
- 严格决策管理程序，事先确定能最大限度地减少失误的程序，并严格按程序来制定决策。

造成决策失误的五大因素

俗话说，决策正确，事半功倍；决策失误，事倍功半，或者一事无成。没有正确的决策就没有优秀的执行。

要想决策不失误，就得努力消除这五个因素的影响，别无选择。

客观因素 → 决策信息不充分 → 决策失误

主观因素 → 情感、情绪、价值偏好、思维惯性 → 决策失误

决策必须能够应对变化

孙子说:"故兵无常势,水无常形,能因敌变化而取胜者,谓之神。"意思是说:"战争无固定不变的态势,流水无固定不变的流向。能随着敌情发展变化而采取灵活变化的措施取胜的人,才称得上是神秘莫测的高明者。"

美国硅谷专业公司曾是一个只有几十人的小公司,面对竞争能力强大的半导体器材公司,显然不能在经营项目上一争高低。为此,硅谷专业公司的经理改变了自己的发展计划,抓住当时美国"能源供应危机"中的节油这一信息,很快设计出"燃料控制"专用芯片,供汽车制造业使用。在短短5年里,该公司的年销售额就由200万美元增加到2000万美元,成本也随之由每件25美元降到4美元。

孙子说:"兵者,诡道也。"意思是说,领兵打仗,讲求的就是一个随机应变。兵来将挡,水来土掩。同样,我们也可以说:"商者,诡道也。"商业头脑的高下就是应变能力的高下。

众所周知,由于成功运用了生产流水线,福特公司的汽车创造成本一下子下降了很多。到1924年,福特T型车的售价已降至不到300美元,这个价格低于当时马车的价格。当时没有任何一家汽车公司有能力将汽车成本控制到福特汽车成本之下,福特始终占据着价格优势,这种优势使福特成为当时美国汽车行业的领头羊。

如果说福特的成功是源自成功地对接了消费者的渴望汽车廉价的心理,那么导致福特痛失恒行业领头羊位置的主要原因就是其忽视了消费者的需求变化:随着汽车走进了千家万户,消费者对汽车有了新需求。福特曾经有一句名言:我可以为顾客提供任何颜色的车,只要他要求的是黑色。由此可见福特汽车颜色的单调。但民众开始渴望拥有其他颜色的汽车。

通用将民众的愿望变为了可能,他们开发出著名的Duco漆,它使汽车喷漆的干燥时间从几周缩短到几小时,并为车的外观提供了多种颜色方案。通用汽车的掌舵人斯隆在1924年的年度发展报告中阐述了他那著名的"不同的钱包、不同的目标、不同的车型"的市场细分战略。他根据价格范围对美国汽车市场进行了细分,每个通用汽车品牌的产品都针对一个细分市场:雪佛兰针对低端市场,凯迪拉克则瞄准高端市场。

通用的努力换来了丰厚回报,从20世纪20年代中期到50年代的20多年间,通用汽车的年度销售量翻了两番,很快就超过福特汽车,市场占有率从不足两成到超过五成,成为美国汽车市场上新的领头羊。与之相对应的是,福特汽车的市场占有率从超过五成下滑到两成左右。

正是看到了消费者消费需求的变化，通用才获得了超于福特的机会。无独有偶，曾错失小排量汽车发展良机的克莱斯勒公司开始寻找新的市场需求，它把眼光停留在箱型车上。传统箱型车的空间不够大，不能满足消费者旅行的需要，但小货车又不够轻便。1983年，克莱斯勒公司开发出介于传统箱型车和小货车之间的厢式旅行车系列，从而开辟了旅行车这一细分市场，成为这一市场的领军企业。

有一年，美国但维尔地区经济萧条，不少工厂和商店纷纷倒闭，被迫贱价抛售自己堆积如山的存货，价钱低到1美元可以买到100双袜子。

那时，约翰·甘布士还是一家织制厂的小技师。他马上把自己积攒的钱用于收购低价货物，人们见到他这股傻劲儿，都嘲笑他是个蠢材。

约翰·甘布士对别人的嘲笑漠然置之，依旧收购各工厂和商店抛售的货物，并租了很大的货仓来贮货。他有自己的计划，因为他相信不久这些货物就会成为宝贝。

做决策一定要把握市场变化

市场没有恒定不变的主题，也没有永远不变的盈利模式，不变的只有以变应变的经营策略。只有决策迎合了市场变化，才能把握商机，否则，就会被变化的市场所淘汰。

销售管理的可控和不可控因素

可控的：产品、价格、渠道和分布、促销、消费者

不可控的：竞争、社会和文化、经济条件、公共政策、全公司的目标政策和资源、消费者偏好和态度、国家资源的可用性、自然力

消费者需求是市场变化的主导力量，因此满足消费者需求是企业生存的支柱点。

他妻子劝他说，不要购入这些别人廉价抛售的东西，因为他们历年积蓄下来的钱数量有限，而且是准备用来做子女教养费的。如果此举血本无归，后果就会不堪设想。

对于妻子忧心忡忡的劝告，甘布士笑着安慰她道："3个月以后，我们就可以靠这些廉价货物发大财了。"

甘布士的话似乎兑现不了。过了10多天后，那些工厂即使贱价抛售也找不到买主了，它们便把所有存货用车运走烧掉，以此稳定市场上的物价。

甘布士的妻子看到别人已经在焚烧货物，不由得焦急万分，便抱怨他。对于妻子的抱怨，甘布士一言不发。

终于，美国政府采取了紧急行动，稳定了但维尔地区的物价，并且大力支持那里的厂商复业。这时，但维尔地区因焚烧的货物过多，存货欠缺，物价一天天飞涨。原本计划把存货多留一段时间的甘布士决定把自己库存的大量货物抛售出去，一来可以赚一大笔钱，二来使市场物价得以稳定，不致暴涨不断。

在他决定抛售货物时，他的妻子又劝告他暂时不要忙着把货物出售，因为物价还在一天一天飞涨。他平静地说："是抛售的时候了，再拖延一段时间，就会后悔莫及。"

果然，甘布士的存货刚刚售完，物价便又跌了下来。他的妻子对他的远见钦佩不已。

后来，甘布士用赚来的钱，开设了5家百货商店，生意也十分兴隆。如今，甘布士已是全美举足轻重的商业巨子了。

甘布士的成功就在于预计到了市场的变化，并制定出有针对性的决策。这些决策不是对抗变化，而是依据变化而灵活实施。比如看到通货膨胀之后必然有一个恢复期，所以趁机收购货物等待升值。但是当市场上出现恢复的苗头时，他立即决定改变计划，开始抛售货物。甘布士的应变充分体现了一个成熟的商人制胜的秘诀，管理者应该从中有所启迪。

充分占有利于决策的信息

孙子说："故明君贤将所以动而胜人，成功出于众者，先知也。"意思是说："明君和贤将之所以一出兵就能战胜敌人，功业超越众人，就在于能预先掌握敌情。"敌情就是信息，也就是说，要想做出成功的决策，就需要占有利于决策的信息。

我们以索尼为例。1947年，美国著名的贝尔实验室发明了晶体管。相对于电子管而言，晶体管具有体积小、耗电少等显著优点，许多专家都认为电子管将要被晶体管所取代，但他们同时认为这种改变并非短期可以实现。当时在世界电子行业中称雄的几家大公司，如美国无线电公司和通用电气公司以及荷兰的飞利浦公司也认为晶体管取代电子管绝非易事。

当时，盛田昭夫领导下的日本索尼公司却看到了晶体管带来的巨大商机。此时的索尼公司还名不见经传，它太小了，只是一个做电饭锅的小公司。盛田昭夫认为，电子管和晶体管都是电子设备的基础元配件，晶体管的诞生，意味着一个电子应用全新领域的全面来临，从这个层面上讲，晶体管具有非常重要的战略价值。如果索尼能顺应形势，将快速成长为一家大公司。

于是，这家当时在国际上还鲜为人知，而且根本不生产家用电器产品的公司，仅仅以 2.5 万美元的价格，就从贝尔实验室购得了技术转让权。两年后，索尼公司率先推出了首批便携式半导体收音机，与市场上同功能的电子管收音机相比，重量不到五分之一，成本不到三分之一。三年后，索尼占领了美国低档收音机市场，五年后，日本占领了全世界的收音机市场。

显然，索尼购买晶体管技术转让权并大举进入收音机市场的决策是极其成功的。其实，盛田昭夫能够做出如此成功的决策，就在于他获得了两大利于决策的关键信息：一是消费者具有希望电子产品越来越轻、越来越省电的消费期望，如果能够推出重量轻、带电时间长的收音机，一定会大受欢迎；二是晶体管的研制成功，使消费者期望具有满足的可能。所以，盛田昭夫相信，晶体管必然会为电子行业带来革命，谁最先占据晶体管市场，谁就把握住了未来的需求，谁就能在市场中处于主动位置。

洞察先机有利于正确决策

机会有很多，最早的机会意味着最大的空间和最大的市场和最具影响力。机遇在前，把握机遇和把握先机，并制定战略和实施战术，是事业得到发展，财富得到积累的最佳途径。

占领制高点，抢占先机是获取财富的规律。正如淘金者，先到的人成为百万富翁，而后来者不仅没有淘到金，有的人甚至是有去无回。

对于企业管理者而言，要想成功决策，就需要掌握大量对决策有用的信息，从某种意义上说，决策者能否做出正确决策取决于他占有的信息量的多少。其实任何方案都需要论证的，所谓的论证就是在不断地搜集信息的基础上，对方案提出质疑并进行完善的过程。为了确保决策的正确性，在决策过程中还需要相关人员的参与。比如在市场决策中，让一线销售人员参与会增加决策的准确度。让相关人员参与决策，其实也是获得利于决策的关键信息的一种重要方式。

好的决策要着眼于未来

孙子说："夫未战而庙算胜者，得算多也；未战而庙算不胜者，得算少也。"意思是说：未开战而在庙算中就认为会胜利的，是因为具备的制胜条件多；未开战而在庙算中就认为不能胜利的，是具备的制胜条件少。孙子的这句话点出了成功决策的关键因素：战略决策者所面临的问题不是他的组织明天应该做什么，而是我们今天必须为不确定的未来做哪些准备。

管理大师德鲁克说，战略规划并不涉及未来的决定，它所牵涉的只是目前决策的未来性。决策只发生在目前。但目前的决策决定着未来的走向。

在1984年，本田技术研究所曾面临一次倒闭的危机，本田投下巨资增加设备，原本受欢迎的公司的商品销路却大减。种种困难，迫使本田公司难以负荷。在这种情况下，本田却宣布要参加国际摩托车赛，并宣称要制造第一流的摩托车，争取拿世界冠军。

这个决策在当时业内人士看来，简直是一个天大玩笑。就连本田内部的人也觉得管理者一定是被目前的窘境逼疯了。殊不知，本田的负责人有着自己清晰的算盘。他期望这种决策能够为未来称霸全球摩托市场赢得先机。

这个决策出台后，激发了本田职工的奋进之心。有一部分员工认为这种决策使得他们精神振奋，虽然以他们当时的技术来说，还无法同欧洲相比，但是，这种挑战燃起了他们冲天的信心。没有任何人是不可战胜的，只要甘于钻研，甘于付出。

本田负责人自己以身作则，为了研究开发技术，改良摩托车性能，不分昼夜，取消假日，每天都到公司努力工作，或许是他的敬业精神感动了员工，员工们个个精神抖擞，忘我工作，终于如期制造出第一流的摩托车参赛，并取得了骄人的战绩，本田公司也因此一举成名。

决策为未来的发展做好准备，这就需要决策管理者具有超前意识。超前意识是一种以将来可能出现的状况面对现实进行弹性调整的意识。它可以创造前景进行预测性思考，可以使我们调整现实事物的发展方向，从而帮助我们制定正确的计划和目标并实施正确的决策。

"二战"时期，美国有家规模不大的缝纫机工厂，由于"二战"影响，生意非常萧条。工厂厂主汤姆看到战时除了军火生意外，百业凋零，但是军火生意却与自己无缘。于是，他把目光转向未来市场，一番思索后他告诉儿子保罗："我们的缝纫机厂需要转产改行。"保罗奇怪地问他："改成什么？"汤姆说："改成生产残疾人使用的小轮椅。"尽管当时很不理解，不过保罗还是遵照父亲的意思办了。一番设备改造后，工厂生产的一批批轮椅问世了。

正如汤姆所预想的，很多在战争中受伤致残的人都纷纷前来购买轮椅。工厂生产的产品不但在美国本土热销，连许多外国人也来购买。保罗看到工厂生产规模不断扩大，实力也越来越强，非常高兴。但是在满心欢喜之余，他不禁又向汤姆请教："战争马上就要结束了，如果继续大量生产轮椅，其需求量可能已经很少了。那么未来的几十年里，市场又会有什么需求呢？"

汤姆胸有成竹地笑了笑，反问儿子说："战争结束了，人们的想法是什么呢？""人们已经厌恶透了战争，大家都希望战后能过上安定美好的生活。"汤姆点点头，进一步指点儿子："那么，美好的生活靠什么呢？要靠健康的体魄。将来人们会把健康的体魄作为主要追求目标。因此，我们要准备生产健身器。"

一番改造后，生产轮椅的机械流水线被改造成了生产健身器的流水线。刚开始几年，工厂的销售情况并不好。这时老汤姆已经去世了，但保罗坚信父亲的超前思维，依旧继续生产健身器材。十几年的时间，健身器材开始大量走销，不久就成为畅销货。当时美国只有保罗这一家健身器材工厂，所以保罗根据市场需求，不断增加产品的产量和品种，随着企业规模的不断扩大，保罗跻身到了亿万富翁的行列。

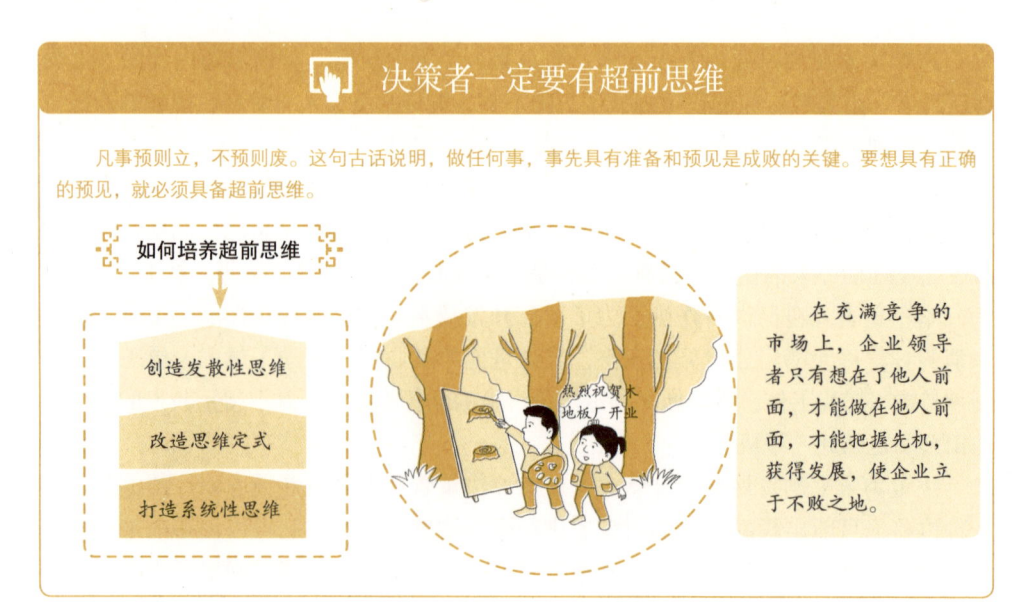

决策者一定要有超前思维

凡事预则立，不预则废。这句古话说明，做任何事，事先具有准备和预见是成败的关键。要想具有正确的预见，就必须具备超前思维。

如何培养超前思维

- 创造发散性思维
- 改造思维定式
- 打造系统性思维

在充满竞争的市场上，企业领导者只有想在了他人前面，才能做在他人前面，才能把握先机，获得发展，使企业立于不败之地。

不要在搜集信息上吝啬

决策者要善于发挥职能部门的作用，充分利用各部门、各行业所建立的专业信息网络和渠道，保证及时接收可靠的专项信息。如各职能部门建立的经济信息中心、科技情报中心、民意调查研究中心以及交通、物资、金融信息网络等，都是提供专业信息的网络、渠道。

决策者仅仅利用信息网络和各种渠道获取信息是不够的，有条件者还要亲自到实践中去直接收集信息，尤其是一些重大决策更应该如此。决策者深入实际，通过调查、走访、考察以及个人的人际交往所收集到的信息比间接得到的信息更为可信、更为深刻、更有利于增强决策的可靠性。

决策信息是管理者决策的重要基础。运用有效方法，正确地收集并科学处理决策信息，充分发挥信息在决策中的综合作用，是实现决策民主化、科学化的重要保证。决策信息的收集方法主要包括：

1. 测验收集法：主要分为民意测验和心理测验两大类，是管理者用以了解民心的常用调查方法。测验法与问卷法大同小异，是同类性质的方法。它们的主要不同就在于测验法要比问卷法更精细、更周密，特别是心理测验，它完全以心理学原理为科学基础，设计得更为精巧。

民意测验在进行所有的管理决策时都很有用，心理测验则主要在进行用人的管理决策时才比较有用。这些测验结果在管理决策时都是很有分量的砝码。

2. 开会收集法：对调查者而言，可召开目的明确的专题会议，直接听取与会者的专门意见；也可召开综合性会议，直接听取各种意见。有时也可利用各种组织者主持召开的会议所产生的结果，间接获取有用的信息。甚至还可以委托召开会议，间接获取有用的信息。

3. 问卷收集法：问卷有两种：一种是普通问卷，由研究者直接交给调查对象填答，或者由研究者通过口头询问代调查对象填答的问卷；另一种是邮寄问卷，即通过邮局把问卷交到调查对象手上，由调查对象填答好以后寄回给研究者的问卷。两者最根本的操作程序是：首先，依据调查对象的心理和目标，设计出适当的问卷，然后通过一定的方式将问卷送达调查对象手中，在一定的时间内答完并收回，最后整理问卷，分别进行定量和定性处理，汇总成有用的第一手真实信息。

4. 统计收集法：是最具权威的、最确信的调查方法。它运用统计工具，包括统计原理、数学模型和统计模型，对决策所要处理和涉及的问题和情况进行科学、系统地调查，为决策者提供直接可用的事实依据。但是，这个方法只有统计专家才能娴熟运用。因此，管理主体在决策时要依靠和借助于统计专家和统计部门进行的专门统计服务。

5. 报告收集法：利用各种报告，能够直接获取有用的第二手材料和信息。另外，管理客体，特别是群众也可以直接向管理主体反映情况和问题，反映意见、愿望和要求。管理主体由此得到的这类信息，也属于报告性质，是直接的、真实的，甚至是尖锐的第一手材料和信息。

一项调查结果表明，来自企业高层决策层的信息，只有20%～30%的员工知道并能正确理解；而从员工能够到达高层的信息不超过10%；平行交流的信息效率则能达到90%。因机构臃肿，从董事长到总经理，信息丢失37%；到中层丢失46%；到一般管理者丢失60%；到最基层丢失80%。由此可见，想要科学决策，必须建立一个完整的信息系统，多方沟通信息，方可为决策提供可靠依据，使企业充满活力。

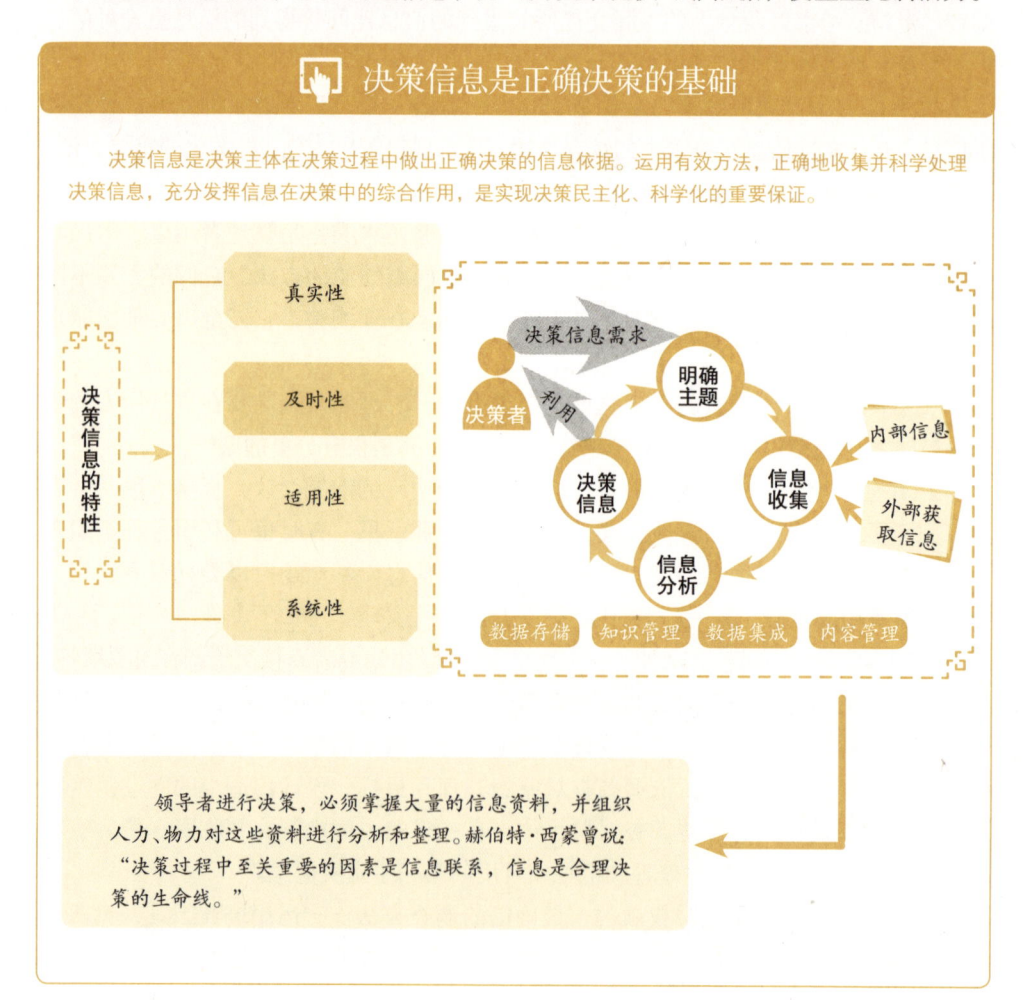

决策信息是正确决策的基础

决策信息是决策主体在决策过程中做出正确决策的信息依据。运用有效方法，正确地收集并科学处理决策信息，充分发挥信息在决策中的综合作用，是实现决策民主化、科学化的重要保证。

决策信息的特性
- 真实性
- 及时性
- 适用性
- 系统性

决策者 — 决策信息需求 / 利用 — 明确主题 → 信息收集（内部信息、外部获取信息）→ 信息分析 → 决策信息

数据存储　知识管理　数据集成　内容管理

领导者进行决策，必须掌握大量的信息资料，并组织人力、物力对这些资料进行分析和整理。赫伯特·西蒙曾说："决策过程中至关重要的因素是信息联系，信息是合理决策的生命线。"

第三章
营销管理：让客户掏钱变得更主动

谁适合当营销经理

如何成为一名杰出的业务经理？如果你去问一名经理，再去问这名经理手下的行销人员，为此，你可能会得到完全不一样的两种答案。

下面归纳出的"营销经理的业务领导特质"，其来源有三：一是个人经验；二是对50多名业务经理的访谈结果；三是100多名行销人员对"怎样才是一名理想的经理"的回答与结论。以上三者综合起来，构成相当精良的准则。其中有哪些特质你敢说自己具备了，并且可以描述自己管理或领导的方法？如果你是一位行销人员，其中有多少个特质是你希望你的老板或经理能够具备的？下面就是这些问题的答案：

1. 以身作则。不要要求属下做一些连你自己都做不到的事。你不能置身事外。要以身作则，不要光靠一张嘴皮子。

2. 养成并维持正面积极的态度。这是你迈向自己成功与下属成功的最大一步。树立快乐的模范，让你的小组能够保持轻松、快乐的气氛。

3. 一起制订与达成目标。不要口号，要目标。每周审查他们的进度。

4. 接听业务查询电话。靠着了解客户所需，以及磨炼你的行销技巧，来保持你的领导地位。

5. 与行销人员一起做陌生拜访。经常设身处地站在行销人员的立场着想。

6. 接听客户投诉电话。找出客户、公司与行销人员真正的问题症结。打电话给不满的客户并采取实际行动。

7. 打电话给流失的客户。找出你们失去客户的原因何在。

8. 完成交易后，打电话向客户致谢。管理阶层的致谢电话，是建立良好关系的大好开始。

9. 与行销人员一起拜访重要客户。一个月至少进行10次业务拜访。

10. 打电话给满意的客户。找出令客户满意的原因，同时了解行销人员的表现与待客能力。

11. 采用以客户为主旨的业务报表而非例行的流水账。报表上应注明行动日期与客户或准客户姓名，如此你才能从报表中看出行销周期。单是知道某人在星期一做了些什么事、星期二做了些什么事，简直就是浪费时间。如果你真的想知道这些，让你的行销人员复印一份日程表，和报表一起呈上来，这样你就能看到你的行销人员是多么忙碌、多么有组织能力，或者距离他们的业绩目标有多么近了。

12. 定期检查业务报表。确定你的行销人员，他们不是只把空间填满、让报表好看而已。

13. 要求回馈。来自行销人员、高级管理阶层，以及客户的回馈与建议。

14. 采纳建议。让行销人员知道你在听。这么做可以激发出更多具有建设性的建议，并且提高士气。展示你有改变的能力和成长的能力。

15. 与你的行销人员站在同一阵线。当客户与行销人员产生矛盾时，不要马上责怪你的行销人员，应该表现出你对下属的信心。在听清楚双方说辞之前，不要马上下判断。

16. 经常赞美下属的优点。每次批评一位下属之前，先表扬他的优点，以支持赞美来引导成功。

17. 鼓励代替谴责。每个人都会犯错，你也会。鼓励与正面的支持比谴责更能预防更多错误的发生。当一个好教练，给下属以支持。

18. 如果你必须谴责下属，尽量在私底下进行。而且对别人绝口不提此事。

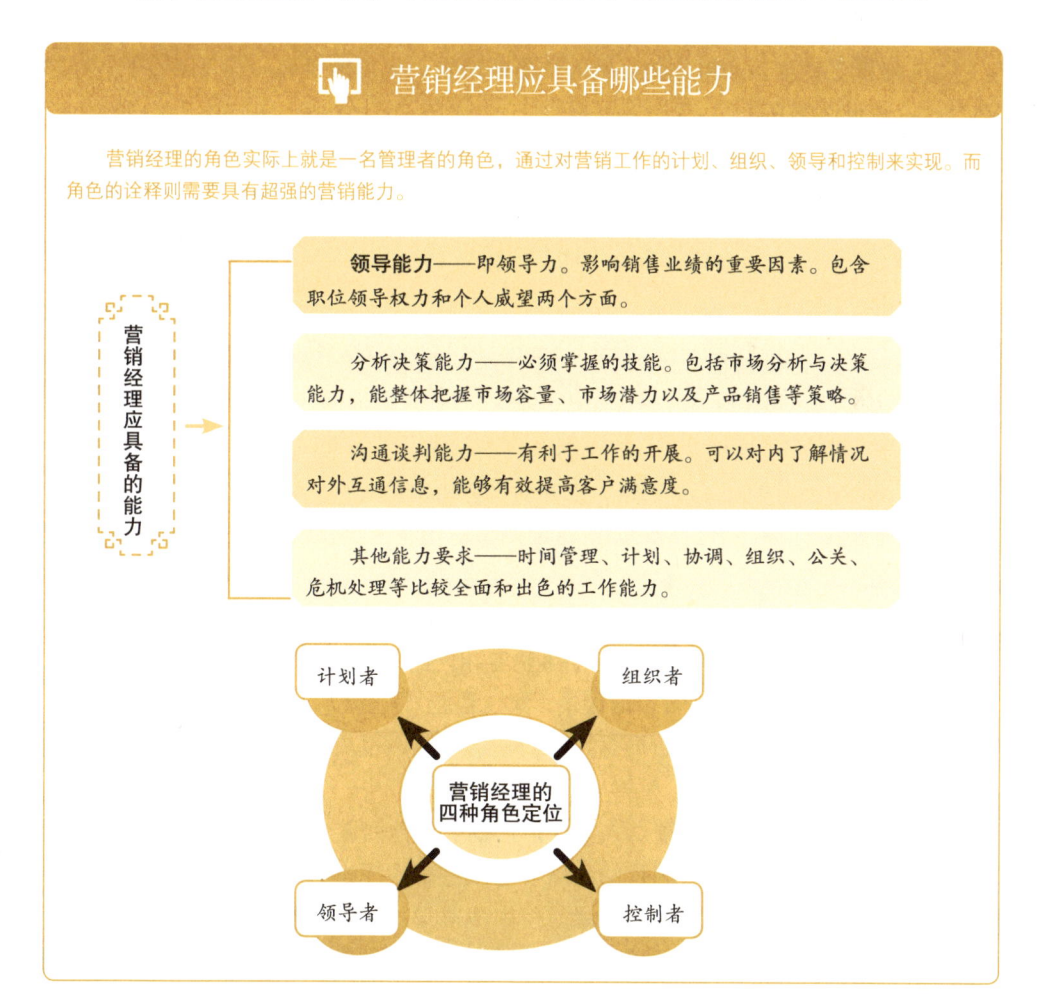

营销经理应具备哪些能力

营销经理的角色实际上就是一名管理者的角色，通过对营销工作的计划、组织、领导和控制来实现。而角色的诠释则需要具有超强的营销能力。

营销经理应具备的能力

- **领导能力**——即领导力。影响销售业绩的重要因素。包含职位领导权力和个人威望两个方面。

- **分析决策能力**——必须掌握的技能。包括市场分析与决策能力，能整体把握市场容量、市场潜力以及产品销售等策略。

- **沟通谈判能力**——有利于工作的开展。可以对内了解情况对外互通信息，能够有效提高客户满意度。

- **其他能力要求**——时间管理、计划、协调、组织、公关、危机处理等比较全面和出色的工作能力。

营销经理的四种角色定位：计划者、组织者、领导者、控制者

19. 不要偏袒。这会扼杀士气，而且可能连累你的爱将。

20. 要振奋人心。传送出鼓舞人心的信息。瞧瞧你的办公室，墙上有令人鼓舞的东西吗？你自己也遵守这些信息吗？还是这些信息只是个空洞的装饰，仍无法提醒你该做的事？

21. 颁发奖品或奖赏给表现杰出者，以激励他工作，提供人人都能赢取的激励。

22. 让你的办公室成为有趣的地方。当行销人员被请去你办公室时，他们会说"噢，糟了"吗？

23. 让大家知道你是个能办成事的人。否则你会成为失职者。

24. 张大眼睛寻找改进或行销的机会。如果你精神抖擞，警觉性高，并且颇有收获，会对你的行销人员起刺激作用。

25. 训练、训练、再训练。每周训练，尽可能参加研讨会，每天吸收新课程的知识，阅读任何与行销和积极态度有关的书籍。还有，不要只训练别人，自己也要接受训练。

26. 降低流动度。如果你的行销人员不断出走，你可能要近一点儿照镜子好好瞧瞧自己：错也许不在他们。

选好你的手下干将

具备一些基本的特质，再加上一些技巧，就容易成为一个杰出的营销人才了。出色的营销人员必须在以下几方面工作出色：

1. 拜访老客户。所谓80/20的原则，应用起来，就是有80%的生意是从20%的顾客那儿来的。满意的老主顾当然比较容易再惠顾，这种例子在大小公司里屡见不鲜。现有的老主顾是你最好的营销对象。这原则也适用于个人营销。有一位纽约21世纪房地产公司的最佳经纪人，他1/3的业绩是由老顾客带来的。他往往重新拜访曾经向他购屋的老主顾，看看他们现在是否有屋待售。

2. 渐进同化。对方如果对你经销的事物有相当的兴趣，推销起来就比较得心应手。卡耐基多年来从事运动竞赛节目的促销，深知若能与对运动竞赛有兴趣的对象谈话，做成生意就容易得多。但是如果对方起初缺乏共鸣，也可以尝试渐进影响，让他受你热忱的感染。

比如说，纽约有一位古董商人就深谙此道。在他闻名当地的宅邸里，15个房间内都陈设了各式各样、琳琅满目的古董。有人进来，原本只要随意浏览，他却坚持做向导，领他们一间一间地走遍全屋。途中他对每一样物品都提供有趣的解说：物品的出处、设计的巧思，甚至于他是怎么样在拍卖时便宜标到的，等等。对每件物品上标示的价格,他却只字不提。谈得越深,你就越沉迷在他珍藏的美妙世界里。

当他一间接着一间,领着访客循原路出去时,每个人都忍不住要驻足停歇,买一两样这些能变成生活中不可或缺的摆设的古董。

3. 以小见大。年轻的管理者在国外的分公司里比较容易施展才干。同样地,营销人员也比较容易在竞争较少的地区里出人头地。有些惊人的业绩是在意想不到的小地方创造出来的。在一个只有几万人的小城,叶格之所以成为顶尖的史坦威钢琴代理商之一,就是因为当地居民富有,而他又毫无其他竞争对象。

打高尔夫球就是一个很好的例子。对手弱,你当然容易得胜。也许这样的胜利

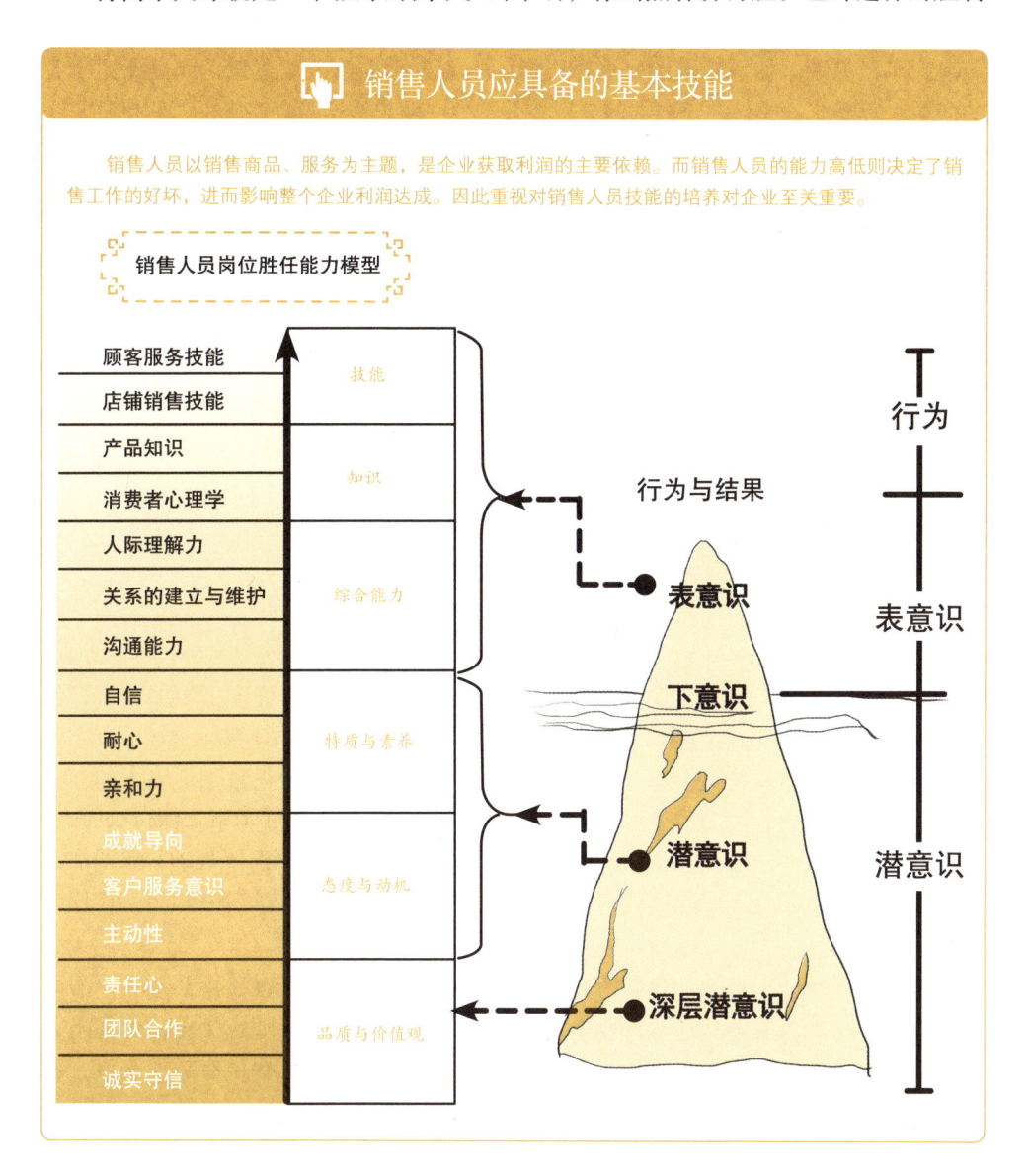

销售人员应具备的基本技能

销售人员以销售商品、服务为主题,是企业获取利润的主要依赖。而销售人员的能力高低则决定了销售工作的好坏,进而影响整个企业利润达成。因此重视对销售人员技能的培养对企业至关重要。

销售人员岗位胜任能力模型

能力项	分类	层次
顾客服务技能	技能	行为
店铺销售技能		
产品知识	知识	行为与结果
消费者心理学		
人际理解力	综合能力	表意识
关系的建立与维护		
沟通能力		
自信	特质与素养	下意识
耐心		
亲和力		
成就导向	态度与动机	潜意识
客户服务意识		
主动性		
责任心	品质与价值观	深层潜意识
团队合作		
诚实守信		

对高尔夫球赛来说没有多大意思，但在商场上却会让你心满意足。

4. 以退为进。有时直言："这恐怕不适合你的需要，我们以后看看再说。"会令人耳目一新。从长计议，暂时后退要比全速冲击有时更易成功。顾客不单单会在你说"我们先不看这个吧"的时候信任你，也会在将来你推荐其他产品时，更容易接纳你的意见。

5. 推陈出新。很多营销人员风度翩翩、谈吐得宜，给人极佳的第一印象。但是第二次会面时，他们还是只有老一套，让人觉得华而不实而无意亲近。

优秀的营销人员懂得每一次会面都是机会，一定要有些新发展。推销汽车的，不会在顾客第二次上门时，又带他去试车；所要谈及的是配备附件、如何贷款、旧车换新车，等等。如果经销的是大型电脑，不需要再描绘诸般美景，或批评竞争者的产品；所要准备的是一套成本的分析，并带上一两位讲话条理清晰的工程师。

6. 耐心沟通。有人似乎样样精通，活像百科全书。这种人促销的过程好像苏格拉底式的对话或政治上的辩论，直到对方穷于应付、筋疲力尽为止。

优秀的营销人知道此法不通，辩才无碍，在口舌上占上风，并不会让对方心服。顾客在词穷理尽时，常觉懊恼丧气，更不想谈成什么协议。

最好的办法是让对方不知不觉中消除了异议，学着适应对方的看法；或等对方不再一味坚持；或是等下一次机会，在另一个场合，换个方式来沟通。

7. 善始善终。许多管理者在签订完谈判协议之后，总是犯下善始不善终的错误。要继续保持联系，看看产品有没有如期交货、服务品质是否优良。

营销管理要集思广益

作为管理者，只有给下属以积极的心态，才会促使他们给你提供更多、更好的建议，去参与市场经济的竞争。作为一个管理者，必须正确对待下属的建议。

面对一个好主意，人们首先的反应是排斥它，这个主意如果是别人提出的，则更有甚之。绝大部分的人都希望有创见的好主意是自己想到的，所以当他们听到新东西，很自然会变得警惕起来。他们会这样想："为什么我没有想到这个？"接下来就会用各种借口和自我辩解来攻击这个建议。

有个经理曾建议公司经营所谓的"大学简介"录像带。

按照这个想法，他们公司将制作介绍几十个有名的大学的录像带，然后，他们再将这些录像带投入市场向那些将要报考大学的学生家长推销。有了这种廉价的方法，家长们就可以省去访问学校的费用了。那些大公司作为高等教育的受惠者也许会争着抢着来赞助这些录像片的制作呢。从表面上看，这是一个极好的主意。

其中的角色有年轻的学生、富裕的家长，还有那些努力接近他们的公司。除此之外，他们公司作为电影制片人以及为公司提供营销咨询的特长也得到了发挥。但是，想到过去的经验，要将这些录像盒推销到美国每个高中生的手中是不可能的事情。先不说家长们会仅仅根据30分钟的录像片来决定4万到6万美元的学费投资，首先他们就没有一个经济有效的方法让家长们都得到这些录像带。

这样一个项目要花很多钱、时间和人力，而等到他们获得报偿的时候（假如有这样的时候），他们辛辛苦苦得来的经验又成为竞争对手们的现成方案。

这样一个建议可能非常好，可是它既无利润，也缺乏自我保护能力。

董事会认为此建议不可取，就很委婉地回绝了这位经理的建议。

对他们公司而言，在商业界生存意味着时时在冒险与报偿之间取得平衡。

不管一个建议听起来是多么的美妙，或者多么的糟糕，他们注意的是将来的结果。

面对一个新建议，必须要经过认真考虑才能做出决定。

如果建议不经过认真分析，就盲目地投入生产，那后果就可能是白白浪费了时间与精力。但也不能因此打消职员提建议的积极性。

那么，怎样才能做到"集思广益"呢？下面就是比较常规的做法：

群策群力让营销管理更完善

"群策群力"实质上是疏通内部意见的程序，其宗旨是集思广益，寻求共同的解决意见。最终的目的是让各部门的各级成员都能直接参与公司目标、决策的制定。

群策群力八步走

建立信任 → 筛选提案 → 去除官僚 → 投入资金 → 确定方案 → 执行方案 → 评估效果 → 进行奖励

韦尔奇曾说："我们一直管理着比我们知道得更多、做得比我们更好的人。""群策群力"不会只是在一段时间内进行，必将伴随着企业一起成长，为企业发展推波助澜，也会大大加强员工与企业之间的凝聚力。

1. 给下属机会
（1）主管人员应放下自己架子；
（2）与下属经常谈话，让他们谈谈自己的想法；
（3）鼓励下属提建议，适当地设置一些奖励措施；
（4）主管人员要认真听取下属的建议。

2. 对下属的建议进行分析
（1）把下属的多个建议进行比较，找出其中最佳的作为计划方案；
（2）召开常务会议，让大家进行讨论；
（3）让下属自己阐述他提此建议的目的以及此建议有何好处；
（4）看此建议是否有利于在市场上参与竞争；
（5）看此建议是否能给企业带来可观的效益，并且这个建议无损企业形象。

3. 对下属的态度
（1）对提建议的人员要友好对待，并鼓励他继续努力；
（2）不要以个人经验或秉性去对待下属的建议；
（3）采取谨慎的态度；
（4）对一些"馊主意"要苛刻地对待。

营销从市场调查起步

市场调查是企业经营管理活动的出发点，是认识和了解市场的一种有效方法。通过市场调查取得了有关市场营销的信息，据此可以做出有关产品开发和整顿、产品价格、分销渠道、促销措施等方面的营销策略，自觉地综合运用各种营销手段，使产品适销对路，在市场竞争中占据优势，取得好的经济效益。

下面有个例子正好说明了市场调查的作用。

有个皮货专营店，在这方面就做得比较出色。皮货是高档消费品，它的季节性很强，所以必须采取有效的措施进行营销。对这样一个只有200平方米营业面积、三十多个职工的小店来说，不要说压上百万，就是几十万也能把企业压得喘不过气来。为此，该店对捕捉市场信息的工作特别重视，力求做到三位一体，全方位地捕捉市场信息，做到信息灵、信息准。

三位一体：一是国内外市场信息，二是消费者需求信息，三是厂家和各地同行的产销信息。营业柜台设有顾客需货登记本，每销售三天有一个全面统计：哪种款式最好销、哪种颜色最受欢迎、哪种型号需求量最大，以及顾客提的意见，甚至顾客与顾客之间的谈话和顾客自言自语所反映出来的信息，都纳入了其收集范围。业务员密切关注国内皮货市场的动态和本市皮货商品进货渠道和销售情况。

这家皮货店高层领导更不例外,订货会有请必到或不请自到,每年淡季都要到全国皮货的主要产地收集信息。

在日常生活中,他们也注意观察,不放过对皮货经营有利的信息,并加以利用。有一次在大街上,经理发现一位外国女青年身着一件仿古、仿旧色、款式新颖的羊毛上装,给人以潇洒俊逸的感觉。于是,他照样设计了一件,推荐给厂方。厂方加工的皮装由纽约的一家商场代销,不到一天就销售一空。

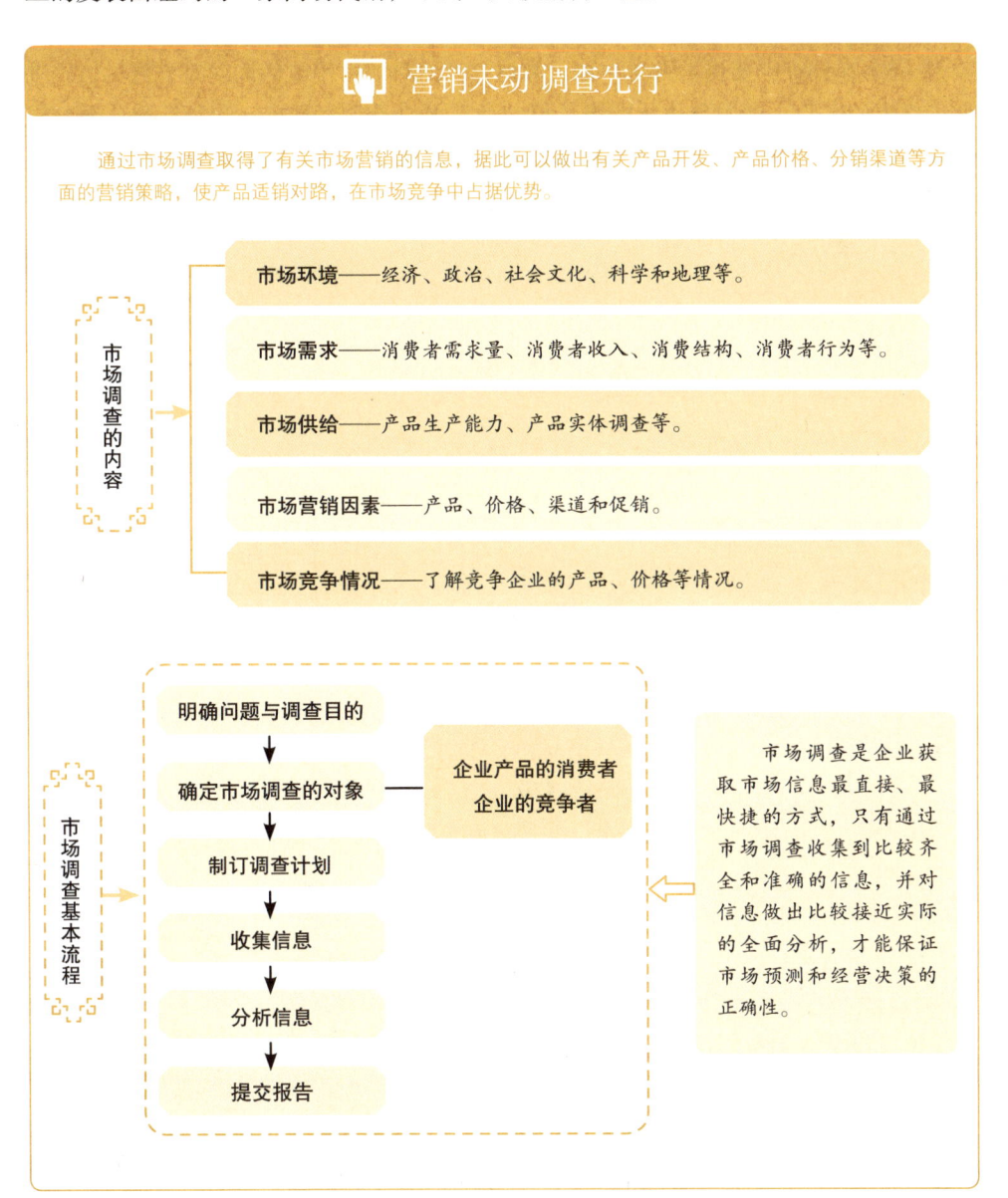

营销未动 调查先行

通过市场调查取得了有关市场营销的信息,据此可以做出有关产品开发、产品价格、分销渠道等方面的营销策略,使产品适销对路,在市场竞争中占据优势。

市场调查的内容

- **市场环境**——经济、政治、社会文化、科学和地理等。
- **市场需求**——消费者需求量、消费者收入、消费结构、消费者行为等。
- **市场供给**——产品生产能力、产品实体调查等。
- **市场营销因素**——产品、价格、渠道和促销。
- **市场竞争情况**——了解竞争企业的产品、价格等情况。

市场调查基本流程

明确问题与调查目的
↓
确定市场调查的对象 —— 企业产品的消费者 企业的竞争者
↓
制订调查计划
↓
收集信息
↓
分析信息
↓
提交报告

市场调查是企业获取市场信息最直接、最快捷的方式,只有通过市场调查收集到比较齐全和准确的信息,并对信息做出比较接近实际的全面分析,才能保证市场预测和经营决策的正确性。

那么，怎样才能搞好市场调查呢？以下就是市场调查的常规方法：

（1）首先确定调查目标。

（2）制订计划、设计方案。

（3）实施调查方案。收集和利用现有的资料，进行初步调查；亲临其境，通过耳闻目睹、询问、记录等方式进行调查。

（4）加工整理，分析资料。对资料进行分类、校核，把分类和编校资料的内容，按一定的要求制成统计表，便于分析、研究、使用，然后对资料进行分析。

（5）做出结论，提出报告。

（6）在调查中要讲求方法。如，和对方当面洽谈；用电话询问对方意见；先进行小规模的试验；利用现代化的电子仪器和技术设备观察现场、收集资料；通过邮寄调查；调研人员到现场对调查对象的情况直接观察记录以收集信息；用日记方式记录获得信息；抽样调查等。

（7）挑选调查人员并加以培训。

抓住消费者心理

怎样才能抓住消费者的心理呢。首先，我们必须认清消费者一般都有哪些消费心理。

消费者的购买心理，表现在以下若干方面：

1. 求"实"心理。首先要求商品必须具备实际的使用价值，选购商品时注重商品质量和实际效用，讲求商品适用、耐用，并要求周到的服务。

2. 求"安全"心理。消费者要求在使用商品中，必须保障安全。尤其像食品、饮料、药品、洗涤用品、卫生用品、电器用品和交通工具等，更要求安全可靠。

3. "喜新"心理。追求商品的新颖和时髦，注重社会的流行式样。一般消费者对新产品兴趣浓厚。有些人有求"奇"心理，购买商品喜欢新奇，以引人羡慕。

4. 求"美"心理。爱美是人的一种本能和普遍要求。消费者会因为某种商品形态优美、款式独特、装潢漂亮、包装精美而产生购买愿望。

5. 求"廉"心理。选购商品讲求经济实惠，对质量相近的商品，一般选购价格较低的。有些消费者则喜欢购买削价处理的商品和廉价折扣商品。

6. "慕名"心理。一般消费者都喜欢名牌产品，对名牌产品给予很高的信赖感。

7. "从众"心理。社会风气和周围环境往往会给购买者一种驱动力，使一个人努力想买到别人已拥有的商品。如见了许多人买了一套新家具，也仿效买来。

8. "偏好"心理。由于个人的情趣和爱好，而形成了对某类商品的特殊爱好。如有的人以精神上求得快乐为主要目的。

9."好胜"心理。这种人购买某种商品往往不是由于急切的需要，而是为了赶上或超过他人，以求得心理上的满足。

10."疑虑"心理。对某种商品的质量、性能、功效持有怀疑态度，如怕使用不便或不耐用。

11."逆反"心理。人们往往对越是禁止的事情，越是感到好奇；越是得不到的东西，也越是向往。如买涨不买落，时尚的流行往往从一端转到另一端。

12."颜色倾向"心理。不同的消费者对不同的颜色有不同的指向性和偏爱。因为不同的颜色会使人们产生不同的心理感受、轻重感、距离感和明亮感，还会引起人们不同的联想，使人产生疲劳感或愉悦感等。

13."选择"心理。对商品希望得到挑选机会，在购买过程中要求受到尊重，同时有迅速达成交易的求"速"心理。

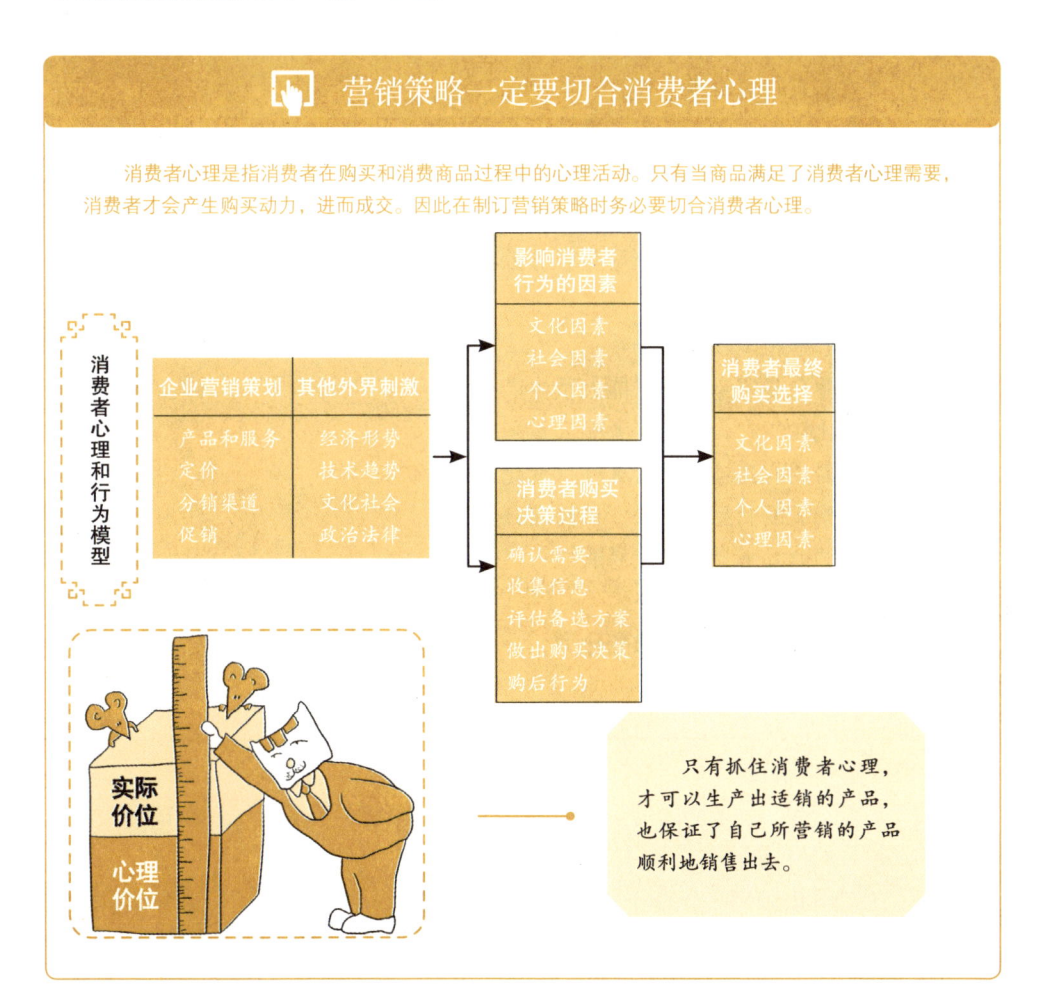

营销策略一定要切合消费者心理

消费者心理是指消费者在购买和消费商品过程中的心理活动。只有当商品满足了消费者心理需要，消费者才会产生购买动力，进而成交。因此在制订营销策略时务必要切合消费者心理。

消费者心理和行为模型

企业营销策划	其他外界刺激
产品和服务 定价 分销渠道 促销	经济形势 技术趋势 文化社会 政治法律

影响消费者行为的因素：文化因素、社会因素、个人因素、心理因素

消费者购买决策过程：确认需要、收集信息、评估备选方案、做出购买决策、购后行为

消费者最终购买选择：文化因素、社会因素、个人因素、心理因素

只有抓住消费者心理，才可以生产出适销的产品，也保证了自己所营销的产品顺利地销售出去。

如何选择渠道成员

直销渠道，可以让厂商直接从一线获得消费信息，去除掉中间利润环节，将利润让利给消费者。但是，直销在资金、人员上的投入也是比较多的。间接渠道的优点在于通过将市场交与其他商家共享，因此市场的风险相对比较少，但在政策的执行和监管等方面的管理上相对难度加大。那么到底如何选择？

1. 渠道长短的选择

（1）选择长渠道的条件：

①生产与消费的时、空距离较大；

②消费者不太集中，分散性较大；

③生产或需求一方有季节性；

④消费者每次购买的是数量不多，而单价又较低的"便利品"；

⑤商品具有耐久性；

⑥标准化较低的商品；

⑦售中与售后不需要技术指导与服务的商品。

（2）选择短渠道的条件：

①产地与销地距离较近；

②生产企业自身资金雄厚并能大量生产；

③消费者比较集中，或购买者能大量采购；

④生产与需要有连续性、持久性、变化不大；

⑤消费者购买的商品数量少、单价高；

⑥所经营的商品不易保存或易腐烂；

⑦商品的标准化程度高；

⑧商品的品种繁多而且需求变化大；

⑨商品新上市；

⑩商品售后需要技术指导与服务。

2. 渠道宽与窄的选择

（1）广泛分销——在同一地区经销的数目不加限制，越多越好。如日用工业品就需要有较多的批发商和零售商来推销。

（2）有选择的分销——在一定的地区内选择几个中间商去推销，适于消费品中的选购品、特殊品和工业品中零配件的销售。

（3）独家中间商经销——在一定的市场区域内，只选择一家批发商或零售商经销其产品，并规定经销商不得再经销别的厂家同类竞争性产品。通常贵重、高价商品宜采用这种方法。

3. 对中间商的选择

按是否拥有商品所有权，中间商可划分为经销商和代理经销商。前者除具有商品所有权外，还具有全部销售功能和可以直接收付货款；后者不具有商品所有权，在销售活动中只收取佣金。代理商又分企业代理商、销售代理商、进货代理商、寄卖商、经纪商等。

依据中间商在商品流通中所处的地位划分，有批发商和零售商。批发商按服务功能又分为综合批发商和专业批发商。前者提供运营的各项服务功能；后者提供部分服务功能，如承运批发商、货车贩运批发商、现货自运批发商等。零售商又分专

如何构建营销渠道

营销渠道是促使产品或服务顺利地被使用或消费的一整套相互依存的组织。起点是生产者，终点是消费者和用户，参与者是中间商。它是企业实现产品销售的必要通道。

营销渠道系统设计步骤

当前环境分析	制定短期的渠道对策	渠道系统优化设计	限制条件与差距分析	渠道战略方案决策
步骤1.审视公司渠道现状／步骤2.目前的渠道系统／步骤3.搜集渠道信息／步骤4.分析竞争者渠道	步骤5.评估渠道的近期机会／步骤6.制订近期进攻计划	步骤7.最终用户需求定性分析／步骤8.最终用户需求定量分析／步骤9.行业模拟分析／步骤10.设计"理想"的渠道系统	步骤11.设计管理限制／步骤12.差距分析	步骤13.制定战略性选择方案／步骤14.最佳渠道系统的决策

营销渠道是企业与消费者建立联系的纽带，也是将企业的产品或服务从消费者口袋中换回利润的桥梁，因此构建良好的销售渠道是企业成功的必备条件。

业商店、百货商店、自选商场、购物中心、连锁商店、综合商店、邮购商店等。

选择中间商总的要求是：能以最有效率的方式和最低的费用销售商品，具体应考虑以下几个因素：

（1）中间商要具有比较有利的地理位置：批发商应处在交通发达地段，零售商应在城镇主要街道、热闹区域。

（2）中间商所联系的消费对象是制造商所期望的销售对象。

（3）中间商的经营能力，包括经营管理者的才干、知识、业务经验、企业的推销能力、企业的信誉及资金状况。

（4）中间商为顾客提供服务的条件，如送货上门、信用销售、技术指导、配备零件及维修保养等。

（5）中间商经营商品的品种状况。生产企业应选择能够经营连带商品的中间商。

如何激励渠道成员

作为制造商，如何激励渠道成员？需要考虑一下几个方面的问题：

1. 了解中间商的需求

中间商与制造商之间的关系再密切也不是同一个主体。中间商有自己的经营机制与利润目标，在经营中首先要考虑自身利益的实现。希望其完全投入，以制造商政策为准绳，甚至在关键时刻"舍己为人"，这些都不是轻易能够实现的。制造商为保持中间商的积极态度与较高的投入程度，必须不断地对其进行鼓励与支持，促使他们全心全意销售本企业产品。

吸引其进入渠道的条件只是激励的开始，还需要做的主要工作有培训、监督与鼓励。激励方式有正反两种，正面激励方式以奖励为主，如销售奖金、交易折扣折让、销售竞赛等；负面的激励以惩罚为主，如取消其经销权、提高价格、降低信用、减少优惠条件等。

注意：单纯使用这两种激励方式不宜时间太长。其最大缺点是忽视中间商的需要与愿望，完全从制造商的意愿出发，仅仅依据单一的刺激反应模式是盲目与机械的。有经验的制造商的经历告诉我们中间商的需求：

（1）中间商首先是作为顾客的买卖代理商，然后才是制造者的销售代理商，因而他的兴趣主要是希望销售好卖的商品。

（2）中间商希望将商品分组搭配后再出售，因此，他们的努力主要是取得组合货物订单，而不是单一批量的货物。

（3）除非给予激励，否则中间商不会保存任何销售情况信息，更不会将信息反馈给制造商，他们甚至会故意隐瞒信息。

2. 与中间商合作的权利有哪些

在了解了中间商的需求之后，还要认识制造商用以赢得中间商合作的几种权利。这里的权利是指制造商使中间商从事某种工作又不需给予回报的能力，这些权利包括：

（1）胁迫权。在中间商表现不好时，制造商往往以撤回资源或中止关系相威胁。这对于依赖程度较高的中间商影响很大，但只在短期内有效，从长远来看其效果却是最差的。

（2）付酬权。制造商会对中间商从事特定任务而给予额外报酬，其效果好于胁迫权，但从长期看可能使中间商习惯于索要高额报酬，一旦报酬撤销，中间商就会失去积极性。

（3）法定权。制造商利用上下级关系或合同规定，要求中间商执行某项任务，这就是法定的权利。如丰田公司与经销商的合同中就规定，经销商要保持一定的存货水平，只要中间商承认制造商的控制地位，法定权就可以产生。

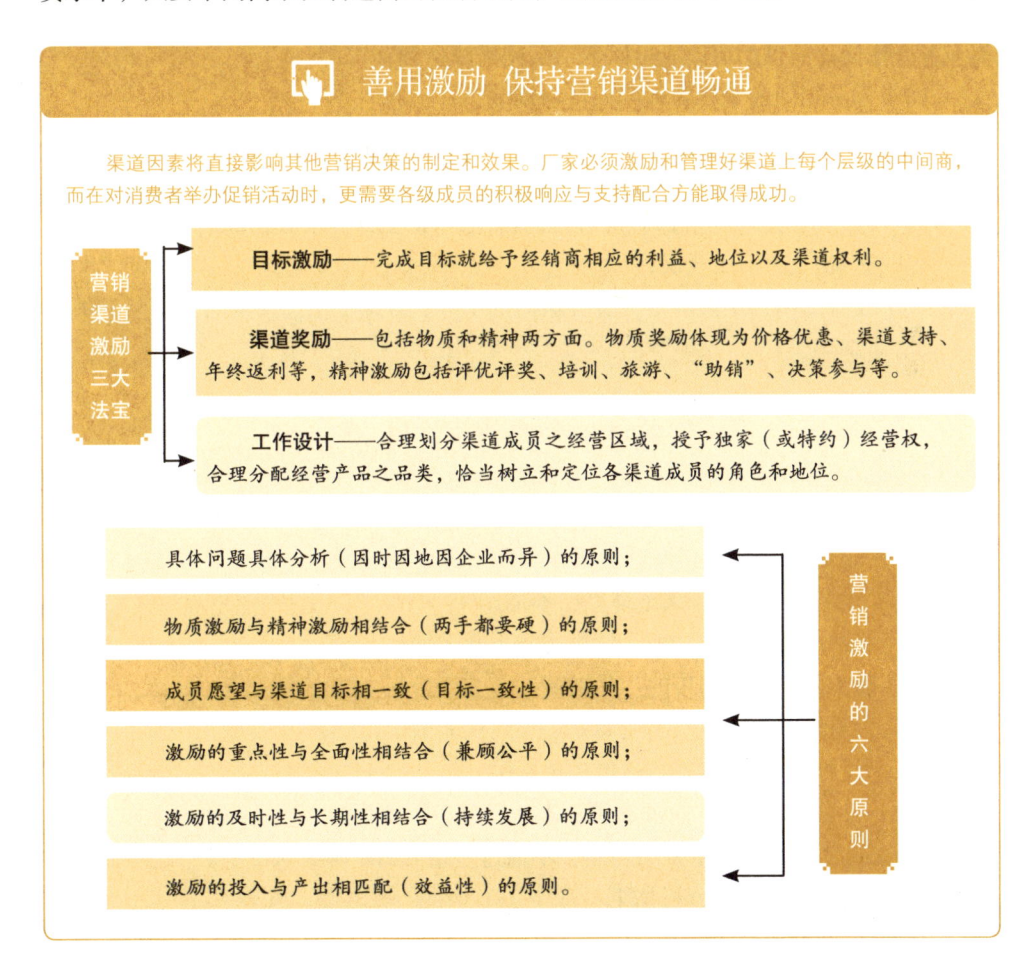

善用激励 保持营销渠道畅通

渠道因素将直接影响其他营销决策的制定和效果。厂家必须激励和管理好渠道上每个层级的中间商，而在对消费者举办促销活动时，更需要各级成员的积极响应与支持配合方能取得成功。

营销渠道激励三大法宝

- **目标激励**——完成目标就给予经销商相应的利益、地位以及渠道权利。
- **渠道奖励**——包括物质和精神两方面。物质奖励体现为价格优惠、渠道支持、年终返利等，精神激励包括评优评奖、培训、旅游、"助销"、决策参与等。
- **工作设计**——合理划分渠道成员之经营区域，授予独家（或特约）经营权，合理分配经营产品之品类，恰当树立和定位各渠道成员的角色和地位。

营销激励的六大原则

- 具体问题具体分析（因时因地因企业而异）的原则；
- 物质激励与精神激励相结合（两手都要硬）的原则；
- 成员愿望与渠道目标相一致（目标一致性）的原则；
- 激励的重点性与全面性相结合（兼顾公平）的原则；
- 激励的及时性与长期性相结合（持续发展）的原则；
- 激励的投入与产出相匹配（效益性）的原则。

（4）专家权。如果制造商具备某种专业知识，或销售某种高精技术产品，而中间商缺乏制造商的培训就很难取得经营上的成功，那么，制造商的专家权就产生了。不过随着知识的传授，这种专家权的效力就削弱了，制造商必须不断开发新技术、新产品，以保持对经销商的吸引。

（5）声誉权。像奔驰、可口可乐、IBM等大企业具有很高的声誉，众多分销商对其怀有深深敬意，并希望成为其流通渠道体系的一员。一旦实现这种愿望，中间商往往会自觉按照其要求行事，这就是声誉权的表现。

3. 怎样使分销商成为合作伙伴

作为一个经验丰富的制造商，必须对分销商有充分的理解和认识，同时声誉权和专家权的使用也不失为一个好的方法。尽量避免使用胁迫权，使分销商体会到制造商的重视与关心，使他们充分认识到制造商在诸多方面需要分销商的配合；同时以专门机构确定分销商需要，制订交易计划，帮助分销商以最佳方式进行经营。

制造商应以这种形式改变分销商的观念，即他们并不是靠替顾客讨价还价获利的，而是因为与制造商处于同一战线、形成营销体系而赚钱。制造商将分销商转变为业务合作伙伴的目的可以通过以下一系列措施达到：

（1）与分销商的主要管理层保持密切联系；

（2）深入到分销商中去，了解它们的经营管理工作；

（3）有固定的时间与良好的机制保证双方定期交流；

（4）定期向分销商进行调查，了解其看法与意见；要求分销商进行自我评价；对分销商的问题及时给出建议；

（5）安排专门营销人员负责各分销商的工作，以保证信息反馈的及时与准确。

调整与修改渠道体系

有一个电器企业发现其市场份额在不断下降，通过分析，其主要原因是在分销方面发生了许多变化，现有渠道体系已不适用：

（1）名牌电器通过折扣店，销售比例不断增加；

（2）以中间商品牌销售的产品增多；

（3）大量房产商直接从制造商处购买的现象增多；

（4）上门推销及邮购方式被更多地采用。

由此，为了适应环境，企业必须不断地将更多短渠道加入自己的渠道体系之中，并减少长渠道。具体调整不是想当然，不通过定量分析根本无从下手。

常用的对流通改进的分析如下：

首先，是流通结构分析。主要探讨分析是否应在流通结构上作适当的调整，以增加渠道成员间的利润。例如，电器制造商决定剔除批发商，直接销货给零售商，以缩短渠道长度的结构就是通过结构分析与市场环境分析而得出的。

其次，是边际分析。即分析增加或减少某一家中间商会对整体销量、利润及成本的影响及变化。最后是中间商替换分析。这个阶段的工作主要是分析当由一家中间商取代另一家中间商时所产生的各种影响，包括正面与负面的，同时也要考虑除了销售、利润、成本以外，这种替换对流通体系整体性功能的影响。

进行过分析之后，就可以进行具体调整了，流通渠道修改的方式主要有三种：

（1）增加或减少渠道成员；
（2）增加或减少整条渠道；
（3）建立一个全新的营销流通体系。

营销渠道要适时根据市场变化进行变革

营销渠道变革一直是强化竞争力的重要手段，日趋激烈的行业竞争使渠道变革成为一种日常性工作。而变革的目标便是为了进一步降低渠道成本，提高渠道效率。

营销渠道的六种调整方式

- 调整渠道结构，如将原来的直接渠道，调整为间接渠道。
- 调整分销方式，如原来采用独家代理的方式，调整为多家代理方式。
- 调整渠道政策，如价格政策、铺货政策、市场推广政策、奖惩政策等。
- 调整渠道成员体系，对于重要渠道成员，可提高其在渠道中的地位。
- 调整局部市场区域的渠道，根据市场结构的变化，可增减地区市场的渠道数目。
- 更新整个分销网络，使渠道模式脱胎换骨，重新设计和布局。

营销渠道调整步骤

当消费者的购买方式发生变化、市场扩大、新的竞争者兴起和创新的分销战略出现以及产品进入产品生命周期的后一阶段时，现有营销渠道模式与市场环境要求便会出现差距，此时必须对其进行及时调整，以适应市场新的变化。

1. 分析渠道调整的作用
2. 做好渠道调整的规划
3. 预测渠道调整带来的风险
4. 协调各方面关系
5. 选择渠道调整的合适时机
6. 处理渠道调整带来的风险

第一种方式是经常性的行为，制造商不但要考虑失去某个经销商对销售可能造成的损失，还要考虑其对其他中间商的影响；第二种方式变动较大，可能会造成单位分销成本的上升、生产能力过剩或市场份额减少，对其他中间商造成不安定感；第三种变动可谓伤筋动骨，轻易不宜变动，一旦变动必然产生深远影响。

作为管理者，应该是一个素质全面的人。即使目前营销体系并无明显问题，甚至运行正常时也需主动对现行体系加以完善，使之更加理想。如果发生问题才不得不进行调整，那么管理者只是一台完成任务、解决问题的机器。只有以积极的态度、超前的眼光不断追求更加完善，才是对管理者的高层次要求。而这种理想的流通渠道实际上就是消费者心目中的渠道。

管理者要不断将现有渠道与理想渠道加以比较并以客观的态度面对两者之间的差距，找出需要加以改进的地方和需要努力完善的方面，这就是迈向理想之路。

不断争取新客户

通常，管理者会千方百计地去推销自己的产品：广告、上门销售、营业推广、公共关系等。经过一番努力，企业拥有了较为固定的客户群以后，产品很顺利地走出公司，装上这些客户的卡车。此时，老板们都会高枕无忧地喘一口气，也不再做过多的努力。他们所做的，往往是维系自己与这些客户的关系。

管理者不想去争取更多的客户，究其原因，主要就是缺乏争取客户的直接动力。一旦拥有固定的老客户群，公司的产品会很顺利地销售出去，在企业生产规模定型的情况下，老板们想当然地认为，自己根本没有必要去寻找新面孔。况且，寻找新客户既浪费金钱又消耗精力，这往往又是老板们不愿寻找新客户的一个托辞。

千万不能这样做！不管你的销售有多么稳固、现有的客户群多么值得信赖，你都不应放弃争取新的客户。不管是企业，还是个体小商贩，之所以要不断进行争取客户是因为：

（1）老客户会不断挑剔你的服务；

（2）一旦存在更有利的条件，老客户会放弃你而重新选择；

（3）新客户可能会给你提供更优厚的条件；

（4）老客户依仗关系熟知，会不断压低售价并拖欠货款；

（5）你的产品不能永远满足老客户的需求；

（6）新客户与老客户会形成一种竞争的局面，使你的处境更加主动；

（7）新客户可能会为你带来新思维。

大多数的管理者还不适应在事业稳定发展阶段争取新客户。即使有时头脑中闪现这种念头，也不能长久地落实到行动上。大多时候，管理者面对顾客数量的变动无计可施，没有办法争取新的顾客群。争取新客户不是随意就能做到的，必须通过一定的途径：

（1）用广告方式，树立良好的企业形象；
（2）利用每一次参加展销会的机会，不断结识新的伙伴与客户；
（3）互联网搜索；
（4）留心相关客户的广告宣传；
（5）制定对新客户有利的销售政策（千万不可损害老客户的利益）；
（6）做产品的营销推广（如各地巡回展销）；
（7）给相关新客户送企业产品信息。

同时，有一个问题值得关注：在争取新客户的同时，千万不可怠慢了老客户，特别是那些对企业意义重大的大客户。要充分确保对新客户的吸引政策不得比老客户更为优惠，最佳的办法是一视同仁，平等相待。

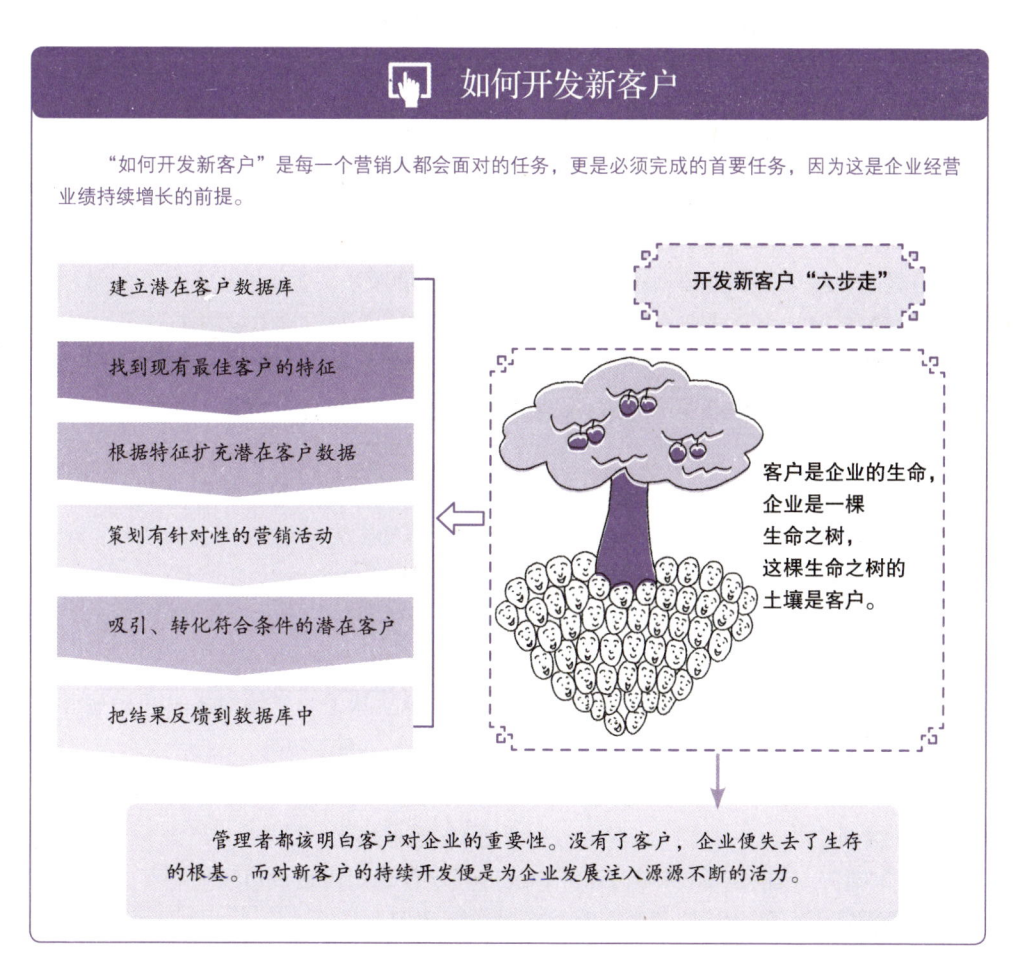

如何开发新客户

"如何开发新客户"是每一个营销人都会面对的任务，更是必须完成的首要任务，因为这是企业经营业绩持续增长的前提。

- 建立潜在客户数据库
- 找到现有最佳客户的特征
- 根据特征扩充潜在客户数据
- 策划有针对性的营销活动
- 吸引、转化符合条件的潜在客户
- 把结果反馈到数据库中

开发新客户"六步走"

客户是企业的生命，企业是一棵生命之树，这棵生命之树的土壤是客户。

管理者都该明白客户对企业的重要性。没有了客户，企业便失去了生存的根基。而对新客户的持续开发便是为企业发展注入源源不断的活力。

定价的策略和方法

灵活的定价策略与其他营销组合因素相互配合，给企业打入与占领市场创造了条件。定价策略主要有以下几类：

1. 阶段定价策略

阶段定价策略是根据产品生命周期各阶段不同特征与市场环境，采用不同定价的策略：

（1）产品导入期策略。在产品导入期，消费者对产品不了解，竞争对手不多，需要大力推广开发。此阶段可使用三种策略：

① 去脂价格策略。以高价位投放市场获取大量利润，目的在于利用领先地位在短期收回固定成本，并迅速获利；一旦竞争加剧立即降价，开拓新市场。销售对象主要是收入较高、求新心理强的消费者。

② 渗透定价策略。指用低价位将产品推向市场，然后逐步渗透，占领一定市场份额后再将价位提高的策略。这是一种薄利多销稳健型策略，有利于企业长远发展。

③ 满意定价策略。在大多数产品的导入期均采用此种策略。将价格定位于去脂与渗透之间，使买卖双方都满意，比较稳妥，但过于保守，不适用于市场竞争激烈、情况多变的环境。

（2）产品成长期策略。在市场迅速扩大，竞争加剧时期，企业定价应以稳为主。可保持投入期价格，也可采用投资收益率定价法，但不可降价倾销，要注意树立产品的优良形象。

（3）产品成熟期策略。这是竞争最为激烈的阶段，企业想继续保持利润率与销售量的增长并非易事。此阶段，企业一般采用竞争导向定价方法，主动变价，可适当降价。主要目的是抵制竞争者冲击，保证销售量，适应竞争。

（4）产品衰退期策略。产品趋于"退役"，定价目标主要是最大限度回收资金。企业在此阶段有三种策略可以选择：

① 驱逐法。指企业大幅度降低价格，倾销商品，尽量将竞争对手挤出市场并占领其份额。这种方法可延长企业产品寿命，回收资金，准备转产。

② 维持法。指企业维持原价不变并尽量延长产品生命周期，维持产品在消费者心目中的形象。

③ 重塑法。如果产品出现再循环，或因竞争者退出而造成市场份额扩大时，企业可以根据需求，配合其他营销策略给产品重新定价。

采用阶段价格策略，需要企业管理者正确认清和划分企业产品生命周期各阶段并及时采取相应策略，超前或滞后都会带来不必要的麻烦。

2. 产品组合定价策略

企业对相关产品定价时要充分考虑各产品之间的联系，以确定各产品之间在价格方面相互协调的策略，主要介绍以下四种：

（1）替代品定价策略

企业在生产相近可替代产品的定价问题上必须谨慎行事，切莫乱定价。否则企业将吞下自我竞争的恶果。企业可以抬高畅销品的价格，降低滞销品价格，使销售向后者转移，两者同时发展；也可以抬高将要被淘汰产品的价格，降低处于发展期的产品价格，以考虑长远利益。总之，替代品价格的确定要为企业整体战略服务。

（2）互补品定价策略

互相配套使用产品的定价又不同了。两者之间的销售互相推动而非制约。企业应该审时度势地降低购买频率低、利润低的产品价格而提高购买频率高、利润大的互补品。虽然降价产品赢利少甚至亏本，但企业总体利润仍可以实现。这种策略的采用者必须以名牌产品为后盾，否则只会给竞争对手提供机会。

（3）成套定价策略

企业可以将不同产品组合成套进行定价，定价通常低于单项购买费用之和，这种策略要考虑产品间的协调搭配，并能给用户提供方便。"强行搭配"可能会引起一系列的副作用，所以管理者在定价方面的降幅必须大，这样才能刺激用户的购买欲望。

（4）产品线定价策略

企业必须对整条产品线中所有项目的价格全面考虑，个别产品价格要比照其在产品线中的地位制定。这种策略要求产品间差异明显且相应价格差异与之相适宜，档次划分不宜过多而繁复，档次之间价格差异不可过大，这样就不会失去一大批"中间"消费者。

3. 心理定价策略

分析消费者心理是市场营销理论的基础，在定价过程中，如果能将一些用户心理因素考虑在内，往往可以收到出乎意料的效果。

4. 整数定价策略

整数定价策略，即企业将产品价格定为整数，不留余数的策略。其目的是增强价格的明朗性，使价格上一个档次，满足用户求好、求名、求高档消费的心理，不但树立产品的良好形象，还能获得高额利润。这种策略主要适用于高档耐用消费品及廉价品。

5. 尾数定价策略

尾数定价策略与整数定价相反，价格保留尾数，采用零头标价，使价位保持低档次，不突破心理上高低档的界限。这种策略给人以便宜感与依赖感，满足消费者求实惠的心理，适用于生活日用品定价，高档产品与名牌产品不宜选用。

6. 声望定价策略

许多企业可以利用自身业已形成的知名度和名牌效益，价位定得高一些，甚至有时还可以使自己的产品"价"高于"质"。许多消费者坚持"价优质高"是名牌、高档品的特征，因而更注重名牌效应，心甘情愿花高价购买，以炫耀自己的身份和地位，这是产品声望的效用。

7. 牺牲品定价策略

牺牲品定价策略也叫特价优惠策略，多用于商品品种齐全，而其中又有知名或销路广的领袖产品的企业。这种企业可将几种引人注意的领袖产品有意识地降价，使消费者产生企业产品"普遍便宜"的心理，同时连带购买企业其他产品。降价产品即"牺牲品"，其损失将从其他产品销售量的上升中得以弥补。这种牺牲品必须是销量较大、用户经常购买的商品。优惠不能滥用，要充分控制。即使要使用也必须是在取得消费者信任的情况下，才能使用该策略。

8. 折扣定价策略

如果在保证基本定价的情况下，恰当地应用打折形成的灵活售价，那么企业就可以扩大自身的销售量，争取到更多的客户群体：

（1）现金折扣。资金周转率的快慢，对企业经营的影响很大，而在当今大批量购买中往往有购买行为与支付行为脱节的现象。为了鼓励购买者按期或提前付款，企业对其给予一定价格折扣，以减少企业利率风险。折扣的多少一般根据付款期间的利息和风险成本等因素确定。

（2）数量折扣。这种减价方式一般面向大量的购买顾客。我们可以在许多大型的购物商场看到这种情况。数量折扣可以针对一次购买量，也可以针对一段时间内累积量，折扣必须小于大量购买节省的成本或取得的利润。这种数量折扣可以刺激顾客在某一特定销售地点更多地购买。

（3）季节折扣。企业对在淡季购买商品或购买已过季商品的用户提供减价，以鼓励分销商及消费者在淡季的购买，减少产品的积压，节省仓储费用，以利于产品的四季平衡生产。

（4）以旧折价。"以旧换新"是各企业普遍采用的折让方式，如电冰箱、汽车、洗衣机等商品的购买可用旧产品折部分货款。这样可以鼓励消费者用竞争对手的品牌换取自己急于推出的产品，从而增加市场占有份额。

事实上，众多的企业本身是不想调整自己的价格的，只是迫于同行的竞争才采取被迫行为。因为它们知道，同样质量的产品，由于价格低就可能迅速占领市场，从而压缩自己的市场份额。针对竞争对手的竞争，营销管理者可以考虑以下几种对策：

1. 维持原价，提高质量

企业通过改进产品与服务，强调与对手的低价产品相比，自己的产品质量形象更高，同时体现出本企业的自信态度与大家风范。而提高质量本身并不增加成本，反而有利于成本的下降。

2. 降低价格

如果市场对价格弹性反应很大而企业又可以降低成本，则可以考虑同样降价，以牙还牙。降低价格时要尽量保持产品质量，即使这样也不能避免长期市场份额的损失，因此，这种策略只是权宜之策，并非长久之计。

3. 改进质量，提高价格

企业改进质量，提高价格，等于强化与竞争对手产品的差异，从而使对手的进攻无的放矢。企业突出与对手的产品"不在同一档次"，为自己塑造了更好的形象。

4. 推出低价进攻性产品

推出低价进攻性产品是最佳反应之一。它可以增加低价产品或另创低价品牌与对手对攻，而不影响主要产品。低价产品质量不必要求过高，因为对价格十分敏感的市场不会对质量做出过大反应。

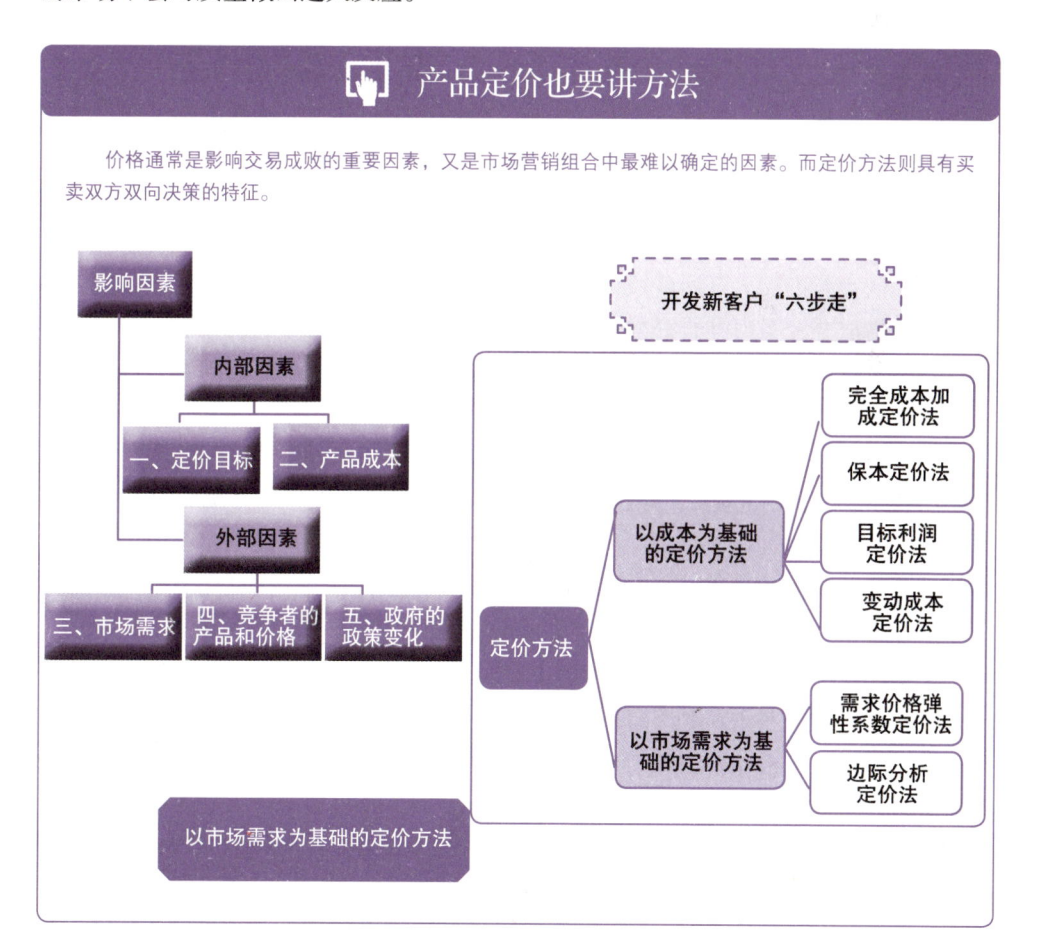

产品定价也要讲方法

价格通常是影响交易成败的重要因素，又是市场营销组合中最难以确定的因素。而定价方法则具有买卖双方双向决策的特征。

影响因素

内部因素
- 一、定价目标
- 二、产品成本

外部因素
- 三、市场需求
- 四、竞争者的产品和价格
- 五、政府的政策变化

以市场需求为基础的定价方法

开发新客户"六步走"

定价方法

以成本为基础的定价方法
- 完全成本加成定价法
- 保本定价法
- 目标利润定价法
- 变动成本定价法

以市场需求为基础的定价方法
- 需求价格弹性系数定价法
- 边际分析定价法

管理者在对竞争者的价格竞争做出反应时常犯的两种错误：一是反应过缓。另一错误是反应过速。作为管理者，对市场反应确实要及时迅速，但仍要以客观的预测分析为基础，了解对手的真正用意才能做出相应的对策。在弄清对手真实意图之前，就轻易做出决定，或者对对方的动作过于敏感，都可能使营销管理者陷于迷惑之中，还可能中对手的埋伏。

进行有效的价格管理

面对客户提出的降价要求，营销大师卡耐基是如何处理的呢？他有何秘诀？对于价格，卡耐基有两条基本的信念：一是物价越低，才越能刺激消费，从而反作用于生产，进一步降低价格。这是卡耐基终身遵循的；二是价格是一个综合指数，包括成本，也包括服务、利润，等等，合理的定价是不应该随意变动的。

基于上述信念，卡内基在生产中尽可能降低成本，以低廉的价格出售；另一方面，在市场上不随意减价。这就是说，卡内基降价的功夫是在工厂里就做足了的，这是降价的秘诀。那么，卡内基不降价的秘诀又是什么呢？

第一，纠正错误行情。卡内基在技术力量薄弱的情况下，很快就制造出了新产品，面对这种新产品的销售，卡内基要求其定价要比市场上销售的货品高一些。他认为，有些商人认为新产品一开始就减价的做法并不可取。他以大家都是商人的立场剖析产品的价格成分，指出其合理性，请求推销商帮助，以图共存共荣。在卡内基的劝说下，推销商们当然是深明其理的，况且这里也有自己销售利润的问题。这样，大家就接受了卡内基的价格，结果很好。

第二，击败杀价高手。卡内基在创业初期，推销商品时，价格问题常常成为争论的中心，卡内基经常碰到"杀价高手"。有一位杀价高手很厉害，你越说利润薄、生意难做，他就越是拼命杀价。就在卡内基将要认输的时候，他面前浮现出了工厂里挥汗劳作的员工的形象。于是把工厂的情形和对方说了："大家都是这样挥汗劳作的，好不容易才生产出这样的货品，价格也合理。如果再杀价，那生意就没法做了。"就这样，对方同意了。于是，这笔交易也就做成了。

卡内基的条件是不立刻否定大杀价。有时候，价格可能合理，但与购买能力脱节，就不应该一概而论地否定大杀价了。一次，一位经销商要求用低于现价1/3的价格进货。

后来得知对方是以世界标准和购买能力来要求降价的，卡内基没有立即否决他的要求，而是希望对方先以原价销售，给自己一定的时间改良产品，然后以对方要求的价格交易。如此，对方接受了这种暂时的价格，卡内基下令加紧电器改良进程。

最后卡内基说:"不要把降价要求当作荒唐的无稽之谈,不妨检讨一下看看。如果对方拿国际标准的价格来杀价,不可以认为这是无理取闹,而必须从所有的角度来研究其可行性。"

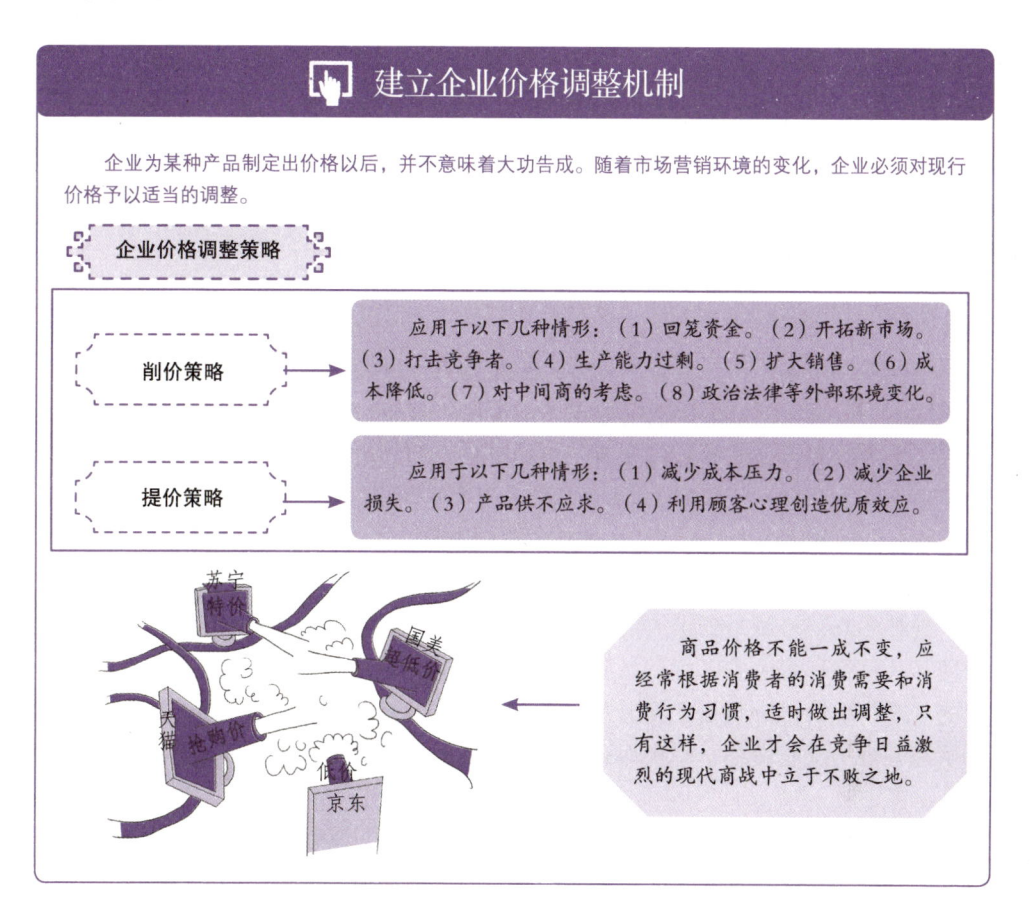

建立企业价格调整机制

企业为某种产品制定出价格以后,并不意味着大功告成。随着市场营销环境的变化,企业必须对现行价格予以适当的调整。

企业价格调整策略

- **削价策略**:应用于以下几种情形:(1)回笼资金。(2)开拓新市场。(3)打击竞争者。(4)生产能力过剩。(5)扩大销售。(6)成本降低。(7)对中间商的考虑。(8)政治法律等外部环境变化。

- **提价策略**:应用于以下几种情形:(1)减少成本压力。(2)减少企业损失。(3)产品供不应求。(4)利用顾客心理创造优质效应。

商品价格不能一成不变,应经常根据消费者的消费需要和消费行为习惯,适时做出调整,只有这样,企业才会在竞争日益激烈的现代商战中立于不败之地。

用诚实赢得顾客

　　人的个性千差万别,有的含蓄、深沉,有的活泼、随和,有的坦率、耿直。含蓄、深沉者可以表现出朴实、端庄的美,活泼、随和者可以表现出热诚、活泼的美,坦率、耿直者也有透明、纯真之美。人生纯朴的美是多姿多彩的。在各种美的个性之中,有一种共同的品性,就是真诚。

　　这里所说的真诚就是心术正,表里如一;对人坦率正直,以诚相见。应该说,真诚是人生的命脉。做人失去真诚,不仅会失去别人信任,而且也会失去自信。真诚首先是人的内在素质中的道德品性，最根本的要求是心正、意诚、做事正派，忠于自己应负的社会责任，坚持真理和正义的原则。

这里强调了为人真诚的一个基本要求，就是具有社会责任感，忠于自己的社会责任。没有社会责任感，不忠于自己应负的社会责任，就不会有真诚。真诚固然要自我坦白，自己对得起自己，但它必须首先肯定自己的社会责任，在自我与社会、他人的关系中，自见其真诚。

真诚不是天生的，没有所谓"自明诚"的天性。真诚只能是后天的，在社会关系及其所要求的责任中，养成真诚的品格，即所谓"自明诚"，"明则诚"。因此，真诚不但要求一个人明确自己的社会责任，更要用自我牺牲的精神去履行自己的责任。从这个意义上说，否认自己应负的社会责任，只求洁身自好，这是一种虚伪的表现。

不同的环境条件下，真诚所体现的自我意识也深浅不一，其表现的人格和境界也程度不一。真诚的最低层次的要求是不说谎，直接地说出目的。在复杂的社会事物和人生活动中，目的和手段要有一定的分离，即使用"说谎"的手段，达到更高的正义的目的。医生为了减轻病人的负担，以利于治病救人，往往向病人隐瞒病情，编造一套谎话欺骗病人。这样才能使病人早日康复。它表现的不是虚伪，而是更高、更深层的真诚，是出于高度的社会责任的真诚。

纯朴和真诚，就是要求人们如实地认识自己，表现自己。中国有句古话"鬻马馈缨"。就是马卖出去以后，并随之把披在马身上的漂亮的带子赠送给买主。企业中的"缨"泛指售后服务。美国企业家吉拉德曾为他的发迹诀窍自豪地说："有一件事许多公司没能做到，而我却做到了，那就是我坚信销售真正始于售后，并非在货品出售之前。"

这种始于产品销售之后的营销谋略，有人称之为"第二次竞争"。世界上许多优秀的企业无不注意这种售后服务。如美国的凯特皮纳勒公司是世界性的生产推土机和铲车的公司。它曾在广告中说："不管在世界上哪一个地方，凡是买了我公司产品的人，需要更换零配件时，我们保证在48小时内送到你们手中，如果送不到，我们的产品就白送给你们。"

他们说到做到，有一次为了把一个价值只有50美元的零件送到边远地区，不惜用一架直升机，费用竟达2000美元。有时候无法按时在48小时内把零件送到用户手中，他们就真的按广告说的那样，把产品白送给用户。长此以往，由于经营信誉高，这家公司经历50年而不衰。

日本大企业家小池说过："做生意成功的第一要诀就是诚实。诚实就像树木的根，如果没有根，树木就别想有生命了。"

小池出身贫寒，20岁时就在一家机器公司当推销员。有一个时期，他推销机器非常顺利，半个月内就跟33位顾客做成生意了。之后，他发现他卖的机器比别的公司出品的同样性能的机器昂贵。他想同他订约的客户如果知道了，一定会对他的信用产生怀疑。于是大感不安的小池立即带着订约书和订金，整整花了三天的时间，逐家逐户去找客户。然后老老实实给他们说明，他所卖的机器比别家的机器昂贵，为此请他们废弃契约。

表面上看来，小池的做法是在"自毁长城"，而事实上并非如此，后来这33个人都被小池的诚实所感动。都没有与他废约，相反地，他们更加信任小池了。

诚实真是具有惊人的魔力，它像强力的磁石一样具有无比强大的吸引力。其后，人们就像小铁片被磁石吸引似的，纷纷前来他的店购买东西或向他订购机器。不久，小池就成了日本有名的大富翁。

小池后来常常告诫他的员工说："你们应该记住，做生意最重要的就是要有为顾客谋福利的正确观念，这比玩弄花招重要得多。"

许多商人盲目地追求发财致富，有时甚至不择手段。为了达到这个目的，他们漫天要价，制假贩假，靠不法手段赚钱，而且，他们还以为这是条"发财"的捷径。殊不知，这种做法可以蒙骗少数顾客，但不能永远蒙骗所有的顾客，"西洋镜一旦

以诚信为本 打造良好信誉

古人常说"人无信而不立"，企业也一样，无诚信则无信誉。诚信不但是一个企业的立足之本，还是其持续发展的必备条件。

企业诚信经营的必要性

- 诚信经营是企业使命的要求。
- 诚信经营是企业可持续发展的战略要求。
- 诚信经营是企业做强做大的基础。

诚信是企业的市场通行证，一个诚信经营的企业必然会向消费者提供优质的产品、合理的价格和优质的服务。企业只有取信于消费者，才能寻找到客户，争取到客户，乃至长期留住客户。

被捅破，倒霉的还是自己"。而真正聪明的经营者都懂得，做商业靠的是信誉，以诚待客客自来，顾客的信任才是企业生存的基础。

给予顾客无处不在的爱

我们平常经常听到许多企业说要强调服务，但真正达到一流服务水平的并不多见。企业采用全方位服务定位，就必须从消费者购买与消费行为的每个环节出发，从消费者需要的所有角度出发，从每个消费者的个性需求出发，真正树立以顾客服务导向为核心的文化，使"顾客满意"观念深入到每个员工的心里，融入企业的日常活动当中，再将其转化为消费者的认知、认可与品牌忠诚，形成牢不可破的固定概念，则企业的定位便成功了。

1. 全过程服务

全过程服务，是针对消费者的购物与消费每一环节所进行的细致而深入的服务。消费者一般的购买与消费过程如下：出现消费需要→产生消费动机→进行购买准备→注意商品→发生兴趣→产生联想→购买决策→购买实施→使用与消费体验→重复购买或放弃。

通常，我们把整个购买和消费行为分成售前行为、售中行为和售后行为。全过程服务就是从消费者售前产生消费欲望的那一刻起，到商品使用价值耗尽为止的整个过程，都对消费者细心呵护，使消费者与自己的品牌紧密相连，让消费者在每一层面都感到完全满意。

2. 全方位服务

全方位服务不仅意味着全过程服务，而且还意味着全方位的服务，包括为消费者提供所需的各种服务项目，也称"Baby-sister 服务"（婴儿照看服务），即将消费者当作婴儿一样细心呵护。

美国沃尔玛公司，以货仓式经营崛起于零售业，尽管其经营方式决定了不可能提供过多的服务，但它始终把提供超一流的服务看成是自己至高无上的职责。在很多沃尔玛店内都悬挂着这样一条标语：顾客永远是对的；顾客如果有错误，请参看第一条。沃尔玛不仅为顾客提供质优价廉的商品，同时还提供细致盛情的服务。如果顾客是在下雨天来店购物，店员会打着雨伞将他们接进店内和送上车。比如，有一天，一位顾客到沃尔玛寻找一种特殊的油漆，而店内正好缺货，于是店员便亲自带这位顾客到对面的油漆店购买。沃尔玛经常对员工说："让我们以友善、热情对待顾客，就像在家中招待客人一样，让他们感觉我们无时无刻不在关心他们的需要。"美国商界有句经营名言：百货业唯一的差别在于对待顾客的方式。这句话对其他行业也一样适用。

3. 全顾客个性化服务

作为企业，常常用相同的眼光去看待消费者，而不去分析他们的优劣好坏，这种错误的看法常常表现在企业将它们的抽样调查结果笼统地用在全体消费者上。这种方法过于片面化，是与过去整体化营销观念分不开的。即使运用了细分市场原则，消费者的范围缩小了，营销手段的针对性加强，但与目前以消费者为中心的个性化营销趋势仍有较大差距。以全方位服务为定位目标，企业不能再将注意力投入于全体消费者的一般需求上，而应投入于消费者之间的需求差异上。应针对个体消费者，设计并开发企业的产品及服务项目，以适应当今个性化和多样化的消费趋势。

日本电通公司的调查发现，在二十世纪五六十年代，10位消费者只有一种声音；到七八十年代，10位消费者有十种声音；而到90年代，一位消费者就有10种声音。面对如此复杂的消费倾向，企业如何驾驭顾客需求，进行个别化营销，关键在于建立顾客资料库与顾客信息反馈系统，只有收集、了解到消费者的要求和偏好的变化，以及对企业的意见，才能更好地为消费者提供个性化服务。

为顾客提供全方位服务

全方位服务是指凡是顾客所需要的服务都能顺利得到满足的服务模式。它包括全过程服务、全方面服务、全顾客个性化服务，它是一项普通而又复杂的系统工程。

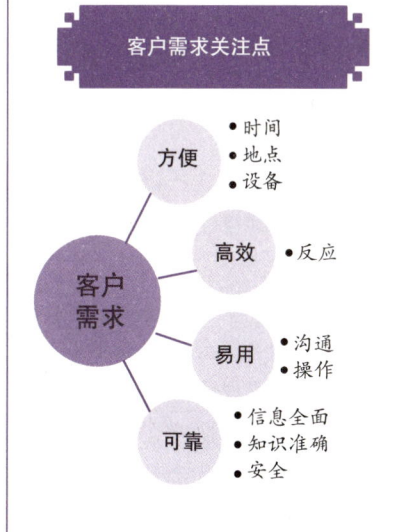

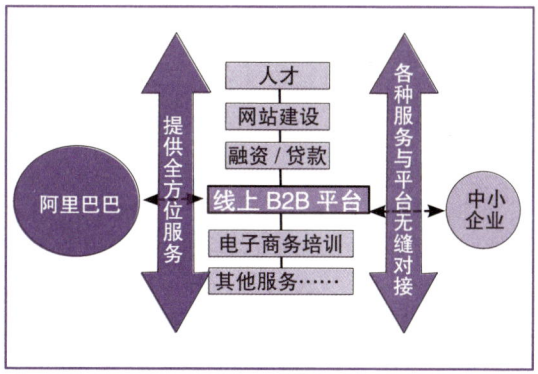

客户需求关注点

客户需求
- 方便：时间、地点、设备
- 高效：反应
- 易用：沟通、操作
- 可靠：信息全面、知识准确、安全

阿里巴巴为中小企业提供的全方位服务方案

阿里巴巴 —— 提供全方位服务 —— 人才、网站建设、融资/贷款、线上B2B平台、电子商务培训、其他服务…… —— 各种服务与平台无缝对接 —— 中小企业

客户是企业发展的基石，企业必须着力于满足客户不断变化的需求以及不同客户的差别需求，为客户提供全方位的服务。

如今，越来越多的企业认识到顾客资料的价值，将其视为企业的一项重要资产，并试着向任何接触到顾客的人搜集有关顾客的各种资料。同时，运用这些详细资料，瞄准特定的顾客群，使个别消费者完全而持续地满意。

4. 了解顾客的真实需要

全方位服务就必须站在顾客的角度去了解顾客的需求，并尽最大的努力去实现他们的期望。有许多企业在设计产品和顾客服务时，从来不主动询问顾客有哪些期望，而是凭想象增减服务项目，结果它们所提供的服务不能提高顾客的满意度，白花了财力和人力。

一个以全方位服务为定位视点的企业，要以顾客需求为导向来设计服务组合，经常要做的几件事是：

（1）进行市场调查，找出顾客真正的需求和愿望，从而设计出符合顾客愿望的特色产品和服务项目及标准。

（2）了解顾客对本企业目前服务的满意程度，以及对主要竞争对手顾客服务项目和标准满意或不满意的评价，以及造成这一状况的主要原因。

（3）增删顾客服务项目，确定服务标准，建立质量监控制度，使企业的整套服务符合或超过顾客的期望。

适应顾客的需求变化而改变策略，仅仅是全方位服务的一部分。另外，企业还必须紧跟竞争对手，只有提供比它们更优质的服务，你才可能在市场竞争中更胜一筹。

特别的爱给特别的你

企业对服务的重视程度提高固然是件好事，但任何竞争手段之所以有效，是因为它的差别性。服务也是一样，没有差别的服务竞争等于没有竞争，解决服务竞争的办法是建立差别服务形象，以创新特色来与竞争对手相区别。

1. 主要服务组合

企业要在市场中用特色服务树立企业形象。第一位的应该是确定企业特色服务的对象。比如，一家投资银行将资产超过100万元的人士作为自己的客户；一家酒店则瞄准商务人员市场，或瞄准三口之家的小家庭。因为不同的消费者有不同的服务要求，它们对服务项目的重视程度不一样，所以，企业特色服务的针对对象应该是顾客最关心的服务事项了。

企业在确定顾客群体之后，还要知道目标顾客的态度、爱好等利益要求。然后，就是根据自身的优势和劣势，审视一下可能拥有的资源和能力范围，确定最适当的服务组合和制定最适当的服务水准。服务组合应将各种服务要素根据顾客认定的重要性排出顺序，使企业能将主要力量放在少数重要服务上，试图对所有服务项目使用同等力量是不明智的。

服务水准应符合顾客的期望，由于顾客对所有服务项目并不抱同等期望；因而，有些地方只需要提供较低水平的服务，有些地方则需要提供较高水平的服务。如果提供的种类不对或水平太低，顾客便离你而去；如果提供的服务太多或水平过高，即使种类正确，企业也可能破产，因为成本过高，企业接受不了；定价太高，顾客又承受不了。

2. 次要服务

众多的服务业管理者尽管知道自己服务的顾客的需求所在，而且也很希望能在这方面形成企业优势。但他们却很难让自己的服务和其他人的服务区分开来！诸如

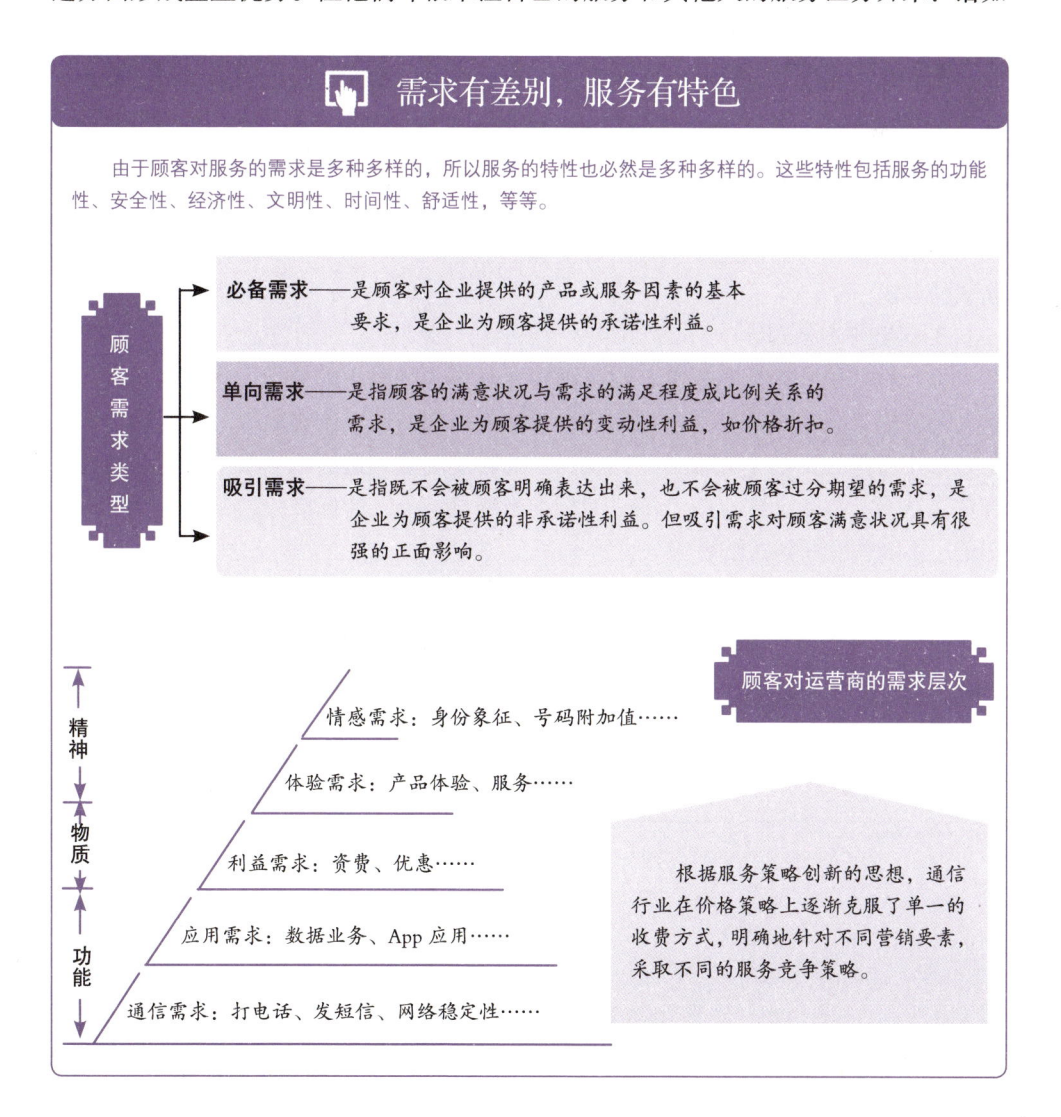

需求有差别，服务有特色

由于顾客对服务的需求是多种多样的，所以服务的特性也必然是多种多样的。这些特性包括服务的功能性、安全性、经济性、文明性、时间性、舒适性，等等。

顾客需求类型

- **必备需求**——是顾客对企业提供的产品或服务因素的基本要求，是企业为顾客提供的承诺性利益。
- **单向需求**——是指顾客的满意状况与需求的满足程度成比例关系的需求，是企业为顾客提供的变动性利益，如价格折扣。
- **吸引需求**——是指既不会被顾客明确表达出来，也不会被顾客过分期望的需求，是企业为顾客提供的非承诺性利益。但吸引需求对顾客满意状况具有很强的正面影响。

顾客对运营商的需求层次

精神 ↕
物质 ↕
功能 ↕

- 情感需求：身份象征、号码附加值……
- 体验需求：产品体验、服务……
- 利益需求：资费、优惠……
- 应用需求：数据业务、App 应用……
- 通信需求：打电话、发短信、网络稳定性……

根据服务策略创新的思想，通信行业在价格策略上逐渐克服了单一的收费方式，明确地针对不同营销要素，采取不同的服务竞争策略。

通信、邮电、银行、运输等行业，顾客将他们提供的服务视为同质看待，或者由于条件有限，同业竞争者提供的服务大都相差无几。于是竞争的焦点集中在价格上，由此导致恶性竞争，两败俱伤。

解决价格竞争的最好方法是建立服务差别形象，这种服务差别由于技术所限无法靠服务水平来体现，只能靠增加创新特色来与竞争对手相区别。因此，如果企业所提供的主要服务系列与竞争对手相比没有太多的优势之处，一个取巧的方法是在这一主要服务基础上增加次要服务来形成特色。下面是增加次要服务的例子：

在航空业，每架飞机都引入了这种次要服务，像电影、高级座位、产品销售、空对电话业以及常客奖励计划等。必胜客通过Internet网在信息高速公路的基础上实行了家庭配送订货服务。它是第一家扩展进入计算机市场领域的比萨饼制造商。因而这种附加服务具有次要服务的特色，与竞争者的服务有差异。

运用次要服务与其他企业区别开来，要解决的问题就是防止别人模仿。很少有几项革新项目能长期保持领先地位。因而，公司必须经常研究和开发新的服务项目，在社会赢得不断创新的好名声，这样既可以保持自己的优势和最佳形象，也可以阻止竞争对手超越自己，即使他们有可能做得更出色。花旗银行由于创新和推出了自动取款机、国际结算以及浮动优惠利率等项革新服务，至今仍在银行界享有领先创新者的声望。

3. 区别于竞争对手

设计具体的顾客服务标准。由于顾客服务是一种隐形的软性工作，因人而异，服务的提供者总会出于心情、身体状况等这样那样的原因影响服务时的质量，也会由于每个服务人员的个人素质、经验、训练程度的差异造成服务水平差异。因此，有些人认为，服务无法有一个统一的标准来测量，或认为标准化的服务是缺乏人情味的，不能适应顾客的需要。

这种观点是错误的。事实上，许多服务工作是常规性的工作，管理人员是很容易确定这类服务的具体质量标准和行为准则的，而消除服务水平差异的方法也只有建立规范化的服务标准。以更具有特色的服务来对待顾客，不仅能够区别于竞争对手，也能赢得顾客的心。

第四章
成本管理：
打造内耗最小的企业

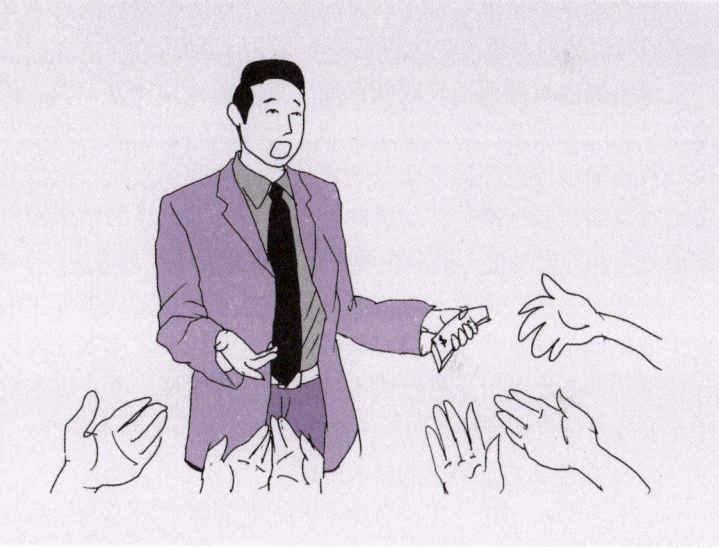

成本控制是一种思想

成本控制是指运用以成本会计为主的各种方法，预定成本限额，按限额开支成本费用，以实际成本和成本限额比较，衡量经营活动的业绩和效果，并以例外管理原则纠正不利差异，以提高工作效率，实现甚至超过预期的成本限额。

成本控制思想可以概括为以下几个方面：

1. 成本源流管理思想

管理成本要从成本发生的源流入手，成本控制的重点应该是成本发生的源流，成本控制措施的着重点也应该是成本发生的源流。

成本发生的源流包括时间源流、空间源流和业务源流。从成本发生的角度看，成本发生的基础条件是成本发生的三大源流的交汇点。成本发生的基础条件是企业可资利用的经济资源的性质及其相互之间的联系方式，包括劳动资料的技术性能、劳动对象的质量标准、劳动者的素质和技能、产品的技术标准、企业的组织架构、职能分工和管理制度，以及企业文化、外部协作关系等。

这些因素的性质及相互之间的联系方式构成了成本发生的基础条件。改变成本发生的基础条件是成本不断降低的源泉，这代表了成本源流管理思想，同时也是现代管理"不断改进"思想在成本领域的综合体现。改变成本发生的基础条件可以从根本上改变公司的管理结构，改变企业参与竞争的基本条件。

2. 成本控制方法措施的融入思想

成本控制中存在一个十分突出的问题便是成本控制措施如何融合到具体的业务过程和管理过程中去，使成本控制措施能够得以顺利实施，使成本控制方法能够真正发挥作用。

成本是企业经营活动的结果，影响成本的各项因素分散在企业经营管理的各个部门、各个环节。实施成本控制必须要控制企业的整个生产经营过程，因为这一过程同时也是成本的发生过程。但是，按照企业的职能分工，生产经营过程由相应的职能部门进行管理，分属不同的子系统，成本控制不能直接干预生产经营活动。这种事实上的矛盾在一定程度上造成了成本控制的两难境地。在这种情况下，如何实施成本控制，如何使成本控制的方法措施发挥作用，是成本控制无法回避的困难选择。成本控制方法措施的融入思想实质上是针对这一矛盾提出来的。

3. 强化员工的成本意识

人的活动在成本发生的各个阶段均占主导地位。人的素质、技能是影响企业成本非常重要的因素。其中对企业成本影响最大的是企业员工的成本意识和主动参与降低成本管理活动的积极性。

成本意识是指节约成本与控制成本的观念，是了解成本控制的执行结果。成本意识包括注意控制成本，努力使成本降低到最低水平并设法使其保持在最低水平。强化员工的成本意识，就是要使员工树立这样一些思想：成本是可以控制的，成本控制需要大家的共同参与，并在工作中时刻注意节约成本。

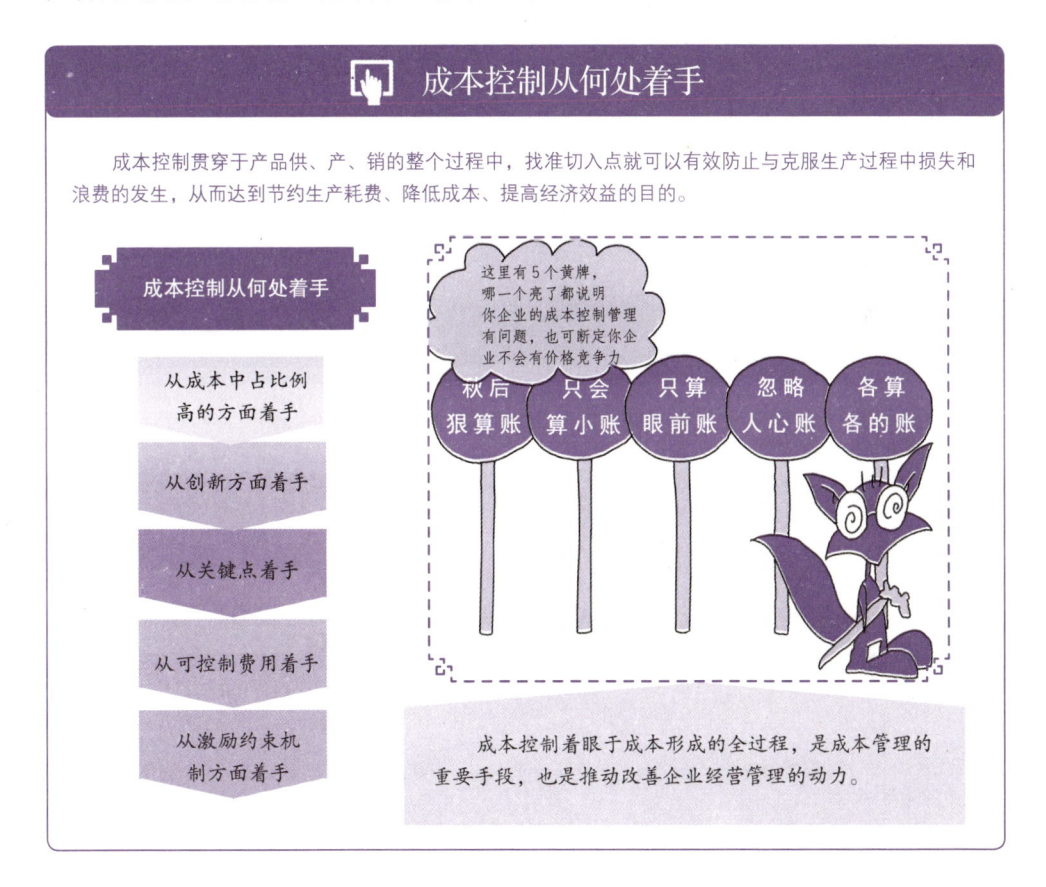

成本控制从何处着手

成本控制贯穿于产品供、产、销的整个过程中，找准切入点就可以有效防止与克服生产过程中损失和浪费的发生，从而达到节约生产耗费、降低成本、提高经济效益的目的。

成本控制从何处着手
- 从成本中占比例高的方面着手
- 从创新方面着手
- 从关键点着手
- 从可控费用着手
- 从激励约束机制方面着手

这里有5个黄牌，哪一个亮了都说明你企业的成本控制管理有问题，也可断定你企业不会有价格竞争力

秋后狠算账　只会算小账　只算眼前账　忽略人心账　各算各的账

成本控制着眼于成本形成的全过程，是成本管理的重要手段，也是推动改善企业经营管理的动力。

努力降低材料费用

控制材料费用，需要坚持两条腿走路：一是要严格控制材料消耗数量，二是要努力降低材料收购成本。

1. 严格控制材料消耗数量

在控制材料消耗数量方面，企业财务部门应协助有关职能部门做好以下工作：

99

（1）改进产品设计，采用先进工艺。产品设计是否合理，不仅关系到产品质量的好坏，而且也关系到生产过程中材料消耗数量的多少。产品设计合理，在同等质量条件下，可以在产品全部寿命周期内长期地节约原材料消耗，这是减少材料消耗数量最有效的途径。生产工艺是指为生产产品而制定的加工操作方法，它对原材料消耗量也有很大的影响。例如，通过改进下料工艺，可以减少边角余料，提高材料利用率，减少材料损失。

（2）制定材料消耗定额，实行限额发料制度。消耗定额是指在一定的生产技术条件下，生产单位产品或零件需要耗费的材料数量。它既是确定材料费用计划指标的基础，又是对材料消耗进行日常控制的主要依据。因此，对于各种主要原材料、燃料和动力都要制定消耗定额，以控制消耗数量，降低材料费用。材料消耗定额一般应由生产技术部门和材料供应部门负责制定，财务部门也要积极参与此项工作，并经常分析定额执行情况，提出降低材料消耗定额的建议。

善用传统方法节约采购成本

采购成本指与采购原材料相关的物流费用，一般占企业总成本的绝大部分。降低了采购成本就等于提升了利润率，更有利于加强企业的竞争力。

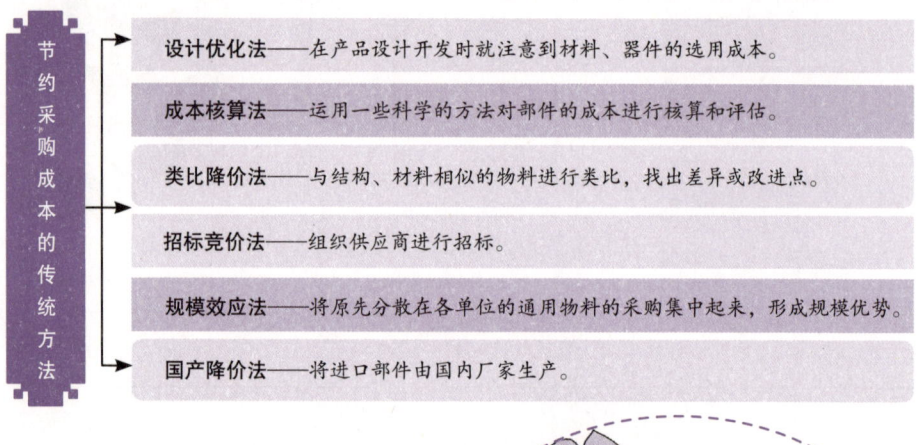

节约采购成本的传统方法：

- **设计优化法**——在产品设计开发时就注意到材料、器件的选用成本。
- **成本核算法**——运用一些科学的方法对部件的成本进行核算和评估。
- **类比降价法**——与结构、材料相似的物料进行类比，找出差异或改进点。
- **招标竞价法**——组织供应商进行招标。
- **规模效应法**——将原先分散在各单位的通用物料的采购集中起来，形成规模优势。
- **国产降价法**——将进口部件由国内厂家生产。

成本中的70%是采购成本，专业高效的采购成本管理可帮助企业获得战略性竞争优势。但采购成本控制绝不只是简单地削减成本，而是个系统工程。采购成本管理必须综合考虑公司的战略及长期可持续核心竞争力的发展。

（3）控制运输和储存过程中的材料损耗。财务部门应配合有关部门制定途耗定额，并严格执行材料验收制度，检斤计量，以查明损耗和短缺数量。属于定额范围以内的作为正常途耗，计入材料采购成本；高于定额的，则要分析原因，追查责任，并由财务部门向有关过失部门或个人索取赔偿。

2. 努力降低材料采购成本

加强材料采购成本的管理，是节约材料费用的又一重要方面，管理者应协助有关部门做好以下工作：

（1）严格控制材料购买价格。材料购买价格是材料采购成本的主要组成部分，严格控制材料进价，特别是在市场发育还不够完善、价格不尽合理的情况下，尤其有着重要意义。

（2）加强材料采购费用管理。材料采购费用，包括应由购货部门负担的运输费用、装卸费用、定额范围内的途中损耗和入库前的整理挑选费用等。供应部门应当经济合理地组织材料运输工作，就近购买材料，选用适当的运输方式，提高采购工作效率，严格掌握各项采购开支，借以降低材料采购成本。财务部门除协助供应部门做好有关工作外，应要求供应部门编制采购费用预算，以控制某些经常性采购费用，并定期进行检查和考核。

（3）合理采用新材料和廉价代用材料。由于科学技术的发展，人们在生产中不断使用新材料来代替旧材料，这既有利于发展新产品、新技术，又有利于材料的节约。

控制平均工资水平

工资费用归口人力资源部门管理，它是由人工消耗和工资支出水平决定的，所以既要有先进合理的劳动定额，又要对平均工资水平进行控制。

1. 制定先进合理的劳动定额和编制定员

劳动定额是产品生产过程中衡量劳动消耗的一种数量标准。它是指生产单位产品所耗用的工时或是在单位时间内应生产多少产品，即工时定额和产量定额。通过劳动定额，可以计算生产某种产品所需要的总工时，再计算产品所需要的工资费用。劳动定额是员工劳动的目标，反映劳动生产率水平。

编制定员是指企业为正常进行生产经营活动所必须配备的人员数量，既包括生产工人，也包括相应的管理人员。人力资源部门应根据实际情况，尽量压缩非生产人员数量，制定合理的编制定员。

2. 控制平均工资水平，合理测算工资总额

劳动生产率提高了，也就是单位产品中包含的劳动量减少了，这样可以相应地

图解·管理学

提高员工的工资水平，可以增加员工收入，调动员工的劳动积极性。但是一定要注意，平均工资的增长速度必须低于劳动生产率的增长速度，这样才达到了降低单位产品中工资费用的目的。

企业的计划工资总额，影响着员工的消费水平和产品的成本水平。企业应该根据国家的分配政策，按经济效益水平，并且参考同行业其他企业情况，考虑地区差别等，来确定工资水平。

3. 完善企业内部分配制度，加强日常监督管理

企业内部分配制度不能搞"一刀切"，应该结合企业的生产特点，采用灵活多样的分配形式。在实际工作中，除了常用的计时工资制和计件工资制外，有些企业甚至根据自己的经验又提出了一些新的工资形式。

如何进行人力成本控制

人力成本控制指的是对人力资源的取得成本，开发成本，替代成本，使用成本和日常人事管理成本的发生数额和效用进行掌握、调节的过程。

人力成本控制的三大步骤
- 前期的合理计划
- 保证严格的执行过程
- 进行实时控制和处理

人力成本控制的五项措施
- 改变观念，强化人力成本意识
- 建立合理的组织结构
- 建立人力成本预算制度
- 实行灵活分配制，控制成本
- 稳定提升员工素质，控制人员流动

对于非生产性企业来说，人力成本是其主要成本支出。制定科学的人力成本管控措施不但可以降低薪酬支出，还可以整体提升员工素质。

无论实行何种工资制度，管理者都应根据有关资料，组织有关部门正确计算工资，及时支付员工工资，并进行监督管理。其监督的内容主要是：

（1）监督工资支出的合理性和合法性。实行自主经营后，企业有权制定工资分配方案，但必须符合政府的有关法令。

（2）加强民主管理。企业工资方案和分配办法要提交职代会讨论，广泛听取群众意见。

（3）工资发放渠道要公开，要具有透明度。

（4）监督各部门严格执行工资制度，防止滥发奖金和津贴。

（5）健全原始记录，加强会计核算，使企业工资、经济效益、劳动生产率等指标得到真实反映，并定期进行检查分析。

日常综合费用控制

对于综合性费用，在管理上应当认清情况区别对待，有针对性地采用各种方法，加强日常控制。

1. 实行费用指标分口分级管理，明确部门责任

综合性费用一般是按费用发生的地点和内容确定管理的责任。制造费用是车间、分厂为组织和管理生产而发生的各项费用，应由各车间、分厂负责管理。管理费用是企业行政管理部门为管理和组织经营活动而发生的各项费用，应由各有关部门负责管理。如办公费、折旧费、修理费、水电费等由行政部门管理，管理人员工资和员工探亲路费等由人力资源部门管理，运输费用由运输部门管理，仓库费用、材料盘亏和毁损等由供应部门管理，至于财务费用、销售费用，则分别由财务部门、销售部门负责管理。

各归口管理部门对于分管的费用项目负有重要的责任，应按期编制费用预算，分解下达费用指标，审批费用开支，汇总、考核与分析费用预算的完成情况，推动和指导各费用开支部门加强管理。管理者领导的财务部门是综合管理各项费用的部门，应按期审核各项费用预算，确定分管指标，组织各项费用分口分级管理，监督和检查指标执行情况，并对节约费用开支提出意见和要求。

2. 制定费用定额，正确执行费用预算

制造费用和期间费用是通过费用预算来管理的。为了保证费用预算的正确执行，必须对费用指标进行分解，制定合理的开支标准。如固定资产折旧费、员工福利费、工会经费等，应该根据国家统一的费用开支标准管理，不得随意提高。国家没有统一的标准，应根据企业的生产特点和计划期的有关目标确定。

例如劳动保护费，应该以不同的工种、员工人数、劳保用品的寿命为基础，办公费则以工作人员数量、办公用具和业务量为基础，分别由归口管理部门负责制定。财务部门负责监督费用定额的执行情况，通过建立费用限额卡片、厂内结算凭证等方式，定期会同各归口管理部门，了解检查定额执行情况，对实际出现的差异进行有效的处理。

此外，企业还应该建立必要的开支审批制度和报销制度。根据国家有关制度的规定，明确不同类别费用的审批单位和审批权限，审核各项开支是否符合规定、是否有计划、是否能进一步节约等。对费用开支的报销，也必须核定其单据内容是否真实、手续是否完备等才能予以报销。通过事前开支的审批和事后报销的核查，促使各部门节约使用资金，顺利完成费用预算。

3. 严格控制各项费用的日常开支

各职能部门、车间和班组，根据落实的费用指标，严格控制开支、月份（或季度）内的费用支出数额不能超过定额，节约费用的应给予表扬或奖励。

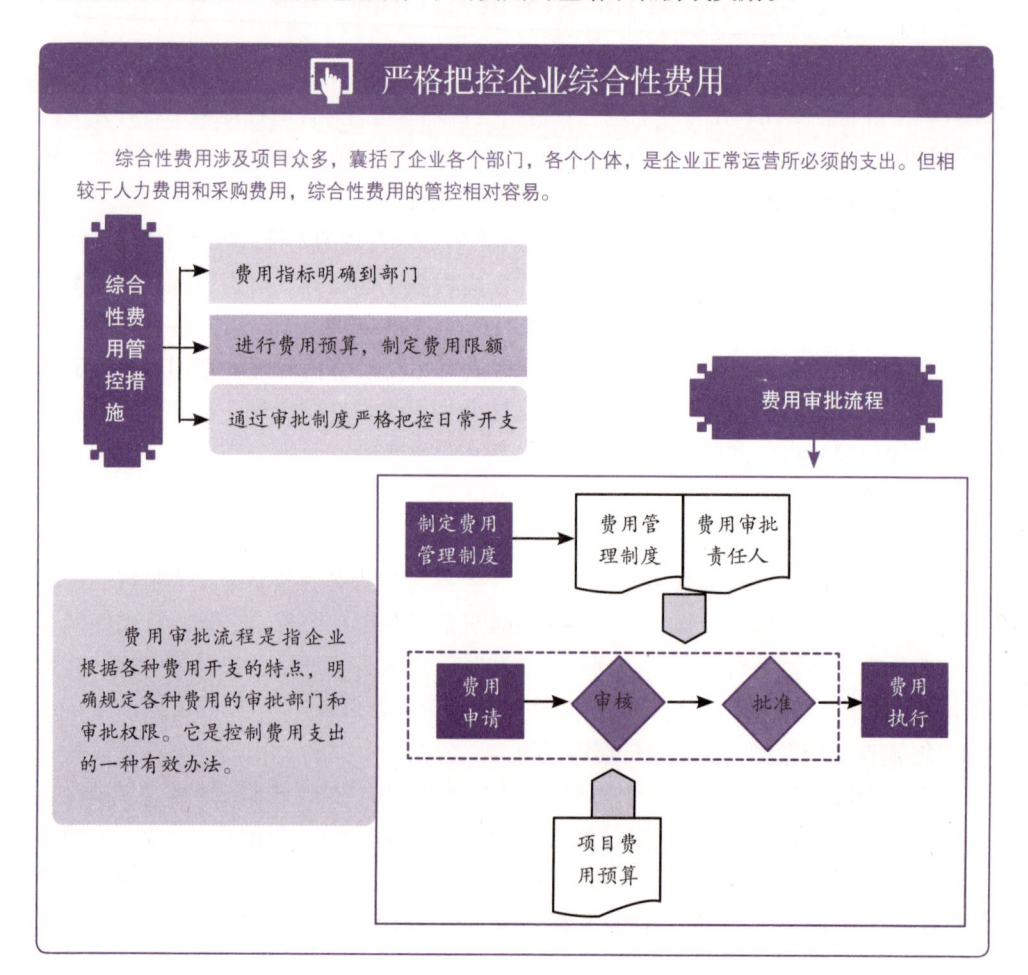

严格把控企业综合性费用

综合性费用涉及项目众多，囊括了企业各个部门，各个个体，是企业正常运营所必须的支出。但相较于人力费用和采购费用，综合性费用的管控相对容易。

综合性费用管控措施
- 费用指标明确到部门
- 进行费用预算，制定费用限额
- 通过审批制度严格把控日常开支

费用审批流程

制定费用管理制度 → 费用管理制度 → 费用审批责任人

费用申请 → 审核 → 批准 → 费用执行

项目费用预算

费用审批流程是指企业根据各种费用开支的特点，明确规定各种费用的审批部门和审批权限。它是控制费用支出的一种有效办法。

控制各项费用日常开支的方法是多种多样的。凡国家规定有统一开支标准的费用项目，要按规定的开支标准执行，实行定额控制。有些费用开支，如员工福利费、工会经费、业务招待费等，财务制度中明确规定了提取的比例，对这类费用，要按相关项目指标的一定比率进行控制。有些费用，如广告费，是为了宣传企业的产品、扩大销售而发生的，它的支出与收益之间有着密切的联系，可以通过计算广告所得收益与广告费用支出的比率进行控制；有些非正常性的费用开支，需要经过一定的批准手续才能支付，等等。尽管具体方法不同，但根据一些企业的实践经验来看，控制费用的日常开支，管理者应抓住以下三个环节：

　　（1）采用费用手册，实行总额控制。各职能部门、车间和班组，根据落实的费用指标在费用手册上填写费用指标数额。每发生一笔费用，就根据有关凭证核减一笔开支，并结出指标结存额。这样，就能使各部门随时了解各项费用支出的数额和尚可开支的金额，如果发现支出过多，可以及时查明原因，采取措施节约开支，也便于各归口管理部门和财务部门进行监督和检查。

　　（2）建立必要的费用开支审批制度。费用开支需要经过一定的审批程序，这是控制费用支出的一种有效办法。企业应根据国家有关制度的规定和各种费用开支的特点，明确规定各种费用的审批部门和审批权限。属于正常范围内的费用开支，由有关的归口业务部门审批，属于重大项目、计划外项目或数额较大的费用开支，则应由企业领导者审批。

　　（3）建立必要的费用报销审批制度。对于每一笔费用开支，都要通过审核原始凭证来进行控制。审核的内容主要是：凭证所反映的内容是否真实；此项开支是否符合费用开支范围；开支标准是否合乎规定；有无预算指标；手续是否齐全。经过审核确认无误后，方能准予报销。手续不全的要补办手续，违反制度规定的不予报销。

目标成本控制的着眼点

　　目标成本控制起源于日本，由于它有效地引导和促使企业的设计人员以尽可能低的成本设计产品，帮助企业削减成本，并以低成本和相当大的自由空间使得产品能快速地占据市场，击败竞争对手，而被美国《财富》杂志称为"锋利的日本秘密武器"。由此可见，目标成本控制的重要性和必要性。目标成本控制的着眼点要立足于3个方面：

1. 从头控制

　　长期以来，成本控制一直集中在生产阶段。殊不知，80%的产品成本在设计阶段就被锁定了，在这一时期，管理者选定产品设计以及组织生产这一产品的工艺流程。人们逐渐意识到设计将极大程度地影响此后的生产、销售和服务成本，一项有助于简单可靠的生产、服务的设计，尽管设计成本可能更高昂，但却将带来产品整个生命周期内的成本节约。

在产品的生产阶段，大多数成本都已经是约束性的了，控制的焦点是成本抑制。理解了成本的流转方式可以使我们将成本控制的重点放在产品的设计阶段。

目标成本就是一个管理者在产品及流程的设计过程中使用的成本管理工具，旨在为将来的产品生产成本的降低而进行改进性的措施。

2. 以顾客为本

目标成本控制以顾客为出发点，它始于由顾客确定的价格、质量和功能。若企业通常关注一些具有特征的产品，通过自动化生产线生产出大量低成本的产品，便可制胜。新的业务流程关注顾客满意度，为顾客创造价值满意度，创造价值的理念改变了管理者的导向，他们从关注大量的低成本生产转向关注质量、服务以及顾客对特别性能的需要。

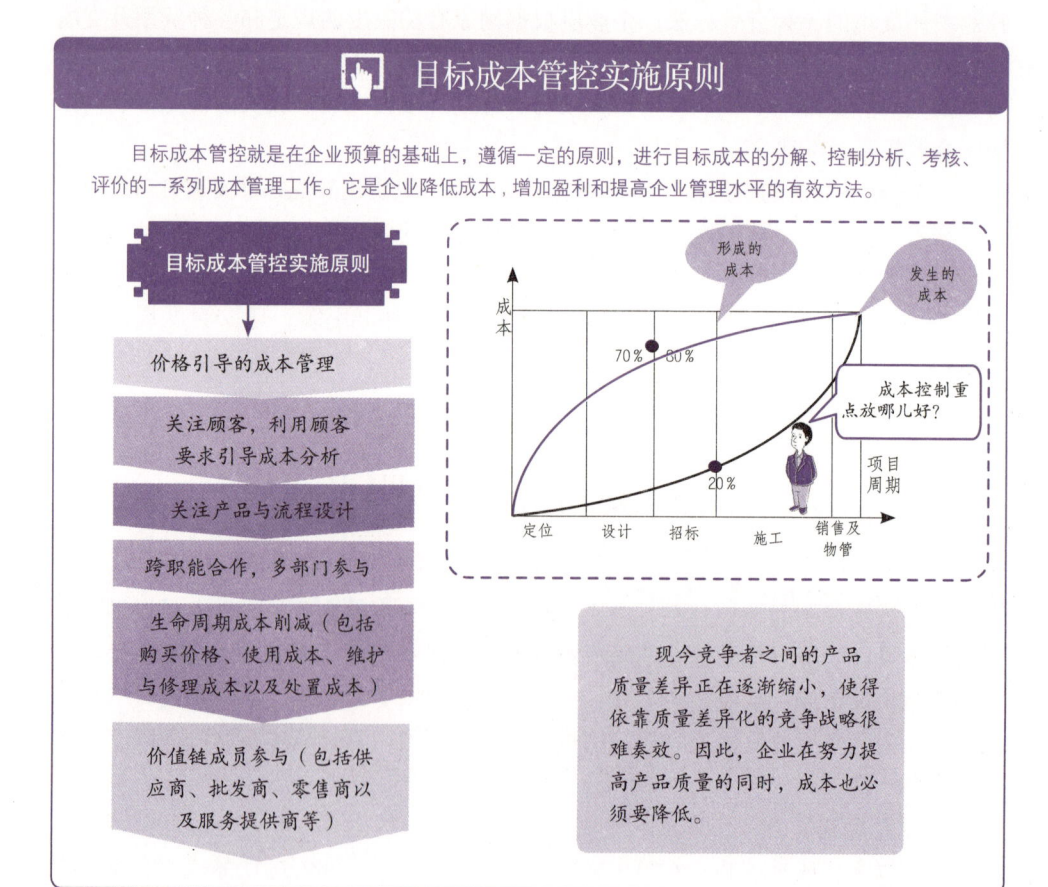

目标成本管控实施原则

目标成本管控就是在企业预算的基础上，遵循一定的原则，进行目标成本的分解、控制分析、考核、评价的一系列成本管理工作。它是企业降低成本，增加盈利和提高企业管理水平的有效方法。

目标成本管控实施原则

- 价格引导的成本管理
- 关注顾客，利用顾客要求引导成本分析
- 关注产品与流程设计
- 跨职能合作，多部门参与
- 生命周期成本削减（包括购买价格、使用成本、维护与修理成本以及处置成本）
- 价值链成员参与（包括供应商、批发商、零售商以及服务提供商等）

现今竞争者之间的产品质量差异正在逐渐缩小，使得依靠质量差异化的竞争战略很难奏效。因此，企业在努力提高产品质量的同时，成本也必须要降低。

3. 功能要适度

适应市场对产品质量、功能的要求，是企业生产管理的着眼点。但同时也要明确，质量、功能或高或低是相对的，质量过高、功能过剩势必会加大企业的成本支出，削弱企业竞争的价格优势，影响销售的增长；相反，如果企业一味地为降低成本而降低成本，甚至质量过低、功能不足，产品销不出去，成本控制也就变得毫无意义。

因此，依据资源—作业—产品（质量、功能）关系，要求企业在成本控制时，首先要依托市场竞争对产品功能、质量的基本要求，明确市场竞争必要的质量、功能定位，剔除多余功能，分析达到目标质量、功能所需设备的技术性能以及必要的作业程序，减少以至消除无效作业，然后选择相适宜的直接材料组织加工生产。这样不仅能够有效地减少各种变动制造费用，而且也使单位产品的直接材料消耗额大大降低。在直接材料的选用上，也必须着眼于目标质量、功能要求，对直接材料进行经济性的替代分析。

目标成本的引入就是企业在产品设计时必须要遵循的一个市场价格——产品功能的矢量关系。也就是说，目标成本反映了产品必须要向顾客输送的这一组功能。

首先要预测目标成本

确定目标成本之前，要进行目标成本的初步预测。目标成本是根据预计销售收入和目标利润计算出来的，即目标成本＝预计销售收入－目标利润

预计目标利润的方法有：

1. 目标利润率法：目标利润＝预计销售收入 × 同类企业平均销售利润率

或：目标利润＝企业净资产 × 同类企业平均净资产利润率

或：目标利润＝企业总资产 × 同类企业平均资产利润率

采用目标利润率法的理由是：企业必须达到同类企业的平均报酬水平，才能在竞争中生存。也有企业使用同业先进水平的利润率预计目标成本，其理由是：别人能办到的事情我们也应该能办到。

2. 上年利润基数法：目标利润＝上年利润 × 利润增长率

采用上年利润基数法的理由是：未来是历史的继续，应考虑现有基础（上年利润）；未来不会重复历史，要预计未来的变化（利润增长率），包括环境的改变和自身的进步。有时候，上级主管部门或董事会对利润增长率有明确要求，也促使企业采用上年利润基数法。

按上述方法计算出的目标成本，只是初步设想，提供了一个分析问题的合乎需

要的起点。但它不一定完全符合实际，还需要对其可行性进行分析。

1. 目标成本的可行性分析

进行目标成本的可行性分析时，主要是根据企业实际成本的变化趋势、同类企业的成本水平，充分考虑企业增产节约的潜力，对某一时期的成本总水平做出预计，看其与目标成本的水平是否大体一致。

经过测算，如果预计目标成本是可行的，则将其分解，下达有关部门。如果经反复测算、挖潜，仍不能达到目标成本，就要考虑放弃该产品并设法安排剩余的生产能力。如果从全局看不宜停止生产该产品，也要限定产量，并确定亏损限额。

2. 目标成本的可控性分析

为了科学地组织成本控制，进一步认识成本的可控空间和可控时间是非常有意义的。成本的可控性是从总体来讲的。但从成本的产生和形成过程看，客观存在一种空间限制，它是相对于一定的空间范围而言的。如在某一个生产部门范围内，对维修材料、业务用品的消耗数量是可以控制的，但对材料的价格高低却无能为力。而采购成本的高低，对供应部门来说却在一定程度上是可控的。

目标成本的特征

目标成本是指企业在一定时期内为保证目标利润实现，并作为全体职工奋斗目标而设定的一种预计成本，它是成本预测与目标管理方法相结合的产物。

目标成本主要特征：

- 一种预算成本，在产品设计之前就被事先确定。
- 一种动态体系，不断推动研发人员去改进产品，降低成本。
- 定位于未来市场，而非今天的市场。

把降低成本进行到底

目标成本的表现形式很多，如计划成本、标准成本或定额成本等，一般情况下要比实际成本更加合理和科学。同时，目标成本也是进行有效成本比较分析的一种尺度。

又如某项通信工程竣工投产后，所形成的固定成本对企业来说是不可控的，只能通过提高设备的利用率来降低其在通信产品单位成本中的含量，而对基建施工部门来讲却可以通过可行性研究和价值工程等科学方法，不断降低工程成本。再如管理费用对基层生产部门来讲是不可控的，但从公司总部来讲又基本上是可控的。因此，成本的可控空间就是成本可以被控制的空间范围，它是无数个可控空间的有机组合。

成本的可控性还与成本产生的时间有关。在生产耗费产生之前，将要产生的所有成本基本上都是可控的，如新建一个市话分局或营业支局、实施一项技术改造方案等，在规划设计时可以充分考虑将要产生的支出费用，进行成本效益分析，选择最优的成本方案。但若在既定的生产条件下完成通信生产任务，其通信成本就只是部分可控了。

那么，通过成本核算反映的实际成本，由于各种物化劳动和活劳动消耗都已经成为过去的劳动，成本控制也就无从谈起了，充其量可以通过成本分析起到所谓反馈控制的作用。因此，成本的可控时间就是成本的可控性与成本产生和形成时间的关系。

两种方式分解目标成本

企业目标成本的分解方式可以按物为对象分解和按人为对象分解，其中又包括各自的细化分解。

1. 按物分解

按物分解具体又可以分为按产品的功能别、构造别与成本要素分解三种方式。

（1）按功能分解，即按照产品的功能区域对目标成本进行分解的方式，这种分解的具体步骤为：首先将产品的目标成本分解为大的产品功能区域的目标成本，然后再向中的功能区域分解，最后细化为各小的功能区域的目标成本。产品功能区域的划分与整理，通常需要借助价值工程方法，通过功能系统图加以确定。采用功能别进行目标成本的分解，通常适用于开发设计期、进入期以及成长期的产品。

（2）按构造分解，即将功能与构造方式结合运用，首先按大功能区域分解目标成本，再逐层向次级功能区域细化分解，这样就使得目标成本循着构想及其原本设计的轨迹逐渐落实。当构造的轮廓大体区域明朗时，再进行构造分解。这种功能别与构造相结合的方式，对于几乎没有市场先例、带有较高创新性的产品比较适用且较为有效。

（3）按成本要素进行分解，亦即将目标成本细化为成本要素各项目。至于要素项目应当细化到何种程度以及是否将从产品开发、设计、制造到营销、物流以致售后服务等的"生命周期成本"均纳入成本构成要素范畴，应视具体情况而定。按成本要素别对目标成本进行分解的过程，一般是在按功能或构造分解之后进行的。通过将目标成本细化为具体要素目标，不仅有助于在详细设计阶段的成本控制，而且对于制造阶段标准成本的设定以及工序、工法的采用也有着重要的指导意义。

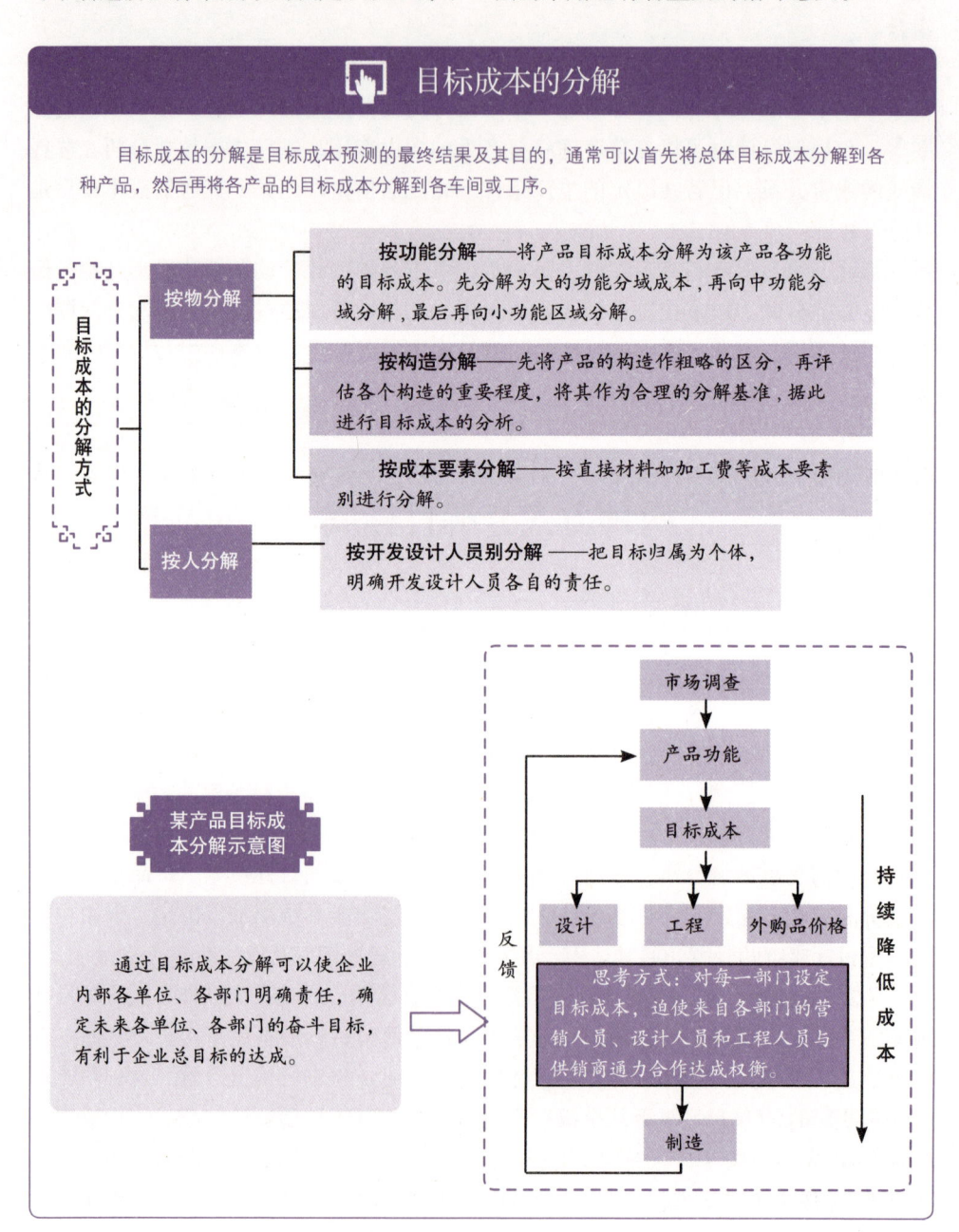

目标成本的分解

目标成本的分解是目标成本预测的最终结果及其目的，通常可以首先将总体目标成本分解到各种产品，然后再将各产品的目标成本分解到各车间或工序。

目标成本的分解方式

- **按物分解**
  - **按功能分解**——将产品目标成本分解为该产品各功能的目标成本。先分解为大的功能分域成本，再向中功能分域分解，最后再向小功能区域分解。
  - **按构造分解**——先将产品的构造作粗略的区分，再评估各个构造的重要程度，将其作为合理的分解基准，据此进行目标成本的分析。
  - **按成本要素分解**——按直接材料如加工费等成本要素别进行分解。
- **按人分解**
  - **按开发设计人员别分解**——把目标归属为个体，明确开发设计人员各自的责任。

某产品目标成本分解示意图

通过目标成本分解可以使企业内部各单位、各部门明确责任，确定未来各单位、各部门的奋斗目标，有利于企业总目标的达成。

市场调查 → 产品功能 → 目标成本 → 设计 / 工程 / 外购品价格 → 思考方式：对每一部门设定目标成本，迫使来自各部门的营销人员、设计人员和工程人员与供销商通力合作达成权衡。→ 制造（反馈）

持续降低成本

2. 按人分解

按物分解目标成本是针对客体而将管理目标进行详细限定，这固然非常重要，然而，这类方式的最大缺陷在于就事论事。无论成本目标的设定、分解还是达成，最终起决定性作用的是企业的行为主体——人力资源。如果企业能够按人分解目标成本，也就可以将成本目标归属为人这一能动的行为主体，实现人与物的有机结合，并遵循人本主义思想，借助有效的激励约束机制，充分激发企业各层次、各环节人力资源发掘成本潜力的积极性与责任感，最大限度地提高各项经济资源的使用效率，促使目标成本的顺利达成。

按人分解，确切地讲，是按照企业的作业结构、责任组织与责任人对预定的目标成本进行分解与落实。为了能够合理有效地将目标成本分解落实到各级、各层次、各环节的责任人头上，有必要先依据产品的作业分割结构（Work Breakdown Structure，WBS）对产品作业的流程与层次进行规划并使之明晰，即将最终的作业称为第一层次作业，为完成第一层次作业所需的一些作业称为第二层次作业，依此类推，进而将所有的作业系统化，并形成一个紧密的作业链。

然后按照这一作业链，由第一层次开始向上逆推直至产品的设计开发环节，并分别确立出各层次的必要作业、作业组织与责任者。当这项工作完成后，就可以将前述按物分解的目标成本一一对应为 WBS 的目标成本，从而实现人与物的结合，推动目标成本的有效达成。同时按照责任人设置责任会计，编制责任预算，计量与评价各层次责任人的业绩，并为目标成本的控制、分析与查找问题奠定基础与依据。

成本工具的三种选择

可供选择的成本工具有三种：价值工程、标杆和成本改善。

1. 价值工程

价值工程通过分析以下两方面的关系来降低生产成本：

（1）产品功能的不同种类和不同水平。

（2）总生产成本。价值工程重要的一步是在设计新产品或是改良产品的阶段对顾客进行分析。对顾客进行分析辨明了顾客的主要偏好，从而决定了新产品的预期功能。

所使用的价值工程的种类依赖于产品的功能。对于像汽车、计算机软件这样的产品，可以轻易地增加其功能或取消功能，这些都是不断有新款式或不断升级的产品，消费者的偏好也经常改变。事实上，制造商往往选择一组有特色的特征赋予每一款新产品。对于汽车来讲，这意味着新的性能和新的安全特征；而对于计算机软件来讲，它可能意味着完成新的任务或进行分析的能力。

对于专业设备和工业产品，例如建筑设备、载重汽车和专用医学设备等，产品功能必须设计在产品之中，而不是另外加上去，因为消费者的偏好更固定一些。

目标成本对于前一类产品更有用一些，因为该类产品存在大量企业可以自行控制的特征。在这些企业中普遍运用的价值工程类型是功能分析，即对产品的每一主要功能或特性的效用和成本进行考察。这种分析的目的在于确定效用与成本之间的平衡。

生产成本控制的基本方法

生产成本是衡量企业技术和管理水平的重要指标。每个企业都期望降低生产成本来满足客户需求，以适应当今激烈竞争的微利时代。

生产成本控制的基本方法

- **定额制定**——对人力、物力、财力等各种资源的消耗设定限额，主要有材料定额和工时定额。
- **标准化工作**——包括计量标准化、价格标准化、质量标准化以及数据标准化等。
- **制度建设**——没有制度建设，就不能固化成本控制运行，就不能保证成本控制质量。

成本的控制应该着眼于每项生产经营活动所产生的成本，这既包括企业为生产产品所付出的作业劳动，同时也包括这一过程所消耗的资源。

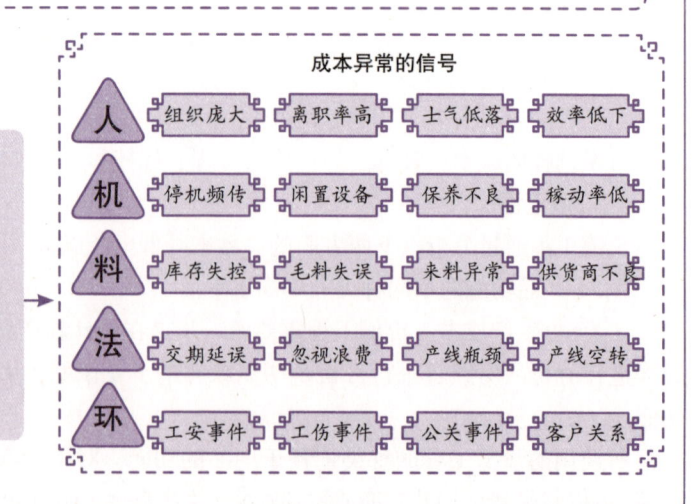

成本异常的信号

人	组织庞大	离职率高	士气低落	效率低下
机	停机频传	闲置设备	保养不良	稼动率低
料	库存失控	毛料失误	来料异常	供货商不良
法	交期延误	忽视浪费	产线瓶颈	产线空转
环	工安事件	工伤事件	公关事件	客户关系

2. 标杆

标杆也是这一阶段经常使用的一种工具。标杆就是被企业选作对比标准的一些指标，它通常是市场中竞争者的平均标准，甚至是最好标准。在产品设计阶段，标杆的利用就包含了将企业产品的实验性设计与竞争者的设计相比较。例如，在发行一个新版软件时，对照其成本和开发所需的时间，要对新版本的每一个预期特性进行检讨，目的就是使软件的"一揽子"特性达到既满足顾客偏好又使成本低于目标水平。

再如，汽车制造商必须确定哪种效用和安全特征应赋予其新款产品。这种决策是基于对顾客分析、功能分析及顾客偏好的性能与其成本间的对比分析。如可以增加改进了的安全气囊，但是由于目标成本约束，一个改进了的声音系统可能会推迟到下一个款型才能应用。

3. 成本改善

改善意味着"不断地提高"，即不断研究新方式以降低既定设计、功能的产品制造过程中的成本。通过结合新制造技术，运用先进的成本管理方法，并通过改善组织与人的关系，寻求更高的生产效率，使企业能够降低成本。

改善成本发生在制造阶段，而此时价值工程和改进设计的影响已经存在，因此，在这个环节，降低成本就要引进新的制造方法（例如弹性制造系统）和使用新的管理技术。

一旦企业确定并实施了产品及流程的设计，其关注的焦点就转移到如何以最有效的方式来运行工艺流程上来了，这也就是成本改善的意义所在。成本改善使企业的注意力集中在已有的工艺流程能否降低成本上。与目标成本不同，成本改善并不是以顾客为出发点的，而是受企业管理层设定的一定时期利润目标驱动的。

改善带来的成本降低主要是针对现有生产流程和产品设计的修正改良，采取的形式通常是引进新的制造技术、提高设备效率以减少浪费，以及对员工进行培训和动员以鼓励其为降低成本、提高质量而努力。

越分权越加强内部控制

为了便于管理，企业有必要将其组织单元划分为不同类型的责任中心，以责任中心作为分权管理的基本单位，并将要做的事情托付给责任中心来实施管理控制。

1. 分权管理是企业发展的必然趋势

随着企业经营的日益复杂化和多样化，企业大型化、跨国化和多角经营化的趋势越来越明显，致使企业内部的经营管理日趋复杂。在行为科学管理理论的影响下，许多企业实行了某种形式的分权管理制度，即将决策权随同相应的责任下放给基层管理人员，而最高层管理者就可将有限的时间和精力集中在企业最重要的战略决策上。

强生公司（1994年销售额为157亿美元，净收益突破20亿美元）是泰诺、邦迪牌创可贴、强生婴儿爽身粉和其他许多产品的制造商。它有着长期的分权历史，被认为是使分权发挥有效作用的一个典范。它的分权开始于20世纪30年代，166个分别注册的公司被授权独立经营。

强生公司在90年代调整其分权系统以消除那些通过最高管理层更多的协调可以避免的代价昂贵的错误。公司也曾因为各独立部门重复设置许多职能造成了高制造成本。总裁拉尔夫·拉森引入了在保持最基本分权的同时，通过财务控制系统重组的方法，加强对各独立部门行为的协调。

IBM公司则相反。它原是一个高度集权的企业，开始于1988年并在1991年后期展开的重组是IBM历史上最为剧烈的分权，其目标是将IBM分割为大量经营部门，这些经营部门彼此独立运作，使IBM公司成为一个全体所有，但在营销、服务、产品开发和制造公司方面又有着或多或少自主权的企业。

在赋予其管理人员较大的自主权的同时，也给他们执行自主权施加一定压力，如必须在利润额上体现他们的经营成果等。IBM公司新的组织机构包括13个不同的业务部门，其中9个为制造和开发部门，4个为营销和服务部门。13位经理都将从7个方面计量其目标业绩，这7个方面包括收入增长率、利润、资产报酬率、现金流量、顾客满意程度、质量和员工士气，实现业绩目标的将获得重奖。IBM公司希望能通过改组激发起员工的潜能和创造性。最后，公司在1994年扭亏为盈，这表明努力已初见成效。

通用电气公司有13个独立的"战略经营部门"。在国际上，通用电气公司的德国竞争对手西门子公司也有分立的部门，而且每个部门都有自己的总裁和董事会。

2. 责任成本制度的形式

企业越是下放经营管理权，越要加强内部控制。于是很多大型企业将所属各级部门按其权力和责任的大小划分为各种成本中心、利润中心和投资中心等责任中心，实行分权管理。这样做的结果是各分权部门既有自身利益，又不允许各分权部门在所有方面像一个独立的组织那样进行经营。因为分权部门的行为不仅会影响其自身的经营业绩，而且会影响其他分权部门的经营业绩甚至是企业的整体利益。

因此，在实行分权管理的情况下，如何协调各分权单位之间的关系，使各分权部门之间以及企业与分权部门之间在工作和目标上达成一致；如何对分权部门的经营业绩进行计量、评价和考核，就显得尤为重要，责任成本制度就是为了适应这种要求而在企业内部建立若干责任部门，并对他们分工负责的经济活动进行规划、控制、考核和评价。

分权管理使各分权部门之间具有某种程度的互相依存性，主要表现在各分权部门间的产品或劳务的相互提供上。同时分权部门有时为了自身的利益，又有可能采取一些有损于其他分权部门甚至整个企业利益的行为。

责任成本制度是企业加强内部控制的一个有效工具。

责任成本制度是根据授予基层部门的权力和责任以及对其业绩的计量、评价和考核方式，将企业划分成各种不同形式的责任中心，并建立起以各责任中心为主体，以责、权、利相统一的机制为基础，通过信息的收集、加工和反馈而形成的企业内部严密的控制制度。

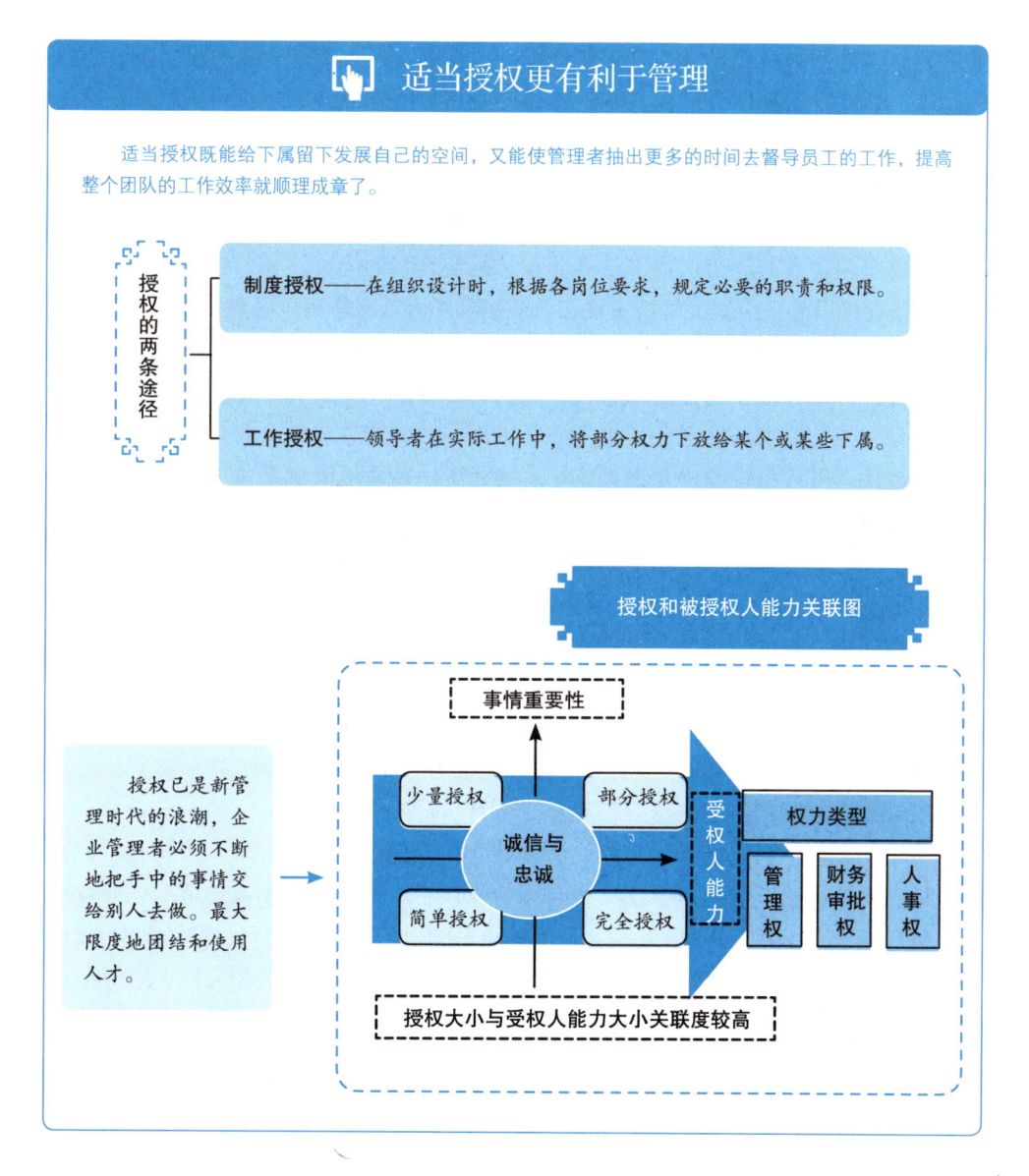

适当授权更有利于管理

适当授权既能给下属留下发展自己的空间，又能使管理者抽出更多的时间去督导员工的工作，提高整个团队的工作效率就顺理成章了。

授权的两条途径

- **制度授权**——在组织设计时，根据各岗位要求，规定必要的职责和权限。
- **工作授权**——领导者在实际工作中，将部分权力下放给某个或某些下属。

授权和被授权人能力关联图

授权已是新管理时代的浪潮，企业管理者必须不断地把手中的事情交给别人去做。最大限度地团结和使用人才。

事情重要性

少量授权　部分授权
诚信与忠诚
简单授权　完全授权

受权人能力

权力类型：管理权、财务审批权、人事权

授权大小与受权人能力大小关联度较高

责任成本制度的内容

企业实行责任成本的具体形式会有所差别，但主要内容都包括以下几个方面：

1. 责任中心的建立

实行责任成本，首先应根据企业组织结构的特点，按照分工明确、权责分明、业绩易辨的原则，合理灵活地划分责任中心，使各责任中心在企业所授予的权力范围之内，独立自主地履行职责，并以责任中心作为责任成本的核算对象。责任中心的责任承担者应是其主要负责人。

2. 内部结算制度的建立

为了保证责任成本核算的顺利进行，对企业内部的产品和劳务在各责任中心之间的转移必须建立起完善的内部结算制度，确定合理的内部转移价格，以公平准确地反映各责任中心应负担的经济责任，为各责任中心的考核提供客观依据。

3. 责任预算的编制

责任预算是企业全面预算按责任中心的合理分解、落实和具体化，作为责任中心开展日常经营活动的准绳和评价考核其工作业绩的基本标准。业绩考核标准应当具有可控性、可计量性和协调性等特征。为此责任预算应既先进又可行，既全面又有重点，使之真正成为责任中心的奋斗目标和完成企业全面预算的基础。编制责任预算，可采用弹性预算、固定预算等形式，以适应各责任中心的具体性质和特点。

4. 责任预算的控制

各责任中心在执行责任预算的过程中应加强控制。一方面应实行自上而下的控制，上级责任中心对所属的下级责任中心进行全面控制；另一方面各责任中心应进行自我控制。由于各责任中心生产经营活动的性质和特点有所不同，应采取与之相适应的控制方法，从而保证各责任中心按预定的目标完成责任预算。

5. 责任成本核算制度的建立和健全

为了对责任中心进行有效控制，必须建立一套完整的日常记录、核算和考核有关责任预算执行情况的信息系统，及时报告责任中心执行责任预算的情况，并针对预算执行差异进行调查分析，迅速采取有效措施加以纠正，即进行反馈控制。为此，企业要有一套完整的责任成本核算制度，以保证控制所需信息的相关性、适时性和准确性。由于不同责任中心的控制范围不同，因而各责任中心的核算内容和核算方法亦有所不同，各责任中心应根据各自的具体条件及具体控制范围，分别采取适当的核算方法，并编制控制和考核所需的责任中心业绩报告。

6. 责任成本的考核

根据业绩报告，对照责任预算，找出差异，调查分析差异产生的原因，判明责任，奖惩分明。通过对责任中心工作成果的评价考核，总结成功的经验，揭示存在的不足，为编制下一时期预算提供资料。责任成本的考核必须公正合理，既能通过公平的奖励激励各责任中心的积极性，也能通过适当的惩罚（即负奖励）使各责任中心的各种不利于完成责任预算的行为得到约束，并促使各责任中心相互协调统一地朝企业总目标努力。为此，企业必须制定一套完整、合理和有效的奖惩制度，以适应责任成本考核，并有助于实现责任中心权、责、利的统一。

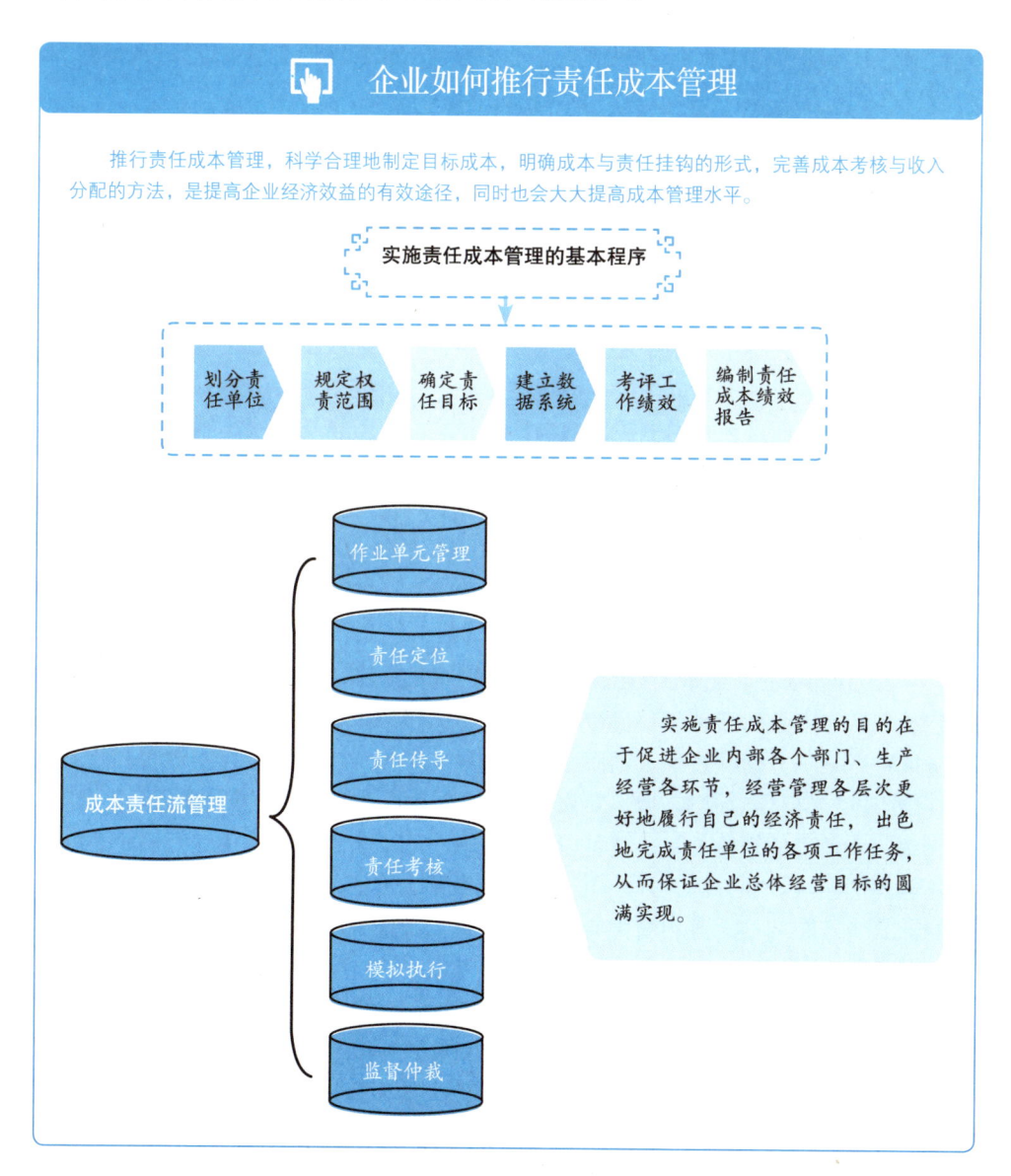

企业如何推行责任成本管理

推行责任成本管理，科学合理地制定目标成本，明确成本与责任挂钩的形式，完善成本考核与收入分配的方法，是提高企业经济效益的有效途径，同时也会大大提高成本管理水平。

实施责任成本管理的基本程序

划分责任单位 → 规定权责范围 → 确定责任目标 → 建立数据系统 → 考评工作绩效 → 编制责任成本绩效报告

成本责任流管理
- 作业单元管理
- 责任定位
- 责任传导
- 责任考核
- 模拟执行
- 监督仲裁

实施责任成本管理的目的在于促进企业内部各个部门、生产经营各环节，经营管理各层次更好地履行自己的经济责任，出色地完成责任单位的各项工作任务，从而保证企业总体经营目标的圆满实现。

每个人都是责任中心

1. 责任中心的分类

分权管理通常是按照企业分部的设立来实施的。企业可以根据其提供商品或劳务的不同来设立分部，也可以根据地域的不同来设立分部。在财务控制上，更多的是根据分部经理的职权不同，采用责任中心来作为分权管理的基本单位。一般情况下，将分权单位分为成本中心、收入中心、利润中心和投资中心四种。

（1）成本中心。成本中心是指只对成本或费用承担责任的责任中心。成本中心的生产经营活动只产生成本或费用，通常没有货币计量的收入，因而成本中心不需对收入、利润和投资负责。成本中心一般包括负责产品生产的生产部门、劳务提供部门以及给予一定费用指标的企业管理部门，如车间、供销服务部门乃至工段、班组，甚至员工个人都可成为成本中心。

成本中心分为标准成本中心和费用中心两种。标准成本中心是以实际产出量为基础，并按标准成本进行成本控制的成本中心。这类成本中心的特点是能够计量产出的实际数量，而且在技术上投入量与产出量之间有着密切联系。制造业中的企业分厂、车间、工段和班组等都是典型的标准成本中心。

费用中心也称酌量性成本中心，它是以直接控制经营管理费用为主的成本中心。这类成本中心的特点主要是为企业提供一定的专业服务，一般不能产出可以用货币计量的物质成果，在技术上投入量与产出量之间没有直接关系。企业的行政管理部门、研究开发部门等都属于费用中心。

（2）利润中心。成本中心的决策权力是有限的。标准成本中心的管理人员可以决定投入，但产品的品种和数量往往要由其他人员来决定。利润中心为本企业提供服务或进行某一方面的管理。利润中心是指既能控制成本，又能控制销售和收入的责任中心。它不但要对成本、收入负责，而且还要对收入与成本的差额即利润负责（只对销售收入负责的销售部），故可以说是收入中心。在一个企业中，利润中心往往处于较高的层次。如分厂、分公司、有独立经营决策权的部门，以及辅助生产部门或封闭式生产车间等。各利润中心都自成一体，独立经营，但也相互协调，共同实现企业总目标。

（3）投资中心。投资中心是指既对成本费用、收入和利润负责，又对资金及其利用效果负责的责任中心。这类责任中心不仅在产品和销售上享有较大的经营自主权，而且能够相对独立地运用其所掌握的资金，如大型集团公司下面的分公司等。投资中心的责任对象必须是其能影响和控制的成本费用、收入、利润和资金。

2. 各责任中心的业绩计量标准

为了指导各责任中心管理者的决策，并评估其经营业绩和该中心的经营成果，财务总监需要有一个业绩计量的标准，包括制定决策规则、标准和奖励制度。利用这个标准，可以表达公司希望各责任中心应该如何做，并对他们的业绩进行判断和评价。

这项工作大体上可从两方面入手：首先，详细规定各责任中心允许的和可被采纳的行为规范，并限制中心经理可以选择的行动方案。比如指定供应商，禁止处理某些资产，限定项目投资的最高额度等。其次，还必须建立一套完善的奖励制度以激励中心经理，使其行动达到最优化。

（1）目标协调一致。比较理想的计量标准应该是与企业总目标保持高度一致的。但是在复杂不确定的环境下，任何一个单一的业绩计量标准都不可能保证分散经营的分部目标与企业总目标保持完美的协调一致。其原因在于：第一，计量标准的选择带有人为因素，它与企业战略目标的相关性主要是靠高层管理者的主观判断；第二，大多数计量标准是以内部业绩，而不是以外部机会为基础的，而有时候外部机会恰恰是影响企业总目标实现的关键因素；第三，单一计量标准没有考虑到各责任中心当前活动对未来经营所带来的后果。

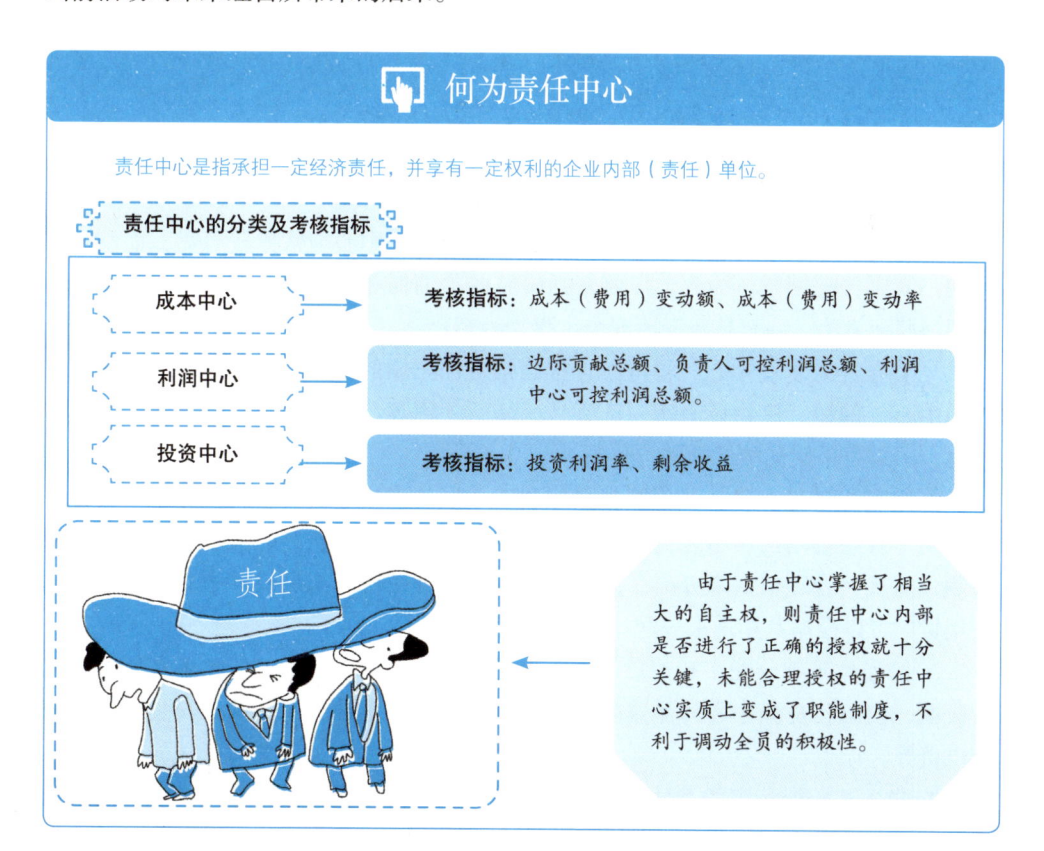

何为责任中心

责任中心是指承担一定经济责任，并享有一定权利的企业内部（责任）单位。

责任中心的分类及考核指标

- 成本中心 → 考核指标：成本（费用）变动额、成本（费用）变动率
- 利润中心 → 考核指标：边际贡献总额、负责人可控利润总额、利润中心可控利润总额。
- 投资中心 → 考核指标：投资利润率、剩余收益

由于责任中心掌握了相当大的自主权，则责任中心内部是否进行了正确的授权就十分关键，未能合理授权的责任中心实质上变成了职能制度，不利于调动全员的积极性。

（2）关系的协调。各责任中心的业务活动之间是相互作用的，一个独立部门的业务活动可能不仅影响到自身的业绩计量，而且也会影响到其他部门的业绩计量，因此，各责任中心之间转移价格的制定通常是最容易引起争议的。

即使转移价格问题能够比较圆满地解决，各责任中心之间仍存在着许多疑难的非价格因素。例如，某些产品质量以及转移的时效性会影响到下一个环节接受单位的经营，但是这种延误所带来的财务影响却难以将它量化。

处于同一价值链不同环节的各责任中心，其业务活动的关联性导致各自业绩计量相互干扰的现象也比较容易发生。例如，制造工厂的效率受到供应部门效率的影响，由此造成的不利差异应该是供应部门的责任而不能算在制造工厂的账上，但事实上往往难以区分。

（3）消费过度。在分权模式中，各自负责的考核标准不同，如果拥有费用支配权力的下级管理人员耗费无度，比如花巨资装修办公室、雇用大量的临时工、无节制的职位消费等。这些支出尽管会降低自身业绩，但只要其从过度消费中获得的实惠远远超过业绩奖励，那么就不能杜绝这种"寻租"行为的发生。

同时，下级管理人员还可能实施一种叫"帝国大厦"的行为，即尽量扩大其所管理的组织规模，以追求非货币性实惠，比如其在整个企业中的权势和威望。

责任成本的确定及考核

将发生的直接材料和人工费用归属于不同的责任中心通常比较容易，而制造费用的归属则比较困难。为此，需要仔细研究各项消耗和责任中心的因果关系，采用不同的分配方法。一般是按下述五个步骤来处理：

1. 直接计入责任中心。将可以直接判别责任归属的费用项目直接列入应负责的成本中心。例如，机物料消耗、低值易耗品的领用等，在发生时可判别耗用的成本中心，不需要采用其他标准进行分配。

2. 按责任基础分配。对不能直接归属于个别责任中心的费用，优先采用责任基础分配。有些费用虽然不能直接归属于特定成本中心，但它们的数额受成本中心的控制，能找到合理依据来分配，例如动力费、维修费等。如果成本中心能自己控制使用量，可以根据其用量来分配。

3. 按受益基础分配。有些费用不是专门属于某个责任中心的，也不宜用责任基础分配，但与各责任中心的受益多少有关，可按受益基础分配。例如安装机动率分配电费等。

4. 归入某一个特定的责任中心。有些费用既不能用责任基础分配，也不能用受益基础分配，则应该考虑有无可能将其归属于一个特定的责任中心。例如，车间的运输费用和试验检验费用，难以分配到生产班组，不如建立专门的成本中心，由其控制此项成本，不向各班组分配。

5. 不能归属于任何责任中心的固定成本，不进行分摊。例如，车间厂房的折旧是以前决策的结果，短期内无法改变，可暂时不加控制，作为不可控费用。

责任成本确定后，接下来的问题就是责任成本的考核。责任成本的考核，涉及成本控制报告、差异调查、信息反馈系统和奖罚制度等问题。

1. 成本控制报告

成本控制报告是责任会计的重要内容之一，也称为业绩报告。其目的是将责任中心的实际成本与限额比较，以判别成本控制业绩。

制作成本控制报告的目的如下：

一个良好的控制报告应满足下列要求：报告的内容应与其责任范围一致；报告的信息要适合使用人的需要；报告的时间要符合控制的要求；报告的列示要简明、清晰、实用。

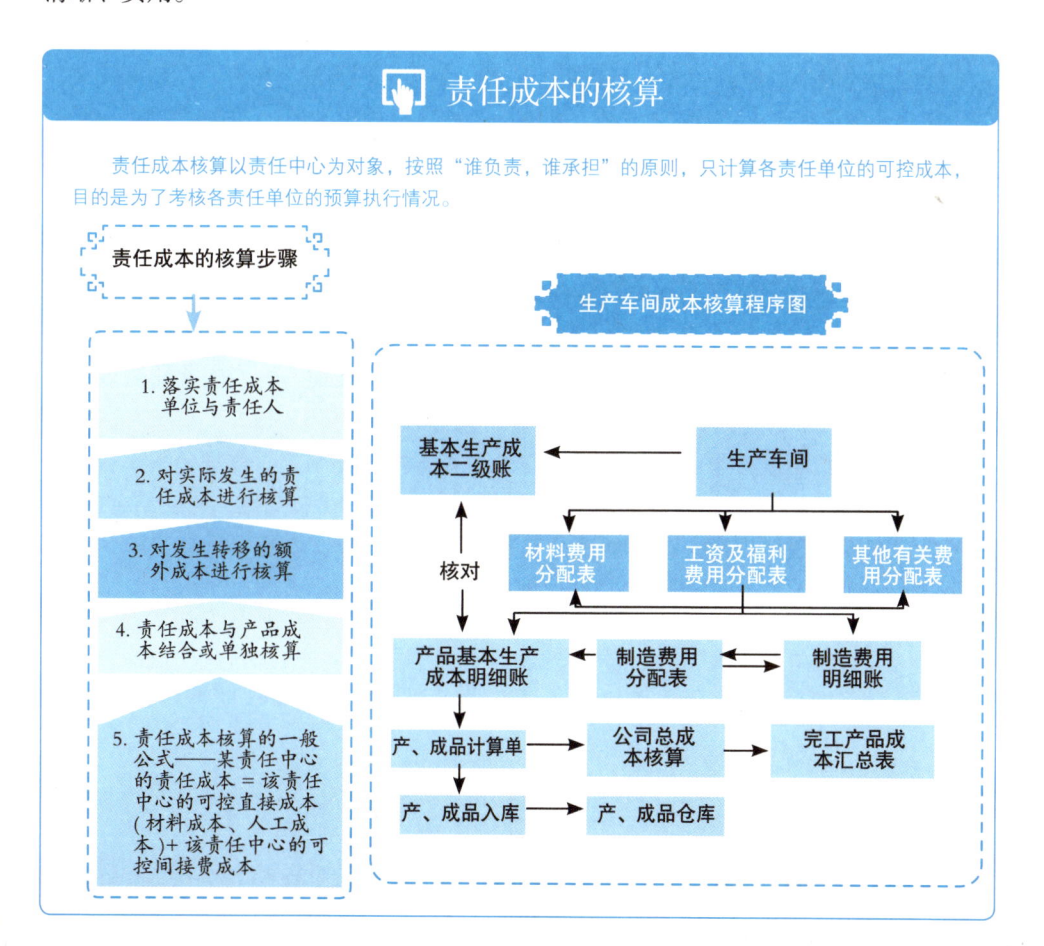

责任成本的核算

责任成本核算以责任中心为对象，按照"谁负责，谁承担"的原则，只计算各责任单位的可控成本，目的是为了考核各责任单位的预算执行情况。

责任成本的核算步骤

1. 落实责任成本单位与责任人
2. 对实际发生的责任成本进行核算
3. 对发生转移的额外成本进行核算
4. 责任成本与产品成本结合或单独核算
5. 责任成本核算的一般公式——某责任中心的责任成本＝该责任中心的可控直接成本（材料成本、人工成本）＋该责任中心的可控间接费成本

生产车间成本核算程序图

生产车间 → 基本生产成本二级账

材料费用分配表　工资及福利费用分配表　其他有关费用分配表

产品基本生产成本明细账　制造费用分配表　制造费用明细账

产、成品计算单　公司总成本核算　完工产品成本汇总表

产、成品入库 → 产、成品仓库

2. 差异调查

成本控制报告将使人们注意到偏离目标的表现，但它只是指出问题的线索。只有通过调查研究，找到原因，分清责任，才能采取纠正行动，收到降低成本的实效。发生偏差的原因很多，可以分为三类：

（1）报告人的原因，包括过错、没经验、技术水平低、责任心差、不协作等。

（2）目标不合理，包括原来制定的目标过高或过低，或者情况变化使目标不再适用等；

（3）实际成本核算有问题，包括数据记录、加工和汇总有错误，故意造假等。

只有通过调查研究，才能找到具体原因，并针对原因采取纠正行动。

3. 信息反馈系统

财务控制是一个动态的控制过程，为了确保财务预算的贯彻实施，就必须对各责任中心预算的执行情况进行跟踪监控，不断调整执行偏差，建立一个信息反馈系统，负责计量、传递和报告财务控制使用的各种信息。

责任预算是"总预算"的落实和具体化，它使各责任中心明确其应负的责任和应控制的事项，而责任预算的执行情况则通过"责任会计"来进行计量、考核，即对实际发生的成本、取得的收入和利润，按责任中心进行归集、核算。在预算期末，还应编制业绩报告，比较预算和实际的差异，分析差异产生的原因和责任归属。此外，还要按照例外管理原则，对预算中未规定的事项和超过预算限额的事项，向管理层做出信息反馈，以便及时做出决策。

4. 奖罚制度

切实可行的奖罚制度是保证财务控制长期有效运行的重要因素。人的工作努力程度往往受到业绩评价和奖励办法的影响，制定奖罚制度，让被考核人明确业绩与奖罚之间的关系，知道什么样的业绩将会得到什么样的奖罚。恰当的奖罚制度将引导人们去约束自己的行为，尽最大可能争取好的业绩。

因此，奖罚制度必须结合各责任中心的预算责任目标制定，体现公平、合理、有效的原则。此外，企业还要建立严格的考评机制，把过程考核与结果考核结合起来，发挥奖罚制度的激励作用。奖罚制度是调动人们努力工作，实现企业总目标的有力手段。

第五章
组织架构管理：创建利于解决问题的有效框架

设计之前先分析

按照传统的组织原则，组织分析的基本标准主要集中在组织的四种方式上，即组织结构方式、权责划分方式、人事调配方式及行政行为方式。

1. 组织结构方式

包括组织的结构是否完整，是否根据目标所决定的业务性质来确定组织体制和领导功能；是否根据目标需要和领导功能来确定管理层次的多寡和管理幅度的宽狭；纵向与横向部门的比例是否合理等。

2. 权责划分方式

这方面的组织分析通常需要对组织的主要活动进行全盘审查，通过对职权和职责及其所对应工作人员的分析，来考虑有无合并或再分组的必要，以避免畸轻畸重的不均匀现象。

3. 人事调配方式

包括组织内的人事任免、调配是否根据已经划分的职责因事求人；是否根据工作任务来设置岗位；是否按照泰罗的"训练原则"来巩固和提高员工的素质；是否以工作能力和成绩作为升迁、奖励的依据。

4. 行政行为方式

包括组织的各项工作是否以企业的规章制度为基础；工作过程是否科学化、制度化、程序化和讲究效率；是否能够经常以最少的人、财、物投入，来获得最大的成果。

按照人际关系—行为科学组织原则，组织分析的基本标准则集中于组织中人的地位、人的积极性、人际关系的状态、权力关系的性质、沟通交流的程度等方面。

1. 组织中"社会人"的实现程度。即成员的经济、物质需求与社会、心理需求之间是否维持平衡，成员是否具有为组织贡献全部才能和力量的兴趣、意志，并能获得相应的报酬。

2. 组织的权力关系。是否包含"权威"的因素和具有相互控制的性质，组织的管理人员是否懂得通过激励来鼓舞成员的士气。

3. 组织的人际关系状况。是否有助于正式组织所需要的内聚力的形成和组织目标的达成，组织内部的团体关系及其行为对组织一体化过程的影响程度。

4. 组织的信息沟通的状况。包括工作指示、情况汇报、友好往来、思想交流和情绪、感情传递，信息交流是全部组织管理的基础。

5. 组织的民主程度和范围。新型的领导方式表现在通过协商和参与管理来建立自下而上的支持关系，并以此来形成合理的组织气氛，提高组织的整体功效。

按照系统—权变理论的组织原则，组织分析的基本标准又集中于组织与其环境相互作用、相互影响的动态平衡的状况和能力方面，具体包括：

组织从环境吸收能量；组织通过内部机制将能量转换为产品形态；组织将产品以输出的形式送回环境；系统的再加强来源于系统的环境；通过产生和增加负担使组织得以生存和发展；信息反馈以使系统维持稳定状态，实现自动平衡；分化和精细化的趋势。

组织结构设计原则

许多介绍管理理论和经验的书中都会提出有关管理和组织的一些原则。但是，再全面细致的组织设计原则也不能"包治百病"。不同的组织采用不同的结构，遵循不同的原则，而且随着客观形势的发展做不同程度的调整。

1. 牢不可破的指挥系统

这一原则指组织中各阶层的每个人均有上司，每个人均须向上司报告、负责。在目前社会中，在军队、政府和其他一些构架稳定的老牌的大公司中均存在着这种牢不可破的指挥系统。这种明确的权责关系使组织的效应得以发挥，并且可以杜绝偷窃、偷懒、迟到和其他不法事件的发生。

这种设计原则对于一个组织的健康发展是不可或缺的。但是如果所有的事都必须通过直接主管向上沟通，则将使工作效率降低。部属应能随时与最熟悉该工作的人沟通才好。

2. 适中的控制幅度

控制幅度是指某一位管理人员直接统辖的部属人数。较小的控制幅度意味着主管能更有效地控制部属，但如此则需要雇用较多的管理人员，花费较高的费用。较大的控制幅度将可为公司节省管理人员费用，但如此做亦须冒较大的风险，因为多数员工的操作未受到充分的监督，且管理人员无法确知什么人正在进行什么工作。

3. 授权必须明确

如果主管能够明确地授权，使得部属知道他该做什么和对他的要求是什么，则主管将是非常自由的。有些主管认为，如果不用部属，他们往往能把工作做得更快、更好。就短期而言，这是对的。但是就长期而言，授权将使部属发挥他们的专长，同时使得主管有时间去注意其他的事情，考虑较长远的问题。

4. 授权必须完全

这一原则指任何组织要想达到目的、完成某项工作，则必须指定由某一个人来负责。理想的状况是，管理人员使得每一个人都知道他们所负的责任，而且每一件工作也都已经有人在做，同时每一个人都能把分内的工作做得很好，如此组织目标自然很容易便完成了。

5. 职权和责任必须相等

职权和责任必须相等是传统的组织原则中重要的一条。任何一个部属都会直觉地想到这一条规则。当他被授予责任时，他知道他应有充分的职权以便有效地完成任务。

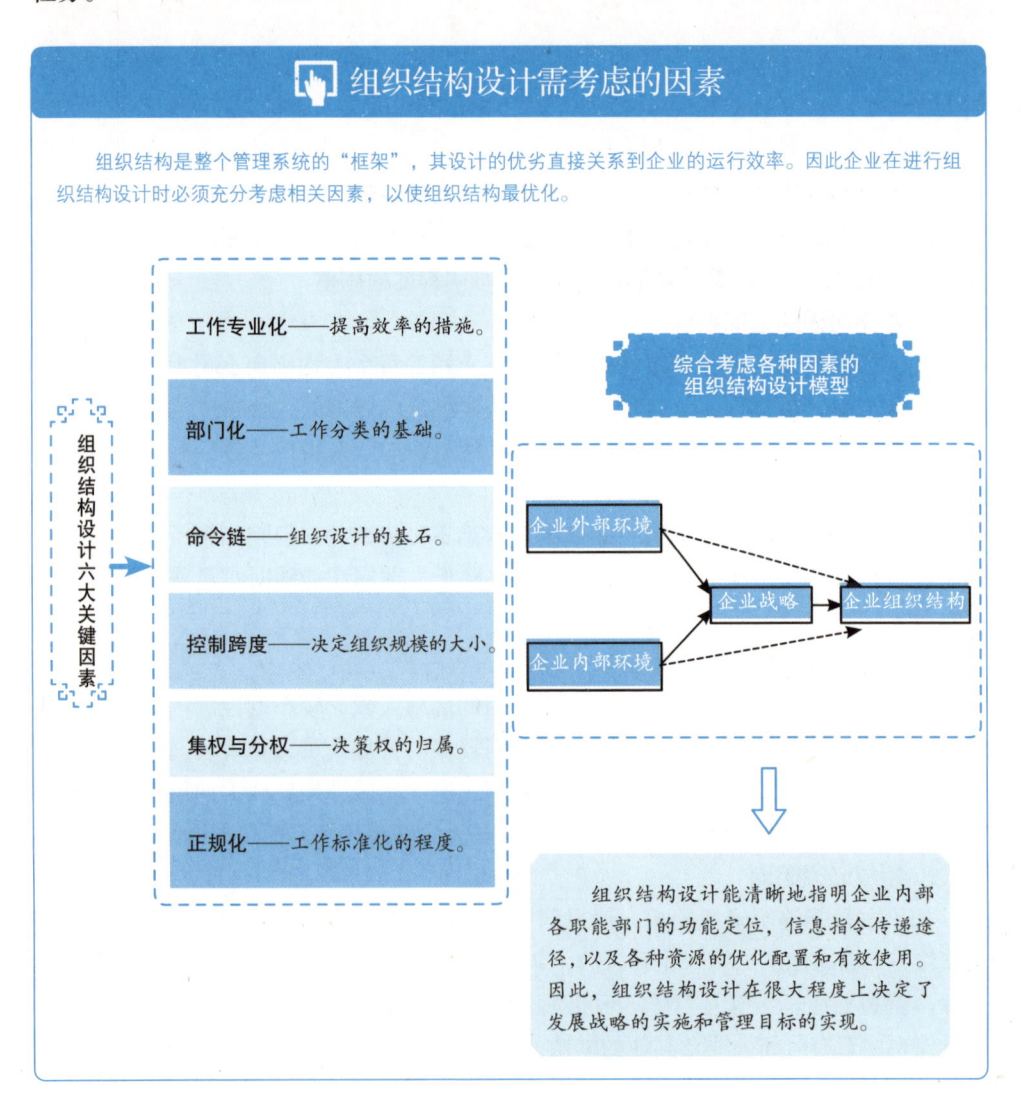

组织结构设计需考虑的因素

组织结构是整个管理系统的"框架"，其设计的优劣直接关系到企业的运行效率。因此企业在进行组织结构设计时必须充分考虑相关因素，以使组织结构最优化。

组织结构设计六大关键因素：

- 工作专业化——提高效率的措施。
- 部门化——工作分类的基础。
- 命令链——组织设计的基石。
- 控制跨度——决定组织规模的大小。
- 集权与分权——决策权的归属。
- 正规化——工作标准化的程度。

综合考虑各种因素的组织结构设计模型：

企业外部环境、企业内部环境 → 企业战略 → 企业组织结构

组织结构设计能清晰地指明企业内部各职能部门的功能定位，信息指令传递途径，以及各种资源的优化配置和有效使用。因此，组织结构设计在很大程度上决定了发展战略的实施和管理目标的实现。

6. 责任不可下授

一位管理者可以将职权转授予下级，但管理人员并不能因此逃避责任，他仍须对部属行动的绩效负完全责任。这条规则看似相当正确且确有必要，但是它也产生了许多严重的问题。如果一位管理人员真的认为他将因每一个部属的过错而受罚，则他可能完全不授权给部属，同时禁止部属享有自主权，以免他们犯错。

确定出各个部门

要提高企业的运作效率，就必须对企业整体的工作进行细致的分析，进行合理明确的分类，并在此基础上进行科学综合，这就是"部门化"，即企业部门划分。

1. 部门划分原则

企业部门划分应遵循分工原理。分工原理告诉我们，一个企业的组织机构越是能组织目标所要求的任务或工作，所确定的职务越是适合承担这些职务的人的能力和动机，它就越是一个有效能和有效率的机构。具体原则如下：

（1）精简原则。企业组织结构是由管理层次、部门组合而成的。企业的组织结构要求精简，部门必须力求最少，但这是以有效地实现目标为前提的。现实中，常常有人认为在组织机构第一级以下的一切部门都要按照完全相同的方式划分业务工作，在组织结构中保持各级平衡，并以连续性和对等性为特征的刻板结构，这是对部门划分的误解。建立机构的目的不是供人欣赏，而是为了有效地实现目标。

（2）弹性原则。企业中的部门应随业务的需要而增减。在一定时期划分的部门，其增设或撤销应随业务工作而定。可设立临时部门或工作组来解决临时出现的问题。

（3）务实原则。部门的职能均应确保目标的实现。在企业组织中，其主要职能是生产、销售和财务等，像此类的职能都必须有相应的部门。当某一职能与两个以上的部门有关系时，应明确规定每个部门的责任。

（4）平衡原则。各职能部门的工作量应达到平衡，避免忙闲不均、工作量分摊不匀。

（5）分设原则。检查部门与业务部门分设设置，检查业务部门的人员不应隶属于受其检查评价的部门，这样就避免检查人员的"偏心"，真正发挥检查部门的作用。

2. 部门划分方法

从不同的角度，根据不同的标准，可以进行不同的部门划分。不同的部门划分方法各有各的特点与适用性。

（1）按职能划分。按职能划分部门是许多企业广泛采用的一种部门划分方法。企业所有的职能部门可根据生产专业化原则被分为基本的职能部门和派生的职能部门。基本的职能部门处于组织机构的首要一级，在每一个基本职能部门之内一般还需进一步的细分。细分的结果就形成了派生的职能部门。细分的前提是基本职能部门的主管人员感到其管理宽度太大，不能保证有效的管理时，才需要建立派生的职能部门。

例如，一个企业，当其规模随着业务活动的扩展而有必要将其中的采购职能分离出来并委派一名负责人来主管这项工作时，这个新的采购单位就是一个派生的职能部门。这种派生职能部门的划分，只要存在进一步划分的充分根据，就可能要持续进行若干级。

需要指出的是，如前所述，法约尔曾把企业的职能分为六种基本职能：技术职能（生产）；商业职能（购买，销售与交换）；财务职能（资本的筹集与运用）；

组织部门划分需考虑的因素

组织部门划分是对各项活动按一定方式加以组合，以形成便于管理的部门。它是各项业务流程得以实现的基础。组织部门的合理划分有利于降低组织的经营成本。

组织部门划分需考虑的八个因素

1. 系统化——系统地建立主营业务流程和信息化管理体系。
2. 经济性——贯彻企业成本最小化和效益最大化。
3. 控制因素——考虑到各个部门在整个业务流程中的相互制约关系。
4. 协调——减少部门接口或工作环节。
5. 服务与保证——考虑岗位之间或部门之间的服务或保证关系。
6. 专业化——要使相同的专业人员尽可能地集中在一个部门。
7. 人性的因素——考虑到内部摩擦和互相推诿情况。
8. 重视心理因素——满足员工普遍渴望受重视的心理。

部门沟通的"烟囱"现象

组织内各部门都在考虑如何把本部门的工作做好，很少同其他部门沟通，如果要沟通往往需要通过高层进行。于是就出现一种所谓的"烟囱"现象。

跨部门沟通一直是企业诸多问题产生的重要因素。如果能在组织结构设计之初就对其加以考虑，就可以使组织内部流程顺畅，进而提高整个组织的运作效率。

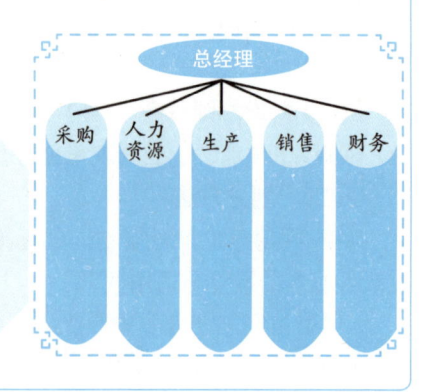

总经理 → 采购、人力资源、生产、销售、财务

安全职能（财产和人身的保护）；会计职能（包括统计）；管理职能。

大多数企业在采用按职能划分部门时，基本上就是按这些职能作为标志的，只是在具体细分时各有差别。例如技术职能细分为工程、生产，又如商业职能细分为销售、采购等。至于企业的管理职能，则是一个综合性的职能，按此职能设立的部门，一般是综合部门，例如总经理办公室。

（2）按产品划分。即按企业向社会提供的产品来划分部门。它是随着科学技术的发展，为了适应新产品的生产而产生的。国外企业中出现的"事业部"或"集团"企业即属于这种按产品划分的部门。

（3）按人数划分。完全按照人数的多寡来划分部门是最原始、最简单的划分方法。这种划分部门的方法是，抽出一定数量的人在总监的指挥下去执行一定的任务。这种划分方法考虑的仅仅是人力。因此，在现在高度专业化的社会有逐渐被淘汰的趋势。

（4）按时间划分。适用于组织的基层，这是在正常的工作日不能满足工作需要时所采用的一种划分部门的方法。例如，企业按早、中、晚三班编制进行生产。按时间划分部门也是一种古老的划分方法。

（5）按地区划分。当企业的地理位置分布于不同地区，各地区的政治、经济、文化等因素影响到企业的经营管理时，把某个地区或区域内的业务工作集中起来，委派一位经理来主管其事，这就是地区部门化方法。相对于地区分散的组织来说，地区部门化是划分企业部门一种比较适合的方法。

（6）按设备划分。按设备划分也是划分部门的一种基本方法，这种方法常常和其他划分方法结合使用，例如，现在许多企业都已建立起电子计算机站或信息处理中心。这种划分方法的优点在于，能够经济地使用设备，充分发挥设备的效益，使设备的维修、保管以及材料供应等更为方便，同时也为发挥专业技术人员的特长以及为上级主管的监督管理提供了方便。

（7）按服务对象划分。按服务对象划分，是指按企业不同的服务对象划分管理单位。即针对具有不同性质要求的服务对象，分别设置部门，以便各个部门能更好地满足服务对象的要求。如按不同的顾客类别划分，可以有效地迎合不同顾客的要求，为不同的顾客提供分门别类的服务。

这种按服务对象划分部门的方法，最大的优点就是能满足各类对象的要求，社会效益比较好。但按这种方法组织起来的部门，总监常常要求给予特殊的照顾，从而使这些部门和按照其他方法组织的各部门之间的协调发生困难。此外，这种方法有可能使专业人员和设备得不到充分的利用。

企业组织职务设计

职务设计就是将若干工作任务组合起来构成一个完整的职位。有些职务是常规性的、经常重复的，有些则是非常规性的；有些职务要求广泛、多样的技能，另一些只要求范围较小的技能；有些职务规定了非常严格的程序，另一些则具有相当的自由度。职务因任务组合的方式不同而各异，而这些不同的组合形成了多种职务设计方案。

职务设计经历了四个发展阶段。

1. 职务专业化

这种职务设计方法是与劳动分工、工作专业化意义相同的，管理者力求将组织中的工作设计得尽可能简单、狭窄、易做。今天，大量的工作仍然是按照专业化分工的原则进行的。生产工人在装配流水线上从事简单、重复的工作，办公室职员坐在计算机前从事范围狭窄、标准化的任务，甚至护士、会计及其他职业工作都是按照同样的原则组织起来的。

专业化分工有利于提高员工的工作熟练程度，有利于减少因工作变化而损失的时间，有利于使用专用设备和减少人员培训的要求，以及扩大劳动者的来源和降低劳动成本等。但职务设计得过于狭窄不可避免地会带来负面的影响，诸如在流水线上的工作，其枯燥、单调、乏味对人们生理、心理上的伤害，导致了员工的厌烦和不满情绪，工作之间的协调成本上升，从而影响了总体的工作效率和工作质量。

企业发展的早期，人们在职务设计方面，基本上都是致力于通过提高专业化和分工的程度来取得规模经济和高效率。后期的努力则转向了如何克服由于过度的专业化和分工而产生的各种弊端上。

2. 职务扩大化

这是为了克服由于过度的分工而导致工作过于狭窄的弊端而提出的一种职务设计思想，主张通过把若干狭窄的活动合并为一件工作，扩大工作的广度和范围。这在一定程度上拓宽了职位的内容，降低了工作的单调程度。另一种相似的做法是，让员工定期地从一项工作更换到另一项工作上去，这称为"职务轮换"。这样有利于促进员工技能的多样化，在一定程度上减少了工作的单调和枯燥的感觉，可以更好地培养和激励管理人员。

3. 工作丰富化

职务扩大化是指工作的横向扩展，工作丰富化则是从纵向充实和丰富工作内容，也即从增加员工对工作的自主性和责任心的角度，使其体验工作的内在意义、挑战性和成就感。在强调劳动分工的时代，一般主张在管理人员和作业人员之间进行明确的职责划分，由管理人员决定工作的内容和方法，而一般人员只需俯首听命。工作丰富化设计，就是要将部分管理权限下放给下级人员，使其在一定程度上自主决定工作的内容、方法、进度等。

4. 团队

前面三种方式均是依据个人来进行职务设计的。当职务设计是围绕群体而不是个人时，就形成了团队。近年来，团队代表了一种日益盛行的职务设计方案，越来越多的组织采用这一方式来安排工作以提高组织的竞争力。团队有多种类型，自主管理团队是其中最具代表性的一种。这种团队享有相当大的自主权，除了安排工作进度，决定工作方法之外，团队甚至可以自主挑选成员、自主考评工作绩效以及决定对团队成员的奖惩。

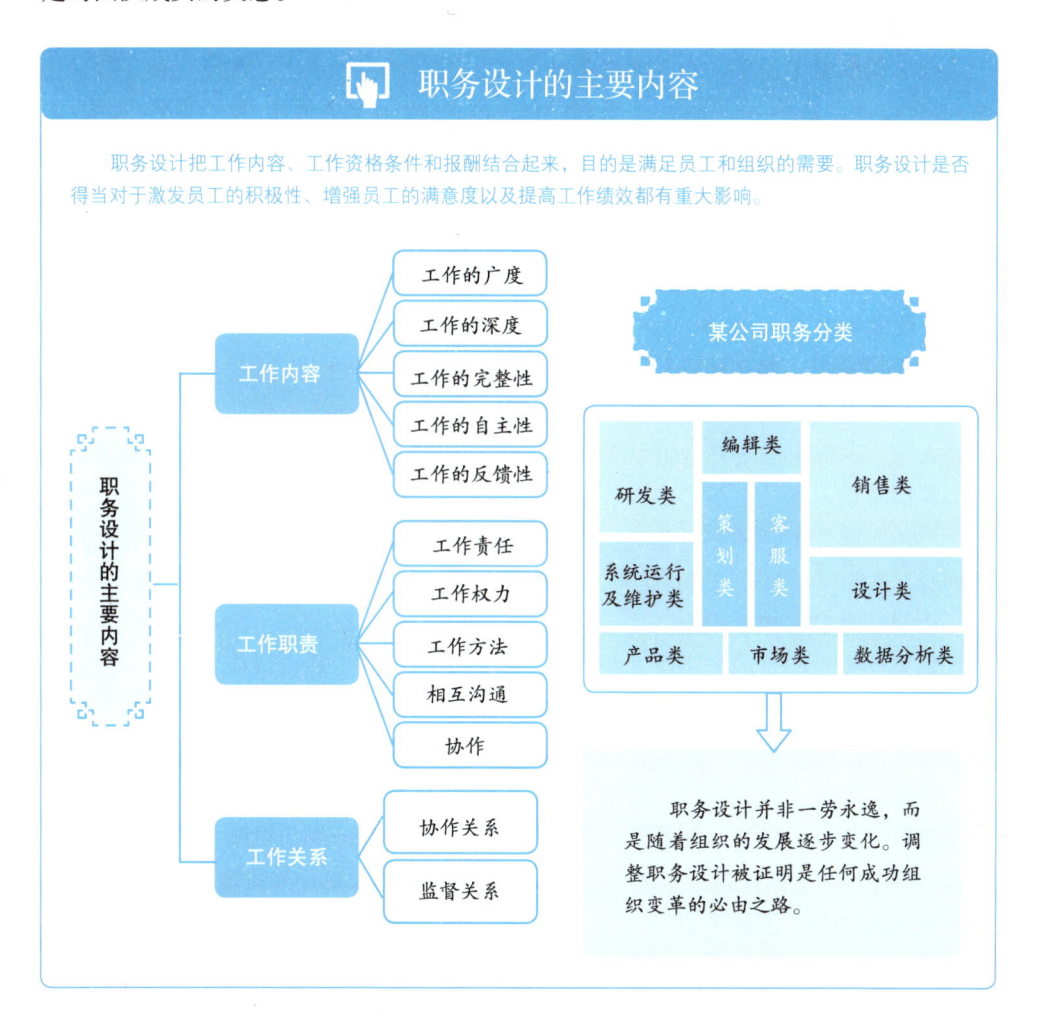

职务设计的主要内容

职务设计把工作内容、工作资格条件和报酬结合起来，目的是满足员工和组织的需要。职务设计是否得当对于激发员工的积极性、增强员工的满意度以及提高工作绩效都有重大影响。

职务设计的主要内容：

- 工作内容
  - 工作的广度
  - 工作的深度
  - 工作的完整性
  - 工作的自主性
  - 工作的反馈性
- 工作职责
  - 工作责任
  - 工作权力
  - 工作方法
  - 相互沟通
  - 协作
- 工作关系
  - 协作关系
  - 监督关系

某公司职务分类： 研发类、编辑类、销售类、策划类、客服类、设计类、系统运行及维护类、产品类、市场类、数据分析类

职务设计并非一劳永逸，而是随着组织的发展逐步变化。调整职务设计被证明是任何成功组织变革的必由之路。

工作团队已成为组织工作活动的最流行方式之一。所谓工作团队，是指为了实现某一目标而由相互协作的个体组成的正式群体。当管理人员利用团队作为协调组织活动的主要方式时，其组织结构即为团队结构。这种结构的主要特点是：由于打破了部门的界限，可以促进员工之间的合作；可以快速地组合、重组、解散，提高组织的灵活性、决策速度和工作绩效；由于实现一定程度的自我管理，使管理层有时间进行战略性的决策。

组织中的四大顽症

帕金森教授在《帕金森定律》一书中，总结了组织机构的四大可怕顽症：

1. 工作越少，下属越多

比方说军营里需要一个人判断航空照片，于是就命令一个二等兵去担任这份工作，让他坐在门口的一个座位上。看到长官走进来时，他起立敬礼，然后坐下。两天后，他开始抱怨了，说照片是那么多，他需要两名助手协助；而且为了对助手有指挥权，他自己应该升为一等兵。他的长官非常体谅人，答应了他的要求。之后不久，他的下属因势利导也需要助手。于是，在三年内，他拥有了一个85人的小组，而且自己也步步高升，成为中校。然而，他自己从来就没有判断过一张航空照片，因为他忙于搞行政事务去了。

2. 姗姗来迟，匆匆离去

鸡尾酒会是现代任何会议所不能缺少的。帕金森定律告诉你如何识辨酒会上的重要人物。这些人总是在他们认为对自己最有利的时间才姗姗入场。他们不愿意在人不多的时候入场，也不愿意在其他要人离开后入场。此外，在一个酒会上，要人们会不约而同地走到某一处集合，主要的目的是让大家看到自己也出席。这个目的达到后，这些要人都争先恐后地溜之大吉。

3. 谈机色变，拱手求退

如果你要机构里的老头子让位，或使你心中的对手识趣点，较文明的方法是为他安排不间断的远方会议，使他不断地坐飞机旅行。本地时间清晨一时登机，当地时间午夜十二时半下机，并且让他填那永远填不完的出入境表格。当他东奔西跑，疲于奔命，视坐飞机为畏途。等他谈机色变时，自然会拱手让贤，求饶引退。至于那些想跟你竞争的仁兄，在看到这种折磨时，心惊胆战，自动投降。于是大门为你而开，尽可以大摇大摆地登堂入室，然后想如何防止他人对你如法炮制的妙计。

4. 三流上司，四流下属

在许多公司，我们会发现这样的一种现象：高层人员感到无聊乏味，中层人员

第五章
○组织架构管理：创建利于解决问题的有效框架

只是忙于钩心斗角，低层人员则觉得灰心丧气和没有动力。他们都懒得主动办事，所以毫无绩效可言。在仔细考虑这种可悲的情景后，他们在潜意识里抱着"永远保持第三流"的座右铭。

比如，"我们太过努力是错误的，我们不能与高层比；我们在基层做有意义的工作，配合国家的需要，我们应该问心无愧。"或者，"我们不自吹是第一流的。有些人真是无聊，喜欢争强好胜，喜欢自夸他们的工作表现，好像他们是领导一样。"

这些看法说明了什么呢？他们在潜意识里只求低水准，甚至更低的水准也未尝不可。从第二流主管发给第三流职员的指示，只要求最低的目标。他们不要求较高的水准，因为一个有效的组织不是这种主管的能力所能控制的。

"永远保持第三流"的座右铭，以金字刻在很多组织和部门的大门入口处，三流角色已经成为指导原则。如此一来，他们构建了一个三流上司、四流下属的组织。

任何企业组织都会有这样或那样的顽疾，尽管有些顽疾尚未表现出症状，但可以肯定的是，这些顽疾一旦有合适的环境就一定会表现出来。

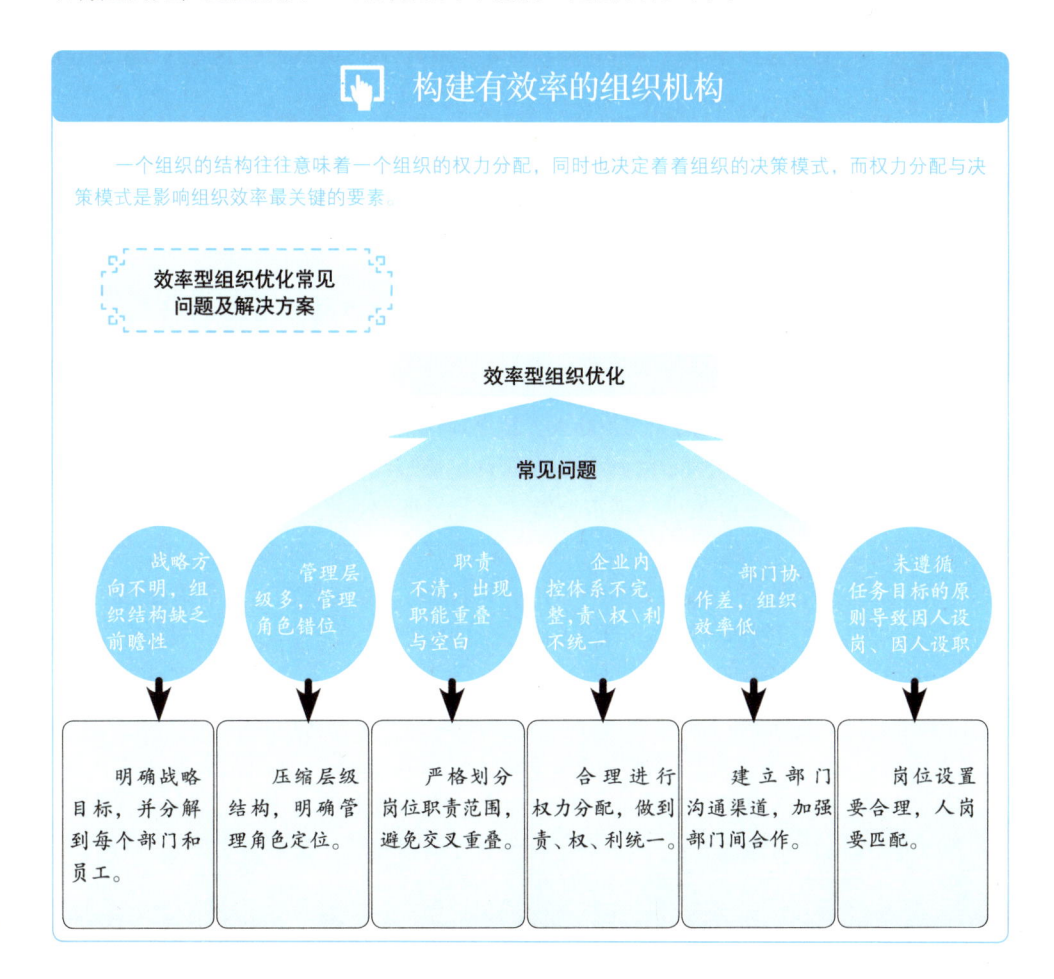

构建有效率的组织机构

一个组织的结构往往意味着一个组织的权力分配，同时也决定着组织的决策模式，而权力分配与决策模式是影响组织效率最关键的要素。

效率型组织优化常见问题及解决方案

效率型组织优化 ← 常见问题

常见问题	解决方案
战略方向不明，组织结构缺乏前瞻性	明确战略目标，并分解到每个部门和员工。
管理层级多，管理角色错位	压缩层级结构，明确管理角色定位。
职责不清，出现职能重叠与空白	严格划分岗位职责范围，避免交叉重叠。
企业内控体系不完整，责\权\利不统一	合理进行权力分配，做到责、权、利统一。
部门协作差，组织效率低	建立部门沟通渠道，加强部门间合作。
未遵循任务目标的原则导致因人设岗、因人设职	岗位设置要合理，人岗要匹配。

必须给组织减肥

一位年轻有为的炮兵军官上任伊始，到下属部队参观炮团演习。他发现有一个班11个人把大炮安装好，每个人各就各位，但有一个人没有做任何事。军官感到奇怪："他是干什么的？"大家一愣，说："在培训教材里讲就要这样编队，我们也不知道为什么。"

军官回去查阅资料才知道原因。原来，早期的大炮是用马拉的，炮车到了战场上，大炮一响，马就要跳就要跑，一个士兵就负责拉马。到了现代，大炮实现了机械化运输，不再用马拉，而那个士兵却没有被减掉，依然站在那里。

在管理上，道理也是一样的。我们经常会碰到类似的问题，对于多余的文件、程序、制度、岗位等，大多数人通常熟视无睹。其原因是很多人都认为"历来如此"，大家都习惯了。

令人耳目一新的优秀公司没有因为出现组织过分复杂而抱怨的问题。Digital、德州仪器、惠普、3M、IBM、达纳、麦当劳、埃默森、比克特尔、波音、德尔塔航空等公司的高层领导并未被一大堆公司组织图或工作说明所"淹没"，他们准备妥当，集中火力，瞄准目标，在尝试中学习。

在基层，实际操作者很多，管理者却很少。因此，我们粗略地得出了"百人规则"，即大型公司的核心领导层没有必要超过100人。埃默森电气公司拥有5.4万名员工，但公司总部员工少于100人。达纳公司拥有3.5万名员工，但其总部已由1970年的500人减少到现在的大约100人。施卢姆贝格尔探油公司，一家拥有60亿美元资产的多元化石油服务公司，由大约90名管理层员工经营着这个覆盖全球的大帝国。

麦当劳的管理人员也很少，正符合雷·克劳克那句经久不衰的格言："我相信公司的管理应该是'人越少越好'。"在拥有10亿美元资产的英特尔公司，事实上没有固定的行政人员，所有部门间的行政人员分配都是临时性的。有价值20亿美元资产的沃尔玛公司，创建者萨姆·沃尔顿说，他相信公司总部空无一人的规则："关键在于走进商店仔细倾听。"

当杰克·韦尔奇在20世纪80年代初期走马上任时，通用电气看起来正是美国最强大的公司之一，韦尔奇担心通用的竞争者变得强大，他希望通用变得更有竞争力。为了达到这个目标，韦尔奇感到他需要一个流畅的和进取的通用，这意味着要将当时的通用尽可能地精简成为一个较小的——小得多的通用，使它像小公司一样行动敏捷。

当时通用约有42万名雇员，其中有管理者头衔的竟有2万多个雇员。大约有

500名高级管理者和130名副总裁及以上级别的管理者。通用的组织是如此的庞大，以至于平均每两个雇员中就有一个是管理者。韦尔奇认为通用臃肿的组织已经成为累赘，它浪费了通用无数的财富。于是，他着力简化组织。

他将管理层中第二级和第三级——部门和小组完全删掉。在20世纪80年代，业务主管向高级副总裁汇报，高级副总裁向副执行总裁汇报，他们都拥有自己的办公职员。韦尔奇改变了这种做法，结果是，14个事业部领导人直接向首席执行官办公室里的三个人——韦尔奇和他的两个副总裁汇报。

通过一系列的改革，通用从董事长到工作现场管理者之间管理级别的数目从9个减少到4～6个。韦尔奇通过摒弃许多高级管理层，使得每个企业只留下了10个副总裁，而其他类似通用规模的公司通常却有50个。现在他可以直接和他的企业领导者交流了。

要想使你的组织更有效率、更有活力，就必须给你的组织减减肥。

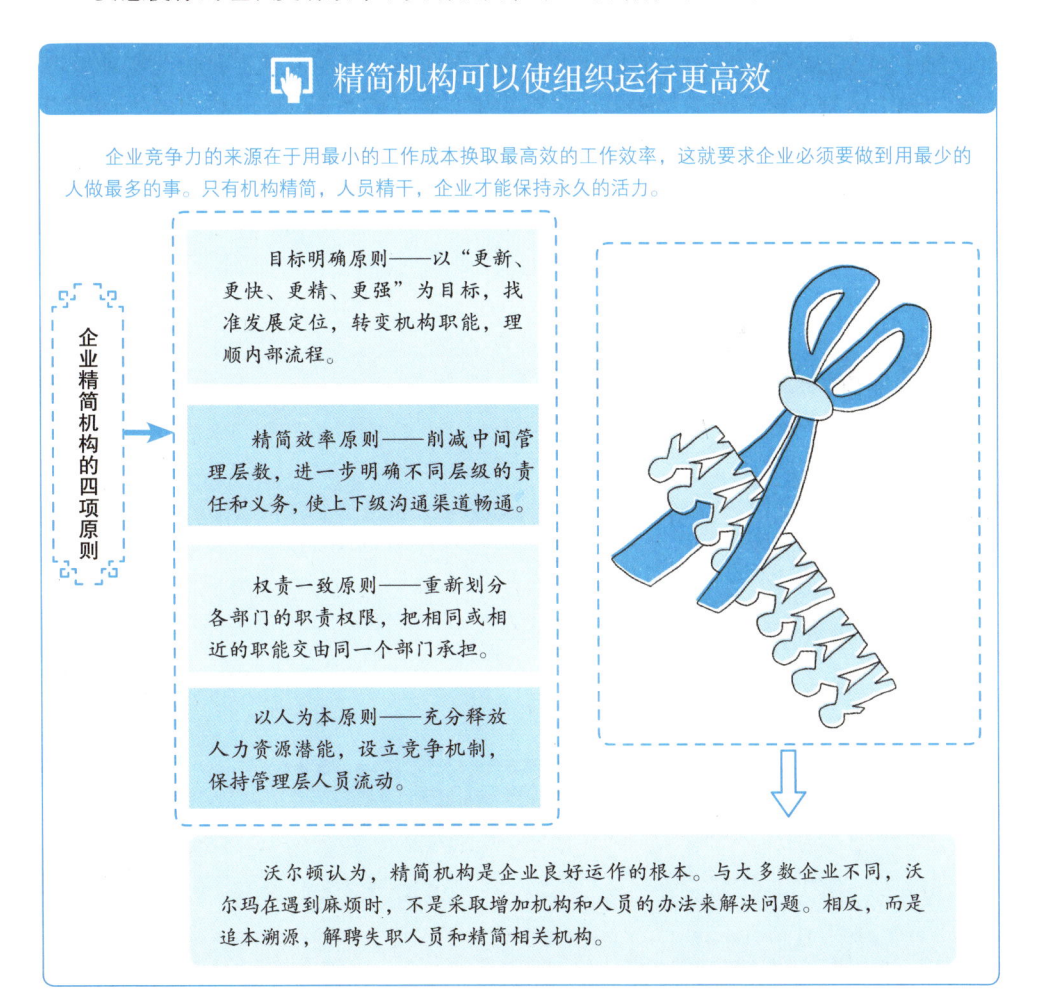

精简机构可以使组织运行更高效

企业竞争力的来源在于用最小的工作成本换取最高效的工作效率，这就要求企业必须要做到用最少的人做最多的事。只有机构精简，人员精干，企业才能保持永久的活力。

企业精简机构的四项原则

- **目标明确原则**——以"更新、更快、更精、更强"为目标，找准发展定位，转变机构职能，理顺内部流程。

- **精简效率原则**——削减中间管理层数，进一步明确不同层级的责任和义务，使上下级沟通渠道畅通。

- **权责一致原则**——重新划分各部门的职责权限，把相同或相近的职能交由同一个部门承担。

- **以人为本原则**——充分释放人力资源潜能，设立竞争机制，保持管理层人员流动。

沃尔顿认为，精简机构是企业良好运作的根本。与大多数企业不同，沃尔玛在遇到麻烦时，不是采取增加机构和人员的办法来解决问题。相反，而是追本溯源，解聘失职人员和精简相关机构。

组织结构设计的要素

一般来说，组织结构应该帮助组织达到以下三个目标：
1. 促进信息和决策的沟通，减少不确定性；
2. 在组织内明确职位和单位，从而实现分工的潜在绩效；
3. 在职位和单位之间，帮助它们达到所希望的合作（一体化）水平。

分工是指为达到既定目标，划分任务和劳动的各种方法。资本主义经济制度的始祖亚当·斯密，在1776年出版的《国富论》一书中指出，如果组织在其结构方面适当分工，能够提高工作效率，并且组织分工程度越高，其工作效率就会越高。

分工注重通过职位和单位专门化设置将任务细分，而相互依存是指为实现组织目标，两个或两个以上的职位和单位需要的相互关系的类型。相互依存的类型影响整体机制和个体工作方案的选择，因此，也将影响组织整体绩效和个体绩效。

打造成功的组织结构

组织结构是否能成功运转关乎企业的发展，而一个成功的组织结构必然要建立在坚固的基础之上。

组织结构设计的基础

- **有明确的组织疆界**——疆界是划分企业内外资源的分水岭。企业必须通过管理手段控制组织内资源，而通过市场手段购买组织外资源。

- **集权与分权的统一**——权力是组织中一种无形的力量。管理者的权力来源于组织对其的依赖度、职位赋予的权力以及对决策信息的控制。

- **注意对影响组织结构要素的分析**——影响组织结构的要素有六类，包括：领导和管理模式、组织及文化氛围、组织规模及组织技能、组织的外部环境、组织的技术水平和组织的战略发展。

- **有适合的部门组合**——不同业务和不同目标的企业可能会有不同的部门组合，一般分为：职能式、矩阵式、事业部式、官僚式和特别式组合。

组织结构设计层级图

（图：董事会/总经理为中心，外围包括工厂采购组、仓库、采购组、客服部、财务部、设计部、营销部、市场部、企划部、加盟管理部、行政人事部、工程部、开发组、质量组、技术组、现场监理）

无论是新建企业组织结构的构建还是现有企业组织结构的调整和完善，都需要按照下列要素来设计或评价组织结构是否合理。

1. 管理层次和管理跨度

组织工作的目的在于使人的合作更有效率。由于一个主管人员有效管理工作人员的人数是有限的，这就出现了管理跨度的问题。与此同时，管理跨度又产生管理层次。管理跨度表明的是一个主管人员所直接领导的人数，少则三四个，多则十几个或更多。一个企业管理层次的多少，表明的是企业组织结构的纵向复杂程度，大型企业可能有六七个层次甚至更多，而小企业可能只有两三个层次。一般情况下，管理跨度和管理层次是密切相关的，管理跨度宽，管理层次就少；反之，管理跨度窄，管理层次就多。

2. 专业化程度与分工形式

一个企业的分工形式决定了该企业的专业化程度。分工形式的采用，决定了企业部门的划分方法，也决定了部门和职务数量的多少，这是企业组织结构设计的一个重要课题。企业常见的分工形式包括按职能分工、按产品分工以及混合分工等。

3. 集权与分权

组织的职权是授予人们通过判断做出决策和发布指示的自由处置权。集权与分权是系统的两个方面，任何一个企业中，集权与分权都是相对的，既没有绝对的集权，也没有绝对的分权。

4. 中心部门与主要部门

不同的企业由于其经营性质不同、人员结构不同，所具有的功能不同，也就具有不同的中心部门与主要部门。中心部门是指在企业组织结构中处于中心地位，具有较大职责和权限的职能部门。只有确立了主要部门，明确了主要职能，企业的中心任务才能得到落实，同时各种作业群体又能得到支持，以完成各自所规定的任务。

组织集权与分权模式

只有建立集权与分权相结合的组织结构，才能获得相辅相成的良好效果。下面介绍几种常见的成功组织模式，仅供参考。

1. 职能型模式

职能型模式是现代企业最为基本的一种组织结构形式。企业一般按生产经营程序设置生产、销售、开发、财务、供应等职能部门。职能型模式的显著特点是管理层级的集中控制。因为在采用这种结构的企业中，企业的生产经营活动，按照功能分成若干个垂直管理系统，每个系统直接由企业的最高领导指挥，因此，职能型模式是一种以权力集中于高层为特征的组织结构。

企业管理职能的水平分化与垂直分化，产生了管理的职能部门与管理层级，它们构成了企业职能型组织结构的基础。从企业组织的管理形态来看，直线职能参谋制结构是职能型组织最为理想的管理架构。但是，随着企业规模的扩大，这种结构的缺点日渐暴露：高层领导们由于陷入了日常生产经营活动，没有精力考虑长远的战略发展，而且行政机构越来越庞大，各部门的协调越来越难，造成信息和管理成本上升，不利于组织整体绩效的实现。

几种常见的组织结构模式

组织结构模式是由纵向的等级关系和横向的分工协作关系构成的相对稳定的企业构架。它随企业的产生而产生、随企业的发展而发展。

几种常见的组织结构模式

直线式
- 特点：其领导关系按垂直系统设立，不设立专门的职能机构，自上而下形同直线。
- 适用条件：规模较小或业务活动简单、稳定的企业。

直线职能制
- 特点：以直线制结构为基础，实行厂长（经理）统一指挥与职能部门参谋、指导相结合的组织结构形式。
- 适用条件：规模不太大，产品品种不太多，工艺较稳定，市场信息易掌握的企业

事业部制
- 特点：遵循"集中决策，分散经营"的原则，各事业部拥有较大的自主权，实行独立核算、自负盈亏，并根据经营需要设置相应的职能部门。
- 适用条件：经营规模大、生产经营业务多样化、市场环境差异大、要求具有较强适应性的企业采用。

矩阵制
- 特点：由职能部门系列和为完成某一临时任务而组建的项目小组系列组成，它的最大特点在于具有双道命令系统。
- 适用条件：适用于创新任务较多，生产经营复杂多变，以科研开发为主的企业。

组织结构模型选择

组织结构模式不是越精简越好，也不是越复杂越好，适合自己的才是最好的。所以，企业在组织结构设计之初应该对自身有深刻的认识，然后再谨慎选择适合自身的组织结构模式。

- 管理职能化
- 管理层级
- 授权层级
- 部门
- 职位级别
- 岗位
- 组织

2. 事业部型模式

企业组织的事业部型模式也叫 M 型模式，即多单位企业。在这种结构中，分支机构（事业部）通常是根据业务按产品、服务、客户或地区划分的，通常是半自主的利润中心。企业授予事业部门很大的经营自主权，使之能更好地发挥主动性和创造性，各分支企业通过下设的职能部门来协调从生产到分配的过程，在它们之上设有一个由高层经理所组成的、由财务人员和管理人员协助的总办事处。

事业部型模式使政策制定和行政管理两项职能实现了分离，完善了决策劳动的分工形式。总办事处一方面负责监督、协调各分支企业的活动，并评估他们的绩效，另一方面负责整个企业的资源分配。高层经理因此得以摆脱日常经营工作，集中精力从事长期的战略性的经营决策，并监督、协调各事业部门的活动和评价各部门的绩效。

事业部型模式的缺点是：它可能会增加管理费用；会出现资源使用上的重复配置；容易滋长本位主义；事业部之间的竞争，也可能会给管理人员带来一定的心理压力。

事业部型组织结构，一般适合具有较复杂的产品类别或分销网络的企业。这种企业一般是市场推动型的，需要以一种分权的方式来进行决策。在事业部型组织结构中，决策可以在较低的组织层次中做出，这样就比集权的组织更有利于做出快速的反应。

3. 矩阵型模式

矩阵型模式是把按职能划分的部门和按产品（或地域、顾客）划分的部门结合起来组成一个矩阵，这种组织结构形式的特点在于打破了传统的单一命令、统一指挥原则，使一个员工属于两个或两个以上的部门接受双重领导。换句话说，一名员工既同原职能部门保持组织与业务上的联系，又参加产品或项目小组的工作。

矩阵型模式的优点在于它能对特定的顾客的需要做出反应；能对员工提供满足感，因为它允许员工经常更换项目小组，从而接触各种不同类型的顾客需要；在发挥人的才能方面具有很大的灵活性。其不足是它在资源管理方面存在复杂性；当管理人员对员工没有直接权力时，存在产生混乱或冲突的可能性；下级汇报工作的路线模糊，也可能给员工带来心理压力；这种多头指挥，还易导致责任不清。

以上类型仅仅是对实际组织结构形式的理论抽象，现实组织中往往是这些类型的综合体，作为管理者，应该清楚自己所在组织的结构及其优缺点，并根据实际情况进行适当变通。

不要复杂也不要太宽

企业有多少个主管职务等级，就有多少级管理层次。要实现和提高组织绩效必须设计合理有效的管理跨度和管理层次。

1. 管理跨度设计

人的知识、经验和精力是有限的，所以管理跨度也是有限的，我们将一名主管能够有效地直接主管的下级人数，称为有效管理跨度。它是决定管理层次的一个基本因素，如果企业为了某种目的而压缩管理层次，必然要受到有效管理跨度制约。

有效管理跨度一般的原则认为 7 个人是比较适当的。较小的管理跨度意味着主管能更有效地控制下属，但需要雇用较多的管理人员，花费较高的费用。较大的管理跨度可为企业省下不少的管理费用。

假设有两个企业，所拥有的员工都为 4100 人。如果一个企业每个管理层次的管理跨度为 4；另一个企业为 8。跨度大的企业就可减少两个管理层次，大约精简 800 名管理人员。假如管理人员的平均年薪为 3.5 万元，则加宽管理跨度后将使组织在管理人员工资上每年节省 280 万元！

从成本角度看，大的跨度明显是不错的，但在现实中某些管理跨度太小了，而某些则又太大了，很难有一个最恰当的数字。

因此，管理者应经常检查管理跨度是否适合组织和工作性质，以便及时调整和优化。一般而言，控制跨度的减少是因为，工作的要求不明确；下属有较多的自由处理权；工作的责任较为重大——衡量绩效的期间很长，必须从策略决定开始到结果产生为止；结果较不易衡量；下属间彼此的工作依赖性较大。如果员工的工作是简单的、反复的、固定的、能轻易衡量的，则控制跨度便可较大。

2. 管理层次设计

同样规模的企业，加大管理跨度，管理层次就少；反之，管理层次就多。如果管理层次太少，致使主管人员领导的下属人数过多，超过有效管理跨度，那就必然降低组织效率。

如果层次过多，管理费用将随着管理人员和协调工作量的增加而增加，信息上传下达的效率和效果就会下降，计划和控制工作将复杂化，势必降低组织控制效率。这就是说，管理层次过少或过多，均不符合提高组织控制效率的客观要求，企业必须寻找一个恰当的数目。

确定基本的管理层次一般根据企业纵向职能分工，而企业纵向职能分工又有不同类型。例如，品种单一、市场比较稳定的企业，适合集中经营，规模较小、技术较简单的企业，通常只要设置经营决策层、专业管理层和作业管理层三个层次就可以了。而品种多样化、各有独立的市场、市场变化又较快的大型企业或实行跨行业多种经营的大型集团公司，适合在统一的战略与政策之下分散经营。

这样，总公司与分公司（或子公司）无疑是两个大的管理层次，总公司内部有由高层领导组成的战略决策层和由职能部门构成的专业管理层；分公司（或子公司）一般又分为经营决策层、专业管理层和作业管理层。整个企业从总体上说，共有五个基本的管理层次。

提高控制效率是确定具体的管理层次需要注意的问题。一方面要考虑下属人员的积极性和完成任务的能力，另一方面要防止主管的管理跨度过大而降低效率。对于下属来说，高效率的组织应该是下属有明确而充分的职权，能够参与决策，了解集体的目标；能够提供安全与地位，每个人都有发展机会；能够依靠小集体的团结与协作，完成所承担的工作任务，等等。

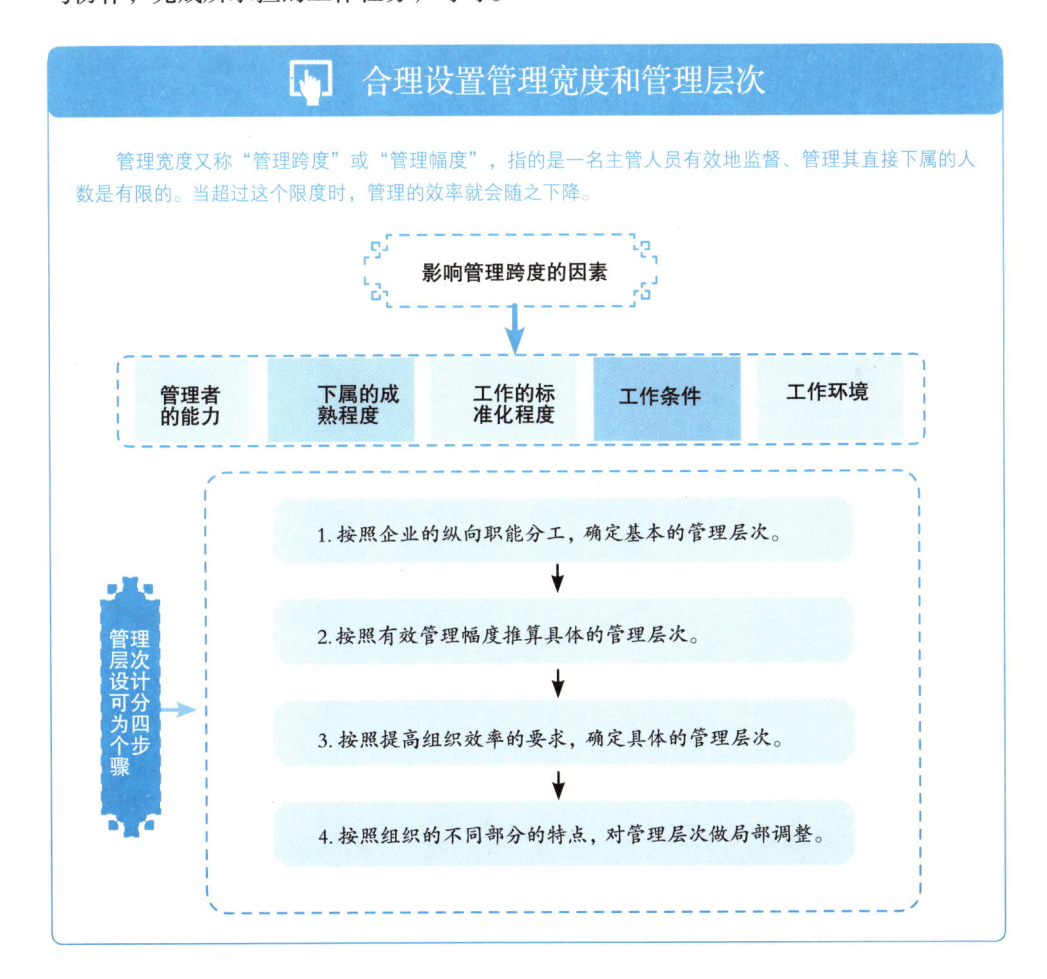

合理设置管理宽度和管理层次

管理宽度又称"管理跨度"或"管理幅度"，指的是一名主管人员有效地监督、管理其直接下属的人数是有限的。当超过这个限度时，管理的效率就会随之下降。

影响管理跨度的因素

- 管理者的能力
- 下属的成熟程度
- 工作的标准化程度
- 工作条件
- 工作环境

管理层次设计可分为四个步骤

1. 按照企业的纵向职能分工，确定基本的管理层次。
2. 按照有效管理幅度推算具体的管理层次。
3. 按照提高组织效率的要求，确定具体的管理层次。
4. 按照组织的不同部分的特点，对管理层次做局部调整。

越是万能的越是错误

但凡是伟大的企业，管理应需而变是其成功的最重要的法宝。

我们以肯德基为例。如果在中国进行民意调查，能够让妇孺皆知的国外品牌，肯德基肯定是其中之一，可见肯德基对我们民众生活的影响，以及它在中国获得的成功。但就是这个在今天看来如日中天的品牌，也曾有过在中国败走麦城的经历。

1973年肯德基大举进入香港，肯德基高层过于乐观估计香港的市场，在不到一年的时间里就迅速扩张了11家店。但是市场很快就给他们当头一棒。因为未能找到一个适合香港本土的经营模式，结果到1975年时只好相继关闭所有的餐厅，撤出香港。

10年后，他们带着失败的教训，重新踏上香港这片土地，通过特许授权的方式，在香港开始走上成功。与此同时，他们将市场开拓到中国大陆，于1987年在北京天安门广场附近开设了其首家中国内地分店。应该说，之前在香港败走及后来成功的经历为肯德基进入中国内地提供了极其宝贵的经验。

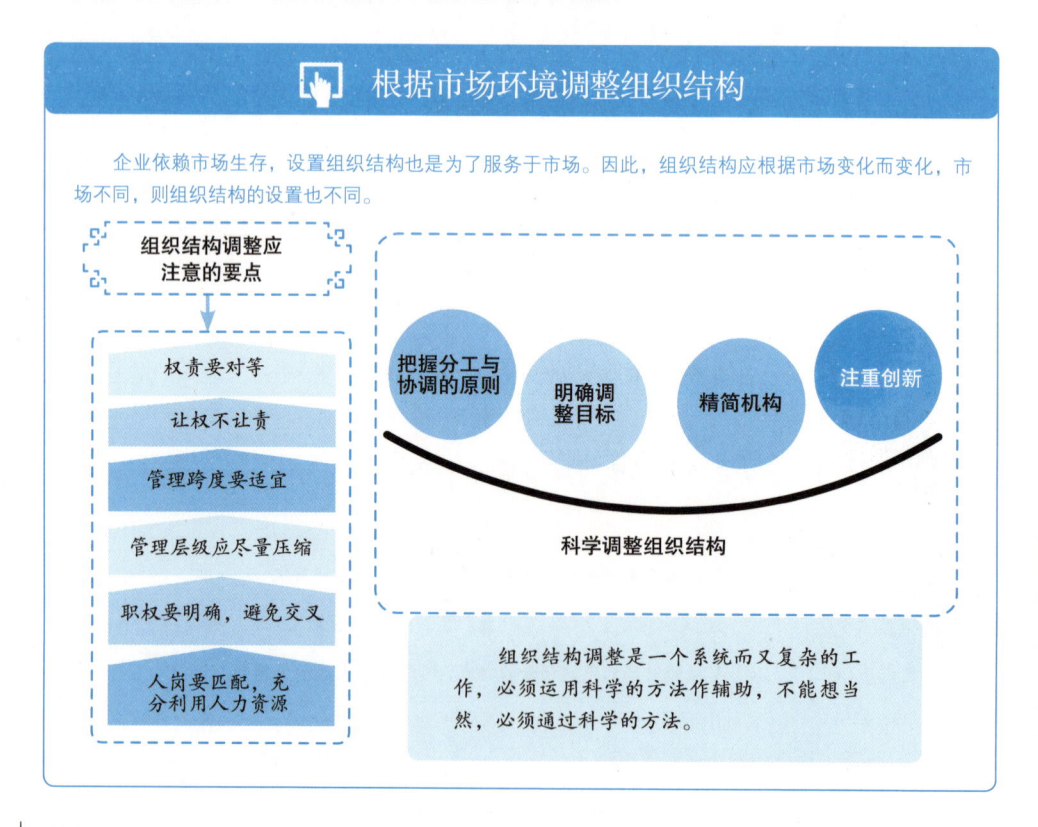

根据市场环境调整组织结构

企业依赖市场生存，设置组织结构也是为了服务于市场。因此，组织结构应根据市场变化而变化，市场不同，则组织结构的设置也不同。

组织结构调整应注意的要点

- 权责要对等
- 让权不让责
- 管理跨度要适宜
- 管理层级应尽量压缩
- 职权要明确，避免交叉
- 人岗要匹配，充分利用人力资源

科学调整组织结构

- 把握分工与协调的原则
- 明确调整目标
- 精简机构
- 注重创新

组织结构调整是一个系统而又复杂的工作，必须运用科学的方法作辅助，不能想当然，必须通过科学的方法。

在当时的政策环境下，外资企业除了和本土企业进行合作外，没有第二条路可走。在这个时代背景下，肯德基选择有政府背景的当地企业进行合作。这种合作充分体现了肯德基应需而变的管理策略和适应能力。当政策出现变化，合资经营不再是硬性规定时，肯德基开始转向独资，并迅速走上高速扩张之路。从1987年到2007年的20年间，肯德基这个名字传遍了中国神州大地，店面数量多达2000家。

肯德基高层知道要想在中国获得巨大成功，就需要在中国本土落地生根。落地生根的唯一方法就是入乡随俗。为了把肯德基食品完美无瑕地融入本地的生活之中，肯德基在深入调研策划的基础上，为传统饮食文化深厚的中国顾客发明了中国式食品，它不仅推出有中国风格的早餐粥品、老北京鸡肉卷配海鲜沙拉以及辣鸡串等，还推出最具中国早餐传统的中国式油条。

产品创新使肯德基在激烈的快餐食品竞争中把握住了主动权。建立有应需而变的组织架构带来的好处是，一旦出现发展机遇，相应的部门就会迅速出动，捕捉到机遇。在这个过程中，是单个部门或几个部门的行为，而非是公司整体行动，既获得了成果，又避免了资源浪费。

配合战略调整而调整

2009年3月30日消息，神州数码近日宣布组织架构调整，按照行业客户、企业客户、中小企业及个人消费用户将旗下业务拆分为六大战略本部。

原本主要针对中小企业及个人消费用户的海量分销业务细分为三个战略本部：商用战略本部、消费战略本部和供应链服务战略本部。其中商用战略本部主要面向中小企业，提供产品及解决方案；消费战略本部侧重消费类IT产品的分销与销售；供应链服务战略本部作为前两者的"后勤部门"，主要负责供应链物流管理。

原本主要针对企业客户提供服务器、存储等增值分销业务中，并入负责网络设备销售的神州数码网络公司，成立新的系统科技战略本部。定位为国内企业级客户提供业界先进的产品解决方案与增值服务。

原本主要针对行业的IT服务业务，拆分为软件服务战略本部和集成服务战略本部，其中软件战略本部主要提供软件产品，集成服务战略本部更侧重硬件，提供端到端的IT基础设施服务。

神州数码称，此次调整是依照客户需求划分业务结构。在未来市场中，将关注八类业务模式，包括零售、分销、硬件安装、硬件基础设施服务及维保、应用集成、应用开发、IT规划和流程外包等，并依此构建业务组织架构，形成六大战略本部（简称SBU），满足客户的全方位需求。

神州数码此次组织架构调整是对公司"以客户为中心、以服务为导向"战略转型的一个重要组成部分。此前，神州数码董事长兼总裁郭为在2007年制定了向服务转型的战略，他认为此次架构调整即为上述战略的延续。

自2000年从联想控股集团分拆出来以后，神州数码重组整合的动作就一直没有间断。2006年，为配合公司的新战略，郭为对神州数码进行内部整顿，建立四大虚拟子公司，子公司各自开始向服务转型。之后又根据业务的不同将公司分为三个虚拟架构，分别是负责海量分销的神州数码科技发展公司、负责增值分销的神州数码系统科技公司和负责IT服务的神州数码信息技术服务公司。

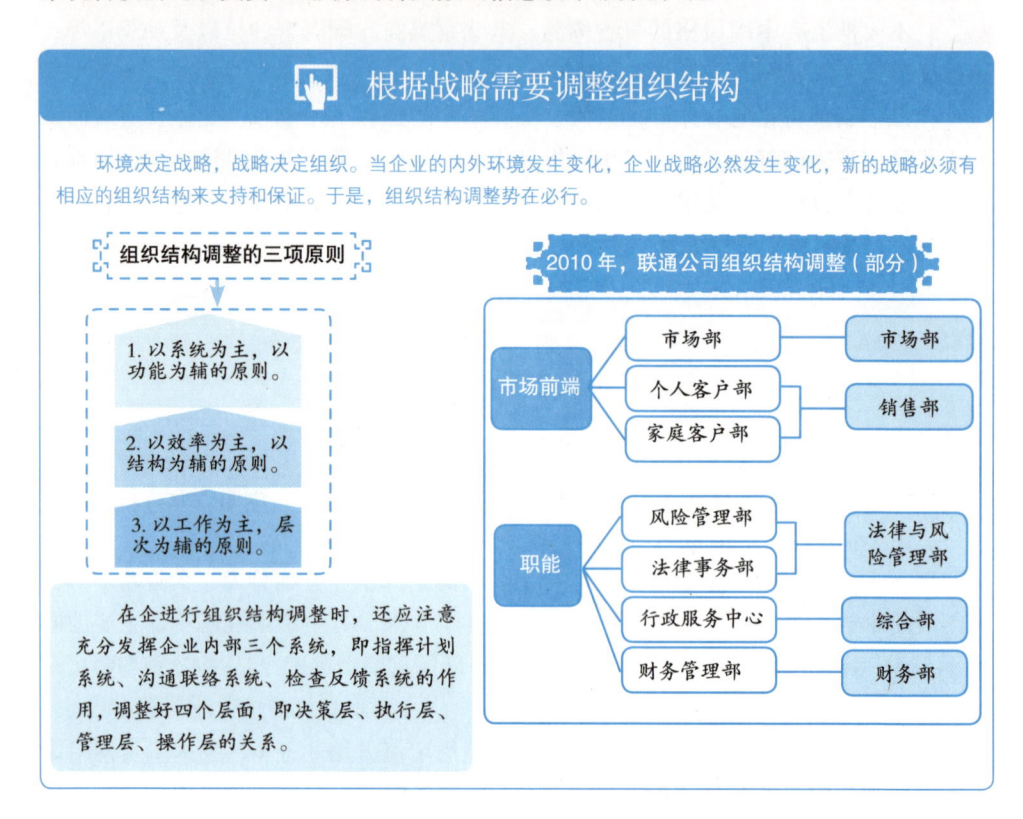

根据战略需要调整组织结构

环境决定战略，战略决定组织。当企业的内外环境发生变化，企业战略必然发生变化，新的战略必须有相应的组织结构来支持和保证。于是，组织结构调整势在必行。

组织结构调整的三项原则

1. 以系统为主，以功能为辅的原则。
2. 以效率为主，以结构为辅的原则。
3. 以工作为主，层次为辅的原则。

在企进行组织结构调整时，还应注意充分发挥企业内部三个系统，即指挥计划系统、沟通联络系统、检查反馈系统的作用，调整好四个层面，即决策层、执行层、管理层、操作层的关系。

2010年，联通公司组织结构调整（部分）

市场前端：市场部、个人客户部、家庭客户部 → 市场部、销售部

职能：风险管理部、法律事务部、行政服务中心、财务管理部 → 法律与风险管理部、综合部、财务部

利于贡献才是最好的

沃尔玛的群体运行机制很具有效率，一直为业内效仿。在20世纪90年代初，沃尔玛的创始人山姆·沃尔顿从周一到周三，每天都要派出大约30名主管去调查9家沃尔玛商店和6家竞争对手的商店。他们搜集出很多商品的价格，并作对比。在调查商品价格的同时，这些负责调查的主管们还会观察货物是怎么摆放的，消费者

在购买些什么，商店的外观、氛围如何，竞争对手采取了哪些新的措施，雇员的反应如何，等。

这个机制的高效率秘诀在于管理者和现场执行之间没有隔层。没有隔层的最大意义在于时间和质量，没有延迟，没有扭曲，没有怀疑。星期四的早上，沃尔顿召开了一次4个小时的会议，与会的还有约50个经理。他们中有考察商店的主管、物流经理，还有广告部负责人。通过考察结果，他们很快就会做出类似某地区需要10万件羊毛衫上架这样的决定。

观察家表示，沃尔玛这套机制运行的关键在于，创始人山姆找到了最适合从事调查工作的人，这个机制保证了调查人员的效率，保证了因为调查结果而决策的效率。通过这样的机制，能够使调查的主管积极工作，使商店的执行人员迅速根据决定进行调整，使物流和广告投放人员在团队运行下高效工作。在这里，人们协同一致地工作。同时，还增强了责任感。如果有人在工作中没有尽力，自然就不能为星期四的会议做好准备，在会上马上就能被山姆看出来。

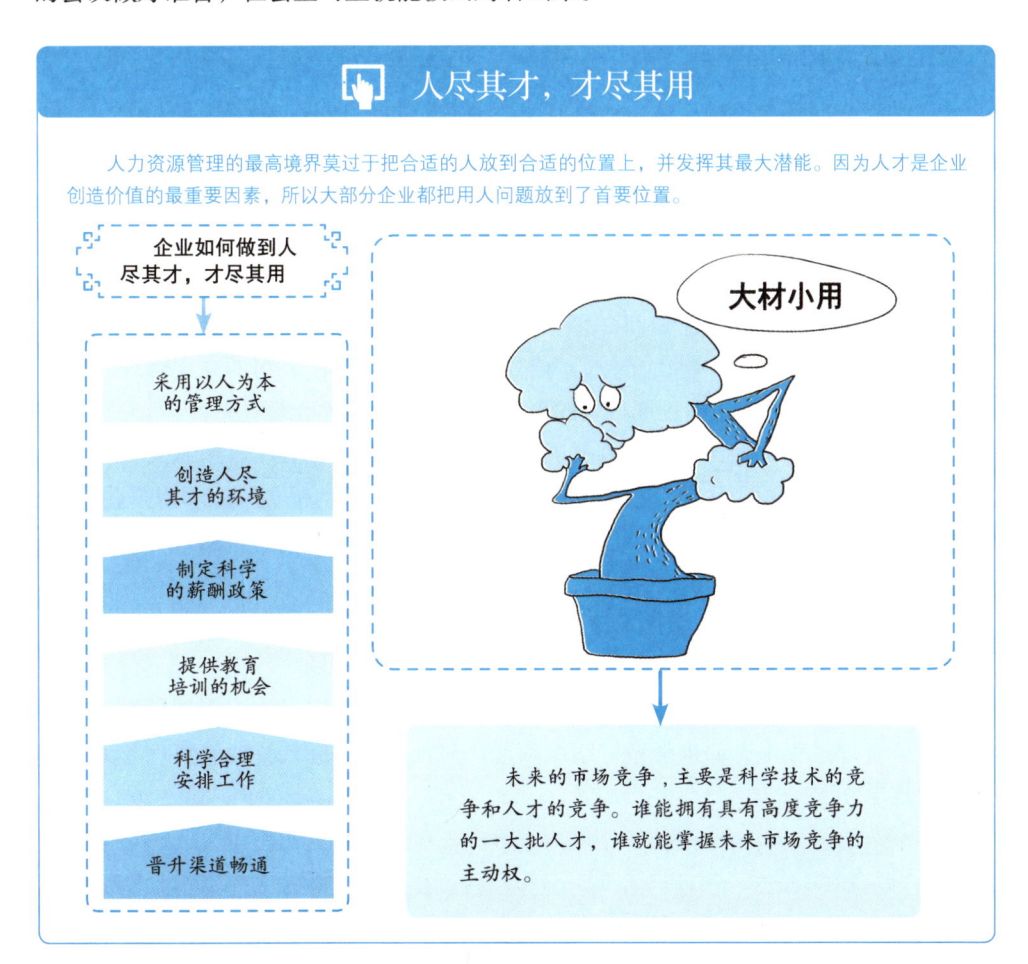

人尽其才，才尽其用

人力资源管理的最高境界莫过于把合适的人放到合适的位置上，并发挥其最大潜能。因为人才是企业创造价值的最重要因素，所以大部分企业都把用人问题放到了首要位置。

企业如何做到人尽其才，才尽其用

- 采用以人为本的管理方式
- 创造人尽其才的环境
- 制定科学的薪酬政策
- 提供教育培训的机会
- 科学合理安排工作
- 晋升渠道畅通

大材小用

未来的市场竞争，主要是科学技术的竞争和人才的竞争。谁能拥有具有高度竞争力的一大批人才，谁就能掌握未来市场竞争的主动权。

145

山姆使每个人都发挥出最大的作用，这是沃尔玛群体运行机制成功的根本原因。管理的根本目的就在于实现预定的管理目标，把事情办好。管理者要想获得卓有成效的管理，就要讲究用人方法，不能把个人好恶带到工作中，否则只会导致人浮于事，影响管理目标的实现。而最好的用人方法就是建立有一套促使和保证人尽其才的管理机制，使每个人在透明的规则环境中发挥出最大的能量。

能够积极促进内部沟通

在通用电气公司内部，有一种电话会议模式特别受推崇。这种会议模式被称为"快速市场智能"（英文缩写为"QMI"）。这种电话会议使通用公司的管理层发现了同步交流的价值。由于公司的全球主管在地理上的分布很广，经理人不能很频繁地参加面对面的会议。QMI通过视频和电话让他们聚到一起，遍布全球各分公司的大约50个人就会进行一次对话。通用公司规定，这种电话会议每两个星期举办一次。

这种针对电话会议的全体运行机制使所有QMI的参加者，不管他们是处于不同的阶层还是遍布全球，都能够及时了解在顾客、竞争对手身上以及全球技术方面到底发生了什么。这种模式为通用公司带来的是效率更高的会议。

因为是电话会议，全球同步进行，这就要求参会者必须考虑一下几个问题：讨论的问题必须要独特而且简单，能在2分钟内回答上来；所有的参加者必须轻松和有勇气做出贡献；为了不让人们失去兴趣，会议要简短；会议过程中要对信息进行处理，最后要做出总结。QMI在公司内部获得了成效，它使公司的高层管理者不再为举办全球会议发愁，很多难度很大的事情能够轻松被这种会议解决。

为什么有些公司内部不能做到畅通沟通，其根本原因就在于，组织架构不能为促进内部沟通产生积极作用，各个部门各自为政，互相扯皮。通用公司创造了一种新的会议模式，并通过制定将其固定下来，使全球即时沟通成为可能，进而大大提高了企业效益。可见，建立利于沟通的组织是多么重要。

有效的组织沟通制度，能够规范组织沟通规则，增强全方位（纵横及内外交错）的组织沟通频次与途径，同时，通过对沟通中不良行为的约束，促进员工行为的一致性，提高组织沟通效率与效果。一个组织的沟通效果决定了组织管理效率，在企业的经营管理过程中，如果能做好组织沟通，对促进企业绩效目标的实现起到事半功倍的效果。

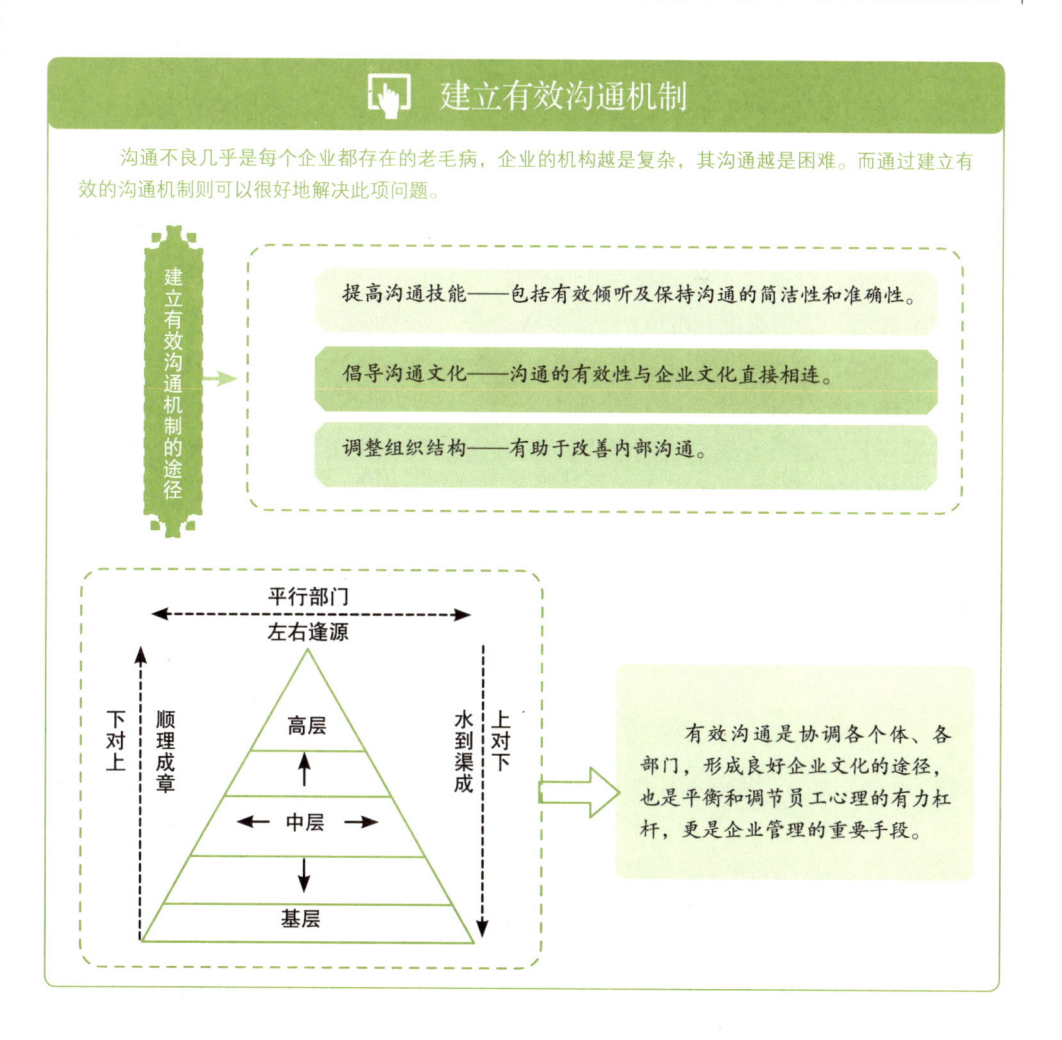

第五章
⊙ 组织架构管理：创建利于解决问题的有效框架

建立有效沟通机制

沟通不良几乎是每个企业都存在的老毛病，企业的机构越是复杂，其沟通越是困难。而通过建立有效的沟通机制则可以很好地解决此项问题。

建立有效沟通机制的途径：

- 提高沟通技能——包括有效倾听及保持沟通的简洁性和准确性。
- 倡导沟通文化——沟通的有效性与企业文化直接相连。
- 调整组织结构——有助于改善内部沟通。

平行部门 左右逢源
高层 ↑↓ 中层 ↑↓ 基层
下对上 顺理成章
上对下 水到渠成

有效沟通是协调各个体、各部门，形成良好企业文化的途径，也是平衡和调节员工心理的有力杠杆，更是企业管理的重要手段。

促进员工自我管理

戴明博士是美国管理界的权威，被誉为"质量管理之父"。他曾经讲过这样一个案例：一个日本人受命去管理一家即将倒闭的合资美国工厂，他只用了三个月的时间就使工厂起死回生并且赢利了。为什么？

原来道理很简单，那个日本人解释道："只要把美国人当作是一般意义上的人，他们也有正常人的需要和价值观，他们自然会利用人性的态度付出回报。"可见，真正的人性化管理，是帮助和引导员工实现自我管理，而非要求员工完全按照已经设计好的方法和程序进行思考和行动。

大名鼎鼎的西门子公司有个口号叫做"自己培养自己"，它是西门子发展自文化或价值体系的最成功的办法，反映出了公司在员工管理上的深刻见解。和世界上所有的顶级公司一样，西门子公司把人员的全面职业培训和继续教育列入了公司战略发展规划，并认真地加以实施，只要专心工作，人人都有晋升的机会。

但它所做的并不止于此，它把相当的注意力放在了激发员工的学习愿望、引导员工不断地进行自我激励、营造环境让员工承担责任、在创造性的工作中体会到成就感这些方面，以便员工能和公司共同成长。对西门子来说，先支持优秀的人才再支持"准成功"的创意更有价值。

面对世界性的竞争，要求拥有成功的经营人才。这种理念的前提就是，经过挑选的员工绝大部分都是优秀的，他们必须干练、灵活和全身心投入工作。他们必须有良好的学历，积极发展自我的潜力。而且，公司也正是因为有了这些优秀的员工而获得业绩和其他利益的增长。

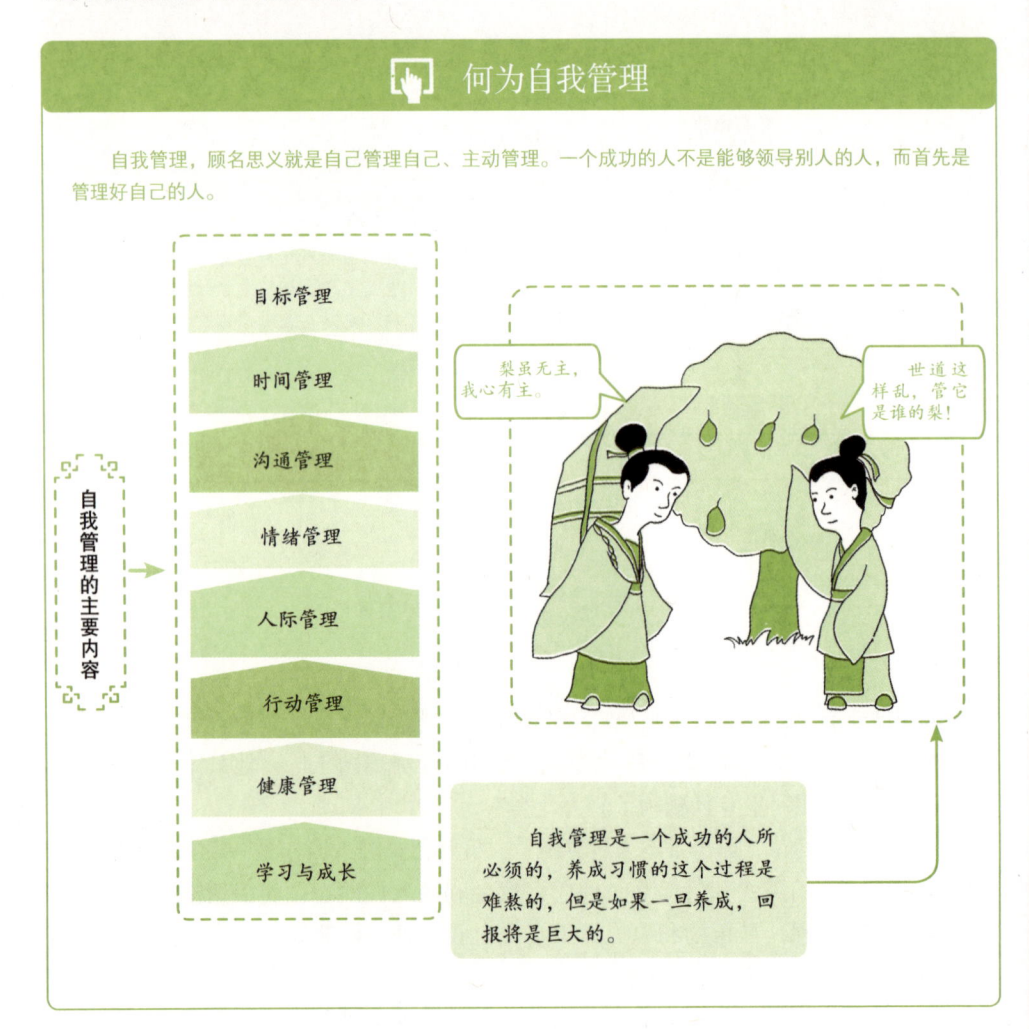

何为自我管理

自我管理，顾名思义就是自己管理自己、主动管理。一个成功的人不是能够领导别人的人，而首先是管理好自己的人。

自我管理的主要内容：
- 目标管理
- 时间管理
- 沟通管理
- 情绪管理
- 人际管理
- 行动管理
- 健康管理
- 学习与成长

梨虽无主，我心有主。

世道这样乱，管它是谁的梨！

自我管理是一个成功的人所必须的，养成习惯的这个过程是难熬的，但是如果一旦养成，回报将是巨大的。

云南三环化工股份有限公司是我国的一家知名企业，该公司 2004 年销售收入为 15 亿元。之所以有如此卓越的成绩，是因为从 2003 年起，公司就开始推行自我管理的"诚信自律"班组活动，强调给予员工足够的信任和尊重，让班组和员工自愿提出申请，在安全生产、劳动纪律、行为规范、现场管理、生产技能提高等方面进行自我管理。

促进信息流动而非障碍

有"第一 CEO"之称的杰克·韦尔奇执掌 GE 之初，就发起了一场"拆墙"运动，提出了一个核心价值，叫"无疆界沟通"。企业界普遍认为，韦尔奇发起的是企业文化革命。其实，究其根本，韦尔奇的改革，本质上是颠覆旧的组织结构，是一场改组科层结构的组织改革。

韦尔奇当年面对的难题，是组织运转速度奇慢，部门之间深沟高垒，事不关己高高挂起，官僚主义盛行。所以他发起"拆墙"运动，拆的什么墙？拆的是部门之间的墙，是此职能与彼职能之间的墙。

韦尔奇的经营变革，减少了管理层级，让经营信息传导得更快更准确，把金字塔式的传统管理结构，改组成扁平化的矩阵结构。比如制造部门喜欢生产已经定型了的成熟产品，而不理会市场需求，于是，引进项目经理制，打通部门壁垒，让销售部、供应部、生产部坐在一起，来研究市场需求，这就是解决问题的根本。

比尔·盖茨认为，信息交流极其重要，是解决问题的有效途径以及团队精神的体现。在微软中，最典型的交流方式是"白板文化"。"白板文化"是指在微软的办公室、会议室，甚至休息室都有专门可供书写的白板，以便随时记录某些思想火花或建议。这样一来，有任何问题都可及时沟通、及时解决。白板文化不仅使员工充分得到了尊重，而且使交流成为了一种令人赏心悦目的艺术。

在企业内部，信息沟通系统包括三个子系统：一是企业内部与外部的沟通系统；二是上级向下级的任务发布和评价反馈系统；三是下级向上级的信息反馈和工作汇报系统。企业与外部沟通的目的是使企业的发展始终符合市场变化的要求。

德鲁克说，企业内部对市场的判断十有八九是错误的，真正懂得市场的人是在企业之外。这句话揭示了企业与外部保持联系的重要性。在企业内部，从上到下的任务发布和从下往上的工作汇报，更需要企业采用制度来保障畅通。一般而言，组织层级越少，信息流通越畅通。

让跨部门沟通无障碍

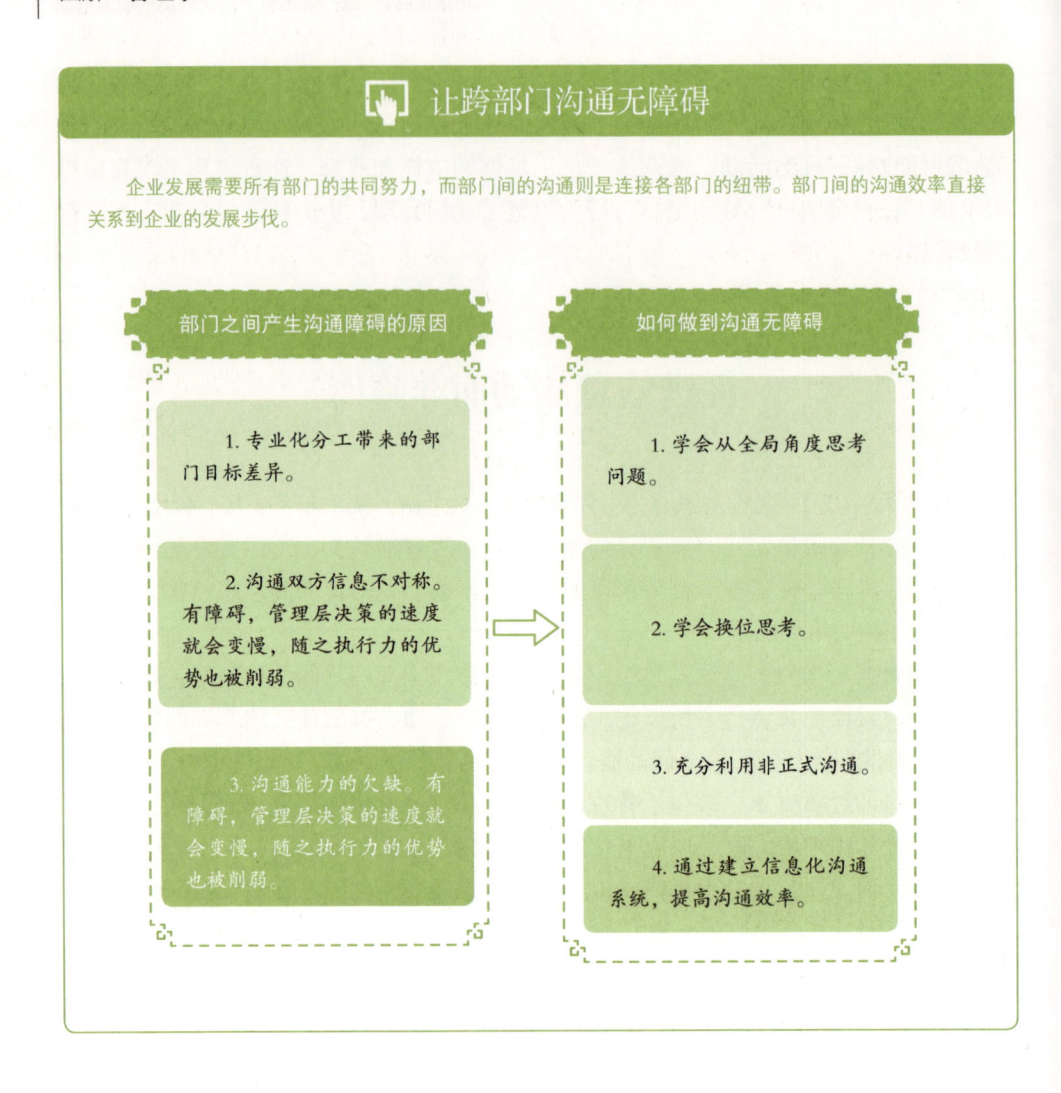

企业发展需要所有部门的共同努力,而部门间的沟通则是连接各部门的纽带。部门间的沟通效率直接关系到企业的发展步伐。

部门之间产生沟通障碍的原因

1. 专业化分工带来的部门目标差异。

2. 沟通双方信息不对称。有障碍,管理层决策的速度就会变慢,随之执行力的优势也被削弱。

3. 沟通能力的欠缺。有障碍,管理层决策的速度就会变慢,随之执行力的优势也被削弱。

如何做到沟通无障碍

1. 学会从全局角度思考问题。

2. 学会换位思考。

3. 充分利用非正式沟通。

4. 通过建立信息化沟通系统,提高沟通效率。

先有奖赏后有英雄

当企业发展顺利时,首先考虑的是资金投入、技术引进;当企业发展不顺利时,首先考虑的则是裁员和员工下岗,而不是想着如何开发市场以及激励员工去创新产品、改进质量与服务。那么企业如何制定员工激励制度,从而有效地驱动员工工作呢?其实这就是一个博弈的运用。

比如说有一家游戏软件的企业老总,打算开发网络游戏。如果开发成功,根据市场部的预测可以得到2000万人民币的销售收入。如果开发失败,那就是血本无归。而企业的新网络游戏是否会成功,关键在于技术研发部员工是否全力以赴、殚精竭虑来做这项开发工作。如果研发部员工完全投入工作，有80%的可能，这款游戏的市场价值将达到市场部所预测的程度；如果研发部员工只是敷衍了事，那么游戏成功的可能性只有60%。

如果研发部全体员工在这个项目上所获得的报酬只有500万元，那么这些员工对于这款游戏的激励不够，他们就会得过且过、敷衍了事。要想让这些员工得到高质量的工作表现，老板就必须给所有员工700万元的酬金。

如果老板仅付500万总酬金，那么市场销售的期望值有 2000万 × 60% = 1200万元，再减去500万的固定酬金，老板的期望利润有700万元。如果老板肯出700万的总酬金，则市场销售的期望值有 2000万 × 80% = 1600万元，再减去总酬金700万，老板最终的期望利润有900万元的剩余。

然而困难在于，老板很难从表面了解到研发部员工在进行工作时是否敬忠职守、兢兢业业。即使给了全体员工700万的高酬金，研发部员工也未必就尽心尽力地完成这款游戏。由此看来，一个良好的奖罚激励机制对于企业极其重要。

公司最好的方式就是若是游戏市场反映良好，员工报酬提高；若是不佳，则员工报酬缩减。"禄重则义士轻死"，如果市场部目标达到，则付给全体研发人员900万元，若是失败，则让全体研发员工付给企业100万元的罚金。这种情况下，员工酬金的期望值是 900万 × 80% − 100万 × 20% = 700万元，其中900万元是成功的酬金，成功的概率为80%，1万元则是不成功的罚金，不成功的概率为20%。在理论上，采用这样的激励方法会大大提高员工工作的努力程度。

从某种意义上来说，这种激励方法相当于赠送一半的股份给企业研发部员工，同时员工也承担游戏软件市场失败的风险。然而这种方法在实际中并不可行，因为不可能有任何一家企业能够通过罚金的方式来让员工承担市场失败的风险。可行的方法就是，尽量让企业奖惩制度接近这种理想状态。更加有效的方法，就是在本质上类同于奖励罚金制度的员工持股计划。我们可以将股份中的一半赠送给或者销售给研发部的全体员工，结果仍然和罚金制度是相同的。

从这个例子中可以看到，员工工作努力与否与良好的激励机制密不可分。然而很多公司却不明白这个道理。比如很多公司的奖惩制度上写着："所有员工应按时上班，迟到一次扣10元，若迟到30分钟以上，则按旷工处理扣50元。"国外有弹性工作制，即不强求准时，但是每天都必须有效地完成当天的工作。笔者认为，即使有人迟到、早退、被扣除工资，但是在实际工作中很有可能并不是努力工作，其因扣除工资而产生的逆反心理导致的隐性罢工成本反而有可能高于所扣除的工资。从表面上看，老板似乎赚得了所扣工资的钱，实际上是损失更多。可见，这并不是一个有效的奖罚激励制度。

再比如有的公司规章条例写着："公司所有员工应具有主人翁意识，应大胆向公司领导提出合理化的建议，可以直接提出也可以以书面形式提出，若被采纳后奖励 50 元。"试问，不同的合理化建议对公司所创造的效益是不同的，假设一个人所提建议可以提高效益 5 万元，另一个人所提建议则只能提高效益 500 元，都用 50 元的奖金来进行物质激励，其条例本身明显就不是合理化的制度。

雨果曾说过："世界上先有了法律，然后有坏人。"制度是由人执行的，也是由人破坏的。有时，制度成为不能办事的借口。刚开始，制度是宽松的，后来设的篱笆越来越多。有很多规则是潜规则，不需要说明。比如，买菜刀时，不需要说明不能让刀刃对着人。有些规则不规定不行，比如开会，不规定准时就肯定永远有人迟到。

制度还有一个给人破坏的特征。破坏制度的时候让人觉得亲密。比如，按制度你只能住 400 元的房间，老板说，破例给你住 600 元的，员工觉得老板违反制度对自己特别好，而这样员工就会在工作上付出更多的努力。

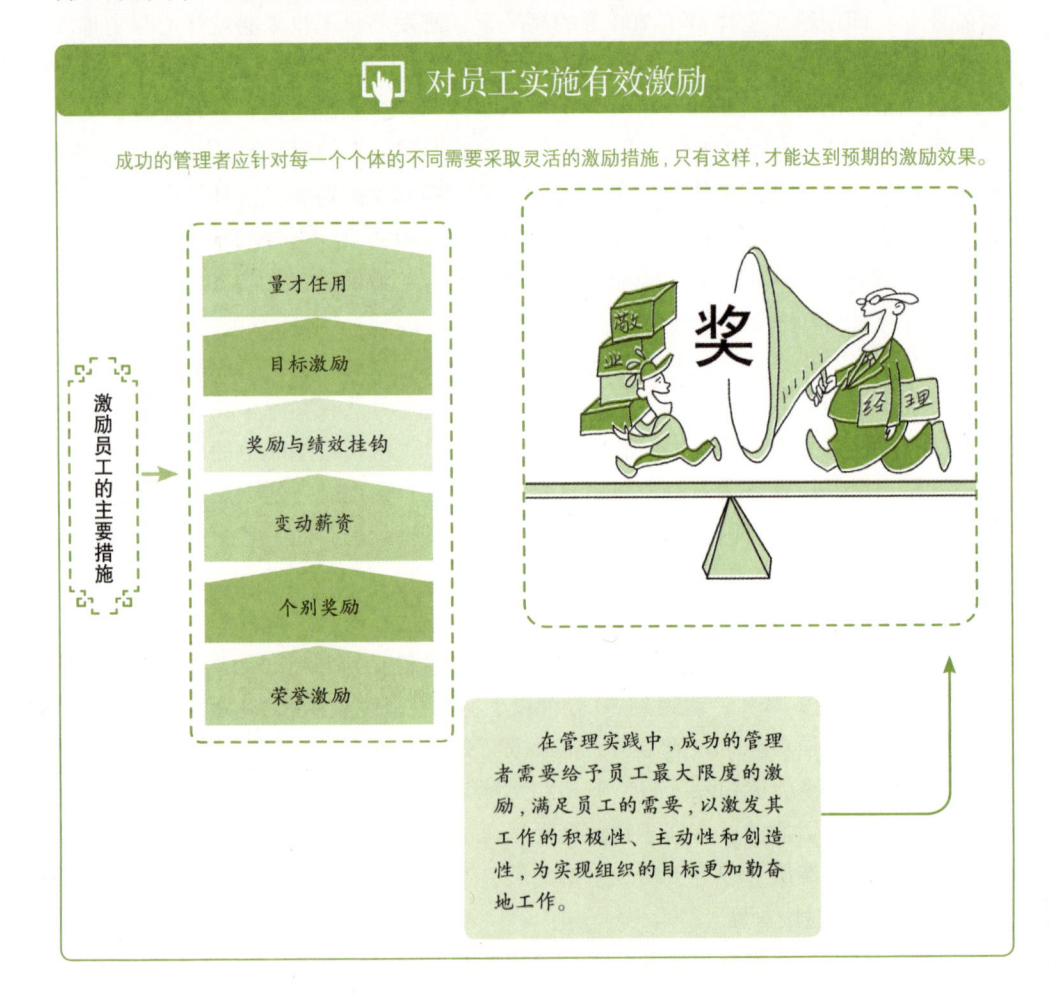

对员工实施有效激励

成功的管理者应针对每一个个体的不同需要采取灵活的激励措施，只有这样，才能达到预期的激励效果。

激励员工的主要措施：
- 量才任用
- 目标激励
- 奖励与绩效挂钩
- 变动薪资
- 个别奖励
- 荣誉激励

在管理实践中，成功的管理者需要给予员工最大限度的激励，满足员工的需要，以激发其工作的积极性、主动性和创造性，为实现组织的目标更加勤奋地工作。

第六章
人事管理:让每一次人事决策都做对

人事决策最为重要

松下幸之助认为，企业经营的基础是人，"要造物先造人"，如果企业缺少人才，企业就没有希望可言。

一个企业要具备非常高的绩效能力，就必须做好有关"人"的各项决定。这些决定包括岗位安排、工资报酬、职位升降和解雇等。有关人的各项决定将向企业中的每一个成员表明，管理层真正需要的、重视的、奖励的是什么。

人事决策是涉及人的决策，人事决策不仅会影响到做决策的某些人或某个团队，还会影响到所有的经理和管理者。人事决策水平的高低不仅决定了企业能否有序运转，而且也决定了它存在的使命、价值观以及目标的实现。

"选好一个厂长，就会搞好一个厂；选错一个厂长，就会搞垮一个厂。"这既是常识，又是现实。然而正是这种常识和现实，使很多企业家不敢分权授权，也使企业很难聚集到所需要的人才，他们甚至只相信自己的亲信和"嫡系部队"。企业家的思维局限在这种层面上，企业如何能做大做强呢？还有人认为："找到可用的人实在太难。""有能力而不忠诚，我不敢用。"

说到底，人事决策解决的是组织的用人问题。在用人问题上，绝不是简单的分权授权问题，也绝不只是人的能力和忠诚问题。人事决策是最根本的管理，其核心是如何选人、如何用人。要想用人，首先要重视人，要有爱才如命、求贤若渴的用人理念。

20世纪30年代中期，美国福特公司的一台电机发生故障，公司所有的技术人员都未能修好，只好从别的公司请来一位名叫斯坦门茨的专家。他在电机房待了3天，听了3天。然后要了一架梯子，仔细观察了一番。最后在电机的某一部位用粉笔画了一道线，并写了一行字："此处线圈多了16圈。"结果，把这16圈线拆除后，电机马上运转正常。

福特很欣赏斯坦门茨的技艺，并希望他能到福特公司效力。但却遭到了斯坦门茨的拒绝，他说："我所在的公司对我很好，我不能见利忘义。"福特说："那我把你所在的公司都买过来。"最后，用3000万元买下了斯坦门茨所在的公司。

美国有一家公司，对新主管在上任之前，老板总是先送他一个木质的俄罗斯套娃木偶玩具。这种玩具是由10个套娃组成，越往里层套娃越小，当打开到最底层的套娃时，只见里面有一张纸条，上面写道："如果我们每个人都雇用能力不如自己的人，那么我们的公司就会很快变成侏儒公司。但是，如果我们每个人都雇用能力超过自己的人，那我们的公司就会变成巨人公司。"言下之意是作为管理者，必须重视人才，而不能压制人才，要把重视人才作为第一重要的工作。

其次，企业要用人，就必然要选人，要招聘人。然而很多进行人事决策的管理者，并不真正懂得选人。很多人都自认为自己是优秀的管理者，当管理者以此为前提选人时，就可能犯严重的错误。卓有成效的管理者，必然明白，自己不是别人的评判者，不能凭自己的直觉和感悟来雇佣员工，必须建立一套考察和测试程序来选人。

每个管理者都要清楚，个人的能力总是有限的，不能仅仅依靠个人的阅历和见识来评判人才。因为，每个人的行事方式和思维习惯都有局限性，我们固有的惯性思维，容易对人形成成见，所以，选择符合你"口味"的人，可能恰恰就是一种错误决定。在选人上，必须采取谨慎、认真而又细致的态度。

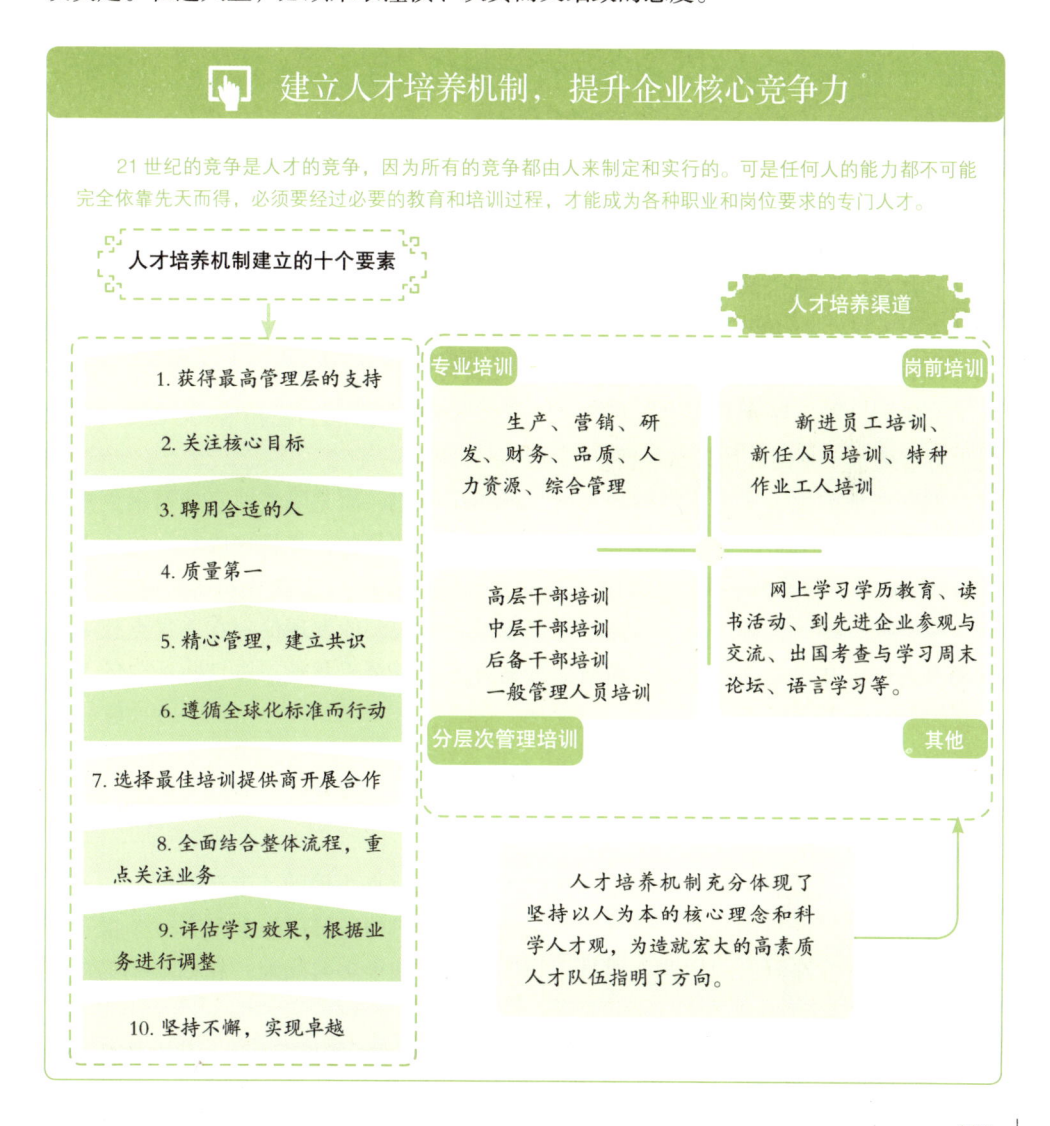

建立人才培养机制，提升企业核心竞争力

21世纪的竞争是人才的竞争，因为所有的竞争都由人来制定和实行的。可是任何人的能力都不可能完全依靠先天而得，必须要经过必要的教育和培训过程，才能成为各种职业和岗位要求的专门人才。

人才培养机制建立的十个要素

1. 获得最高管理层的支持
2. 关注核心目标
3. 聘用合适的人
4. 质量第一
5. 精心管理，建立共识
6. 遵循全球化标准而行动
7. 选择最佳培训提供商开展合作
8. 全面结合整体流程，重点关注业务
9. 评估学习效果，根据业务进行调整
10. 坚持不懈，实现卓越

人才培养渠道

专业培训：生产、营销、研发、财务、品质、人力资源、综合管理

岗前培训：新进员工培训、新任人员培训、特种作业工人培训

分层次管理培训：高层干部培训、中层干部培训、后备干部培训、一般管理人员培训

其他：网上学习学历教育、读书活动、到先进企业参观与交流、出国考查与学习周末论坛、语言学习等。

人才培养机制充分体现了坚持以人为本的核心理念和科学人才观，为造就宏大的高素质人才队伍指明了方向。

再次，用人要用到位，要有利于提高企业的绩效，因此，必须提高人事决策的有效性。德鲁克多次强调，不能把"有效"和"有效率"混淆，有效强调的是结果，而有效率重视的是效率。对于企业的人事决策来说，效率并不重要，能不能有成果，才是最迫切的。

国内很多企业，在选人用人方面需要吸取经验教训。海尔集团管理团队很年轻，平均只有 26 岁，但在海尔用人的过程中，很少出现大的失误，海尔有自己一套选人、用人方法和标准。在海尔担大梁的也并不都是名牌高校的高才生。某集团喜欢用名牌大学的高才生，从高校到高位，但这却是其发展走弯路的一个重要原因。可见，用人不在于形式，而在于成果，在于有效性。

员工是管理者的顾客

L 先生是一家大型企业 G 公司的一个基层管理者，手下有 8 个员工。L 先生工作勤恳，为人谦和，对每一个下属都给予一些关怀和照顾，所以跟大家的关系还算不错。并且他还有一个最大的特点就是：他对他的直接领导是言听计从，领导安排什么，他马上向下属安排什么。

一旦下属提出异议，他马上便说："领导说了，就照这样执行。你照吩咐做了，出了差错领导不会怪你，你如果不照这样做，出了问题你得自己担着。"下属一听觉得也有道理，于是便开始认真执行。

但渐渐地下属有了不明白的地方，也就不再问他，而是隔着他直接请示更高领导，因为大家知道跟他说了也没有用，他还得去请示领导，并且这段时间他还遇到了一件烦心事：他发现手下有个别人开始直接向他"顶牛"，公然不再听从他的指挥，他早就想把一些"害群之马"开掉，但苦于没有办法，他发现他现在连这点权力都行使不灵了。并且他的"无能"渐渐被传播开来，以至于其他原本"听话"的下属也开始不拿他当回事了。

雷·克拉克是麦当劳快餐店的创始人，他有个习惯，就是不喜欢在办公室办公，他的大部分时间用在了"走动管理"上，到所有的分公司和部门多走走、看看、听听、问问，收集大家对工作的意见。

麦当劳公司曾有一段时间面临严重的亏损，克拉克用他的"走动管理"在各公司发现了一个很严重的问题——官僚作风盛行。公司的各部门经理都有一个很不好的习惯，喜欢靠在舒服的椅背上对员工指手画脚，把很多时间浪费在抽烟、喝咖啡和闲聊上。

克拉克为此十分生气，于是他下令："把所有经理的椅背都锯掉，马上执行。"

命令下得很快，执行得也很快，不出一个星期，每个经理的椅背都被锯掉了。

锯掉椅背后，经理们对克拉克的做法很不理解，甚至还很气恼。椅背锯掉了就不能像以前那样舒服地靠着它抽烟喝咖啡了，于是大家都走出办公室，学着老板的做法到各部门基层走走、看看、听听、问问，很快，他们就发现了管理当中出现的问题，顿悟了克拉克锯掉椅背的用意。于是，他们及时调整管理方案，现场解决存在的问题，终于使公司扭亏增盈。

克拉克推行的管理方式，被定义为走动管理。这种管理思想和方式为解决企业管理者如何推销自己的管理提供了一种极佳方法。走动管理体现了上级对下级或对客户的一种关怀。通过面对面的接触，管理者常常可以更好地对下级进行指导，同下级直接交换意见，特别是能够听取下级的建议，了解遇到的各种问题，从而能更有效、更及时地采取相应的措施。

走动管理是世界上流行的一种创新管理方式，它主要是指企业领导身先士卒，深入基层，体察民意，了解情况，与部属打成一片，共创业绩。随着社会的发展，这种管理风格已日益显示出其优越性：

1. 能产生联动效应，即主管动，部属也跟着动。既然领导都已经做出表率了，那么下属自然也会紧跟领导步伐，加强走动管理。

2. 投资小，收益大。当今世界，人们都在努力提高效率。走动式管理不需要太多的资金和技术，就可能提高企业的生产力。

3. 看得见的管理。最高主管能够到达生产第一线，与工人见面、交谈，期望员工能够对他提意见，能够认识他，甚至与他争辩是非。

4. 实现真正的现场管理。日本为何有世界上第一流的生产力呢？有人认为是建立在追根究底的现场管理上。其实，日本企业的主管及其幕僚们每天要洗三四次手，原因是这些人的手是在现场东摸摸、西碰碰弄脏的。主管每天马不停蹄地到现场走动，部属也只好舍命陪君子了！

5. 更能获得人心。优秀的企业领导要常到职位比他低几层的员工中去多听一些"不对"，而不是只听"好"的。不仅要关心员工的工作，叫得出他们的名字，而且还要关心他们的衣食住行。这样，员工觉得领导重视他们，工作自然十分卖力。一个企业有了员工的支持和努力，自然就会蒸蒸日上。

评估只能看绩效

不管是企业的领导决策者，还是经营管理者，都会面临这样的问题：怎样才能让员工发挥出巨大的作用、创造出卓越的绩效呢？"建立高效的团队、借助集体的力量来创造卓越的绩效"等相关的论述其实描述的是一种结果，而非操作过程。它们说明的是一种状态：管理者们起着催化剂一样的作用，在此过程中也许可以让公司看到他们做了些什么，但并不能说明他们是怎样做的，比如如何建立一支高效的团队、如何充分发挥集体的力量等。

那么，管理者们到底怎样释放下属的潜在能量呢？他们怎样选人、设定期望，以及如何激励和培育每一位员工，以建立一支高绩效的团队呢？随着实践层次的进一步加深，管理者们的核心职能描述与理论间的差异可能也变得越来越明显。例如，传统的理论观点可能在他们的核心职能方面做如下建议：

选人——对求职者进行面试，询问他的经验、智力和决心；设定期望值——明确地告诉员工公司对他的期望，并确定恰当的步骤对期望值进行设定；激励员工——帮助他确定和克服他的弱点，并通过适当的物质和精神手段强化激励的作用，使员工能够向着更好的方向发展；培育员工——帮助他们学习和提拔他们，促使他们走

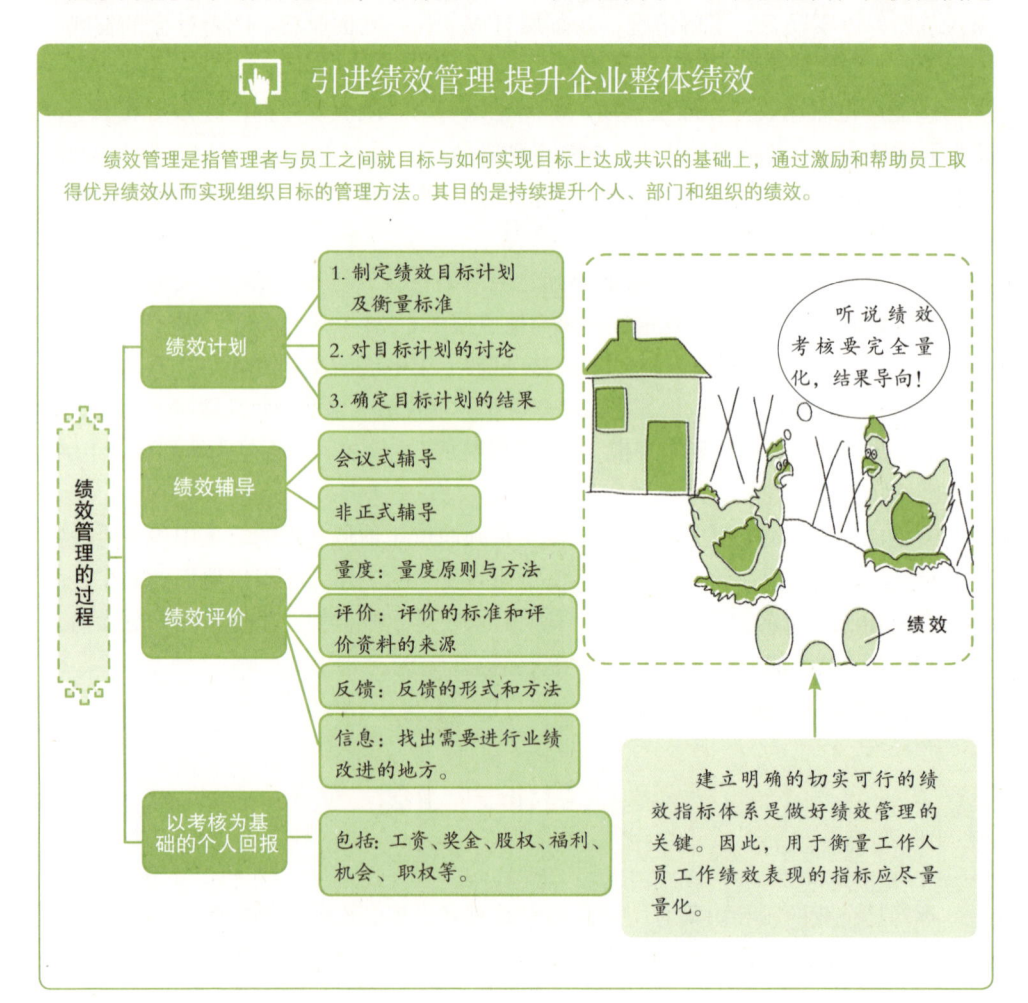

引进绩效管理 提升企业整体绩效

绩效管理是指管理者与员工之间就目标与如何实现目标上达成共识的基础上，通过激励和帮助员工取得优异绩效从而实现组织目标的管理方法。其目的是持续提升个人、部门和组织的绩效。

绩效管理的过程

- **绩效计划**
  1. 制定绩效目标计划及衡量标准
  2. 对目标计划的讨论
  3. 确定目标计划的结果

- **绩效辅导**
  - 会议式辅导
  - 非正式辅导

- **绩效评价**
  - 量度：量度原则与方法
  - 评价：评价的标准和评价资料的来源
  - 反馈：反馈的形式和方法
  - 信息：找出需要进行业绩改进的地方。

- **以考核为基础的个人回报**
  - 包括：工资、奖金、股权、福利机会、职权等。

听说绩效考核要完全量化，结果导向！

建立明确的切实可行的绩效指标体系是做好绩效管理的关键。因此，用于衡量工作人员工作绩效表现的指标应尽量量化。

向前一梯队。

但仔细研究实践工作中那些创造出杰出绩效的管理者们的观点后，你会意识到，虽然上述的建议看似无懈可击，但还有些非常细小却值得注意的因素并没有凸现出来。这些没有凸现出来的细节因素，足以使我们在实际工作中迷失方向。仅仅依靠经验、智力和决心来选人，不可能建立一个杰出的团队；确定恰当的步骤和弥补个人的弱点也不是产生持续的、卓越的绩效的最有效方法。将一个人推向前一梯队也完全违背了"培育"的精髓。

这就要求我们：选人时，应该选择真正有才干的人，而不是仅凭经验、智力和决心的人；设定期望值时，应该针对不同的人确定恰当的成果和目标，而不仅仅是恰当的步骤；激励员工时，应关注他的实力和优势，而不是弱点；培育员工时，应帮助他找到合适的、能够最大限度地发挥个人能力的位置，而不仅仅是提升到前一梯队。

为什么要绩效管理？为什么越来越多的企业要建立绩效管理系统？要回答这些问题，至少应该考虑以下几个方面：

1. 绩效管理的有效性

自20世纪80年代以来，市场竞争日趋激烈，在这种竞争中，一个企业要想取得竞争优势，必须不断提高其整体效能和绩效。实践证明，提高绩效的有效途径是进行绩效管理。因为，绩效管理是一种提高组织成员的绩效和开发团队、个体的潜能，使组织不断获得成功的管理思想和具有战略意义的、整合的管理方法。通过绩效管理，可以帮助企业实现其绩效的持续发展；促进并形成一个有绩效导向的企业文化；激励成员，使他们的工作更加投入；促使成员开发自身的潜能，提高他们的工作满意度；增强团队凝聚力，改善团队绩效；通过不断的工作沟通和交流，发展成员与管理者之间的建设性的、开放的关系；给成员提供表达自己的工作愿望和期望的机会。

2. 可以促进质量管理

组织绩效可以表现为数量和质量两个方面。近年来，质量已经成为组织绩效的一个重要方面，质量管理已经成为人们关注的热点。实际上，绩效管理过程可以加强全面质量管理。因为，绩效管理可以给管理者提供管理全面质量的技能和工具，使管理者能够将全面质量管理看做组织文化的一个重要组成部分。

3. 改革管理绩效的措施

多数结构调整都是对社会经济状况的一种反应，其表现形式各种各样，如减少管理层次、减少规模、适应性、团队工作、高绩效工作系统、战略性业务组织、授权等。调整组织结构后，管理思想和风格也要相应地改变，如给成员更多的自主权，以便更快更好地满足客户的需求；给成员更多的参与管理的机会，促进他们对工作的投入，提高他们的工作满意度；给成员更多的支持和指导，不断提高他们的胜任特征，等等。而所有这一切都必须通过建立绩效管理系统，才能得以实现。

绩效管理的过程通常被看做一个循环。这个循环的周期通常分为四个步骤，即绩效计划、绩效实施与管理、绩效评估与绩效反馈。经过上面的四个环节，就经历了一个绩效管理的循环。在这个循环中所得到的绩效评估结果具有多种作用。首先，绩效评估的结果有助于成员工作绩效和工作技能的提高，通过发现成员在完成工作过程中遇到的困难和工作技能上的差距，制定有针对性的成员发展计划和培训计划；其次，绩效评估的结果可以比较公平地显示出成员对组织做出的贡献的大小，据此可以决定对成员的奖励和报酬的调整。此外，通过成员的绩效状况，也可以发现成员对现有的职位是否适应，根据成员绩效高于或低于绩效标准的程度，决定相应的人力资源变动，使成员能够从事更适合自己的工作。

升迁一定会有副作用

一般来说，高级管理阶层（特别是大企业中）很少对低级职务的提升感兴趣，如一些中层管理岗位，他们任凭各个职能部门的负责人去决定。但是，这些中上层的管理职务对于组织来说才是真正的管理集团。以下各层的人们，特别是年轻的管理人员和专业人员，十分清楚他们的事业前途取决于这些中上层人员而不是取决于大老板。而且，目前在中上层职位的这些人在未来将有可能进入高级管理阶层。

尤其重要的是，这些提升决定有着很大的象征意义。它们对整个组织的人来说都是一种"明显可见的"信号，这就是公司所需要、奖励和尊重的。因此，古老而有经验的组织，如军队等都把他们的注意力放在中上层管理人员的提升上——在军队中是提升到校级。

聪明的高级管理者应该向这些例子学习。高级管理者积极参与这些对组织来讲意味着管理集团的中上层的提升工作，是完全值得的。

但是，升迁都是有陷阱的。在提拔员工之前，所有的员工都处于一种习惯上的平衡。员工的升迁会打破这种平衡，进而引发意想不到的问题。

D公司是家高科技公司，拥有员工350名。最近雇用了一名刚获得MBA学位的贺小姐，她能力强，基础扎实，性格果断，有开拓精神，人际关系也很好。她进入公司后工作表现令人满意，很快就被提升为部门主管，这时她才干了三个月，而其他同样的员工往往要干一年才能升到这个位置。在贺小姐任职的第三年初，由于出色的工作表现，她被任命为一项尖端项目的开发负责人，这项工作非常重要，而且正面临另一家公司的竞争。

就任命刚二个月，D公司老总意外地接到这个项目组中五位专家的辞呈，他们都有可能去那一家公司服务，为竞争对手工作。老总找他们谈话，他们对贺小姐的工作没什么不满意，甚至认为她是最勤奋的人，但是他们不满意她居然比他们这些在公司干了七八年的人升迁得快得多，因此，他们要到其他公司去显示才干，与她一比高低。

升迁带来的陷阱不仅存在于员工中间，也存在于公司最高管理层中。

如何避免过度强调升迁？德鲁克说，对管理者来说，工资和工资结构才是最吸引他们的地方，而且它对管理者的重要性更超过金钱所代表的经济意义。因为工资和工资结构反映了管理者对企业管理的价值，也代表他们在管理团队中的分量。

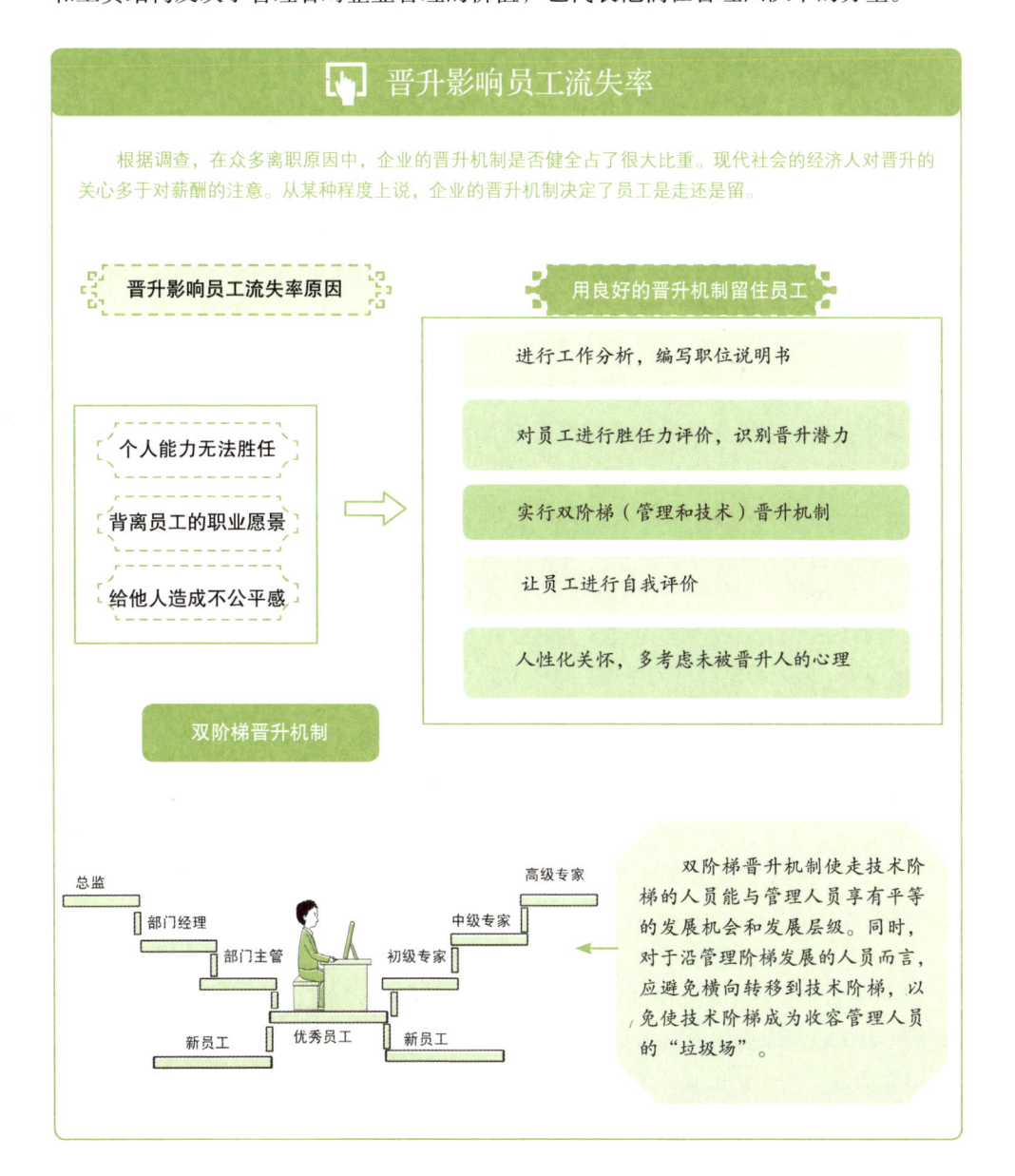

晋升影响员工流失率

根据调查，在众多离职原因中，企业的晋升机制是否健全占了很大比重。现代社会的经济人对晋升的关心多于对薪酬的注意。从某种程度上说，企业的晋升机制决定了员工是走还是留。

晋升影响员工流失率原因
- 个人能力无法胜任
- 背离员工的职业愿景
- 给他人造成不公平感

用良好的晋升机制留住员工
- 进行工作分析，编写职位说明书
- 对员工进行胜任力评价，识别晋升潜力
- 实行双阶梯（管理和技术）晋升机制
- 让员工进行自我评价
- 人性化关怀，多考虑未被晋升人的心理

双阶梯晋升机制

（管理阶梯：新员工—部门主管—部门经理—总监；技术阶梯：新员工—优秀员工—初级专家—中级专家—高级专家）

双阶梯晋升机制使走技术阶梯的人员能与管理人员享有平等的发展机会和发展层级。同时，对于沿管理阶梯发展的人员而言，应避免横向转移到技术阶梯，以免使技术阶梯成为收容管理人员的"垃圾场"。

因此，工资和工资结构是以清楚可见的方式反映出一个人在组织内的地位及所受到的认同。为了避免过度重视升迁，在工资结构中就应该给工作有卓有表现的人发放奖金，而且这个奖金也应该与因为晋升而增加的工资差不多。

将人力看做是资源

德鲁克说，管理人员爱说，"我们最大的资产是人员"。他们喜欢重复一种老生常谈：一个组织同另一个组织的唯一真正区别就在于人员的成绩不同，至于其他的资源都是相同的。管理的任务在于用心保护组织内部的资产。而当知识型员工的个人知识成为了一种资产，而且日益成为组织的核心资产时，这意味着管理者有必要重视这项组织中最重要的资源。

在松下电器公司的一期人事干部研讨会上，松下莅临讲话并直接发问："你在拜访客户时，如果对方问你，松下电器是制造什么产品的公司，你们如何回答？"业务部的人事科长恭恭敬敬地回答："我会这样说：松下电器是制造电器产品的公司。"

"错！像你这样回答是不负责任的！你们整天都在想什么？"松下的训斥声顿响彻整个会场。难道真的错了吗？难道松下电器公司不是生产电器产品的吗？参会者都莫名其妙，遭训斥的人事科长更是不明白哪里错了。

松下脸色十分难看，拍着桌子怒火冲天地说："你们这些人都在人事部门任职，难道不懂得培育人才是你们人事干部最主要的职责吗？如果有人问松下电器是制造什么的，你们就要回答松下电器是培育人才的公司，并兼做电器产品！经营的基础是人，对于这一点，我不知说过多少遍。在企业经营上，资金、生产、技术、销售等固然重要，但人却是经营的主宰，归根结底人是最重要的。如果不从培育人才开始，那松下电器还有希望吗？"

其实，早在创业初期，松下就已经认识到，拥有优秀的人才，事业就能繁荣；反之就会衰败。松下公司重视知识型人才、科研和智力开发，当有人问，松下公司最大的实力是什么，松下幸之助回答：是经营力，即经营者的能力。他指出："掌握了经营关键的人是企业的无价之宝。"所以，松下强调在出产品前出人才，在制造产品前先培养人才。

为了达到"造人先于造物"的目的，松下开办了在职训练指南，又称为OJT指南，指的是员工在日常工作中的培训教育。为适应公司全体员工培训工作的全面展开，松下电器在职训练策划人宫木勇编写了《松下电器的在职训练》一书，洋洋洒洒写了10余万字。松下的心血没有白费，他"造人先于造物"的方针让他成为世界经营之神，让松下电器誉满全球。

第六章 人事管理：让每一次人事决策都做对

比尔·盖茨说，即使他一无所有，只要公司的人在，他依然可以再造一个微软。"千军易得，一将难求"，市场竞争归根到底就是人才竞争。

将人力看做是资源，而非成本，企业管理者对观点的实践远比观念认知更为重要。对于管理者的实践，德鲁克提出了两条建议：

首先，当然要使工作和劳动力承担起责任和有所成就。必须由实现工作目标的人员同其上级一起为每一工作制定目标。必须使工作本身富于活力，以便职工能通过工作使自己有所成就。而职工则需要有要他们承担责任而引起的要求、纪律和激励。

其次，管理人员必须把同他一起工作的人员看成是他自己的资源。他必须从这些人员中寻求有关他自己的职务的指导。他必须要求这些人员把帮助他们的管理人员更好地、更有效地做好自己的工作当成自己的责任。管理人员必须使他的每一个下属承担起对上级的责任和做出相应的贡献。

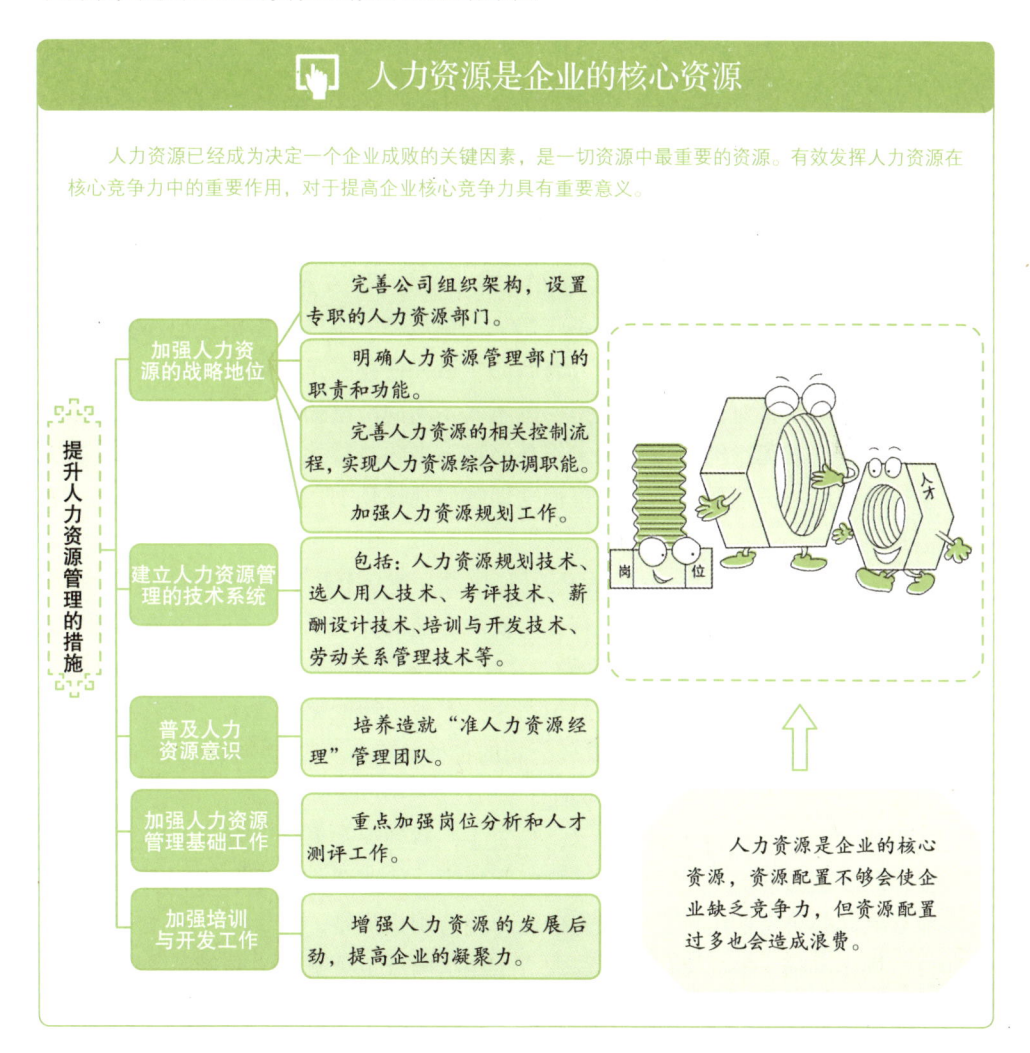

人力资源是企业的核心资源

人力资源已经成为决定一个企业成败的关键因素，是一切资源中最重要的资源。有效发挥人力资源在核心竞争力中的重要作用，对于提高企业核心竞争力具有重要意义。

提升人力资源管理的措施

- **加强人力资源的战略地位**
  - 完善公司组织架构，设置专职的人力资源部门。
  - 明确人力资源管理部门的职责和功能。
  - 完善人力资源的相关控制流程，实现人力资源综合协调职能。
  - 加强人力资源规划工作。

- **建立人力资源管理的技术系统**
  - 包括：人力资源规划技术、选人用人技术、考评技术、薪酬设计技术、培训与开发技术、劳动关系管理技术等。

- **普及人力资源意识**
  - 培养造就"准人力资源经理"管理团队。

- **加强人力资源管理基础工作**
  - 重点加强岗位分析和人才测评工作。

- **加强培训与开发工作**
  - 增强人力资源的发展后劲，提高企业的凝聚力。

人力资源是企业的核心资源，资源配置不够会使企业缺乏竞争力，但资源配置过多也会造成浪费。

做到这点的一种方法是使每一个下属对以下一些简单问题深入思考并做出回答："我作为你们的上级所做的事以及公司所做的事中,有些什么对你们的工作最有帮助?""我作为你们的上级所做的事以及公司所做的事中,有些什么对你们的工作最有妨碍?"以及"你们能做些什么,使得作为你们的上级的我能为公司工作得最好?"

这些问题似乎很简单,但却很少有人提出来。而如果有人提出了这些问题,其答案也并不是明确的。有些管理人员本来是为了帮助其下属的工作而做的事,却对其下属完全没有帮助,而实际上是妨碍了他们。而他的下属中,却很少有人考虑一下他们能做些什么来帮助他们的上级工作得更好。

这些问题迫使管理人员及其下属都把注意力集中于取得共同的成绩,集中于相互之间的关系。这可能促使管理人员对他的下属产生一种新的看法,把他们看成是自己的资源,同时也引导他们把他看成是他们的资源。

任人时要不拘一格

年仅21岁的比尔·盖茨使用42岁的女秘书就是不拘一格使用人才的典型。

创业之初的微软公司基本上都是年轻人,搞业务、搞推销都是一把好手。可是弄起内务和管理方面的杂事,没有人有耐心。第一任秘书是个年轻的女大学生,除了自己分内的工作,对任何事情都是一副不闻不问的冷漠劲。盖茨深感公司应该有一位热心爽快、事无巨细地把后勤工作都能揽下来的总管式女秘书,不能总让这方面的事情分他的心。他要求总经理伍德立即解雇现任秘书,并限时找到他要求的那种类型的秘书。

不久,盖茨在自己的办公室召见了伍德,伍德一连交上几个年轻女性的应聘资料,盖茨看后都连连摇头。"难道就没有比她们更合适的人选了?"伍德犹犹豫豫拿出一份资料递到盖茨面前,"这位女性做过文秘、档案管理和会计员等不少后勤工作,只是她年纪太大,又有家庭拖累,恐怕……"不等伍德说完,盖茨已经一目十行地看完了这份应聘资料:"只要她能胜任公司的各种杂务而不厌其烦就行。"就这样,盖茨的第二任女秘书、42岁的露宝上任了。

几天之后的早上,露宝坐在自己的位置上,看到一个男孩子直闯董事长盖茨的办公室,经过她面前时只是"嗨"地打一声招呼,像孩子对待母亲似的那么自然。然后他摆弄起办公室的电脑。因为先前伍德曾特别提醒她,严禁任何闲人进入盖茨的办公室操作电脑,她立刻告诉伍德说有个小孩闯进了董事长的办公室。伍德表情淡漠地说:"他不是小孩,他是我们的董事长。"后来,露宝才知道了自己的董事长只有 21 岁。这时，她以一个成熟女性特有的缜密与周到，考虑起自己今后在娃娃公司应尽的责任与义务。

露宝在工作上是一把好手。盖茨是谈判的高手，不过第一次会见客户时，也会使人产生小小误会。客户见到盖茨时，总不免怀疑眼前的小个子是不是微软公司的董事长，可能微软公司真正的董事长正在干其他的事吧？他们伺机打电话到微软公司核实，露宝接到这样的电话，总是和蔼可亲地回答："请您留意，他是一个年纪看上去十六七岁，长一头金发、戴眼镜的男孩子。如果见到的是这样的形象，准没错。自古英雄出少年嘛。"露宝的话化解了对方心头的疑虑。

露宝把微软公司看成是一个大家庭，她对公司有很深的感情。很自然，她成了微软公司的后勤总管，负责发放工资、记账、接订单、采购、打印文件等。

露宝成了公司的灵魂，给公司带来了凝聚力，盖茨和其他员工对露宝有很强的依赖心理。当微软公司决定迁往西雅图，而露宝因为丈夫在亚帕克基有自己的事业不能同去时，盖茨对她依依不舍，留恋不已。盖茨、艾伦和伍德联名写了一封推荐信，信中对露宝的工作能力予以很高的评价。临别时盖茨握住露宝的手动情地说："微软公司留着空位置，随时欢迎你。"

👆 不拘一格用人才

管理之要，首在用人。选人用人，需要有不拘世俗、唯才是举的大气度。只有具备了不拘一格选人用人的气度，才能构建起人才集聚的局面，也才能不断开创事业的新高度。

领导者怎样做到不拘一格用人：
- 要敢于不落"窠臼"，突破常规，摒弃千篇一律的用人模式。
- 要有公开透明、严格规范的人才选拔机制。
- 把德才兼备、以德为先作为选拔人才的首要标准。
- 在企业内部营造良好环境，不断探索实践。

不拘一格降人才！
- 取消规定服务期限
- 放宽学历条件
- 取消专业限制

企业的发展要靠人才支撑，稳定要靠人才保障，未来要靠人才创造。要放宽眼界看人才，优先精心育人才，不拘一格用人才，以人为本爱人才，创新机制留人才。

165

人才是宝贵的资源。有大略者不问其短，有厚德者不非小疵。管理者一定要破除论资排辈、求全责备的观念，唯才是用，唯才是举，大胆使用优秀人才，为人才找到最佳位置。

将员工与企业进行捆绑

美国石油大亨保罗·盖蒂将人才分为四类，他认为第一类员工的才干是突出的，能用其所长，避其所短，可以为企业发挥重大作用。第二类员工，是企业的中流砥柱，他以各种办法激励他们努力为企业效劳，让他们建立牢固的企业归属感。保罗·盖蒂对待第三类员工也十分珍惜爱护，把他们安排在各级部门当副手，逐步提高他们的待遇，想方设法稳住这支基本队伍。对于第四类员工，保罗·盖蒂要求各级管理人员对他们严加管理，促使他们端正态度，为企业发展多出力。

有一次，盖蒂听到下属某家企业的汇报情况，知道该公司很有发展潜力，但营运状况很差，亏损严重。盖蒂经了解后很快找出症结所在，就是这家公司的3位高级干部无成本与利润的观念，他们完全属于第四类人物。

为了改变这家公司的现有面貌，盖蒂略施小计。他在发薪之前，特意交代会计部门对那3位高级干部的薪水各扣5美元。他还吩咐会计部，若那3人有异议的话，叫他们直接找老板。

果然不出盖蒂所料，发薪1小时内，那3人不约而同地跑来找盖蒂理论。盖蒂严肃地对他们说："我已经调查过公司的财务报表，发现上年度有好几笔不必要的开支，造成公司几万美元的损失，但我没有看见你们采取任何补救措施。如今，你们每人的薪水只不过少了5美元，却急不可待地要求补救，这是怎么一回事？"

那3位高级管理干部无话可答，听完盖蒂这番严厉的教训后，很有感悟。有两位很快研究出加强企业管理的措施，严格了成本与利润的核算观念。另一位没有改进表现，不久便被盖蒂辞退了。

员工如果只是把公司当成混日子的地方，做一天和尚撞一天钟，心里头只盘算自己的个人利益，势必会与公司总体发展、长远发展的目标相抵触，有时甚至会阻碍公司向前发展。

只有把员工的切实利益与企业发展的整体利益相挂钩，才能避免出现员工对企业整体利益漠不关心的心理状态。建立与此相应的奖惩机制，企业发展好，人人都有益处；企业发展得不好，人人都受损失，这样形成员工与企业共存共荣的局面，才能从根本上解决个人利益与整体利益相脱钩的状态。

立足实现企业与员工利益的共赢

在市场经济大潮中，企业和员工是息息相关的利益共同体。而在企业内部，企业利益和员工利益又是此消彼长的"跷跷板"。只有寻找两者之间的共赢之道，才能保证企业和谐发展。

企业利益和员工利益的关系：

1. 企业利益大于员工利益，员工利益必须服从企业利益。

    想要平衡企业利益与员工利益，企业要让员工明白，只有创造了8000块的利益，企业才能提供给他4000块的薪水。

2. 员工为企业创造了利益，当然应该有所回报。

    企业必须有一个合理分配、利益共享的机制，才能激励员工，并且一切资源增值的活动都是靠员工来掌握的。

企业应采取哪些措施使双方达成共赢：

- 加强企业文化建设，让员工产生企业认同感。
- 进行企业价值观宣传，让企业与员工形成共同价值观。
- 目标细化分解，让个人目标与企业总目标保持一致。
- 建立员工激励机制，给予员工最大的发展空间。
- 培养和提升员工忠诚度。

老板，我们爱死你啦！

大红包 7460万元

员工们，这是送给你们的！

员工是企业的重要资源，只有员工发展了才能真正推动企业的发展。企业应该着力于让员工发展目标与企业发展目标保持一致，只有这样才能达到双方共赢。

放胆引进，放手使用

1981年底，微软公司已经控制了PC机的操作系统，并决定进军应用软件这个领域。比尔·盖茨雄心勃勃，认定微软公司不仅能开发软件，还要成为一个具有零售营销能力的公司。问题是微软公司在软件设计方面，人才济济，不乏高手；但在市场营销方面，却缺少卓越性人才。没有这方面的人才，微软别说进入市场，连市场的门都找不到。

但盖茨还是迈出了非凡的一步——挖人。经过四处打听，八方网罗，最后盖茨锁定了"肥皂大王"尼多格拉公司的一个大人物——营销副总裁罗兰德·汉森。

"汉森是个营销专家，可对软件方面完全是个门外汉呀。"盖茨的幕僚，有点不放心。但盖茨毫不担心，他看中的是汉森在市场营销方面的丰富的知识和经验。盖茨将汉森挖过来后，很快将他委以营销方面的副总裁这一重任，专门负责微软公司广告、公关、产品服务以及产品的宣传与推销。

汉森上任后做的最重要的一件事就是给微软公司这群只知软件、不懂市场的精英们上了一堂统一商标的课。在汉森的坚持之下，微软公司决定，从今以后，所有的微软产品都要以"微软"为商标。于是，微软公司的不同类型产品，都打出"微软"的品牌。为时不久，这个品牌在美国、欧洲，乃至全世界，都成为家喻户晓的名牌。

随着市场的日益扩大，尤其是海外市场的开发，微软公司的经营规模日益增大，公司第一任总裁吉姆斯·汤恩年近半百，已江郎才尽，跟不上微软的快节奏。好在汤恩主动提出辞掉总裁的职务。盖茨费尽心思，又找到了坦迪电脑公司的副总裁谢利。他直截了当地向他提出："到微软来吧。"

"我能干什么？"

"当总裁。"

谢利一来，就对微软的人事进行了大刀阔斧的改革。他把鲍默尔提升为负责市场业务的副总裁，更换了事务用品供应商，削减了20%日常费用……谢利掌管下的微软在许多地方开始"硬"起来。不过，谢利在微软的好戏还在后头。

1983年，为了抢在可视公司之前开发出具有图形界面功能的软件，占领应用软件市场，微软开始了"视窗"项目，并宣布在1984年底交货。

谁知，1984年过了大半年了，"视窗"软件仍然没有开发出来，以致新闻界把"泡泡软件"的头衔"赠给"了"视窗"。正在进退维谷的时候，谢利经过一番仔细调查，找到了病根：除了技术上的难度以外，开发"视窗"的组织和管理十分混乱。

谢利又一次大刀阔斧地整顿：更换"视窗"的产品经理，把程序设计高手康森调入研究小组，负责图形界面的具体设计；盖茨自己的职责，也被定位于集中精力考虑"视窗"的开发。此举立见奇效，各项工作有条不紊，进展神速。1984年年底，微软向市场推出"视窗"1.0版，随后是"视窗"3.0版。

比尔·盖茨放胆引进人才，放手使用人才，使汉森和谢利带领微软走向正规化公司发展的道路，为微软公司做出了功不可没的贡献。

更新观念，大胆用人

任何事情都要靠人去做，靠人去抓。用一个能人，事成；用一个庸人，事败。事情的成败好坏，全在于人。人与事的关系，犹如纲与目的关系；纲举目张。所以，要想办成事，必须打破常规，大胆用人才。

管理者如何做到大胆用人

1. 以德为先，准确理解和正确坚持德才标准。
2. 更新观念，开阔视野，不拘一格选人用人。
3. 建立和完善科学的选人用人机制，激励人才不断成长。
4. 在企业内部营造良好环境，不断探索实践。

21世纪是人才竞争的世纪，谁能够拥有高质量的人才，谁就能在竞争中处于有利的地位，这已经成为当代人的共识。想方设法地运用各种方式和手段提拔人才、引进人才、使用人才、调动人才的积极性，已成为现代国家的重要战略。

曹操的五个用人之道

一、名至实归，更重实际；
二、德才兼备，唯才是举；
三、重用清官，不避小贪；
四、招降纳叛，尽释前嫌；
五、抓大放小，不拘小节。

在要害处只收不放

东汉开国皇帝刘秀是用人方面的突出代表。

刘秀当上东汉开国皇帝后,有一段时间很是忧郁。群臣见皇帝不开心,一时议论纷纷,不明所以。一日,刘秀的宠妃见他有忧,怯生生地进言说:"陛下愁眉不展,妾深为焦虑,妾能为陛下分忧吗?"

刘秀苦笑一声,怅怅道:"朕忧心国事,你何能分忧?俗话说,治天下当用治天下士,朕是忧心朝中功臣武将虽多,但治天下的文士太少了,这种状况不改变,怎么行呢?"

特殊员工的特殊管理

在企业中,创业性员工和知识性员工往往比较特殊,他们或功勋卓著,或能力极强,但同时,他们的行为方式也往往会特立独行。如何对该类员工进行管控,是管理者必须认真考虑的问题。

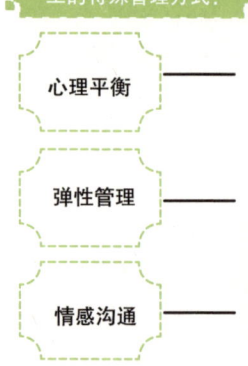

管理者应对特殊员工的特殊管理方式:

心理平衡 —— 恃才傲物,是一些有才干者的通病。企业恰恰用的也是才,作为管理人员,不妨在小节上宽容一些,要有能容天下之人的气魄。

弹性管理 —— 宽,有可能破坏制度的严肃性;严,有可能变管理为审判。管理者应尽量做到宽严相济,做到赏罚分明,激励和惩罚并用。

情感沟通 —— 对特殊员工来说,情感的沟通是填平管理者与被管理者心灵鸿沟的有效方式。积极的情感管理,会拉近彼此心灵的距离,也是减少内耗、理顺人际关系的"润滑剂"。

对特殊员工,管理者应该给予其更多的自我调整、自我选择、自我管理的余地和适应环境变化的余地。

> 好好放松一下吧!

宠妃于是就建议说:"天下不乏文人大儒,陛下只要下诏查问、寻访,终有所获的。"

刘秀深以为然,于是派人多方访求,重礼征聘。不久,卓茂、伏湛等名儒就相继入朝,刘秀这才高兴起来。

刘秀让他们放心任事,心里却也思虑如何说服功臣朝臣,他决心既定,便对朝中的功臣们说:"你们为国家的建立立下大功,朕无论何时都会记挂在心。不过,治理国家和打天下不同了,朕任用一些儒士参与治国,这也是形势使然啊,望你们不要误会。"

尽管如此,一些功臣还是对刘秀任用儒士不满,他们有的上书给刘秀,开宗明义便表达了自己的反对之意,奏章中说:"臣等舍生忘死追随陛下征战,虽不为求名求利,却也不忍见陛下被腐儒愚弄。儒士贪生怕死,只会耍嘴皮子,陛下若是听信了他们的花言巧语,又有何助呢?儒士向来缺少忠心,万一他们弄权生事,就是大患。臣等一片忠心,虽读书不多,但忠心可靠,陛下不可轻易放弃啊。"

刘秀见功臣言辞激烈,于是更加重视起来,他把功臣召集到一处,耐心对他们说:"此乃国家大事,朕自有明断,非他人可以改变。朕是不会人言亦言的。你们劳苦功高,但也要明白'功成身退'的道理,如一味地恃功自傲,不知满足,不仅于国不利,对你们也全无好处。何况人生在世,若能富贵无忧,当是大乐了,为什么总要贪恋权势呢?望你们三思。"

刘秀当皇帝的第二年,就开始逐渐对功臣封侯。封侯地位尊崇,但刘秀很少授予他们实权。有实权的,刘秀也渐渐压制他们的权力,进而夺去他们的权力。

大将军邓禹被封为梁侯,他又担任了掌握朝政的大司徒一职。刘秀有一次对邓禹说:"自古功臣多无善终的,朕不想这样。你智勇双全,当最知朕的苦心啊。"

邓禹深受触动,却一时未做任何表示。他私下对家人说:"皇上对功臣是不放心啊,难得皇上能敞开心扉,皇上还是真心爱护我们的。"

邓禹的家人让邓禹交出权力,邓禹却摇头说:"皇上对我直言,当还有深意,皇上或是让我说服别人,免得让皇上为难。"

邓禹于是对不满的功臣一一劝解,让他们理解刘秀的苦衷。当功臣们情绪平复下来之后,邓禹再次觐见刘秀说:"臣为众将之首,官位最显,臣自请陛下免去臣的大司徒之职,这样,他人就不会坐等观望了。"

刘秀嘉勉了邓禹,立刻让伏湛代替邓禹做了大司徒。其他功臣于是再无怨言,纷纷辞去官位。他们告退后,刘秀让他们养尊处优,极尽优待,避免了功臣干预朝政的事发生。

对管理者而言,真正难管的往往是功臣,对待这类员工,管理者一定要在管理上放纵得当。在某些方面,该放的就要放;而在另一些方面,该收的也一定要收。收放结合,才能把控人才。在要害处只收不放,这是放的首要前提,尤其在关键位置上一定要严控。

怎样考核才最公正

如何使用好绩效考核这把钥匙，恰当地避免考核误区，既能做到按绩分配，又能做到奖罚分明？从"智猪博弈"中可以得到以下几种改善方案。

方案一：减量。仅投原来的一半分量的食物，就会出现小猪、大猪都不去踩踏板的结果。因为小猪去踩，大猪将会把食物吃完；同样，大猪去踩，小猪也将会把食物吃完。谁去踩踏板，就意味着替对方贡献食物，所以谁也不会有踩踏板的动力。其效果就相当于对整个团队不采取任何考核措施，因此，团队成员也不会有工作的动力。

绩效考核要坚持公正原则

绩效考核是一把双刃剑，失之公正，就会挫伤员工积极性，而秉持公正原则则能激励员工，消除抵触情绪，提升团队的协作水平。

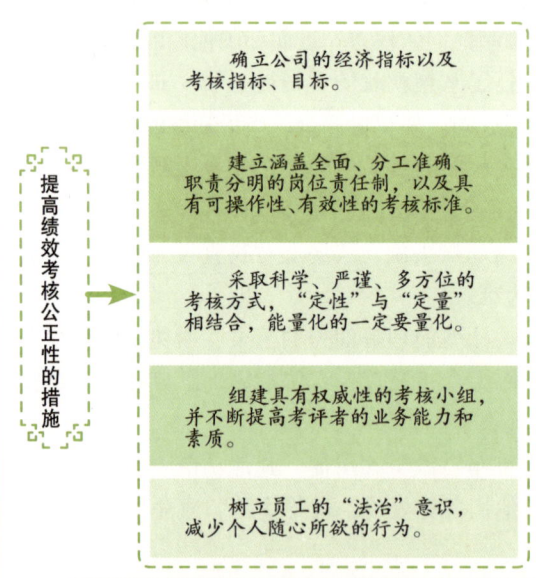

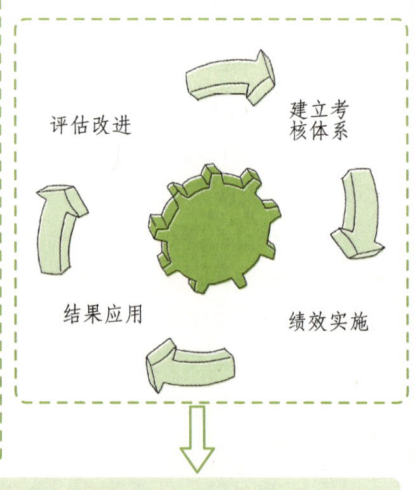

提高绩效考核公正性的措施：

- 确立公司的经济指标以及考核指标、目标。
- 建立涵盖全面、分工准确、职责分明的岗位责任制，以及具有可操作性、有效性的考核标准。
- 采取科学、严谨、多方位的考核方式，"定性"与"定量"相结合，能量化的一定要量化。
- 组建具有权威性的考核小组，并不断提高考评者的业务能力和素质。
- 树立员工的"法治"意识，减少个人随心所欲的行为。

考核循环：建立考核体系 → 绩效实施 → 结果应用 → 评估改进

绩效考核根据考核标准，对员工的业绩进行评判。它关系到企业的各个层面，所以无法做到绝对公正，只能在实践中根据考核结果采取纠正预防措施。

方案二：增量。投比原来多一倍的食物，就会出现小猪、大猪谁想吃，谁就会去踩踏板的结果。因为无论哪一方去踩，对方都不会把食物吃完。小猪和大猪相当于生活在物质相对丰富的高福利社会里，所以竞争意识不会很强。就像在营销团队建设中，每个人无论工作努力与否都有很好的报酬，大家都没有竞争意识了，而且这个规则的成本相当高，因此也不会有一个好效果。

方案三：移位。如果投食口移到踏板附近，那么就会有小猪和大猪都拼命地抢着踩踏板的结果。等待者不得食，而多劳者多得。每次踩踏板的收获刚好消费完。相对来说，这是一个最佳方案，成本不高，但能得到最大的收获。

当然，这种考核方法也存在它的缺陷性，但没有哪一种考核方法能真正让人人都觉得公平。在绩效考核运作中，实际是对员工考核时期内工作内容及绩效的衡量与测度，即博弈方为参与考核的决策方；博弈对象为员工的工作绩效；博弈方收益为考核结果的实施效果，如薪酬调整、培训调整等。

由于考核方与被考核方都希望自己的决策收益最大化，因此双方最终选择合作决策。对于每个企业来说，这将有利于员工、主管及公司的发展。

但是从长期角度看，只能是双方中有一方离职后博弈才结束，因此理论上考核为有限次重复博弈。但实际工作中，由于考核次数较多，员工平均从业时间较长，而且离职的不可完全预知性，因此可将考核近似看做无限次重复博弈。

随着考核博弈的不断重复及在一起工作时间的加长，管理者与员工双方都有一定程度的了解。在实际工作中，由于管理者在考核结果中通常占有较高的比重，所以管理者个人倾向往往对考核结果有较强的影响力。而且考核为无限次重复博弈，因此员工为了追求效益最大化有可能根据主管的个性倾向调整自己的对策。因此，从长期角度分析，要求人力资源部做出相应判断与调整，如采用强制分布法、个人倾向测试等加以修正。

总而言之，在公司内部形成合理的工作及权力分工，一方面可以通过降低管理者的绩效考核压力，使部门主管有更多精力投入到部门日常管理及专业发展；一方面员工对自己的工作绩效考核具有一定的权力，从而调动其工作积极性，协调劳资关系，从而激发员工的工作积极性，因此将极大地推动公司人力资源管理及企业文化建设。

提拔太快不利于成长

我国古人云："天将降大任于斯人也，必先苦其心志，劳其筋骨，饿其体肤，空乏其身，行拂乱其所为，所以动心忍性，增益其所不能。"用现在的话讲，就是想提拔先坐冷板凳。明朝大学士张居正也用"器必试而后知其利钝，马必驾而后知其驽良"来说明人应该"试之以事，任之以事"。

有一位老板，看上了一个很有潜质的员工，于是派他到销售科工作。不久提拔他为科长，让他分管一摊工作。他表现非常出色，销售业绩逐月上升，老板嘉奖了他，公司上下都看好他，以致所有人都认为他会升职。可是老板却把他调到无关紧要的仓储部门工作。

人们认为他可能得罪了老板。可是，这位员工没有分辩什么，他自己也猜不出老板的意图，心中虽有些不快，但仍然任劳任怨地工作，很负责任。老板有时也和他谈谈工作情况。一年后，这个员工便坐到了部门经理的位置上。后来人们才明白，老板想重用他，一直在观察考验他，暗中观察他在被冷落时候的行为表现。

事实上，升迁太快，没有足够的积累知识和经验的时间，恰恰不利于人才的锻炼成长。一般来说，一个好的管理人才能够踏踏实实地在各个部门工作，有相当的时间和经验，有协调沟通各类人际关系的熟练技巧，有处理应付各种复杂问题的知识、能力。

而晋升太快肯定不利于具备这些技巧、能力，难免顾此失彼，并不利于人才成长。同时，被大家视为上级特别厚爱的人，也容易招致大家的嫉妒、不满，这种风气甚至会蔓延到整个公司。不管这种心理平衡存在的程度如何，但毕竟会影响大家的士气，

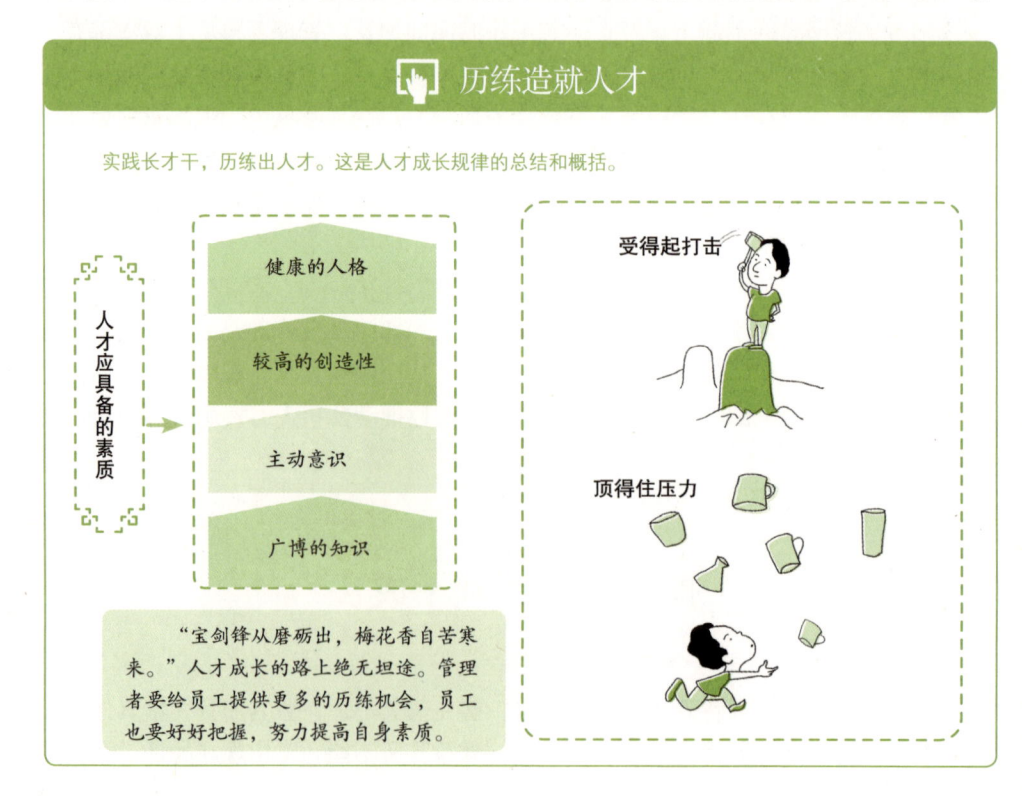

历练造就人才

实践长才干，历练出人才。这是人才成长规律的总结和概括。

人才应具备的素质 → 健康的人格 / 较高的创造性 / 主动意识 / 广博的知识

受得起打击

顶得住压力

"宝剑锋从磨砺出，梅花香自苦寒来。"人才成长的路上绝无坦途。管理者要给员工提供更多的历练机会，员工也要好好把握，努力提高自身素质。

影响工作的正常进行。

而暂时冷落一段时间，尤其可以考察所要培养人员的品德、韧性。看他有没有事业心、责任心，是不是这山望着那山高，有心当官，无心干事；看他有没有平淡之心，是否急功近利。

作为领导，要悉察下属在受冷落时抗挫折的能力有多大，干劲如何，此时是想跳槽还是认识到自己非奋发图强不可。如果他这样认为："有时想想，这实在是最糟的时候。到底要不要离开公司呢？但是，一旦辞了职，又无处可去。我真怀疑人生还有什么值得努力的事。"

这种心态说明他经不起挫折，常常是稍遇挫折，便锐气全消，垂头丧气，也不善于总结经验教训，不善于思考与学习，也缺乏"好谋而成"的耐性和修养。

这带给管理者的忠告是，提拔悠着点，冷落也要有个"度"，有个过渡阶段更好。

懂人才能知人善任

作为杰出的政治家，吕不韦深谙"尚贤为政之本"的道理；作为一国之相，他深知人才对治国的重要性。吕不韦以政治家的眼光，总结历史经验教训，把得贤人与得天下直接联系起来，从国家兴亡的高度提出尚贤的重要性。

《吕氏春秋》中写道："身定，国安，天下治，必贤人。""得十良马，不若得一伯乐；得十良剑，不若得一欧冶；得地千里，不若得一圣人。舜得皋陶而舜受之，汤得伊尹而有夏民，文王得吕望而服殷商。夫得圣人，岂有里数哉？"要求国家的统治者把尚贤作为基本国策，吕不韦的这些观点和做法，都显示了他对人才的推崇。

吕不韦所处的时代是个群雄争霸的时代，在这种残酷的竞争中，人才的重要性和巨大作用更加凸显出来。对此，吕不韦借助《吕氏春秋》提出了"察贤"的三个标准。

首先，《吕氏春秋》使用了许多概念，如圣、贤、士、能等，从这些概念看，吕不韦心中的"贤人"都是一些品德高尚的能人，也就是德才兼备之人。

其次，《吕氏春秋》指出："凡举人之本，太上以志，其次以事，其次以功。三者弗能，国必残亡。"吕不韦将心志、做事、功劳三者作为举人之本，这个标准把德才兼备具体化了，延伸到了做事的能力和政绩等。

最后，《吕氏春秋》明确地提出了"八观六验"和"六戚四隐"的内观和外观标准。所谓"八观六验"，就是"凡论人，通则观其所礼，贵则观其所进，富则观其所养，听则观其所行，止则观其所好，习则观其所言，穷则观其所不受，贱则观其所不为。喜之以验其守，乐之以验其僻，怒之以验其节，惧之以验其特，哀之以验其人，苦之以验其志。八观六验，此贤主之所以论人也"。具体意思是：

1. 在他通达、过着很顺利的日子时，要注意看他礼遇的是些什么人。
2. 在他显贵、发达时，要注意看他举荐些什么人。
3. 在他富贵时，要注意看他供养、收养些什么人。
4. 在他听取意见时，要注意他将采取些什么行动。
5. 在他闲暇无事时，要注意看他有什么喜好和嗜癖。
6. 在与他探讨问题时，要注意他说些什么话、怎样说话。
7. 当他贫穷时，要看他不接受什么东西。
8. 当他处在下贱阶层时，要看他绝对不做什么事情。

以上是"八观"的主要内容。

1. 当他高兴的时候，要检验他什么地方没有过分的表现、所守的事情没有因此而开放。
2. 当他快乐时，要看清他的癖好。
3. 当他发怒时，要看清他的节制，能否保持理性。
4. 当他恐惧时，要看清他是否保持着足够的自制力。
5. 当他哀伤时，要看清他为何哀伤，透过这种哀伤能否看到他的仁慈之心。
6. 当他处于苦难当中时，要看清他这时所秉持的始终不渝的志向。

以上是"六验"的主要内容。

除了"八观六验"，吕不韦还说："论人者，又必以六戚四隐。何谓六戚？父母兄弟妻子。何谓四隐？交友故旧邑里门郭。内则用六戚四隐，外则用八观六验，人之情伪贪鄙美恶无所失矣，譬之若逃雨，汗无之而非是。此圣王之所以知人也。"所谓"六戚四隐"的标准就是：鉴定一个人的品质，除了要有以上标准之外，还要听取他六类亲戚、四种接近他的人对他所作的评价。六类亲戚是：父、母、兄、弟、妻、子；四类接近他的人是：朋友、老相识或同事、乡亲和邻居。这些人代表了他不同时间、生活侧面和生活空间内对他最为熟悉的群体，所发表的看法和见解也必然是最为客观、全面而公正的。

综观以上几项识人标准，标准一是综合的理性标准，核心即德才兼备。标准二是理性标准的具体化，侧重于标准的具体操作。标准三是从内、外两个不同方面识别考察人才，侧重于方法论。应该说，这三个标准构成了一个完整的考察体系，吕不韦在当时的历史条件下，能够提出按照这一标准体系识别考察人才，的确是难能可贵的。

要注重人与人的搭配

有一个关于法国骑兵与马木留克骑兵作战的寓言,这样说的:

骑术不精但纪律很强的法国兵与善于格斗但纪律涣散的马木留克兵作战,若分散而战,3个法国骑兵战不过两个马木留克骑兵;若百人相对,则势均力敌;而1000名法国骑兵必能击败1500名马木留克骑兵。原因在于,法兵在大规模协同作战时,发挥了协调作战的整体功能,说明系统的要素和结构状况对系统的整体功能起着决定性作用。

这个寓言说明的是领导者对于人才使用,要争取做到整个队伍的构成呈优化组合状态。所谓优化,绝不是最优秀人才的聚集,而是各类专门人才的合理搭配。

通常来说,一个团队中要有这样一些人才:有高瞻远瞩、多谋善断、具有组织和领导才能的指挥型的;有善解人意、忠诚积极、埋头苦干的执行型的;有公道正派、铁面无私、心系群众的监督型的;有思想活跃、知识广博、善于分析的参谋型的……如果团队中全是同一种类型的人才,那肯定搞不好工作。

只有合理地搭配人才队伍,才能做到人尽其才、各展所长,整个团队才更具战斗力。

李嘉诚就是一个精于搭建科学高效、结构合理的人才队伍的优秀领导者。在他组建的公司领导班子里,既有具有杰出金融头脑和非凡分析本领的财务专家,也有经营房地产的老手;既有生气勃勃、年轻有为的港人,也有作风严谨、善于谋断的洋人;既有公司内部的高参、助手和干将,又有企业外部的智囊、谋士和客卿。可以说,这个团队里既结合了老、中、青的优点,又兼备中西方的色彩,是一个行之有效的合作模式。

价值连城的钻石和普普通通的石墨,一个坚硬无比,一个柔软细腻,但两者的构成元素却是一样的。同为碳原子,仅仅因为排列的不同,就产生了截然相反的两种物质。同样,合理安排人才的组合方式,既能让每个人才超水平发挥作用,也会使整个人才队伍的能量成几何数增长。

一台发动机或者一辆汽车,甚至一架飞机,拆散了不过是一堆机械零件和螺丝钉,没有计划、没有组合地堆积在一起,只能算作一堆废铁。正因为组合得好,所以才价值不菲。用人如用药。老中医因为熟悉各种药材的药性,配药得当,常能取得奇妙的功效。同样,对于每个下属在能力、性格、爱好等方面的不同特点,领导者也要心中有数,这样才能将各种各样的人才合理搭配,使得个人和队伍都能够发挥出最佳的人才效益。

　　唐太宗就很注意合理搭配使用人才。他将手下个性迥异、能力有别的人才一个个都放在了适合的位置上，从而使得人才队伍构成合理、组织结构务实高效。房玄龄处理国事总是孜孜不倦，知道了就没有不办的，于是太宗任用房玄龄为中书令。

　　对于国家大事，房玄龄能提出许多精辟的见解和具体的办法来，但却不善于整理，很难决定颁布哪一条。杜如晦虽不善于想事，却善于对别人提出的意见作周密的分析，精于决断。于是唐太宗将他俩搭配起来辅佐自己，从而形成了历史上著名的"房谋杜断"的人才结构。

　　此外，唐太宗任用敢于犯颜直谏的魏征为谏议大夫，任用文才武略兼备的李靖为刑部尚书兼检校中书令，都做到了人尽其才、才尽其用。房玄龄、魏征、李靖等人的合理搭配，既各得其所，尽展风采，又让大唐初期的这个管理层在历史上有口皆碑。

　　领导者不但要考虑到下属的才智和能力，还要特别重视人才搭配，要合理才行。

人才搭配重在优势互补

管理者要善于根据每个人的特长，巧妙搭配，各取其长，长短互补，充分实现员工团队的能力。这样做不仅能充分发挥每一个体的作用，还可使群体作用功能达到 1 + 1>2 的状态。

合理搭配人才的技巧

1. 高能为核——以能力高的人为核心，调动各方面的积极性和创造性。

2. 异质互补——将不同专业、性格、气质的人组合在一起，各司其职，各得其所。

3. 德才不逾——有德有才，信而用之；有德无才，帮而用之；无德有才，防而用之；无德无才，弃而不用。

4. 同层相济——要让企业的中、高、低各层次人才保持合适的比例。

5. 形成梯队——包括工龄梯队、年龄梯队、接班人梯队等。

6. 动态调整——人才的搭配随企业内外部环境的变化而进行调整。

在企业中，人才结构决定着人才群体的功能。同样的人才数量和质量，搭配的结构不同，发挥的作用就有很大的差异。

发现隐藏在基层的人才

一个值得下属追随的领导者应当是一个能够以潜能识人、用人的领导者。

伊尹是商汤的开国大臣，他帮助商汤打败暴君夏桀，为建立商朝立下汗马功劳。他原名叫阿衡，是有莘氏家的奴隶，虽然思谋精奇、才学宏深，却不为人知。

有莘氏把女儿嫁给商汤时，阿衡作为陪嫁的奴隶到了商汤府中做厨子。一次上菜时，商汤偶然问起他有关烹调的事。阿衡恭恭敬敬、不卑不亢地谈起烹调的技艺。商汤见一个厨子把烹调之事讲得绘声绘色、有条有理，就没有打断他。阿衡循序渐进，话锋一转，不知不觉把话题引向治理国家的道理，商汤越听越奇。听到阿衡讲王道与霸道同炊火与爆炒的异同时，商汤肃然而起，喟然长叹：治理国家的人才，我却让他烧菜做饭！他毅然决定把国家政事交给阿衡（伊尹）管理。

商汤死后，伊尹又辅佐帝外丙、帝仲壬、帝太甲。太甲是商汤的孙子，当了三年皇帝后，开始胡作非为，乱成汤德政，失民心于天下。伊尹就把太甲放逐到桐宫悔过，自己行摄王政，让成汤德政重布于天下。三年后，太甲悔过自新，向天下承认自己的错，伊尹又把政权还给太甲。太甲死后，伊尹又立其子沃丁为帝。这样，伊尹成为成汤的五朝老臣。

伊尹如托孤老臣，忠心耿耿佐成汤治理天下。有这样的人才，国家何愁不富强，帝王何愁不成明君呢？伊尹的忠诚与商汤对他的赏识和重用是分不开的。"士为知己者死"，领导者若要赢得下属的忠心追随就应当像商汤一样，有一双识人的慧眼。

小李是上海一家公司的技术员，由于刚从高校毕业，对实际工作操作还不熟悉，在第一年中几乎没有任何值得可圈可点的表现，他自己也灰心丧气。但是这家公司的领导却发现小李有一个可贵的优点，就是理论基础扎实，于是领导私下里找小李谈心，表扬他这一个优点，并把他放到车间里进行锻炼。结果一年以后，小李凭借他深厚的理论功底再加上实践经验，设计出了一种省时省力的操作流程，为该公司带来了巨额利润。

领导者要跳出用人识才的误区，较快地识别和激发下属的潜能，应当注意以下几点：

1. 听其言。有潜力的下属大多都是尚未得志之人，故其所说之言，绝大多数是在自由场合下直抒胸臆的肺腑之言，是不带"颜色"的本质之言，因而就更能真实地反映和表达真实的思想感情。

2. 观其行。一个人的行为，体现了一个人的追求。例如，一个讲究吃喝打扮的人，所追求的是口舌之福和衣着之丽；一个善于请客送礼的人，所追求的是吃小亏占大便宜，等等。任何一个人，一旦进入了自己希望进入的角色，就会为了保住角色而多多少少地带点"装扮相"。只有那些处在一般人中的人才，既无失去角色的担心，又不刻意寻觅表现自己的机会，所以，一切言行都比较质朴自然。领导者若能在一个人才毫无装扮的情况下透视出其"真迹"，而且这种"真迹"又包含和表现出某种可贵之处，那么大胆启用这个人才，十有八九是可靠的。

3. 析其能。有潜能的下属虽处于成长发展阶段，有的甚至处在成才的初始时期，但既是人才，就必然具有人才的先天素质。或有初生牛犊不怕虎的胆略，或有出污泥而不染的可贵品格，或有"三年不鸣，一鸣惊人"之举，或有"雏凤清于老凤声"的过人之处。一位善识人才的"伯乐"，正是要在"千里马"无处施展腿脚之时识别出它与一般马匹的不同。

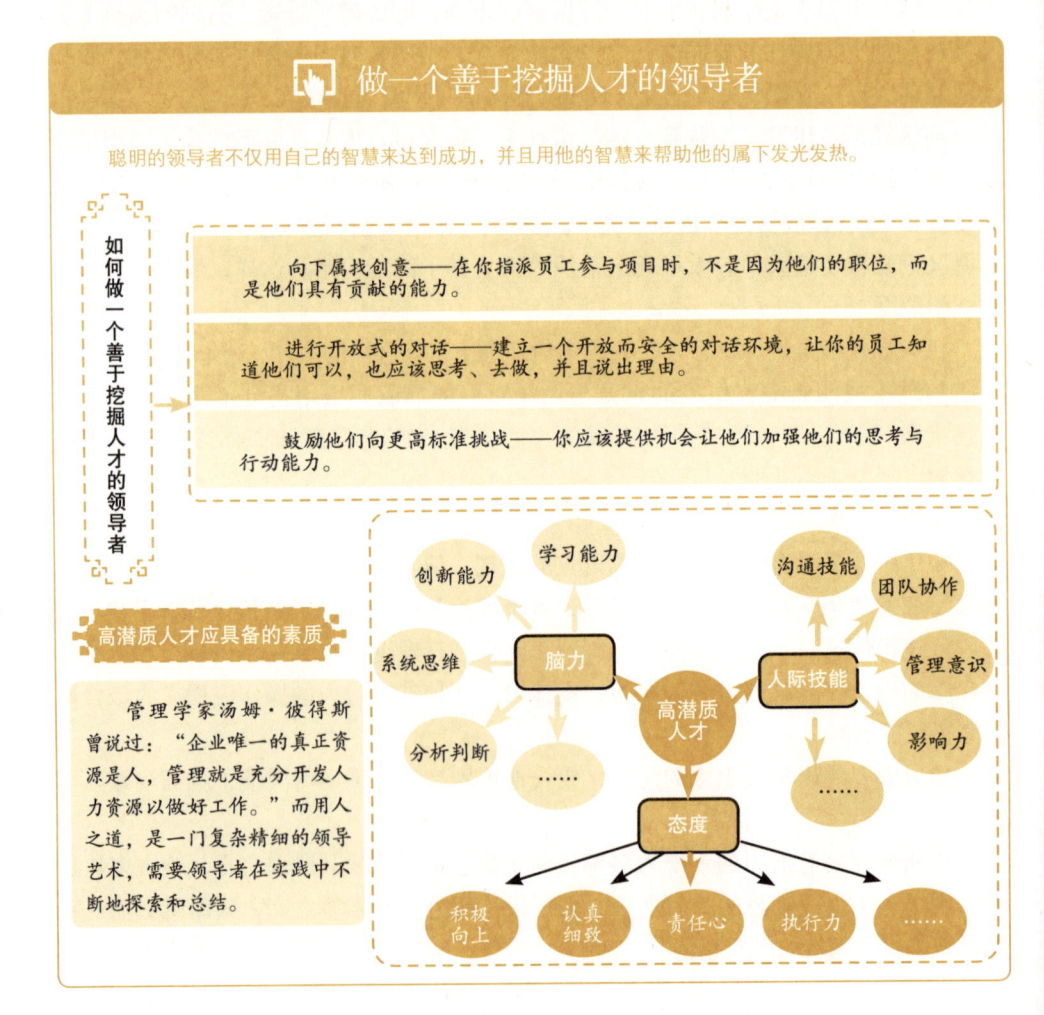

做一个善于挖掘人才的领导者

聪明的领导者不仅用自己的智慧来达到成功，并且用他的智慧来帮助他的属下发光发热。

如何做一个善于挖掘人才的领导者

- 向下属找创意——在你指派员工参与项目时，不是因为他们的职位，而是他们具有贡献的能力。
- 进行开放式的对话——建立一个开放而安全的对话环境，让你的员工知道他们可以，也应该思考、去做，并且说出理由。
- 鼓励他们向更高标准挑战——你应该提供机会让他们加强他们的思考与行动能力。

高潜质人才应具备的素质

管理学家汤姆·彼得斯曾说过："企业唯一的真正资源是人，管理就是充分开发人力资源以做好工作。"而用人之道，是一门复杂精细的领导艺术，需要领导者在实践中不断地探索和总结。

高潜质人才：
- 脑力：创新能力、学习能力、系统思维、分析判断、……
- 人际技能：沟通技能、团队协作、管理意识、影响力、……
- 态度：积极向上、认真细致、责任心、执行力、……

4. 闻其誉。善识人才者，应时刻保持清醒的头脑，有自己的独立见解，不受表面现象所影响。对于已成名的显人才，不应当跟在吹捧赞扬声的后面唱赞歌，而应多听一听反对意见；对于未成名的潜人才所受到的赞誉，则应留心在意。

这是因为，人大多有"马太效应"心理，人云亦云者居多。大家说好，说好的人越发多起来；大家说坏，说坏的人也会随波逐流。当人才处在潜伏阶段，"马太效应"对其毫无影响。再者，别人对其吹捧没有好处可得。所以，其称赞是发自内心的，是心口一致的。领导者如果听到大家对自己一名普通的下属进行赞扬时，一定要引起注意。

给予最适合的任务

《哈佛经济》杂志曾经报道，对全球36万人在20年中的职业生涯跟踪调查表明，留住员工很重要的一点是确保他们的能力、兴趣及性格与所从事的职业相匹配。也就是说，当员工的能力、兴趣与他所从事的职位相符，个人秉性也与公司的文化相符时，不仅员工流失率会大大下降，而且工作效率始终保持在一个高水平线上。

这个报道揭示了任务与员工能力要匹配的重要性。

历史上著名的用人失误事件莫过于长平之战中赵国起用赵括。公元前260年4月，秦派兵攻赵。赵国派廉颇为将抵抗。廉颇根据敌强己弱的形势，决定采取坚守营垒的战略。

赵王以为秦国不可惧，应该主动出击，为此屡次责备廉颇。这时，秦国散布流言："秦国所痛恨、畏惧的，是马服君赵奢之子赵括。"赵王听信流言，便派赵括替代廉颇为将。赵括自大骄狂，在不明虚实的情况下，贸然进攻行动。结果中了秦军埋伏，大败，40万赵军被秦国活埋。

在这个著名战役中，赵王不能知人善任，将关乎国家命运的大事交给只会纸上谈兵的赵括，险些丧国。与他相对应的是，秦王知道赵括最怕白起，果断启用，最终取得胜利。

全球华人企业顾问中心执行长、美国PDP大中华区策略合伙人、领导风格的研究专家陈生民曾分析说："事实上，每个人身上都有一组'能力密码'，这组密码是开启一个人潜能的钥匙，每个人都不一样。能够解读能力密码的人就等于拥有了知人知心的能力。"

如果任务与员工的能力不能实现完美匹配，那么一定会出现的现象是：大材小用，或者小材大用。假如出现小材大用，其造成的结果是员工不能胜任工作，而其他员工则不会服气；同样，如若出现大材小用，就会使员工会为自己怀才不遇而感到前途无望，他甚至会考虑离开。这里需要提醒的是，多数管理者最容易犯的错误是大材小用。企业为了谨慎起见，迟迟不敢起用员工，总是要"考察，考察，再考察"。

很多人都喜欢看篮球，篮球运动员在赛场上最美的动作就是一路冲破障碍，高高跳起，一投命中。投篮这个拼搏的姿势充满了生命的激情，又显示着成功者的风采。但是假如不用跳起，而且像顺手把垃圾扔到纸篓里一样简单的话，运动员就丧失激情；假如篮筐遥不可及，无论如何都投不进，也会让人气馁，放弃努力。

工作也是同理。有挑战性但通过努力又可以胜任的工作，最能激发人的潜能。事实上，没有人喜欢平庸，尤其对于那些风华正茂、干劲十足的员工来说，成功的满足感需要由富有挑战性的工作来满足，这种满足感比实际拿多少薪水有更强大的激励作用。

与人的能力不断增长相比，企业内部的岗位要求是相对固定的。员工的工作能力是随着实践摸索、适应岗位、培训学习等手段不断增强的，所以，每个员工在一个岗位上都会经历磨合期、成长期、成熟期和饱和期。然而，水饱和了就再也放不进糖，人饱和了就很难吸取新知识。一般来说，在某个岗位处于饱和期的员工，就一定出现了"能力高于岗位要求"的"不和谐"现象。

所以，身为企业管理者，应该经常研究员工发展到哪个阶段了。对那些已经处

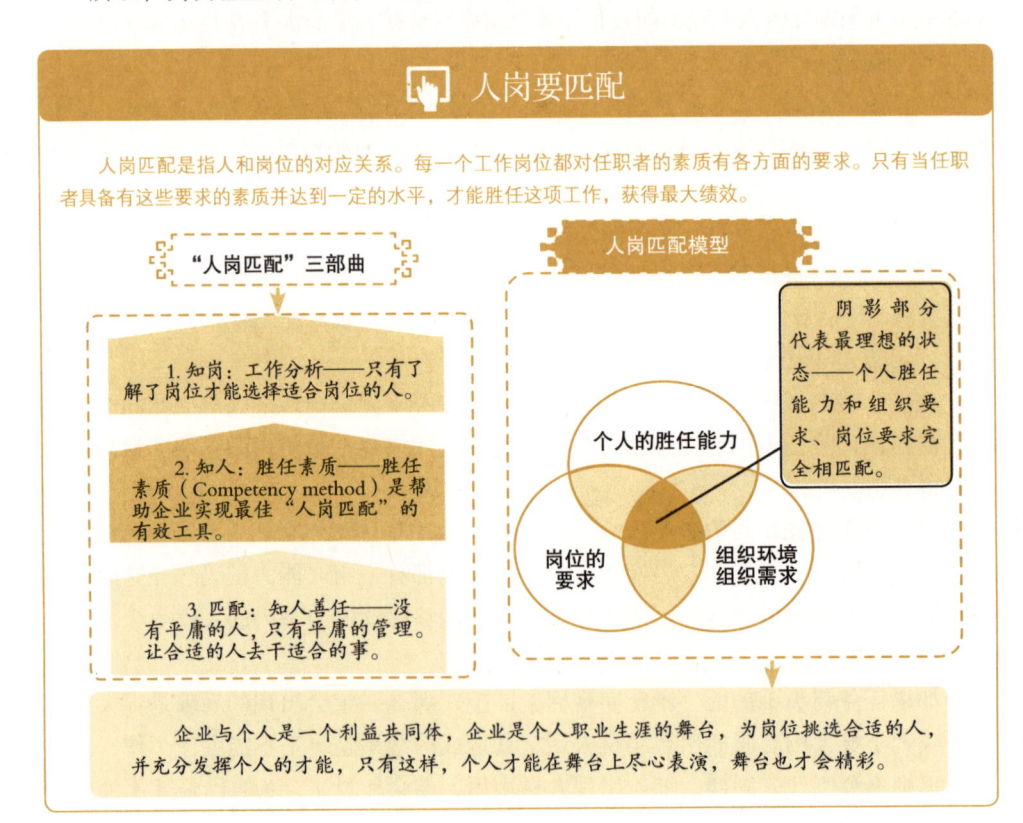

人岗要匹配

人岗匹配是指人和岗位的对应关系。每一个工作岗位都对任职者的素质有各方面的要求。只有当任职者具备有这些要求的素质并达到一定的水平，才能胜任这项工作，获得最大绩效。

"人岗匹配"三部曲

1. 知岗：工作分析——只有了解了岗位才能选择适合岗位的人。

2. 知人：胜任素质——胜任素质（Competency method）是帮助企业实现最佳"人岗匹配"的有效工具。

3. 匹配：知人善任——没有平庸的人，只有平庸的管理。让合适的人去干适合的事。

人岗匹配模型

阴影部分代表最理想的状态——个人胜任能力和组织要求、岗位要求完全相匹配。

- 个人的胜任能力
- 岗位的要求
- 组织环境 组织需求

企业与个人是一个利益共同体，企业是个人职业生涯的舞台，为岗位挑选合适的人，并充分发挥个人的才能，只有这样，个人才能在舞台上尽心表演，舞台也才会精彩。

在成熟期的员工，要适时让他们"百尺竿头更进一步"，给他们分配能力要求更高的岗位，或难度更大的工作，以免他们滑入饱和期，造成人才的浪费。

正确提拔源自科学程序

说到通用电气，不能不提到韦尔奇，从1981年至2001年担任董事长兼首席执行官长达20年，他创造了一个令人难以置信的神话。

1981年他当上公司一把手之后，旋即大刀阔斧地进行改革。为了让公司产品"数一数二"（即"不做世界第一，就做世界第二"），他不是砍削生产线，就是大量裁员。不称职的员工，不论职位高低一律走人，留下来的员工也都诚惶诚恐，拼命工作。他的"不近人情"让员工恨得直咬牙，甚至背地里表示要"狠狠地揍他一顿"。

经过精简，通用电气的行政部门由原来的29个缩减到5个，组成仅包括13个行业的企业，但韦尔奇看准了公司的发展方向，在淘汰旧业务的同时又不断增加新的品种。经营管理上他更是力排众议，倡导"无边界行为、群策群力"等管理理念，对公司官僚体制进行了全面的整顿，创立了"坚持诚信、注重业绩、渴望变革"的新风，领导了全球企业管理的潮流。

20年间，通用电气一直保持两位数的增长，市值从1981年的120亿美元增加到2002年的5000多亿美元。值得称道的是，这位管理天才还不恋战，在威望如日中天之际，于2001年9月正式退休。他退休之后，专心写自传，在自传出版之前，他就已拿到预付稿酬700万美元。

拥有像韦尔奇这种才干的CEO令人赞叹，一个世纪里都有像韦尔奇这样的人才当CEO，而且全部都是公司内部自行培养的，这的确是通用电气成为高瞻远瞩公司的关键原因之一。

事实上，整个CEO的选择过程，一直到最后选定韦尔奇当CEO，是传统的通用电气最优秀的一面。韦尔奇不但反映了公司的传承，也是通用电气走向未来的改革倡导者。诚如长期担任通用电气顾问的诺埃尔·提区和《财富》杂志总编辑史崔佛·舍曼在合著的《通用电气传奇》一书中所说：

"把可贵的通用电气交到韦尔奇手上的传统管理程序，表明了老通用电气文化中最好的、最重要的一面。前CEO琼斯花了很多年时间，从一群能力极为高强、后来几乎个个都领导大公司的人当中把韦尔奇挑了出来……琼斯坚持采用一种漫长、费事、彻底而吃力的程序，仔细地考虑每一个合格的人选，然后完全靠理智选出最适合的人，得到的结果足可列为企业史上继承人规划的典范。"

琼斯在1974年——韦尔奇成为总裁之前7年，采取了这一程序中的第二个步骤，批准一份文件，名叫《CEO 传承指引》。他和公司高层经理人力小组密切合作之后，花了两年时间逐步淘汰，把初步名单上全是通用电气人的 96 个可能人选减少为 12 个，再减为 6 个首要人选，其中包括韦尔奇。

为了测验和观察这 6 个人，琼斯任命每个人都担任"部门经理"，直接接受 CEO 办公室领导。随后的三年里，他逐渐缩小范围，让这些候选人经历各种严格的挑战、访谈、论文竞赛和评估。程序中的一个关键部分包括"飞机访谈"。在访谈中，琼斯问每一个候选人："如果你和我同搭公司的飞机，飞机坠毁了，你我都丧命了，应该由谁来当通用电气公司的董事长？"

韦尔奇在强敌中最后赢得了这场严酷的耐力竞赛。落选的人后来则分别出任吉梯电信、橡胶美用品、阿波罗电脑、美国无线电（RCA）等大公司的总裁或 CEO。另一件值得一提的趣事是，出身通用电气、后来成为美国其他公司 CEO 的人远远超过出身美国任何一家公司的人。

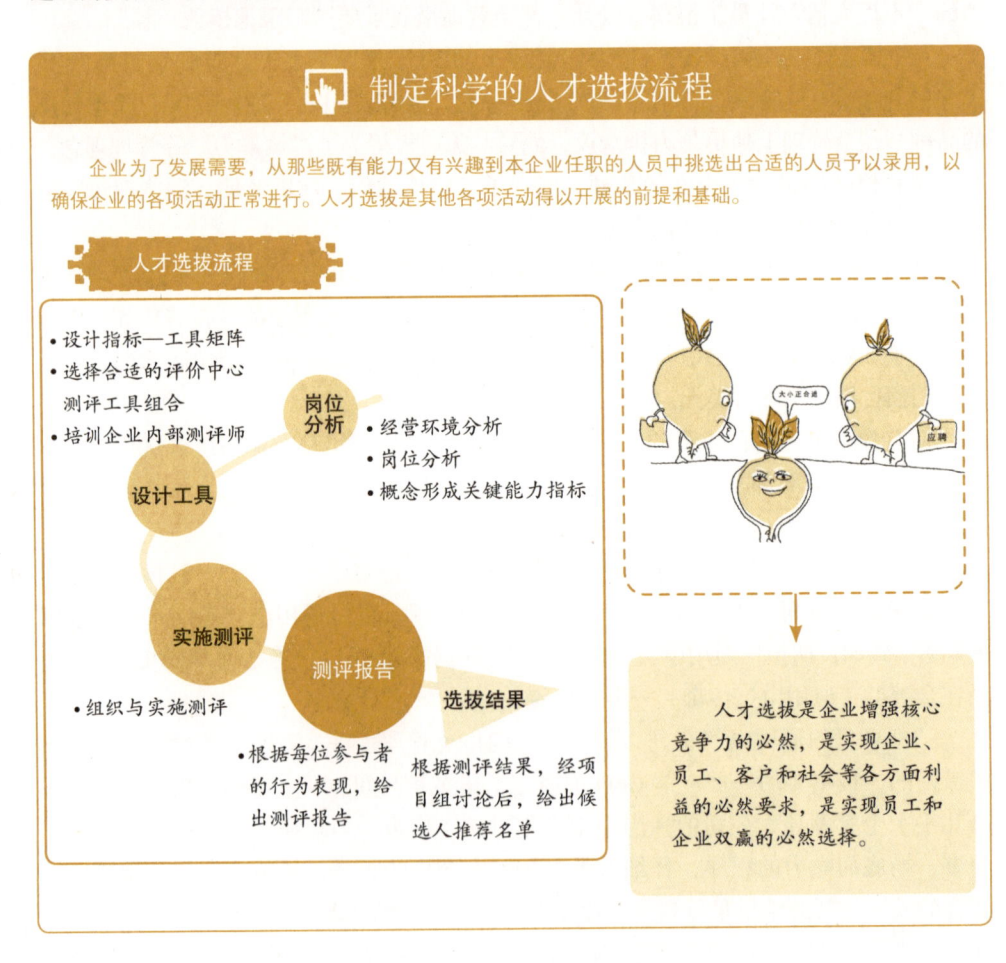

制定科学的人才选拔流程

企业为了发展需要，从那些既有能力又有兴趣到本企业任职的人员中挑选出合适的人员予以录用，以确保企业的各项活动正常进行。人才选拔是其他各项活动得以开展的前提和基础。

人才选拔流程

设计工具
- 设计指标——工具矩阵
- 选择合适的评价中心测评工具组合
- 培训企业内部测评师

岗位分析
- 经营环境分析
- 岗位分析
- 概念形成关键能力指标

实施测评
- 组织与实施测评

测评报告
- 根据每位参与者的行为表现，给出测评报告

选拔结果
- 根据测评结果，经项目组讨论后，给出候选人推荐名单

人才选拔是企业增强核心竞争力的必然，是实现企业、员工、客户和社会等各方面利益的必然要求，是实现员工和企业双赢的必然选择。

第七章
用人艺术：促使每个员工自动自发工作

正直凝聚着全部人格

价值体系是我们的一部分，因此不能将它跟我们分离。它已变成引导我们的导航系统，使我们在生活中建立优先顺序，判断我们该接受或拒绝什么。无论是在幸福美满的时候，还是在遭遇不幸的时候，我们的样子和家人所认识的我们的样子之间，是没有矛盾的。不管我们的环境如何，牵涉什么人，正直允许我们预先决定怎么做。

为赢得信任，管理者必须可靠。为做到这一点，必须做到像作曲家作曲那样——歌词与音乐相契合。

你对成员说："上班要准时。"你准时上班，他们也会准时上班。

你对成员说："要积极。"你表现积极，他们也会表现积极。

你对成员说："顾客第一。"你把顾客摆在第一，他们也会把顾客摆在第一。

人们学习到的东西，89%是经由视觉的刺激，10%是经由听觉的刺激，另外1%是经由其他的刺激。所以，追随者看到他们的管理者言行一致，他们也言行一致。他们听到的，他们明白；他们看到的，他们相信。

管理者不要企图以噱头激励追随者，那样的效果是短暂和肤浅的。人们要的，不是可以说的座右铭，而是可以看的典范。形象是别人认为我们是什么；正直则是我们真正是什么。

两位老妇人走在英国乡下一个略显拥挤的墓园，走到一块墓碑前面，碑上写着："这里长眠着约翰·史密斯——一个政治家和一个诚实的人。"

"天哪！"一位老妇人说，"他们把两个人埋在同一座坟墓里，这未免也太可怕了！"

生活像一只老虎钳，有时它会挤压我们。在承受压力的时刻，不管内心如何抗拒，你的真正性格都会被检查出来。我们不能给人自己没有的东西，正直永不使人失望。

你越可靠，别人对你越有信心，因而允许你的特权影响他们的生活；你越不可靠，别人对你越没信心，你就会越快丧失你影响别人的地位。在一项调查中，大多数的资深主管认为，正直是事业成功最必要的特质。

大卫·艾森豪说过："为了当一个领袖，一个人必须有追随者。为了要有追随者，一个人必须拥有他们的信心。因此，一个领袖最重要的特质就是不容置疑的正直。没有它，不可能有真正的成功。如果一个人的同事发现他作假，发现他欠缺正直，他会失败。他的言语和行动必须互相一致。"

　　荷兰的行政管理专家皮尔特·布鲁恩说:"权威不是老板高于下属的权力,而是老板影响下属承认和接受那种权力的能力。"布鲁恩的理论显示什么?很简单,管理者必须建立和维持可信,下属必须信任管理者会诚恳地对待他们。

　　有责任的管理者常常仰仗组织,使人有责任追随。他们要求新的头衔、新的职位、新的组织图表以及新的政策,以遏阻不服从的行为。可悲的是,有很多管理者永远得不到足够的权威。为什么?他们舍本逐末,最重要的是,他们缺少正直。

　　美仑大学的一项调查显示,400位经理中,有45%信任他们的高层经理,有30%不信任他们的顶头上司。卡维持·罗伯说:"若我的人了解我,我会得到他们的注意;若我的人信任我,我会得到他们的行动。"一个管理者有领导权威,他得到的不只是头衔,他还会得到追随者的信任。显然,在赢得追随者信任过程中,管理者正直的品格在起着关键作用。

雇用最合适的员工

　　美国第一代"钢铁大王"安德鲁·卡内基的发迹,关键在于他善掌"万能钥匙"。他起家之时两手空空,但到去世时已拥有近20亿美元的资产。人们对于这位"半路出家"的"钢铁大王"的成功感到十分的迷惑不解。

　　其实,卡内基的成功除了他有可贵的创造精神外,还有一点非常关键的,就是作为企业的领导者,他善于识人和用人。卡内基说过:"我不懂得钢铁,但我懂得制造钢铁的人的特性和思想,我知道怎样去为一项工作选择适当的人才。"这正是他一生事业旺盛的"万能钥匙"。

　　卡内基曾说过:"即使将我所有的工厂、设备、市场、资金全部夺去,但只要保留我的技术人员和组织人员,4年之后,我将仍然是'钢铁大王'。"卡内基之所以如此自信,就是因为他能有效地发挥人才的价值,让合适的人做合适的事。

　　卡内斯虽然被称为"钢铁大王",但他却是一个对冶金技术一窍不通的门外汉,他的成功完全是因为他卓越的识人和用人才能,他总能找到精通冶金工业技术、擅长发明创造的人才为他服务。比如,世界出色的炼钢工程专家之一比利·琼斯,就终日在位于匹兹堡的卡内基钢铁公司埋头苦干。

　　大家都知道,执行力是有界限的,某人在某方面表现很好并不表明他也胜任另一工作。比如,作为一个企业的高层领导者,应该明白,一个工程师在开发新产品上卓有成就,但他并不适合当一名推销员。反之,一名成功的推销员在产品促销上可能很有一套,但他对于如何开发新产品却一窍不通。

同样道理，正如企业的高层领导者不能依靠排球运动员去操办一场超级排球大赛；不需要医学家去当药品销售商一样。企业的高层领导者不能因某人在某个行业的名气、地位就认为他能做好另一专业的工作。这个道理对任何行业录用人才都是适用的。

彼得斯曾指出："雇用合适的员工是任何公司所能做的最重要的决定。"他把管理工作概括为："让合适的人去做合适的事。"然而，如果你雇用了一些不合适的人，你就别指望他们能把该做的事做好了。

在美国，通用电气公司早已成为一个令全美企业垂涎的人才库。培养人才是通用公司前总裁杰克·韦尔奇的重要的经营之道。他喜欢物色人才、追踪人才、培养人才，并把他们放到相应的工作岗位上。他说："一旦我们把人都调动起来了，我们的事就做完了。"

杰克·韦尔奇曾这样说过："我们能做的一切，就是把宝押在我们选择的人身上。所以，我的全部工作便是选择适当的人。"

在通用电气公司，主管NBC的罗伯特·莱特、副董事长兼CEO丹尼斯·达梅尔曼、主管公司资本的格雷·温茨、经营医药的约翰·屈尼等人，都是在他们各自的位置上工作十多年的优秀人才。韦尔奇能让合适的人做合适的事，他能让他们在各自的位置上做得越来越好。

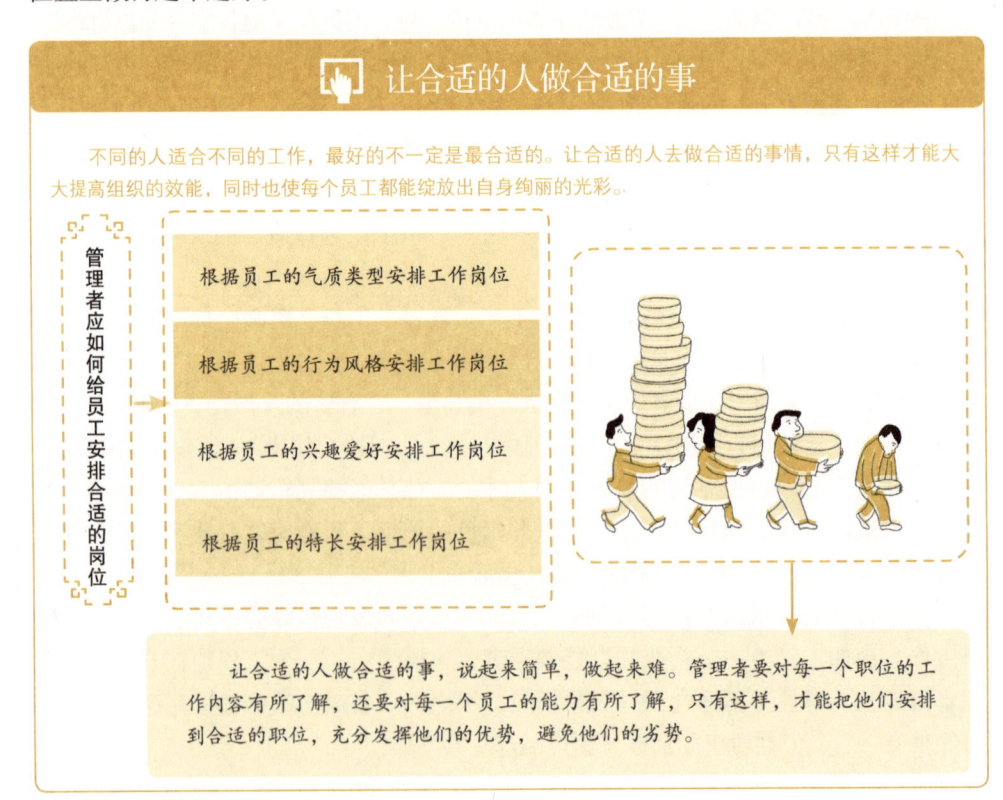

让合适的人做合适的事

不同的人适合不同的工作，最好的不一定是最合适的。让合适的人去做合适的事情，只有这样才能大大提高组织的效能，同时也使每个员工都能绽放出自身绚丽的光彩。

管理者应如何给员工安排合适的岗位

- 根据员工的气质类型安排工作岗位
- 根据员工的行为风格安排工作岗位
- 根据员工的兴趣爱好安排工作岗位
- 根据员工的特长安排工作岗位

让合适的人做合适的事，说起来简单，做起来难。管理者要对每一个职位的工作内容有所了解，还要对每一个员工的能力有所了解，只有这样，才能把他们安排到合适的职位，充分发挥他们的优势，避免他们的劣势。

大部分企业高层管理者的成功，都在于他们能够让合适的人做合适的事，能找到拥有执行能力的人。"石油大王"洛克菲勒成功的关键因素之一，也在于他雇用了合适的员工。

如何提高执行力，其关键的一点是企业高层管理者找到合适的人，并发挥其才能。执行的首要问题实际上是人的问题，因为最终是人在执行企业的策略，并反馈企业的文化。柯林斯在《从优秀到卓越》中特别提到要找"训练有素"的人，要将合适的人请上车、不合适的人请下车。

他在书中说："假设你是个公共汽车司机，公共汽车也就是你的公司，就停在那里，等待你来决定：去哪里、怎么去、谁和你同行？"

很多人会认为，伟大的司机（企业高层领导）会马上振臂高呼，然后发动汽车，带着车上的人向一个新的目的地（企业愿景）飞速驶去。

但是事实上，卓越的企业高层领导人所做的第一步不是决定去哪里，而是决定哪些人去。他们首先选合适的人上车，请不合适的人下车，然后将合适的人安排到合适的位置上。不管环境多么困难，他们都遵从这样的原则：首先是选人，然后才确定战略方向。

让合适的人做合适的事，远比开发一项新的战略更重要。这个宗旨适合于任何一个企业。执行的过程就等于下一盘棋，企业高层领导者要尽量发挥人才的资源优势和潜力，找到最合适的人，并把他放在最合适的位置上，把任务向他交代清晰，就可以做到最好。

创造最有效的工作环境

容人必须信人，容而不信，就成了"虚"容，是一种虚伪的权术，最终必为人们所识破。而一旦识破，必然会人心离散，甚至众叛亲离。但是如果宽容而又信任，则情况就会大不一样。因为，信任可以产生一系列重要的心理效应。它可以增强人的安全感，增强自信心，产生期待感，满足人的心理需要，强化下属的主动性和创造性。可看下面一个例子。

帕特·佛伦经营着一家广告社，在开业的三年里，《广告时代》提名佛伦·克艾利哥特·雷斯为那年最佳的广告社。对于一个开业不久的广告社而言，这是个前所未有的荣誉，并且广告社并不是设立在纽约或者洛杉矶，而是在人们只从飞机上经过的中西部。

佛伦的领导风格完全适合了他手下的那些精神脆弱，但有创造能力的人，不过，这些人在穿着方面都不讲究。如果他强行规定职员穿衬衫的话，那整个公司会在一刻钟里一走而空。但他有这一行中每个人都面临的共同问题，即为客户制造优质产品。他的解决办法是把个人自由但也是个人责任扩大到前所未闻的最大限度。

佛伦明白，在他的企业中，人们所追求的不只是金钱，还有认同、信任、赏识和创造自由。佛伦满足雇员的需要，雇员回报他的是他所需要的——广告业中最优秀的产品。

佛伦从不发号施令，他通过努力工作和平易近人来促进创作的过程。在广告业中，领导者的财产就是各种想法，它们来源于任何人、任何地方，美术指导有能力写出好的广告文字，正如广告文字撰写人能用图解表示概念一样。保持想法永不枯竭的关键在于创造每一个人都感到自由奉献意见的气氛，这种气氛要求一个没有隔阂的环境。这就是当某人拿起电话找佛伦时，马上就会给他接通，中间没有人问他是找谁、有什么事。在很少几个年收入为一亿美元的企业中，一个人可以不用通过接线员和三个秘书就能直接与老板通电话。虽然佛伦并不想与保险代理人和证券经纪人通这么多话，但这只是为了在美国创建一个最优秀的广告社而付出的一点小小的代价。

领导者用人，既然不可求全责备，那么顺理成章，也应能正确对待那些犯过错误的人。人非圣贤，不可能无过错，即使是达到"七十随心所欲不逾矩"的地步，也仅是"七十以后"，而"七十"以前则是难免。

索尼公司尊重每一位员工，使他人尽其才，安心工作。同时也能容忍员工的不同意见，包括一些难免的错误。索尼公司的观点是：只要有错即改，引以为戒，那就还是可取的。

盛田昭夫就曾对他的下属说过："放手去做你认为对的事，即使你犯了错误，也可以从中得到经验教训，不再犯同样的错误。"这体现了索尼公司的容人之心，宽容之心。这样，下属员工才敢放心大胆地探索、实践，发挥创意，才有利于调动每一个员工的聪明才智。盛田昭夫说，在索尼公司，不把责罚犯了错误的员工摆在首要位置，关键是要找出犯错误的原因。

日本东京有一位美日合资公司的总裁，曾经对盛田昭夫概括说，公司里有时会出点差错，但又找不出该负责任的员工，真不知为什么。盛田昭夫说：找不出是好事，如果真找出那位员工，可能就会影响其他员工。谁都可能犯错误，井深大和我都犯过错误。前事不忘，后事之师。在总结经验教训后，我们才会在8厘米录放机的生产上取得较大成功，得到国内外许多厂商的大力支持。另外，我们退出计算机产品的开发是一个重要错误。

盛田昭夫继续说道：上述错误或失败当然是人为的，但谁也免不了会犯些错误，从长远看，这些错误也不至于动摇整个公司。我也愿意对我个人的所有决策负责，但是如果一个员工因犯错误而被剥夺升迁的机会，也许就一蹶不振，遑论为公司做更大贡献了。但是，假使犯错误的原因找出来了，公之于众，无论是犯错误还是没犯错误的人，都会牢记在心。

盛田昭夫还对这位总裁说：即使你找出了犯错误的人，你也不好处理，这个人肯定已经在公司干了一段时间了，即便你把他开除也于事无补，你还得另找一位熟悉情况的员工接替他。如果是一位新员工，那犯点错误更不奇怪，你就像对待小孩犯错误一样，要帮助他而不是抛弃他。要特别耐心找出犯错误的原因，避免他或别的人重犯错误，这样就得到了教训。在我多年的领导生涯中，还真找不出几个因犯错误而被开除的人呢。

盛田昭夫的宽容和明智，深深感动了这位总裁。是啊，可不能为了追究一个错误，而犯另一个错误，这其实就是两个错误了。正是由于盛田昭夫等开明领导人的正确导航，索尼公司才会在激烈的商海竞争中处于不败的地位。

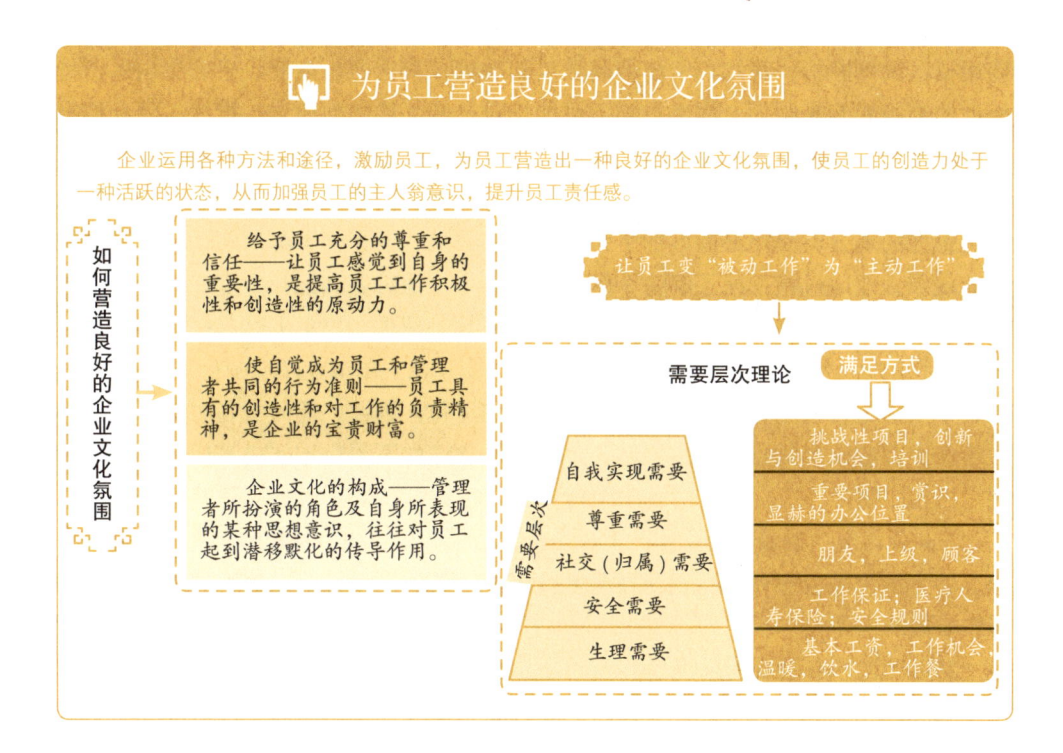

为员工营造良好的企业文化氛围

企业运用各种方法和途径，激励员工，为员工营造出一种良好的企业文化氛围，使员工的创造力处于一种活跃的状态，从而加强员工的主人翁意识，提升员工责任感。

如何营造良好的企业文化氛围

- 给予员工充分的尊重和信任——让员工感觉到自身的重要性，是提高员工工作积极性和创造性的原动力。
- 使自觉成为员工和管理者共同的行为准则——员工具有的创造性和对工作的负责精神，是企业的宝贵财富。
- 企业文化的构成——管理者所扮演的角色及自身表现的某种思想意识，往往对员工起到潜移默化的传导作用。

让员工变"被动工作"为"主动工作"

需要层次理论 → **满足方式**

需要层次	满足方式
自我实现需要	挑战性项目，创新与创造机会，培训
尊重需要	重要项目，赏识，显赫的办公位置
社交（归属）需要	朋友，上级，顾客
安全需要	工作保证；医疗人寿保险；安全规则
生理需要	基本工资，工作机会温暖、饮水、工作餐

赋予权力即赋予责任

北欧航空公司主管营销的副总裁詹·卡尔佐统计发现，第一线的员工每天需做出大约17万个大大小小的决策。当他升为最高业务主管时，公司每年的客流量已经达到1000万，员工与顾客的接触机会达5000次。因此，员工的服务状况将直接影响公司的效益。

美国通用电气公司前首席执行官韦尔奇是开发人力资本和激活知识型员工的能手。他提出了精简、速度和自信原则，认为培养员工自信的办法就是放权和尊重，建立简洁的组织。杰克·韦尔奇认为，企业内每个员工任何时候都会做出决策。一个优秀的领导者应当适当放权，将权力和责任交给自己的下属，这样才能使下属的才能充分地发挥出来。

然而，一些管理人员认为，授权给员工，让员工做决策将使企业变得混乱不堪，无法管理，而设立的规则和管理层越多，对员工进行的监督越全面，给他们"胡想"的机会越少，越好控制局面，自己的决策才能贯彻下去。但是，任何领导者必须注意以下两点：

第一，任何企业不可能100%地控制员工的工作。一定程度上讲，员工不得不使用自己的判断力。第二，全面控制员工的决策权只会产生最低效果。交响乐团指挥的控制权看起来很大，演奏员绝不可能按自己的兴趣随便演奏，指挥实际上控制着整个表演过程的各个方面。因此，可以说，他（她）具有100%的控制权，每个演奏员必须听从指挥棒的指挥。但是，交响乐的一个成员曾说过，一个伟大的指挥家最具魅力的地方就是用最微妙的手势产生巨大效果，他让你了解他的意图和期望获得的效果，他通过指挥棒了解每个演奏员的能力，他需要和谐和力度，他给每个人充分决定权。但是，如果你越想控制，获得的效果越糟，到头来就只剩下生气了。因此，完全控制是不可能的，即便可能，在今天竞争激烈的商业环境中也不应该如此，否则你将因为自己的管理失策而失去领导者的地位。因此，任何一名成功的领导者在管理中都必须遵循这样一个原则，那就是给自己的下属一定的决策权，并让其为之承担相应的责任。

Sun 公司成功的最大秘密是公司为员工创造了一个自由、宽松的环境，使员工有充分的自由去做他想做的事。麦克尼里最引以为豪的 Java 正是在这种自由宽松的环境中取得的。

1990 年，Sun 公司的软件工程师格罗夫·阿诺德对工作感到厌倦，对 Sun 的开发环境感到不满，决定离开 Sun 公司去别的公司工作。他向约翰递交了辞呈。本来对于 Sun 这样一个人才济济的公司来讲，走一两个人是无足轻重的，但是约翰敏感地意识到了公司内部可能存在着某种隐患。于是他请求格罗夫写出他对公司不满的原因，并提出解决办法。当时，格罗夫抱着"反正我要走了，无所谓"的想法，大胆地指出 Sun 公司的不足之处，他认为 Sun 公司的长处是它的开发能力，公司应该以技术取胜，他建议 Sun 在技术领域锐意进取，应该使当时 100 多人的 Windows 系统小组中的大多数人解脱出来，这封信在 Sun 公司内引起了很大的反响。约翰通过电子邮件将这封信发送给了许多 Sun 的顶层软件工程师，很快格罗夫的电子信箱就塞满了回信，这些信件都来自于支持他关于公司现状的评述的同事。

第七章
⊙用人艺术：促使每个员工自动自发工作

在格罗夫即将离开Sun公司的那一天，约翰向他提出了一个更具诱惑力的条件，即成立一个由高级软件开发人员组成的小组，给予该小组充分的自主权，让他们做自己想做的事情，只有一个要求：一定要有惊世之作。于是就诞生了一个代号为"绿色"的小组，这个小组的致力方向是，开发一种新的代号为"橡树"的编程语言，该语言基本上根植于C+之上，但是被简化得异常小巧，以适于具有不同内存的各种机器。

后来，Sun将"绿色"小组转变成为一个完全自主的公司。经过调查研究，公司决定角逐似乎正在脱颖而出的交互电视市场，但是这次努力却以失败告终。面对失败，约翰不是解散公司，而是鼓励他们继续完善这种语言，他坚信这种语言一定会不同凡响。于是，Internet发展史上的里程碑，富于传奇色彩的Java就这样诞生了。它成了约翰的最新法宝。

Sun公司的成功实例告诉我们，唯有组织成员感到有力量、有能力、有用的时候，他们才可能完成不凡的工作。倘若组织成员觉得软弱无能、持续表现低劣，他们就会逃离组织。

给下属更多的授权

一个人的时间、知识和精力都是有限的。如果你想使工作更富有成效，就必须向下属授权，让他们的才智为你所用。

向下属授权时的注意事项：

- 对下属的授权应当分工明确。
- 不要对完成任务的方法提出要求。
- 允许下属参与授权的决策。
- 使其他人知道授权已经发生。
- 对接受授权员工进行监督和控制。

责任感

"不要想一人独揽大权，要仔细挑选人才，雇用人才，然后授权给他们去负责料理，让他们独立作业，并为自己的行为负责。我发现，帮助我的部属成功，便是整个公司的成功，当然更是我自己个人的最大成就。"——贝尔公司董事长

管理咨询专家史蒂芬·柯维认为："每一个员工都有很大的才能、潜力和创造性，但大多数都处于休眠状态。当领导者为了使人们为完成共同目标而进行协同时，个人意图的任务与组织的任务交织在一起。当这些任务重叠时，就创造出伟大的战略。当人们摆脱了对其潜能和创造力的束缚，而去做必要的、符合原则的事情时，就会产生巨大的能量，可以在服务顾客或股东时实现其自身的理想、价值和任务。这就是授权的涵义。"而领导者统御下属一个最有效的办法就是充分地授权，给下属更多的决策权和责任。

现代管理大师德鲁克认为："管理的过程中过多的外来控制会将一个人做事的内在动机逐渐侵蚀掉。换句话说，人们甚至会认为，只有外在力量才能强迫他们去做事；然而，内在动机才是成就非凡事物的必要因素。当人们做一件事只是因为别人叫他去做，而不是他自己想要做时，他就不会尽力去做好。因此，依赖外来力量和控制，都会减弱个人和组织的生产力。"

事实上，那些深受下属拥戴的公司领导者，不但深知也身体力行着"权力是可扩张的大饼"这个观念。他们明白，权力并非一种零售商品，并非当别人拥有比较多时，领导者就变得比较少。他们了解，当组织成员越是感觉拥有权力和影响力，他们的认同感和对公司的投入也就越高。领导者和成员若乐意受到彼此的相互影响，那么每个人的影响也就更大，且可带来彼此互利的影响。

越是能释放影响力、能倾听、能帮助他人的企业领导者，也就是最受尊敬和最具效率的领导。其实，领导者若能尊敬他人，也就越能建立信任感，而这样的信任感能够换来员工的忠心以及未来良好的工作表现。

将各个人的位置摆正

一般来说，位置调整包括四个相互联系的方面，一是位平，二是位适，三是位倒，四是位动。其中，位动是重点。

1. 位置的平等

领导者与管理人员和普通员工的能力、素质、任务、责任、权力等是不同的，但是在人格上他们是完全平等的，没有任何尊卑贵贱的区别。过去，人常说："火车跑得快，全靠车头带。"这句话在今天看来对不对呢？我们说也对也不对。说它对是因为在领导活动中领导者的作用确实十分重要，领导者要决策指挥，要引导协调，要激励管理。说它不对是因为只有领导者的积极性，而无管理人员和普通员工的积极性，是无法实现领导活动的预定目标的。

"和谐"号列车时速可达到500公里，甚至超过500公里。为什么子弹列车跑得这么快？原来它不仅车头动力大，而且每一节车厢也有动力，车头的作用主要是协调控制。车头和车厢一起跑当然跑得快了。蒸汽机车和内燃机车为什么跑得这么慢？因为后面的车厢全部没有动力，它的运动全靠车头带。尽管车头的动力不小，可是整个列车仍跑不快。所以说，"火车跑得快，全靠车头带"这句话有些绝对化了。

领导系统很像前进中的列车。只有企业的领导者、管理人员和普通员工的位置摆正了、摆平了，双方才都具有动力，具有积极性，领导系统才能正常高效地运转。

2. 位置的适宜

位置适宜，"废物"可能变成人才；位置不适宜，人才则可能变成"废物"。领导者要给企业管理者和普通员工寻求、安排一个适宜的位置。这个位置要适合企业管理者和普通员工的才能、特长、气质，要能满足企业管理者和普通员工的需求，激发企业管理者和普通员工的积极向上的动机。位适的关键是用人所长。用人所长是用才的最重要的原则和艺术。用人所长包括见人所长、容人所长、用人所长、励人所长等几个方面的内容。

（1）见人所长。领导者要有识才之眼，识长之眼。人才一般既有长处，也有短处，领导者要特别善于发现人才的长处，发现人才不同于一般人的独到之长、高明之处。

人的长处有的很明显，已被别人所公认，见这种长处容易。人的长处有的则不怎么明显，没得到很好发挥，也没有得到别人承认，见这种长处就不那么容易了。我们这里所讲的见人所长主要是指见这种别人不见之长。

（2）容人所长。见人所长是个前提，要想用人所长还必须容人所长。容人的长处，容人的才能，给人才创造一个宽松、宽容的环境，给人才提供一个施展所长的舞台。

容人所长与用人不疑是联系在一起的。领导者做到了容人所长，人才感觉到了信任、理解、尊重，自然就容易激发出工作的积极性、主动性。

容人所长要做到心理上、感情上容人所长，要真诚待人，要充分信任。容人所长并不是对短处视而不见，相反，领导者用人要避人所短，补短为长。

（3）用人所长。用人所长就是根据人的长处安排合适的位置，使得人尽其才、长尽其用。把人才用错了地方，人才就成为庸才；把人的长处用错了岗位，长处也就变成了短处。

用人所长一是要根据人的长处安排大致合适的工作，比如安排思维敏捷、善于交往的员工去到销售部门工作。二是要根据长处进一步安排更合适的工作岗位和职位，比如同样是有思维敏捷专长的两个人，一个眼界开阔，遇事能应变，有主见，并且知识面宽，那么他适宜于担任较高层次的领导工作和管理工作；另一个工作务实，而且人际关系特别好，那么他适宜于担任基层管理工作。

（4）励人所长。人的长处得到施展，取得了成绩，领导者要及时予以奖励、激励。经常激励能够使人的长处更长，使人的短处变长，使人的长处长时间地保持下去。只用不励，人的长处不能很好地发挥，即使得到发挥，也不能长久下去。

总之，用人要把见人所长、容人所长、用人所长、励人所长很好地结合起来，切不可顾此失彼，只用不励，只用不养。

3. 位置的"颠倒"

位"倒"是指领导者和管理人员及普通员工位置暂时颠倒。一般来讲，领导者要干领导者的事，领导者要有领导者的位置，但有时候为了工作的需要把双方的位置暂时颠倒一下却有利于协调领导者、管理人员和普通员工之间的关系，有利于激发员工的积极性。

领导者和管理人员参加劳动、普通员工参加管理都是位置颠倒的表现。领导者和管理人员是领导管理的，但有时参加生产一线的劳动可以更切实地了解基层的实际情况，了解企业员工的情绪，沟通与企业员工的情感，从而做出更符合企业员工意愿的决策。普通员工本来是在第一线操作的，但有机会参与管理、参与决策，就

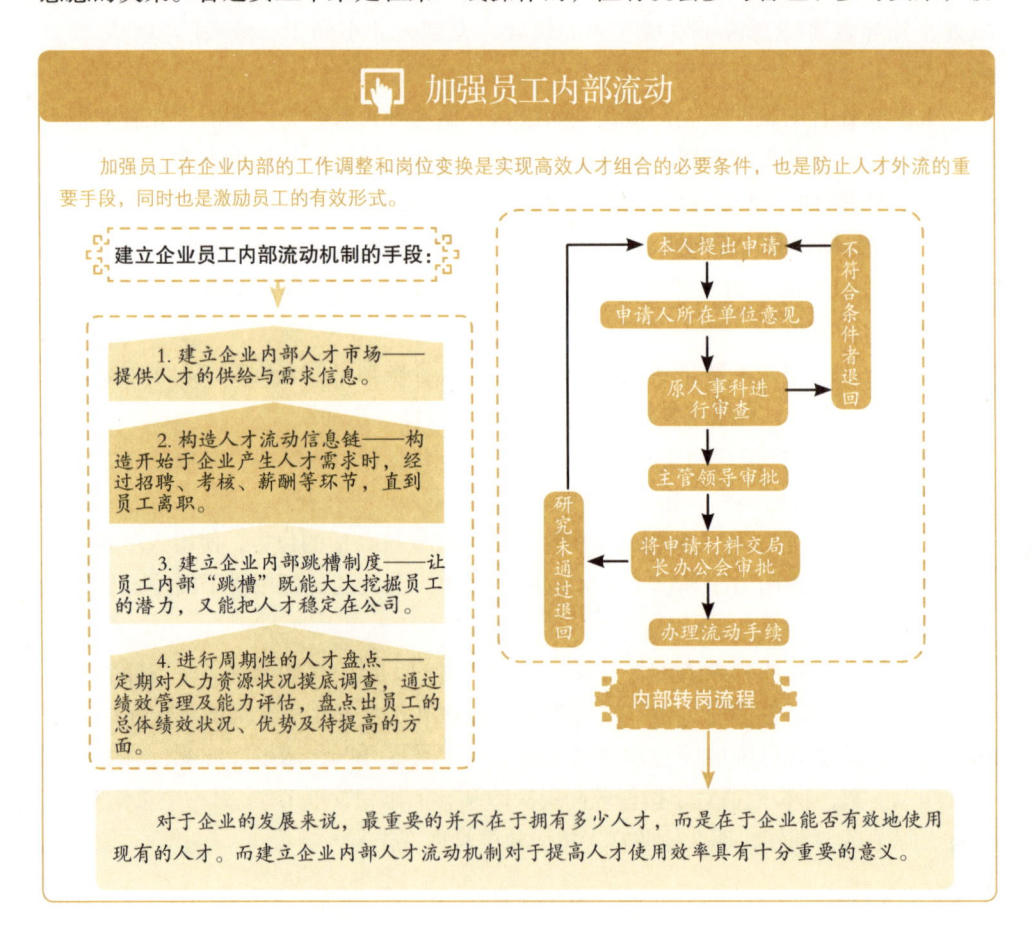

加强员工内部流动

加强员工在企业内部的工作调整和岗位变换是实现高效人才组合的必要条件，也是防止人才外流的重要手段，同时也是激励员工的有效形式。

建立企业员工内部流动机制的手段：

1. 建立企业内部人才市场——提供人才的供给与需求信息。

2. 构造人才流动信息链——构造开始于企业产生人才需求时，经过招聘、考核、薪酬等环节，直到员工离职。

3. 建立企业内部跳槽制度——让员工内部"跳槽"既能大大挖掘员工的潜力，又能把人才稳定在公司。

4. 进行周期性的人才盘点——定期对人力资源状况摸底调查，通过绩效管理及能力评估，盘点出员工的总体绩效状况、优势及待提高的方面。

内部转岗流程：

本人提出申请 → 申请人所在单位意见 → 原人事科进行审查（不符合条件者退回）→ 主管领导审批 → 将申请材料交局长办公会审批（研究未通过退回）→ 办理流动手续

对于企业的发展来说，最重要的并不在于拥有多少人才，而是在于企业能否有效地使用现有的人才。而建立企业内部人才流动机制对于提高人才使用效率具有十分重要的意义。

能够更切实地感觉到自己主人翁的地位，能够最大限度激发工作的热情。

日本西武公司把位置颠倒运用到令人吃惊的地步。每年招收新员工要举行盛大的仪式。仪式的第一项就是公司的所有管理人员包括总经理弯下腰来恭恭敬敬地给新员工擦皮鞋。本来应该新员工给老板擦皮鞋的，但西武公司把位置有意地颠倒一下，就收到了意想不到的沟通效果。当然，西武公司的做法有它的目的，但我们却可以从中得到一些借鉴。

4. 位置的流动

位动是指位置的变动、流动。每个人都有他合适的位置，他在这个位置上可以心情舒畅，可以尽力发挥自己的潜能和力量。但一个人的位置不可能是固定不变的，随着主客观条件的变化，原来合适的位置就会变得不那么合适甚至完全不合适，因此领导者要根据需要及时地调整员工的位置。

在社会主义市场经济蓬勃发展的新形势下，尤其是在企业位置的变动、流动比以往任何时候都更明显、更迅速的情况下，人才位置的横向流动和纵向流动成为不可避免的现象。位置的纵向流动主要是本部门、本企业、本系统内部向较高位置或较低位置的流动。这种流动又包括两种形式，一是向上的流动，二是向下的流动，即能上能下。位置的横向流动主要是跨系统、跨行业、跨地区的外部流动。市场经济活跃了，横向流动也会随之大大增加。领导者对此要有正确的态度，不应去硬性阻止人才的流动。

管理者须知"六戒"

管理者的用人误区，主要有以下方面：

1. 戒以妒能"毁"人

有些领导功名心和虚荣心十足，容不得别人超过自己，对有才能的人大加压制和冷落，宁愿舍弃良材而重用朽木，使能者被压在底层，平庸者反而青云直上。一味地压制别人，抬高自己，这种"武大郎开店——比我高的不用"的心理意识，狭隘至极，危害极大。

2. 戒以亲疏"用"人

常说的"月光效应"，即月亮本身并不发光，但可以借助太阳而发出柔和的光辉，使人感到可爱，产生出众首仰望的效应。在选拔人才中，也有类似的现象。如某人本来不是"千里马"，但由于他与某位领导是亲戚、朋友或老同学，并得到领导者的举荐，马上便身价倍增，跻身于领导行列。这种相悖于唯贤是举的用人方式，或任人唯"派"，或任人唯"地"，最终都将使领导作茧自缚，贻误前途。

3. 戒以好恶"选"人

实践中，往往有这样一些领导者，选人用人不是看实绩，凭能力，而是以个人好恶、情感远近为标准。以下几个原因造成领导干部对下属的主观评价：

第一，是首因效应，即第一印象的作用。

初次见面时，领导就把社会刻板化了的模式套在这个人身上，如，认为年轻人嘴上无毛、办事不牢；男青年留长发，赶时髦，便认定此人政治素质不好，不可靠，等等。因而把人才的好坏模式化、脸谱化，形成一种刻板印象，用人偏重表面，为一些人的首次印象所迷惑。所以，领导者在选才用人时，必须正确对待第一印象，不能停留在第一印象，要深入而全面地了解情况，不断修正和深化第一印象，形成比较正确的认识。

第二，是唯"从"是举，唯"拍"是用。

有些人喜欢把唯唯诺诺、唯命是从看成是"德"，把擅长搞歪门邪道，善于"吹喇叭"、"抬轿子"、阿谀奉承、溜须拍马的人看成是"才"，大加重用；而对那些敢讲真话、勇于抵制不正之风、大胆开拓的人，则横加责难，"顺"者用之，"逆"者闲之。

4. 戒以定式"取"人

以定式取人，表现在两个方面，一是文凭，二是资历，在文凭上，有的企业在配备领导班子时，眼睛只盯着文凭，搞文凭排队：博研、硕研、本科、专科。有时甚至只要有一张博士或硕士研究生文凭，不管其领导能力如何，就被拉进了领导班子，但是，文凭固然重要，但用人不能只看文凭，而要注重实质水平。

日本的索尼公司总裁盛田昭夫，曾把公司职员的履历表全部烧毁。当然，对他这种做法我们不一定仿效，但是他摒弃了只重学历不看才能，坚持在实践中选用人才的精神，是很值得我们每个领导者借鉴和学习的。

其次是以资历熬人，不看能力看资历、不看水平看辈分的思想，导致一些人混年头，熬岁月，墨守成规，不思进取，使一些业绩平平的人凭年头而得到提拔，"多年的媳妇熬成婆"，而大批年轻的优秀人才遭到压制。其实，这种以定式取人的方式归结根源就是对能力的轻视，而墨守某种成规，导致整个组织缺乏活力。

5. 戒以求全"埋"人

"至宝必有瑕秽，能工也有不巧。"但有些领导则过分地强求"完人""全才"，甚至戴上"放大镜"去找人家的不足，而摘掉"近视眼镜"来看别人的长处，不能正确对待犯过错误和有缺点、弱点的人才，结果因瑕弃玉。

6. 戒以乌纱"诱"人

领导用人时应该是因事择人，而不是因人造职，那只会造成权力机制从内部腐化溃烂，即使领导是出于公心提携后进，但有的人，原来称职，提拔后反而不称职了。

伦特是个合格的副校长。他善于融洽与学生、教员的关系，后来被升为校长。很快，人们发现，他缺少那种应付高级官员的事务所必需的方法。他为了调解两个学生间的争论，却把教育局长晾在一边；他为生病的教员代课，却错过了副局长召开的课程修订委员会会议；他致力于校务工作，却无暇顾及社区组织的活动，学校失去了教育局长的信任，失去了社会的支持。

领导应当善于观察和发掘下属的潜力，使其人尽其才，毋武断地认为"乌纱帽"可以决定一切。另外，领导要善于把好人才关，因为社会上形形色色的人太多，贪图名利"毛遂自荐"者有之；追求仕途"趋之若鹜"者有之；欲借此一展才华而无需"三顾茅庐"者也有之。

因此应该认真考察，严格把关，将那些品行端正、业务娴熟、年富力强、忠于职守的人提拔上来。"桐花万里丹山路，雏凤清于老凤声。"历史的经验已经证明，人兴国，国人科教，科教兴人。能否发现人才，培养人才，使用人才，最大限度地挖掘和利用人的才能，是衡量领导者是否成熟的主要标志之一。

相信你正在使用的人

俗话说："用人不疑，疑人不用。"古代很多君王便是通此道的高手，唐太宗李世民就是其中之一。

在用人上，除了"水能载舟，亦能覆舟"这句流传千古的名言之外，唐太宗还有一句至理名言，那就是"为人君者，驱驾英才，推心待士"。意思是说，身为国家君王，如果想要做到自如地"驱驾英才"，就必须做到对人才推心置腹，不怀疑他们，或对他们怀有戒备之心。唐太宗鉴于前朝隋文帝用人"多疑"的弊病，深感"倘君臣相疑，不能备尽肝膈，实为国之大害也"的教训，遂采取了对人才"洞然不疑"的做法。

高祖武德三年，唐太宗收降刘武周的将领尉迟敬德不久，尉迟敬德手下的两个将领就叛逃了。有官吏据此认为，尉迟敬德必定也会造反，于是没有向唐太宗请示，就将尉迟敬德囚禁于大牢中，并力劝唐太宗赶快将他杀掉。但是，唐太宗非但没有杀掉尉迟敬德，反而把他放了，并且招其进入自己的卧室，温语相慰，使之放宽心，临别的时候还送给了他一批金银珠宝。尉迟敬德被唐太宗的这种坦诚之心深深感动，发誓"以身图报"。后来，他果然为唐太宗立下了汗马功劳，甚至在唐太宗与王世充的斗争险境中救了唐太宗一命。

唐朝初期，政治清明，不存在朋党之争，但也偶尔会有一些小人利用唐太宗推行"广开言路"政策的机会，故意诽谤君子，馋害贤臣。为了不使这些小人得逞，唐太宗决定采取法律措施，对诽谤、诬陷者均"以谗人之罪罪之"。贞观三年，监察御史陈师合觊觎房、杜的宰相之位，遂上奏书"毁谤"房玄龄、杜如晦"思虑有限"。但唐太宗十分了解房、杜两人的忠诚和才能，识破了陈师合的弹劾是"妄事毁谤"。于是对陈师合给予法律制裁，"流放到岭外"，从而使真正的贤士良才安心任事，充分发挥他们治国的才华。

由于唐太宗用人不疑、推诚以任，有不少突厥降将肝脑涂地为其所用。契苾何力就是一个典型的例子。

契苾何力原是突厥一个可汗的孙子，贞观六年，他同母亲一同归属唐朝，唐太宗把他安置在甘、凉二州一带。后来，契苾何力同大将李大亮等攻打吐谷浑，建立了赫赫功勋。薛万均歪曲事实告契苾何力意欲谋反，契苾何力回朝后马上向唐太宗说明了真实情况，唐太宗反而对他更加信任，还把一位公主许配给了他。

有一年，契苾何力到凉州探亲时，他的部下一致劝他归降薛延陀，遭到了他的坚决反对。在部下的胁迫下，他割耳自誓，坚贞不屈，外界误传他已经叛唐，但唐

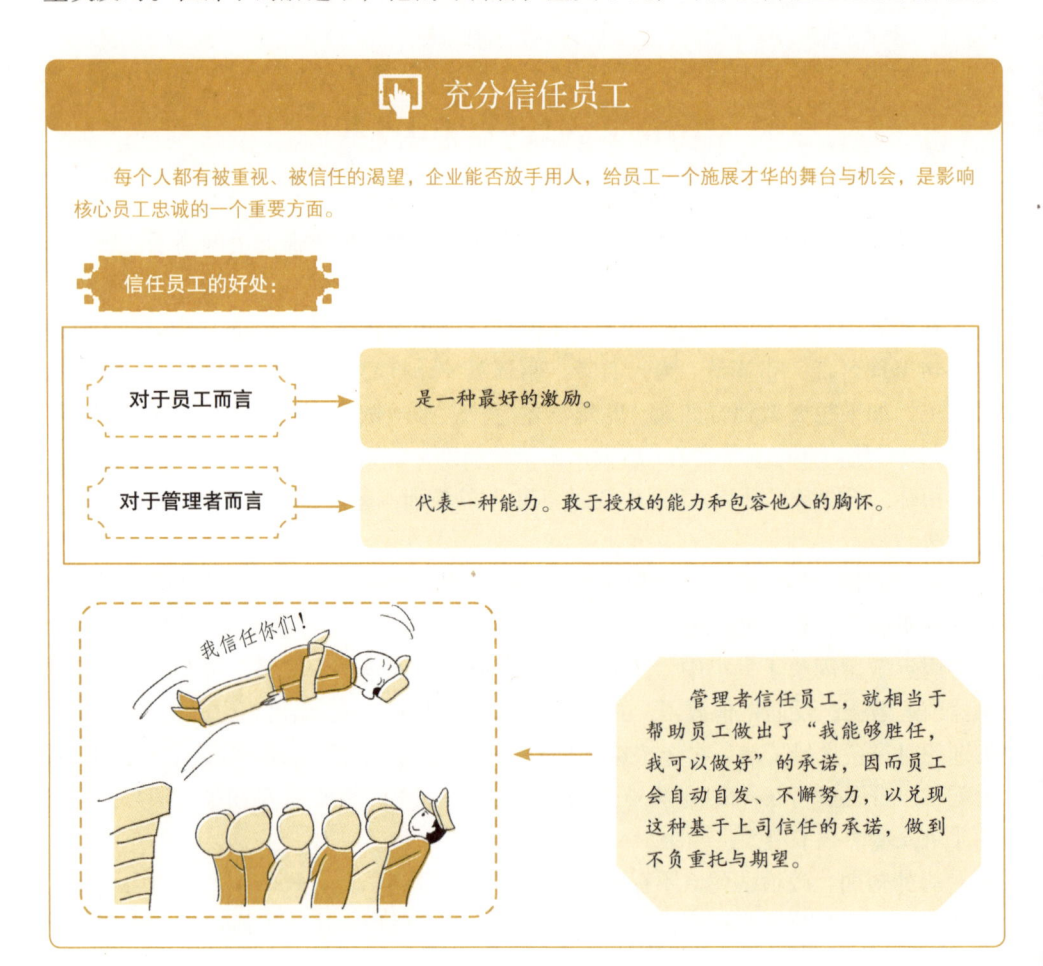

充分信任员工

每个人都有被重视、被信任的渴望，企业能否放手用人，给员工一个施展才华的舞台与机会，是影响核心员工忠诚的一个重要方面。

信任员工的好处：

对于员工而言	是一种最好的激励。
对于管理者而言	代表一种能力。敢于授权的能力和包容他人的胸怀。

管理者信任员工，就相当于帮助员工做出了"我能够胜任，我可以做好"的承诺，因而员工会自动自发、不懈努力，以兑现这种基于上司信任的承诺，做到不负重托与期望。

太宗自始至终都对他非常信任。从此以后，契芬何力对唐王朝越发忠诚，唐太宗弥留之际，他还请求杀身殉葬，唐太宗坚决不许，他才作罢。

唐太宗曾说："但有君疑于臣，则不能上达，欲求尽忠虑，何以得哉？"把这句话推而广之，意即用人者疑被用者，对他办事不放心、不放手，就不能充分发挥被用者的作用。

集生杀大权于一身的唐太宗，深知如果为君者昏庸，随便施疑，则容易被那些花言巧语、阿谀奉承之徒所迷惑，就会使忠臣含冤受害，使国家失去人才，国家也就无法长治久安。所以，他一贯采取推心待士、用人不疑的方针，为国家收揽了大批贤能之才。这种用人之道应该被当今的现代领导者所重视。

适合的才是优秀的

在唐太宗李世民的用人思想中，能力与职位的匹配问题也一直是他关注的重点。他明确提出，要根据实际能力降职使用或提拔、根据能力加以任免，既不允许能力低下者长期混岗，也不容许大材小用、浪费人才的现象存在。

贞观二十年二月，刑部侍郎缺人担任，李世民要执政大臣"妙择其人"，执政大臣们提了几个都不能使其满意，于是他想起李道裕是一个坚持实事求是的人——在处死张亮的问题上，李道裕力排众议，仗义执言，说："亮反形未具，罪不当死。"这种不惧嫌疑的行为，证明了李道裕为人的原则性，于是李世民深有感触，委任李道裕为刑部侍郎。

贞观二十年六月，李世民欲赴灵州招抚敕越诸部，要太子随行，少詹事张行成上疏说："皇太子从幸灵州，不若使之监国，接对百僚，明习庶政，为京师重镇，且示四方盛德，宜割私爱，俯从公道。"李世民甚觉妥帖，提拔张行成担任了较高的职务。

而贞观十一年，李世民对治书侍御史刘洎的上书中提到的废除"国戚制"、唯才是用、唯贤是举意见的赞同并大力推行改革，则更具有说服力。

刘洎主要针对尚书省而言，他在上书中说："尚书省是个日理万机的机构，它们是处理国家事务的关键部门，因此，寻求尚书省众官员的人选，授予官职，确实是件有难度的事情。一旦官吏任免出错，被不称职的人占据了，那就会牵一发而动全身。"

他这么说是有原因的。原来，尚书省的诏敕总是拖延滞留，公文都堆满了案桌还不能及时得到处理。为此，刘洎大胆地指出：

贞观初年，国家还没有设尚书令、左右仆射等官职时，尚书省的事务非常繁杂，比现在多出一倍以上。当时任左右丞的戴胄、魏征二人都很通晓官吏事务。他们本身胸怀坦荡、品性刚直，大凡遇到应该弹劾检举之事，无所回避。百官懂得自我约束，朝中弥漫着一种庄重严肃的气氛，这都是因为用人得当的缘故。到杜正伦任右丞的时候，也比较能勉励下属。而后来，国家的一些重要法纪已不能正常执行了。因为功臣和国戚占据着要位，才不符职，而且彼此又倚仗功劳或权势相互倾轧。在职的官员，大都不遵循国家的法律准则，虽然有的也想奋发努力，但是一遇到讥谤就害怕得不行。这是尚书省官员效率低下的根源所在。

改变这一现状的办法，刘洎认为，需要选拔众多的优秀人才并授予官职，而且必须非才莫举，精心选任尚书省的左右丞及左右郎中。如果这些重要职务的官员选任真正做到了才职相称，就能消除积弊，国家的法纪就会得到完善的实施。

其实当时李世民对尚书省的效率低下也有所闻，这份上书，句句说到了他的心里。于是，奏章上奏不久，他就任命刘洎为尚书省左丞，全力地支持他，让他放手工作，清理积弊。领导者要根据人才的性格特点用人，让合适的人处于合适的位置上，使人尽其能，有效地发挥每一个成员的最大作用。

蒙牛集团老总牛根生在谈到这点时说："从人本管理的角度看，人人都是人才，就看放的是不是地方，这是一个人岗匹配的问题。这就像木头，粗的可以做梁，细的可以做椽，浑身疙瘩的还可以做柴火……人也是这样，不同的岗位有不同的人才

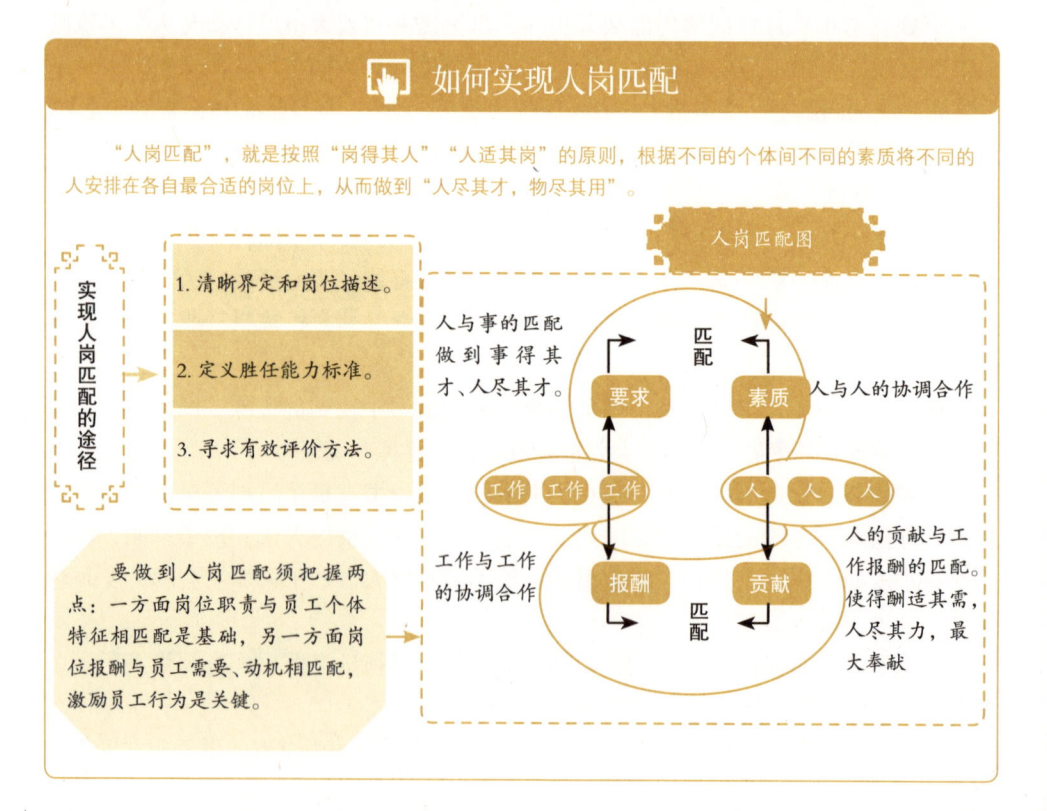

如何实现人岗匹配

"人岗匹配"，就是按照"岗得其人""人适其岗"的原则，根据不同的个体间不同的素质将不同的人安排在各自最合适的岗位上，从而做到"人尽其才，物尽其用"。

实现人岗匹配的途径
1. 清晰界定和岗位描述。
2. 定义胜任能力标准。
3. 寻求有效评价方法。

要做到人岗匹配须把握两点：一方面岗位职责与员工个体特征相匹配是基础，另一方面岗位报酬与员工需要、动机相匹配，激励员工行为是关键。

人岗匹配图

人与事的匹配 做到事得其才、人尽其才。

要求 ↔ 素质（匹配）

工作 工作 工作 ↔ 人 人 人

人与人的协调合作

工作与工作的协调合作

报酬 ↔ 贡献（匹配）

人的贡献与工作报酬的匹配。使得酬适其需，人尽其力，最大奉献

需求，不同的人才有不同的岗位适应性。"

牛根生的话充分体现了"合适第一"的标准。管理者在选拔或培养人才时，重在把他放在或帮助他寻找与其能力相匹配的最适合的岗位，以便发挥其最大价值。

求全责备会成孤家寡人

人无完人，金无足赤。古往今来，大凡有见识、有能力，能够成就一番事业的人，往往有着与众不同的个性和特点，他们不仅优点突出，而且缺点也明显。一个令下属乐意追随的领导要有容人之量，尤其是政治家、军事家，更要有容人之量。俗话说："宰相肚里能行船"，行大事者不拘小节，就是这个意思。如果秋毫毕见，就容易让人觉得和你难以相处，愿意跟随你、和你共事的人就会越来越少，孤掌难鸣，最终难成大事。

俗话说：看人要深，处人要浅；看人要清楚，处人要糊涂。讲的也是同样的道理。看人看得深，看得清楚，处人也就能浅、能糊涂。怕的则是看得浅、看得糊涂，处人、用人也就难免不浅、不糊涂，结果带来失误和后患。看人深，看得清楚，处人浅，处人糊涂一些，就是把握住大的原则，而不去纠缠于小节，对人的小缺点要宽容，对个人的性格独特的方面要给予理解。特别是那些有独特才能的人，其性格的特点也比较明显，要用这样的人，宽容、理解就是非常必要的。无宽容之心、理解之情，自然无法赢得这些人的追随，让他们尽情发挥作用，就很困难了。

这些道理，说起来都很简单，但为什么有些领导在看待自己下属的时候，就常横挑鼻子竖挑眼呢？其中的原因很复杂，但就其思想方法而言，主要在于不能辩证地分析看待人的优点和缺点、长处和短处，求全责备。

美国南北战争之始，林肯总统以为凭借北方在人力、物力、财力上的绝对优势，加之战争的正义性，短期内即可扑灭南方奴隶主军队的叛乱。于是，林肯总统按照他平时的用人原则——没有大缺点，先后任命了三四位德高望重的谦谦君子做北军的高级将领，想利用他们在人们心中的道德感召力，用正义之师战败南方奴隶主军队。但事与愿违，这些没有缺点的将领在战争中却很平庸，很快便被李将军统率的南方奴隶主军队一一击溃。

预想不到的败局，引起林肯总统的深思。他认真分析了对方的将领，从贾克森起，几乎没有一个不是满身都有大小缺点的人，但他们却具有善于带兵、用兵，勇敢机智、剽悍勇猛等长处，而这些长处正是战争需要的。反观自己的将领，忠厚、谦和、处世谨慎，这些作为做人的品格是不错的，但在充满血腥的严酷战争中，却不足取。从这种分析出发，林肯力排众议，毅然起用格兰特将军为总司令。

命令一下，众皆哗然，都说格兰特好酒贪杯，难当大任。对此，林肯笑道："如果我知道他喜欢喝什么酒，我倒应该送他几桶，让大家共享。"林肯知道北军将领中只有格兰特是能运筹帷幄的帅才，要用他的长处，就要容忍他的缺点，这是严酷的战争，不是教堂里的说教。因而当有人激烈反对时，林肯却坚定地说："我只要格兰特。"后来的事实证明，对格兰特的任命，成为美国南北战争的转折点，在格兰特的统帅下，北方军队节节取胜，终于平息了南方奴隶主集团的武装叛乱。

对林肯总统用人原则的前后变化，美国著名的管理学家杜拉克在《有效的管理者》中有一段精彩的评述，他说："倘要所用的人没有短处，其结果至多只是一个平平凡凡的组织者。所谓'样样皆是'，必然一无是处。才干越高的人，其缺点往往越明显。有高峰始有谷，谁也不可能是十项全能。""一位领导者仅能见人短处而不能用人之所长，从而刻意挑其短而非着眼于展其长，则这样的领导者本身就是一个弱者。"

所以，唐代大文学家韩愈说："古代的资能之人，要求自己严格而全面，对待别人则宽容而简约。对己严格而全面，所以才不怠懈懒散；对别人宽容而简约，所以别人乐于为善，乐于进取……现在的人却不这样，他对待别人总是说：'某人虽

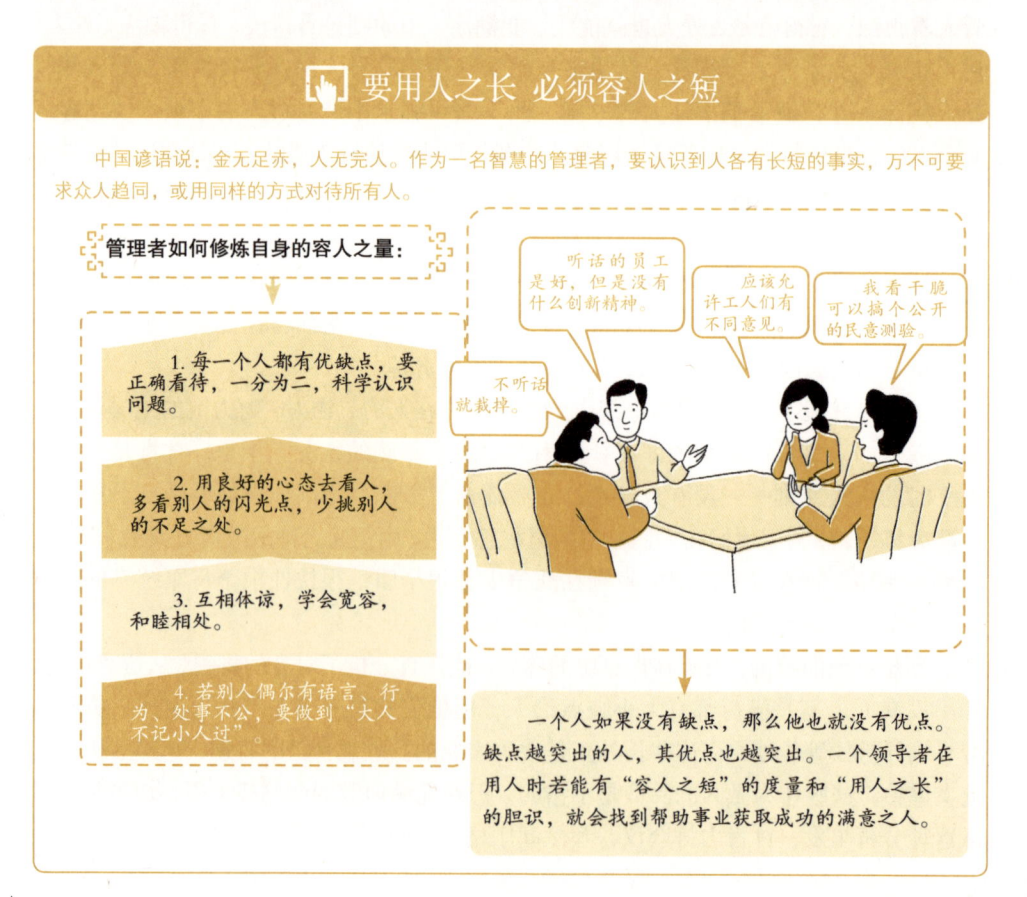

要用人之长 必须容人之短

中国谚语说：金无足赤，人无完人。作为一名智慧的管理者，要认识到人各有长短的事实，万不可要求众人趋同，或用同样的方式对待所有人。

管理者如何修炼自身的容人之量：

1. 每一个人都有优缺点，要正确看待，一分为二，科学认识问题。

2. 用良好的心态去看人，多看别人的闪光点，少挑别人的不足之处。

3. 互相体谅，学会宽容，和睦相处。

4. 若别人偶尔有语言、行为、处事不公，要做到"大人不记小人过"。

听话的员工是好，但是没有什么创新精神。

应该允许工人们有不同意见。

我看干脆可以搞个公开的民意测验。

不听话就裁掉。

一个人如果没有缺点，那么他也就没有优点。缺点越突出的人，其优点也越突出。一个领导者在用人时若能有"容人之短"的度量和"用人之长"的胆识，就会找到帮助事业获取成功的满意之人。

有某方面的能力，但为人不足称道；某人虽长于干什么事，但也没有什么价值。'抓住人家的一个缺点，就不管他有几个优点；追究他的过去，不考虑他的现在。提心吊胆，生怕别人得到了好名声，这岂不是对人太苛刻了吗？"

对待别人太苛刻的人，只能落得个孤家寡人，众叛亲离，而不可能很好地去用人，也没有人愿意与这样的人共事、为其效力。所以春秋时五霸之一的齐桓公说："金属过于刚硬就容易脆折，皮革过于刚硬则容易断裂。为人主的过于刚硬则会导致国家灭亡，为人臣过于刚强则会没有朋友，过于强硬就不容易和谐，不和谐就不能用人，人亦不为其所用。"由此可见，用人处人，以和为贵。

综观历史上那些深得人心的领导者，哪个不是深抱宽容之心，广有纳天下之度，处人用人，该糊涂处糊涂，该清醒处清醒。曹操用人不拘品行，唐太宗用人只注意大节，都可说把用人的这一原则发挥得淋漓尽致。隋朝的隋文帝就以为只有依靠法律条文能治天下，所以他以法律条文为依据，明察临下，常使他的左右亲信以法律条文来探查下属，有小过失就加以重罚，结果弄得众叛亲离。

因此，领导者要赢得下属的追随和效忠，就应当有容人之量，正视下属的缺点，不要用"完美"的观点要求人。这样有助于相互取长补短，更好地发挥下属的长处。

批评是手段不是目的

从管理效果的角度上来说，批评的唯一功能是使下属在下次同样场景中避免错误，表现更好。管理者在批评之前要弄明白批评的目的。做任何事情都有其目的，批评也不例外。很多人往往把批评单一地看做是对下属既往行为的意见和指正，实际上，从管理的动态上来看，批评是管理中的一个环节，通过批评能够使下属知道领导的意见，更为重要的是，要通过批评使下属知道未来应该怎么办，只有这样，才能在未来做得更好。

正在和同事有说有笑的李明，口袋里的手机突然响了。一看是经理办公室的电话，李明接通忙说："经理——""小李，你到我办公室来一趟！"销售部经理"啪"的一声挂了电话，让刚刚还说有笑的李明一下子心惊胆战，忐忑不安走进了经理办公室。

"你最近怎么回事，自己看看这个月的销售成绩多差劲？你看看别人，就连新来的小孙也比你强。你以为我给这么高的工资就不用工作了，你这个销售冠军还能坐下去，别再提加薪的事。"李明没来得及开口，就被经理一顿连珠炮般的轰炸，顺便把一叠厚厚的报表扔到他面前。

"经理，你听我解释。"李明本想趁机把工作中的问题与经理沟通一下。

"我不想听解释，自己回去好好反省吧。我给你一次机会，要是下个月你的业绩还不能上来，那你的年终奖金就不发了。好了，我还有事。"经理不耐烦地摆手示意欲言又止的李明出去。

满脸委屈的李明无奈地走出经理办公室，想起经理那咄咄逼人的架势，心里就窝火得厉害。由于被经理分派到刚开发的市场，客户数量不多，销售额自然不能与成熟市场相比，而小孙虽说是新员工，进公司就被安排到原有的老市场，客户源稳定充分，客户关系网坚固牢靠，李明心里觉得经理只看数字，不问事实，心里很委屈，工作情绪也不高了。

在批评过程中，管理者首要做到的事情是肯定下属所做的事情中的好的部分。也就是说，在批评之前先进行表扬和肯定。美国著企业家玫琳凯采取了"先表扬，后批评，再表扬"的做法，比方说，有的人事情做得不够好，大多数情况下，直接

批评也要讲艺术

批评不但是一种激励方式，还是一种沟通信号，在运用时务必要特别注重对批评对象、时机、场合和方式的选择。所谓"运用之妙，存乎一心"，对批评艺术的巧妙运用可以使工作变得事半功倍。

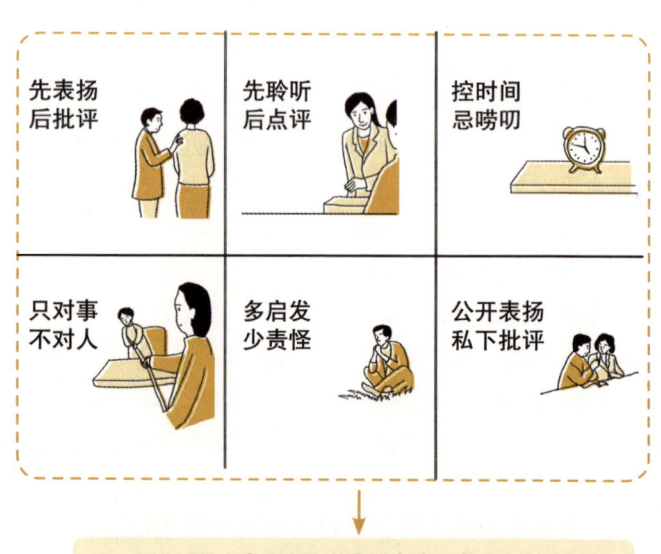

让批评更有艺术的五个原则

- 批评一定讲原则。
- 要站在员工立场上，善意批评。
- 要先表扬，后批评，再表扬。
- 批评对事不对人。
- 小事避免批评。

先表扬后批评	先聆听后点评	控时间忌唠叨
只对事不对人	多启发少责怪	公开表扬私下批评

批评下属向来不是件容易的事情，有时会令那些缺乏管理知识和经验的领导者感到无所适从。但是，如果掌握了批评的艺术，就会让批评变成件轻松的事。

去批评的话效果一定不好，那你要先使用赞美，然后使用小小的批评，最后再去赞美。

其次要明确、直接和客观地指出他的不足或错误。管理者在批评员工时一定要尊重客观事实，我们批评的是错误的行为，而不是对方本人，请记住批评应对事不对人。批评要尽可能以友好的方式结束，管理者可以对此进行鼓励或提出希望，微笑着说："我相信你会做得更好"或者"我期待看到你在工作上有更出色的表现"等。

批评的功能是促使下属进步，所以在批评过程中要注意人的培养。成长性是个人在组织中追求的一个目标。教他并且让他成长，使其得到最大激励。这种境界的提高，往往能够消除他受到批评以后的不良情绪，反而让他动力更足。

管理者切记不要将批评当作是个人情绪的发泄。如果仅仅是不满情绪的发泄，那么批评将会毫无意义。因为你不能通过批评得到什么，反而会不利于将来工作的开展。在批评手下的时候，一定要明白，下属本来就不如你。他们可能在某些方面比你出色，但从整体来说，还是比不上你，比如资源和经验不足等。在批评过程中，要对下属的错误有所宽容，并不是任何错误都需要严厉批评。

管理者应掌握的四大批评技巧是：

1. 批评要秘密进行

当众批评会增加对方的心理负担。正确的做法是和他单独交谈，让他体会到管理者对他的关怀，进而使他愿意正视自己的问题与错误。但并不是所有的批评都要秘密进行，但一个错误出现时，别人在未来工作中有极大可能重复犯错时，需要公开批评，以示警示。

2. 批评要直接

管理者常见的批评误区是使自己的批评之词尽可能委婉。许多管理者因为担心被员工视为尖酸刻薄的主管，因而在批评员工时，总会再三斟酌用词，希望让批评的话语较不具杀伤力。事实上正是因为用词足够委婉，批评的效果才大打折扣。正确的做法是应就实际情况，提出具体而正确的做法。

3. 批评要当面

人后不说闲话，批评也是如此，对下属的批评，一定要当面指出。这样管理者的意见和态度，才能让下属非常清楚地了解，同时也有助于彼此交换意见。如果在背后进行批评，则很容易引起误解，不仅有损自身的领导形象，而且还会激发新的矛盾。

4. 批评时要恰当用词

恰当用词表现在两个方面：一是不要使用戏谑言词，管理者以严肃的态度做出批评时，反而较容易为员工所接受。如果管理者以戏谑的口吻，很容易会被下属误解为讽刺；二是不要冷言冷语地批评，管理者不要讽刺挖苦、污辱人格或骂人，也不能嘲笑对方的生理缺陷，否则批评不仅没有成效，反而会适得其反。

四种人不能被重用

无论多大的公司，经理是一城之主，主管与经理之间保持和谐的人际关系是很重要的。现实生活中，管理者常常遇到这样的情况：一开始经理到处说找到了自己满意的主管，可是经过一段时间的工作后，就埋怨说上当受骗。是何原因？

主管要成为经理得力的助手，首先必须与经理在性格上相投。主管要能够理解经理的感情变化，不要有过多的被人使唤或命令的怨气；更不能认为自己在一人之下，万人之上，在下属面前显示自己不可一世，在单位内部搞宗派，不把经理放在眼里，甚至架空经理。不可否认，主管要有一定的权力，但不能超越你的权力而去行使那些只有上司才能行使的权力。更不能因为手中有权就可以不与经理商量，不进行汇报和协调。

其次，要有辅佐经理开拓经营领域的能力。作为经理的助手，要有能够弥补经理短处的长处，或有时候要代理经理处理某方面的重大问题。所以在选用主管的时候，最好选择能发挥经理长处的人。

在很多时候，主管所面对的是员工。对员工进行提升时，不能凭个人的感情用事。比如主管是做事风风火火的人，就愿意提升那些干脆利落的人；主管是一个十分稳当、凡事都慢四拍的人，就乐意提升性格优柔寡断、谨慎万分的员工；主管是一个爱出风头、讲排场、好面子的人，就不喜欢那些脚踏实地、忠诚老实的人；主管喜欢提升性格温和、老实听话的员工，就对性格倔强、独立意识较强的人不感兴趣。

如此，不仅浪费了一批人才，还使一些不合主管意愿而有真才实学的人置于不被重用的尴尬境地。除此之外，如下几种类型的主管不能选用：

1. 不选"复印本型"的人做主管

这类人没有自己的工作原则，一切"唯马首是瞻"。以上司的是非为是非，从平时的生活到工作的言行都以上司的模型为原本，既没有自己的主见，又没有自己的风格。没有现成的模型，他就什么都做不成。这类人简直就是别人的复印本。

这种人往往不会有创造性的表现，对新事物、新观点接受得很慢。这种人墨守成规，实际情况发生变化时，他不知道灵活应变，只是搬出老黄历，以寻找根据。世界上的事物瞬息万变，但这种人不会以不变应万变。因此，他们难以应对新情况和新问题。而且，这种人缺乏远见，也没有多少潜力可挖，其发展水平有局限。

2. 不选"蜜蜂型"人做主管

这种类型的主管，工作特别卖力，上班可以说是"早出晚归"。他们不知疲倦，如同蜜蜂一样，忙忙碌碌。这种人的工作态度和工作热情，本无可非议，问题是，选这种人做主管会产生许多负面的效果。这种人做事不分先后、不分主次，只知道见工作就做，不知怎样做更为合理、更科学。另外，这类主管还有一个特别致命的弱点，就是他们把勤奋和效率同等地看待。

集中精力是提高效率的关键，只有当他认识到集中精力办一件事的重要性时，才能出成果。

3. 不选吹牛拍马者做主管

这种类型的人，为了达到自己不可告人的目的，不惜厚着脸皮对自己的上司吹牛拍马。上司在他们的眼里，完全成了他能够达到自己个人目的的"希望之树"，所以除了想方设法地吹嘘上司外，他们别无他途，也别无他事可为。因此，这种类型的人，狭隘地认为，吹捧就得利，反驳就会受灾。

不可否认的是，事实上，这种人在许多公司里却很有市场。其主要原因不外乎两个：一是这种人知道上司喜欢听奉承话，于是对其加以吹捧，所以能在公司里风光一时。二是许多上司表面上说自己很民主开放，乐意听取各方面的意见甚至批评，其实骨子里最不能容忍下属对他"挑刺"，因为他们觉得这会降低他们的威信。

提拔下属应考虑哪些因素

企业从内部提拔优秀的员工到更高、更重要的岗位上，对员工或对企业发展都有重要意义。但是，如果提拔非所人则会适得其反。

提拔下属应考虑如下因素：

1. "功者奖，能者职"为第一要旨
2. 忠诚度与工作能力双重考虑的原则
3. 不同类别的领导侧重面不一样
4. 个人文化素质及家庭背景影响人品因素不可忽视
5. 领导之间的兼容性
6. 领导属下的能力
7. 避免大才小用和小才大用
8. 越级提拔须经过长期考察

提拔对于员工激励来说是非常重要的，它可以充分发挥自我的积极性、主动性和创造性，从而创造出高绩效，实现与组织的共同发展。

因此，要做到不选这样的人做主管，上司也必须加强自己的修养。只有贤人才能选出贤才。

4. 不选告密型的人做主管

在日益激烈的环境下，告密的人是企业最不受欢迎的。这种人的告密分两种情况。首先他们吃里爬外，见利忘义，为了自己的私利，不惜出卖公司的信息。这种人如果被安排在主管的位置上，因为他们一般掌握着公司的核心机密，所以对公司造成的损失是无法估量的。另一类告密者就是在公司内部做小动作，打"小报告"，他们以向上司告密来博得信任和赏识。所以他们喜欢四处刺探员工或同事之间的秘密，连一句闲言碎语都不放过。为了表示自己的忠心，他们耳听八方、眼观六路，有时甚至兴风作浪，故意制造虚假信息，无事生非，向上司交差。

这类人很容易骗取上司的欢心和信任。但若上司是一名精明能干的老板，他决不会选用这种人做主管，因为这种人肯定在办事能力方面不会太突出，所以才以这种手段来博得上司的青睐。而且，时间一长，会引起员工的不满，他们的所作所为对整个公司的团结协作精神也是一个严重的打击。

用人时要因人而异

对待不同的下属，需要有不用的管理方法。

1. 表现比较好的人。一是用他的长处，使他用自己的实绩展示自我。二是用人才互补结构弥补他的短处，保证他的长处得以发挥。

2. 表现一般的人。给其在他人面前表现自己的机会，求得别人的信任和自己的心理平衡。也要注意鼓励他们用自己的行动证明自己的能力。

3. 表现较差的人。可以给他们略超过自己能力的任务，使他们得到成功体验，建立起"可以不比人差"的信心，同时肯定他们的长处。

4. 有能力、有经验、有头脑的人。可以采取以目标管理为主的方式。在目标、任务一定情况下，尽量让他们自己选择措施、方法和手段，自己控制自己的行为。还可适当扩大他们的自主权，给他们回旋的余地和发展的空间。

5. 能力较弱、经验较少、点子不多的人。可以采取以过程管理为主的方式。用规程、制度、纪律等控制他们的行为；可用传帮带的方式，使他们逐渐积累经验、提高能力。

6. 有能力的年轻人。可以给他们开拓性的、进取性的、有一定难度的工作。对有经验的老员工，可以让他们做稳定性的、改进性的、完善性的工作。

7. 个性突出、缺点、弱点明显的能人。一是用长。长处显示出来了，弱点便容易得到克服。二是做好思想和情感沟通的工作。肯定其成绩、指出问题、沟通感情，使他们感到领导的关心和理解，自己也会兢兢业业。三是放开一点，不要老是盯住其短处，而是给人家留有一定的余地，帮助也只是在大事上、在关键性的问题上。否则，被束缚住了手脚就很难有所作为。

8. 有特殊才能的人。一定要尽可能给他们创造好的条件和待遇。特殊人才，特殊待遇，这是我们应该遵守的原则。他们中有的人并不是安分者，可能有这样那样的毛病和问题，以致很不好管理。对此我们不只是要容忍，而且应该做好周围人的工作，以便使他们能够集中精力发挥长处和优势。在特殊的情况下，还应该放宽对他们的纪律约束和制度管理。

9. 有很强能力的人。可采取多调几个岗位、单位的办法，既能够让他们发挥多方面的、更大的作用，又可以调动他们乐于贡献、多出成绩的积极性。

量才适用

人有所长，必有所短。选用人才时，就要用人所长，避人所短，量才适用，各得其所，使各类人才的才能与智慧真正用在刀刃上，充分发挥其效能。

做到量才适用的几种方式

- 在条件允许的情况下，尝试临时性提升，能在一定程度上减少管理者用人方面的失误。
- 经常扮演不同角色，有助于了解事物的真谛，也有利于将来遇到类似的情况时做出正确的判断。
- 对于有潜力的人，可以通过规划他的前途来增加其升职的机会。

古人云："君子所审者三：一曰德不当其位；二曰功不当其禄；三曰能不当其官，此三本者，治乱之原也。"管理者在用人方面，必须大胆与审慎并重，做到量才适用。

10. 被压住了的能人。一个办法是把他们调出去，给他们显示自己本领的机会，也给他们从另外的角度审视自己的空间。等有了成绩，被公众认可了，在必要时就可以调回来加以任用。另一个办法是把压制他们的人调开，让能人上来。这都要根据具体情况决定。

11. 尚未被认可的能人。一是采取逐渐渗透的办法，让人们逐渐认识他们的长处和成果；二是给机会显示其才能，以实绩让人们信服。

12. 道德上有缺陷的能人。可采取这样几种办法：

（1）任命其为副职，以正职制约他；

（2）派给他副手，协助他工作，同时也要接受副手的帮助；

（3）派给他能够监督、约束他的工作人员，比如会计、审计、监察人员，在职能权力上约束他；

（4）给他素质好的直接下级人员，应该注意的是，不要用同级人员来制约他，这很容易闹矛盾。

13. 跟自己亲近的能人。一是调离自己的身边，让其显示自己的才干。好处是，因为和自己的关系好，到底是不是能人还可以再看；如果真正有能力，别人也会服气。二是采取外冷内热的办法严格要求，使他们不依靠领导，而是依靠自己，不断地求得发展。

满足员工的工资期待

"当你给员工高薪时，你的企业成本是最低的！哪怕你只比第一、第二位的高出一点点，效果也会非常明显！"2008年1月15日，在《赢在中国》第三赛季36进12第三场节目现场，已连续两个赛季担任《赢在中国》36进12评委的史玉柱在点评11号选手时说出上述的话。史玉柱的一席话立即博得了现场一片热烈的掌声。

事实上，他是这样说的，也是这样做的。

2007年11月1日，巨人网络挂牌上市，交易代码为"GA"，开盘价高达18.25美元，超过发行价17.7%。在11月4日举行的庆功宴上，史玉柱许诺给公司的员工每人派发一枚金币，另外是给公司所有员工加工资。

第二天，某网站从可靠渠道得到消息：史玉柱于该日兑现诺言，给所有员工派发金币，该金币由中国知名金饰品厂商老凤祥定制，重量为9.39克，印有"纽约证券交易所成功上市巨人网络2007.11.1"的字样。

史玉柱说："当你给员工高薪时，表面上看仿佛增加了企业成本，实际不然。我这些年试过了各种方法，高薪、低薪，但最后发现，高薪是最能激发员工工作热情的，也是企业成本最低的一种方式。"

史玉柱一直实行军事化管理,后来他渐渐明白一个道理:大多数员工的工作目的是打工挣钱,养家糊口。虽然军人有对国家和民族效忠的义务,但员工没有对老板效忠的义务。

巨人前副总王建回忆道:"20世纪90年代中期,脑黄金战役第一阶段考核结束后,按照制度规定,对完成任务的经理兑现奖金,其中江苏和浙江分公司的两名经理个人奖金累积40万元,相当于当时广东市场一个月的回款。在集团办公会议上,面对奖金问题谁也不做声了,因为财务干脆把问题捅开了,若干个分公司存在回款作假,财务认为不能这么快发奖金。"

史玉柱被这种局面难倒了,非常尴尬。在士气与议论之间,在榜样与制度之间,他必须做出决定。最后,他还是力排众议,发奖金。当财务怀抱沉甸甸的现金进入表彰大会现场时,会议已经结束了,全体员工都在等,连保安都擅自离岗,拥至会场。财务一出现,史玉柱就说,你们看,财务都抱不动了。全场的目光由主席台转向财务身上,先是寂静,继而是雷鸣般的掌声。

这时史玉柱发话了,他说:"能者多得,只要能为巨人做出贡献,不拒绝索取,要在巨人内部培养一批富翁。"

这样的激励方式,对员工的刺激相当大。在脑白金时期,员工们疯狂地工作、加班,史玉柱经常会在员工加班的时候动不动就发上几千元的奖金,让员工惊喜不已。此外,在脑白金时期,史玉柱在员工待遇方面的做法是:重点技术人员不受公司级别制度限制,只要技术能力强,就不怕付出高额报酬。后来,做网游时,史玉柱将这套模式运用到了游戏团队中,他说:"游戏团队的薪水我不管,由管理层定,工资是一事一议,开多少钱评估一下,值得就给,不受任何等级限制。"

从史玉柱的做法中可以看出,将薪酬奖励与内在激励机制良好地结合起来,就会为企业带来更好的效益。尽管薪酬并非激励员工的唯一手段,也不是最好的方法,但它是一个非常重要、最容易被运用的手段。相对于内在激励,企业管理者更容易运用薪酬激励的方法,而且也较容易衡量其使用效果。

人才是企业的基石。在全球经济一体化的今天,人才问题被企业提到了更高的位置。怎样识别人才、留住人才,是摆在企业家面前的一个非常严峻的问题。放走一个人才,不仅事业受损,还有可能为自己增加一个竞争对手,这样的道理谁都懂,但要想很好地解决人才问题,很难找到一举多得的方法。如何让人才为企业打拼?他们凭什么会去打拼?最重要的方法就是涨薪,使薪水具有市场竞争力。

善用薪酬激励

尽管薪酬不是激励员工的唯一手段,也不是最好的办法,但却是一个非常重要、最易被人运用的方法。薪酬总额相同,支付方式不同,会取得不同的效果。

运用薪酬激励时应注意的技巧：

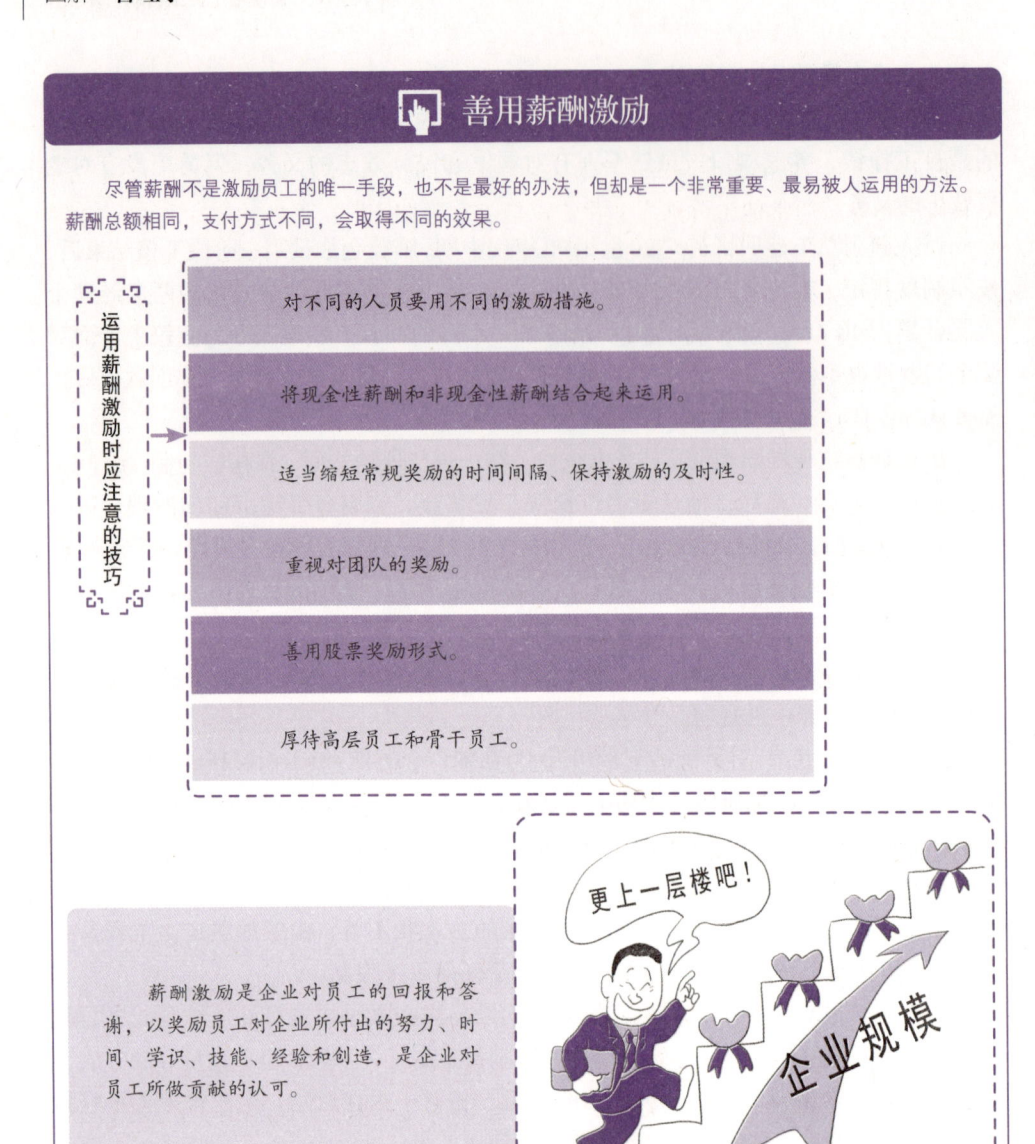

- 对不同的人员要用不同的激励措施。
- 将现金性薪酬和非现金性薪酬结合起来运用。
- 适当缩短常规奖励的时间间隔、保持激励的及时性。
- 重视对团队的奖励。
- 善用股票奖励形式。
- 厚待高层员工和骨干员工。

薪酬激励是企业对员工的回报和答谢,以奖励员工对企业所付出的努力、时间、学识、技能、经验和创造,是企业对员工所做贡献的认可。

更上一层楼吧！

企业规模

任何人都能多用

日本来岛集团下属有180家公司,全以"少数精锐""多元化"为其经营理念。将这两个理念合而为一,最能体现出其员工的劳动状况,即"一人三用"。这就是说,一个人最少要负责三项工作,当然,要负责二三十项工作的人也比比皆是。

除了特殊职种，在来岛船坞的2万人中，大部分都轻松愉快地担负着三项以上的任务。

例如，片上久志名片上写的是"来岛船坞业务部"，其本行业务的内容包括总务、人事和福利等。通常他告诉别人"我负责员工全部职责"，但他的名片所载明的职责却非其本行，他所担任的是某餐厅的经理业务。经理并非只是偶尔到店里露露面、查查账，而是必须担负一切责任。举凡土地购买、取得政府许可、与建筑商接洽、一切用品的采购、订定菜单、购买材料、选录人员、价格设定、广告宣传以及其他各种手续，全由经理一人负责。虽然他本身不负担资金，但他所扮演的角色却与一般餐厅中的老板无异。

片上久志虽然只有30岁出头，但却有极丰富的工作经验。数年前，他单独前往广岛县丰田郡芸津町与町长议事，并负担太平工业再建的重任。当时的太平工业只是一个造船工厂，还称不上是公司。因为该处只有造船者，没有直接部门。由于当时来岛集团刚接收了这个工厂，需要对外联系人员，于是选择了片上。片上虽没有任何头衔，事实上却具有左右组织的力量，相当于业务部长的权限。虽然在太平工业中也有厂长、部长，但他们从未因片上年轻而倚老卖老。他们有的只是较高的职称，监督责任权则在片上。

这样，在工厂片上一人独掌众务，如薪资、银行交涉、包工管理、采购、劳工协商、官方交涉、船主接洽等皆为其职责所在。因此他的能力被强迫性提高，两年后再回来时，其能力已有相当惊人的发展。但这并不是表示片上具有特殊才能，继片上之后，每2～3年间都会有两个人去接替相同的工作。也就是说，片上只是来岛中极普通的一名员工。

来岛集团的领导人认为，一个人一直待在同一部门，所学终究有限，因此在一段时间后每个人都必然要做机动性调动。目的不在排除某些人，而在使人人不断获得新的经验。等他再调回来时，就可以担任比原来更高级的工作。

在来岛集团，社长的司机兼任接待这也是正常的，也充分体现出一人多用。坪内寿夫没有专职的司机，开车的司机是集团治下太洋计程车行所属，因此司机的本行是每日载运许多不特定的客人。而这个人只是社长三个司机中的一个。当坪内叫车时，三个司机轮流替他驾驶。坪内的座车是1971年型的奔驰，也属太洋计程车行的营业车，平日仍以客人优先，只有车空时坪内才使用。

开干部会议时，一般社长专用车在这种时候是待命到下午5点会议结束，但坪内的司机则不然，他利用这段时间协助装配500份便餐，下午3时左右在酒吧柜台负责接待。"我一有空就到这里帮忙，因为我也会泡咖啡。再说5点以前社长都不会离开会场，我待在那儿也是闲等。"司机这样答道。

一般情况下，计程车司机、社长专用车司机、吧台接待都是分别独立的工作，应由专人负责。但因为司机是来岛集团的一分子，所以兼任三职。对此，坪内寿夫说：

图解·管理学

"我们集团中不需要专家，要的是视野宽广、能屈能伸的人。让一个造船者经营餐厅，就是要他拓展视野，在关于如何提供客人物美价廉的服务上，造船与餐饮是具有异曲同工之处的。"

来岛集团的用人方针为"一个人当三个人用"，把每一个人都培养成"多面手"可以胜任不同的工作。

千万不要以为人才越专越好、分工越细化越好，一人多用，也可为企业管理运营带来意想不到的好处。

重视岗位轮换

岗位轮换是企业有计划地让员工轮换担任若干种不同工作的做法，从而达到考查职工的适应性和开发员工多种能力的目的。现已成为企业培养人才的一种有效方式。

岗位轮换的主要作用：

1. 消除误解，增进理解
2. 多岗锻炼，培养人才
3. 消除不满，激励员工
4. 避免僵化，利于创新
5. 适时轮岗，防止腐败

岗位轮换的实施步骤：

整体规划 → 提前沟通 → 人员匹配 → 轮岗方案的实施和控制 → 轮岗方案的评估和反馈

岗位轮换已逐渐成为企业培养、激励和保留优秀员工的一种重要措施。它可以为企业降低招聘成本，也可以降低员工长期从事单一工作的厌倦情绪，提高员工满意度，并为企业培养复合型人才。

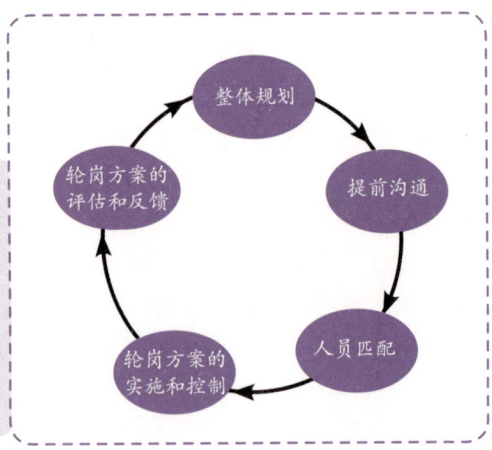

第八章
柔性管理：获得员工的心灵共鸣

柔性管理的内涵和本质

柔性管理是伴随着社会的进步、人类文明的发展而产生的。它是管理科学发展进步的一个象征，是现代管理的重要标志之一。它的科学性和重要性已经得到了普遍的承认和重视，它的基本范畴引起国内外专家的研究兴趣。

1. 柔性管理的内涵

柔性管理作为概念是历史上不曾有过的。然而作为思想却在人类历史上早已存在。从公元前6世纪的雅典民主政治，到欧洲中世纪之前的人本思想的萌芽；从2000多年前先秦诸子的"安人"思想，到现代的心理资源开发，可以说整个人类历史始终闪烁着柔性管理思想的火花、流淌着柔性管理思想的小溪。只是几千年来，因为缺少它生存的土壤，没有它发展的空间，因而使这些宝贵的思想时隐时现、时生时灭。随着人类社会的进步，今天，这火花终于燃起了遍地的火焰，这小溪终于汇成了涌动的潮流，成为世界性现象。

就一般意义而言，管理是指设计和保持一种良好的环境，使人们在群体里高效率地完成既定目标。它的外延部分是指如下的五个内容：计划、组织、人事、领导和控制。它适用于任何一个组织，适用于各级管理者，管理的目标是要创造效率和效益。概念的本身告诉我们，柔性管理的确是一种更加深刻、更加高级的管理，因而也是难度很大的管理，是丰富多彩的管理。

2. 柔性管理的本质

柔性管理的本质就是依据人们自身的心理和行为规律，运用柔性管理的原则，对管理对象施加的软控制。柔性管理的本质既体现了一般管理的本质——控制，以及管理的核心——协调，又体现了柔性管理的本质特征——"柔"原则与"软"控制，而且是在顺应人们心理和行为规律的基础上进行的。

人性为本是组织柔性管理的最本质要求，人性为本是解放人的创造性，以人为本是调动人的积极性。如果说以人为本是重视人的作用，采取措施发挥人的积极性，那么人性为本则是尊重人性，创造条件释放人的创造性。20世纪70年代以来，欧洲企业就开始试行了人性为本的柔性管理方式，推出了"弹性工时制"。

20世纪90年代以来，弹性工作、远程工作、在家上班和灵活工作组等尊重人性的工作方式逐渐流行，合作关系、伙伴关系、平行关系、平等关系、对话式工作关系、奖励措施等尊重人性的管理哲学受到重视。1994年，美国利用现代通信方式上班的人数达到880万，许多优秀企业特别是高技术企业建立了平等的合作伙伴关系。

柔性管理重在以人为本

柔性管理以"人性化"为标志,它是在研究人们心理和行为规律的基础上,采用非强制方式,在人们心目中产生一种潜在的说服力,从而把组织的意志转变为人们的自觉行动。

柔性管理的特征

1. 组织结构的扁平化和网络化。
2. 管理决策的柔性化。
3. 组织激励的科学化。

柔性管理的作用

激发员工的创造性

适应多变的外部环境

满足柔性生产的需要

员工之家

真亲切……

柔性管理是相对于刚性管理而言的。它更注重以人为本,是以文化和情感为基础,运用尊重、激励、引导、启迪等方法进行管理。

柔性管理产生的原因

柔性管理的产生既有十分复杂的社会和经济背景,也是管理学发展演变的一种必然。那么柔性管理产生的具体原因是什么呢?

第一,生产力水平的变化要求调整管理方式。

组织行为的研究表明,当组织生产力水平低下时,其行为管理的有效做法不是人情味十足的诱导,而是以"非人性化"为主的"防范管理"。事实证明,处于这种生产力水平下的成员,更易于适应干脆果断的集权式领导,希望组织文件、制度明确告诉自己"干什么"和"怎样干"。

这种防范管理之所以有效，是因为生产力水平低，技术设备简单，组织结构、人际关系单纯，工作结构性强，简单明了，所以无须过多协商和研究。加之成员为了生活温饱，害怕失业，即使简单粗暴的防范管理也可以接受。但是随着组织生产力水平的提高，技术设备的日趋现代化，组织和人际关系的复杂化，客观上要求组织管理由"专断型"的硬性方式向"诱导型"的软性方式发展，要求管理者不仅分析、调整引起破坏性行为的不满意因素，还要研究满足和诱导因素。

　　第二，成员构成和素质的变化需要柔性。

　　管理是以人为对象，组织成员构成和素质的变化，必然要求管理方式、方法相应变化。二次世界大战以后，世界各国，主要是发达国家蓝领工人比重急剧下降，白领工人比重迅速上升。如美国在1957年白领工人的比重便超过了蓝领工人。这种构成的变化，使企业员工总体素质明显提高，更多的人希望把自己看成独一无二的"个人"，希望了解情况，有更多的交流与沟通，参与企业决策，既履行职责，也在工作中获得自我实现的机会。他们普遍反对和排斥传统集权式的硬性管理，而更倾向于接受富于民主、充满温情的管理方式。作为管理者就不得不考虑企业员工价值观的变化，采取更适合管理对象的管理方式。

　　第三，实证研究的兴起促进了柔性管理的产生和发展。

　　继泰罗的科学管理原理之后，管理学研究中的科学、理性色彩日益浓厚。西方学者把计算机大量应用于管理之中，他们发展了大量的定量预测方法和决策技术，并试图说明人们只要用这些科学的符合逻辑的数学方程，就可保证决策的合理和迅捷。然而大量的实证表明，管理手段是简单的，管理方法是明确的，正是这些基本手段和方法的不同组合和运用构成了不同管理成败的原因。成功的管理是一种软性权变管理——在适当的时候对适当对象运用适当方法的艺术。

　　日美管理的实证比较研究向人们更加鲜明地揭示了软管理的重要意义。美国企业之所以在许多竞争中败于日本企业，一个重要的因素是美国管理过分强调技术、设备、方法、制度、组织结构、财务分析等"硬"因素；而日本比较重视目标、宗旨、信念、价值等"软"因素。

柔性管理的四种方式

　　柔性管理的实施方式主要有以下4种，即柔性组织保障、成员参与职能管理、激励方式的艺术性和组织文化的运作。

1. 柔性组织保障

　　传统组织理论强调组织规模与组织结构的程式化，是一种矩阵型的刚性组织。

这种组织结构复杂，部门划分过细，信息传递缓慢，在决策上实行集权管理，灵活性小。针对这种情况，20世纪60年代以来，西方组织理论提出了"柔性组织"概念，得到企业界的广泛认可。柔性组织要求组织机构设置精简、灵活，有分工但不呆板，重效率而不讲形式。世界上成功的企业没有一家实行矩阵型的刚性组织。

领导班子的精简对于柔性组织非常重要。其一，通过精简高层、减少中层，使权力由原来的中高层逐步分散于整个组织，分散于多数人之中。这不仅扩大了管理幅度，也增强了组织的灵活性。其二，劳动分工强调扩大工作范围，使工作丰富化，让每个成员发挥多种能力，使他们的工作更富挑战性和独立性，从而增强成员的自豪感和成就感。其三，柔性组织根据需要灵活设置，形式多种多样。如可根据客观环境设立战略经营单位；以完成某项任务（如开发新产品）为中心，设立机动项目组织等。

2. 成员参与职能管理

参与管理的具体形式有三类：一是咨询。即成员对组织的运营提出意见和建议，这是参与管理的低级形式。二是参与管理。成员直接参加到管理机构中去。他们不仅有建议权，而且还有部分决定权和监督权。如在日本，约有70%的企业工会以多种形式参与董事会，它们与企业高层管理者共同研讨企业经营方针、事业计划和海外投资活动等。三是自主管理。在自主管理中，成员在划定的职权范围内，有较大的自主权和决定权。对一些有法律、协议规定的事项，如操作流程、安全、保健等，成员有完全控制权。

许多企业的员工在长期的实践中，创造了许多行之有效的自主管理形式：一是质量管理小组。由员工自愿组成的质量管理小组，经常结合操作实践，举行定期和不定期的质量控制分析讨论，相互交流经验，集体攻关。据统计，在日本企业中约有90%的员工参加了质量管理小组。二是开展以员工自我完善、消除缺点为主的无缺点运动。三是目标管理。员工根据企业目标，自行制定个人目标。员工在达到目标后还参与成果评定工作。这种方式在欧美企业和日本企业中均十分普遍。参与管理的优点在于它增加了"柔"性成分，较多地考虑了执行者的意见和想法。

研究表明，当组织成员参与和他们工作有关的决策时，在执行决策时会给予更多的合作和支持；相反，成员对于管理者强加的决定，执行起来缺乏热情，甚至出现对抗。

3. 激励方式的艺术性

在柔性管理方式下的激励有两个特点：一是主要通过满足成员的高层需要（自我实现、成就感等）来达到激励效果；二是特别讲究激励方式的艺术性。

精神激励方式丰富多样，远远超过单一的金钱激励方式。给成员以表扬、光荣称号、象征荣誉的奖品、奖章等，都是对成员贡献的公开承认，或满足人的自尊等高层需要。如IBM公司设有"100%俱乐部"，每当有业务代表超额完成销售额时，

图解·管理学

他就被批准成为这一俱乐部的成员,他和家人将被邀请出席隆重的集会,获得极大的心理满足。

运用激励艺术,需注意以下问题:

(1)激励必须及时。现代心理学的研究表明,及时激励的有效度为80%,而滞后激励的有效度仅为7%。

柔性管理的实施方式

因为柔性管理更注重个体,所以能深层次地激发员工的工作动机,使其自觉提高工作标准。柔性管理的实施,可以使企业的整体效能得以大幅度提高。

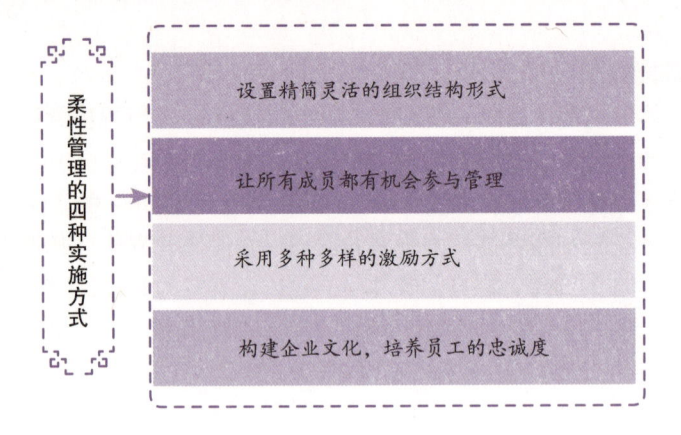

柔性管理的四种实施方式:
- 设置精简灵活的组织结构形式
- 让所有成员都有机会参与管理
- 采用多种多样的激励方式
- 构建企业文化,培养员工的忠诚度

现代管理的重点已由"物"转向"人",人情、人性为当代管理者不得不考虑的问题。顺应人性、尊重人格、理解人心,柔性管理显然比刚性管理更具效力。

（2）激励面要广。传统的激励仅把极少数人树立为"组织英雄"，长期采用此法，会使广大成员觉得奖励是极少数人的事情而漠不关心，甚至会产生孤立"英雄"的逆反心理。因此，科学的激励方法是缩小奖项，扩大受奖面，多设集体奖，少设个人奖，要特别注意对成员的小小进步也要给予及时的鼓励和强化。如日本电气公司老板就是一位著名的柔性管理专家，他在公司设立名目繁多的奖项30余种，而且还规定每年保证80%的员工受到奖励。

（3）激励要因人而异。要根据不同成员的个性、心理特征，采用相应的激励方式，如对女性成员要采用与男性成员截然不同的激励方式。

（4）重视过程激励。不仅表扬那些做出优异成绩者，也要表扬那些尚未成功的努力者，特别是虽遭受挫折但毫不气馁的奋斗者。

（5）给激励注入真情。管理者的赞扬只要出于真心，哪怕只是一个眼神、一句话、几个字都会收到意想不到的效果。特别是当成员对自身还缺乏足够的自信时，往往谨言慎行，这时来自管理者的真诚赞美和鼓励，必然会产生极大的激励作用。

4. 组织文化的运作

作为一种柔性管理方式，组织文化的运作方式有以下几种：

其一，构建共同的价值观和精神口号，以对成员实现内化控制。共同的价值观是组织的灵魂，具有统帅全局的战略意义和重要作用。精神口号是价值观的简明概括。通过共同价值观和精神口号的广为传播和渗透，使成员感到按某种价值观办事理应如此，如果违反这种价值观，便产生内疚和不安。社会学家认为，内化控制是控制行为、更正偏差的最有效的方式。

其二，培养忠诚感，增强群体凝聚力。在组织文化建设中，组织可通过组织的历史的展览、组织庆典、组织英雄介绍等方式培养成员的自豪感和对组织的忠诚度，增强群体向心力。管理者对成员婚丧嫁娶等生活的关心，也会从情感上增强群体凝聚力。

其三，组织文化可促进成员的相互交流，有利于信息的传递、应用，并能利用这些信息产生更多的信息，从而实现更多的信息交流、信息共享。

柔性管理的判断标准

一个组织是否实行柔性管理，可以从以下五个方面进行分析判断：

1. 以人为中心的管理方式

对内，柔性管理强调关心成员、尊重成员，千方百计调动成员的积极性；对外，柔性管理强调要关心客户，真正树立"客户第一"的价值观。

2. 培育共同的价值观

人的最大特点是有思想、有感情，人的行为无不受到观念和情感的驱使。行为科学研究了人的行为规律，呼吁管理者关心组织成员的感情需要、社会需要，但其研究较多地局限在个体行为上。组织文化理论将重点转移到群体行为上，因为只有成员协调一致地努力，才会使组织赢得成功。

例如，黑龙江齐齐哈尔有一家上万人的军工企业——华安集团，曾因"困难大、底子穷、不稳定"而出了名，一度濒临倒闭的边缘，到1996年已亏损1亿元。1997年5月，总经理许远明走马上任后带领集团"二次创业"。华安二次创业依靠的不是资本，而是"人是华安人、心是华安心、创我华安业、铸我华安魂"这句响亮的创业誓词。

观念决定思路，思路决定出路。由于全体员工有了共同的奋斗目标和共同的价值观，创业积极性被大大地调动起来，仅用了一年半的时间就使企业面貌焕然一新。产销量是上一年的4倍。华安集团的事实生动地表明，培育共同价值观是凝聚人心、创造奇迹的关键所在。

3. 组织制度与群体价值观协调一致

组织的内部管理制度是外在的行为规范，它与内在的群体价值观是否一致，可以说明该组织是否真正确立了柔性管理观念，因为不同的制度强化了不同的价值观。平均主义的分配制度强化了"平庸"和"懒汉"的价值观；按劳取酬、按资分配的分配制度强化了"进取""劳动""创新"的价值观。一个组织要实施柔性管理，关键的一条是组织内部制度要与共同的价值观协调一致，就像一个人必须"心口一致""心手一致"一样。

4. 实行育才型领导方式

从领导方式上来研究，可以把领导方式分为三类，即师傅型、指挥型和育才型。前两种类型的特点是权力和责任高度集中，任何重要的决策只由一人做出，不尊重下属的创造性和智慧；只关心工作任务的完成，不关心下属的疾苦、冷暖和成长。而育才型领导则实行分权管理，管理者和下属共担责任、共同控制，尊重下属的创造性和智慧；既关心工作任务的完成，又关心下属积极性的发挥和能力的培养；干一切工作都依靠配合默契的团队，培养团队精神成为管理者关注的焦点。柔性管理就是需要这样的育才型管理。

有人提出21世纪的组织管理者应该是服务型的。其特征是：重视人的价值；其首要作用是造就一种群体意识并设法使之发扬光大；办事开诚布公，愿意并主动分担失误和痛苦；谦虚谨慎；把自己看做是组织内充满活力的服务员，能够集中群众智慧，能够从长远观点看问题。无论叫育才型还是称服务型，这种管理者不被眼前的利益所诱惑，而是从组织文化入手，以提高队伍素质为重点，增强持久竞争力、凝聚力。

5. 将刚性管理与柔性管理相结合

刚性管理指的是依靠规章制度、直接的外部监督以及行政命令进行的管理，它包括采用计算机信息系统等现代化的物质手段。柔性管理是指开展组织文化建设，培育共同的价值观，建立良好的风气，形成和谐的人际关系等的管理。

科学管理主要依靠刚性管理，而柔性管理则要求刚柔并济、软硬结合。群体价值观、规章制度都是组织文化的有机组成部分。

柔性管理与刚性管理的区别

不论从管理理论还是从管理实践来看，柔性管理与刚性管理的分歧无处不在。比如理论上的"经济人"和"社会人"；实践上的，美国的管理方式和亚洲管理方式。

柔性管理与刚性管理的区别

1. 基础不同
- 刚性管理的基础是组织权威，管理者的作用主要在于命令、监督与控制。
- 柔性管理的基础则是基于员工对组织行为规范、规章制度的认知、理解与内化，管理者的作用主要在于启发、引导和支持。

2. 适用对象不同
- 刚性管理适用于主要追求低层次需求的员工。这类员工往往希望有正规的组织与规章条例来要求自己，而不愿参与问题的决策并承担责任。
- 柔性管理适用于主要追求高层次需求的员工。这类员工往往希望获得更多的自治责任和发挥个人创造性的机会。

刚性管理是管理工作的前提和基础，柔性管理是管理工作的"润滑剂"。一个企业是以刚性管理为主，还是以柔性管理为主，则完全取决于企业员工的素质、工作的性质及企业的文化传统。

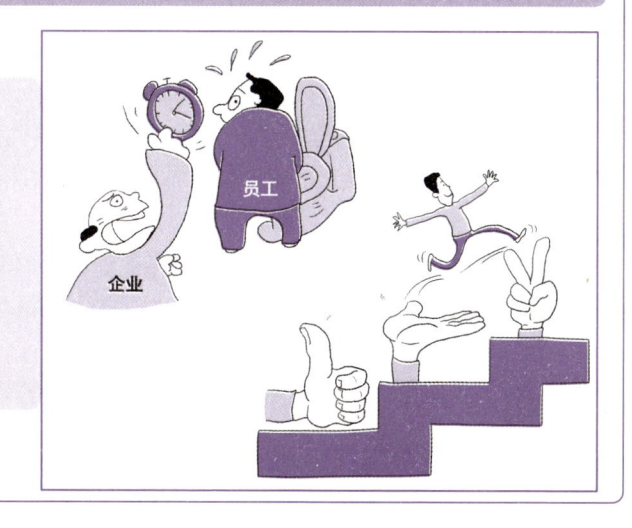

制度、纪律是强制性的硬要素，但它们要靠组织精神、共同价值观才能得到自觉的执行和遵守；组织精神、道德、风气是非强制性的柔性要素，但其形成的群体压力和心理环境对成员的推动力又是不可抗拒的刚性要素；特别是这种柔性环境的建立和维持，一点也离不开通过执行制度、进行奖罚来强化。

柔性环境保证刚性管理，刚性环境强化柔性管理，这就是柔性管理的辩证法。

沟通是实施成功的保证

组织内部的沟通显得尤为重要，沟通是柔性管理成功的保证。

1. 沟通能增强组织的凝聚力

有一天，某公司一位接待员在当地报纸上看到一份招聘广告，聘请对象的工作完全和自己现在的任务相同。她感到有些奇怪和焦急，决定去和她的老板谈谈这广告的事。老板证实了她的顾虑：是的，公司正在登报招聘人来替代她。发生了什么反应吗？她拿出了在同一报纸上登载着的她自己的一份广告，上面写着："我辞职了。"当有人向这位老板问起这位接待员的行动时，他蛮横地说道："她难道没有勇气直接来告诉我她要辞职吗？"

你觉得这位老板和他的员工有"交流"吗？你认为这个公司的内部关系是否建立在互相尊敬之上呢？你觉得这位老板理解和关心这位接待员吗？这件事发生以后公司内其他员工能否再尽心尽力奉献呢？像这样的公司，员工们能热爱它吗？类似的情况在你公司内会发生吗？

有时候我们的确感到和自己的组织或部门有些隔阂。正是这种隔阂使我们伤心。它撕碎了我们的心，也使我们精神沮丧。它使人产生被遗弃感和孤独感。被隔绝的成员由于不了解组织的情况也就无法和组织建立亲密关系。设想一下你和组织密切联系着的时候的情况：当你成为组织一员时你是多么的热情，你觉得你已是组织中重要的一部分。你把你的全部时间、精力和心思都投入到重要项目中去。甚至在困难时候，由于你和组织相互了解就会奋不顾身地为组织目标奋斗。你会尽最大努力，因为你觉得你和组织是相连的。

成员们渴望着和组织紧密相连，他们希望和组织的关系不仅是一张工资支票和福利待遇，他们需要成为"圈子内"的人，深入到组织内部，能对组织各部门情况有所了解。他们更希望不只是被雇佣的"一双手"或仅是机器上的一个零件随时可被更换。成员们期望着来自坦诚交流而产生的那种特殊的结合在一起的感觉。而这一切都取决于沟通，只有进行有效的沟通，才能增强组织内部的凝聚力。

2. 判断是否有效沟通的标准

你怎么知道你和你的组织已与成员们取得了密切的联系了呢？下面是几点判断标准：

第一，当你和他们交谈时，成员们能畅所欲言吗？他们知道他们的意见能起作用也能被重视吗？

第二，常受到联系的成员深信自己能及时知道有关本部门和组织的重大情况。

第三，交流使成员积极承担义务而不仅仅服从指挥吗？除非管理者努力设法和成员们交流思想，否则他们能做的往往只是服从命令、听从指挥。成员们如果感觉不到和组织心心相连就不会竭尽全力。想要在今天的市场上取得成功这些是非常重要的。

第四，当你知道成员们需要什么时，正是你和他们有了联系之时。只有组织和成员间相互了解之后，才能产生超高质量、优良服务和丰富的利润。总之，只有成员才是质量、服务和利润的推动力。

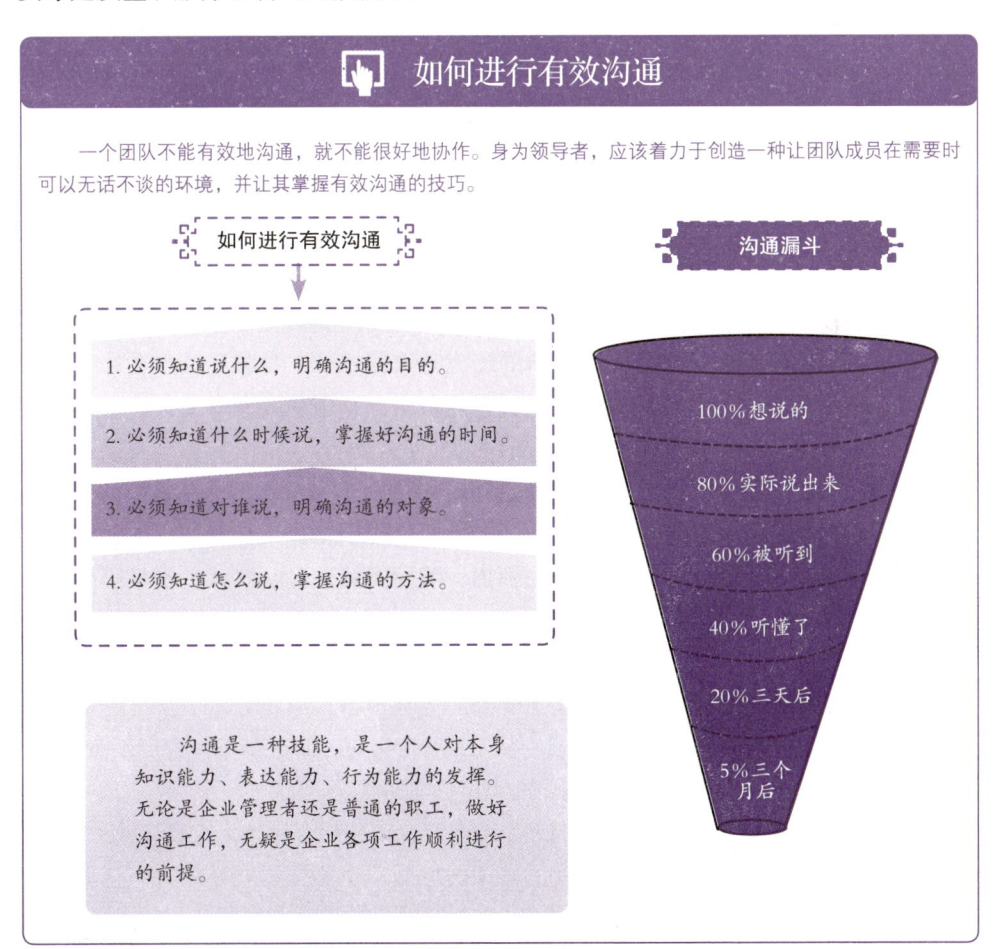

如何进行有效沟通

一个团队不能有效地沟通，就不能很好地协作。身为领导者，应该着力于创造一种让团队成员在需要时可以无话不谈的环境，并让其掌握有效沟通的技巧。

如何进行有效沟通

1. 必须知道说什么，明确沟通的目的。
2. 必须知道什么时候说，掌握好沟通的时间。
3. 必须知道对谁说，明确沟通的对象。
4. 必须知道怎么说，掌握沟通的方法。

沟通漏斗

- 100%想说的
- 80%实际说出来
- 60%被听到
- 40%听懂了
- 20%三天后
- 5%三个月后

沟通是一种技能，是一个人对本身知识能力、表达能力、行为能力的发挥。无论是企业管理者还是普通的职工，做好沟通工作，无疑是企业各项工作顺利进行的前提。

第五，你依赖团队会议来承担组织成员交流体制的责任吗？每月一次的制度并不能起到全部作用。

第六，你和你的管理者实际上每天都在向成员传达信息吗？榜样比言辞更有说服力。如果管理者做不到这一点，那么成员也做不到。

第七，你在起用、支持成员们所喜欢的交流者吗？基层管理者是成员们每天看得到的组织代表。比起其他人，基层管理者更有能力改变成员的态度。

第八，你的交流方式符合成员们的兴趣吗？你与成员们所交流的必须与他们的日常工作有关。

第九，你对成员们的话有所行动吗？如果没有，那么你的交流体制比无用还糟糕；如果你将他们的想法付诸实施，他们就会告诉你更多。当整个组织成员都积极地做贡献时，你就可以与世界上最好的组织竞争了。

过去传统上阻碍组织和成员间交流的情况正在逐渐消失。当今最新的科技手段——电子信箱和交互网络系统都是成员们和组织进行交流的有效工具。新的通信系统摧毁了不同层次、不同地区交流上的传统障碍。在电子信箱中是没有身份障碍的，收发电子邮件也不受地区限制。

员工是最需要感谢的人

曾经有这样一篇报道：某个体汽修厂负责人责令两名员工在寒冷冬夜里脱光衣服互相殴打，致使一名员工死亡。事情的起因是汽修厂员工张某和钱某在修理客户汽车时不小心将车门上一块玻璃打碎了。企业负责人知道后火冒三丈，强迫张某和钱某光着身子在院子里互相殴打，并不断往二人身上泼水。

这位狠心的老板命令他们："谁打赢了谁才能回屋穿衣服！"迫于老板的淫威，两人打了起来。张某被钱某打倒在地后，老板又用棍子朝张某身上抽打，随后又逼张某在屋外站着。当日夜里，张某浑身抽搐，嘴唇发紫，口吐白沫，不幸猝死。当地法院做出判决，个体老板犯故意伤害罪，判处死刑；钱某系胁从犯，判处有期徒刑三年。

虽然像案例中这样毫无人性、残暴变态的老板不多，但是对员工缺乏感恩之心的老板为数不少，他们完全把自己当成了员工的"救世主"，而把员工视为可任意欺侮、践踏、盘剥的对象，于是总以高高在上的态度去对待员工。

但凡这样的企业，都是不会有前途的，因为没有人愿死心塌地为冷血企业去卖命。员工是企业最重要的合作伙伴，没有了员工的忠诚，企业要想发展壮大，其可能性不言而喻。所以一个企业能否诚信于员工、是否感恩于员工是它发展壮大的重要因素

相比不懂感恩员工的老板，杭州某公司老板李某的行为让人感动。当他得知自己的员工身患绝症的时候，没有袖手旁观，而是为员工付清了治疗费，不惜投入巨资挽救绝症员工的生命，这也正是感恩于员工的具体表现。

当别人非常质疑地问他"你一个私营企业老板，有必要为一个打工仔付出那么多吗"的时候，李某道出了自己的心声："他们是企业最宝贵的财富，为公司发展立下了汗马功劳。"显而易见，李某并不是把自己看成企业的主宰，而是认为，是员工们的汗马功劳促成了企业的发展壮大，因而把员工视为促进企业兴旺发达的财富。

事实也是如此，员工的汗马功劳才是企业生存发展的命脉，如果不是员工们把

尊重每一个员工

全球竞争时代，企业想要生存，就必须运用所有员工的智慧、创造力和知识。尊重每一个员工，使其拥有主人翁意识，可以使企业在激烈的竞争中最终胜出。

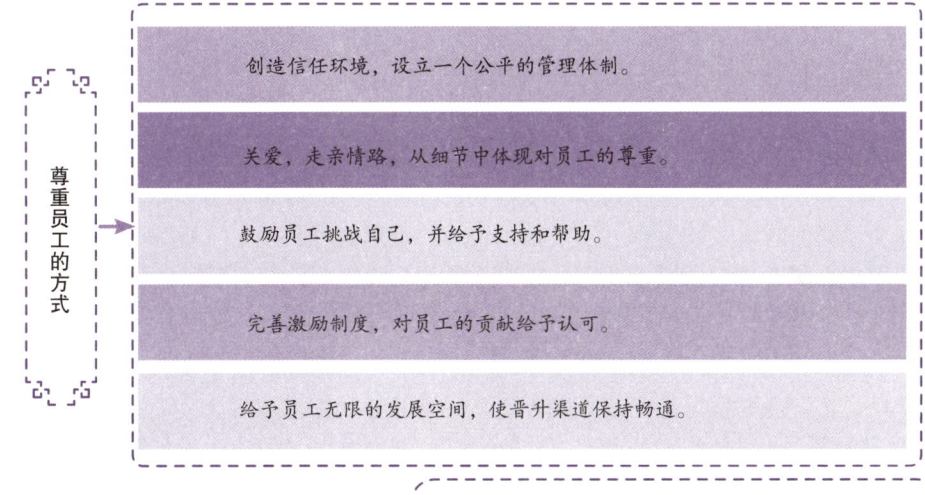

尊重员工的方式：
- 创造信任环境，设立一个公平的管理体制。
- 关爱，走亲情路，从细节中体现对员工的尊重。
- 鼓励员工挑战自己，并给予支持和帮助。
- 完善激励制度，对员工的贡献给予认可。
- 给予员工无限的发展空间，使晋升渠道保持畅通。

要树立品牌企业，在各具特色的管理实践中，无论制度如何创新，尊重员工的主旋律是始终不应改变的。

企业当成自己的事业那样真诚地付出，如果没有员工们同甘共苦地挥洒血汗，企业就不可能有财富创造与积累，也就不会做大做强。那么，稍有理性和良知的企业家及凡是希望前程广阔的企业，对员工抱以感恩态度，也就是理所当然的。

一座气势宏伟的大厦是由一块块坚固的砖堆砌而成的，同样，一个好的企业是由一个个优秀的员工组成的。员工的每一个行为都影响着企业的生存发展。作为一个企业，需要通过员工的共同努力去实现最终目标，所以一定要感谢员工，而不是要员工来感谢你。

员工紧张是管理的天敌

人越是紧张，越是难以发挥水平。大家一定还记得2004年雅典奥运会上最为离奇的一幕。2004年8月22日，在雅典奥运会男子步枪3×40决赛还剩最后一枪未打时，美国人埃蒙斯领先中国选手贾占波3环，位居第一。贾占波率先发枪，10.1环。这意味着，埃蒙斯只要不打出低于7.1环的成绩，就会将金牌收入囊中。然而，就在人们以为埃蒙斯将稳稳夺冠时，意想不到的事情发生了。

埃蒙斯最后一枪扣过扳机后，屏幕上并没有显示出他的成绩，莫名惊诧的埃蒙斯露出难以置信的表情。经过裁判的认真检查，最终发现埃蒙斯竟然打错了靶位，站在2号靶位的埃蒙斯由于过于紧张，最后一枪竟然打到了3号靶位上。结果裁判一致判定埃蒙斯最后一枪为0环，唾手可得的金牌戏剧性地落到了中国选手贾占波的手中。原来几乎金牌到手的埃蒙斯由于最后一枪没有成绩，只排第8名。

职场虽然没有奥运赛场上那么激烈，但是员工在紧张状态下工作，一定会影响效率。公司管理者不是老虎，所以一定要摒弃掉老虎像，不要让员工在你面前忐忑不安，如坐针毡。企业管理者不应该使员工长期处在很大的压力下工作，而应设法调动其积极性，使其把工作当成一种享受，主动、快乐、创造性地工作。

我们再看一个比赛案例。在洛杉矶奥运会上，当受了伤的跳水王子洛加尼斯同样面临着冲击金牌的最后一跳时，教练对他说的是："你妈妈在家等着你呢。跳完这轮，你就可以回家吃你妈妈做的小馅饼了。"最终，洛加尼斯获得成功。

生活的逻辑就是这么怪。

一家著名的制药工厂召开了管理人员会议，会议的主题是《关于人才培训的问题》。会议一开始，总经理就用他那铿锵有力的声音提出意见："我们公司根本没有发挥人才培训的作用，整个培训体系如同摆设，虽然现在有新进员工的职前训练，但随后的在职进修却收效甚微。员工们只能靠自己的摸索来熟悉自己的工作，因而造成公司员工的素质普遍低下、效率不高，很难与公司的发展需要相适应。"总经理的话让大家觉得很不安。这个会议本来是为了讨论如何改进培训制度的会议，但是由于总经理一上来就责备大家，所有参会的管理者都明哲保身，集体保持沉默。

最终这个会议没有结果。几日后，公司副总经理重新把公司管理人员召集在一起。他并没有向总经理那样采用责备的口气，而是用一种协商的语气同大家沟通。他说："这半个月我对公司的员工培训进行了抽样调查，结果发现它真的没有发挥其应有的功效。所以，今天召集大家开会是想讨论一下应该怎样改变目前人才培训的方法。请大家集思广益、畅所欲言吧！"副总经理的话一出口，大家就你一句、我一句地提建议，会议很快形成了改进决议。

惠普公司创建了一种独特的管理方法，它称这种方法为"周游式管理方法"，

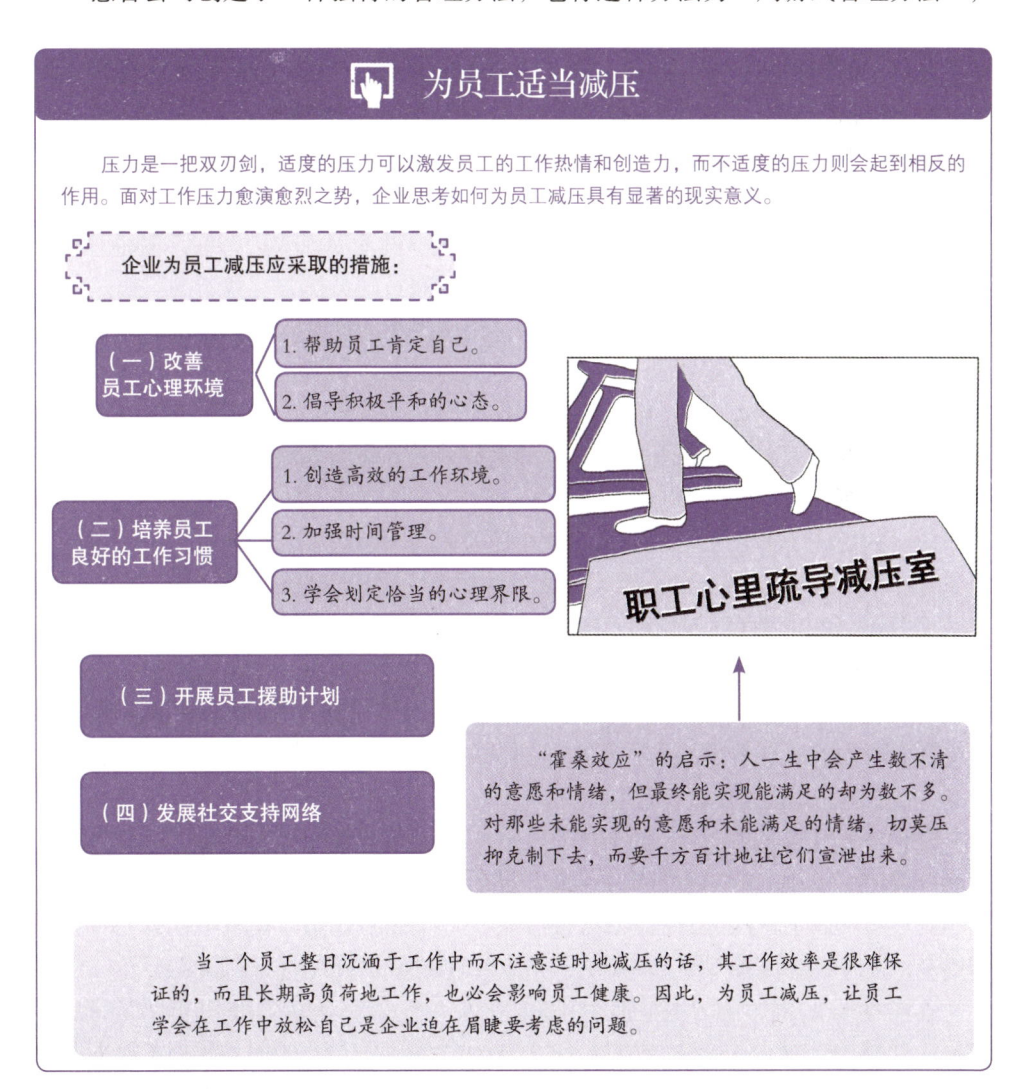

为员工适当减压

压力是一把双刃剑，适度的压力可以激发员工的工作热情和创造力，而不适度的压力则会起到相反的作用。面对工作压力愈演愈烈之势，企业思考如何为员工减压具有显著的现实意义。

企业为员工减压应采取的措施：

（一）改善员工心理环境
1. 帮助员工肯定自己。
2. 倡导积极平和的心态。

（二）培养员工良好的工作习惯
1. 创造高效的工作环境。
2. 加强时间管理。
3. 学会划定恰当的心理界限。

（三）开展员工援助计划

（四）发展社交支持网络

职工心里疏导减压室

"霍桑效应"的启示：人一生中会产生数不清的意愿和情绪，但最终能实现能满足的却为数不多。对那些未能实现的意愿和未能满足的情绪，切莫压抑克制下去，而要千方百计地让它们宣泄出来。

当一个员工整日沉湎于工作中而不注意适时地减压的话，其工作效率是很难保证的，而且长期高负荷地工作，也必会影响员工健康。因此，为员工减压，让员工学会在工作中放松自己是企业迫在眉睫要考虑的问题。

其核心词语：自由、开放、尊重。公司创建了"敞开式大房间"办公室，所有员工都在一间敞厅办公，各部门之间只有矮屏分隔，无论哪级领导都不设单独办公室，同时也不称呼职衔，对董事长也直呼其名。惠普公司倡导所有公司管理者都要深入基层，接触广大员工，这样有利于公司上下左右通气，创造无拘束的合作氛围。

管理要以和而兴

全球著名的手机制造商摩托罗拉是一家深刻领悟"以和而兴"内涵的企业。比如在裁员方面，它天才般地创造了有情裁员制度，将裁员变成一个协商的过程，尽可能对员工做到尽心尽力的照顾，直至员工找到下一份工作。这个制度使得离开摩托罗拉公司的任何员工对公司不仅没有任何怨言，而且心存感激。

它裁员的步骤是：首先将员工召集起来，告诉大家需要裁几个人，每个部门有几个人离职，让所有的员工都明白整个过程。人力资源部门会和被辞退员工进行单独沟通，向员工说明职位削减、工作交接的原因，并推荐员工到公司的其他部门去。

公司还会为员工开设一些培训课程，指导被裁员的员工去寻找新的工作。正是凭借这样人性化的做法，摩托罗拉的员工感受了极大的激励，和企业建立起了亲密的关系，也为摩托罗拉建立起了长远的人力资源储备，从而实现了管理者和员工之间的完美和谐。

同样"以和而兴"的企业还有日本的索尼公司。作为全球领先的电子公司，其成功方法多少年来一直被广为研究、学习。索尼公司从"二战"后一家仅有20人的小作坊一跃而成为如今年销售额达到300亿美元的大型跨国公司，与它不断创新、依靠科技的理念是密不可分的。但是，索尼的创始人盛田昭夫更为看重员工的价值，他认为不管企业有怎样的创新都离不开员工的贡献。

索尼内部有一个政策：不管什么职位、不论身在何处，只要是索尼的员工，就是大家庭中不可分割的一分子。在索尼，管理者和员工之间相处融洽，好像一家人。不管是管理人员还是普通工人，都在同一个食堂吃饭，都穿同样的工作服，都有权利对企业的工作提出自己的看法和建议。

尽管公司变得越来越大，但盛田昭夫却一直坚持与各个层次的员工进行密切的接触。有一次，他发现一个小伙子闷闷不乐，就走过来耐心询问。听说他是因为自己的意见得不到上司的注意而苦闷，盛田昭夫马上重视起来，他组织发行了一份内部周刊，及时通报各部门的工作情况，并建立了畅通的内部信息流动制度。

在惠普公司，对人的重视是管理中最重要的一个方面。惠普采用了开放式的管理。惠普成立18年以来，公司都没有设立专门的人力资源部门，为的是管理者和员工之

第八章
柔性管理：获得员工的心灵共鸣

间保持高度的亲密接触和频繁的互动联系。直到 1957 年，惠普才成立了人事管理处，但是惠普的创建者比尔·休利特为它慎重地确定了角色和职能——人事管理处是只用来支持管理工作，而不是取代。

惠普公司包括首席执行官在内，没有一间办公室是装有门的。在公司里，所有的人都以名字相称，而不是称呼职位。公司鼓励员工用最简单明了的方式进行沟通和交流。员工不管遇到任何问题，都可以找到管理者进行交换意见。公司的实验室备品库是开放式的，工程师不仅可以在工作中随意使用这些备品，甚至可以把它们拿到家里去供私人使用，在这样的充分信任下，所有的员工都把公司当成大家共同的家。

更为业界所津津乐道的是，1976 年惠普在波布林根工厂实行了弹性工作制，惠普人事政策的主要原则是利益分享，公司里没有时间表，不进行考勤。现在，这样的工作方法已经在惠普的大部分工作岗位上广泛使用。员工和管理者一起制定和分担任务，并且通过股票购买计划分享公司所有权、分享利润、分享个人与专业发展

让员工对企业产生认同感

企业认同感不是让员工去认同企业的业绩和规模这一标签，去认同约定俗成的规章制度和行事法则，而是来自心灵和精神的认同（或者说是文化和价值认同）。

要想获得员工的认同感，管理者应从以下方面入手：

- 尊重并关注每一个员工
- 合适的岗位放合适的人
- 利用情感打动众人心
- 允许员工畅所欲言

同志们都走了……

可同志们的心都留在厂子里了

没有文化和精神认同感的企业，即使再能够赚钱，也注定是一台不会长久生存的赚钱机器，因为它是心灵的荒漠，而人是无法长久地在荒漠中找到生命必需的营养的。

233

的机会，甚至分担因营业额下降所引起的困扰。

显然，惠普领导者所做的一切都是为了创造"和"的管理境界。

制度无情人有情

孙子说："上下同欲者胜。"意思是说："只有全国上下、全军上下，意愿一致、同心协力，才能获胜。"如何做才能达到上下同欲的境界？这就需要在注重制度管理的同时，强调感性管理的运用，需要管理者在制度中融入柔软的情感。

中国大酒店创业之初，发生了一件体现中外管理文化差异的小事，但小事中潜藏着大问题——一个关于纪律和情理的问题。

事情源于一位外方部门经理检查客房，他不仅用眼睛检查地面、窗帘、浴室，还伸手四处摸摸，发现一切都打扫得干干净净，没有任何灰尘，床也铺得很整齐。正当他满意地点头之际，却发现了一个严重的问题：茶几上的茶杯朝向错了。

这里说朝向错，不是说茶杯放得不够整齐，而是茶杯上五个事关酒店品牌的字不见了，这五个字就是"中国大酒店"。按规定，杯子上的"中国大酒店"五个字应当向着门口，让客人一进门就看得见，以便传达酒店的品牌形象。

另外，那盒小小的火柴，也没有放在烟灰缸后面，而是放在烟灰缸旁边。这使外方经理大为恼火，他当众斥责服务员小温，说她工作粗心大意、不负责任、不懂规矩。

小温是一位18岁的广州女孩，刚入职不久，她受不了被人当众斥责，便与经理顶撞起来。她说："这仅仅是一点儿小事，并不影响酒店的服务质量，客人也不会计较，你分明是鸡蛋里挑骨头，小题大做，欺人太甚。"

但是，摆错杯子是小事吗？

当天，受了顶撞的外方经理也很难过。他找到中方经理交换看法，中方经理诚恳地说："在我们中国的社会制度里，上级是人，下级也是人，大家的关系是平等的，唯有对员工满怀爱心，循循善诱，员工才能接受你的批评教育。她们不习惯生硬的训导，总以为只有资本主义国家才会这样对待工人。"

外方经理恍然大悟："原来我们在管理方法和思想观念上，存在着差距。我不了解中国国情，只是就事论事，见她粗心大意、根本没有品牌意识，情急之下没有注意工作的方式和方法。"

他反思了一夜，第二天，出现在小温正在清洁的客房。小温有点愕然，他们不约而同地望向茶几上的茶杯，这回，茶杯摆对了。那一瞬间，他们相视而笑，仿佛昨天的"恩怨"已一笔勾销。他是来向小温道歉的，他说："我昨天在众人面前大声斥责你，伤了你的自尊心，这是我的不对。但是，杯子的摆法非讲究不可。"

从品牌管理的角度看，将"中国大酒店"五个字摆在显眼位置，不是一件小事，而是通过细节传达酒店品牌形象的大事。品牌既是管理的起点，也是终点，酒店提供的一切优质服务过程都在品牌中凝结。

中国有句古语："通情才能达理。"外方经理寓理于情的态度令小温感动，在短短的几分钟里，这位外方经理又赢得了下属的尊敬。从此，小温格外注意这样的细节，认真中又多了一种自觉。

后来，酒店针对上级批评下级的态度和方式，以及如何做好督导、如何有效解决冲突等，设立了专门的培训课程。酒店自身的企业文化就在差异和冲突的调解中得到提炼，逐渐积淀下来。

一年多之后，小温被评为酒店的"服务大使"，她在介绍经验的时候讲到了这件事对她的启迪。不久，她还升职当上了主管，这下轮到她给新来的员工讲茶杯的故事了。

企业应设身处地为员工着想

企业只有尽可能多地为员工着想，让他们无后顾之忧，员工才能有充沛的精力做好工作。一旦员工与企业同呼吸、共命运，怎能不心甘情愿地为企业创造价值。

企业应从以下几方面着力为员工着想：

1. 让员工快乐工作，发挥能力。
2. 尊重员工的人格和个性。
3. 营造团队氛围。
4. 帮助员工成长。
5. 培训有特长的员工。

企业在看员工是不是真心为企业着想、员工在看企业是不是真心在为他们着想，你看我、我看你，看来看去企业找不到合适的员工、员工找不到合适的企业。

美国国际农机商用公司的老板西洛斯·梅考克是一个坚持原则的人，如果有人违反了公司的制度，他会毫不犹豫地按章处罚，但他同样能够体贴员工的疾苦，设身处地地为员工着想。

有一次，一位跟梅考克干了10年的老员工违反了公司的工作制度，上班时间酗酒闹事，并且经常迟到早退，还因此跟工头大吵了一场。在公司所定的规章制度中，这是最不能容忍的事情，不管是谁违反了这一条，都会被坚决地开除。所以当工厂的工头把这位老员工闹事的材料报上来后，梅考克迟疑了一下，但仍提笔批写了"立即开除"四个字。

梅考克毕竟与这位老员工有患难之交的感情，他本想下班后到这位老员工家去了解一下情况。不料这位老员工接到公司开除的决定后，立即火冒三丈。他找到梅考克，气呼呼地说："当年公司债务累累时，我与你患难与共，即使3个月不拿工资也毫无怨言，而今犯这点错误就把我开除，你真是一点情分也不讲！"

听完老员工的叙说，梅考克平静地说："你是老员工了，公司制度你不是不知道，应该带头遵守才对……再说，这不是你我两个人的私事，我只能按公司规矩办事，不能有一点例外。"

接着梅考克又仔细地询问了老员工闹事的原因，通过交谈了解到，原来这位老员工的妻子最近去世了，留下两个孩子，一个孩子刚巧不幸跌断了一条腿，住进了医院；还有一个孩子因吃不到妈妈的奶水而饿得直哭。老员工是在极度的痛苦中借酒消愁，结果耽误了上班。

了解到了事情的真相，梅考克为之震惊："你怎么不早点说呢？我们不了解你的情况，对你关心不够啊！"梅考克接着安慰老员工说，"现在你什么都不用想，快点回家去，料理你夫人的后事和照顾好孩子。你不是把我当成你的朋友吗？所以你放心，我不会让你走上绝路的。"接着，梅考克从包里掏出一沓钞票塞到老员工手里。

老员工被老板的慷慨解囊感动得流下了热泪，他哽咽着说："我想不到你会对我这样好。"

梅考克又再次嘱咐老员工："你先回去安心照顾家吧，不必担心自己的工作。"

听了老板的话，老员工转悲为喜说："你是想撤销开除我的命令吗？"

"你希望我这样做吗？"梅考克亲切地反问。

"不！我不希望你为我破坏公司的规矩。"

"对，这才是我的好朋友，你放心地回去吧，我会做出适当安排的。"

事后，梅考克把这位老员工安排到自己的一个牧场去当管家，让老员工以后的生计有了着落。对这一安排，这位老员工十分满意。

第八章
⊙柔性管理：获得员工的心灵共鸣

下属的微笑就是力量

人的表情是完全受情绪支配的，内心不愉快，强装的微笑也是虚假的、难看的，一眼就可以看得出来。这种"微笑"正好使人不愉快。那么，如何使心情保持欢乐，从而使脸上总是带着笑容呢？特别是肩负重任、工作繁忙、脑子里时刻想着问题的

领导者的微笑艺术

一位商人曾感叹："微笑不用花钱，却永远价值连城。"微笑管理可以提升员工工作效率，可以提高顾客满意度，还可以让员工产生企业认同感和归属感。

领导者微笑管理的艺术
- 悦人之前先悦己，展示你的个人魅力，把积极的态度与员工共享。
- 让工作环境微笑起来，建立微笑的工作场所，营造愉悦的团队氛围。
- 笑意盈盈的员工管理，使企业的发展与员工的幸福融为一体。

吸引力
欣喜的笑容让你更具魅力。71%的女人和58%的男人认为微笑是伴侣最有魅力的品质。

难忘
24%的人表示，与人交往时印象最深的面部特征是微笑。

美国人微笑次数最多
跨文化领域的研究显示，美国人微笑的次数最多。

回报
超过50%的人会回报给对他们微笑的人一个微笑。这说明微笑具有感染力，对你身边的人有好处。

领导者能如何做到这一点呢?

美国著名成人教育家戴尔·卡耐基说:"不论你是什么,或你是谁,或你在何处,或你在做什么事,致使你快乐或不快乐的因素,是你对之如何想。例如,两人同在一个地方,做同一事情,彼此有同样多的金钱与声望——而一个会痛苦,一个会快乐,为什么?因为心境不同。"

领导者对于下属也是一个样,同一个或同一些下属,有的领导者觉得可爱,有的领导者却感到讨厌,从而在下属面前表现出的是截然不同的两张脸。为什么?就是因为对下属的看法不同。所以,领导者对下属要笑口常开,一定要经常想下属的优点和长处,不要老是想着下属的缺点和错误。

当领导者走进自己的部门即将和许多下属见面的时候,脑子里应该想着下属们所做出的许多成绩、许多贡献,想他们的许多优点,而不要让其中一个表现不好的下属占据脑子的一点位置。然后,抬起头来,注视四周,用微笑向下属们问候,集中精力与下属握手。

当领导者与下属谈话的时候,应该想到眼前谈话的是一个优点很多的下属,或者是一个虽有缺点、有短处,但也有优点、有长处的下属(谁没有优点,谁没有长处呢?)特别是与那些工作成绩不好,或者犯有错误的下属谈话,除了极个别问题特别严重、使人极为气愤的下属之外,脑子里不要老想着他是"生成的眉毛长成的痣",改不了,无可救药,而应该想到后来者可以居上,浪子可以回头,尽力控制自己的情绪,以免脸色难看。

这不是强装笑颜吗?从某种意义上可以说:是。因为在某些情况下,下属的行为本来使领导者心情不愉快,甚至愤怒,领导者极力压抑这种不愉快甚至愤怒的情绪,以免脸色难看甚至丧失理智,同时尽量想到这个下属的优点和长处,以调节自己的心情,这实际上是"强装"了一下子。但对下属的这种"强装"并没有什么不好,丝毫没有"讨好"的意思。不信,可以回顾一下,当上司和颜悦色地指出员工的过错时,员工作为他的下属,将是怎样的心情呢?退一步说,该不至于反认为上司是在讨好你,使你厌恶吧!应该说,这种"强装"是一种美德,一种应该大为发扬的美德。

没有哪种风格是最好的

根据下级的成熟度、工作意愿和责任心等,一般可将领导分成三种类型:命令型、民主参与型和授权委托型。一般情况下,卓越的企业领导人必须把这三类风格兼容并蓄,并保持它们的均衡,才能有效地领导各种不同个性和品格的员工,使他们发挥团队合作的力量，实现最佳的企业绩效。

在企业管理中，领导风格从优点变成缺点的过程，在亨利·福特二世的身上最为典型。

福特二世在 29 岁时就开始了对福特汽车公司的领导。他年轻气傲，喜欢重用一些他喜欢而且易于相处的部属。由于他自己具有高度自制、竞争的个性，因此在管

领导者常用的四种领导风格

所谓领导风格，是指领导者的行为模式。领导者在影响别人时，会采用不同的行为模式达到目的。这些行为模式是可观察的，也是可以由被领导者"感受"得到的。

领导者常用的四种领导风格

模型	特点	内容
告知型	指导性行为多，支持性行为少	领导者对于被领导者给予明确的指导并近距离监督
推销型	指导性行为多，支持性行为多	领导者对于被领导者进行监督、指导、倾听、鼓励和允许试错，并鼓励对方参与决策
参与型	指导性行为少，支持性行为多	领导者鼓励被领导者自主决策，鼓励他们按照自己的方式做事情
授权型	指导性行为少，支持性行为少	由被领导者自己决策并执行

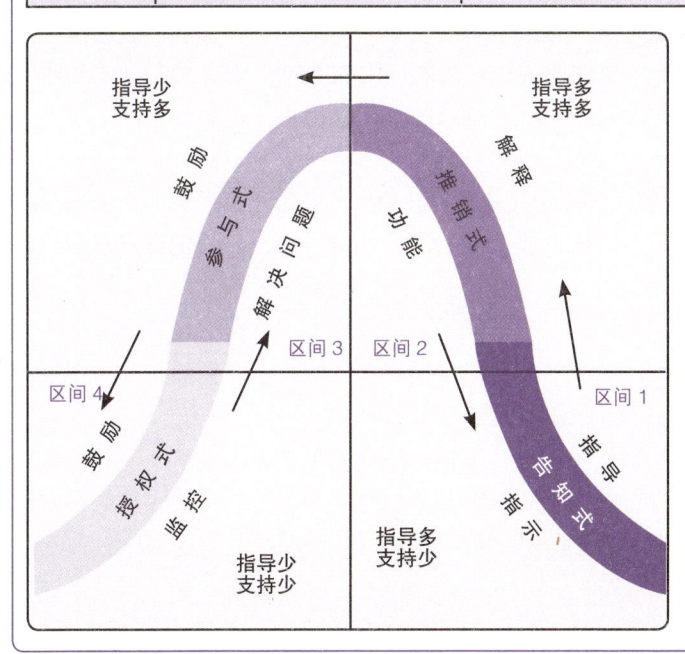

领导者的领导风格是根据领导者在他人眼中的表现来确定的。这与领导者如何看待自己无关，而是与他们想要影响的被领导者的看法有关。

239

理人员的选择上，忽视严谨深思的人，以致在这家历史悠久的公司中，麦克纳马拉、艾科卡这类有个性的人凤毛麟角，且难以长期容身。

基于某些原因，福特二世认为只有他最惬意的个性和品格形态，才能够成功地领导其他员工，因而在他周围影响决策的公司管理人员基本上呈单一的领导和管理风格。显然，他并没有能够充分地认识到领导风格的基本原理，也未能了解心理学的相关知识，以致不能发现其他众多公司管理人员所具有的不同个性和品格形态。福特公司后来在经营上一度蒙受重大的损失，其重要原因就在于管理人员未能进行思考和反省，从而无法及时而敏感地意识到市场的变化，发现消费者在购买汽车时的心理变化。

实际上，福特二世的个性和品格形态具有果决、坚忍、勇敢等优点。但是极度缺乏弹性与合作精神，因而刚愎自用、一意孤行、人心不稳。在他的领导下，终于导致公司竞争力的丧失。例如，面对来自日本咄咄逼人的挑战，福特却视而不见、嗤之以鼻，反而自以为是地削减了75%的能源效率研究与开发预算，并先后解雇了艾科卡等优秀的管理人员，最后终于在小型汽车的竞争中败下阵来。

因此领导者要成为一个好的对内外形势进行估测的诊断师，他必须重视询问和交流，敏锐地觉察人们的各处心理差异和社会形势的发展倾向，发掘下属的涌力和动机，善于分别指导工作，弹性地改变自己的行为。

韦尔奇大刀阔斧的改革就是一个很好的例子。1981年4月，杰克·韦尔奇接管通用电气。他拒绝了在华盛顿扮演的政客角色，全力以赴在通用电气进行大刀阔斧的改革。

韦尔奇取消了整个官僚作风严重的管理层，抛弃了业绩不佳的部门，废除了数年来与政府来往的工作指导思想。他重新定义了CEO的角色任务。以前，通用电气集中关注收入的增长，雇员、股东与社会利益的平衡，但韦尔奇却提出了一个简单明了的成功准绳：提高通用电气投票价格。

在韦尔奇管理的20年里，通用电气的股价狂飙。韦尔奇最出色的一个方面就是他的自发性和先知性，因为并没有人要求他必须这样做，而当时其他许多总裁只是被动的公司管家。

他的"铁腕"曾经被人戏称为"中子弹"，认为爆发力太强。也许在有的人看来这样的强制性决策与今日"以人为本"的管理理念不相符合，但通用和韦尔奇的成功却说明我们不能盲目地将过去的管理方式扫入垃圾堆。

此一时彼一时，管理风格也是因时、因地、因人而异的，不能"一刀切"。因为没有哪一种领导风格是最好的，以菲德勒的"权变领导理论"来说，它们都是时势和天性的产物，不过可以通过后来的调整来进行磨合互补。

第八章
⊙柔性管理：获得员工的心灵共鸣

释放你的爱心和福祉

在爱护"员工"方面，我们老一辈军事将领做得最好。"红军之父"朱德爱护战士是有名的。在多年的行军作战中，每到一个新的宿营地，朱德总是关心野外警戒的同志吃得饱不饱、穿得暖不暖，有没有热水洗脚，有时，还帮炊事员支炉灶安排大伙儿的生活。又如皮定均将军，他爱骂人，官越大骂得越狠，但从来不骂士兵。有一次皮定均视察部队，看见一位哨兵的军大衣少了一颗纽扣，马上命令营长跑步取来针线，为哨兵钉上纽扣。

"严是带兵之道，情是带兵之本"，带兵需要真情，这样的管理才有更多的人情味与更大的凝聚力。中华民族有着"报恩"的传统美德，"受人之恩，终身必报"，"滴水之恩，涌泉相报"。企业家关心爱护员工，员工肯定会给予足够的感激和报答的。企业家越是关心、爱护员工，员工们就会更加拼命地为企业效力。

让员工在企业里找到归属感

员工归属感的形成是一个非常复杂的过程，但一旦形成后，将会使员工产生自我约束力和强烈的责任感，调动员工自身的内部驱动力而形成自我激励，最终产生投桃报李的效应。

员工归属感的形成

归属感的形成是一个由浅入深、渐进互动的过程，它可以分为三个层次：

1. 加入企业前——对企业有一个整体大致的了解。

2. 刚加入企业——开始对企业全面认知、熟悉的过程。

3. 在企业工作一段时间后——随着企业对个体在物质上和精神上不断满足，逐步产生归属感。

归属感使个体在潜意识里将自己融入到整体中去，将该整体利益作为自己行事的出发点和归结点。员工的归属感对企业具有重要价值。

企业是我家
发展靠大家

英国的克拉克公司是一家很小的公司,它的业务只不过是为顾客的草坪施肥、喷药。但它的经营思想、管理方针却十分独特,许多专家称它是唯一一家真正体现"爱的思想"的公司。正是这种"不合常规",强调"爱"的经营思想和方式,使公司获得了巨大成功:克拉克公司创业时只有5名员工,2辆汽车,到了10年之后,已有5000名员工,营业额达到3亿英镑。

公司创始人克拉克的老父亲传给公司一个信条:"员工第一,顾客第二,这样做,一切都会顺利。"克拉克公司一直坚持这个信条,对员工如同家里人一般,对用户尽心尽力提供服务。在克拉克公司,喷药、施肥的工人被尊敬地称为"草坪养护专家",是公司里最为重要的人。

老板克拉克关心工人,是出于内心的感情,而不是装腔作势,或沽名钓誉。一次,克拉克提出购买一个废船坞,想把它改建为公司员工的免费度假村。公司高级财务管理人员通过细致的计算,发现这个计划超过了公司的实际支付能力,他们费了好大劲,才说服克拉克放弃这个购买行动。

可是,没过不久,克拉克又要在一片沙滩上修建员工度假村,财务人员再次劝阻了他。后来,克拉克瞒着公司高级管理人员,买下一条豪华游艇,让员工度假,又包租了一架大型客机,让工人去外国旅游。

事后,主管负责财务的副总裁说:"克拉克要我签字时,根本不知道我是否付得起这笔钱!可是我看到那些从未坐过飞机的工人,上飞机时的表情后,我再也无话可说。"在克拉克眼里,员工开心,他才会开心。

爱的精神即爱你的顾客、爱你的员工,尽心尽力使他们满意。同样,沃尔玛领导人不无感慨地说:企业谁是第一,顾客!但是要想让沃尔玛的所有顾客都当成上帝的话,我们就必须善待和尊重我们的员工。"爱出者爱返,福往者福来。"给人以爱,赐人以福,而最终爱心和福祉又会回到企业身边,何乐而不为?

与员工进行情感交融

我们的社会——家庭、学校、教会、组织——能有效地影响人们去适应外在的世界,而不是适应自己内心的渴望。人们受的教育是服从家长、老师和上司,而不是遵循自己内心的想法。但人们的感情也需要得到尊重。克拉丽沙·平克拉·埃斯蒂斯写的《与狼共行的女人》和罗伯特·布莱写的《铁约翰》等畅销书向成千上万的读者传递了同一个信息:行动发自内心,即发自真正的自我和自然感情,将会使自己和周围人都感到满意。

另一种内心情感是"欢乐"。约瑟夫·坎贝尔把这种情感描写为狂喜、入迷、充满愉快感觉的活动。坎贝尔说，伴随欢乐的是向左转，进入由心灵选择的生活道路。这里不保证有物质上的成功，因为踏上这条生活道路本身就是一种回报。向右转则是实际、逻辑的生活道路。这条道路是由自觉的思想结合他人的期望选定的，它常常压制心灵的愿望。

欢乐指的是人们喜欢的宝物，这件宝物不是另一个人——它深藏在人们的内心。只有感情才能讲出它是什么。当人们认识到了他们愿望中的这件东西时，就会被它唤醒，受到它的激励，并焕发生机。沃伦·本尼斯称此为领导者须听取的"内心呼声"。领导者不应该走老路，正像诺曼·利尔在70年代所做的那样，在电视剧中表现普通的美国人，而不是英雄美女式的人物。魅力领导跟着内心感觉走，感觉到本能，并凭本能行事。

有爱心的领导具有神奇的品质，而爱从广义上来说，是领导智慧的源泉。库泽斯和波斯纳在《领导的挑战》中讲到了美国陆军少将约翰·斯坦福对关于领导人培养问题的回答。他说："每当有人问起我这个问题，我就告诉他们我有生活中取得成功的奥秘，那就是保持爱心。"

从一个人的所爱之中找到令人振奋的东西是当领导的基本前提，其他任何方法都缺乏魅力，缺乏真实性。记住，"世界上最柔软的支配世界上最坚硬的"，我们每一个人以爱为基础的领导能力是不同的。得到充分发展的领导者热爱国家、家庭、

打造领导魅力

领导魅力是组织机构变革过程中较为重要的因素。伟大的组织机构，说到底都是某个人的影子和延伸。伟大的组织不是管理出来的，而是领导出来的。

领导魅力的表征

- 自信
- 远见
- 清楚表述目标的能力
- 对目标的坚定信念
- 不循规蹈矩
- 作为变革的代言人出现
- 对环境具敏感性

具有领导魅力的领导者对下属有某种情感号召力，可以鲜明地拥护某种达成共识的观念，有未来眼光，而且能就此和下属沟通，激励他们更好地工作。

工作、孩子及其他许多方面，而且都带着热情。

有些人天生就是重感情的人。例如，李·艾柯卡，他尽管工作很忙，每天还是要找出时间打电话给他的女儿。罗纳德·里根非常关心他的妻子，并且有成千上万的人在电视上看到了他向重访诺曼底海滩的"二战"老兵及"挑战者"号失事的宇航员亲属表示慰问时的脉脉温情。

在生活和团体中投入热情的人会发现他们得到的乐趣和刺激更长久。没有任何东西能代替心灵。处在极度不平衡的世界中的领导者对事业充满热情。热情一旦与理性结合到一起，就会迸发出火热的干劲与合作精神，并能鼓舞成千上万的人加入到他们的行列中来。

我们羡慕和尊敬那些有生气、精神高昂、热情、自信和乐观的领导者。我们希望他们是鼓舞人心的。然而，领导者光对未来有梦想是不够的，他们必须鼓励我们认同这个奋斗过程，并鼓励我们朝这个目标而努力工作。

再次指出，这要得到全世界的认同，因为整个世界都需要受到鼓舞。在被调查的经理中，有91%的人认为，能鼓舞人心的高级经理是很重要的，这种品质被认为比"分析"、"组织"和"坚强"更重要。如果你打算做领导，你最好注视这闪光的一面。

赫兹设备租赁公司的副总裁约瑟夫·盖格里德证实了情绪饱满的人的精神的重要性："我觉得你到工作站来每天都会感到你会有变化，而且感受到整个部门洋溢着热情，因为没有人在孤零零地干活，热情变成一种感染力，工作任务几乎就成了一项有趣的消遣。"

下属其实也是管理者

一家工厂，为了进一步加强工厂的凝聚力，培养员工的主人翁意识和责任感，实行了一项独特的管理制定，即让员工轮流当厂长管理厂务。

工厂每逢星期三就由一名基层员工轮流当一天厂长，负责管理工厂的业务。"一日厂长"上午9点上班，听取各部门主管的简单汇报，对整个工厂的经营情况有个全盘的了解，然后陪同厂长到各部门、车间去巡视工作情况。这样做，不仅让一日厂长熟悉其他部门、车间的业务，还可以开拓他的视野，了解工厂、车间之间相互协调的关系，以便自己更好地加强合作。

一日厂长可以对企业管理提出自己的看法，也可以对企业提出批评意见，并详细地记载在工作日记上，让各部门相互传阅，各部门有则改之、无则加勉。改进工作的部门要在干部会议中提出改进工作的成果报告，只有当干部会议认可之后才算结束。

一日厂长有处理公文的权力，对各部门、车间主管送来的公文，他按自己的意愿批示后，交送厂长酌定。一日厂长制经过一年多的实践，该厂的员工有 40 多人当过厂长，并节省了成本 200 万美元，收到了显著的实效，工厂把这部分钱作为奖金发给全体员工，又一次增强了大家精诚合作的向心力，令同行羡慕不已。

让下属参与管理工作不仅能够提高员工的责任感，而且还可以鼓舞员工士气，提高员工参与工作的积极性。

美国通用电气在公司内部实施无边界管理，让各部门的各级成员都可以直接参与公司决策，结果大大提高了员工工作的热情和组织凝聚力，极大地鼓舞了士气，使公司迅速走出了发展的低谷。通用电气公司的前身是美国爱迪生电气公司，创立于 1878 年。

经过一百多年的努力，通用电气公司现已发展成世界上最大的电气设备制造公司。生产的产品种类繁多，除了一般的电气产品，如家电、X 光机等，还生产电站设备、核反应堆、宇航设备和导弹。但到了 1980 年，这个巨大的公司却落到山穷水尽，难以维持的境地。

就在这危机关口，年仅 44 岁，出身于一个火车司机家庭的杰克·韦尔奇走马上任了，担任了这个庞然大物的董事长和总裁职务。

他上任后进行了一系列改革，其中最重要的一条就是，宣布通用电气公司是一家"没有界限的公司"，指出"毫无保留地发表意见"是通用电气企业文化的重要内容。

1986 年，一位年轻工人冲着分公司经理嚷道："我想知道我们那里什么时候才能有点'管理'！"韦尔奇听说后，不仅不允许处分这个年轻人，还亲自下去调查，

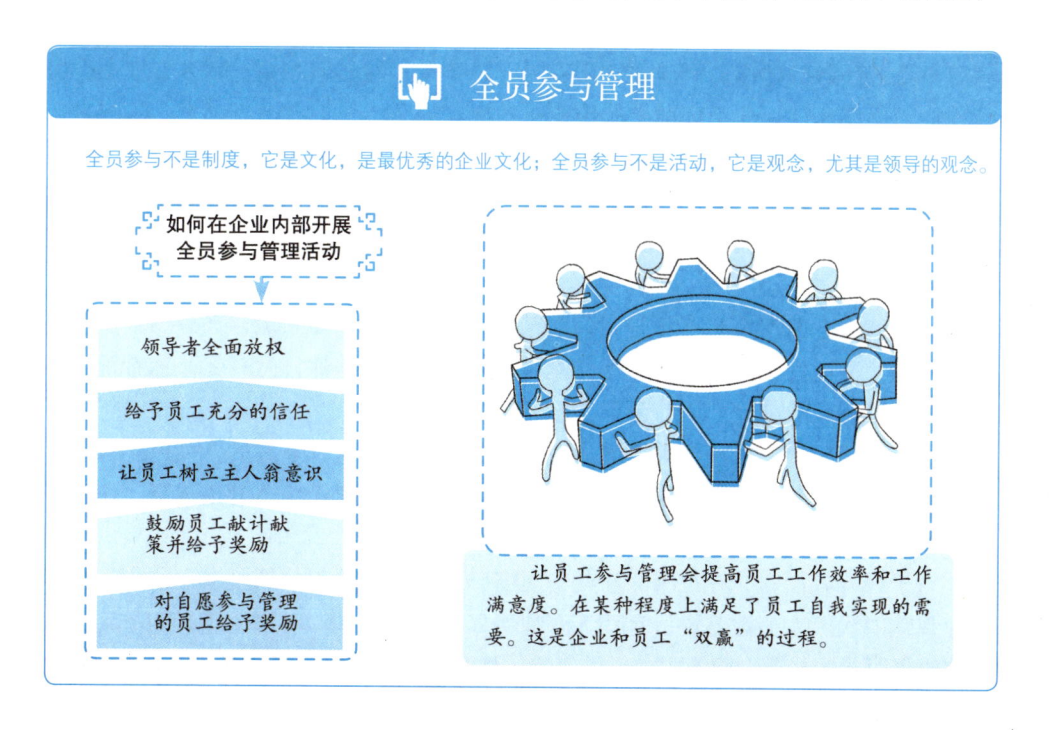

全员参与管理

全员参与不是制度，它是文化，是最优秀的企业文化；全员参与不是活动，它是观念，尤其是领导的观念。

如何在企业内部开展全员参与管理活动

- 领导者全面放权
- 给予员工充分的信任
- 让员工树立主人翁意识
- 鼓励员工献计献策并给予奖励
- 对自愿参与管理的员工给予奖励

让员工参与管理会提高员工工作效率和工作满意度。在某种程度上满足了员工自我实现的需要。这是企业和员工"双赢"的过程。

几周之后，分公司的领导班子被撤换了。

在通用电气公司里，每年约有2万~2.5万员工参加"大家出主意"会，时间不定，每次50~150人，要求主持者要善于引导大家坦率地陈述自己的意见，及时找到生产上的问题，改进管理，提高产品和工作质量。

员工如此，公司的各级领导层也在这个精神的指导下，更加注意集思广益。

每年1月，公司的500名中高级经理在佛罗里达州聚会两天半。10月，100名主要管理者又开会两天半。30~40名核心经理则每季度开会两天半，集中研究下面的反映，做出准确及时的决策。

当基层开"大家出主意"会时，各级经理都要尽可能下去参加。韦尔奇带头示范，他常常只是专心地听，并不发言。开展"大家出主意"活动，给公司带来了生气，取得了很大成果。如在某次"大家出主意"会上，有个员工提出，在建设新电冰箱厂时，可以借用公司的哥伦比亚厂的机器设备。哥伦比亚厂是生产压缩机的工厂，与电冰箱生产正好配套。如此"转移使用"，节省了一大笔开支。这样生产的压缩机将是世界上成本最低而质量最高的。

开展"大家出主意"活动，除了在经济上带来巨大收益之外，更重要的是使员工感到自己的力量，大大鼓舞了工作士气。经韦尔奇的努力，公司从1985年开始，员工减少了11万人，利润和营业额却都翻了一番。调查表明，通用电气是美国道·琼斯工业指数设立以来唯一至今仍在榜上的公司。通用电气曾被《财富》杂志评为"美国最受推崇的公司"和"美国最大财富创造者"。

如果领导听取了下属的意见，但又不准备采纳的话，那么他应该花点时间向下属解释他这样做的原因。许多研究都发现，是否对下属言明一切，很大程度上影响着他们的工作热情。如果你对下属说明了情况，那么，他们对工作结果产生的责任感要比那些始终蒙在鼓里的人强得多。当然，并非对所有的人来说都是如此。领导还应敏感地注意到，有些人会觉得如果上司拿不定主意，事事都要征求他们的意见，那么他凭什么拿比他们高的工资？让下属积极参与管理，但上下级之间还是要分清楚的。

能鼓舞人心的那些东西就是人们对某些回报的渴望，如果他们没有得到这些渴望的回报，士气就会低落。如果这种起激励作用的因素与你自己有关，你希望得到一些控制权，下属的士气就会低落。

如果你想取悦于最高领导而无视下属的优秀工作表现，下属的士气也会一落千丈。如果这种起激励作用的因素与领导者有关，在一个充满竞争的情况下，作为组员卖力地工作却得不到尊重，这种结果肯定是比较糟的。

对于领导者而言，在征求大家的意见时，要注意不要偏信那些在工作小组中有较多权威的人。大多数时候，这类人多数为年岁较大之人。对那些年轻的员工，也应该给予同等的关注，而不因他们的年龄、经验等因素忽略他们。

第九章
目标管理：促使组织成员激情澎湃

目标管理是一种程序

所谓目标管理,是一种程序或过程,它使管理者和员工一起协商,根据部门的使命确定一定时期内的部门目标,由部门目标决定员工的责任和子目标,并把这些目标作为部门运行、评估和奖励的标准。

佩里戈公司是密歇根州的一家常用药和美容药品制造商。当威廉·斯瓦尼接任公司总裁后,他发现公司仍然依赖传统的目标设定方法,管理者们只有一些模糊的目标。

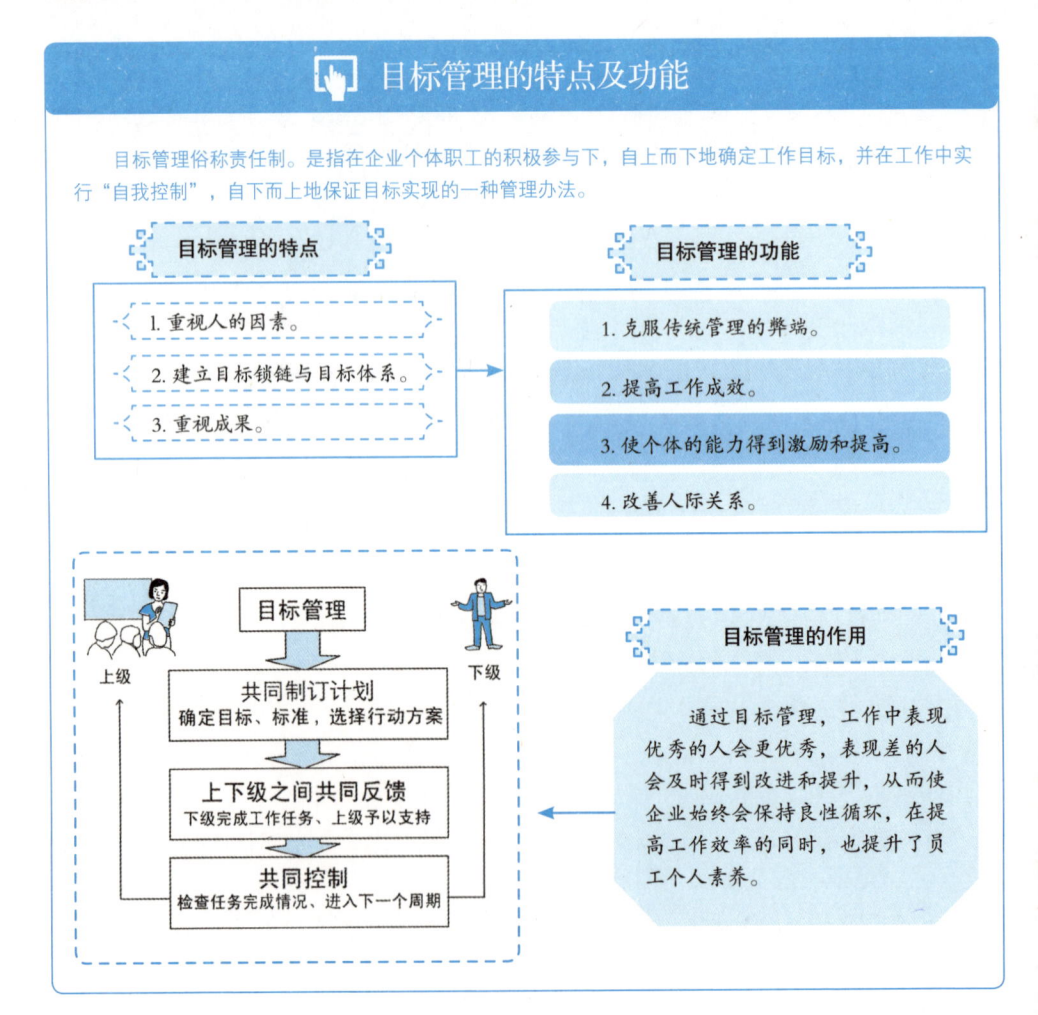

目标管理的特点及功能

目标管理俗称责任制。是指在企业个体职工的积极参与下,自上而下地确定工作目标,并在工作中实行"自我控制",自下而上地保证目标实现的一种管理办法。

目标管理的特点
1. 重视人的因素。
2. 建立目标锁链与目标体系。
3. 重视成果。

目标管理的功能
1. 克服传统管理的弊端。
2. 提高工作成效。
3. 使个体的能力得到激励和提高。
4. 改善人际关系。

目标管理

上级 —— 下级

共同制订计划
确定目标、标准,选择行动方案

上下级之间共同反馈
下级完成工作任务、上级予以支持

共同控制
检查任务完成情况、进入下一个周期

目标管理的作用

通过目标管理,工作中表现优秀的人会更优秀,表现差的人会及时得到改进和提升,从而使企业始终会保持良性循环,在提高工作效率的同时,也提升了员工个人素养。

而威廉要的是这样的目标设定方案：它可以确切地说明管理者们和员工们期望实现的目标，它将起到激励的作用而不是恫吓的作用。于是，威廉建立了一套参与性的目标设定系统，每一位员工自己找出10个以内的关键改变，然后，每个人根据自己承担的职责设立具体的、定量化的目标。结果这些措施使他的工作卓有成效。

上例中威廉·斯瓦尼采用的就是目标管理。这套系统由下级与上级共同决定具体的绩效目标，并且定期检查目标的进展情况，而奖励则是根据目标的完成情况来确定。目标管理不是用目标来控制，而是用目标来激励下级。那么，什么是目标管理呢？

1954年，著名的管理大师德鲁克最早提出了"目标管理"的概念。德鲁克认为，并不是有了工作才有了目标，而是有了目标才能确定每个人的工作。他认为，企业的使命和任务，必须转化为目标，如果一个领域没有目标，那么这个领域的工作就会受到忽视。因此管理者必须通过目标对员工进行管理。目标管理的具体形式多种多样，但基本内容是一致的。

选择好目标管理类型

目标管理具有三个鲜明的特点：

1. 重视战略，强调成效

实行目标管理，管理者要通过一定的宗旨，确立部门某一时期特定的战略目标，并以此为重点，把部门的工作目的和任务转化为全体员工的明确目标，并通过目标的制定、实施和评定等工作，将部门全部活动组织起来。

2. 上下沟通，融为一体

目标管理是一种系统管理思想，它要求以人力资源部门目标为核心，主管和员工围绕部门目标提出各自具体的子目标，有机地组成人力资源部目标体系。部门目标限定和派生了主管目标，主管目标又控制所属的员工目标。

3. 重视管理，以人为本

目标管理在指导思想上吸收了人际关系学说的理论，既讲究科学的分工、协作和工作效率，又注意发挥员工的主观能动作用，让其在胜任感的驱使下，努力追求实现各自的子目标。

在探讨目标管理时，管理者应当考虑目标管理的类型。目标管理的类型因对象职能、管理人员、作业类别不同而不同。

1. 以主管为中心还是以全体员工为中心。根据推行目标管理的对象范围划分可分为"以主管为中心"和"以全体员工为中心"两种类型。调查发现，由主管实施目标管理的比重较大。当然有的是在推行初期的权宜措施，待以后再逐渐扩大推行对象。无论是什么情况，都由主管实施目标管理，否则产生不了作用。

以主管为中心的做法，大多是模仿美国的。在美国，目标管理只是主管的一种管理工具。而在日本，目标管理则已成为全体员工所利用的一种有效手段。因此，既然要推行，不妨一开始就全员推行。当然为达到这个目的，还必须有充分的准备和共同的认识。

2. 以业绩为导向还是以能力开发为导向。以部门为主的业绩导向和以人为本的能力开发可以整合。整合才是目标管理的真面目，并非是选择哪一类型的问题。所以，不管是哪一种职能，必须努力使两种类型合并实施，但要依职能来调整其所占的分量。

一般现场的工作"业绩导向"所占的分量要高，员工的工作则应偏重"能力开发"。至于主管人员方面，越是上级，越需要提高"业绩导向"的分量。越是下级，越需要提高"能力开发"的分量。总之，主管应从每一个人的职能上根据事实需要决定其分量。

3. 以业绩为主导还是以过程为主导。目标管理也称为业绩管理。目标管理不仅追求业绩，同时也重视过程。业绩必须作为一种结果列出来，但有了业绩的过程才有业绩的实现，所以，要重视并关注过程。

"业绩主导"型和"过程主导"型并不是对立的，没有业绩的过程是无效的；不经过程的充分酝酿，业绩无从产生。因此，主管应根据情况的不同，酌情使用这两种形态。一般来说，对主管宜采用以业绩为主导，而对员工宜采用以过程为主导。主管本应按其业绩接受严格的评价。主管直接向业绩负责是理所当然的。所以，必须放弃目前那种不彻底的做法。对于主管而言，目标管理采用以业绩为主导的做法。

对于员工而言，在要求业绩前，应致力于培养他们的能力。

4. 以个人为中心还是以小组为中心。美国是目标管理的发源地，在那里目标一向被认为应按个人设定为原则。因为在美国，一切企业都以个人为中心。但目标管理传到日本后，不只是以个人为中心，还有以小组为中心的，而且一般认为以小组为中心的效果更大。产生这种结果，与日本企业的集体主义行动的社会背景大有关系。

企业到底是以"个人中心"好，还是以"小组中心"好？对此不能一概而论。主管应该配合员工的"工作方式"来决定哪种最为理想。在企业或部门里，分配给每一个员工的工作，如果因人而异的话，就应该采取"个人中心"方式；如果分配给小组的工作，是同性质的话，就应该采取"小组中心"方式。

如果采取"个人中心"，则过去那种互相依赖的不负责体制，就可能消灭掉，进而会迈向一种自立专业化的途径。如果是以小组为中心，则它的好处可以充分发挥。最典型的例子，便是"无缺陷小组"或"品管圈"等。主管必须考虑究竟采用何种形态较有效果，去决定采用"个人中心"或"小组中心"。

5. 以多样性还是一律性。通常目标管理的管理循环周期为6个月。6个月不长不短，可以说是最理想的。但要把循环周期一律加以固定，并不是明智的做法。

属上级的周期可以较长，属下级的，则周期宜较短，这一点值得主管考虑。此外，经济形势的变化，也应加以考虑：在安定时期，周期要放长；在危机时期，周期要缩短。总而言之，应该配合职能、职位和环境的情况，综合考虑管理循环周期的长短，保持其多样性。

按照程序进行管理

目标管理程序具有以下两个特点：

1. 重视人的因素

目标管理是一种参与的、民主的、自我控制的管理制度，也是一种把个人需求与部门目标结合起来的管理制度。实行这种制度能使员工发现工作的兴趣和价值，享受工作的满足感和成就感，同时部门目标也得以完成。

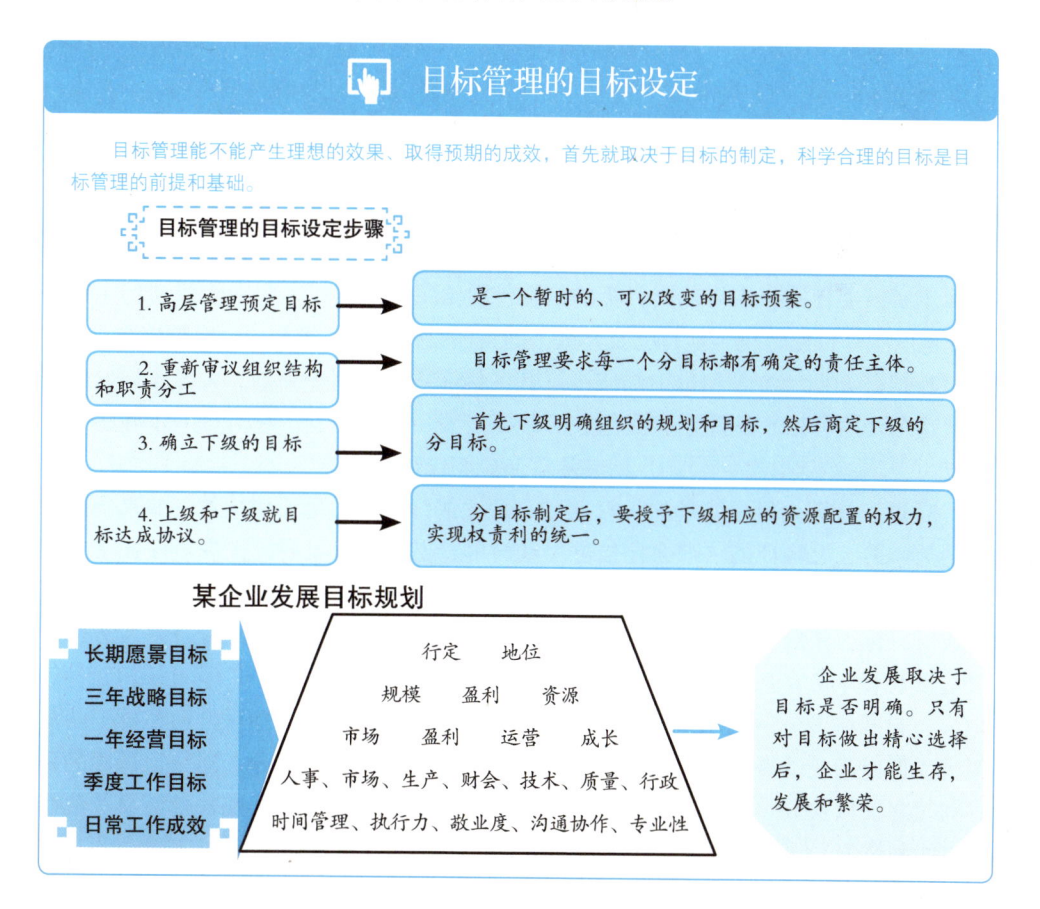

目标管理的目标设定

目标管理能不能产生理想的效果、取得预期的成效，首先就取决于目标的制定，科学合理的目标是目标管理的前提和基础。

目标管理的目标设定步骤

1. 高层管理预定目标	是一个暂时的、可以改变的目标预案。
2. 重新审议组织结构和职责分工	目标管理要求每一个分目标都有确定的责任主体。
3. 确立下级的目标	首先下级明确组织的规划和目标，然后商定下级的分目标。
4. 上级和下级就目标达成协议。	分目标制定后，要授予下级相应的资源配置的权力，实现权责利的统一。

某企业发展目标规划

- 长期愿景目标
- 三年战略目标
- 一年经营目标
- 季度工作目标
- 日常工作成效

行定　地位
规模　盈利　资源
市场　盈利　运营　成长
人事、市场、生产、财会、技术、质量、行政
时间管理、执行力、敬业度、沟通协作、专业性

企业发展取决于目标是否明确。只有对目标做出精心选择后，企业才能生存、发展和繁荣。

251

2. 建立目标锁链与目标体系

部门的目的和任务必须转化为目标，主管必须通过这些目标对员工进行领导。而目标必须有层次，要形成一个目标锁链和目标体系。只有每个主管和员工都完成了自己的分目标，整个部门的目标才有完成的希望。

目标管理的实质是激励员工的自我管理意识，激发员工行动的自觉性，充分发挥其智慧和创造力，最后形成员工与部门同呼吸、共命运的共同体。

目标管理有四个共同的要素，即明确目标、参与决策、规定期限和反馈绩效。

1. 明确目标。目标管理中的目标应当简明扼要，仅仅说希望降低成本或提高质量是不恰当的，这些期望必须转换成定量的目标，从而可以进行度量和评价。

2. 参与决策。目标管理中的目标不是像传统的目标设定那样，完全由上级设定并分派给下级，而是用参与的方式决定目标，上级和下级共同参与目标的选择和对如何实现目标达成一致意见。

3. 规定期限。每一个目标的完成都有一个简单明确的时间期限，如3个月、6个月或1年。

4. 反馈绩效。目标管理的最后一个步骤是绩效的反馈。目标管理不断地将实现目标的进展情况反馈给个人，以便他们能够调整自己的行动。这种不断的反馈还包含定期举行正式的评估会议，在会议上，上下级共同回顾和检查进展情况。

如果把目标管理的原理或方式以正规或非正规的方式运用，就可以形成一种程序。目标管理的程序如下：

1. 确定目标。目标管理首先要确定部门目标和具体的评估鉴定系统。目标的确定必须是明确的、可行的、有挑战性的、具体的和可验证的。一旦主管的部门目标被确定后，主管就必须将部门目标的信息传递给每一个员工。每一个成功的主管都会把他的主管目标转化为他自己及其员工的具体目标，最后形成一个目标体系。

2. 执行计划。主管和员工都应按照既定目标来执行这个计划。大家应讨论如何实现这个计划目标，应确定完成任务的必要步骤、评估的方法和对每一步骤的责任鉴定。

3. 过程检查。目标管理的检查评估不是评估行为，而是评估绩效。如果确立目标是具体的、可验证的，那么评估过程就简单。工作项目发展的正规监控在于判别困难的出现是否属偶然现象，行动的矫正是否确有必要。主管与员工讨论他们是否完成了目标，并研究为什么能完成或不能完成，人力资源部将这些检查评估工作情况记录下来并成为正式的绩效评估。

4. 自我调节。每一个主管都应该协调他本身的工作项目，并对自己和员工的工作行为加以必要的矫正。成功地开展目标管理有两个关键的部分，即分担目标的确立和对之加以检验。主管和员工应在目标上统一他们的思想，否则，就会浪费他们的时间和精力，从而使管理工作难以开展。

第九章
⊙ 目标管理：促使组织成员激情澎湃

设定最佳的目标体系

日本索尼公司的创始人盛田昭夫，在制定目标方面有着卓越的才能。

以前日本总是片面理解新技术的开发，以为只要建起了漂亮的实验室，配备了一流的实验设施，投入可观的研究经费，就能够搞出新发明。盛田昭夫不同意这种看法，他认为少了目标，等于没有了努力的方向。没有具体目标，实验室再大、经费再多，也是白搭。

虽然日本在一般研究开发上的经费比欧洲几个主要国家都高，但在基础科学的研究上却偏低。日本政府和大学对这方面的投入也逐年减少，这就意味着私人企业要承担更多的责任。盛田昭夫说他赞成日本产业更加注重基础科学方面的投资的做法，因为这奠定了一切新科技发展的基础。所以，索尼公司一直注意储备人才、培养人才、锻炼人才，在这方面也取得令人十分满意的成绩。

企业目标体系的建立

目标管理实施的关键是事先制定分公司合理的任务指标体系、考证因素分值体系，以及奖罚标准体系。目标体系的建立是企业战略目标得以实现的保证。

企业目标体系的建立方法

1. 首先组织最高层宣布企业的组织使命。
2. 然后根据组织使命建立长期目标。
3. 建立整个组织的执行性目标（短期目标）。
4. 建立每个主要部门的长期目标和短期目标。
5. 为每个主要部门的下属单位建立长期目标和短期目标。

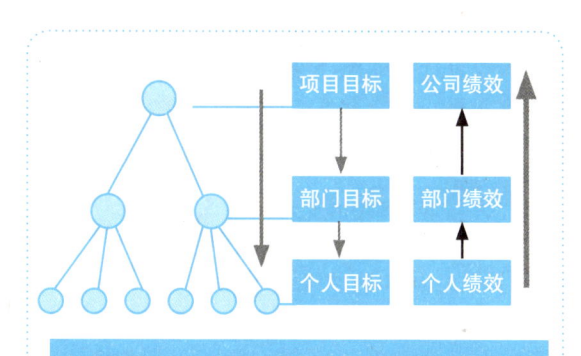

项目目标 → 公司绩效
部门目标 → 部门绩效
个人目标 → 个人绩效

自上而下的目标分解和自下而上的绩效保证体系

目标管理的实质是绩效价值导向，目标管理让整个公司、各个部门、各个人事先有明确量化的指标，事中检查考评，事后奖罚兑现。

253

为了达到实际开发的目的，索尼公司巧妙地将基础科学和应用科学紧密有机地结合在一起。例如，井深大决定造一部录音机时，公司研究开发人员对录音带的制造、录音机的结构一无所知，甚至连录音机都没有见过，听起来简直有点荒唐。但是，由于索尼公司制定了明确的目标，最后终于取得了成功。

索尼公司开发家用录放机也是如此，也是先给自己的人才寻找目标，然后引导开发。开发人员再一次运用已掌握的基础知识，结合应用科学，发挥自己的聪明才智，进一步开发自己的创造力，终于成功研制出划时代的 Betamax 录放机。

这就是索尼公司用具体目标来调动人才积极性、挖掘潜力、开发创意的一个典型案例，这就是索尼公司特有的"目标人才管理"模式。从上则案例中可以看出制定好的目标有多么重要，它不仅是企业发展的指南，同时也指明了企业人员共同努力的方向。

目标要以问题为导向

好的目标要以问题为导向中的"问题"包括以下两方面内容：

第一，什么是看得见的问题、待发掘的问题和要创造出来的问题。所谓"问题"，有很多种。首先是"看得见的问题"。一般说来，这类问题"预期的水准"很明确，只要把脱离常轨的现象当作问题处理就是。因为能看得到，所以其作为问题的层次很低。可以说是不是问题的问题。

比"看得见的问题"高一层次的问题，就是"待发掘的问题"，此类问题并非每一个人都能看得出来。如果光是用眼睛去"看"，而不用眼力去"观察"的话，是无法洞悉的。一般来说，如果觉得情况异常，或认为必须采取某种措施，此时即应分析事实，探究原因，把握问题的症结，了解真相。再高一层次的问题则是"需要创造的问题"。

由此可见，好的目标必须"以问题为导向"。应该从"看得见的问题"，到"待发掘的问题"，再由"待发掘的问题"，到"要创造的问题"，深入发掘。一经掌握真正的问题，就将它列为目标。这种目标，就是问题导向型的目标。

第二，什么是意识问题、界定问题和解决问题。面对问题，要提出"那是为什么"的疑问，也就是产生问题意识。对大部分的人来说，要"意识问题"并不太难。难的是，只停留在意识阶段，而不能迈入下一步骤。所谓下一步骤，就是"界定问题"。

"界定问题"的作用，在于针对"为什么"这一意识，而去追问"果真是如此吗"，调查并分析有关因素，以把握事态本质所在，促使管理者去"解决问题"。所谓"解决问题",是要想出"有没有其他的对策",研究并决定代替方案。

好目标的设定要件包括好目标要具体化、好目标要多元化和好目标要体系化三个方面的内容。

1. 好目标要具体化

具体化之所以被认为是好目标的必备要件,是因为目标具体化后比较容易确认结果,甚至有这么一个定律:"要有衡量测定工作结果的方法,目标管理才会推行成功。"

目标的重点化指的就是"从何项做起"。这是目标的数目问题,"从何项做起"是"什么都做"的相对词。目标在设定的阶段通常是这也要、那也要,几乎想把所有经办的工作统统写出来。

目标的数量化指的就是"做多少"。这是目标的量(数量)的问题。"做多少"便是"尽量做"的相对词。例如"加强意见沟通"这一目标,无法用数字表示出来。虽然如此,仍应力求将其具体化,可以改为"某某部门的会议,每星期一举行一次"。像这样,把抽象化的问题当作目标时,要思量"为实现此目标,应该做些什么事",这便是具体化的秘诀。

达成目标的方法指的就是"如何做"。这是为了达成目标而设定方策的问题。所谓"如何做",便是"设法做"的相对词。方策应该更加受到重视。决定方策比设定目标还要困难,因为决定方策,必须要有创思和策略。无论要达成什么目标,都有两种以上的方策。尤其目标是新设定的或难以达成的,能否成功,那就要看选择的方策如何了。

达成目标的进度表指的就是"在何时以前完成"。这是达成目标的时间问题。所谓"在何时以前完成",是"尽快"的相对词。"请赶快做"这句话,不只是在表明时间急迫,而且默认没有进度表。所谓进度表,是对于将来工作预定计划的时间表。目标要求附带这种进度表,必须明白提示各项工作什么时候开始、什么时候完成。有些目标不容易数量化,而这里的进度表化,便具有弥补其不足的作用。可以说,工作越高越复杂,越需要用时限来加以控制。

2. 好目标要多元化

设定目标主体原则上是以个人为设定单位,而不是以部门为设定主体。换言之,即主管、员工个人设定目标。因为目标管理在根本上是否定传统管理所称的集体制度。再看质量管理等团队活动,只要有团队目标就能够圆满达成,不必再设定个人的目标。所以,人数少的团队,团队里所有人员都从事同类工作,团队成员的工作和该部门的目标直接连接在一起,以及所有成员互相积极协调,用团队目标去推动反而较好。

团队目标是属于一个部门内的问题。如果为了达成这个目标,需要其他部门的协助支援时,应由两个或两个以上部门协调来设定目标,这就是总目标。为了设定总目标，主管必须在事前和对方协调，上层协调妥当时，基层做事时的冲突就会减少。

业务目标、培植员工目标、自我启发目标。这个主题在于说明目标领域的多元化。主管的责任可以大体分为达成业绩的责任和培植员工的责任。但是，事实上，组织中所设定的目标，属于培植员工责任方面的目标寥寥无几。为了修正这种偏向，要把主管的目标划分为"生产目标"和"培植目标"。如此一分，主管便不得不去关注员工，进而培植员工。

让员工去设定"自我启发目标"，那么，"培植目标"便以和工作有直接关系的能力开发计划为中心，而"自我启发目标"则以工作上有关联的事务为重点。

坚持目标、完善目标、创新目标。这是指目标分类的多元化。大凡工作可分为坚持性的、完善性的和创新性的三种。不管何种职位，都应该包括这三种工作。通常认为基层主管以坚持性的工作居多；中层主管以完善性的工作居多；而高层主管则以创新性的工作居多。因此，在设定目标时，要分成"坚持目标""完善目标"及"创新目标"三类。如果每一个人按照这个标准去分类，便可以达到目标的多元化。

目标设置好坏的评判标准

企业设定目标的目的是为了解决为题，即企业战略发展问题，只有能有效解决问题的目标方可称为好目标。

目标设定好坏的评判标准

目标是否足够具体
目标要求要明确，工作结果要可测量。

目标是否覆盖了所有部门所有员工
目标必须细化分解，所有成员都要有各自的奋斗目标。

所有目标是否呈现系统化
目标必须上下一致，部门之间的目标也要相辅相成。

目标就是你未来的**现实**！

目标是用来被实现的，是未来的现实。拥有可以实现的目标的企业才有未来。

3. 好目标要体系化

目标应纵向地设定。每一个人的目标，是为了达成上级的目标而存在。如果没有上级的目标，无从设定个人的目标。所以，这个关系变成"部门目标——个人目标""总目标——部门目标""上级目标——员工目标"，条理应极为明确。

目标的纵向设定并不是上级向下级强制指定目标："这就是你的目标。"如果这样交代时，就不是目标，而变成"配额"了。在这里，所谓纵向的意思是，上级亲自向下级发表自己的目标，下级接受这个目标后，再设定各自的目标。这样，每一个人的自主性都不会受到丝毫损伤。

所以，为了避免产生重复上级目标的结果，必须明确把握"目标"和"方策"的关系。也就是说，下级不是直接接受上级目标，而是要接受上级的方策，经思考后，用以设定自己的目标。制定目标应当依照目标＝方策→目标＝方策→目标这样迂回的方式设定，而不是由目标→目标→目标的方式设定。也可以说，上级的方策转化为下级的目标。这个过程便是上级目标的细分化，也就是上级方策的具体化。

目标应横向地设定。各部门之间是相互关联的，目标的制定必须顾及到各个部门，必须和其他有关部门合作。

设定有效目标的原则

一般来说，管理者在设定有效目标时应遵循以下原则：

1. 有效目标要具体和现实。目标必须要具体，还应切合实际，即应该是可以达到的。那些太容易达到的目标，对主管以及对部门来说都是有害无益的。相反，目标太难，会夸大部门要达到的目标，从长远的效果来看，可能使主管丧失达到目标的信心。

2. 有效目标要与主管的权限一致。管理者设立的目标必须与授予他的权限相一致。如果他没有执行的权限，等于是在自找失败，如果他设法去完成这一目标，又可能在主管之间引起纠纷。

任何部门的目标，必须与企业其他部门主管的目标相一致，与企业的总目标相一致。任何不一致的目标，或制定目标仅仅是为了使主管有事可做，都是与目标管理的目的不相称的。

3. 有效目标要有灵活性。在从一个目标阶段进入另一个目标阶段时，管理者的目标就应该做相应的变化，以使部门的工作重点与不断变化着的部门目标保持一致。

对于同一内容（如什么和何时），应尽量避免重复。也就是说主管在各个阶段里提出与前一阶段相同的目标时，一定要经过周密的思考，而不是为了保持现有的做法不变。这一点是十分重要的。

4. 有效目标含义要明确。目标的措词应该用员工和主管都能清楚理解的表达法。如果员工和主管对目标的理解不一致,那么目标管理的效果将会受到很大的损害。

5. 有效目标应该使员工有发挥能力的余地。主管总是希望通过目标管理不断地提高管理能力。因此,设定目标应该从难、从严,要求主管为实现这些目标付出高于正常水平的努力,或高于"按老规矩办事"的方法。但是对于目标应该超过正常范围多少,没有现成的公式。主管在设定目标时,超过部分可以根据目标阶段存在的条件,在对员工目标进行评估的基础上做出。

目标设定的 SMART 原则

目标的设定不能靠想当然,也需要遵守一定的原则。无论是制定团队的工作目标还是员工的绩效目标都必须符合 SMART 原则。

SMART 含义

S 代表具体(Specific)	指绩效考核要切中特定的工作指标,不能笼统;
M 代表可度量(Measurable)	指绩效指标是数量化或者行为化的,验证这些绩效指标的数据或者信息是可以获得的;
A 代表可实现(Attainable)	指绩效指标在付出努力的情况下可以实现,避免设立过高或过低的目标;
R 代表现实性(Realistic)	指绩效指标是实实在在的,可以证明和观察;
T 代表有时限(Time Bound)	注重完成绩效指标的特定期限。

SMART 原则的有效运用,可以帮助企业明确目标,找准行动的方向,是企业航程的方向盘,也是企业达成战略目标的重要保证。

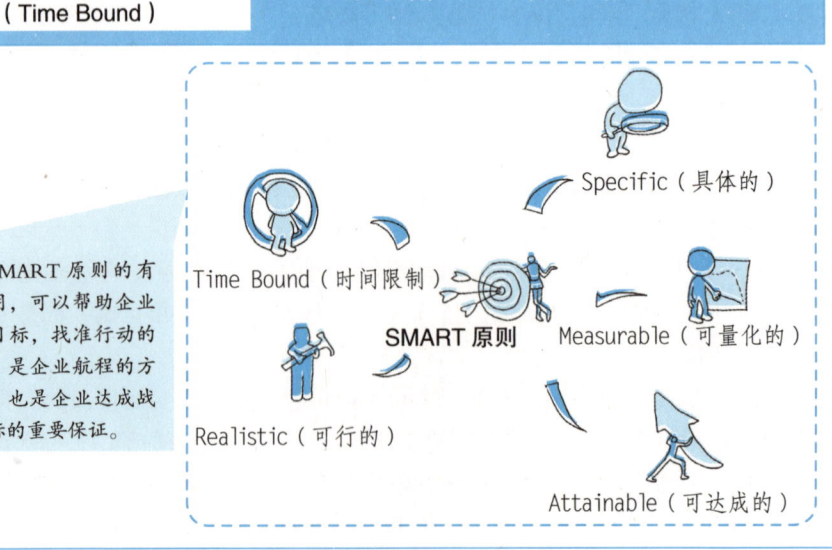

Specific(具体的)
Time Bound(时间限制)
SMART 原则
Measurable(可量化的)
Realistic(可行的)
Attainable(可达成的)

6. 有效目标应该和员工的经验与能力相适应。目标管理的有效性可以作为一种培训主管的手段，这也是目标管理的优点之一。但要完全发挥这一优点，目标的复杂性和困难程度就要与主管的经验和能力相适应。如果目标太高，培训工作会受到挫折或失败；目标太低，又会使主管失去动力。

设定目标应考虑的因素

影响目标设定的因素，主要体现在以下几个方面：

1. 政治因素。各个国家的基本国策不容更改，但国际与国内情势时时在变化，目标的设定需因地制宜、因事制宜、因时制宜。

2. 社会因素。任何一个企业都是社会系统的一环，而不是孤立体，个人更无法离群自立。因此任何企业措施都需考虑社会化的目标，也就是说目标也应符合社会的利益。

3. 经济因素。如何考量经济因素，运用有限资源，设定适当的目标至关重要。经济生活是人类活动的基因，政治仅是达到经济目的时所用的手段。政治活动大多偏重于经济方面，每一条措施常会包含着重要的经济因素和意义，同时政治也多受经济条件的限制和影响。

4. 技术因素。目标的设定对各种技术因素都要考虑。自18世纪产业革命以来，随着工商业的发达与科学的进步，各种生产、制造、管理等方法技术不断进步。而技术水平与社会基础、经济发展都有密切的关系。例如，电子计算机对企业管理均有莫大的便利与功效，但是由于缺乏普遍了解，技术运用不够熟练，基础资料不切实际等技术问题，就会产生相反的效果，形成欲速则不达的现象。

有效目标的设置是目标管理过程中最重要的阶段，这一阶段可以分为以下四个步骤：

1. 共同商讨，确定目标。这是一个暂时的、可以改变的预案。这个预定的目标，既可以由主管提出，再同员工讨论；也可以由员工提出，再由主管批准。无论采用哪种方式，目标必须共同商量确定，而且，主管必须根据部门的使命和长远战略，估计客观环境带来的机遇和挑战。

2. 重新审议，职责分工。目标管理要求每一个分目标都有确定的责任主体，因此预设目标之后需要重新审视现有的部门结构，根据新的分解目标进行调整，明确目标责任者和协调关系。

3. 明确规划，协调一致。在确定员工的目标之前，主管首先要明确部门的规划和目标，然后才有可能商定下级的分目标。在讨论中主管要尊重员工，平等待人，耐心倾听员工的意见，帮助下级建立与部门目标相一致的支持性目标。

分目标要具体、量化，便于评估；要分清轻重缓急，以免顾此失彼；既要有挑战性，又要有实现的可能性。每个员工的分目标要同其他部门员工的分目标协调一致，共同支持企业总体目标的实现。

4. 配置权力，责权统一。分目标制定后，要赋予员工相应的资源配置权力，实现责权利的统一。

设定目标前的六问

多数企业设定的目标往往是愿望而非具体计划，从而也导致看似很有目标，到最后却没有实现。因此企业在设定目标之初就应该有清醒的认识。

企业在设定目标前的六问

1. 实现目标的最终目的是什么？
2. 实现目标的具体方法和措施是什么？
3. 实现目标所需的资源和条件是否具备？
4. 实现目标需要付出多少人力、物力和财力？
5. 实现目标过程中会遇到多少阻力和困难？
6. 实现目标的环境是否具备，不具备该如何创造环境？

目标不明确
努力再多也是劳而无功
目标没有定好，今天这个目标，明天目标又变了，以前的努力全白费。所以，努力之前，选定好目标。

有效目标的设定方法

总目标的设定非常关键。因为总目标的好坏直接决定各个部门目标、个人目标的好坏。下面详细阐述总目标的设定方法。

1. 总目标的制定

总目标要适合短期和长期的需要。它不但要顾及现在，也要考虑到未来的发展，同时，它还要注意到整体性，要站在全局的高度来设定。总目标的订立方式一般有三种：一是由最高主管制定。由负责企业成败的董事长（或总经理）来订立企业的总目标；二是由企业所设的专职部门制定。大规模企业一般设有专职部门负责目标的设定。它具有较高的设定技巧，包括统计、分析、归纳等；三是由各级主管参与订立。

2. 部门目标的制定

部门目标的制定要以总目标为基础。总目标设定后，最高管理者应向各级主管加以说明，共同商讨，使他们对总目标有充分的认识。人力资源部主管在体会总目标之后，必须制定出能配合总目标的部门目标，以确保总目标顺利达到。

人力资源部主管应对总目标加以思考，并在部门内制定其须达成的目标，然后送总经理核定。在决定部门目标后，部门主管须立即通知负责执行人员，做成目标卡，以推动目标管理制度的执行。

3. 个人目标的制定

虽然总目标是企业与目标管理的核心，但落实执行还要有赖于企业内员工的个人目标。设定个人目标时，要事先考虑部门主管的目标，并分析本身工作职责，此外，个人目标还要与总目标保持一致。

在目标管理制度内，经过协调，员工最后才提出正式的"目标"。该目标是部门内众多目标之一，如何整合如此多的目标，有成效地加以执行，就是制作目标体系图的目的。

健全的人力资源目标管理制度和完善的目标体系是密不可分，彼此联系的。因此，人力资源部的"部门目标"和基层的"小组目标"，直至各员工的"个人目标"，按照部门结构的层级串联起来，就形成息息相关的人力资源部目标体系图。

在目标管理过程中，各种目标管理工作皆围绕目标卡运转。"目标卡"是一个相当有效、方便的工具。它是实际管理活动的媒介，也是主管与员工进行积极讨论和评估的依据。因此，目标订立后，应建立起目标卡的书面证据。

1. 目标卡的使用

各员工与直属主管经过多次协调与讨论制定出适当的"目标"之后，必须将此"目标"书面化。实施目标管理的部门，对于目标的设定，通常都采用统一规定的目标卡。虽然各部门之间目标卡的内容与格式未必相同，但若有了统一的表格，就可避免遗漏，使整个部门各成员的目标设定程序趋于一致，并有利于相关性的目标成果的汇编统计。又因表格化以后，可以减少制定目标的文字说明及重复记载，达到简化文书作业的效果。

2. 目标卡的制定

目标卡类似上级和员工之间决心达成共同目标所订立的"契约"。既然是契约，就必须严谨。把这个严谨性表现在文书上的，便是"目标卡"。目标卡等于是"证据文件"。因为是证据文件，所以重要项目不可以漏列。

目标卡应和其他人力资源资料，同时列为永久保存的资料档案。目标卡要做成两份，主管和员工各执一份，正本由员工存查，副本交主管保管。员工和上级的目标卡，需要逐期保存下来，以便留下很有价值的记录文件。这些记录文件便是有关员工向什么工作挑战过、取得什么成果的事实依据。

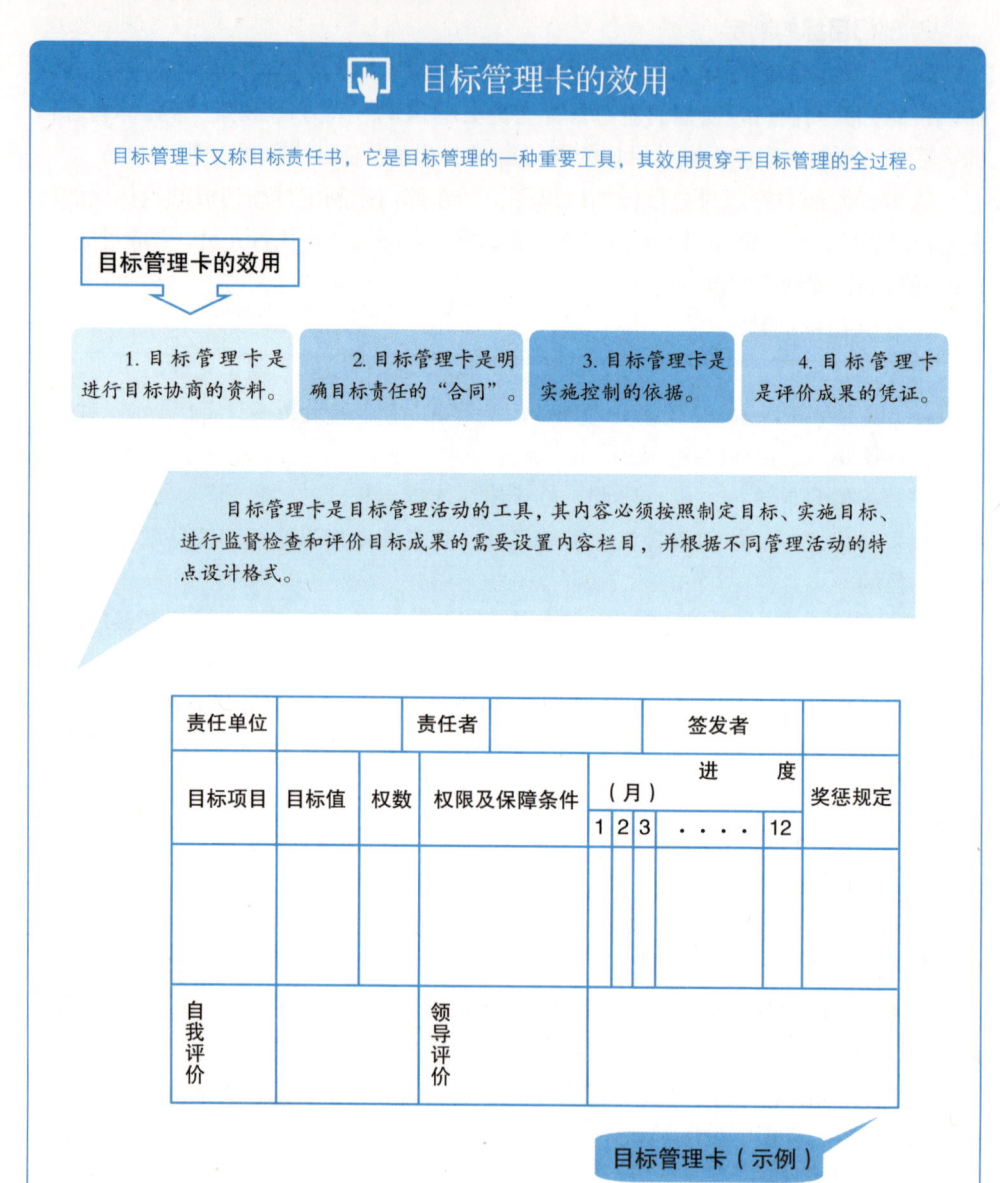

目标管理卡的效用

目标管理卡又称目标责任书，它是目标管理的一种重要工具，其效用贯穿于目标管理的全过程。

目标管理卡的效用

1. 目标管理卡是进行目标协商的资料。

2. 目标管理卡是明确目标责任的"合同"。

3. 目标管理卡是实施控制的依据。

4. 目标管理卡是评价成果的凭证。

目标管理卡是目标管理活动的工具，其内容必须按照制定目标、实施目标、进行监督检查和评价目标成果的需要设置内容栏目，并根据不同管理活动的特点设计格式。

责任单位			责任者		签发者		
目标项目	目标值	权数	权限及保障条件	进 度（月）			奖惩规定
				1 2 3	· · ·	12	
自我评价			领导评价				

目标管理卡（示例）

各部门间的目标卡，其设计均不相同，但每个部门内的目标卡形式应统一规定，有利于管理。无论目标卡形式如何，其内容应包括：

项目：按轻重缓急排列先后顺序，依次填写。

预计成果：将数字用具体的文字写出。

进度：填写执行期间每个月的预先进度，尽可能以数字表示。

措施：为达成目标而采取的各种措施，由执行人员协商决定之后，具体地逐项列出。

所需条件：为达成目标所需主管的支援，或其他部门的配合事项。

成果：将实际成果，在期末填记，以利对照评定。

自我检讨：自订的目标，期末要做自我评定，这是目标管理不可或缺的一项。

主管指导：总评与指示。除员工自行评定、评估外，主管也要加以评估，作为设定下期目标的主要参考。

目标管理的追踪管制

一般来说，实施追踪管制的目的是：

1. 发现偏差，及时修正。员工设定目标时，也许有若干因素尚未考虑，或者由于未来的环境改变，使得目标在实施时发生困难。为使实施结果与目标数字不致相差太大，可以在每个阶段的追踪检讨时，给予修正，以维持目标的弹性。

2. 利用考核，激发士气。部门目标若要实现，必须使每一个员工将其个人努力目标与部门目标发生关联，根据应达到的成果建立工作目标。到期限结束时针对员工的成果进行考核。员工只有了解目标的存在，才能产生工作的意愿兴趣。因此目标管理的追踪管制是激发员工工作士气及创造轻松愉快的工作风气的主要手段。

3. 定期联系，加强沟通。目标进度的追踪检讨，一般利用会议方式举行，这种方式可提供主管和员工之间定期的正式联系机会，促进沟通了解，使上下级的配合更为默契。

目标管理的绩效评估主要是对成果进行考评。所谓成果考评，就是主管在目标实施过程结束后，将所取得的工作成果与原先确定的目标标准进行比较，从而对目标的实现情况和员工的工作状况进行衡量，并总结目标管理活动的经验教训，然后以此为依据对员工进行适当的奖励和惩罚，以便在更高的起点上，开始新一轮的目标管理循环。

1. 成果考评的原则

（1）目标原则。成果考评的基本尺度就是目标本身。因此，主管必须按照目标所给定的各类定性和定量的项目指标，对目标成果进行考评，切不可离开目标，重新搞一套评估标准进行考评。否则，成果考评将会失去原来的意义。

（2）客观原则。通过成果考评，主管应客观地认识自己，找出自身的弱点和不足，坚持一切从实际出发，实事求是，不弄虚作假，不夸大成果和实施的困难，以便正确树立进入下一轮循环的态度。

（3）激励原则。主管在考评活动中，首先要弄清成果考评的目的。成果考评的目的是通过对推行目标管理活动的考评来检查员工的工作能力和成果，并以此为依据进行奖惩和职务调整，以激发员工的工作热情和工作能力。主管在考评活动中，还必须严格按照考评标准分清功过是非。同时，充分运用考评的结果，推动员工整体素质的提高。

制定绩效考评标准时应注意的问题

明确的标准是实施有效绩效评估的首要前提。它主要包括个人应该完成目标的数量、质量和时限要求，以及进行考评选取的评价尺度等。

制定绩效考评标准应注意的问题

1. 考评项目名称、计量单位、成绩计算方法应与整体目标体系相一致。

2. 考评内容要明确，能够量化的尽可能量化。

3. 制定考评标准时，要充分利用集体智慧，让被考评者也参与考评标准的制定。

4. 避免让不同考评人对相同职务的员工进行考评，尽可能让同一考评人进行考评。

员工目标管理（MBO）模型

上级　　工作程序　　下级

提出要求 → 目标设定 ← 参加

委托工作 → 实现过程 ← 自我控制

上司评价 → 成果评价 ← 自我评价

领导权　　沟通　　促动因素

（4）主客体结合原则。主客体结合原则是指自我考评和主管考评的结合，它是成果考评的两个方面。它们彼此联系，又有区别。联系是说两者考评的内容和方法基本相同，目的一致；区别在于两者的角度和要求不同。因为角度不同，往往对成果考评的结论和意见也就不尽相同了。

2. 绩效评估的内容

目标管理的评估小组一般由员工、主管和企业负责人组成。其中，最重要的评估人是目标执行者，也就是员工。目标绩效评估的评估项目可分为目标实绩、达成过程和执行者评估。具体说明如下：

（1）达成结果的评估。达成结果的评估包括：绩效高低，成果满意程度，偏差程度。

（2）达成过程的评估。达成过程的评估包括：达成目标活动是否顺利进行？是否按进度进行？当环境变动时如何处理？

（3）执行者的评估。执行者的评估包括：执行者工作能力，应变能力，能力成长状况，处事方法。

3. 抓住绩效评估时机

在目标管理的评估时需把握时机，以争取时效。评估的时机，可分为下列三种：

（1）日常评估。日常评估是指工作告一段落，或进展到某种程度的时候所进行的评估。

（2）定期评估。定期评估也叫周期性评估。例如每周一次，或月底和年终举行的评估。

（3）总评估。总评估是指目标或实施项目完成之后所进行的评估。

主管在实施目标管理的评估时要把握以上三种时机，确保评估的准确性和科学性。

4. 评估方式

目标管理的评估方式与传统的绩效评估方式不同。传统的绩效评估的重点在于"主管的判断"，常流于形式，员工只有被动接受。目标管理的评估，提倡员工主动参与，因此，评估分为两个层次：首先是"员工自我评估"，其次才是"主管对员工的评估"。

员工自行评估。由员工先自我评定目标执行期间内的成果，并将扼要事项记载在目标卡上，以便主管查核，员工也可将有关执行成果的具体事实，以书面形式附带于目标卡。

主管进行审阅核定，根据员工的自我评估，以及有关的说明和证件，审定他的成绩并填入"主管评估"成绩，记载在目标评分表上，送呈更上一级主管审核。

上一级主管做适当的修正评估，参考企业正式的财务报告和统计资料，并参照其他相关部门的绩效，对人力资源部主管的评分做适当的调整与修正。

管理之前先明确责任

明确责任是保证目标管理最终成功的重要前提。

将已设定的组织总目标按照组织架构进行纵向与横向的分解是目标管理过程中最为关键的一步。其具体包括三个方面：

一是将组织总目标按组织体系层次和部门逐步展开，直至每一个组织成员。这一展开的过程就是所谓的自上而下的过程，但这一过程只是管理者给下属的一个初步的推荐目标，不是最后的决定了的目标。但这一自上而下的过程非常重要，若非如此，组织总目标就可能实现不了，或者组织总目标本身就需要改正。

二是组织体系中的每个层次、每个部门、每个成员均可以根据自己的部门、层次、岗位分工和职责要求，结合初步下达的目标进行思考分析，最终提出自己的目标。显然这一目标是对管理者下达的初步目标的一种修订。自己的目标提出后必须按层级上报，这就是所谓的自下而上的过程。

三是组织将自下而上的目标与下达的目标进行比较，分析差异，征询下属意见，再进行修订，然后再下达，下属仍可以修正，再次上报。经过上下的多次反复，最终将组织总目标分解成一个目标体系，下达给组织相应的层次、部门和组织成员。组织目标下达给每个部门、每个层次、每个组织成员时，要求有下达目标的具体说明、具体要求、自主权限、完成后的激励等，使接受目标的每个层次、每个部门和每个组织成员可以有明确的工作努力方向，有明确的责任和行为激励。

为了做好工作，每一个组织成员就必须知道要求他做的是什么。为了明确责任，组织成员应该与管理者坐在一起，把组织所要求他做的事，尽可能清楚地确定下来。这之后的任何含混不清的事，必定会在错误的目标所列的领域里反映出来，其结果也必定是错误的。

因此，必须明确责任才能继续进行以下的步骤。这主要有两方面的理由：第一，最终用文字形式制定的目标通常是由这种责任产生的，因此，组织成员对他承担的责任必须尽可能地理解清楚。第二，大量的研究表明，组织成员与上司之间对于要做的事情在理解上平均有25%的差异。例如，常常出现这样的情况，组织成员正在花费大量的时间计划某一项目，而他的上司却不知道他已经着手进行这项工作了。同样，上司可能认为下属在执行某种职务，而后者却根本不知道应该在哪个职务领域里开展工作。

为了达到明确责任的目的，管理者可以采用下面几种方法：

1. 传统工作说明法

造成上下级之间混乱状况的主要原因是过分依赖管理人员进行工作说明的做法。传统的工作说明，对非管理人员即生产人员和办公室工作人员来说，可能还有某些用处和价值；但对管理人员来说，已经证明是不适用的，而且可能是有害的。其不适用性表现在：第一，传统的工作说明重点放在要采取的行动上，而不是放在要达到的目标上；第二，没有充分强调修改说明，对组织中重点变化的反应不明显。最典型的是同样的说明书年复一年地沿用下去，长久不变。

由于很少变动，因此也就没有规定从这一阶段到下一阶段必须不断有所提高。由于以上两个原因，工作说明就其名称及性质而言，强调的是对事而不是对人，是由人来支配工作，而不是由工作支配人。在一个组织里，管理人员的地位越高，支配的工作也就越多。所以，如果用一些别的文件或表格对传统的工作说明书做一些补充，完全有可能弥补一些弱点。

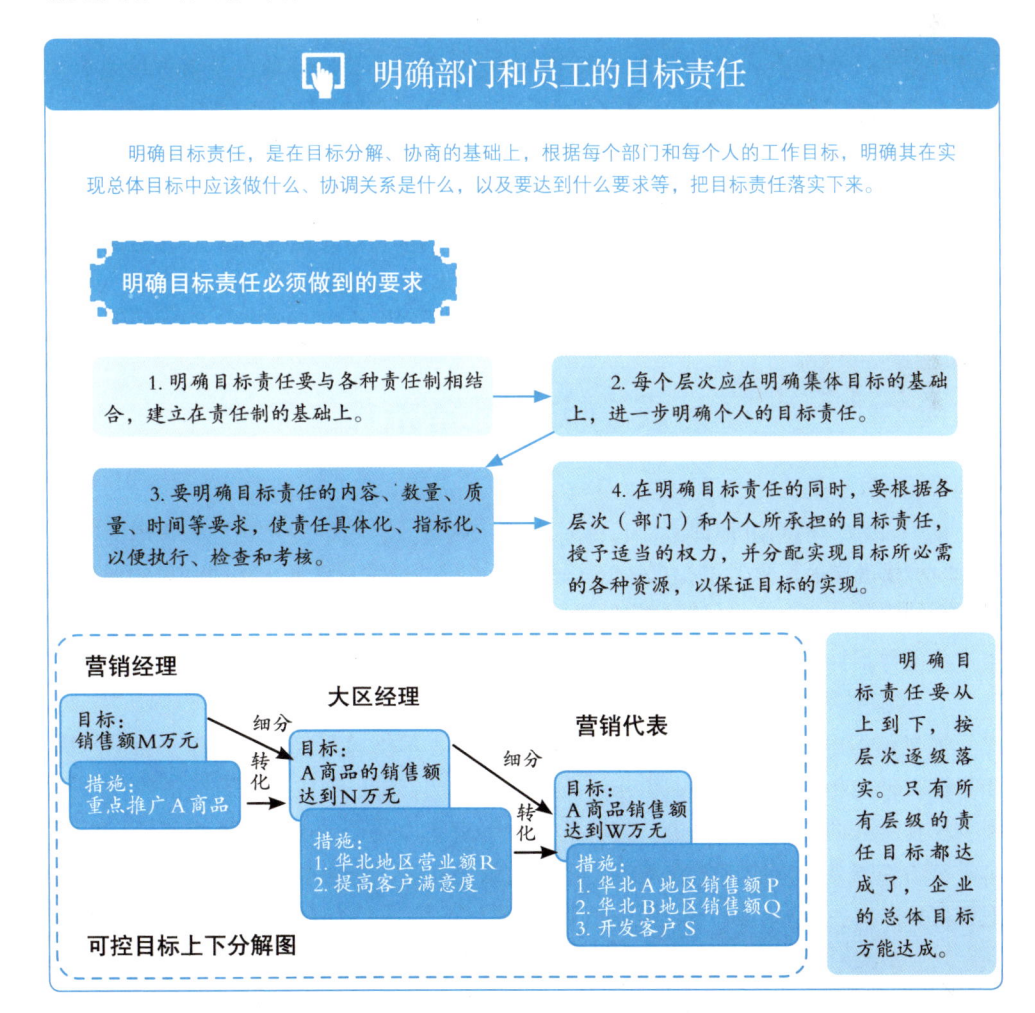

明确部门和员工的目标责任

明确目标责任，是在目标分解、协商的基础上，根据每个部门和每个人的工作目标，明确其在实现总体目标中应该做什么、协调关系是什么，以及要达到什么要求等，把目标责任落实下来。

明确目标责任必须做到的要求

1. 明确目标责任要与各种责任制相结合，建立在责任制的基础上。

2. 每个层次应在明确集体目标的基础上，进一步明确个人的目标责任。

3. 要明确目标责任的内容、数量、质量、时间等要求，使责任具体化、指标化，以便执行、检查和考核。

4. 在明确目标责任的同时，要根据各层次（部门）和个人所承担的目标责任，授予适当的权力，并分配实现目标所必需的各种资源，以保证目标的实现。

可控目标上下分解图

营销经理
- 目标：销售额M万元
- 措施：重点推广A商品

→（细分转化）→

大区经理
- 目标：A商品的销售额达到N万元
- 措施：
  1. 华北地区营业额R
  2. 提高客户满意度

→（细分转化）→

营销代表
- 目标：A商品销售额达到W万元
- 措施：
  1. 华北A地区销售额P
  2. 华北B地区销售额Q
  3. 开发客户S

明确目标责任要从上到下，按层次逐级落实。只有所有层级的责任目标都达成了，企业的总体目标方能达成。

2. 动态与静态的工作说明法

目标管理是一种动态管理，所以我们不赞成使用静止的工作说明。而在实际中，商业上常用一种传统的、静止的方法来描述授予的责任。用来授予责任的实际工作说明应该针对责任者的具体职责需要不断加以调整。首先，应勾画出责任者的大致责任；其次，列出职责范围内必须应加以注意的关键目标领域；再次，确定在关键领域内必须完成的目标。这种以目标为中心连续不断地调整工作，会随着目标制定过程的进行表现得越来越明显。总而言之，为了明确责任，管理者应先划分清楚总的责任，然后要在总的责任中选出具体的课题或领域。

3. 依职定责法

责任是用来描述管理者总的工作的。如果是财务经理，就要负责财务工作，负责人力资源工作的是人力资源经理。责任像围墙一样，把管理者所应管辖的领域圈起来。责任也可以看做是一个舞台，管理者可以在这里指挥他的管理活动。责任比职责更为简单，它并不说明要达到的具体目标。例如，一个典型的财务管理人员的责任是管理下列业务：资金管理、会计、数据处理、办公室服务以及报告系统等。这些业务构成了他的工作领域，但不包括这五项主要业务中所必须达到的目标。

确定责任的主要目的是为了清楚地说明组织中每一个管理人员的管理范围，以尽量减少混乱，或出现真空地带。比如两个或两个以上的管理人员负责同一项业务所造成的混乱，或某一项业务因无管理人员负责而荒废等。这些现象的发生就可以从反面说明确定责任的重要性。

为成功实施准备条件

研究显示，当高层管理者对目标管理高度负责，并且亲自参与目标管理的实施过程时，生产率的平均改进幅度达到56%；而对应高层管理者低水平的承诺和参与，生产率的平均改进幅度仅为6%。成功地实施目标管理取决于以下几个重要条件，如果这些条件不具备，那么目标管理方式本身的不足就难以克服，优点就难以发挥。

1. 组织成员应具有较强的自我管理能力

如果组织成员的自我管理意识和能力比较差，尽管已规定了其工作努力的方向和目标，他或她仍然有可能在工作过程中不能按照目标的要求选择合适的工作方法和手段自觉地向目标方向努力。较强的自我管理能力除了表现在能够根据目标要求自觉努力完成外，还应表现在能够主动地了解合作者，配合合作者或其他各方共同把各自分内的、本部门的、本层次的目标完成。

2. 组织应具有正确的价值理念

组织的价值理念是一个组织的处世准则、行为准则,是组织生命的核心。不同的组织有不同的价值理念,有的组织只是以赚钱为其价值取向,有的组织则不是如此,如松下电器公司的价值取向为"产业报国"。组织的价值理念一定会渗透到组织总目标和具体分解的目标之中,从而决定了这些目标的特性,决定了这些目标对组织成员的行为的影响。

3. 组织的高层管理者要高度重视

组织的高层管理者的重视并不是说他们只要认识到目标管理的重要,下令推行便可。我们所说的组织高层管理者的重视是指组织高层管理者本身对目标管理有深刻的认识,并且能够向其下属非常清楚地阐述目标管理是什么、它怎样起作用、为什么要进行目标管理、目标管理与组织共同愿景有什么关系、它在评价业绩时起什

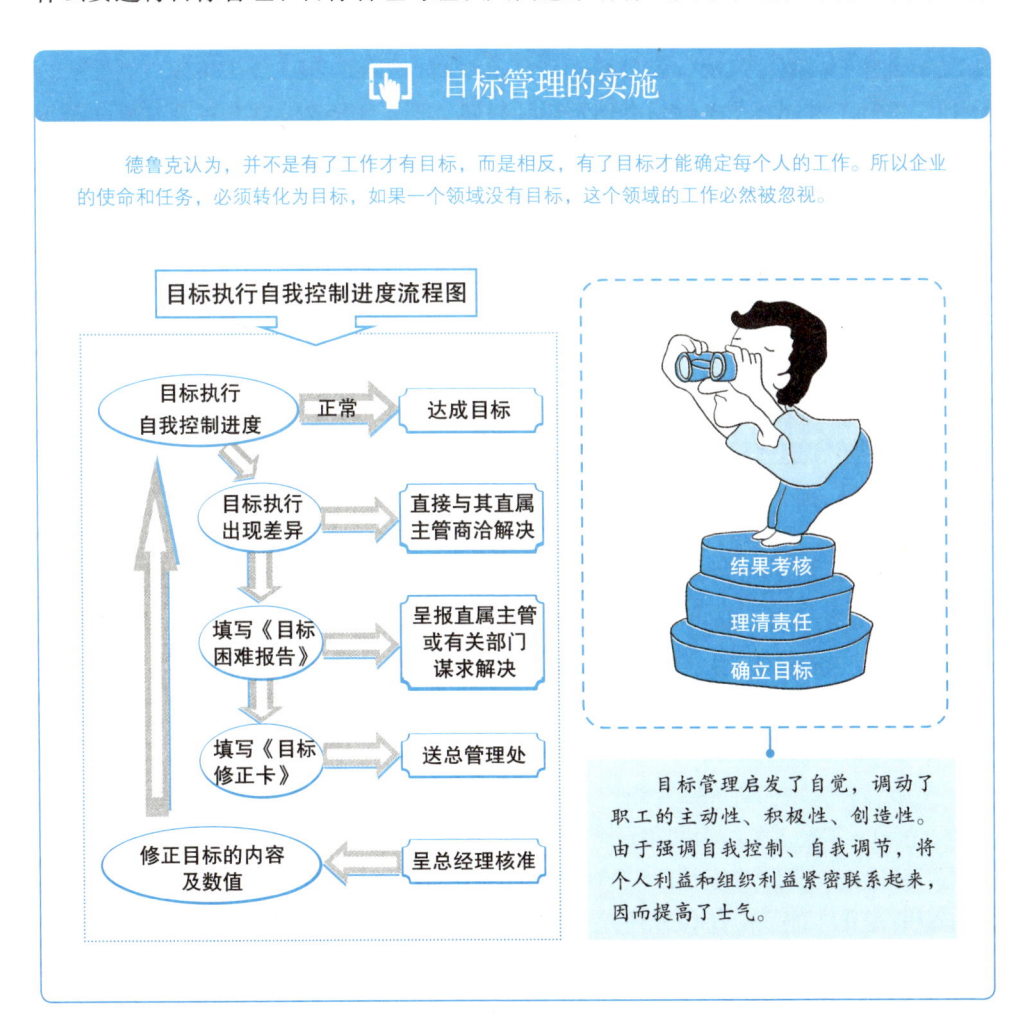

目标管理的实施

德鲁克认为,并不是有了工作才有目标,而是相反,有了目标才能确定每个人的工作。所以企业的使命和任务,必须转化为目标,如果一个领域没有目标,这个领域的工作必然被忽视。

目标执行自我控制进度流程图

- 目标执行自我控制进度 →（正常）→ 达成目标
- 目标执行出现差异 → 直接与其直属主管商洽解决
- 填写《目标困难报告》 → 呈报直属主管或有关部门谋求解决
- 填写《目标修正卡》 → 送总管理处
- 修正目标的内容及数值 ← 呈总经理核准

结果考核 / 理清责任 / 确立目标

目标管理启发了自觉,调动了职工的主动性、积极性、创造性。由于强调自我控制、自我调节,将个人利益和组织利益紧密联系起来,因而提高了士气。

么作用，尤其要说明参与目标管理实施的所有组织成员将随着组织的发展也得到相应的发展。日本管理学家猿谷雅治曾指出，目标管理中最高管理者必须根据自己对这种管理方式的深刻理解，考虑并制定出有效目标，在组织内公布于众并执行；然后调整所属成员的目标，经确定后，还必须帮助所属成员达成目标；最后还必须评价完成的成果。这一切事项，都应由最高管理者自己来做。

4. 实施权限下放和自我控制

目标管理强调重视成果的思想和权限与目标一致的原则。在目标制定的过程中，管理者必须明确提出达到目标所必须遵循的方针；而在目标实施过程中，管理者关心的应是下属是否能根据方针达到目标，取得最终成果，至于下属采用什么方法和手段、通过什么途径来达到目标，则完全可由下属自主选择决定。

在权限下放的同时，也要强调下属的执行责任和向管理者报告的义务。下属在实施过程中，一面要对照自己的目标检查行动，一面要依靠自己的判断来充分行使下放给自己的权限，努力达到目标就是自我控制。实行权限下放为下属在自我管理中独立进行工作创造了条件。有了目标和权限，下属就会产生强烈的责任感，就能发挥自己的判断能力、决策能力和创造能力，就能针对自己的不足之处主动积极地进行自我提高，进而力争达到自己的目标。

5. 重视实施过程的检查和控制

目标的实施如果没有检查，就会变成放任自流。检查可以促进各部门和成员认真地实现目标。目标实施过程的检查一般实行下属自查报告和管理者巡视指导相结合的方法。要使下属明确报告工作的义务，定期自查并向管理者报告。报告内容包括目标实施进展状况、自己所做的主要工作、遇到的问题、希望得到的帮助等。

管理者可在巡视检查中向下属就工作的掌握方法和进行方法等进行实质性的询问，提出问题，鼓励下属主动地、创造性地钻研问题，以积极进取的态度解决问题。对于下属在工作中无权处理而请求管理者给予帮助的问题则应及时给予适当的启发和指示。管理者的检查应尽量不干扰下属的自我控制。

在对实施过程检查的基础上，将目标实施的各项进展状况、存在的问题等用一定的图表和文字反映出来，对目标值和实际值进行比较分析，实行目标实施的动态控制。通过检查，对需要调整目标的，要根据规定的程序进行调整。

6. 重视对成员的培训

实施目标管理，首先需要组织上上下下均要理解目标管理是怎么一回事，它应该怎么操作；其次需要组织的每一个成员都要明白，目标管理不同于其他的管理方法，它是一种建立在自我管理基础上的成果控制型系统管理的方式，组织成员自己需要有相应的变化才能适应这种管理方式的推行。显然，当组织成员不知道目标管理是怎么一回事、需要自己做怎样的调整时，目标管理是难以获得成功的。员工的培训应着重解决这样一些问题：

第九章
目标管理：促使组织成员激情澎湃

组织引入目标管理对组织发展、个人发展有无好处；对目标管理方式的本质、基本知识、运作过程，尤其要对组织目标的性质、目标完成的共同要求、目标设定的自上而下和自下而上过程解释清楚；目标分解与授权范围、目标完成后的评价、激励手段；目标分解后分工完成，但仍要注意相互的交流沟通，需要大家自觉共同努力；目标管理作为带有一种自我管理特性的方式，需要组织成员在理念上、行为习惯上等方面均做出相应的调整；对组织成员进行一些模拟性训练。

从具体的目标开始

如何衡量一个企业的目标是否具体、清晰呢？一个最简单的方法就是员工是否能够真正地知道、理解企业的目标以及他的任务。

在制定了目标之后，管理者还需要为目标设定优先顺序。因为，任何一个组织都不可能同时实现多个目标，更不可能全部做好。因此，管理者必须设定目标的先后次序，集中力量做最重要的事。

如果想同时进行多个目标，工作人员必然发生混乱，弄不清到底该做什么，结果导致一个目标也没有实现。另一方面，企业的资源都是有限的，而真正有奉献精神、执着而努力的人也是不多见的。让他们忙于各式各样的事情而没有重点的话，会使他们最终变得平庸。同时，让员工兼任无关紧要的工作也会引起他们的不满甚至导致生产效率的下降。事实证明，把精力集中在 3~4 个目标上可以最有效地利用企业的资源。

企业制定发展目标无非是让企业的全体员工明白他们的奋斗方向，鼓舞他们的斗志。然而，有些管理者在制定目标时，把目标搞成了一个庞大的体系，其中既有战略目标，又有战术目标；既有管理目标，又有营销目标；既有长期目标，又有短期目标；既有团队目标，又有个人目标，而且目标远远高于企业的实际执行力。

目标制定者本意是对企业有一个更高的要求，然而常常适得其反，目标的不切实际反而令员工无法清晰地把握方向和执行目标。

管理者大多倾向于制定较高的目标，较高的目标当然会让人感到振奋。但必须注意的是，如果目标高得超出了企业的能力，当它与现实脱节时，目标将变得毫无意义，这样的目标只不过是管理者的一项良好的愿望而已。

决策者必须始终牢记决策的目标，知道自己决策的目标到底是什么。目标是不可以凭理想和主观愿望去制定的，任何过高、过急和不切实际的目标，都将对企业产生巨大的危害。

管理者制定的企业目标，要做到切合实际、操作性强，而不是一句空话和不能实现的口号。目标决策的形成与执行是一个系统的过程。同时，企业的执行力最终表现为团队力量，要形成团队强大的执行力，就要让员工看到企业发展的前途和方向，这样才有利于让员工保持行为的一致性，为他们共同的奋斗目标而努力，从而从根本上有效地提高企业的执行力。

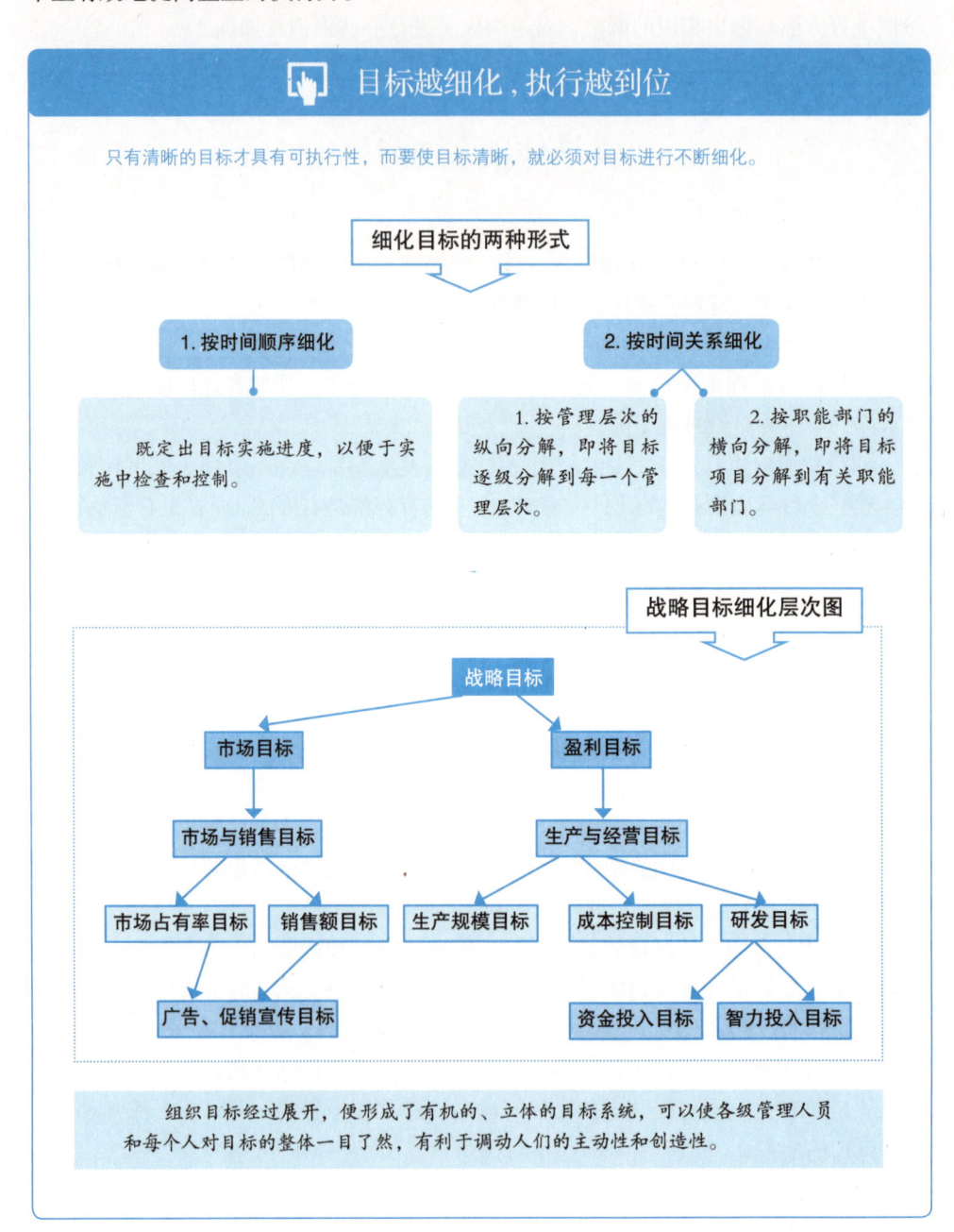

目标越细化，执行越到位

只有清晰的目标才具有可执行性，而要使目标清晰，就必须对目标进行不断细化。

细化目标的两种形式

1. 按时间顺序细化

既定出目标实施进度，以便于实施中检查和控制。

2. 按时间关系细化

1. 按管理层次的纵向分解，即将目标逐级分解到每一个管理层次。

2. 按职能部门的横向分解，即将目标项分解到有关职能部门。

战略目标细化层次图

战略目标
├── 市场目标
│   └── 市场与销售目标
│   ├── 市场占有率目标
│   └── 销售额目标
│   └── 广告、促销宣传目标
└── 盈利目标
    └── 生产与经营目标
        ├── 生产规模目标
        ├── 成本控制目标
        │   └── 资金投入目标
        └── 研发目标
            └── 智力投入目标

组织目标经过展开，便形成了有机的、立体的目标系统，可以使各级管理人员和每个人对目标的整体一目了然，有利于调动人们的主动性和创造性。

改善不合理的执行架构

企业要改善组织结构，可参考以下做法：

1. 变"垂直"为"扁平"

人数一样多的企业，在组织上，有的采用"垂直式"，有的采用"扁平式"。如果企业的组织形式是：部门经理—业务组长—班长——般工作人员，这样称为"垂直式组织"。一般说来，垂直的组织形式不利于目标执行中的双向沟通，这种组织形式等于在沟通双方中间增加了关卡，妨碍了主管和员工之间信息的有效传递；而在扁平式的组织结构中，由于主管所拥有的是具有直接关系的员工，交流双方则不必煞费心思，就可以达到双向沟通的目的。

2. 化"整"为"零"

以往的目标执行活动常以部门和个人为单位，但效果并不理想，这种方式也不适合目标管理的要求。建立"行动小组"是一个很好的方法，采用行动小组这种方式既可以避免以部门为单位执行目标时的互相推诿，又可改善个人行动的孤军作战。

3. 以"面"代"线"

构成各组织的各成员间，不仅应具有与主管直接联系的纵的连结面，而且成员彼此间也应具有横的连结面。由于业务高度的复杂化，横的联系将更为有用。也就是说，企业需要采用"面"的方式对企业进行管理。

4. 小组重叠

在目标执行的组织结构中，中层管理人员往往都扮演着双重角色，即在上级执行小组中为组员，而在下级执行小组中为组长，这样在上下两个小组中，这些人的位置正在上级和下级的重叠处，这个关系可称为团队的"重叠关系"。如果能把整个团队用这样的重叠关系连结起来，那么就能把整个组织加以团队化了。

作为一个中层管理人员，如果工作跟经理级团队有关时，必须发挥成员的功能，去做一个成员应做的事；如果工作和组长级团队有关时，则必须发挥作为主管的领导作用。

总之，组织结构是否合理对于目标执行的结果影响很大，合理的组织结构可以使执行人员协调一致，共同努力去达成目标，还可以节省成本，提高工作效率。

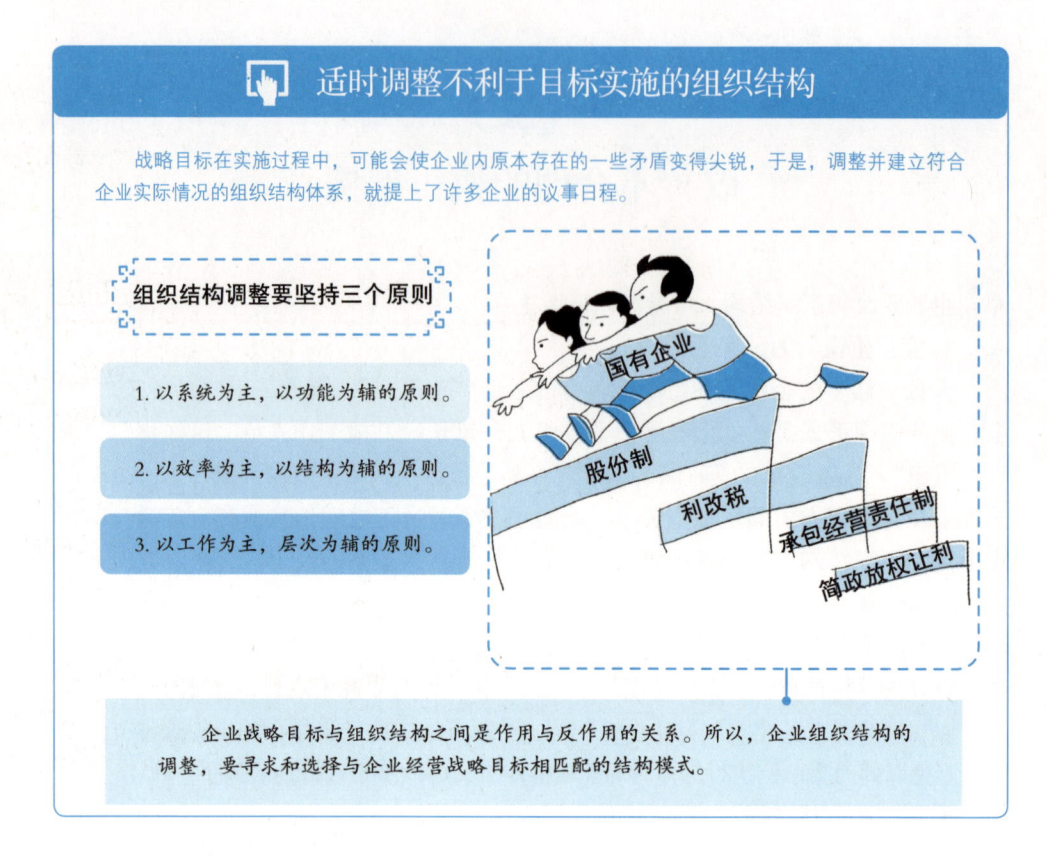

适时调整不利于目标实施的组织结构

战略目标在实施过程中，可能会使企业内原本存在的一些矛盾变得尖锐，于是，调整并建立符合企业实际情况的组织结构体系，就提上了许多企业的议事日程。

组织结构调整要坚持三个原则

1. 以系统为主，以功能为辅的原则。

2. 以效率为主，以结构为辅的原则。

3. 以工作为主，层次为辅的原则。

国有企业
股份制
利改税
承包经营责任制
简政放权让利

企业战略目标与组织结构之间是作用与反作用的关系。所以，企业组织结构的调整，要寻求和选择与企业经营战略目标相匹配的结构模式。

促使下属自觉执行

如果你想让你的下属自觉执行目标，如何进行呢？

成功的职业经理人一般从"了解整体目标、上级目标、个人目标""下属自我管理""下属自由裁量成果""权限委让""下属自发启发"等各方面进行：

1. 了解企业整体目标、上级目标、个人目标

（1）了解总体目标，才能明白行进方向；了解目标体系，才明白自己的个人目标在总体目标中的位置，有助于下属向目标努力。

（2）只有了解企业和本部门的目标与方针及其对个人目标的达成与影响，下属才能有所遵循，有助于个人目标的达成和控制；只有彻底地认识上级的目标和方针，才能使个人目标顺利实现。

2. 加强自我管理

整体目标经明白提示，上级的目标及方针充分被下属所了解，下属的目标也就明确设定了。应该以具体、定量的方式来表示最后结果。不得已时，可以日程目标

代替，但前提是能测定目标达成度。如此，下属才能检查其达成过程，才能做到自我控制。经理才能测定下属的达成程度，做到不必干涉就可做整体管理，并在最后依此来测定及评估达成的成果。达成的方法则可由个人去自行选择，并由此激发各人的工作意愿，发挥个人独创性来达成目标。

3. 自由裁量成果

目标应达成的成果，可由达成的下属自由裁量决定，让下属在充分了解企业目标、上级目标之后，有权自由决定其工作方式，上级主管不应事事干涉。如果只是一些小差错，可以留待下属自行发觉并改进；只有出现违反规定的大差错，上级主管才应对其加以纠正。

培养员工的自驱力

在"自驱力"驱动下工作的员工，能自己让自己跑起来，他们对待工作的态度是百分之百的投入，对工作有一种非做不可的使命感，并且不计报酬。

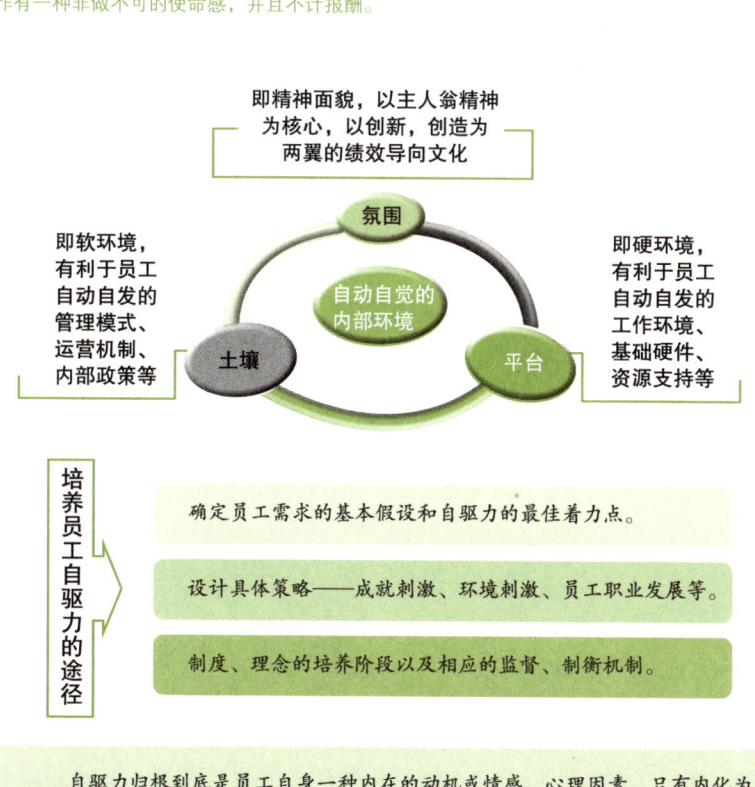

氛围：即精神面貌，以主人翁精神为核心，以创新、创造为两翼的绩效导向文化

土壤：即软环境，有利于员工自动自发的管理模式、运营机制、内部政策等

平台：即硬环境，有利于员工自动自发的工作环境、基础硬件、资源支持等

自动自觉的内部环境

培养员工自驱力的途径：

- 确定员工需求的基本假设和自驱力的最佳着力点。
- 设计具体策略——成就刺激、环境刺激、员工职业发展等。
- 制度、理念的培养阶段以及相应的监督、制衡机制。

自驱力归根到底是员工自身一种内在的动机或情感、心理因素，只有内化为一种内在意识才能时时驱动员工的行为与抉择。

强调自由裁量，并非意味着员工可以为所欲为。上级主管应加强对其监督管理，并要求其定期报告工作的进度。因目标管理尊重执行者的意愿，可给予较大的自由裁量的余地。

4. 委让权限

（1）在设定目标的阶段，原则上应该把达成目标所需的权限委托给下属。对权限的转让，视各企业的个别规定而有所不同，尤其是牵涉部门间的协调事项，变化复杂，如何授权下属，有赖于主管的判断能力。在实际工作中，上下级双方应事先议妥委让条件，再进行授权。

（2）权限的委让，虽可以规定的、不成文的习惯为依据，但一般仍以下属的目标大小、能力高低为决定的准则，再加上主管的判断能力。

（3）在经营管理中，企业里有各种各样的人才，如果只强调推行目标管理，而不实行真正的授权，不给下级管理人员独立判断决定问题的权限，就无法发挥他们的聪明才智。

（4）授权的中心环节是使下级具有决定权。既然上级已经把权力委任给了下级，下级又有明确而具体的目标，如果在执行目标的过程中，事事还由上级来决定的话，就不是真正的授权。

5. 自我启发

管理工作常需要有在职学习的经验，才能获致最佳学习效果。为达成设定的目标，要让员工自己来统御其执行过程。在这个过程中，必会遇到许多预料不到的事，必须由员工自己负起责任来克服、完成，由执行结果得知自己的判断是对还是错，并借此培养判断事物的能力及处事的决断力。因此经理人授权式管理，让下属控制达成的过程，可以起到让下属自我启发、自我成长的作用。

总之，在目标管理中，员工的自主控制和自主管理是要突出体现的。因此，企业各级主管都应鼓励、协助下级执行人员自觉地执行目标，使下属得到锻炼和提高。

目标成本控制的要点

企业在加强目标成本控制时，应掌握确定目标成本控制的内容：

1. 目标成本预测。目标成本预测是根据有关的资料，运用一定的方法，对将来不同情况下可能发生的成本以及成本的变化发展趋势进行测算。有效的成本预测可以为成本决策、成本计划和成本控制提供及时、有效的信息，避免了决策、计划和控制中的主观性、盲目性和片面性。

2. 目标成本决策。目标成本决策是在目标成本预测基础上，结合其他相关资料，综合运用定性和定量方法，决定最优成本效益方案。企业在经营活动过程中，要进行各种决策，有建厂、改建、扩建、技改的决策，新产品设计决策，合理下料方案的决策，自制或外购零件的决策，经济采购批量的决策，薄利多销的决策，等等。

3. 目标成本计划。在目标成本预测与决策的基础上，企业还要通过一定的程序，运用一定的方法，以货币形式对计划期内产品的生产耗费和各种产品的成本水平设定标准，用书面文件的形式规定下来，作为目标成本执行和进行检查考核的依据，即为目标成本计划。通过成本计划管理，可以在降低产品成本方面给企业提出明确的目标，推动企业加强目标成本管理，明确成本责任，挖掘企业职工潜力。

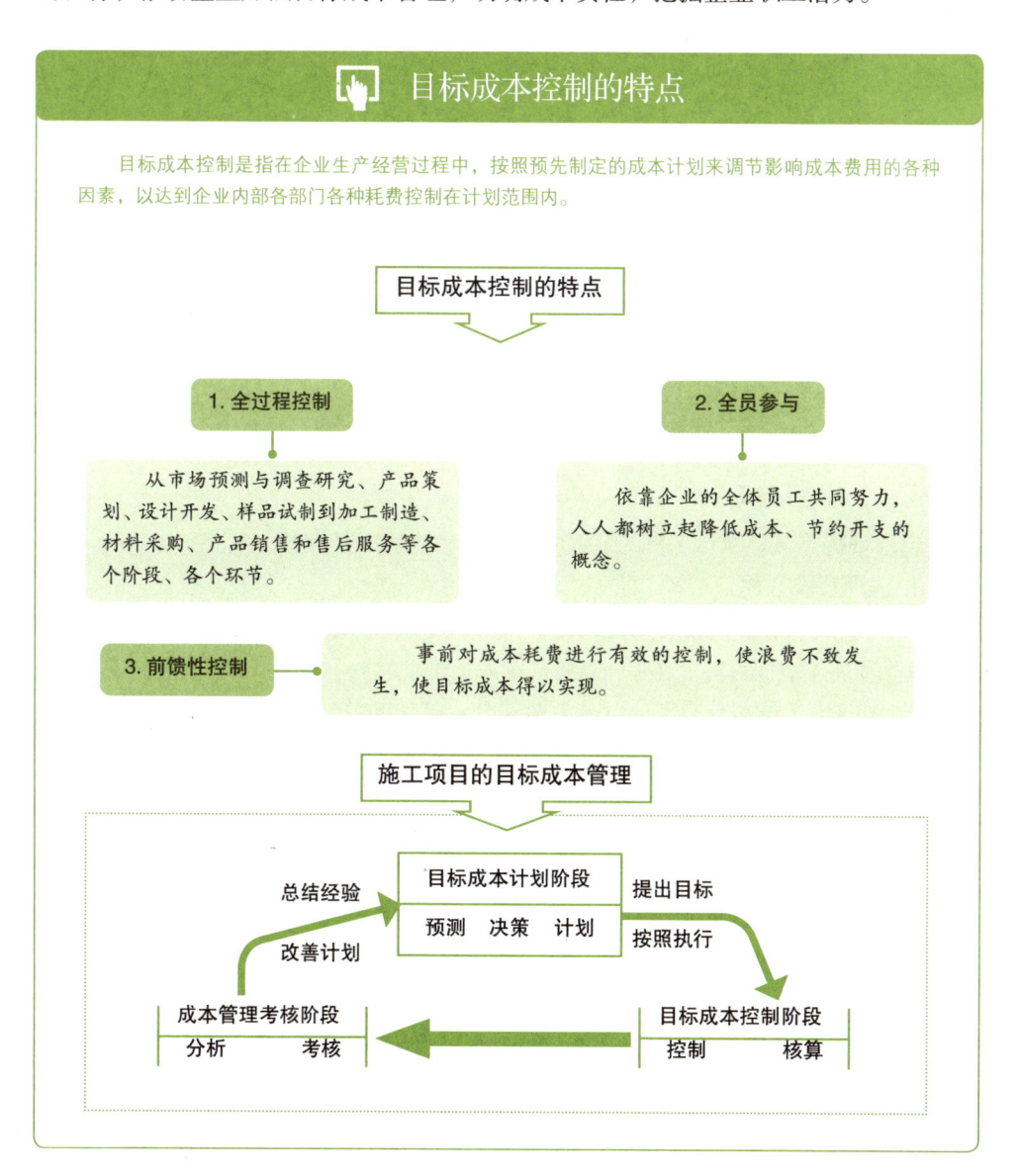

目标成本控制的特点

目标成本控制是指在企业生产经营过程中，按照预先制定的成本计划来调节影响成本费用的各种因素，以达到企业内部各部门各种耗费控制在计划范围内。

目标成本控制的特点

1. 全过程控制
从市场预测与调查研究、产品策划、设计开发、样品试制到加工制造、材料采购、产品销售和售后服务等各个阶段、各个环节。

2. 全员参与
依靠企业的全体员工共同努力，人人都树立起降低成本、节约开支的概念。

3. 前馈性控制
事前对成本耗费进行有效的控制，使浪费不致发生，使目标成本得以实现。

施工项目的目标成本管理

目标成本计划阶段：预测　决策　计划
提出目标 → 按照执行
目标成本控制阶段：控制　核算
→ 成本管理考核阶段：分析　考核
总结经验 → 改善计划 →

4. 目标成本核算。企业要根据产品成本对象，采用相应的成本计算方法，对生产费用进行汇集与分配，计算出各种产品的实际总成本、实际单位成本和责任成本，这个过程即称为目标成本核算。目标成本核算既是对产品的实际耗费用进行如实反映的过程，也是对各责任部门的各种费用实际支出的控制过程。

5. 目标成本分析。企业要以成本核算及其他有关资料为基础，运用一定的方法，揭示目标成本水平的变动，通过对影响成本变动的各种因素、原因以及应负责任的部门和个人的研究分析，提出积极的建议，以进一步降低产品成本。

6. 目标成本检查。企业还要加强成本监督，通过检查企业目标执行的各项工作，找出问题，明确责任，从而保证成本制度和财经纪律的贯彻执行，改进目标成本管理。目标成本检查一般包括：检查企业目标成本管理责任制的建立和执行；考察目标成本管理基础工作是否健全和完善；成本核算方法程序是否真实，数据是否可靠等。

7. 目标成本考核。企业应定期对成本计划及其有关指标的实际完成情况进行总结和评价，这样可以鼓励先进、鞭策后进，监督和促使企业加强成本管理，履行成本管理责任，提高目标成本管理水平。目标成本考核的形式大多是在企业内部车间、部门以至班级、个人之间进行的考核。

期末目标考核不能少

期末考核是目标执行工作的最后验收，也是目标管理的重点。

1. 选择考核方式

（1）直接考核。直接考核是以工作人员文字或口头报告为基础，现场验收为辅助。职业经理人根据目标工作单，会同工作人员逐项检收，核对目标与绩效进行评定。

（2）分段考核。分段考核可分为两部分，第一部分先由职业经理人会同公正人员，评核绩效报告；第二部分根据初评再和目标执行人员共同复核。因有初评作为基础，可减少许多争议。

2. 确定考核步骤

（1）下属自我评估。下属先自我评估目标执行期间内的成果，并将扼要事项记载在目标卡或目标管理追踪卡上并向其直属主管提出。为便于主管核查，下属也可将有关执行成果的具体事实，以书面文件附于目标卡或追踪卡之后一同呈交。

（2）主管审阅核定。主管根据下属的自我考评，以及有关的说明与证件，审定其成绩并填入"主管评估"成绩栏，载于目标评分表上，送呈更高一级主管审核。

（3）职业经理人适当修正评估。职业经理人可以参考公司正式的财务报告以及统计资料，并考量其他相关部门的绩效，对直属主管进行评分，并做适当的调整与修正。

（4）呈报公司的目标管理推进中心。将目标评分表送至目标管理推行单位，以便综合计算各单位的绩效与应得奖惩，最后呈报最高管理阶层核定。

3. 确定考核内容

目标考核的内容一般包括以下几项：

（1）目标进度。目标不仅有质与量的要求，还有时间的要求。也就是说，目标项目不光有定性指标和定量指标，还有时间指标。特别是对于那些工作过程有逻辑顺序的部门或个人来说，对预定目标的进度要求往往很高。因此，在成果考评中，有必要对目标的进度加以评定，来反映目标实施进度的均衡程度，以及目标实施的实际进度与计划进度的偏离程度。

（2）目标完成情况。目标实现程度是以目标值作为考评尺度的。目标值是目标的具体形式，在考核阶段，将实际成果与目标值加以比较，就可以知道目标的实现程度。

目标考核的实施过程

实施目标考核是对目标管理整个实施过程的检视和总结，管理者根据目标考核情况对下级进行评价和奖惩。

目标考核的实施过程

1. 确定考核形式
   直接考核、分段考核。

2. 确定考核步骤
   自我评定、上级评定、经理人评定、上报管理中心。

3. 确定考核内容
   目标进度、完成情况、实施手段、工作态度。

目标考核也是检验人才能力的契机，管理者可以对考核优良的员工进行奖励或晋升。

目标值通常用两种数量指标来衡量，一是绝对数指标，它可以直接表现目标值的大小，给人一种清晰的数量概念，直接反映出预期成果的数量是多少；二是相对数指标，它可以综合反映目标值，特别是可以反映出经济效益的状况。但相对数指标比较模糊，目标值的直观性不够明显，不能直接体现不同目标执行者预期成果的大小。

（3）目标实施手段。实施手段是实现目标的工具和方法，也是实现目标的基本保证。一个好的实施手段，不仅能保证和促进目标的实现，更能使目标执行者取得更大成果，充分反映出目标执行者的智慧和才能。一般来讲，对实施手段的评价主要涉及三个方面：

经济上是否合理。在目标管理活动中，考评措施手段经济上的合理性，要把投入产出比作为标准。对于投入少、产出大，具有经济上合理性的措施手段，应该予以奖励。

内容是否有创造性。创造性是指创造性地运用某措施手段或加以改进，使之更加有效。在推行目标管理中，创造性是评价措施手段的重要指标，它能帮助管理者发现创造性人才，促进员工提高自身的创造力。

技术是否先进。这是评价实施手段的主要标准，也是提高目标管理效率的重要保证。对于采用新技术实现目标的，应给予更多的肯定和奖励。

（4）员工的工作态度。考核员工的工作态度可从以下几方面着手：

协作精神。指目标执行者在工作过程中，能否主动协助他人解决困难和实现目标，以及是否主动为共同目标的执行者或相关人员实现目标创造一个良好的环境。在成果考核中确立协作态度指标，有利于加强组织内部的团结，确保各项子目标和组织整体目标的实现。

工作热情。饱满的工作热情，是实现目标的重要保证。有了饱满的工作热情，各种具体的措施和手段才能得以良好地运用，目标执行者的潜在能力才能得以广泛地发挥。为此，在目标管理的期末考核中，对工作热情饱满的员工要给予肯定，对于工作热情不高的员工要给予鼓励，积极协助其查找原因。

总之，期末考核是对目标执行工作进行的最后评估，对目标管理活动也十分重要。企业应本着公平合理的方针，采用适当的考核方法，按考核的步骤认真地执行。

提高目标评估的有效性

为了提高目标评估的有效性，职业经理人应做好以下工作：

1. 增加评估的公平性

（1）增加评估的公平性，应采用绝对评价的方式。在推行目标管理中，评估的目的是为开发员工的能力。所以，不应采用均衡的相对评价，而应采用一种以每一个独立人格作为对象的绝对评价方式比较理想。

（2）应进行客观评价。客观评价不注重评价一个人的人品或能力，而是着重于工作或业绩的评价。由于能力发挥后所表现出来的业绩，比能力本身容易评价。因此评定一个人的工作成果，比评定一个人的人品更为容易，也更直接。企业要尽可能避免主观评价，而趋向于客观评价。

2. 增加评估结果的透明度

目标评价的目的是为当事人着想，为了发掘员工的潜在能力和培养能够适应未来环境变化所应有的能力，必须公正地考评。目标评价的首要任务是挖掘当事人的能力。因此，在评价过程中应该让当事人参加，并把评价结果反馈给当事人。

有些企业认为，目标评估是主管片面的考核，不应该让目标执行者本人看，应采取秘密方式。其实虽然说考核是主管主持进行的，但结果终会以升迁和薪金的方式表现出来，保密的做法只会导致员工对主管的疏远和不信任。企业切忌用这种隐瞒的做法，而应该将目标评估的结果明确地告知目标执行人。

3. 加强目标评估双方的沟通

目标评估是在考核者（主管）和目标执行人（下属）之间进行的，由于评估双方存在上级同下属的关系，因此在目标评估过程中可能会出现抵触、紧张等情况。加强目标评估沟通可以改善评估双方的关系，有利于评估活动的顺利进行。

（1）对于达成目标的员工，尤其对于绩效突出的员工，要大力加以称赞。员工对上司的赏识，会觉得是一种至高无上的鼓劲。不但如此，由于受到赏识，可能越加激发起做好工作的干劲来。在获得高绩效时，主管要把这个成绩归功于员工，对其加以称赞。

（2）结果不理想时，评估双方必须互相反省。因为员工做不好而生气或责备，是没有用的。对于一般人来说，如果做不好，即使没有受到指责，也会认为自己是有责任的，何况事情已经发生，无法挽回了。所以在这种情况下，主管与其进行报怨，倒不如把它作为共同反省的材料。

目标评估的主要目的并不是要挑员工的毛病，惩罚员工，而是研究问题的原因并寻找对策，以免以后再犯同样的错误。

（3）一定要让事实说话。如果靠印象进行评断，无法使人心服。所以，最好用工作成果这个事实来说话。如果有目标，把握事实便容易了。因为目标设定的对象是具体的、量化的，所以，在评价时，将其一个一个提出来进行核对就可以了。用事实评判，可以提高被评价者的心服程度，即使评估成绩不理想，也会减少许多争议。因此，企业要强调用事实说话。

（4）互相鼓励。考评的目的，不在于回顾过去，或者说重新列举过去做过的事，而是利用评估向前推动，以便将来更好地发展。因此，应该把本期的评价作为下期更上一层楼的基础。评估双方应互相进行鼓励，这样才能使员工增加改善和提高的动力，有利于下一阶段目标的执行。

总之，目标评估是一项讲究技巧的工作，它并不是简单的考核员工和批评员工的过程，而是充分了解员工、查找问题的原因并共同改进的过程。

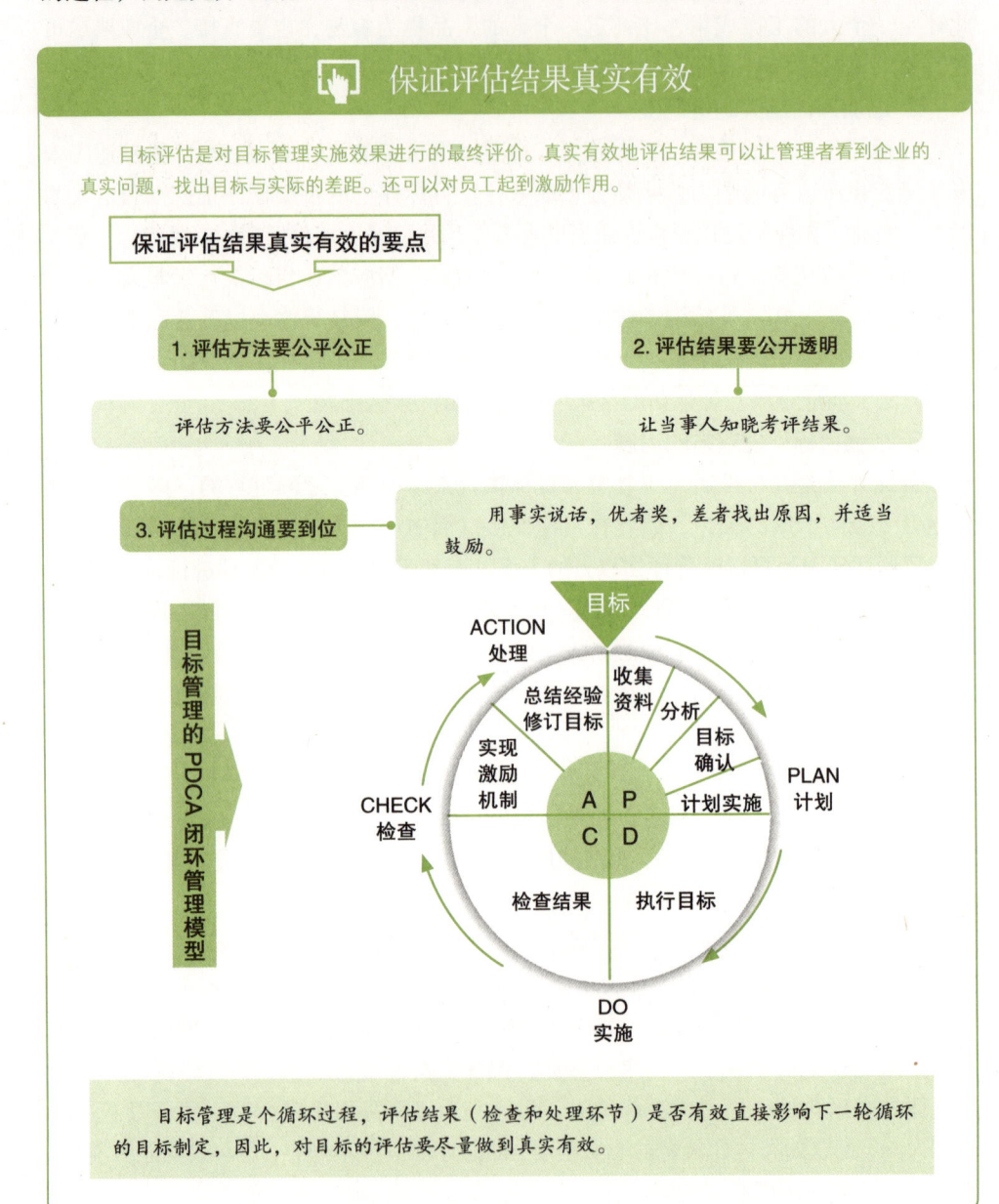

保证评估结果真实有效

目标评估是对目标管理实施效果进行的最终评价。真实有效地评估结果可以让管理者看到企业的真实问题，找出目标与实际的差距。还可以对员工起到激励作用。

保证评估结果真实有效的要点

1. 评估方法要公平公正
   - 评估方法要公平公正。

2. 评估结果要公开透明
   - 让当事人知晓考评结果。

3. 评估过程沟通要到位
   - 用事实说话，优者奖，差者找出原因，并适当鼓励。

目标管理的PDCA闭环管理模型

- ACTION 处理：总结经验、修订目标、实现激励机制
- PLAN 计划：收集资料、分析、目标确认、计划实施
- DO 实施：执行目标
- CHECK 检查：检查结果

目标管理是个循环过程，评估结果（检查和处理环节）是否有效直接影响下一轮循环的目标制定，因此，对目标的评估要尽量做到真实有效。

第十章
授权管理：让领导的工作回归简单

形成完整的计划

授权计划的制订不应是自上而下发布命令的方式，这恰是与授权精神相违背的。授权计划从一开始即要求受权下属的参与。应允许下属参与授权的决定，在授权计划形成之后，应在更大范围内公布授权计划，根据授权计划向下属进行反馈和提问。

这样做的好处有很多，其一是帮助管理者整理自己的思想，在必要时，修改授权计划。其二是使下属充分理解授权的精髓，在最大限度内得到下属的认同，激发其积极性。同时，又能在组织中起到宣传引导的作用，形成授权的心理期待。

不同的授权方法会产生不同的效果，管理者应当掌握正确的授权方法。授权的方法按照不同的维度，有不同的划分方法。按照授权受制约的程度，授权的方法有：充分授权、不充分授权、弹性授权、制约授权。

充分授权是指管理者在向其下属分派职责的同时，并不明确赋予下属这样或那样的具体权力，而是让下属在管理者权力许可的范围之内，自由、充分地发挥其主观能动性，自己拟定履行职责的行动方案。这种授权的方式虽然没有具体授权，但在事实上几乎等于将管理者自己的权力——针对特定的工作和任务的——部分下放给其下属。

充分授权的最显著优点在于能使下属在履行职责的工作中实现自身价值，获得较大的满足，最大可能地调动下属的主观能动性和创造性。对于授权管理者而言则大大减少了许多不必要的工作量。充分授权是授权中的"高难度特技动作"，一般只在特定情况下使用，基本要求授权对象是具有很高素质和责任心的下属。

不充分授权是指管理者对其下属分派职责的同时，赋予其部分权限。根据所授下属权限的大小，不充分授权又可以分为几种具体情况：

让下属了解情况后，由领导者做出最后的决策；

让下属提出详细的行动方案，由领导者最后选择；

让下属提出详细的行动计划，由领导者审批；

让下属果断采取行动前及时报告领导者；

让下属采取行动后，将行动的后果报告领导者。

不充分授权是现实中最普遍存在的授权形式，它的特点是较为灵活，可因人而异、因事制宜，采取不同的具体方式。但它同时要求上级和下级、管理者和下属之间必须事先明确所采取的具体授权形式。

弹性授权是综合充分授权和不充分授权两种形式而成的一种混合的授权方式。

弹性授权是根据工作的内容将下属履行职责的过程划分为若干阶段。在不同的阶段采取不同的授权方式。弹性授权的精髓在于动态授权的原理。弹性授权具有较强的适应性，当工作条件、内容等发生了变化时，管理者可及时调整授权方式以利于工作的顺利进行。管理者应用弹性授权时的技巧在于保持与下属的及时协调，加强双向的沟通。

制约授权是指管理者将职责和权力同时委托和分派给不同的几个下属，以形成下属之间相互制约地履行其职责的关系。如会计制度上的相互牵制原则。制约授权形式的应用要求管理者准确地判断和把握使用的场合。它一般只适用于那些性质重要、容易出现疏忽的工作。制约授权在应用中的另一个要点在于，警惕制约授权可能带来的负面效应，过分的制约授权会抑制下属的积极性，不利于提高工作的效率。制约授权作为较特殊的一种授权方法，一般要求与其他授权方法配合使用，取其利，去其弊。

不同授权方法的特点

授权是以人为对象，将完成某项工作所必须的权力授给部属人员。由于授权受制约的程度不同，授权的方法也不同。

充分授权
特点：没有具体授权，但在职权范围内可充分发挥主观能动性。

弹性授权
特点：混合授权形式，将工作分段，不同阶段实行不同的授权形式。

不充分授权
特点：赋予部分权限，上下级之间事先要明确具体的授权形式。

制约授权
特点：将职权委派给多个下属，使其相互制约。

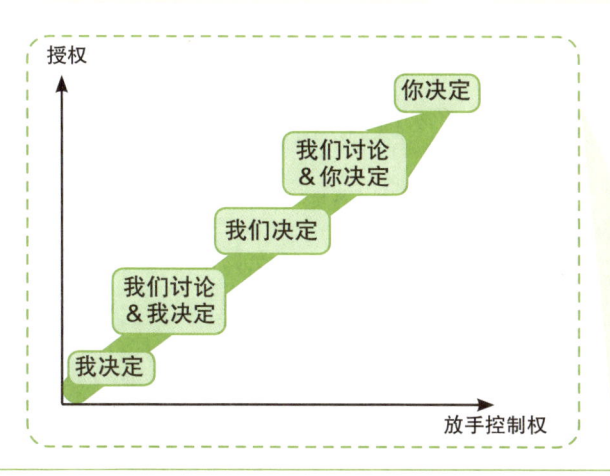

授权↑
　　　　　　　　　　　你决定
　　　　　　　我们讨论
　　　　　　　&你决定
　　　　　我们决定
　　　我们讨论
　　　&我决定
　我决定
　　　　　　　　　　→ 放手控制权

授权是一项重大的决定，因此，对于管理者来说，他必须对此形成完整的计划。授权计划可能不是文字的，但一定要在脑海中形成清晰的框架，盲目的授权，或者未经仔细斟酌设计的授权将带来混乱。

选择合适的时机

一个高效授权的管理者,他的全部授权技能体现在对这些关节点的把握之中。

1. 做好授权准备:扫除授权障碍,明确授权意识,创造授权气氛,制订授权计划;确认任务:有目标授权,针对特定任务授权,任务本身需要整理规范和明确。

2. 选择合适的受权者:根据下属的潜能、心态、人格来挑选合适的人完成特定的事。

3. 授权的发布:授权计划的最后商定,宣告授权启动,明确任务及权限,制定考核标准。

4. 进入工作:管理者放手让受权者完成工作,对一般性的工作方式不作干涉。

5. 控制进展:管理者要保证工作以一定速度进行,应当给下属适当压力,让其感到责任,保证工作按计划完成。

6. 约束授权者:注视下属行为偏离计划的倾向,防止授权的负面作用,及时反馈信息,保证授权沿预定轨道前行。

7. 检收工作,兑现奖罚:评价工作完成情况,按预定绩效标准兑现奖励或惩罚,总结授权,形成典范,全面提升管理水平。

对于一名高效能管理者来说,制订了合适的授权计划,掌握了正确的授权方法,接下来要做的就是要把握合适的时机。

有效的授权者常在下列情形出现时授权:

1. 管理者需要进行计划和研究而总觉得时间不够。
2. 管理者办公时间几乎全部在处理例行公事时。
3. 管理者正在工作,频繁被下属的请示所打扰。
4. 下属因工作闲散而绩效低下。
5. 下属因不敢决策,而使公司错过赚钱或提高公众形象的良机。
6. 管理者因独揽大权而使上下级关系不和睦。
7. 公司发生紧急情况而管理者不能分身处理时。
8. 公司业务扩展,成立新的部门、分公司或兼并其他公司时。
9. 公司人员发生较大变动,由更年轻有活力的中层管理者主持各部门、团队工作时。
10. 公司走出困境,要改变以往的决策机制以适应灵活多变的环境时。

授权的导入需要有三个基本条件:

一是管理者头脑中形成清晰的思路和完整的授权计划；
二是选择恰当的时机切入授权；
三是选择适当的形式宣告授权。

授权时的注意事项

授权是领导者通过为下属提供更多的自主权，以达到组织目标的过程。通过授权，领导者少了一些掌控权，为使工作不至于失控，领导着在授权时必须注意一些事项。

授权时的注意事项

1. 选择合适的授权对象。
2. 明确授权的目标，一定不要模糊。
3. 按步骤授权。
4. 布置合理的授权内容。
5. 不要重复授权。
6. 多授权富挑战性的工作。
7. 对完成目标进行管理和考核。

授权时是领导者管理权力的下放，领导者必须严格把控，防止授权变成滥权。

必须树立的观念

要正确理解授权的含义，我们应当把握以下几点：
1. 授权不是参与
参与只是表示团队成员对团队决策产生影响，他们以特定的方式和标准的程序同管理者一起制定决策，此时，团队的权力状态是"共享式权力"。如果严格地考查，这种权力共享往往只是表面的，决策的形成不可能是由成员和管理者对等投票的结果。

实际上，决策总是管理者意志的表达，所谓的参与对决策的影响只是一种软约束。而授权，则是权力的下移，管理者同下属拟定目标之后，由下属独立决定达到目的的途径、方法和手段。虽然这种独立的决策者是受到制约和监督的，但在限定的权力范围内，被授权的员工拥有充分的决策权，上级不能随意干预。

2. 授权不是弃权

决定授权是否是弃权的关键是"恰当与否"。如果一个管理者把权力和任务全部交给下属，而又没有清楚地阐明下属应该做的具体工作；没有对下属的权力范围明确规定；没有明确下属应当达到的绩效水平及绩效考核的办法。那么，这种授权就是弃权，弃权必然会导致失败，给管理者带来很多麻烦。

3. 授权不是授责

授权只是把一部分权力下放给了下属，而不是把与"权力"同时存在的"责任"也下放给下属了。换句话说，当主管人员把权力下放给某一成员时，他仍然拥有和授权前同样的责任。管理学家史罗马曾说过："责任是某人肩负的某种东西，无人能授予它。一个负责任的人将永远负起责任，而一个不负责任的人永远都必是不负责任的。"

作为管理者应当记住这一点：错误是授权的一部分。下属犯错误几乎是肯定的，授权时，管理者应当预料到并接受下属可能犯的一些错误，意识到自己对下发所犯错误应承担的责任，并确保自己不会把责任推给下属。

4. 授权不是代理职务

授权意味着管理控制方式的转变，并不是把不重要的事放弃不管。授权之后，管理者仍然享有职权，对授出的职权负有责任。这种权力体现在他要通过接受、听取工作报告的方式来取代事必躬亲的工作方式，这是授权带给管理者们的实质性的变化。

明确这一点，意味着管理者在授权时要认识到自身职责的变化，明确自己的工作职责不再是把自己的事情做好，而是要让别人把事情做好，因此必须对下属的工作进行卓有成效的控制。

5. 授权不是分工

分工是在一个集体、组织、团体内，由各个成员按其分工各负其责，彼此间无隶属关系，对于管理者来说，恰当地为下属进行分工，是将工作任务合理切割的过程；而授权则是授权者和被授权者上、下之间的监督和报告关系。

分工和授权的区别还表现在工作任务的中心不同，在分工中，管理者处理任务中心，主管的工作重心是协调下属的工作，用以保证任务成功地完成；而在授权中，任务中心向垂直的下层移动，被授权者在任务完成的过程中担当重心的角色，而管理者作为独立于任务的上级，听取有关工作的报告，解决超越下属能力权限的各种困难。

6. 授权不是下任务

授权不只是向团队成员下达任务，而是要考虑多方面的相关问题，那么，管理者实施授权应考虑哪些问题呢？

（1）授权的意义是什么？授权的意义指的是工作目的与价值，它的评估要和个人的理想及标准联系起来。当工作要求与个人信念相符合时，这项工作便变得有意义了。

（2）团队成员能胜任吗？胜任指的是团队成员相信他自己有能力出色完成某项特殊任务。有胜任感的团队成员相信在特定情况下，他们有能力满足某项工作要求。胜任感同样会让人产生被授权的感觉。

（3）什么是自我决策？自我决策是指个人觉得自己有权发动部门各类工作活动，尤其是当团队成员感到自己能够自由选择解决某个特殊问题的最佳方法时，自我决策就变得更为高级了。自我决策还涉及诸如工作地点和场所的选择之类的问题。一位被高度授权的团队成员或许会决定不在办公室完成工作。

（4）什么是影响？影响指的是团队成员能左右工作的重大成果或结果的程度。在被授权过程中，团队成员并非只是服从，并非在任何方面都插不上手，而是应有发言权，有权针对团队的未来前景发表自己的见解。

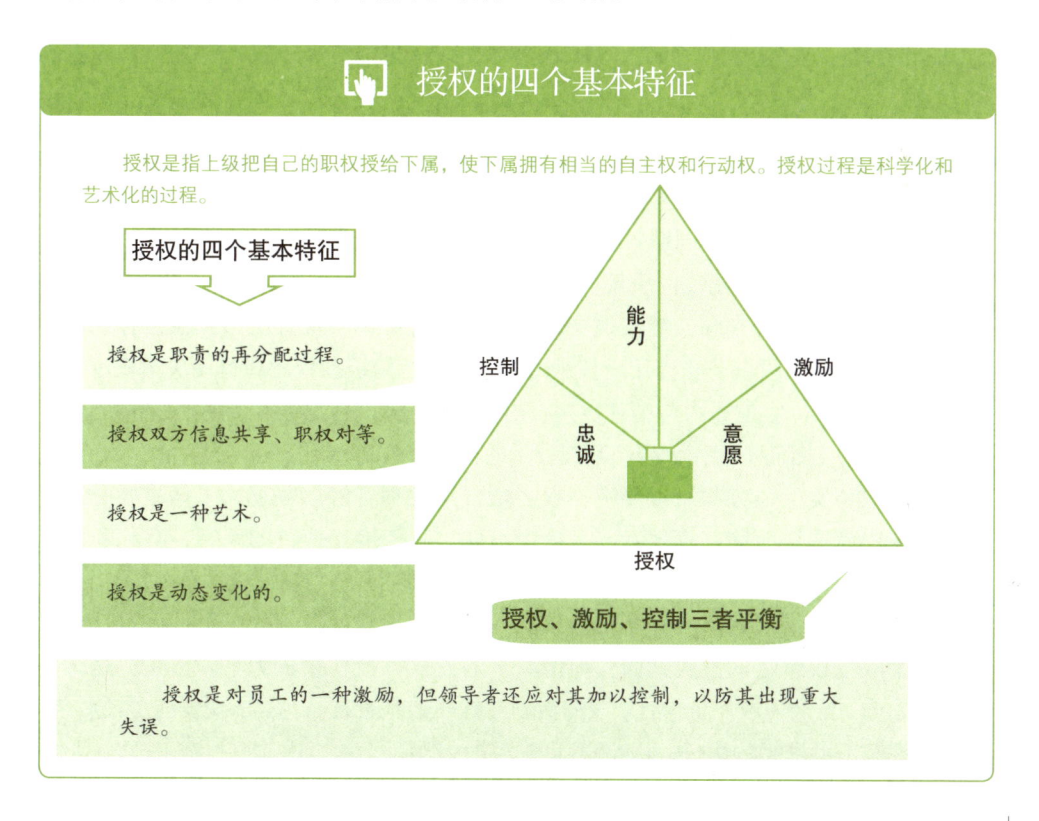

授权的四个基本特征

授权是指上级把自己的职权授给下属，使下属拥有相当的自主权和行动权。授权过程是科学化和艺术化的过程。

授权的四个基本特征

- 授权是职责的再分配过程。
- 授权双方信息共享、职权对等。
- 授权是一种艺术。
- 授权是动态变化的。

能力 — 控制 — 激励
忠诚 — 意愿
授权

授权、激励、控制三者平衡

授权是对员工的一种激励，但领导者还应对其加以控制，以防其出现重大失误。

授权必须遵守原则

授权是大势所趋，是明智之举，现在的问题是在授权中应遵循什么样的原则，从而实现授权的目的。

1. 目标原则。实现管理目标是管理工作的最终追求，授予某个人的职权应该足以保证他能够实现目标。许多管理者在授权时，对哪些职权应该授予、哪些职权必须保留的问题考虑得较多，而忽略了团队的目标。

授权的目的是让被授权者拥有足够的职权能顺利地完成所托付的任务，因此，授权首先要考虑应实现的目标，然后决定为实现这一目标下属需要有多大的处理问题的权限。只有目标明确的授权，才能使下属明确自己所承担的责任。盲目授权必然带来混乱。

2. 举贤原则。"职以能授，爵以功授。"授权不是单纯的权力和利益的再分配，而是对下属德才素质有较为详细的了解后，根据每个人的才能和特长授予相应的权力，保证权才相符。一般来讲，工作难度应比承担工作者平时表现出的个人能力大些，使其产生压力感，完成工作才有成就感。

向下属授权过大，就会出现大权旁落的局面；授权过重，则超过对方能力与承受限度；过轻，则失去授权的意义，不利于下属尽职尽责。

3. 留责原则。从权、责内容上看，授权有两种形式：授权授责与授权留责两种。前者如同分权一样，授权同时授责，权责一致；后者则不同，授权不授责，如果被授权者工作处理不当，出现的决策责任仍然由授权的管理者自己承担。

这两种形式各有利弊，授权授责，被授权者有责任，就有压力，就会有正确运用权力的责任感，可以防止滥用所授予的权力；但也给被授权者在行使决策权进行创造性活动时带来巨大的压力与精神负担，由于惧怕自己的失误会给组织带来危害，影响自己的前途，因而不能充分行使其被授予的权力，最终影响了工作的效能。

而授权留责，一方面可以使被授权者增强对管理者的信赖感，工作更放心、更放手；在决策责任面前，管理者要多承担责任，坚持推功揽过的原则，有利于激发下属的主动性、创造性，有利于较好地树立领导者的崇高权威。

一般说来，为了锻炼培养干部、接班人，为了处理突发的危机事件而进行的授权，宜采取授权留责的形式；而其他情况下的授权以授权授责为宜。但是，这只是大致的划分，无论采取何种形式，授权活动在性质上是管理行为，出现任何责任后果，管理者都有不可推卸的责任，应是责任的主要承担者。

4. 权责对等原则。职权是执行任务时的自决权，职责是完成任务的义务，因此，职权应该与职责相符。在实践中要避免出现有权无责或权责失当的现象。

在实际工作中，下级人员总是希望增加他们的职权，而同时减少他们的职责；上级人员则要求下级人员多承担职责，但又不愿意给以必要的职权。

这两种做法都欠妥当。如果有权无责，用权时就容易出现随心所欲、缺乏责任心的情形；如果责大于权，则会增加工作难度，难以调动下级的工作热情。

5. 激励原则。"疑人不用，用人不疑"，授权于下属，是对他们的信任，可建立良好的人际关系，使下属对自己所从事的工作也充满了自信心，有利于提高工作

授权时应遵守的通用规则

授权的基本依据是目标责任，要根据责任者承担的目标责任的大小授予一定的权力。在授权时还要遵循一些规则。

授权时应遵守的通用规则

1. 相近规则
两层意思：给下级直接授权，不要越级；授予最接近做出目标决策的人员。

2. 授要规则
所授权力是下级在实现目标中最需要的、比较重要的权力。

3. 明责授权
要以责任为前提，授权同时要明确其职责。

4. 动态规则
不同环境、不同目标责任，应授予不同的权力。

授权的五个级别

第五级：委托式
关注结果

第四级：追踪式
在工作过程中"先斩后奏"

第三级：把关式
任职人在关键环节请示批准

第二级：批准式
任职人在取得上司批准后工作

第一级：指挥式
任职人按照命令和指示工作

领导者应根据不同情境、不同任务，并结合下属的能力，选择适当的授权级别。

效率。在授权的同时，应对部下进行适当的激励，比如称赞其完成任务的优点和有利条件，当然也要指出应注意和克服的短处等，以充分调动其积极性。

因此，授权可以开发下属的潜能，为他们提供个人成长、发展的机会，使他们在实践中受益；通过授权，也可使下属参与决策，了解工作程序，激发其工作热情，增加对团队的归属感，提高团队的决策水平，增强下属的自身实力。

6. 逐级授权原则。管理者所授予下属的权力是管理者自身职务权力范围内的决策权，即管理者自身的权力。如高级主管只能将自己所享有的决策权授给自己直接管理的中层主管，而不能把高级主管所拥有的权力授给中层主管的下属，这样实质上就侵犯了自己的下属的合法权利，是越级授权局面，会引起下属有职无权，给自己下属的工作造成被动，会引起自己与下属、下属之间的矛盾。

7. 适度原则。授权要适度。如果授权过宽、过度，超过被授权者的智能所承担的限度，会出现小材大用的情况；超过所处理事务的需要的过度授权，就等于管理者放弃了权力，导致下属的权力泛化，使管理者无端地被"架空"。

授权过窄、不足，则不能充分调动下属的积极性，不能使其充分发挥才能，出现大材小用的情况；下属也不能充分地代表管理者行使权力，处理相应的事务，还得事事请示汇报，管理者仍不能从繁杂的事务中解放出来，达不到授权的目的。适度授权就是要求管理者授予下属的权力要精确、充分，它是建立在目标明确、职责清晰基础上的授权。

8. 可控原则。坚持可控授权的原则，可以有效地防止所授予的权力被滥用。授权只是将管理者应当独享的权力授予下属的活动，管理者并不会因为授权而丧失其管理主体的地位，并且仍是授权责任后果的最终承担者。

正确的授权，不是放任自流、撒手不管，不是放弃其职能，授权时必须有办法确保权力得到恰当使用。控制的目的在于发现和纠正下属行使权力时偏离目标的现象，而不是干预下属的日常行动。

受权人的汇报义务是授权的本质要求，汇报绝不是可有可无的，必须要求下属自觉汇报工作的进程和结果，必须对下属进行有力的指导监督，因此，要掌握对被授权者的进行检查、监督的权力。应切记的是：授权不等于弃权，类似于决定组织前途与结果的最终决策权，必须牢牢掌握在自己手中。

防止失控的方法

成功的管理者授权不会失衡。也就是说，在自己领导的组织系统内，对多个下属授权，权力要分布得合理，不能偏轻或偏重。如果对某个下属授权较多，则必须考虑他的威望及能力，是否为其他下属所接受。无根据的偏重授权，以个人感情搞亲疏性授权，是万万不可取的。

任何授权都难免有失误的地方，授权失效应当及时纠正，可以采取的方法有：

1. 讨论和警告。当管理者首次怀疑任务是否可以准时完工，可向下属提出自己的疑问。不要以为延长时间会让情形改善。一旦发生问题，情况只有可能更加恶化。和下属谈谈自己关心的事项，同时同意确保任务会很快回复到目标计划。如果情况不佳，应与下属召开另外的会议。在第二次会议中，应警告下属，如果没有适度的进步，管理者可以进一步地干涉。

2. 撤回职权。任何授权的权力都是暂时性的，是可以废止的。当下属表现不如预期时；当组织改变的时候（如改变目标、组织重组、新的政策），职权也可能收回。所以管理者只要认为适当，可以收回职权给其他人行使，或不予变更。

3. 重新分配。当管理者面对期望颇深的方案或任务无法如期完成时，应考虑重新分配工作。管理者可以将方案重新分配给比较有经验的下属，或拆成几个部分让数个下属执行；也可以让下属保有原先分配到的任务，但是需要更进一步地监督。

不要让授权失控

有效授权首先要选人得当。其次是要把握调整权。当授权有失于掌控之时，就应及时采取措施对其进行纠正。

防止授权失控的有效措施

- 选对人是基础措施
- 工作遇瓶颈时及时指导
- 工作偏差时及时予以警告
- 工作严重失误时收回职权
- 意识到授权错误时调整授权

快让开，刹车跑偏啦！

授权不等于完全放权，没有约束的权力就如没有装刹车的机车，随时会有发生车祸的可能。

有效授权的实施过程

授权时，不仅要讲究技巧，更要注重实施的过程，从各个环节确保授权的有效实施。

1. 把任务标准化

当团队完全由管理者来推动其运行时，任务和他想要达到的目标存在于他的大脑中，这可能是模糊的，当他把一个具体的环节交代给团队成员去完成时，他没有必要向团队成员解释整个任务是怎样的。然而，当实施授权之后，模糊的任务常常使团队成员无所适从，当管理者试图授权时，一个首要的工作就是把任务标准化。这种标准化包括下面几点：

（1）任务是有清晰的目标和方向的；
（2）完成任务所需条件是相对明确的，团队成员知道如何寻求配合和帮助；
（3）任务完成的程序具有相对稳定的模式，完全没有思路的任务不适于授权；
（4）任务的完成有相对明确的考核标准，以确定任务完成的质量。

2. 营造授权气氛

任务标准化之后，管理者应怎样营造授权气氛呢？

（1）向团队提出质疑。在各种场合揭示团队内部存在的问题，引发讨论，并提供具有建设性的意见和方案。
（2）重视团队的培养。采用渐进方式促使团队改变。首先在管理者与团队间发展授权的关系，建立一种适用于授权的新型工作模式，并作为进一步推广的典范。
（3）初步成果的共享。团队在实施初步的授权之后，它的每一点哪怕是微小的成绩提升或气氛改进都是值得关注的，应该关注这些成绩，以恰当的形式给予庆贺，并向团队成员公布，让他们知道成绩是如何取得的。
（4）勇于探险。管理者可以尝试一件以前不会做的事情，使自己进一步成长，并以自身的勇气鼓舞团队成员，创造一种勇于冒险、求新的组织氛围。

3. 转移心态

转移心态包括两方面：一是管理者心态的转移；二是团队成员心态的转移。授权最重要的前提在于管理者的认识或认同。管理者在要将自己天天从事的工作授权给他人接管时，总是感到难以割舍。管理者心态的转变对授权的成功与否至关重要。但由于种种缘由，多数的管理者在走向授权时总是有些犹豫，他们一时还不能适应授权将带来的心态上的转变。由于这种转变非常关键，管理者应尽快适应。

与管理者心态转移同等重要的是团队成员工作态度的转变。主管在保证自己心态转变的同时，应帮助团队成员实现心态的转移。

4. 选准授权人

管理者可以将权力适度授予以下几种人：

（1）忠实执行管理者命令的人。一般说来，管理者下达的命令，无论如何团队成员都要全力以赴，忠实执行。这是团队成员必须严守的第一大原则。如果团队成员的意见与管理者的意见有出入，可以先陈述他的意见。陈述之后，管理者仍然不接受，就要服从管理者的意见。有些管理者在自己的意见不被采纳后，抱着自暴自弃的态度去做事，这样的人没有资格成为管理者辅佐人。

（2）做管理者的代办人。团队成员必须是管理者的代办人。纵然管理者的见解与他的见解不同，但管理者一旦有新决定，他就要能把这个决定当作自己的决定，向其他人包括外界人做详尽的解释。

（3）明确自己权限的人。被授权的团队成员必须认清什么事在自己的权限之内，什么事自己无权决定。如果发生问题，而且又是自己权限之外的事，处理的办法不是拖拖拉拉，而是立即向管理者请示。

超越管理者的交涉、协调，等于把管理者架空，也破坏了命令系统。非得越级的时候，原则也要先跟管理者打招呼，以获得认可。

5. 选取授权任务

在正式开始授权之前，管理者要做的第一步工作就是对必须完成的任务按照责任的大小进行分类排队，不同类的工作对应不同的授权要求，做出一张"授权工作清单"。

（1）必须授权的工作。这类工作管理者本不该亲自去做，它们之所以至今留在管理者的手中，只是因为管理者久而久之，习惯去做，或是管理者自己喜欢，不愿交给别人去做。这类工作授权的风险最低，即使出现某些失误，也不会影响大局。

（2）应该授权的工作。这类工作总体上是一些团队成员完全能够胜任的例行的日常公务，团队成员对此有兴趣，觉得有意思或有挑战性，而管理者一直由于疏忽或其他原因没有交给他们去做。这类工作授权给团队成员的意义，除了可以节约管理者的时间和精力之外，更有利于调动团队成员的积极性。

（3）可以授权的工作。这类工作往往具有一定难度和挑战性，它要求团队成员具有相当的知识和技能才能胜任，但由于管理者不放心而长期坚持做。事实上，只要管理者在授权之外，特别注意为授权的团队成员提供完成工作所需的训练和指导，把这类工作交给团队成员，就可以有机会让他们发挥自己的才能。对于一个急切地需要一个得力助手的管理者来说，这无疑是精选干将的绝佳时机，因为在所有的人员评估手段中，实战表现是最具有效率和可信度的一种，其他任何的方式都无法与之相比。

（4）不能授权的工作。每个部门的工作中，总有一些工作关系到部门的前途、命运、声誉，这类工作一旦失误将要付出沉重的代价。还有些工作除非主管本人，他人无法完成，这类工作是不可授权的，必须管理者亲自做。这类工作包括制订未来发展计划、选拔新进团队成员、支持考核团队成员绩效、实施奖惩和重大决策，等等。

6. 把握授权时机

授权在最开始时可能很耗费时间，因为它需要管理者对团队成员工作中的自由决定范围进行细致考虑。在这一范围确立之后，管理者就需要拿出时间对团队成员进行权力使用的训练。建立恰当的控制程序也需要花费时间。授权如同一项资本投资，确立授权模式所花费的时间有可能获得巨大的回报——但这种回报只能在将来获得。管理者在授权时应对授权模式进行仔细考虑，通过授权不停地积累经验。

那么，管理者应当在什么情况下实施授权呢？

（1）管理者办公时间几乎全部在处理例行公事时；

（2）管理者的工作被员工的频繁请示所打扰时；

（3）管理者需要进行计划和研究而总觉得时间不够时；

（4）团队成员因工作闲散而绩效不高时；

（5）管理者因独揽大权而引起上下级关系不和时。

7. 抓住授权的要点

善于授权是领导能力的重要体现，授出去的权力不是分出去的财产，而是放飞的风筝，既给了团队成员一定的权限，又对授出去的权力有所控制；既挖掘和调动了团队成员的潜力，又减轻了自己的工作负担。因为管理者不可能将任何事情都一揽己身，也不可能通晓管理范围内有关的各种专业，只有物色人才，适时授予权力，驾驭得当，管理者的事业才可发展拓深，开创新的局面。

以下内容是授权时主管应注意的几个问题：

（1）要弄清转让权限的本质。对管理者而言，最重要的事情是牢牢掌握权限转让的本质含义。权限转让绝不是责任的转让，当管理者将权限转让出去之后，必须保留作为团队成员的管理者和合作者的身份。

（2）要认真了解员工情况。每一个团队成员的工作能力及思想方法都会有所不同，所以应该充分了解他们的专长及做哪些工作最合适，然后将最符合其特点的那部分权限委托给他们。

（3）要使员工清楚目标和目的。管理者的责任不仅仅是对团队成员说要他做些什么，还要使他清楚为什么这么做、什么时候做、和谁一道做和怎么做。否则，尽管管理者将一部分权限交给他，也不可能充分发挥其功能。

（4）要事先确定工作完成标准。管理者与团队成员共同磋商，制定工作标准，同时还应商量成绩评估方法，以获得一致性的意见。

（5）要对团队成员进行训练、指导。为了更好地转让权限，管理者应对团队成员进行训练和指导。

（6）要和员工经常谈心。为使团队成员毫无顾忌地行使转让而来的权限，管理者应随时任其畅所欲言，并给予大力协助和必要的指示。

（7）要对考核结果进行评估。将权限转让出去之后，如果管理者撒手不管就容易使团队成员干劲松懈，这也是失策原因之一。管理者应该经常就转让出去的权限、工作成效给予恰如其分的评估。

（8）要明白授权不拘小节。一般说来，管理者主要把握宏观上的规划，对于小节应该授权给团队成员自由处理。

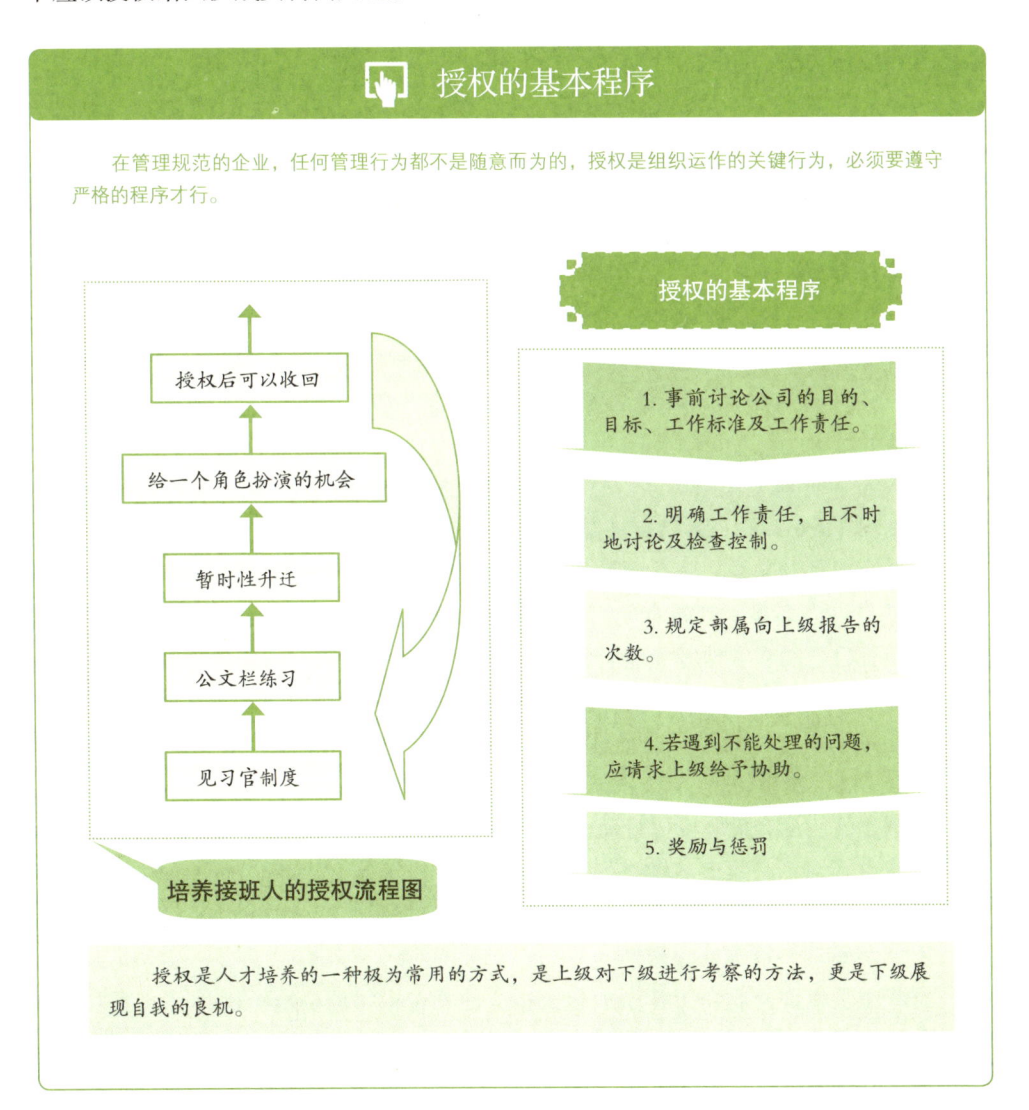

授权的基本程序

在管理规范的企业，任何管理行为都不是随意而为的，授权是组织运作的关键行为，必须要遵守严格的程序才行。

培养接班人的授权流程图

- 见习官制度
- 公文栏练习
- 暂时性升迁
- 给一个角色扮演的机会
- 授权后可以收回

授权的基本程序

1. 事前讨论公司的目的、目标、工作标准及工作责任。
2. 明确工作责任，且不时地讨论及检查控制。
3. 规定部属向上级报告的次数。
4. 若遇到不能处理的问题，应请求上级给予协助。
5. 奖励与惩罚

授权是人才培养的一种极为常用的方式，是上级对下级进行考察的方法，更是下级展现自我的良机。

分工是授权的真谛

一位美国企业家说:"身为一个主管,应该明白想逼死自己最快的方法就是大权一把抓。"美国著名的社会学家怀特说:"世界上最困难的事情是什么呢?就是把一件你很拿手的工作交给别人,再眼睁睁地看着他把事情搞砸,而你却还能心平气和地一言不发。"

1. 合理授权,解脱主管

有这样一种现象:走进任何一家公司,我们几乎都能见到这样的主管:他们喋喋不休地抱怨时间不够用、工作任务繁重不堪,他们经常加班加点,每天晚上都将公事带回家去处理,他们没有时间享受每年的节假日,没有时间陪妻子散步,更没有时间与儿女玩游戏,因此他们总听到妻子和儿女的抱怨,尽管如此,工作任务却总是越来越多,让他们穷于应付,而且这种趋势总是在加剧。

你与一些企业经理们谈天,他们总是告诉你工作如何辛苦,不仅 8 小时以内充塞得像一个满胀的气球,就是 8 小时之外也常被工作"无情"地占用了。对他们来说,一天 24 小时,除了吃饭、睡觉之外,其余时间都花费在工作上了。为什么他们的工作显得格外忙呢?

据说企业管理工作中有"六愁":一愁原材料,二愁能源紧,三愁资金缺,四愁销售难,五愁会议多,六愁事务杂。于是我们的经理们便像落进了泥潭中,被"愁"充斥着。管理对他来说,只意味着一件事,即他已成了工作的奴隶。

这就是许许多多主管的真实写照。而更加具有深刻意味的是,大部分的主管却并未意识到自己的真实处境。他们觉得这一切尽管在折磨自己,却是值得的,是唯一的工作管理的方法,正是这样才突出了他们的不可或缺的重要性。

然而果真是这样的吗?只要看一下主管们整日紧锁的眉头,就有答案了,答案就藏在这眉头的皱纹里。

原因是他们没有采取授权管理。因势利导,妥善授权,可以大大提高管理效率,又可以使主管们不必每天如此忙碌。因此管理者应该做到大权独揽,小权分散;绝不可权力集中,事必躬亲。

2. 人尽其才,管理省心省力

有些主管也许喜欢在工作上大包大揽,他们希望每件事情经过自己的努力,都能很圆满地完成,得到管理者、同事和员工的认可。这种事事求全的愿望虽然是好的,但常常收不到好的效果。

首先,你的精力不允许你这样做。因为一个人的能力是有限的,就算你每天拼死拼活地努力工作,事实上,部门内大大小小各个方面你总会有照顾不周的。何况一个人的精力是有限的,你如果总是这样,天天如此,你迟早会被累垮。

其次,巴掌再大遮不住天。整个企业并不是你一个人的,你的下面还有许许多多不同等级的人员,你把所有的事情都做了,那么,他们干什么呢?而且,许多人会对你的这种做法产生意见和不良情绪。

更有一些松垮成性的员工,会因为凡事都有你过问或代劳,而养成懒惰、工作消极的毛病。更为重要的是,长期的懈怠会使他们疏于思考,遇到稍微困难的问题就无法解决。企业整体的活力和创造力降低了,失去了生机,就不利于企业的发展。

你如果想少做一点儿得不偿失的事情,那么在上任之后,你首先要花一些力气摸清情况,了解每个员工的特点。

做好了这一步工作之后,再去让他们调动再下一级员工的潜力,安排适合每个

授权的必要性

授权是一门管理艺术,充分合理的授权能使管理者们不必亲力亲为,从而把更多的时间和精力投入到企业发展上,以及如何引领下属更好地经营企业。

授权的必要性

1. 授权是完成目标责任的基础
2. 授权是调动部属积极性的需要
3. 授权是提高部属能力的途径
4. 授权是增强应变能力的条件

授权过程也是重新分工的过程,它可以让下属的才智得以发挥,还可以让领导者从繁杂的具体事务中解脱出来,是一种双赢的策略。

人专长的工作。这样以此类推，一级一级，每个员工都将获得他们相对满意的工作，谁都不会再因此发牢骚、闹情绪，整个部门上下都在努力地工作。这不是一种省心又省力的方法吗？

3. 小权分散，管理好轻松

什么都干的管理者是什么都干不好的。记住，当你发现自己忙不过来时，你就要考虑自己是否干了些应该由员工干的事情，要考虑是否应该向下放权。

许多人喜欢命令员工去做事，以显示其领导地位。"你今天要给我把这份文件写好，并且打印三份。"这种命令的口吻多少让员工有些不快。

多发问，少命令。发问可以使员工觉得他也是企业的一部分，他在为企业的工作而努力，这比为某一个人卖命好一些。那么前面的命令可以转换为以下的发问："我们急等这份材料用，你看今天能写完并打印三份吗？"

作为管理者，有时也会遇到一些事情是超过自己权限的，而且对此业务也不太熟悉。这样的事不该管，管不好的事情干脆不管。聪明的你便不会如此受累不讨好。

一个人遇到的事有大、有小，管理者要全力以赴抓大事。大事就是全面性、根本性的问题。对于大事，管理者要抓准抓好，一抓到底，绝不能半途而废。一般说来，大事只占20%，你以100%的精力，处理好20%的事情，当然会轻松自如了！

记住，杀鸡不用宰牛刀。管理者小权分散，管理起来就会轻松自如。

授权授给什么样的人

授权必须授给以下12种人。

1. 及时向管理者报告处理好的问题的人。自己处理好的问题，他总能有时间向管理者报告，使管理者了解实情，不至于做出错误的判断，或是在会议上出现尴尬。当然，他还知道有些事情无须一一向管理者报告。但是原则上可称为"问题""事件"的事情，他都会向管理者报告。

2. 勇于承担工作责任的人。有些人在自己负责的工作发生错失或延误的时候，总是举出许多的理由，他总能为错失负起全责。他顶多只能对上司说一声："是我工作不力，责任心不够。"如果管理者问起错失的原因，必须据实说明，他很少有任何辩解，更很少把责任归咎于他人。

3. 将分内事情处理得干净利落的人。遇到稍有例外的事、身边的人稍有错失，或者旁人看来极为琐碎的事，他从不一一搬到上司面前去请示，他懂得轻重缓急，分得清利弊得失。他对管理者没有过分的依赖心理。要知道事事请求不但增加了管理者的负担，他本身也很难"成长"。下属拥有执行工作所需的权限。

4.经常请求上级指示的人。下属不可以坐等管理者的命令。他必须自觉做到:请管理者向自己发出指示;请管理者对自己的工作提出指示。

5.提供信息给管理者的人。下属在与外界人士、部属等接触的过程中,经常会得到各种各样的信息。这些信息,有些是对企业有益或值得参考的,他能把这些信息谨记在心,事后把它提供给管理者。自私之心不可有。向管理者做某种说明或报告的时候,有些下属习惯于把它说得有利,如此一来,极易让管理者出现判断偏差。尤其是影响到其他部门,或是必须由管理者做出某种决定的事,他在说明与报告时总是不偏向于任何一方,而是从大局出发,扼要陈述。

6.理解并忠实执行管理者指示的人。领导一旦下达命令,无论如何也要全力以赴,

领导者选人"五戒"

选对人才能做对事,要想成为一个优秀的领导者,必须掌握选人用人之道。要想规避用人风险,则在选人时必须做到"五戒"。

领导者选人"五戒"

- 一戒选人要求不明确
- 二戒选人标准不清
- 三戒凭个人经验和偏好选人
- 四戒凭外在条件选人
- 五戒选人动机不纯

根据德鲁克的统计,高管人员在用人决策方面的平均成功率最多只有33.3%,1/3是正确的,1/3是完全错误的,1/3不完全错误。事是人做的,只有选对了人,事情才能做好。

忠实执行。这是下属必须严守的第一大原则。

7. 明白自己权限的人。被授权的人必须认清什么事在自己的权限之内、什么事自己无权决定，绝不能混淆这种界限。擅自做主、隐瞒不报、越级上报，都不允许发生。

8. 负起留守责任的人。有些下属在管理者不在的时候，总是精神松懈，忘了自己应尽的职责。例如，下班铃一响就赶着回家；或是办公时间内借故外出，长时间不回。按理，管理者不在，下属就该负起留守的责任。当管理者回来后，就应向他报告他不在时所发生的事情以及处理的经过。如果有代管理者行使职权的事，就应该将它记录下来，事后呈上详尽的报告。

9. 随时回答管理者提问的人。当管理者问及工作的方式、进行状况，他都能当场回答。好多下属被问到这些问题的时候，还得向其他人探问才能回答，这样的下属，不但无法管理部属与工作，也难以成为管理者的辅佐人。

10. 致力于消除管理者误解的人。管理者也会犯错误或是发生误解。事关工作方针或是工作方法，管理者有时也会判断错误。管理者的误解往往波及部下晋升、加薪等问题。碰到这些情况时，他从不袖手旁观，而总是竭力消除管理者的这种误解。

11. 向管理者提出问题的人。管理者由于事务繁忙，平时很难直接掌握各种细节问题。能够确实掌握问题的人，一般非中层管理者莫属。

12. 代表他负责部门的人。管理者不在，他就是部门的代表人。管理者在场，他是下属的代表人，他是夹在上级与下属之间的角色。从这个立场来看，他必须做到把上级的方针与命令彻底灌输给下属，尽其全力，实现上级的方针与命令。随时关心下属的愿望，洞悉下属的不满，以下属利益代表人的身份，将他们的愿望和不满正面反映给上级，为实现下属的合理利益而努力。夹在上级与下属之间，往往使他觉得左右为难，但是他务必冷静判断双方的立场，设法调和。

有些事不适合放手

对于管理者而言，以下的这些工作可以考虑分配给下属去做：

一是可以提高下属办事能力的工作，比如收集某些统计数据、重新检讨该部门的工作量、提出对于未来发展计划的建议等。

二是必须是赋予一件完整的工作，而且有明确的责任归属。如果只是要他们来"蹴一脚"，对提升他们的成就感将毫无好处。

三是只需冷静思考就可以自行决定的单纯事务，而且有一套明确的判断标准可资依循，不致因个人主观因素而产生失误。

在另一方面，以下的这些工作则不应授权给下属去处理：

一是只有主管才能过问的事务，像员工的薪资调整方案、部门的年度生产目标，以及若干涉及组织业务机密或是较为敏感性的事件。

二是并非完整的一件工作，因为这类工作不易分清责任归属。

三是单调而琐碎的例行性业务。

四是需要召开会议才能决定的事务。

管理者不妨来体验一次：

有一天，王媛媛跑来问身为部门主管的你，看看是否能早点下班去看望朋友。但是她来得很不是时候，你正在写一份公司的机密报告。

"我现在很忙，不要来吵我！"你不耐烦地把手一挥，"有什么事就跟大张说吧。"大张是该部门的资深职员。于是王媛媛就满怀希望地走到大张的办公桌前说："我今天想早点下班去看望朋友，主管叫我来请示你。你觉得可不可以呢？"

大张一时之间显然是有些错愕，愣了老半天之后才说："我想应该没关系吧，不过你该做的工作当然都要先做完才能走。""谢啦。"王媛媛很愉快地走开了，

把握授权的度

授权是部分权力的下放，而不是全部权力的交接。领导者在授权时必须把握好度，以免出现威信不再的风险。

划分员工授权级别 让授权因人而异

授权级别	具体形势
1. 收集资料领导决定	领导提出问题，让下级去了解和收集资料，再由领导决策
2. 提出意见以供参考	领导提出问题，下级调查研究，提出备选方案，领导选择与决策
3. 拟出计划同意执行	由下级提出完美计划，领导批准后，按计划执行
4. 告诉项目同意去干	下级让领导知道自己的打算，得到同意后自己独立计划与执行
5. 事先通气自行行动	下级让领导知道自己的打算，只要上级不反对，自己便独立计划与执行
6. 边斩边奏详情后说	下级采取行动，同时让领导知道自己在做什么，事后反馈结果
7. 充分授权作为后盾	下级完全自主采取行动，仅当不成功或遇阻时请求上级，请求支援
8. 自主行动不需联系	下级完全自主采取行动，无须跟领导联系

授权的度该如何把握 → 对工作进行分类，确定哪些可以授权、哪些不可以授权 → 对复杂工作进行细化，确定哪些环节可以授权、哪些不可以授权 → 对工作的重要程度进行分级，不重要的授权、重要的保留 → 对部属进行定位，哪些人可以授权、哪些人不可以授权 → 好的授权应该具有充分的灵活性，授权内容不但要因事而异，更要因人而异。

303

没有注意到大张脸上的困惑表情。

让他感到不解的是，这已经不是第一次了。在过去的一个月里，有好几个同事都曾过来向他"请示"，让他在受宠若惊之余又不禁有种满头雾水之感，只好一律"批准"。

几个月以后，你逐渐发觉手下无论碰到什么事情都不会去找你，反而去"请示"大张，仿佛这个人才是主管，这时你才悟到由于你在授权时的轻率，使得自己"大权旁落"。

哪些事情你会授权给下属？请用以下问题做一次检验。

1. 拟定招聘新进员工的相关事宜。
2. 处理一项你最拿手的企划报告。
3. 提出一份年度预算报告。
4. 撰写一份有关未来业务开展的建议报告书。
5. 拟定员工守则与奖惩标准。
6. 处理例行性的业务。
7. 撰写一份行政革新的建议报告书。
8. 员工的业绩评审工作。
9. 对于表现欠佳的员工，予以个别辅导或训练。
10. 收集某项复杂事件所涉及的相关资料。
11. 处理客户的申诉事件。
12. 决定要在何处举办年终聚餐。

你认为哪些是属于可授权的项目？

正确答案是，除了1、5、8以及9之外都可以。

完成授权需要三要素

所谓授权，是指将分内的若干工作交给下属去做。授权行为主要是由以下三个要素构成的：

1. 工作指派

一般管理者在指派工作时，往往只做到令下属获悉工作性质与工作范围，而未能令下属了解他所要求的工作成效。这一点可以被视为管理过程中的一大败笔，因为一旦下属对管理者所期待的工作成效不甚了解，则其工作成果肯定不够水准，即使超过水准，从人力资源有效运用的观点来看，这两种情况也都是不好的。其次，并非管理者分内的所有工作均能指派给下属履行。例如，工作目标的确立、政策的研拟、员工的考核与奖惩措施等工作，都是管理者维持控制权所不可缺少的。因此它们均需管理者亲自操作。

2. 权力授予

在指派工作的同时，管理者应对下属授予履行工作所需的权力。这就是"授权"两个字的由来。根据现代管理学者哈维·施尔曼的看法，授予的权力大小可以分为六个层次：

（1）审视这个问题，告诉管理者一切有关的实况，管理者将自行制定决策；

（2）审视这个问题，让管理者了解含正、反意见的各种可行途径，并建立其中的一个途径供管理者取舍；

（3）审视这个问题，让管理者了解你希望怎么做，在管理者同意之前不要采取行动；

（4）审视这个问题，让管理者了解你希望怎么做，除非管理者表示不同意，否则照你的意思去做；

（5）你可采取行动，但事后应让管理者知道你的所作所为；

（6）你可采取行动，而不需要与管理者做进一步的联系。

基于动态原则的授权

授权的动态原则是指针对下级的不同环境条件、不同的目标责任及不同的时间，授予不同的权力。贯彻动态原则体现了从实际需要出发授权。

基于动态原则的授权

1. 单项授权
即只授予决策或处理某一问题的权力，问题解决后，权力即行收回。

2. 条件授权
即只在某一特定环境条件下，授予下级某种权力，环境条件改变了，权限也应随之改变。

3. 定时授权
即授予下级的某种权力有一定的时间期限，到期权力应该收回。

管理是一个动态过程，而授权作为管理的重要方式，也应该遵循动态原则。

305

以上六个层次，第一个层次所授予的权力最小，但是它所期待履行的任务也相对最轻。第六个层次所授予的权力虽然大到令下属可以独立决断，但这并不排除管理者对所授的权力做必要的追踪、修正，甚至收回的可能性。

3. 责任创造

管理者从事工作指派与授权后，仍然对下属所履行的工作的成效负全部责任。这就是说，当下属无法做好指派的工作时，管理者将要承担其后果，因为前者的缺陷将被视同后者的缺陷。可是，有些管理者在下属无法做好指派的工作时，企图将责任推卸给下属，这种做法显然是不正确的。另一方面，为确保指派的工作顺利完成，管理者在授权的时候必须为承受权力的下属定下完成工作的责任。下属若无法圆满地执行任务，则授予权力的管理者将追究其责任。

不要成为下属的下属

"授权是由管理者指向下属的吗？"管理者们从来不曾怀疑这一点，尽管授权类的书籍不厌其烦地告诉人们："授权是主管和下属的互动，是一种'团队游戏'。"但这并不能改变一个事实：授权标志着主管将自己手中的权力部分地转移到下属手中。真正令人奇怪的是，管理者有时会成为下属们"授权"的对象。

这种情形，你或许并不陌生：一位管理者正经过走廊，看到他的一名下属从走廊另一头走过来。下属向管理者打招呼说："您好，我们碰到一个问题，您看该怎么办？"

下属开始详细地说明这个问题。最后管理者说："谢谢你告诉我这些情况。我现在很忙，我要想一下再给你答复。"然后两个人分开了。

有些管理者成天手忙脚乱，他的办公室里总是排满了向他请示工作的人，这些人是他属下的各个部门的头头，他们把本该由他们自己做决定的事一股脑儿都推到了管理者头上。而这位管理者在逐一替他们做决定、拍板时，非但没意识到他是在替他的下属工作，反而可能还沾沾自喜，沉迷于受到尊重的美妙感觉之中。

下属们这么做或是为了减轻自己的工作负担；或是为了绕过难题；或是为了逃避责任；或者纯粹是工作的惯性，还没有注意到授权带来的工作的变化。

当然不能排除员工带有恶意的嫌疑。譬如说，当一件重要的工作急着要完成时，即使人们不愿帮助那个拖延工作的人，但最终还会去帮着他做的。这就给"逆向授权"的人以可乘之机。

遇到这种情况，管理者应把球巧妙地踢回去。当下属请示该怎么办时，反问道："你认为可能的办法有哪些呢？""你觉得哪一个办法更好些，能说一下理由吗？"

记住，你是管理者，你总是能采取主动的。

然后，在某个适合的场合，管理者重提这件事，或明或暗地转告下属："不要试图逃避责任，如果事事都要由我自己来决定，你们根本没有在这里的必要了。"

美国山达铁路公司总经理史特莱年轻时，虽自己努力工作，但不知怎样去支配别人工作。一次，他被派主持设计某项建筑工程。他率领3个职员至一低洼地方测量水的深浅，以便知道经过多深的水才可以建起坚固的石基。

当时史特莱才二十出头，资历尚浅，虽已有几年在各铁路测量队或工程队服务的经验，但独当一面，指挥别人工作，尚属第一次。他极想为3个职员做出表率，以增进工作效率，在最短的时间内完成工作。所以开始的第一天，他埋头工作并以为别人一定会学他的样，共同努力。

谁知道那3个职员，世故甚深，狡猾成性。他们见史莱特这么努力，便假意奉承史特莱的工作优良，而自己却袖手旁观，几乎一事不干。成绩当然难以达到史特

谨防"逆向授权"

逆向授权，犹如金字塔被倒转过来，由员工来授权管理者。它是管理者为员工代劳的贴切描述。

无论什么时候、无论什么问题，帮员工解决问题时，绝不能职责不分，越俎代庖，让员工的问题变成你的问题。

怎样防止"逆向授权"的出现

- 让员工养成自己解决问题的习惯。
- 控制自己不要随意替员工解决问题。
- 在员工遇到困难时可以适当帮助，但不越级处理。
- 设立有效的监督机制。

莱预先的期望。

史特莱思索了一晚，发觉自己的措施失当，知道自己若将工作完全揽在身上，则他们自己无需再行努力。第二天工作时，史特莱便改正了以前的错误，致力于指挥、监督，不再事必躬亲，这样果然成效显著。

让下属全部行动起来

柯维博士认为："现代社会许多大小公司的老板、部门主管早已被信息、电讯、文件、会议压得透不过气来。几乎任何一项请求报告都需要他们审阅，予以批示，签字画押，他们为此经常被搞得头昏眼花，根本无法对公司重大决策做出思考，在董事会议上他们很可能是最为无精打采的一类人。"柯维博士认为，工作的效率不高就是因为被一些琐碎的事给拖住了后腿。查尔斯是曾向柯维博士咨询过的一位老板。

查尔斯是纽约一家电气分公司的经理。他每天都要应付成百份的文件，这还不包括临时得到的诸如海外传真送来的最新商业信息。他经常抱怨说自己要再多一双手，再有一个脑袋就好了。他已明显地感到疲于应付，并考虑增添助手来帮助自己。可他终于及时刹住了自己的一时妄想，这样做的结果只会让自己的办公桌上多一份报告而已。公司人人都知道权力掌握在他的手里，每一个人都在等着他下达指令。查尔斯每天走进办公大楼的时候，他就开始被等在电梯口的职员团团围住，等他走进自己的办公室，已是满头大汗。

实际上，查尔斯自己给自己制造了许多的麻烦。自己既然是公司的最高负责人，那自己的职责只应限于有关公司全局的工作，下属各部门本来就应各司其职，以便给他留下足够的时间去考虑公司的发展、年度财政规划、在董事会上的报告、人员的聘任和调动……举重若轻才是管理者正确的工作方式；举轻若重只会让自己越陷越深，把自己的时间和精力浪费于许多小事上。这样的领导方式，根本无法带动并且推动公司的发展，无法争取年度计划的实现。

查尔斯有一天终于忍受不住了，他终于醒悟过来了，他把所有的人关在电梯外面和自己的办公室外面，把所有无意义的文件抛出窗外。他让他的属下自己拿主意，不要来烦自己。他给自己的秘书做了硬性规定，所有递交上来的报告必须筛选后再送交，不能超过十份。刚开始，秘书和所有的属下都不习惯。他们已养成了奉命行事的习惯，而今却要自己对许多事拿主意，他们真的有点不知所措。但没过多久，公司开始有条不紊地运转起来，属下的决定是那样的及时和准确无误，公司没有出现差错。相反地，以前经常性的加班现在却取消了，只因为工作效率因真正各司其职而大幅度提高了。查尔斯有了读小说的时间、看报的时间、喝咖啡的时间、进健身房的时间，他感到惬意极了。他现在才真正体会到自己是公司的经理，而不是凡事包揽的老妈子。

查尔斯以前的领导方式，就是受到了传统集权式管理的负面影响。所幸，查尔斯意识到授权在管理中的重要性，他开始下放自己手中的大部分权力给各主管以及每一个员工，让他们有机会发挥自己的优势，有权力决定自己怎样做才能做得更好，不必千篇一律。授权的结果就是要让下属全都行动起来，充分利用自己手中的权力，完成自己的工作，使之更趋完美。

授权让员工与领导者共赢

把部分繁杂而又不重要的工作交给下属去做，不但可以激发下属的积极性，使其提高工作效率，还可以让领导者的工作变得更加轻松。

授权对员工的好处

获得成长机会，可充分展示能力。主动性、创造性及工作效率提高。满足了自我实现需求。忠诚度提升。

授权对领导者的好处

总目标得以细分，利于目标达成。减少了控制，摆脱了依从，工作变得轻松。出现高效的团队和优异的业绩。

交给你了

权限下放

通过有效授权，领导者得以用简约、低成本的方法让员工自动自发、创造性地工作。授权就是就是让别人为你工作，是放大自己时间的杠杆，是决定一个领导者能力高低的标志。

309

授权中存在的误区

从管理者方面来说，要防止以下授权的误区：

1. 不愿授予下属权力

（1）自认为自己能干，认为下属能力不足或经验不够，不足以担当更大的责任，不愿授予下属权力。

（2）主管怕授权太多，威胁到自己在组织中的地位。

（3）主管权力欲过大，认为管理越多，权力越大，表明自己越行，他们在被人请示时有种虚荣式的成就感。

（4）有些工作有其重要性与紧迫性，甚至带有机密性，必须由主管亲自处理。

2. 授权过于片面

（1）把授权当成推卸责任的"挡箭牌"。现实中有些管理者不知"士卒犯罪，过及主帅"的道理，错误地认为授权后，事情自有被授权者全权负责，自己可高枕无忧了。其实这是非常错误的。

须知，管理者在授权时必须彻底，但对于授权后下属所做的一切事情，仍然要承担起责任。诸葛亮误用马谡，失守街亭，班师回来自上书引咎自责，请求贬官三级，以负"用人不当"责任。诸葛亮这种严于律己、勇于承担责任的精神实在令人敬佩。

（2）模棱两可，又授又不授。有的管理者在授权时总放心不下，总对下属有疑虑，经常干涉被授权者，阻碍权力的正常行使。结果，搞得下属很被动。还有的管理者授予下属的权力与下属所负的责任极不相称，使下属面临"责大于权"的状况。如有一位主管委托一名工程师去与外商谈判，而不授予其最终拍板的权力。

（3）超越中间环节越级授权。管理者不可把中间层的权力直接授给下属，这样做，会造成中间管理者工作上的被动，扼杀他们的负责精神，久而久之，会形成"中层板结"。如果出现对中层管理者不利的情况，管理者要采取机构调整或者人员任免的办法解决问题。

3. 混淆概念

（1）混淆分工和授权。分工是指在一个组织里，由各个成员按其分工各负其责，彼此之间无用人的隶属关系，不存在谁向谁授权。而授权是专指发生在用人者与被用者之间的特定关系，他们之间由授权和责任予以联结，必定是一方有权可授，另一方有责任可负。

（2）混淆助理与授权。授权和助理都是发生在用人活动中的用人形式，但两者之间是不同的。助理只帮助主管完成工作，并不为他承担责任，其活动过程及结果的全部责任由主管一人承担。而在授权中，被用者既然有一部分权力，也就必须承担与这部分权力相应的责任。

（3）混淆代理与授权。代理是指在一定时期内，受命代替某人执行任务，代理者与被代理者之间不一定存在授权关系。

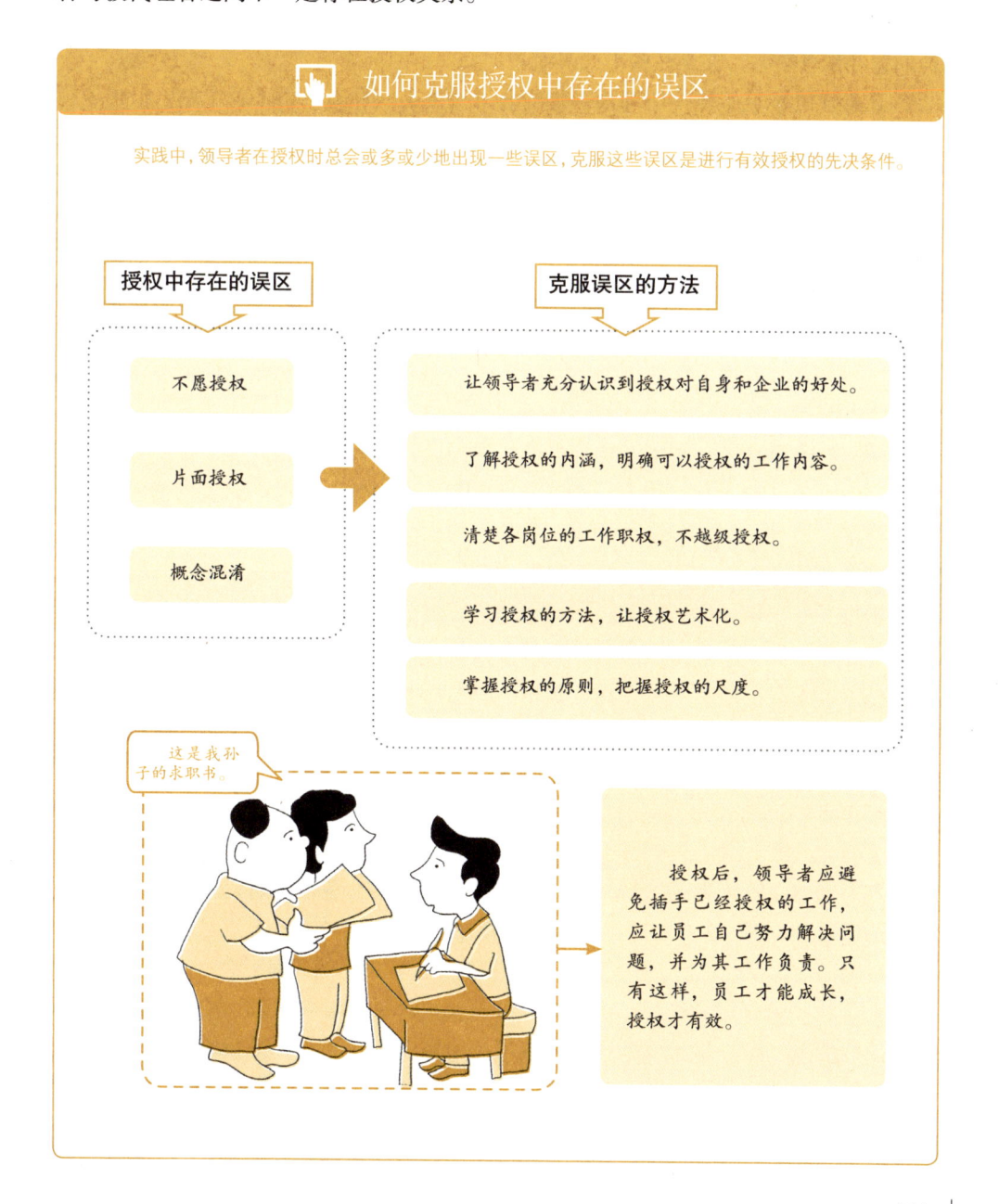

如何克服授权中存在的误区

实践中，领导者在授权时总会或多或少地出现一些误区，克服这些误区是进行有效授权的先决条件。

授权中存在的误区
- 不愿授权
- 片面授权
- 概念混淆

克服误区的方法
- 让领导者充分认识到授权对自身和企业的好处。
- 了解授权的内涵，明确可以授权的工作内容。
- 清楚各岗位的工作职权，不越级授权。
- 学习授权的方法，让授权艺术化。
- 掌握授权的原则，把握授权的尺度。

这是我孙子的求职书。

授权后，领导者应避免插手已经授权的工作，应让员工自己努力解决问题，并为其工作负责。只有这样，员工才能成长，授权才有效。

充分信任是授权的基础

亚太公司的员工们感到他们的管理者和公司在发生着某种变化,在变化之初,他们曾经带着迷惑,甚至有些不太习惯。

亚太公司属于那种一切都很平常的公司,员工领着一份不算丰厚,但也说得过去的薪水;做着不很轻松,但也没什么压力的工作,一切都平平淡淡,员工们也似乎并没有什么期望,也没有期望大的改变或什么更有意义的事情。也许他们曾经有过这种念头,但现在这种念头已很微弱了。

一天,管理者召集员工们开会,他向大家宣布:公司将会发生改变,我们检讨,公司以前并没有给予大家充分的信任与空间,而我们即将要采取措施来改变这种情况。公司相信每一位员工都有独立完成工作的愿望和能力,而不是接受一份十分具体的任务。我们要求主管们做的,正是由分派任务的方式转向放手让大家独立探索的问题的解决方式。

员工们清清楚楚地听见了管理者的每一句话,尽管他们表面上还是那么无动于衷,但内心却心潮澎湃。然而,他们仍在犹豫:真的会这样吗?此后,管理者再向他们分派工作时,就不再说"只要照着我告诉你的话去做就可以了",而是在告诉他们事情是什么之后就不再过问,只是约定每两周的周五下午,员工团队的小头目去他那儿谈一下事情的进展情况。

一开始,员工们并不敢按自己的意愿去做,因为以前不是这样的,他们甚至感到有些手足无措。最初,员工们会犹豫不决地敲开主管办公室的门,就一件工作的细节问题向主管请示,主管总是微笑着说:"我相信你自己能解决它,做出最好的选择。"或:"让你的工作小组来讨论决定吧,相信大家能得出完美的结果。"

员工走出管理者办公室的门时,内心有一种激动,他感受到了被信任,而这种感觉无疑让人产生动力;他感受到了挑战,这让他有一种冲动,他要把这件工作做到最好,来回报管理者的这份信任。这时,员工们才发现,长期以来在公司里,他们总是感觉少了些什么,以前,他们总不知道到底少了什么,而现在,他们找到了,那就是信任。而在此之前,他们隐隐约约一直在渴望的,也正是这样一种感觉。

对于高明的管理者来说,这无疑是第一要诀。对管理者来说,要真正从内心相信员工们能做好这件事,就要把整个事情交给对方,同时交付足够的权力让他做必要的决定。

第十章
⊙授权管理：让领导的工作回归简单

信任是最好的效率

对于各级领导者来说，最重要的工作之一就是在企业与员工之间建立信任，让员工充分了解工作的价值和意义，激发员工的工作和创造热情，并通过职责分配、授权等给予员工体现价值、追求卓越的机会。

给予员工信任的方式

一是让部属担当一定的职责。

二是将信任和宽容落实于行动，放手让他们在职权范围内独立处理问题。

三是工作遇到阻碍时，给予坚定的支持。

信任人、尊重人，可以给人以巨大的精神鼓舞，激发其事业心和责任感，而且只有上级信任下级，下级才会信任上级，并产生一种真正的向心力，使管理者和被管理者和谐一致地工作。

恰到好处地委派工作

把所有下属能做的工作恰到好处地委派给他们。这是唯一能使你避免在细节问题上耗费精力，而又在不影响最终效果的情况下减少工作时间的办法。

1. 授权之后必须进行控制

在授权下属的同时，管理者还需要建立一种适当的控制手段，即发生差错时能立刻采取相应的补救措施。

控制是与授权相配套的管理行为。控制下级，就是指管理者在授权给下级之后，要注意关注其职责的履行状况，并及时对发现偏离目标或要求的具体问题采取消除偏差、纠正错误的措施，以确保下级尽职尽责和整体目标任务的实现。

控制是一种管理活动。控制不是人身依附关系，而是利益一致、目标一致、社

313

会政治地位平等的上下级之间的工作关系。

控制下级同尊重和信任下级是不矛盾的。尊重和信任下级，指的是在社会政治地位平等、利益一致之上的上级对下级应有的态度。而控制则是上级管理下级的一项正常工作，是上级对下级实施领导的功能之一，是社会化、现代化管理所必需的。

控制下级和向下级授权，两者相辅相成，相得益彰。没有授权，就不能充分发挥下级的主动性；没有对下级的控制，则不能保证下级的主动性始终向着有利于整体目标的正确方向发展。

所以不论上级还是下级，尤其是下级，决不能把控制看做是消极行为，而应当认清它是一项具有重要积极意义的管理活动，进而相互配合，防止内耗。

控制可保证整体协调有序运转。一个组织，好比一架机器，每个下级恰似这架机器上的一个部件。正如只有在所有部件都正常工作、准确地履行自己的职能时，整个机器才能够和谐、正常地运转一样，只有每一个下级都准确地完成自己所承担的那部分工作，这个组织的工作才能够协调顺畅，它的整体目标、计划和要求才能实现。由于下级在工作经验、工作能力、思想方法等方面的不同，再加上客观环境方面的原因，有时出现这样或那样的偏差和问题是难以避免的。这就要求必须进行控制，以便能够及时地发现这些偏差和问题，采取适当的措施予以纠正和解决，从而保证整体目标、计划和要求的实现。

简而言之，控制下级，目的不是控制人，实际上是控制整个工作，是通过对下级这个人的控制来控制工作的整体。

管理者在授权的同时，必须进行有效的指导和控制。管理者若控制的范围过大，触角伸得太远，这种控制就难以驾驭。如何做到即授权又不失控制呢？下面几点颇为重要：

（1）评价风险。每次授权前，管理者都应评价它的风险。如果可能产生的弊害大大超过可能带来的收益，那就不予授权。如果可能产生的问题是由于管理者本身原因所致，则应主动校正自己的行为。当然，管理者不应一味追求平稳保险，一般来说，任何一项授权的潜在收益都和潜在风险并存，且成正比，风险越大，收益也越大。

（2）授予"任务的内容"，不干涉"具体的做法"。授权时重点应放在要完成的工作内容上，不用告诉下属完成任务的方法或细节，由下属自己来发挥。

（3）建立信任感。如果下属不愿接受授予的工作，很可能是对管理者不信任。所以管理者要排除下属的疑虑和恐惧，适当表扬下属取得的成绩。另外，管理者要明白，关心下属的成长是管理者的一项主要职责。

（4）进行合理的检查。检查有指导、鼓励和控制的作用。需要检查的程度决定于两方面：一方面是授权任务的复杂程度；另一方面是被授权下属的能力。管理者可以通过评价下属的成绩，要求下属写进度报告，在关键时刻同下属进行研究、讨论等来进行控制。

（5）学会分配"讨厌"的工作。分配那些枯燥无味的或人们不愿意干的工作时，管理者应开诚布公地说明工作性质，公平地分配繁重的工作，但不必讲好话，要使下属懂得工作就是工作，不是其他。

2. 授权之后必须了解授权是否发生作用

为了衡量一项授权计划有没有成功，请问一下你自己以下这几个问题：

（1）那些获得授权的人有没有得到训练和制订个人的发展计划？

（2）是不是每个人都能得到明确的信息？

正确授权的好处

任何管理者的时间与知识都是有限的，有效的管理者应当懂得授权的艺术。授权将决策的权力从一个层级交至一个更低的层级。授权是一种重要的管理方式。

正确授权的好处

1. 部属可增加参与解决问题的积极性及工作满足感。

2. 授权可以减轻主管的工作负担。

3. 主管可以从事重要性管理或例外管理。

4. 授权可以训练部属，使其具有独当一面之工作能力。

5. 授权导致在组织中的竞争风气。

6. 授权使部属对达成任务负责，使主管免于鞭长莫及。

7. 主管可以增加管理幅度，减少组织层次，提高组织沟通效率。

正确的授权可以减少各级领导者的工作负担，还可以给下属的创造力以充分发挥的空间。正确授权有利于领导发现人才、锻炼人才、培养人才，有利于团队建设。

（3）这是授权，还是仅仅将工作委派给别人去做？

（4）是否创造了鼓励承担风险的氛围？

（5）员工们的信任感和信念是否已显而易见？

（6）组织结构是否有助于授权的过程？

（7）组织结构能否给予管理者以及员工们足够的支持？

如果你对上述的问题都回答"是"，则说明你建立了很好的授权方式，并看到了放手让别人去干带给你和你的团队的好处。

3. 必须不断改进授权技巧

管理过程就是一个不断学习的过程，授权也是一个不断学习、不断改进的过程。管理者要在已经掌握的对授权的认识的基础上，不断总结实践经验，不断改进授权技巧。

常见的技巧性授权一般有如下两种：

（1）一般授权。这是管理者对下属所做的一般性工作指示，并无特定指派，属于一种广泛事务的授权。这种授权可分为三种：

一是柔性授权。管理者对被授权者不做具体工作的指派，仅指示一个大纲或者轮廓，被授权者有很大的余地做因时、因地、因人的相应处理。

二是模糊授权。这种授权有明确的工作事项与职权范围，管理者在必须达到的使命和目标上有明确的要求，但对怎样实现目标并未做出要求，被授权者在实现目的的手段方面有很大的自由发展空间和创造余地。

三是惰性授权。管理者由于不愿意多管琐碎纷繁的事务，且自己不知道如何处理，所以就交给下属处理。

（2）特定授权。这种授权也叫刚性授权，管理者对被授权者的职务、责任及权力均有十分明确的指定，下属必须严格遵守，不得渎职。

针对技巧性授权，我们提出了以下几个问题，管理者可以定期用这些问题来审查和改进授权的技巧。

管理者不在办公室时，办公室的工作是否混乱？

管理者外出回来时，是否有本来应由下属做的工作等待管理者去处理？

管理者能按规定的时间实现目标或完成任务，还是必须把工作带回家或在办公室里加班才能完成任务？

管理者的工作是从容不迫、有节奏地进行，还是经常被那些需要征询管理者的意见或决定才能办事的人所打断？

管理者的下属是否把"矛盾上交"，让管理者去做应该由他们自己去做的决定？

管理者是否觉得自己的工作负担太重，而下属的工作又太少？

管理者是否认为没有时间培养下属？

管理者是否真的认为公司的报酬制度，如工资、晋升制度等，能使下属承担较多的责任?

在管理者领导的人当中,是否有人在管理者回来之后辞去工作?

管理者是否真的想把工作委托给别人去做,还是觉得自己最能胜任这项工作?或者扪心自问一下,是否害怕某个下属干得很出色,超过自己,而不愿意授权?

授权过程中监控要到位

A公司隶属于一家民营集团公司。由于集团公司业务经营规模的扩大,从2002年开始,集团公司老板决定把A公司交给新聘请来的总经理和他的经营管理层全权负责。授权过后,公司老板很少过问A企业的日常经营事务。

但是,集团公司老板既没有对经营管理层的经营目标作任何明确要求,也没有要求企业的经营管理层定期向集团公司汇报经营情况,只是非正式承诺,假如企业赢利了将给企业的经营管理层一些奖励,但是具体的奖励金额和奖励办法并没有确定下来。

这是一种典型的"撒手授权"。这种授权必然引发企业运营混乱。A企业由于没有制定完善的规章制度,企业总经理全权负责采购、生产、销售、财务。经过两年的经营,到2004年年底,集团公司老板发现,由于没有具体的监督监控制度,A企业的生产管理一片混乱,账务不清,在生产中经常出现次品率过高、用错料、员工生产纪律松散等现象,甚至在采购中出现一些业务员私拿回扣、加工费不入账、收取外企业委托等问题。

同时,因为财务混乱,老板和A企业经营管理层之间对企业是否赢利也纠缠不清,老板认为这两年公司投入了几千万元,但是没有得到回报,所以属于企业经营管理不善,不能给予奖励。而A企业经营管理层则认为老板失信于自己,因为这两年企业已经减亏增赢了。他们认为老板应该履行当初的承诺,兑现奖励。双方一度为奖金问题暗中较劲。

面对企业管理中存在的诸多问题,老板决定将企业的经营管理权全部收回,重新由自己来负责企业的经营管理。这样一来,企业原有的经营管理层认为自己的付出付之东流,没有回报,工作激情受挫,工作情绪陷入低谷。另外,他们觉得老板收回经营权,是对自己的不信任和不尊重,内心顿生负面情绪。有的人甚至利用自己培养的亲信,在员工中有意散布一些对企业不利的消息,使得企业有如一盘散沙,经营陷入困境。

很多人都知道"八佰伴"这个名字,作为著名的日本连锁企业它曾经盛极一时,光在中国就拥有了很多家分店。可是庞大的商业帝国"八佰伴"为什么顷刻间便宣告破产了呢？原来，到了后期时，"八佰伴"的创始人禾田一夫把公司的日常事务全都授权给自己的弟弟处理，而自己却天天窝在家里看报告或公文。他弟弟送来的财务报告每次做得很好。但事实上，他弟弟背地里做了假账来蒙蔽他。

最后，八佰伴集团倒闭，禾田一夫从一位拥有四百家跨国百货店和超市集团的总裁，变成一个穷光蛋。几年后，禾田一夫在中央电视台《对话》栏目接受采访，主持人问他："您回顾过去得到的教训是什么？"他的回答是："不要轻信别人的话。一切责任都在于最高责任者。作为公司的最高领导者，你不能说'那些是交给部下管的事情'这些话，责任是无法逃避的。"

后来禾田一夫在回忆"八佰伴"破产的时候也承认，因为时代的进步需要更多的头脑来武装企业，所以家族式的管理已经不利于企业的发展。禾田一夫让其弟弟禾田晃昌做日本"八佰伴"的总裁，这本身就是一个典型的失败。在"八佰伴"的管理体制下，不但下面的人向上级汇报假账，连禾田一夫的弟弟也向禾田一夫汇报假账。

从上面两个例子里，我们必须知道，真正的授权就是让员工放手工作，但是放手绝不等于放弃控制和监督。

授权不等于放任

有效的授权并不是权力下放后就不再过问，而是要通过必要的跟踪检查，随时掌握部属行使职权的情况，并给予必要的指导，以避免工作中出现失误。

对授权进行掌控的方法

一是及早、及时监控。要做到"有限分权，无限控制"。

二是充分信任，杜绝放任。信任部属是必须的，但信任也要有个度。

三是及时跟进。在协助部属完成任务的同时实施监控。

四是授权后的有效反馈。反馈应当及时，内容应当具体。

领导者为了使授权不至于失控，必须对部署进行必要的监控。虽然已授权的工作不再亲历亲为，但是部署的工作还是要尽收眼底才行。

第十一章
团队管理：建设高效团队

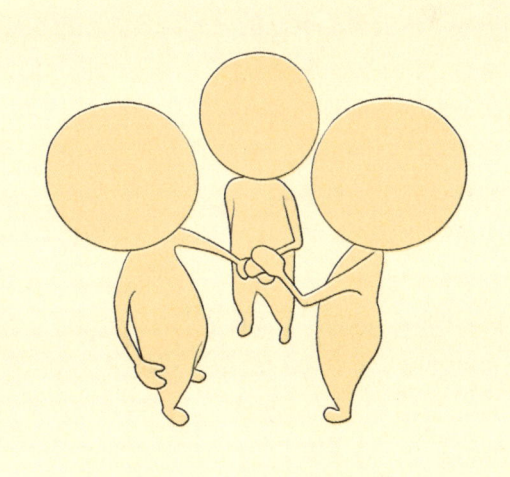

管理者先自身定位

管理者要想把团队管理好，必须首先明确自己到底扮演的是什么角色，否则就成为不了好的"领头羊"，也不可能带出一支高效团队。

赫尔曼·海塞的《东方之旅》中曾有这样一个故事：一群想要旅行的人四处打听，想雇一个仆人，以便在他们旅行时有人为他们做饭、洗衣及做其他仆人做的事情。他们拜访了一个修道院，问是否有人有空，可以在他们旅行时为他们服务。僧侣们为他们提供了一个叫利奥的人，但条件是利奥不能长期跟随他们，必须在陪他们一段时间后返回修道院。

利奥成了他们忠心耿耿的仆人，为他们做琐碎的事情，激励他们的士气，在约定离开他们之前一切都很顺利。然而在利奥离开他们之后，渐渐地，他们的士气衰减，那个群体渐渐分裂，最终他们的旅途被取消。他们中的一个人浪迹了很多年，终于来到了利奥所在的修道院。当他进入修道院时，他发现利奥真实的身份远远不是一个卑下的仆人，而是伟大的、受人尊敬的、僧侣的领导者。这个故事说明管理者不仅是团队领导者，而且还是团队的仆人，为团队做仆人这一点很重要。

管理者是教官，也是队员。管理者要鼓励队员认识到合作共事并帮助彼此发展，会产生协同作用，对提高个人技能与绩效都会有莫大的好处。合作其实是一种天性，例如儿童就倾向于共享他们的知识和技能。人们不必专门学习就可以掌握这一点，只要顺其自然即可。然而，随着时间推移和进入工作世界，我们都已变得麻木、懒散，这种天性似乎也已经失去了。

作为团队工作，其实不仅仅是意味着队员们在一起工作，它还意味着队员彼此帮助，不仅仅是完成工作，而是要做得更好、更轻松、更有效率。团队的管理者在这中间所扮演的角色不仅仅是教练，更是一个优秀的队员，身先士卒地带头去做。

此外，团队的管理者要成为团队成员的榜样，他不是把困难的或棘手的任务交给别人，而是通过承担这些任务表明自己对团队的忠诚，通过这些做法，以自己的行动表明，他确实信任自己的团队，并愿意尽自己的最大努力使团队发挥作用。这种榜样的力量使其他团队成员很难偷懒。

"角色定位"是杜拉克管理学中的首要问题，它代表团队管理者的职责或职位定位。内外环境交互作用，会使管理者有时是这种角色，有时是那种角色，扮演不好就会造成角色混乱和冲突。因此，管理者一定要合理确定自己的坐标位置，唯有如此，才能造就出一个真正高效团队，使其工作成效大于各团队成员工作成效的总和。

第十一章
⊙团队管理：建设高效团队

👆 管理者在企业中扮演的角色

德鲁克在1955年提出"管理者角色"的概念。他认为管理是一种无形的力量，这种力量是通过各级管理者扮演的角色体现出来的。

管理者的三类角色

1. 管理一个组织——求得组织的生存和发展。

2. 管理管理者——组织的上、中、下三个层次中，人人都是管理者，同时人人又都是被管理者。

3. 管理工人和工作。

管理者应具备的通用能力

（图示：目标管理、通用能力、自我管理、团队管理）

管理者一般由具有相应的权力和责任，具有一定管理能力从事现实管理活动的人或人群组成。管理者及其管理技能在组织管理活动中起决定性作用。

你需要完成十项工作

团队领导者需要确保形成有效的团队凝聚力的沟通机制，培养团队成员的自豪感，并要协助团队工作的实施。以下是一个高效团领导者的十项基本职责：

1. 为团队确立目标。领导者应该确定自己的团队要达到什么样的目标，这些目标的各个领域应该有些什么要求，必须采取哪些措施才能确保这些目标的实现。他还必须就这些目标与其他人进行沟通，因为他们的工作绩效的好坏会直接影响目标的实现。

2. 提高团队成员的忠诚度。要努力培养整个团队的忠诚。优秀的团队领导者会抓住一切机会向团队展示团队成员的表现是多么出色，鼓励成员尊重彼此的能力和技术。而且，当他的团队成员主动采取行动时，他会表明自己是多么欣赏这一举动。他通过这些做法使那些组成团队的个人变得更加忠诚，同时也更加具有责任感和自制力。

3. 增强团队成员的专业能力。团队领导者要不断努力加强团队内各种技术的组合，同时提高团队成员的各种技术水平。如果团队所需的各种技术和实际具备的技术之间存在着严重的"技术缺口"，那么，团队就不可能获得成功。因此，团队领导要不时地对团队成员具有哪些能力进行评估，并找机会提高他们的能力。

4. 确定衡量绩效的尺度。团队领导者要确保团队的每一个成员都有能够用来衡量自己工作的尺度，这种尺度是依据整个团队的绩效形成的，也是依据个人的工作形成的。团队领导者要使他的团队知道为什么确定这样的尺度，以及用这种尺度衡量出来的结果如何。

5. 协调外部关系。一般来说，团队领导者要负责处理团队与外部的关系，不管

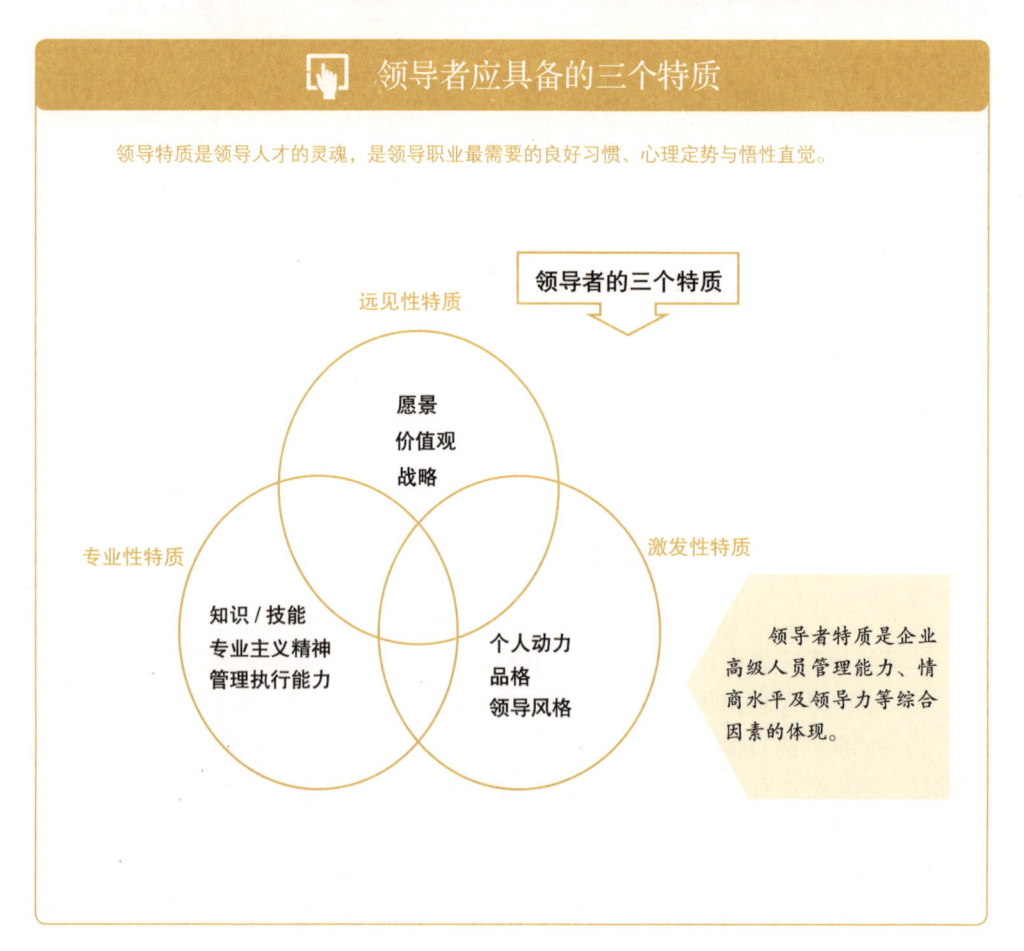

领导者应具备的三个特质

领导特质是领导人才的灵魂，是领导职业最需要的良好习惯、心理定势与悟性直觉。

领导者的三个特质

远见性特质
- 愿景
- 价值观
- 战略

专业性特质
- 知识/技能
- 专业主义精神
- 管理执行能力

激发性特质
- 个人动力
- 品格
- 领导风格

领导者特质是企业高级人员管理能力、情商水平及领导力等综合因素的体现。

他是该企业的成员还是来自其他企业的人员。错误发生时，即使这一责任由团队承担，外部人员也往往去找团队领导者，而且认为理应由团队领导者负责团队的对外交涉。因此，团队领导者的一个重要任务就是协调好与团队外部的关系，以使团队能够创出良好的绩效。

6. 激发全体成员的工作热情。团队领导者要把那些负责不同工作的人组成一个协调的整体。在实现这一目标的过程中，团队领导者需要不断激发团队成员的工作热情。可以采用的手段有：充分发挥管理措施的作用，充分利用与被领导者之间的良好关系，对工作做得好的进行奖励，充分利用晋升政策，经常进行上下沟通。

7. 利益分享。团队领导者与一般工作群体的领导者之间的差别在于，团队领导者将整个团队利益置于个人利益之上，因此不会自己抓住所有最好的机会和功劳。他退到后面，让其他团队成员负起责任，或者让他们学会如何执行新任务，这就为每个团队成员创造了进一步发展的机会。通过这种做法，也培养了团队成员对团队的忠诚。

8. 提供援助。协助团队实施计划是领导者的又一项重要职责。许多团队成员在完成任务时或者在与其他部门协同工作时会遇到困难，需要帮助。领导者可以通过在企业内部为团队争取支持等来帮助工作计划的实施。

9. 对团队成就给予认可。在大多数团队里，正式的认可是特定的、有限的，而且常常滞后，不足以起到激励的作用。非正式认可是使团队成员获得认同感和被激励的最佳工具。

10. 强化激励。领导者要经常从工资、奖惩、福利和晋升等方面对团队成员进行激励，通过建立有效的物质激励体系，更容易形成一种荣辱与共、休戚相关的命运共同体。

化解各种矛盾和冲突

作为一个团队，一般会存在以下几种冲突：

1. 领导者和团队成员之间的冲突

一方面，领导者希望团队成员能尽快地完成工作，而他们却认为这样的要求太严苛，也太不合理了，因此领导者就会变得很沮丧，也十分恼火。另一方面，员工们的需求是多种多样的，而团队领导者能够满足其需求的只是有限的一部分。

2. 团队成员之间的冲突

由于不同的期望、角色、个人的经历、目标、任务的理解、资源的有限性等因素的制约，团队成员之间的冲突是大量存在的，但团队领导者切不可视而不见，听而不闻，不可用掉以轻心的态度去对待这些冲突。

类似这些人与人之间的冲突，可以采用以下方法来处理：

（1）协商解决，又叫交涉与谈判。主要由发生冲突的双方通过协商，澄清差异，求同存异，以谋求共同的解决方法。当卷入冲突的双方都受过解决问题的技巧培训，又都有着共同的目标，而冲突原因是双方缺乏交流或仅仅是因为有误解时，这类方法非常有效；不过，它对价值观不同或目标各异的人不起作用。

（2）回避。如果冲突起因不过是些琐碎小事，且缺乏双赢协商技巧，或者冲突带来的潜在利害关系得不偿失，那么可以采取暂时回避的方法来淡化冲突。这种方法的不足之处是只能暂缓直接的面对面冲突，而无法最终化解。

（3）折中解决。双方都放弃一些应得利益，以求共同实现工作目标，承担冲突责任。折中法的有效范围是妥协能使双方都获益，无须理想的解决方案；只想为复杂的问题找个暂时的解决方案，且双方力量旗鼓相当。不过，这个方法会导致大家都有所损失，不大可能通过妥协达成解决问题的最佳方案。

3. 工作进度与计划的冲突

当制订出工作计划并把任务分配给个人之后，团队领导者需要经常性地检查工作进度，看是否能按时完成工作任务。有时，由于个人的原因或是其他种种不可预测的原因，会使工作进度延误。

有布置而无检查，是领导者失职的表现。检查下属的工作，主要是检查对计划、部署和任务的落实情况，看下属是否准确迅速、积极主动、卓有成效地完成应该完成的各项任务，这是检查工作的主要目的和内容。检查工作不是一件单一的、孤立的事情，它也是搜集信息，考察培养团队骨干，推进工作，提高自身领导素质的重要渠道。严肃认真地检查工作，一方面可以有效查出问题的根源，另一方面也可以增强团队成员的事业心和责任感。

领导科学的研究表明，领导者虽然有时表现为组织，有时表现为指挥，有时表现为协调，但更多的时候是表现为指导。从某种意义上说，领导水平就是指导水平，团队领导者只有不断提高自己的指导水平，科学艺术地指导工作，才能缓解和消除工作进度与计划的冲突，提高团队的工作效率和成员的素质。

4. 团队方向与目标的冲突

当团队在运作过程中发行了方向的转变，导致与最初的奋斗目标发生冲突时，团队领导者可采用以下四种措施来进行补救。

（1）指明团队方向。如果团队领导者对最初制定的目标持肯定态度，那么现在要做的就是尽快指明团队的方向，使之向目标靠拢。这必定会有一定的难度，因此，需要做好团队的沟通协调工作。

（2）预知并影响变革。团队领导者要密切注意并预测环境的变化，与团队一道拟订并实施团队变革计划。随着团队的成长与变化日益加剧，这也正成为团队领导者愈来愈重要的任务与技能。团队领导者鼓励团队以服务对象为中心，努力改善工作程序与方法，使团队发展适应社会环境的变化，重新制定奋斗目标。

（3）由团队自己做决策。当团队方向与最初的目标不一致时，团队领导者可以放弃原来掌握在手里的决策权，并把它交到团队手中，让团队自己决定是该继续走下去还是向目标靠近。这可以培养并提高团队做决策的技巧，帮助团队达成共识，并使凝聚力有所提升。

（4）权衡得失。领导者的另外一项任务，是在冲突发生时权衡当前的和长期的利益，协调当前的和长期的要求。即使不能把这两个方面协调起来，至少也必须使之取得平衡。团队领导者必须计算一下为了当前利益而修改团队目标所做出的牺牲，以及为了既定目标而修改团队努力方向所做出的牺牲。团队领导者必须使这两方面的牺牲降到最小，而且必须尽可能快地弥补这些损失。

善于适时为团队减压

英国作家维龙·可曼博士写了一本书《舒缓工作压力的技巧》，在书中提到了在英国公司里，平均每个团队成员每年因为压力过大而折损了价值1000英镑的生产力。也就是说，假如这个公司有1000人，每年就要平白损失100万英镑的收入。为什么会这样？很简单，团队的管理者没有学会为自己的团队减压。

鉴于现在的员工都处于极大的工作压力之下，许多跨国公司都积极提倡开放的企业文化和轻松的工作氛围，这一点在微软尤为突出。软件业的从业人员显然处于更大的工作压力之下。

为了减轻员工技术层面上的压力，微软在做任何一项软件开发的时候，每天都有一个"检测点"，员工们以研讨会的方式在一起探讨问题。为了减轻业务人员的压力，经理们通过直接对话的方式定期与之交流，帮助减压。

虽然生活中没有固定的模式可以保证免受压力，但还是有许多方法可以减轻压力，团队管理者可以采用下列几种方法在团队中营造出轻松的氛围。

1. 用培训减压。培训一方面可以提高团队成员的专业知识和技能，另一方面也会让他们学会如何减少和对付工作压力。这将有利于他们掌握沟通的技巧，学会处理上下级、同事之间的关系，更合理地安排工作时间，从而做出更好的成绩。

2. 重新设计工作内容。为了改变工作和团队成员的不适应状况，除了进行人员调整外，还可以重新设计工作，使工作变得富有挑战性和刺激性。当然，通过工作再设计只能减轻而不会消除工作中固有的压力因素。通常，许多工作在设计之初就应考虑到可能存在的压力，尽量使团队成员能够控制他们自己的工作进度，允许他

图解・管理学

们更多地运用自己的技术和能力。通过这种方式,将会提高团队成员的工作满意度,减少压力反应。

3. 把压力宣泄出来。实际上就是为团队刻意创造一种情境,使员工紧张的情绪发泄出来,取得一种心理平衡的方法。精神发泄的方法可以有多种形式。日本有些企业专门设置了"情绪发泄控制室",有压力的员工随时可以去室内治疗,痛打模拟人形等,发泄自己的怨气和不满。美国著名的威尔逊培训中心也有类似的精神发泄室。

让员工的压力找到排泄口

调查显示,工作压力是精神紧张的第二大诱因,仅次于财务上的担忧。大多数人都在竭力应对严苛上司或是繁重工作给自己带来的紧张情绪。

巧用四招帮员工减压

闲聊缓解工作压力——闲聊时人们可以不设防地展示自己,有助于精神放松。

咖啡缓解工作倦怠——在悠悠的浓香中,放松神经,增进同事之间的感情交流。

娱乐让压力不再堆积——定时或不定时的娱乐项目填充员工枯燥乏味的工作间隙。

弹性使工作随心而"做"——让员工可以灵活、自主地选择工作的具体时间。

随着过劳死问题受到越来越多的关注,很多老板开始意识到,要想让员工塌实尽心地工作,提高工资并不是唯一的手段,帮他们减压也是很重要的一个方面。

莫让团队失去理想

富有进取心的领导者的工作就是描绘全景图，传达愿景，让人们清楚地知道，每个人应向哪一个方向发力。人们虽然有能力玩拼图，他们采用随机选择的方式，把手上的拼图在这里摆一摆，在那里试一试，但更常见的现象是，会有许多人严重受挫而失去兴趣，以致放弃。领导者的职责就是要把焦点对准愿景。

不管你是掌管一个仅有15人的小部门，或是主宰一家员工多达15000人的大企业，或是领导一个拥有15万人口的社区，领导者的愿景都如同方向盘，带领组织走向胜利或失败。

领导者首先要为其所在部门绘制出一个明晰的、令人信服的愿景：这个部门为什么存在？宗旨是什么？发展目标是什么？优秀的领导者明白，只代表一种意见的愿景目标绝不会有大的作为，于是他们就鼓励部门上下所有员工共同参与，群策群力，让每个人都能为部门的发展献计献策。这样，既激发了员工的干劲，又树立了员工的责任意识。

部门上下必须对这个愿景目标充满信心。这个目标不能含糊不清，也不能轻而易举地就可实现。它不仅必须起到激励员工的作用，还必须使员工全力以赴。它是引导该部门不断前进的指路明灯。

每个领导者都会按照自己的情况，按照自己对其所在部门的前途构思，来设计自己的愿景规划。虽然不可能准确预测这一愿景规划的发展趋势，但作为领导者，他必须对自己所信奉的东西绝对地心知肚明；因为他所制定的目标、所信奉的原则，将成为该部门每一项工作的基础。

领导者的愿景规划是其部门的发展蓝图，是对未来可能出现的美好事物的憧憬。它应清楚描绘出：一个地区性的小储蓄贷款机构如何发展成一个世界级银行；一个非赢利性的小规模诊所如何发展成为一个由于医术高超而闻名遐迩的医院；一个大型生产厂家如何发展成为一个蜚声海内外，为所有同行所敬佩的企业……这个愿景规划必须方向明确，有共同目标贯彻始终，并清楚地展示出该部门所为之努力奋斗的目的。

然而，愿景规划的好坏只有通过具体实施才能判断，因此，领导者必须时时考虑结局，考虑效果，考虑把这个规划转化为现实所要付出的代价是什么。时时考虑后果的好处是显而易见的，这样做可以加快速度，提高效率，使行动速见成效；这样做还能使员工更容易理解该部门的使命，从而成为激励全体员工的振奋点。

向部门上下解释清楚使命是什么之后，确保该部门的各项工作不断向前发展是至关重要的。能做到这一点就意味着愿景目标已在该部门深入人心，这也是领导者的职责。领导者必须成为愿景目标的监督执行者，同时也是道德准则的维护者，并且确保这两者都能长久地持续下去。只有这样，员工们才会积极努力，为实现高标准贡献力量。

把愿景规划讲清楚后，领导者只有在其部门得到广泛的支持与合作，才能把理想变成现实。树立一个共同的目标是取得成功的关键。领导者的价值观、道德标准和信仰为其公司共同目标的确立提供了基础框架。

领导者要有远景规划

领导者要清楚该朝什么方向前进。假如你和你的员工都不知道究竟该往哪里走，那么领导力就毫无意义。

领导者让远景变成现实的三个原则

制定远景

让员工也参与其中，从而认可最终制定的远景。

沟通远景

远景是一个持续沟通的过程，需要让它时时保持活力。

保持远景的活力

1. 时刻关注远景——远景应当成为组织的基础。

2. 展示承担责任的勇气——真正的承担责任是行动。

2026 发展目标
2025 发展目标
2024 发展目标
2023 发展目标
2022 发展目标
2021 发展目标
2020 发展目标
2019 发展目标
2018 发展目标
2017 发展目标

企业远景战略家对企业前景和发展方向有一个高度概括的描述：由企业核心理念（核心价值观、核心目的）和对未来的展望（未来10～30年的远大目标和对目标的生动描述）构成。

领导者最棘手的工作之一是如何指挥其部门度过混乱时期和应付不测事件。具体的愿景规划使人们协调一致，朝着同一个目标迈进。如果所有人都清楚其部门所为之奋斗的目标是什么，那么，前进道路上倒戈背叛行为就会减少。

为确保所付的努力收到效果，领导者必须使其下属时刻注意结果，鼓励人们充分发挥想象力，去获得成果。

这种新的管理方式应该成为一种处世之道，其中一切政策、制度、奖励和评价都要起到支持作用。要把前景目标和行为评价结合起来，并坚持不懈地对行为评价工作进行监督，以确保愿景目标转化为现实。

如此一来，你所在的部门就可能成为一个员工对未来心中有数，对自己的位置心中有数，能够充分理解领导者紧迫感的集体。人们就会埋头于工作，一心一意地做出成绩。他们会保持机动灵活的态度，对不可避免的变化轻而易举地适应。在这样一个高效率运作的集体中，人们会充分地发挥聪明才智；在对他们的工作成绩进行评估时，他们会觉得志得意满。

领导者如能恪守前瞻性原则，他就为建立共赢领导关系打下了基础。

描绘清晰的团队愿景

一般来说，描绘团队愿景分为这样五个阶段：告知、宣传、检测、咨询和共同创造。

1. 告知。所谓"告知"，首先要求高层领导十分清楚团队的愿景是什么，然后将愿景告知部下。例如："我们一定得这么做，这是我们的愿景。假如这个不能打动你，那么你最好重新考虑你在公司的前途。"在这个过程中，传达信息的方式要直接、清晰和一致；领导者对于公司的现状一定要说实话；应该清楚说明哪些事情可以妥协，哪些事情不容置疑；可以描述细节，但不要描述太多的细节。因为愿景只是一幅想象的图景，需要人们根据各自的偏好进行想象。你的描述只能反映自己的偏好，未必是别人希望的。

2. 宣传。宣传阶段，领导者应随时保持与组织成员的沟通；帮助他们自发地投入，而不要操纵他们；不仅要较具体地勾画出愿景，而且要把重心放在愿景所能够为组织及其成员带来的好处上。简言之，要多进行正面宣传，反馈积极的信息。至于宣传方式，从开会、张贴标语到个别交谈，方式多种多样，只要有效，都可采用。

3. 检测。检测，即了解下属对愿景的真实反应，了解下属对愿景中的各个部分的想法。此时须注意的是，领导者应为下属提供充分的信息；在使用问卷进行调查时，不要对答案进行诱导，要倾听下属的真实想法；保护下属的隐私；采用面对面交谈的方法；想办法测试出下属对于组织的效益和能力的看法与希望。

4. 咨询。咨询阶段，高层领导者应邀请整个组织来当顾问，以塑造共同愿景。此时应注意不要让信息遭到扭曲，并应整理及发布讨论的结果。

5. 共同创造。所谓"共同创造"，已经是具体实施的阶段，也就是每个人开始为他们想塑造的愿景而工作的阶段了。

领导者在推动建立共同愿景时，也应注意一些方法与技巧。

1. 以个人愿景为团队愿景的基础。史密斯说："组织变成了人们自我实现的工具，而不只是他们隶属的机器。"这就是说，只有当团队成员不把自己视为团队的附属物的时候，他们才可能将共同愿景视为个人愿景的体现，并为建立共同愿景而贡献自己的智慧与才能。

2. 平等对待每一个人，并彼此尊重。这包括两个方面：一是领导者对每位成员

企业愿景要被员工接受

领导者制定的愿景如果被员工所接受，进而内化为他们的个人愿景，那么企业愿景就能顺利实现。

企业愿景被接受的过程

领导者单方面告知 → 领导者与员工双向沟通 → 领导者对员工接受程度进行测试

领导者和员工就企业愿景达成一致 ← 员工就企业愿景发表自己的看法

企业愿景被接受的过程，也是员工对企业发展方向认识逐步清晰的过程。只有员工认识了企业的发展航向，才能与企业保持目标一致，共同达成愿景。

及他们的个人愿景给予应有的尊重；二是团队成员彼此尊重，特别是对别人的个人愿景应当给予充分的尊重。例如，某人的愿景是致富而不是造福人类，只要他的行为与组织的共同价值观不相冲突，就不能认为他的动机是不高尚的。

3. 达成共识不等于意见一致。所谓"共识"是指对共同愿景的理解与认同，而不是在任何地方总是意见一致。一般组织中的常见做法是，对某个问题要得到一致的结论，于是不同意见搁置一边或掩盖起来。压制不同意见，无异于剥夺了人们发表意见的权利，必将影响士气。正确的做法是，行动上相互合作，目标一致；观念上相互交流，允许不同意见。

4. 每个人的意见只代表自己。对于共同愿景的意见各个成员可能有所不同，事实上这取决于团队成员对团队目标的认同程度。在这里，同样不能有任何强加的成分。

5. 过渡的愿景来鼓舞士气。共同愿景应是组织发展的远大目标，应能反映组织中各个成员的个人愿景。但情况往往是，如果共同愿景的目标过高，与现实之间的距离过大，那么就有可能使得组织成员觉得目标高不可攀而失去信心。因此，作为组织的领导者，一方面应将共同愿景具体化；另一方面，可将共同愿景"阶段化"——即设定一些过渡性的阶段目标，以便让成员们看到未来发展的可能性及实现远大目标的可行性。

6. 以团队学习为基本形式，来提炼组织的愿景宣言。团队学习是团队修炼的有效形式，是团队成员之间进行深度沟通的有效方式。在建立共同愿景的过程中，应充分利用这种形式。

团队凝聚力的标志

每一个成功的团队都有几个共同特征。

1. 荣辱与共，互相关心。在电影里，我们经常看到这样的感人事例：受伤的士兵听说部队要出发，就偷偷跑出来跟上他的队伍。因为没有什么比跟自己的团队在一起更让他感到安心，他的生死荣辱已跟团队连在一起。

让队员互相关心起来的一个最好办法，就是把他们集中在一个工作场所以外的地方，以便互增友谊。如组织度假之类的活动，将他们置于社交环境之中。让他们花些时间和他们不很熟悉的员工在一起，这样他们之间不仅能建立一种关系，也能避免他们拉帮结派。

2. 了解团队目标。了解团队目标，才能知道该干些什么对团队更有益，才能相互合作。这样，团队就能像一台质量精良的跑车一样全速前进，而每个成员都是跑车上的一个部件。

3. 相互交流，融洽无间。相互交流才能合作。没有这一点，队员们很可能互相不和谐，不知道团队工作的重心所在，一些重要的工作会因此被遗漏，而队员们却在做重复的工作。应该建立和鼓励一种积极的交流气氛，队员们能够感到他们在这种环境下，可以安全地提出意见、批评而不受威胁。

4. 相互学习，共同成长。一旦团队的成员互相关心，又有一个共同目标，并能相互交流，他们就已经开始发展了。这种发展包括共享经验增多和互相沟通加深。

5. 相互认同，配合默契。当互相关心的人一道成长，并朝向一个共同的目标前进时，他们开始欣赏彼此的长处，了解彼此的不足，他们开始认可并欣赏每一队员的独特素质，并在工作中形成信任和默契。

20世纪80年代，当中国女排称霸天下时，世界其他强队挑选精英组成"明星队"，与中国女排对抗，结果却以悬殊比分落败。事实上，并非"明星队"的实力不如中国女排，只是临时组队，配合不如中国女排默契而已。

团队默契来自成员们相互合作的态度，每一成员都尊重其他在成员，并渴望为

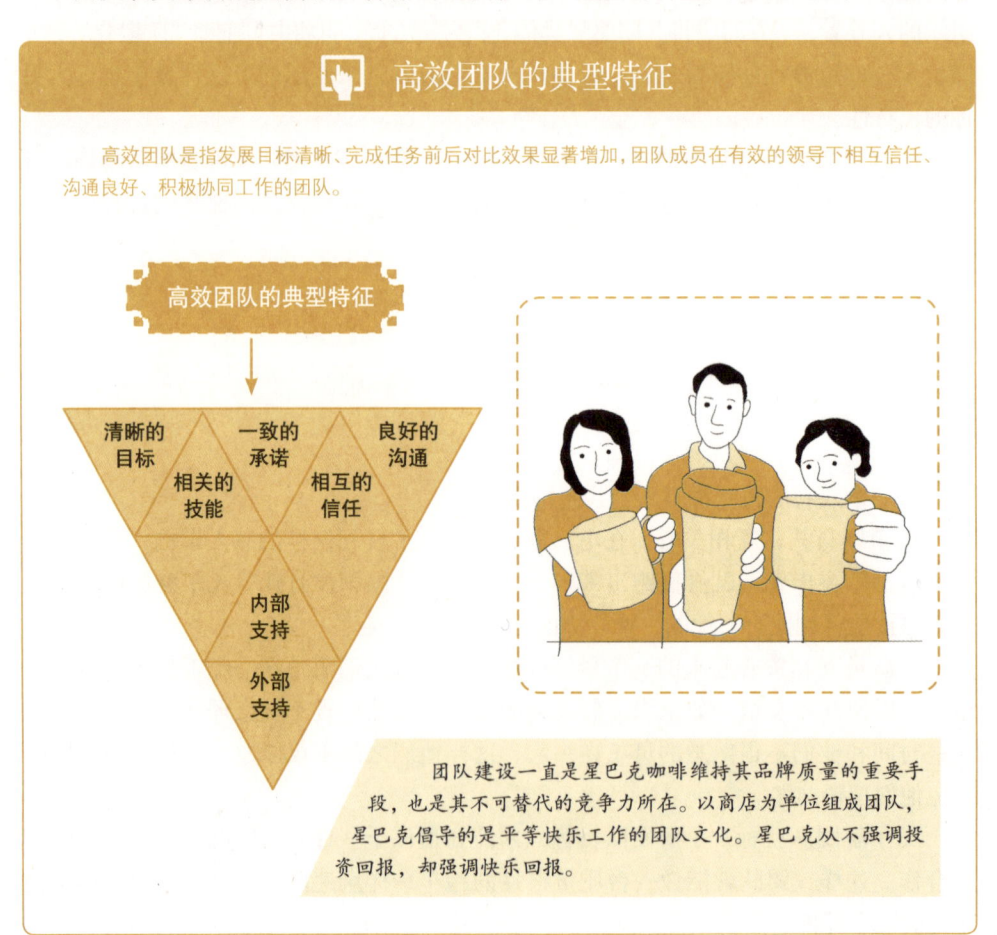

高效团队的典型特征

高效团队是指发展目标清晰、完成任务前后对比效果显著增加，团队成员在有效的领导下相互信任、沟通良好、积极协同工作的团队。

高效团队的典型特征

- 清晰的目标
- 一致的承诺
- 良好的沟通
- 相关的技能
- 相互的信任
- 内部支持
- 外部支持

团队建设一直是星巴克咖啡维持其品牌质量的重要手段，也是其不可替代的竞争力所在。以商店为单位组成团队，星巴克倡导的是平等快乐工作的团队文化。星巴克从不强调投资回报，却强调快乐回报。

团队做出贡献，也都期望其他成员对团队有所贡献。这使得他们会互相取长补短而不是互相揭短，这使队员们在遇到特定任务时，很自然地对同伴说："你真的是最棒的！你去做这件事吧，你能做得比我好。"而同伴绝不会觉得这是在阿谀奉承或推卸责任。一旦成员互相了解、互相信任并开始互相默契配合后，这支团队的个性就开始形成了。

6. 将团队整体利益放在首位。达成这一点的前提是，队员们真正相信团队成功的价值比他们个人自身利益的价值要大得多。他们相信，随着团队目标的实现，他们也能取得成功。

7. 拥有强大的后备力量。如果团队没有后备力量，就无法继续发展。例如，一家公司发展到一定程度，要开办分公司。这时，就需要大批的领导者。如果公司拥有一种培养潜在领导者成为真正领导者的机制，则人才方面不成问题；如果临时招聘、培训，必然影响公司的发展进程。

8. 团队成员情愿付出代价。在一个伟大的团队，每一名团队成员都乐意将时间与精力花在训练与准备上，愿意承担责任，愿意放弃个人的偏见，愿意为了团队的成功牺牲个人利益。当然，前提是团队成员确信团队目标值得追求。如果不是人人都相信这个事业是值得付出的，他们就不可能尽力而为，更谈不上献身。

保持并促进团队高效

如何有效保持并促进团队凝聚力，就成为提高企业整体绩效必须考虑的问题。

1. 让员工获得较高的工作满足感。在凝聚力较高的团队中，成员对工作的责任感通常都很强。同样，在这样的团队中，成员之间彼此容易接纳、相容，因此增强了友谊和吸引力。

2. 提升领导魅力。领导者是组织的核心。一个团队是否能取得高绩效，很大程度上取决于领导者自身的人格、知识、胆略、才干、经验，取决于自己能否严于律己，能否敬业、精业，能否与员工坦诚相待、荣辱与共等。

3. 科学地管理团队。建立一整套科学的制度，使管理工作和员工的行为制度化、规范化、程序化，是生产经营活动协调、有序、高效运行的重要保证。一个团队，如果缺乏有效的制度来规范，就会出现盲目和混乱，无法创出高绩效。

4. 促进团队成员间的交流。良好的沟通和协调可使团队成员通过信息和思想上的交流达到共同的认识。会议、谈心和私下交流是领导者常用的几种形式。

5. 提供个人发展机会。在某公司担任物料部副主管的一位职员，刚为公司完成了库存管理电脑化的工作。如今有一个机会可以跳槽到另一家公司，待遇、福利各方面都比较好，但是现在的公司不肯放人，他不知道如何是好。

仔细探究原因之后，公司才知道他要跳槽的主要原因。原来，现在的公司属于家族企业，他未来顶多只能升到主管，无法再上一层楼；而他要跳槽过去的那家公司却为自己的工作团队设立了没有上限的晋升制度，前途一片光明。由此可知，如果一个团队无法让成员看到美好的愿景，还是不可能得到人心的。

所以马斯洛指出："团队要有畅通的升选管理、公平公正的晋升制度，让成员了解到只要努力，必定会有往上升的机会，这样才能有效激励团队成员，让他们安下心来在团队中努力工作。"

6. 重视对团队成员的培训教育。威尔玛·波特是通用电气公司下属的汽车通讯器材厂的一名员工。在上完为期12周的数据过程控制课程之后，波特把所学应用到工作中。通过回收过去一直废弃掉的物品，波特为公司节省下10万美元。由于这一贡献，通用电气公司的这家分厂不但改善了生产环节，而且还令波特大受鼓舞，因为她受到公司的信任，并且使公司因为她的付出而获益匪浅。

只要是人，其需求的层次就会不断提升。团队成员，尤其是能力较强、有潜力的团队成员，希望自己能够不断自我成长。要留他们就必须提供机会给他们，最直接的方式就是重用他们，给他们教育及训练的机会。倘若企业为团队成员提供的学习机会太少，甚至根本没有培训，团队成员很快就会失去工作的乐趣，凝聚力开始下降。因此，领导者要尽可能地为他们创造学习和培训的机会。

7. 尊重每一位团队成员。尊重的需要是人的较高层次的需要。在团队管理中，命令式的管理方式已经行不通了。人人都需要受到别人的尊重，所以，领导者要时时关心并尊重团队成员，重视他们的意见，采取"人性管理"的方式来管理团队。

许多团队的领导者都有一个通病，就是对成员不够关心。如果平时不关怀、尊重团队成员，处处以命令的方式叫他们做事，则团队成员肯定会心有不甘，产生抵触情绪，甚至离开团队。反之，如果能够改变管理的方式，重视团队的成员，平时多关心他们，重视他们的表现，听听他们的心声，采纳他们好的意见，他们就会自动、自觉地参与团队的各项工作，积极配合其他人来完成任务。

8. 表彰业绩突出的成员。在美国密歇根州迪尔伯恩市，每年都会举行多米诺比萨饼公司奥林匹克大赛，和往常一样，运动会以点燃三足鼎（鼎身为比萨饼状）开始。手持火炬的不是普通的运动员，而是多米诺比萨饼公司老板汤姆·莫纳根（他是一个由布衣变为巨富的企业家），和一位双截肢员工安东尼·斯盖尔斯（据他的上司说，他眼明手快，负责刮盘子、揉面团，干得非常出色）。

在8年中，这家公司每年的总增长率达75%。多米诺比萨饼公司是怎样实现这种增长的呢？公司总裁唐·弗尔谢克提出来的奥林匹克大赛，就是问题的答案之一。

这个奥林匹克大赛将对获得成功的员工进行大张旗鼓地表扬，领导者潜心评判和定期奖励表现突出、令顾客（此处指的是多米诺比萨饼公司各特许经营店）满意的行为，它所取得的效果可能比公司每月发放的奖金更令人难忘。这就是多米诺比萨饼公司的发展秘诀。

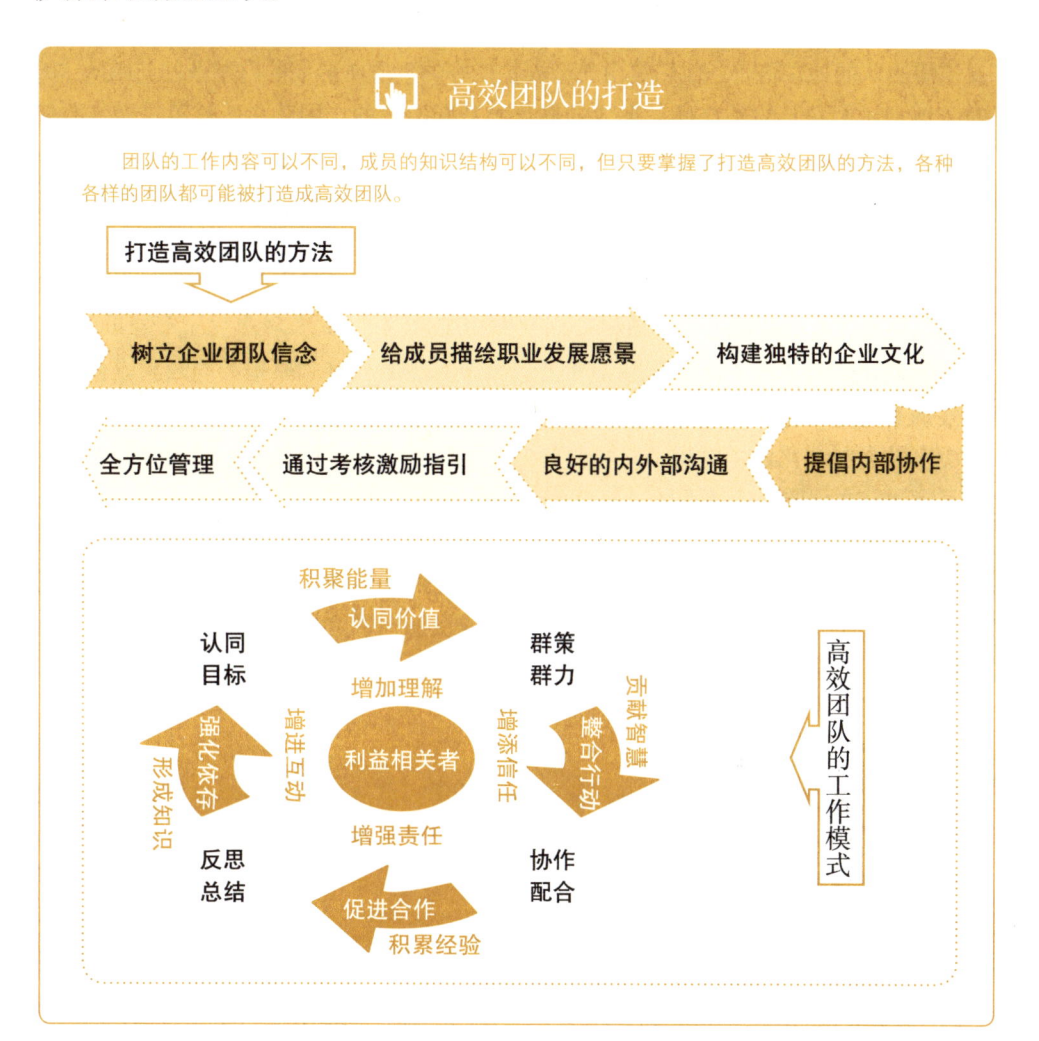

高效团队的打造

团队的工作内容可以不同，成员的知识结构可以不同，但只要掌握了打造高效团队的方法，各种各样的团队都可能被打造成高效团队。

打造高效团队的方法

- 树立企业团队信念
- 给成员描绘职业发展愿景
- 构建独特的企业文化
- 全方位管理
- 通过考核激励指引
- 良好的内外部沟通
- 提倡内部协作

高效团队的工作模式

- 认同目标 — 认同价值（积聚能量）— 群策群力
- 增加理解 — 利益相关者 — 增添信任（贡献智慧）
- 强化依存（增进互动）— 整合行动
- 形成知识 — 增强责任 — 协作配合
- 反思总结 — 促进合作 — 积累经验

塑造团队文化的方法

从相对独立的角度讲，塑造团队文化的方法主要有以下几个方面：

1. 培育团队英雄

团队英雄是指在团队活动中涌现出来的，一批具有较高思想文化水平、业务技术能力和优秀业绩的劳动模范、先进骨干分子或英雄人物等。他们的观念、品格、

335

气质与行为特征都是特定价值观的具体体现。他们是集中体现团队主流文化而被团队推崇、被广大成员一致仿效的特殊成员。

团队英雄是在团队实践中逐步成长起来的，但最后真正成为人们所敬仰的英雄又需要团队的外在培育，他们是由典型人物良好的素质所形成的内在条件与团队"天时、地利、人和"的外在环境形成的催化力共同造就的。团队在造就英雄时主要应做好三个方面的工作：

首先是发现英雄"原型"。英雄在成长的初期往往没有惊人的事迹，但是他们的价值取向和信仰的主流往往是进步的，是与团队倡导的价值观保持一致的。团队的决策者应善于深入到团队成员中去，善于通过团队成员的言行了解其心理状态，以及时发现具有英雄特征的"原型"。

其次要注意培养英雄。团队决策者应为所发现的英雄"原型"的顺利成长创造必要的条件，帮助其提高文化知识水平，开阔其视野，扩展其活动领域，为他们提供更多的参与文化活动的机会，增强他们对团队环境的适应能力，以使他们更深刻地了解团队文化的价值体系。

最后是开始塑造英雄。团队决策者可以通过对英雄"原型"的言行给予必要的指导，使他们在管理活动或文化活动中担任一定的实际角色或象征角色，使他们得到锻炼。当英雄基本定型和得到大部分团队成员的拥护之后，团队应该认真总结他们的经验，积极宣传他们的先进事迹，提高他们的知名度和感染力，最终使他们被团队绝大多数成员认同，发挥他们的英雄作用。

2. 确立团队文化礼仪

团队在长期的文化活动中所形成的行为模式、规范性礼节和固定的仪式构成了团队文化礼仪。它规定了在特定文化场合，团队成员所必须遵守的行为规范、语言规范、着装规范等。团队文化礼仪根据不同的文化活动内容，具体地规定了活动的规格、规模、场合、程序和气氛，这种礼仪往往有固定的周期性。不同的团队文化礼仪体现了不同的团队文化特点和个性。

3. 营造团队文化氛围

团队文化氛围包括三个方面：团队的物质环境氛围、团队的精神氛围以及反映团队日常管理的制度氛围。团队的物质环境氛围是指团队的物质因素及其组合所反映出来的风格和情调；团队的精神氛围是指团队成员和团队整体的精神生活和思想状态，既包括团队成员对待工作和日常管理制度的态度、团队成员之间进行交流的方式、方法和思想感情等，又包括团队的整体精神追求；团队的制度氛围是指团队的各项政策、规章制度及其贯彻执行方式，它具有一定的强制性，但在团队文化的建设过程中，其强制程度随团队成员价值观念的逐步树立而降低。物质环境氛围和制度氛围通过影响精神间接地强化团队成员的价值观念，具有辅助作用。团队的精神氛围则处于主导地位，起主导作用。

三个因素紧密联系、相互影响，统一于一个团队之中，共同组成一个团队的文化氛围。

营造团队文化氛围作为强化团队价值观、塑造团队形象的手段，在团队文化的延续过程中起着重要作用。事实上，一个团队成立后，必然会形成一定的文化群体，也必然会建立相应的物质设施以及由此构成的物质环境、各种规章制度等，从而表现出一定的文化氛围。但是，团队的文化氛围，必须与团队已经确立起来的文化核心协调一致，以加速文化管理的进程和增强其效果。这种良好的团队文化氛围是人们有意创造出来的，而不是自然产生的。营造团队文化氛围就是运用各种手段向人们展示团队的核心价值观念。

学习型团队的五项修炼

只有以下这五项修炼综合运用，学习型团队才能塑造成功。

1. 自我超越

自我超越是指突破极限的自我实现和获得娴熟的技艺的过程。精熟于自我超越的人，能够不断地实现他内心深处最想实现的愿望，他们对生命的态度就如同艺术家之于其艺术作品一样，全身心地投入，忘掉自我，不断地创造和超越，这是一种真正的终生学习，真正的"活到老，学到老"。

自我超越的修炼包括以下一些主要内容：建立个人愿景，即树立个人的远大理想和宏伟的奋斗目标；保持创造性张力，即不断地从个人愿景和现实之间的差距中创造学习与工作的热情与动力；解决结构性冲突，即排除阻碍个人追求目标和迈向成功的结构性心理障碍；运用潜意识，即发展潜意识和意识之间的默契关系，以增强意志力。

2. 改善心智模式

心智模式是指植根于心中，且影响着人们认识周围世界，以及如何采取行动的许多假设、成见甚至图像、印象。改善心智模式的修炼，主要包括以下一些内容：

（1）辨认跳跃式的推论，即认真分析自己是如何从粗浅的、直接的观察，跳到概括性的结论（这些结论通常是片面的、浅薄的，甚至是错误的）。

（2）找出对事物的假设，即对自己所经历的事件以及处理方式，坦诚地写出内心深处的隐含假设，找出其中不合理的地方。

（3）探询与辩护，这是一种在多人之间进行开诚布公地探讨问题的技术。它一方面允许对未知的情况进行询问，另一方面允许对自己的观点进行辩护，在这种面对面的互动过程中改善心智模式。

（4）对比拥护的理论和使用的理论，即对自己拥护的理论（通常是口头表示的）与实际使用的理论（反映在实际行动中的）之间的差距进行分析并加以改进。

3. 建立共同愿景

这是团队成员树立共同的远大理想和宏伟目标的过程。通过建立共同愿景，可

建设学习型团队

学习型团队是一个为共同完成共同目标，共享信息和其他资源，并按一定的规则和程序通过充分的沟通和协商开展工作的群体。

建设学习型团队的操作方法

1. 掌握所在的团队的基本情况。

2. 认清建立学习型团队的目的

3. 设立一个指导团队学习的机构。

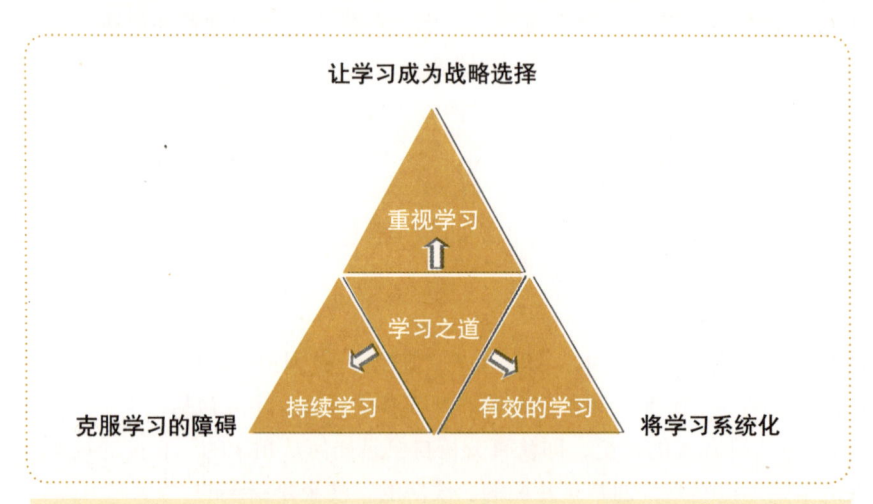

4. 在团队内营造学习的氛围

5. 学习和运用五项修炼方法。

让学习成为战略选择

重视学习

学习之道

克服学习的障碍　持续学习　有效的学习　将学习系统化

学习型团队不存在单一的模型，是用一种新的思维方式对团队的思考。在学习型团队中，每个人都要参与学习和解决问题，使团队不断地尝试，改善和提高它的能力。

以把全体团队成员团结在一起，创造出众人是一体的感觉。建立共同愿景的修炼，主要包括以下内容：鼓励个人愿景，即鼓励个人设计自己的未来；塑造整体图像，即培养团队成员的集体观念、全局观念，从全局利益出发分担自己应尽的责任；融入团队理念，即将共同愿景融入到理念之中；学习双向沟通，协调个人愿景与共同愿景的关系。

4. 团队学习

在现代组织中，学习的基本单位是团队而不是个人。不少实例显示，团队确实能够共同学习，团队的集体智慧高于团队成员个人智慧之和，团队拥有整体搭配的能力。

5. 系统思考

管理团队的每一项主要工作，如发展策略、塑造共同愿景、设计政策与组织结构等，都需要克服复杂性。而这个复杂性并不是静止不动的，而是在不断地变化着，必须化局部思考和有限思考为系统思考才能把握事物的本质，有效地解决问题的症结。

学习型团队的五项修炼应交叉运用，才能更加有效。每一项修炼都有独特的优势，一味地把它们独立运用，就不能充分地发挥其应有的功效，交叉运用则可发挥"团队"的作用——既能充分发挥各自的优势，又能通过整体搭配，发挥出高于各种个人优势之和的绩效。

高效团队的特征

高效团队的特征主要从以下几个方面得以体现：

1. 共同制定团队目标

成功的团队管理者大都主张以成果为导向的团队合作，这将使团队获得非凡的成就。团队的每一个成员对自己和群体的目标十分清楚，并且深知在描绘目标和远景的过程中，让每位伙伴共同参与的重要性。

高效团队的团队管理者会经常和成员一起确立团队目标，并设法使每位成员都清楚了解并认同团队目标，向团队成员指出一个明确的方向。当团队的目标由团队成员共同协商产生时，团队成员有一种拥有"所有权"的感觉，并从心底认定"这是我们的目标和远景"。这样，作为团队管理者，就为以后的工作奠下了良好的基础。

2. 团队成员具备相关技能

高效团队的每一位成员都具备实现理想目标所必需的技术和能力，具有能够良好合作的个性品质，从而出色完成任务。在一般性的群体中，有精湛技术能力的人并不一定就有处理群体内人际关系的高超技巧，高效团队的成员却往往兼而有之。

3. 彼此信任

成员间相互信任是高绩效团队的显著特征，每个成员对其他人的行为和能力都深信不疑。团队具有坦诚、开放的沟通气氛，团队成员相互依存，友好合作，公开分享信息和专业知识。当然，维持群体内的相互信任，还需要引起管理层足够的重视。组织文化和管理层的行为对形成相互信任的群体内氛围很有影响。如果组织崇尚开放、诚实、协作的办事原则，同时鼓励员工的参与和自主性，它就比较容易形成信任的环境。

4. 角色明确

高效团队的每位成员都清楚地了解他所扮演的角色是什么，知道自己的工作成绩对团队目标的达成会产生什么样的影响，知道什么该做、什么不该做，彼此之间也清楚其他成员对自己的要求。

高效团队在最初分工时，彼此就已经建立起相互依存的关系。大家既清楚合作的重要，也知道在团队的荣辱成败中，自己有多么重要的分量，并且彼此间能避免

高效团队的目标特征

团队的高效主要体现在目标的达成效率上，可以说，合理的目标定位是团队高效的前提。

高效团队的目标特征

1. 团队成员能够描述，并且献身于这个目标。

2. 目标十分明确，具有挑战性，符合SMART原则。

3. 实现目标的策略非常明确。

4. 面对目标，个人角色十分明确，或团队目标已分解成个人目标。

在团队管理中，首要任务就是在任何行动前先确定目标。这样不但能使不同角色成员有完全一致的目标，更重要的是使团队有前进的动力。这正是高效团队的不同之处。

发生矛盾冲突。

5. 管理有效

高效团队的管理者能够为团队指明前途，让团队跟随自己共同度过最艰难的时期。他会向成员阐明变革的可能性，鼓舞团队成员的自信心，帮助他们更充分地了解自己的潜力。管理者应对团队提供指导和支持，但并不试图去控制它。

6. 具有良好的支持环境

高效团队通常都有良好的支持环境。从内部条件来看，团队有一个合理的基础，包括适当的培训，以培养团队成员的团队需要的技能和知识；一个易于理解的评估员工绩效的测量系统；一个支持团队建设和运作的人力资源系统。良好的基础结构可以支持并强化团队成员的行为，取得高绩效水平。从外部条件来看，高效团队还获得了管理层所提供的各种完成任务必需的资源。

高效团队的必备要素

只要是办企业，谁都希望自己的企业越做越强、越做越大。老板如何才能把企业做强做大呢？个人的力量是有限的，团队的力量是无穷的。企业只有充分发挥团队的力量，才能把企业做大。可是团队又如何打造呢？每个老板都说重视人才，可有了人才却又用不好。问题出在哪里呢？打造高效团队到底需要哪些要点呢？

1. 清楚的任务

团队的任务是所有要素中最重要的，没有一个清晰界定的任务，团队不可能合理构建。例如经济学家谢伊在分析质量循环工程的成功与失败时，发现所有不成功的工程都是由于任务的模糊造成的，组织文化的导向也无法弥补这一缺憾。

团队任务自身是可变的，如从需要一段时间完成一个单独的任务（如一支项目开发团队），到持续性的任务（如一个生产团队或者一个初级健康保健团队）。但是，除非其成员知道目标是什么，否则没有任何一个团队能够有效运作。因为正是企业建立了团队并为其提供资源，也正是企业需要明确团队所要达到的目标。

2. 足够的资源

基本资源对团队来说至关重要，这些资源必须由团队所处的企业提供。在组成团队的人中需要大量的综合性技术，也需要各种其他的技能。每个团队具有自身的一套资源需求，而且在团队生命过程中可能会改变。企业应该保证为团队提供必要的资源，使其能够有效地完成任务。而管理者要做的，就是不断协调企业和团队的关系，努力使企业满足团队的需求。

3. 可靠的信息来源

可靠的信息是保证团队良好运作的要素，它的获取可能需要特别的信息媒介通道，比如去发现一个特别程序是如何进行的，或者去发现特定的成本是如何获得的。如果团队的决定会变成现实，则具有准确的信息至关重要，甚至确定可能存在某种问题也非常重要。团队必须考虑到企业中的新发展和新变化，这也需要信息。

4. 持久的培训

得克萨斯州中洛锡安市的查帕罗尔钢铁公司的管理者为自己的工作团队设定了22门不同的课程。85%的团队成员都会接受其中一门或一门以上课程的学习。为了鼓励团队成员了解其所在部门的每一项工作，企业规定，凡是利用业余时间学习的人，每进行4个小时的培训，就可得到20美元的奖励。这种现金奖励的数额还将随着他们所完成的课程门数的增多而增加。这种培训活动使查帕罗尔公司拥有了更多的掌握多种技能的员工，也拥有了一支由综合素质优秀的人才组成的高效团队。

很多大企业认识到，给团队成员提供持续的培训就等于为企业和员工支付股息。每个人都能得到机会学习新技术，获得观察事物的新方法，结识新的工作伙伴并与他们一道通力合作。

团队成员一旦具有了打破常规的勇气与能力，就可以不断地进行自我激励，不断学习、不断自我完善，这样的团队能令企业充满生机，不断向前发展。

5. 及时反馈

团队执行任务需要来自企业的可靠的定期反馈。如果团队与企业的其他部分隔绝，它就会很快分裂。因为团队需要向企业其他部门学习，使团队工作与之相适应，能够与组织其他部门更好地结合，弄清什么时候是做某事的正确时机，甚至当其他部门改变时，也能够保证该部门的任务完成。

对许多企业的研究发现，大部分团队成员总是认为自己没有得到足够的重视，也就是说，大部分的企业都认为团队成员的努力与付出是理所当然的，所提供的反馈也不够。所谓没有得到足够重视，并非仅限于加薪或升职。团队成员最需要的是，在有所成就之后受到肯定和赞扬。管理者可以通过一声"谢谢"、一份小礼物、公开赞扬等方式，表达对团队成员努力付出的肯定。除了听取团队成员的工作汇报，给予他们各种指示之外，这种激励性的回馈也必不可少，它会使团队朝气蓬勃，不断进取。

6. 技术与过程协助

任何工作团队都需要一定的技术援助以有效地执行任务。简单的如需要为一次演示制作幻灯或打印正式报告，复杂的如需要某人在一个特殊的生产过程中提供详细的化学方面的专业技术知识，需要市场专家参与以帮助团队将新产品推向市场，也可能需要流行病学家对保健团队提一些关于交通事故应急处理方面的专业建议。每个企业都有许多独立的部门，在一个部门工作的人通常不能完全明白其他部门在做什么，因此如果企业可以向团队提供其所需的各类信息，以及怎样获得相关信息，对于团队工作来说会容易一些。

研究结果表明，所有的成功团队都将这六种要素应用得非常好。无论是哪一类团队、目标是什么、人员有多少，应用这六种要素都可以有效激发团队自身的潜力，使团队释放出最大能量。

高效团队的构成要素

高效团队就如同高速运转的机器，机器是由不同部件组装而成的，同理，高效团队也是由不同的要素构成的。

高效团队的构成要素

- 清晰的目标——指引团队前进的方向。
- 充足的资源——目标达成的技术保障。
- 精准的信息——快速准确解决问题的保证。
- 系统的培训——提高成员素质的必要途径。
- 信息的反馈——充分发挥成员智慧的渠道。
- 过程的支持——顺利达成目标的保证。

没有完美的个人，只有完美的团队

所有团队成员是组成高效团队的必备零件，他们既相互独立又相互联系。他们协同一致的工作保证了团队目标的实现。

创建高效团队的步骤

根据杜拉克的管理思想，欲建设一个高效团队，可以采用以下步骤：

1. 构建基本的团队框架

坚实的团队框架可以使团队有能力解决棘手、困难的问题，但同时又必须显示其重要性而不致扼杀其创造力，这个微妙的平衡很难把握，但对团队建设至关重要。有些具有高度创造力的团队可能会在企业的限制范围以外进行工作，但大部分团队都会希望与其所属的企业有依附关系，并能从企业获得一定的组织结构。以下是成功的团队结构带有普遍性的组成形式：

（1）方向引导者。它由高层管理人员和经理、主管、团队领导成员及其他关键人物组成。就像夜行的船只离不开灯塔的指引一样，团队也需要这样的方向引导者，他们要能确立团队工作和服务的方式，同时又是提意见者和工作过程中的错误的纠正者。

（2）智囊团。这类智囊团通常是由多个部门成员组成的群体，它的成员来自企业内部的各个部门和各个阶层。它检查作为整体的企业制度系统是否存在问题，并在某些方面确立目标以提高企业的生产率。这是一个行动性团队，它决定了主管者、管理者和任务担当者各自的具体责任，其结果一般要两至三年才能显现。

（3）称职的管理者。他们是团队成功的关键。一个富有魅力和威望的管理者会把团队成员紧紧地团结在自己周围，反之就会人心涣散，更无从谈团队精神了。

（4）团队顾问。他们是团队的指导者兼顾问，可帮助团队确定风险性，帮助解决团队内部冲突问题或团队与外部人员的冲突问题。由于不是团队内部成员，所以他们看问题会更具客观性，在帮助团队工作时会有更大的自由度。团队顾问可帮助团队建立工作标准和限度，指导其成员使用各类工具和图表，以保证团队成员准确有效地向既定目标前进。

2. 提高团队技能

团队建设过程的关键集中于这一点上，即高效率地开展团队工作所必需的活动，使团队技能得到加强和发展。

（1）明确角色。要使一项任务得以圆满完成，有必要使每个人清楚自己的职责和权力范围，这将使团队成员搞清自己的任务，并明白它与他人任务之间的关系，这种理解会创造出一种很强的团队内部的团结度和忠诚意识。

（2）解决问题。知道如何使用解决问题的工具和技巧对团队的成功很重要。综合培训加上耐心的督导，将有助于团队成员借助外力省时省力地完成任务。

（3）消除冲突。提高解决冲突的技巧有助于员工产生相互间的尊敬，并使团队达到更好的决策水平。

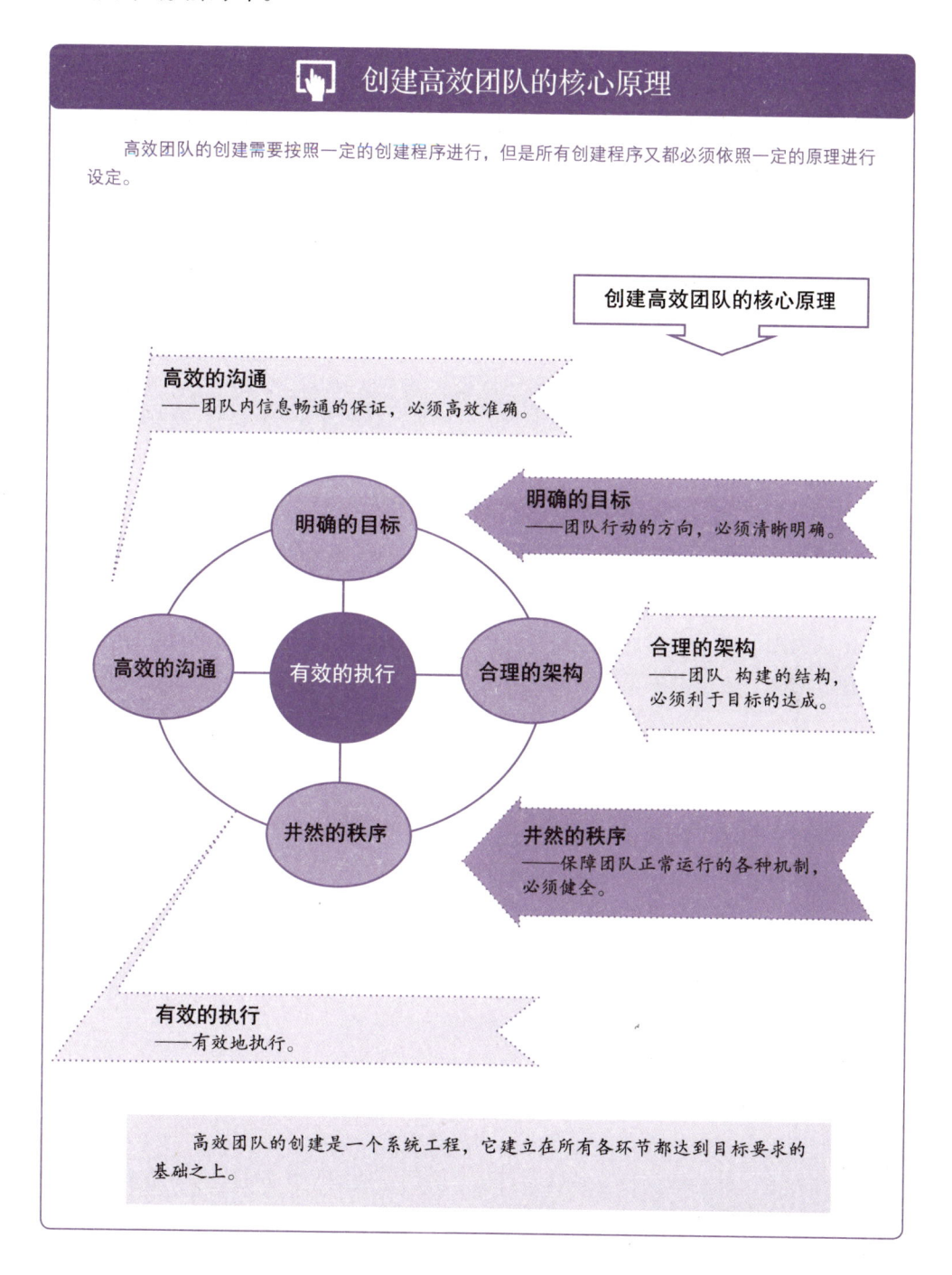

创建高效团队的核心原理

高效团队的创建需要按照一定的创建程序进行，但是所有创建程序又都必须依照一定的原理进行设定。

创建高效团队的核心原理

高效的沟通
——团队内信息畅通的保证，必须高效准确。

明确的目标
——团队行动的方向，必须清晰明确。

合理的架构
——团队构建的结构，必须利于目标的达成。

井然的秩序
——保障团队正常运行的各种机制，必须健全。

有效的执行
——有效地执行。

高效团队的创建是一个系统工程，它建立在所有各环节都达到目标要求的基础之上。

3. 团队的整合

英国一家知名调查公司，曾对一百多家跨国企业进行调查。结果显示，大多数人认为，未来的几年中主导和影响自己企业的将是"领导者的团队"，是一个经过整合的团队。由此可见未来的团队管理者的任务是懂得组合团队并使团队合作。那么，如何使团队既分工又合作呢？

在团队的运作中，除了因个人才能及企业需要设定工作职位外，更重要的是要有共同的价值观。价值观不同，人与人无法有效地沟通，无法建立共识。面对问题时，也会因个人的才能或看问题的层面不同，而采取不同的解决方法。

这样的方式有时可以解决当前的问题，但有时甚至事倍功半，无法集合共同的力量变成一个有效率的团队。出色的团队领导者懂得抓住时机进行团队的整合，在团队内部达成共识，培养合作的精神，让大家把力量用到一个点上，从而实现团队的高绩效。

几种可供选择的管理模式

若要成功地管理团队，应对以下四种管理模式有所了解：

1. 价值观管理模式

团队管理的重点是形成团队成员间的一致意见、共同的价值观和应用于工作中的原则。的确，分享对于工作的共同看法可以被看做是团队定义的特征，如果没有它，团队就只是一些人松散的无意义的集合。具有共同的目标让人们团结在一起，感到能够与其他人合作共事，并获得"他们和我们"的感觉。

因此，根据这个结论，建立一个有效团队的主要任务是形成一致的宗旨。团队的管理者致力于统一团队成员的价值观，通过各种手段让人们把工作的意义与团队本身结合起来，从而使将来可能出现的问题减到最少，并有效减少团队成员之间的矛盾。这类团队享有高度群体自由，管理者可授权下属在一定范围内自己识别问题和进行决策。

这种管理模式可使团队成员彼此高度理解，排除了许多潜在的意见与行为矛盾，当团队成员来自不同的专业时，这种管理模式特别有用。

2. 任务导向管理模式

这种管理模式属于管理者向下属"兜售"自己的决策，使团队成员们弄清任务意图，并明确揭示出挑战背后的含义。团队管理者需要给予他们鉴别与提炼任务所需的特殊技能，鼓励他们设立特殊的目标来协调完成团队任务的过程。这种管理模式要求团队所有成员都将任务放在第一位，个人感受、"地下议程"等都不被看做团队行为的合法部分,即只有完成工作任务才是唯一一件重要的事情。所以,团队管理者需要强调用特殊任务来帮助团队达到目的,定义时间表和次级任务,训练决策技能,建立克服障碍的战略。

四种典型管理模式的特点

不同的团队,根据领导者管理特点的不同,以及团队具体条件的不同,选择的团队管理模式也不尽相同。

四种典型管理模式的特点

价值观型

特点:以团队成员具有相同价值观为基础。该种模式团队成员理解度高,易于沟通。

人际协调型

特点:以建立相互信任的团队氛围为宗旨。该种模式沟通最为充分,成员忠诚度高。

任务导向型

特点:以完成共同的任务目标为指导方针。该种模式以任务为考核重点,效率最高。

角色定义型

特点:以团队成员的角色定位为基础。该种模式成员职责最明确,任务达成率高。

团队就是力量……

一盘散沙难成大业,握紧拳头出击才有力量。任何一个团队,成员之间必须团结一致,才能无往不胜。

这种管理模式最容易打造出高效团队,它能够将团队的操作或交流困难清晰地表达出来,从而迅速加以解决,使团队成员不会造成对运作的误解。

3. 人际协调管理模式

正如我们所理解的,人际协调管理模式强调的是团队工作中的人际特征。暗含的观点是,利用人们相互之间的足够了解,让团队有效运作。其原则是开放而公正地对关系、矛盾、"地下议程"进行讨论,产生一种互相信任的气氛并建立有效的团队。

4. 角色定义管理模式

团队管理以角色定义为基础,倾向于强调将团队成员的角色和角色期望进行归类,每个团队成员都可以列出他认为应由别的成员来做的事,然后团队成员聚在一起讨论他们的清单,并且商议相互间的要求。商议结果会被写下来由双方签字认可。

这种团队管理模式虽然仍以诚实和公正为基础,但与人际协调法有很大不同,它的焦点在于自己做什么和别人要做什么。

让管理模式趋于完美

让管理模式越来越完美,使团队的运营更为高效,必须做到以下几点:

1. 以默契增进团队精神

作为团队管理者,仅仅依赖自己的能力管理好团队是远远不够的。光靠自己做事,会给团队成员留下独断专行的印象。一名优秀的管理者应使团队协作,同心同德处理内部事物,增进团队精神。

一个真正的有效率的管理模式,会让团队看起来就像一个人一样,每一部分的配合与协调都自然随意,恰到好处。要做到这一点,管理者必须学会在团队成员中间培养默契,使其彼此能够愉快地合作。

培养下属整体配合的团队默契,可以增进团队精神。作为团队的领导人,应让每位成员都能拥有自我发挥的空间,但更重要的是,要破除个人主义,建立整体搭配、协调一致的团队默契,同时,努力使彼此了解取长补短的重要性。

2. 让团队更加民主

团队应具有开放、坦诚的沟通气氛,使团队成员在其中感到很随意,在工作中能充分沟通意见,能经常从团队得到反馈,愿意倾听、接纳其他团队成员的意见,尤其是愿意把工作中出现的问题及时向管理者提出来,从而得到调整和解决,使工作进展更加顺利。

具体做法有:使所有团队成员都能获得充分的信息,对一切均有所了解;所有团队成员都充分参与团队的各项组织和决策活动；所有团队成员有同等发言权，他们的观点同等重要；在团队内部培养尊重不同观点的态度；认可团队内部不同的动机、价值观和意见。

3. 让团队成员全力以赴

只有团队成员都乐于贡献自己的智慧和力量，全力投入团队工作，才能让团队运作成功。也就是说，唯有团队成员任劳任怨地付出，才能实现整个团队运作的持续改善且有高品质结果的产出。而要完全做到这些，管理者应鼓励团队成员自觉地将工作放在首位。

要使团队成员愿意对团队的成败共同负责任，愿意相互协调合作，共同完成团队目标，且相信自己对这个团队及其他团队成员负有责任，对其被指派的工作负责。

使团队成员能始终保持活力与热情。团队运作过程往往冗长且常常遇到困难与挫折，唯有保持活动力与热情方能使团队成员有效工作，这样可以使团队成员相处愉快，并享受成为团队一员的乐趣。

4. 推行"参与管理"

现在很多的企业推行"参与管理"，管理者如果希望团队管理有成效，就应倾向于员工参与或领导，因为这种做法能够满足"参与就受到尊重"的人性心理。

成功团队的成员身上总是散发出挡不住的参与热情，他们积极主动，一遇到机会就参与。他们的无私奉献和热情建议不仅使团队的管理模式一步步趋向完美，更给企业创下了良好的收益。

玫琳凯化妆品公司创办人玫琳凯说："一位有效率的管理者会在计划的构思阶段时，就让下属参与其事。我认为让员工参与对他们有直接影响的决策是很重要的，所以，我总是愿意冒损失时间的风险来这样做。如果你希望下属全然支持你，你就必须让他们参与，愈早愈好。"

5. 有效利用时间

彼得·德鲁克认为有效的管理者懂得让自己的团队学会集中利用时间。时间分割成许多小段，等于没有时间。所以时间管理的一个重要原则在于管理者将零碎时间集中起来，加以利用，使团队的绩效进一步提高。

6. 创造学习的氛围

要想建立敏捷、具有生产效率的团队，唯一的方法是培养不断进取的员工队伍。重视进取的企业视学习为一种投资，并不断鼓励和培养员工发展，其目的是提高企业自身能力及其成功率。这种企业往往会创造出有助于企业内员工学习和发展的环境。

团队管理者必须倡导团队学习，它是提高团队成员互相配合、整体搭配与实现共同目标的能力的主要途径。有不少实例显示，团队的集体智慧高于个人智慧，团队拥有整体搭配的行动能力。当团队真正地在学习的时候，不仅团队整体会产生出色的成果，成员成长的速度也比其他学习方式更快。

多数团队未能实现整体搭配。这是因为管理模式的不合理造成的，在团队内部，个人可能格外努力，但他们的努力未能有效地转化为团队的力量，结果许多个人的力量被相互抵消掉了。当一个团队经过有效的学习之后，就会朝着共同的方向，调整个别成员的力量，而使成员之间力量的抵消或浪费减至最小，发展出一种共鸣的综合效果。

不断改善管理模式

任何管理模式都是根据当时的实际情况进行构建的。所以，在实际情况变化的时候，管理模式也要跟着同步调整。

改善管理模式的常用方法

1. 增加团队默契，增进精神团结
2. 尊重所有成员的知情权和发言权
3. 鼓励员工自动自发地工作
4. 让所有员工都参与到决策中来
5. 加强团队成员的时间管理
6. 为团队成员营造良好的学习氛围

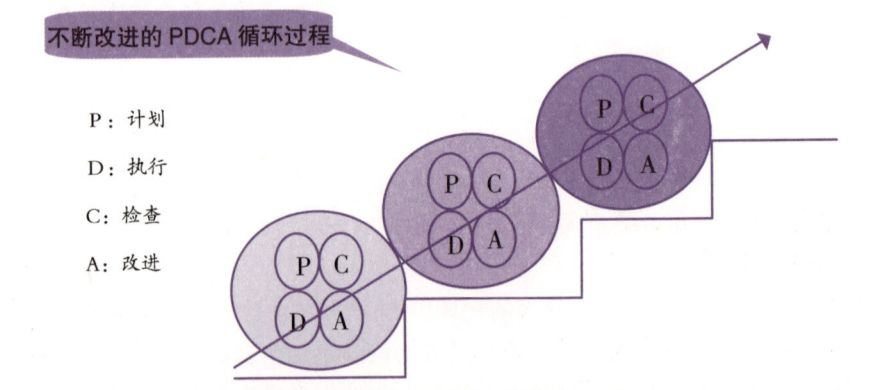

不断改进的 PDCA 循环过程

P：计划
D：执行
C：检查
A：改进

团队是个动态的集体，团队的管理模式也不会一成不变。优秀的团队领导者会根据实际情况的变化逐步改善管理模式。

如何培养团队精神

团队精神不仅能激发个人的能力,而且能激励团队中的其他人,鼓励团队中的所有成员发挥潜力、探索和创新。如何培养?需要从以下几个方面着手。

1. 培养团队成员树立远大目标

明确、具体、可行的企业发展目标,是员工最好的航向。目标越明确、越具体,由此激发出的团队动力也就越大。俗话说,对于没有目标的航船来说,什么风都不是顺风。假若你要别人跟随你,你就必须有远大的目标,而且要把这个目标建立在下属的心里。

2. 培养团队成员的向心力

据说以面谈为职业的人,都是在事先调查过对方的资料之后,根据此资料,再找出谈话的内容的。一个杰出的面谈者,必须都了解此诀窍。

有的人性格内向,不易在第一次见面时就与人坦诚交谈。但是如果对方与自己具有亲戚关系,或都是校友、同乡等,那么即使是第一次见面,也往往会表现出友好的态度。从心理学角度来看,使对方与自己的心理连在一起的作用称为"促进彼此信赖的关系"。而寻找与下属的共同点,便相当于此种"促进彼此信赖的关系"。这种共同点愈多愈好,而且关系愈近愈有效果。例如出生地、毕业的学校、性格、类似的遭遇等,只要能找出二三项,就不难加强团队内成员的向心力。

事实上,若要找出彼此的共同点并不困难。就出生地而言,对于是否在该地出生并不重要,只要是曾经在当地住过,即可成为谈话的资料。然而,如同校毕业者、同乡形成一个圈圈时,则多半会引起其他人的反感及排斥,此点应加以注意。

3. 让团队成员充满自信

要想使你的团队团结,必须先培养成员的自尊心。要为自己团体感到骄傲,就必须让他们觉得他们是同行中最好的团体的一分子。就是说,假若你的团队成员是一群生产汽车零件的工人,那你要使每个人都感到他们是在生产世界上最好的汽车;假若你的团队是从事咨询顾问工作的,那么你就应该让他们感觉自己是在世界上最好的顾问公司工作。不管你是在哪个行业,全都可以应用这项原则,必须让成员感到自己是在同类最好的团体中工作。

4. 将"伙伴优先"原则放在第一位

如何有效建立与增进团队之间合作无间的精神呢?

首先,你要有"伙伴优先"的想法。当你把"伙伴"放在第一优先位置时,其成效是相当惊人的。当追随者受到你的鼓舞感召时，他们藏在心底深处的无限潜能和爱心就会快速地爆发出来，那么他们所做的任何事情，都将相当杰出和完美。如果你的团队成员，负责提供高品质服务的工作给他的顾客，当你真正把"伙伴"放在第一优先位置时，你就可以永远不必忧心忡忡地害怕他们说一套，做一套，不把顾客放在眼里了。

5. 培养团队成员的默契感

作为团队的管理者，你固然要让每位成员都能拥有自我发挥的空间，但更重要的是，你要用心培养大家，破除个人主义，要有整体搭配、协调一致的团队默契，同时努力使彼此了解取长补短的重要性。

如果能真正做到这一点，自然就能凝聚出高于个人力量的团队智慧，随时都能

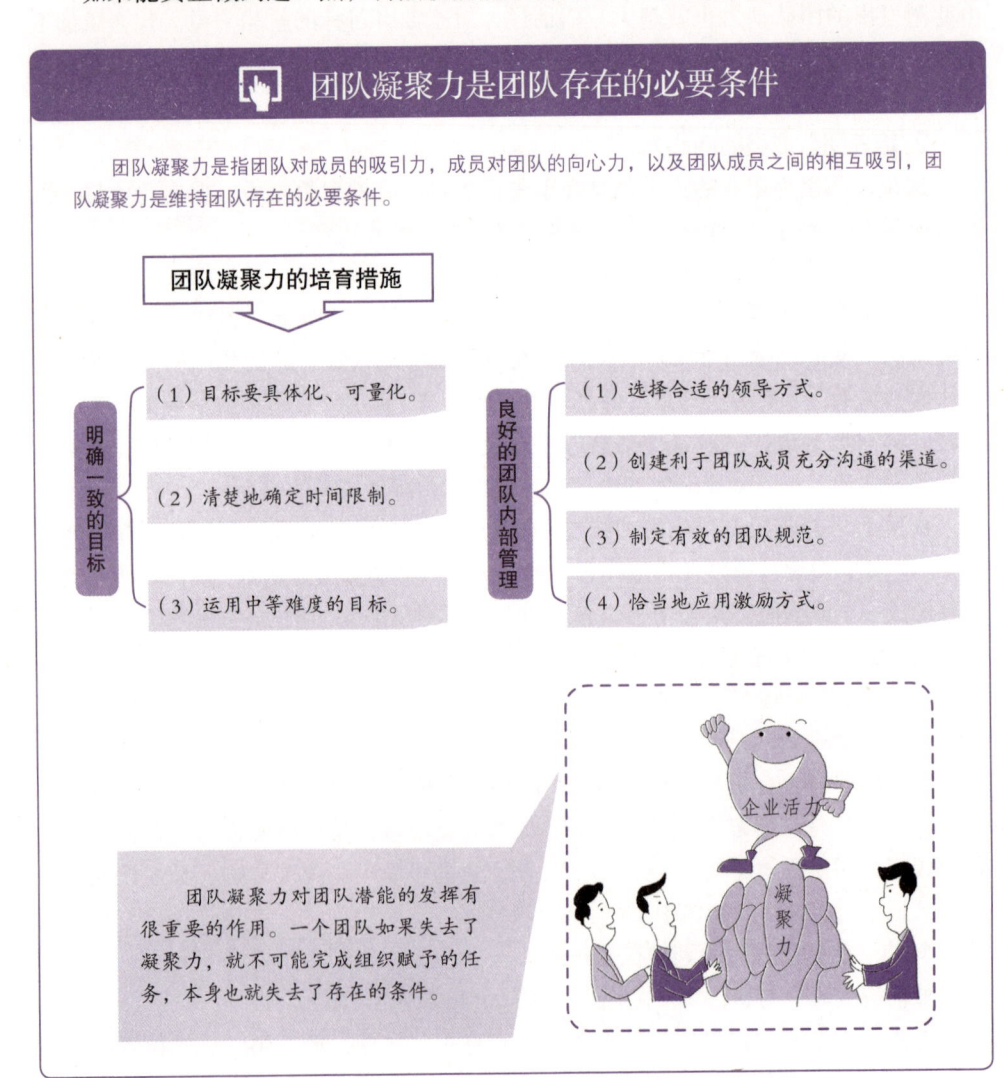

团队凝聚力是团队存在的必要条件

团队凝聚力是指团队对成员的吸引力，成员对团队的向心力，以及团队成员之间的相互吸引，团队凝聚力是维持团队存在的必要条件。

团队凝聚力的培育措施

明确一致的目标
（1）目标要具体化、可量化。
（2）清楚地确定时间限制。
（3）运用中等难度的目标。

良好的团队内部管理
（1）选择合适的领导方式。
（2）创建利于团队成员充分沟通的渠道。
（3）制定有效的团队规范。
（4）恰当地应用激励方式。

团队凝聚力对团队潜能的发挥有很重要的作用。一个团队如果失去了凝聚力，就不可能完成组织赋予的任务，本身也就失去了存在的条件。

造就出不可思议的团队表现和成绩来。

毕竟合作才会产生巨大无比的力量。因此，经常教导成员，让其了解相互依存、依赖支援才能达成任务，是管理者责无旁贷的重要职责。

6. 培养成员的归属感

希望别人怎样待你，你就要怎样对待别人。你也许认为这句话只能用在宗教和道德行为上。其实这和良好的管理也有极大的关系。为什么？因为人们不愿意跟随漠不关心他们待遇的管理者。

玫琳凯称这句话为"管理的金科玉律"。她不但身体力行，而且建议每位管理者都这么做。总之一句话，什么使得你与众不同？你是否认为你比别人要强得多，所以要求与众不同的待遇？假若你是这种想法的话，那你最好改变一下想法，不然永远没有人会乐意跟随你。

解决冲突的通用方法

面对团队中的冲突，有几种通用的方法可借鉴：

1. "冷却"制怒。在激化的矛盾面前，一时又不好解决问题的情况下，作为冲突双方要理智地控制自己，冷静地思考；作为主要管理者要设法"冷却降温"，而后再"釜底抽薪"。运用这种方法的核心是制怒。

2. 协商解决法。又叫交涉与谈判法。主要由双方派出代表通过协商解决冲突，双方的意图是澄清差异，求同存异。在以下情形下运用这种方法较为有效：卷入冲突的双方都受过解决问题的技巧培训；冲突双方有着共同的目标；冲突原因是双方缺乏交流或仅仅是因为有误解。但这种方法对价值观不同或目标各异的人无效。

3. 双方适度退让。管理者个人发现自己在冲突中处于理亏地步时，应该有正视错误的勇气。然而在冲突中主动退让是很难的，特别是在职务相当的管理者之间。这时就需要管理层或威望高的管理者出面调解，迫使冲突双方各自退让一步，以达成彼此可以接受的协议。

4. 竞争决胜。这种处理手法适合以下情形：需要迅速行动当机立断；冲突双方均认可强权关系。采取这一策略的弊端：冲突的真正起因得不到解决；另外，还需考虑输者的情感，他们一有时机就可能报复。

5. 黄牌警告。对冲突不止，且日趋加剧的双方，在批评教育的基础上，采取一定的行政手段和组织措施，如民主会诊、责令检查和"最后通牒"等出示黄牌警告的方法。

6. 自我补偿。管理者个人意见被管理层否定后，管理者个人为了缓和心理冲突，可以改变原有的意见和主张,提出新的认识、可能被大家接受的意见或主张来补偿。管理层则应慎重考虑这种新的意见和主张,尽可能使管理者与管理层取得一致性意见。

7. 回避矛盾。指的是一个人可能意识到了冲突的存在,但希望逃避它或抑制它,使其不了了之。这种方法的有效范围是,冲突起因不过是些琐碎小事;冲突双方缺乏双赢协商技巧;冲突带来的潜在利害关系得不偿失;没有足够的时间。这种方法的不足之处是,只能暂缓人们直接面对面冲突,而无法主动化解。

8. 设置更高目标。以目标来带动双方,促使双方为达到更高的目标而将精力主要集中在任务执行上,而不是彼此的矛盾上。

应当说明的是,这八种处理冲突的方式对个人来说,各有各的好处,在特定情况下,无好坏之分。中国人崇尚和谐共处,顾及长远,以互惠互利的方法处理纷争,所以宁可采用妥协、逃避等较为忍让的方法,至于竞争的方法一般不太重视,以免伤害彼此融洽的关系及有损面子。

管理团队冲突的方法

一般来说,团队成员之间的冲突,团队与团队之间的冲突往往会对企业的发展造成巨大的影响,很多企业就是由于对这方面冲突的解决不利,导致各自为战,最后企业失败。

解决团队成员冲突的方法

1. 交涉与谈判——将冲突双方召集到一起,找出分歧的原因和解决方案。

2. 强制——借助组织力量或领导权力,强制解决冲突。

3. 激发冲突——人为故意制造团队与团队、成员与成员的冲突。

4. 预防冲突——加强信息公开和成员沟通,尽量减少冲突的发生。

鲶鱼效应

海上补搜沙丁鱼后,往往因为回途遥远沙丁鱼而死亡。

渔夫常在槽中放置鲶鱼,借由沙丁鱼的求生本能而延长沙丁鱼的寿命,进而保持新鲜度。

过于融洽、和谐的组织容易对变革表现出静止和迟钝,使组织缺乏生机和活力,适当的冲突反而有利于组织的健康发展。"鲶鱼效应"就非常直观地显示了适当的冲突可能带来的积极效果。

第十二章
制度管理：以制度塑造职业规范

重视制度才能卓越

制度非常重要，下面这个故事就充分说明了制度的作用。

很久以前有五个和尚住在一起，他们每天都分食一大桶米汤。但是因为贫穷，他们每天的米汤都是不够喝的。一开始，五个人抓阄来决定谁分米汤，每天都是这样轮流。于是每星期，他们每个人都只有在自己分米汤的那天才能吃饱。

后来经常研究，他们推选出了一位德高望重的人出来分。然而好日子没过几天，在强权下，腐败产生了，其余四个人都想尽办法去讨好和贿赂分汤的人，最后几个人不仅还是饥一顿饱一顿，而且关系也变得很差。然后大家决定改变战略方针，每天都要监督分汤者，把汤一定要分得公平合理。这样纠缠下来，所有人的汤喝到嘴里全是凉的。

因为都是聪明人，最后大家想出来一个方法：轮流分汤。不过分汤的人一定要等其他人都挑完后，喝剩下的最后一碗。这个方法非常好，为了不让自己吃到最少的，每人都尽量分得平均。在这个好方法执行后，大家变得快快乐乐、和和气气，日子也越过越好。

同样的五个人，不同的分配制度，就会产生不同的效果。所以一个单位如果没有好的工作效率，那一定存在机制问题。如何制定好制度，是每个领导需要考虑的问题。

著名的施乐公司老板曾骄傲地说："施乐的新产品根本不用试生产，只要推出，就有大批订单。"这是为什么呢？原来，他们开发出的任何新产品都运用了一种统一的管理模式。这种模式以用户需求为核心，共有产品定位、评估、设计、销售四个方面共三百个环节。通过反馈信息以及对大量数据的不断调整，使产品一经面市就能满足用户的需求。正是凭着一整套行之有效、科学严密的管理程序，百余年来，施乐公司始终是世界文件处理方面的领头羊。

如果企业缺乏明确的规章、制度和流程，那么工作中就很容易产生混乱。很多企业都会遇到由于制度、管理安排不合理等方面造成损失的情况。有的工作好像两个部门都管，但其实谁又都没有真正负责，因为公司并没有明确的规定，结果两个部门彼此都在观望，原来的小问题就被拖成了大问题，最终给公司造成了极大浪费。更可怕的是，缺乏制度会使整个组织无法形成凝聚力，缺乏协调精神、团队意识，导致工作效率的低下。

制度对于企业来说，其根本意义在于为每个员工创造一个求赢争胜的公平环境。

所有员工在制度面前一律平等，他们会按照制度的要求进行工作，会在制度允许的范围内努力促进企业效益和个人利益最大化，从而使各个团队在良好的竞争氛围中实现绩效的突飞猛进。制度为员工的行为画出了规矩方圆，使员工知道哪些行为是被允许的、哪些是被禁止的。

英国前首相丘吉尔曾说，"制度不是最好的，但制度却是最不坏的"。远大空调董事长张跃说："有没有完善的制度，对一个企业来说，不是好和坏之分，而是成与败之别。没有制度是一定要败的。"在今日竞争激烈的商业社会，制度才是克敌制胜的根本之道。对于任何企业管理者而言，要创一番大业、成一代企业家，一定要多琢磨一下那句老话"无规矩不成方圆"，一定要完善制度和标准，锻造企业制胜的"秘密武器"。

但需要提醒管理者的是，企业制度制定后，并不是一成不变的。任何制度的确定都很难一次做到完美，在执行的过程中还应根据市场的需要和商业环境的变化，而进行不断调整。如果在执行过程中，发现问题，要及时对制度进行修订，使制度更加完善。

制度化管理的优点

制度化管理是指单位治理中强调依法治理，法制规章健全，在管理中到处都有规章制度约束。制度化管理因其有诸多的优点，在众多企业中备受推崇。

制度化管理的优点

1. 可形成一个统一的、系统的行为体系；

2. 能发挥整体优势，使企业内外更好地配合；

3. 为员工能力的发挥提供了一个公平的平台；

4. 有利于员工了解工作流程，使工作更顺畅；

5. 有利于员工的自我发展，明了工作的标准。

制度是保障大家的利益……

公司管理制度是公司为了规范自身建设，加强企业成本控制、维护工作秩序、提高工作效率、增加公司利润、增强企业品牌影响力，通过一定的程序所制定出的管理公司的依据和准则。

管理者首先以身作则

柳传志在很多场合说过:"企业做什么事,就怕含含糊糊,制度定了却不严格执行,最害人!""在某些人的眼里,开会迟到看起来是再小不过的事情,但是,在联想,确是不可原谅的事情。联想的开会迟到罚站制度,二十年来,没有一个人例外。"

业务员小张,被公司派往联想集团工作一段时间。第一天,刚进公司的时候,一位部门经理接待了她。寒暄之后,他郑重地告诉小张说:"你虽然是公司之外的人,但你既然来到本公司,在你工作的这段时间里,一切就按联想公司的人员看待,因此也希望你遵守公司的一切规定。"

小张说:"那是自然,入乡随俗。这样大的公司,没有制度不成席吗?"

部门经理介绍了一些规定之后,最后提醒小张:"联想成立以来,有开会迟到罚站的制度,希望你注意。"他的语气很严肃,但小张却没有太在意。

一天下午,集团办公室通知所有中层干部开会,也包括小张这些驻外业务代表。小张临时接了个电话,忘了时间。等小张想起来时,已经迟到了三分钟。她刚走进会场,就发现大家出奇的安静,这让她有点不自在。后来看见会场后面有个座位,她打算轻手轻脚地进去,以免打扰大家。

"请留步,按规定你要罚站一分钟,就在原地站着吧!"会议主持人站在会议台上,向她认真地说道,小张的脸顿时一片潮红,只好原地站着。总算是熬过了世上最难熬的一分钟,会议主持人说:"时间到了,请回到座位上去。"接着大家继续开会,就像什么也没发生似的,而小张如坐针毡。

会后,部门经理找到她:"小姑娘,罚站的滋味不好受吧!其实你也别太在意了,以后注意就行了,我也罚站过,柳总也曾经罚站过。""老总也罚站啊?"她有点惊讶。"自从联想创建后十多年来无一人例外地遵守这个规定。有一次电梯出了故障,柳总被关在里面,那时手机还不流行,没有人知道他被困在电梯里,他叫了很长时间才有人把他弄出来,他也只好认罚。'开会迟到罚站一分钟'也算是联想一种独有的企业文化吧。"部门经理对她说。

柳传志有一句很有名的话:做人要正!柳传志是这么说,也是这么做的。在联想的"天条"里,就有一条是"不能有亲有疏",即领导的子女不能进公司。

柳传志的儿子柳林毕业于北京邮电大学计算机系,后在美国哥伦比亚大学攻读了硕士学位,在联想投资公司实习了半年。在联想,高管子女禁止进公司是一条铁律，柳传志不让他到公司来。因为他担心，员工的子女们进了公司，再互相结婚，互相结合起来，将来想管也管不了。现在柳林自己单干做投资业务。女儿柳青，毕业于北京大学计算机系，在哈佛大学拿到了硕士学位，现在香港工作，也跟联想没有关系。

作为企业的领导者，倘若不能自律，就无法以德服人、以力御人。所以好的管理者懂得：要求下级和员工做到的事，自己必须首先做到。柳传志从来都是把服从规章制度作为自己也必须做到的事。这样我们就不难明白，为什么联想在柳传志的带领下，由一个只有20万元的企业发展为今天有上百亿元的大企业，成为中国电子工业的龙头老大，柳传志成为一个具有崇高威望的企业领导人。这一切与他的以身作则和高尚的品格是分不开的。

著名管理学家亨利·艾伯斯说，上级领导的职责是把下级的行为纳入一个轨道，有利于实现组织目标。但亨利·艾伯斯没有告诉我们，如何把下级的行为纳入轨道。上面有关柳传志的故事回答了这个问题，它包含两个步骤：制定统一规范的制度，并强有力地执行它。

如果员工表现优秀并做出贡献，联想对他们有提高奖金、提升职务职称、提供出国学习、工作等方式的奖励，而对犯错误或违反制度的员工给予批评、扣发奖金、退交人事部甚至开除等处罚。

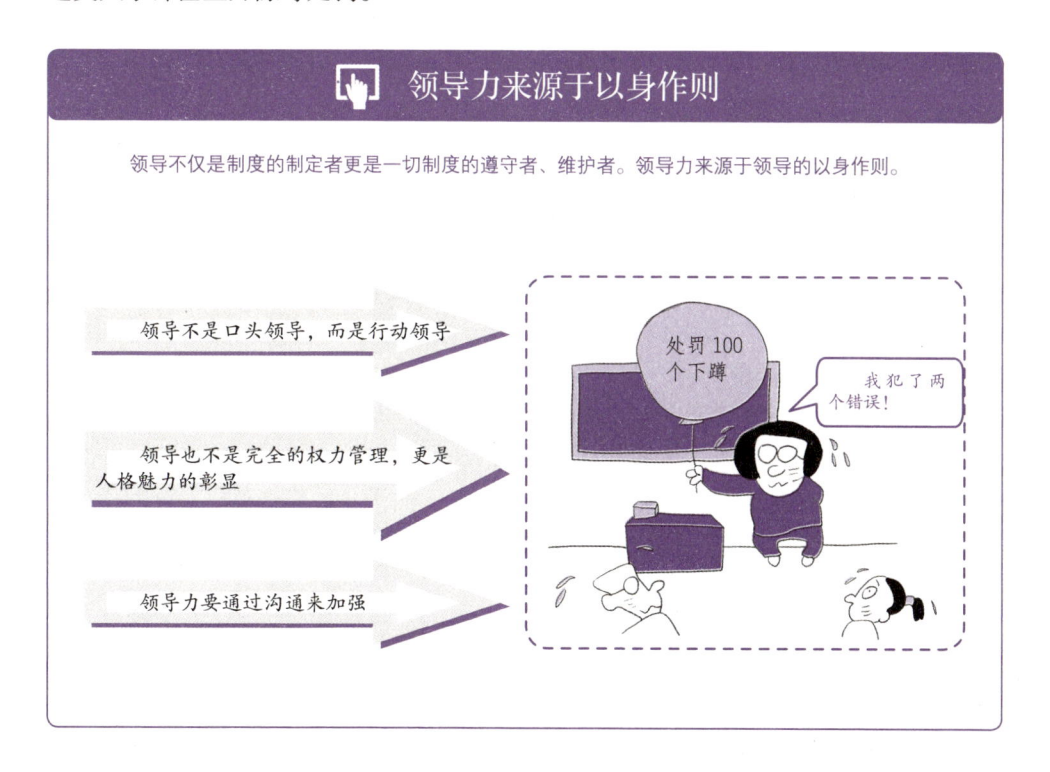

领导力来源于以身作则

领导不仅是制度的制定者更是一切制度的遵守者、维护者。领导力来源于领导的以身作则。

- 领导不是口头领导，而是行动领导
- 领导也不是完全的权力管理，更是人格魅力的彰显
- 领导力要通过沟通来加强

处罚100个下蹲

我犯了两个错误！

由于公司的正气引导和纪律约束，锻炼和造就了一支纪律严明、团结协作、朝气蓬勃的联想员工队伍。正是柳传志以身作则，联想的其他领导人都以他为榜样，自觉地遵守各种有益于公司发展的"天条"，才使得联想的事业得以蒸蒸日上。

灵活是最好的运用

制度化管理并不意味着死板与僵化，如果制度的刚性与管理的柔性不能有效结合，企业制度很难发挥最大的效益。

春秋时期，晋国有位叫李离的狱官。有一次，在审理一件案子时，李离由于误听了下属的一面之词，结果将一个犯人错判致死。后来案情真相大白后，李离决定以死赎罪。

晋国国君很看重李离，就劝说他："官有贵贱，罚有轻重。这件案子主要错在下面的办事人员，又不是你的过错。"李离回答道："作为国家的狱官，要保证国家法律的公正。既然我犯了错，就违反了制定的法律。为了保证以后法律的有效实行，我不能打破这个规矩。"说完之后，李离就伏剑自杀。

制度的建立，是为了保证企业日常管理的规范。有制度，就要执行。企业的管理中，保证制度的刚性是根本。李离以死赎罪，体现了其对国家法律制度的刚性支持。晋国法律得到了有效维护，晋国的国力也因此大为增强。

然而制度并不是一成不变的，时代与环境发生变化，制度本身也要随之变化。

有一位军官到炮兵部队视察士兵的训练情况，在操场上他发现了一个奇怪的现象：一个士兵站在大炮底下，一动也不动。军官走到他的面前，问：你站在着干什么？这位士兵敬了军礼后，大声地回答：报告长官，这是我的岗位。军官感到奇怪，没听说大炮底下要站个人啊，就又问：谁命令你站在这里的。士兵的回答是：炮兵操练手册上就是这样规定的。

军官感到更为不解，就命人找来炮兵操练手册。原来，这个手册的内容没有与时俱进，其制定的规定还是遵循着马拉大炮时代的规则。在那个年代了，大炮都是放在马车上，发炮时，士兵需要站在大炮底下死死把住马车不要滑行，防止马车在大炮的后坐力作用下位置发生变化，增加下次瞄准的时间。

显然现在的大炮已经不是在马车上了，这一规定已经不合时宜。这个故事体现出制度的天然缺陷。企业与企业环境总是会随着时间的推移而不断发展变化的，制度也得适应这个变化，才能发挥好作用。因此，管理者必须时刻注意企业的规章制度，发现不切实际或不合情理的要及时纠正。一个好的规章制度，必然是不断被修改不断被完善的。制度要顺应变化，这也要求管理者在企业管理上要具有灵活性。

2001年8月，清华同方在将产品打入西安大学校园时，遇到了一个问题：所配的部分产品零件与当地的环境不匹配。技术人员却无法予以更换，因为公司有"不允许使用其他企业零部件"的规定。如需解决，还要向总部报告，总部又要花时间去评估和研究。这样耗费大量时间，致使当地客户怨声不少。

这时，负责当地市场的一位公司副总，当机立断，下令打破原有规定，用其他企业的零部件代替部分不匹配产品，问题很快得以解决。这位副总及时调整了公司的管理制度，表面看似乎是打破了制度的刚性，实际上灵活的管理手段，更好地维护了制度。

清华同方规定"不允许使用其他企业的零部件"，其目的是为了保证产品质量与服务质量，防止各地的售后服务部门用质量差的零部件损害顾客的利益。因此，这个制度的目的是为了保证产品质量，维护顾客利益。而对制度的调整，更能有效确保目标的实现，管理上的灵活性就与制度的刚性得到完美的结合。

对于制度的刚性与管理的灵活性，管理者在企业管理中要注意两点：一是制度应该让执行者有一定的自主权，使其能够按照制度的目标来处理某些例外情况，这也是管理的"例外原则"的精义所在；二是要让制度的执行者对企业的理念有深刻的认识，为了企业的理念，能够灵活地处理例外情况。清华同方的那位副总对事件的处理，就充分体现了他对公司理念的认同，而不是"死守"条文，不知变通。

刚性制度，灵活应用

凡事变则通，通则久，过度僵化的制度可能导致企业失败，因为企业无法灵活地应对外界环境变化。

太极告诉我们，世界无不变之理。制度是人制定的，也会产生盲点，随着时空的变化及经验的累积，要靠人不断地修改、提升。

灵活应用制度的有效方式

1. 通过制度安排，为每个管理岗位充分授权
2. 避免官僚主义，减少审批环节和流程
3. 营造一种创新和改善的文化
4. 提升收集内外部信息传递和处理的效率
5. 学习并运用新知识，了解最新发展趋势

任何制度都是有条件的，因而就要求管理者在实际操作中，要懂得灵活运用。近于义的守信，近于恭的守礼，遵守尺度又不失灵活度，这就是《论语》里，告诉管理制定与执行管理制度的基本原则。

成就理想的组织体系

制度化管理是依靠正式权威来进行管理的管理方式。

正式权威来自于组织机构中对管理者地位和权力的正式规定。在这种形式下，管理者拥有组织授予的奖惩权，可以对管理者工作的不同情况，决定给予奖励或惩罚。它建立在强制力的基础上，是法的权威，不是人的权威。

而非正式权威是来自于个人所具有的特殊品质，如个人在某方面的专长，或非凡的组织领导能力等，具有这种品质的某个人可以将众人吸引到自己的身边，服从其管理。非正式权威是建立在对个人的忠诚关系上的，只是对个人负责。

组织的各项工作，归根结蒂都要落实到组织中的每一位成员，由他们来执行，而人有其自身的弱点和不足，易主观，因此，需要在组织中制定各种规章制度来规范人们的行为。制度化管理的优越性也正体现在这里。

具体来说，与传统的权威管理相比，制度化管理具有以下优越性：

1. 体现理性精神和合理化精神。体现理性精神和合理化精神，是制度化管理的主要指导思想。制度化管理是以理性分析研究制定的管理规章和制度为基础，是一种不徇私情的管理体系。在典型的制度化管理中，存在着一套有连续性的规章制度网，涉及管理过程的许多方面。它规定了各种活动应怎样进行，特殊情况应怎样处理等，并给每项工作确定了清楚的、全面的、明确的职权和责任，从而使组织运转和个人行为尽可能少地依赖个人。

2. 保证组织取得良好的经济效益。在进行组织内部分工协作的基础上，明确规定组织内部各个部门和各个成员的责任，把组织的经营目标往下层层落实，一直落实到每个成员。制度正是这样为组织的经营活动取得良好的经济效益来提供基本保证的。

3. 分离个人与权力。在制度化管理中，职务是职业，不再是个人的身份，所有管理行为都来自规章、制度的规定，管理权威集中于规章和制度，而不是控制在某个人手中。在规章制度面前每个人都享有同等的地位，从而排除了个人偏好或专断的影响，确保个人与权力的分离。制度化管理摆脱了传统管理的随机、易变、主观、偏见的影响，具有比传统管理优越得多的精确性、连续性、可靠性和稳定性。

4. 提高组织的管理水平。制度化是提高组织的管理水平的重要手段之一，一套科学合理的规章制度，提供了管理的依据，能使组织的管理得到改善和加强，从而不断提高组织的管理水平。

5. 增强成员的工作积极性。制度具有公正性，能公平地对待每一位成员，真正体现个人的劳动成果，根据每位成员的劳动给予客观公平的相应报酬，因而制度化管理是调动组织成员积极性的一个有效方法。它把每位成员的报酬与其所做的贡献紧密地联系起来，改变了过去干好干坏一个样的状况，也使在考核成员的贡献时更

制度化管理较传统权威管理的优越性

制度化管理的基础是制度，而传统权威管理的基础是人。前者的领导者具有法定的权威，比较客观理性。而后者的权威主要来自于领导的个人魅力，主观性强。

制度化管理较传统权威管理的优越性

制度化管理
1. 分工明确，职责分明
2. 目标可以分解到个人
3. 个人与权力分离，防止主观误判
4. 管理科学化，流程规范化
5. 营造公平公正的环境
6. 适合现代组织发展需要

传统权威管理
1. 分工不明，职责不清
2. 目标模糊，工作无重点
3. 个人和权力一体，管理受个人偏好影响
4. 无规章约束，流程混乱
5. 人情化管理严重
6. 不适合现代科学管理的需要

员工的价值有多高，企业的价值就有多高。聪明的领导者总会努力提升员工价值，而不是一心想着提升自己的权威。

加客观公正，因而能极大增强成员的工作积极性。

6. 适合现代组织的发展。早期传统的管理由于过分依赖个人和裙带关系、人身依附关系，采用任意的、主观的、多变的管理方式，所以不适合现代组织管理的要求。现代组织由于规模大、内部分工细、层次多，所以更需要高度的统一，需要有准确、连续、稳定的秩序来保证各机构间的协调一致，从而从不同的侧面保证组织管理目标的实现。

制定制度必须遵守的十大原则

管理者在制定各项制度时，不但要确保制度的正确性，更重要的是要保证制度在实施时能被成功地执行。为此，制定制度不能草率。制定管理制度要符合以下十大原则：

1. 让当事人参与的原则

让当事人参与制度的制定是制定制度的一个重要原则。如果这个制度是针对整个组织的，就要尽量使组织的全体成员都参与到制度的制定中来，如果只是针对某个工作流程而制定的制度，则需要请相关的成员参与进来。一般的做法是由起草人经过认真调查之后，起草制度的草案，将该草案公布于众，让大家进行讨论和修改，并由起草人收集意见进行修改。对于重点的当事人，起草人要个别征求他们的意见，并做认真的记录和总结。

要注意的是在收集到的意见中，会有80%的意见是重复的或不可行的（对这些意见要向提出人做耐心地解释），只有20%的意见真正有作用。但这种让当事人参与讨论制度的形式不可缺少，因为这种参与的形式比参与的结果更加重要。

虽然让当事人参与会让制定制度变得复杂，但却会对今后制度的执行减少很多障碍。人本能地会对约束他的东西产生反感，而制度恰恰是约束人的东西。让成员参与到制度的制定中来，可以减少这种反感，因为人都不会讨厌自己的劳动成果。

2. 简明扼要的原则

制度是针对所有当事人的，所以制度本身的语言描述应该尽可能简明、扼要、易懂，并且不产生歧义，让所有的当事人都可以轻松地理解。另外，制度不必非常缜密和完备，首先，因为这样会损害制度的简明性和易懂性，不利于制度的执行；其次，每位成员都对制度有基于常识的认识和理解，而这些常识性的东西并不必在制度中面面俱到。

3. 不求完善但求公正的原则

在制定新制度时，很难做到一次性制定得非常完善。随着组织的发展和管理水平的提高，可能还要不断地进行修改和充实。制定制度是为了执行，所以制度一定要适合组织。在制度执行的过程中，可能会因为制度本身的不完善和不合理而出现一些问题，但这些不应该影响制度的公正执行。比起制度的完善性，成员往往更加关心执行制度的公正性，所以对于制度的制定者来说，应该比关心完善性更加关心执行的公正性。

4. 系统和配套的原则

制度要全面、系统和配套，基本章程，各种条例、规章、办法要构成一个内在一致、相互配套的体系。同时，要保证制度的一贯性，不能前后矛盾、漏洞百出，避免发生相互重复、要求不一的情况，同时要避免疏漏，要形成一个完善、封闭的系统。

5. 从实际出发的原则

从实际出发是制定制度必须遵守的重要原则。制定制度要从组织的实际出发，根据组织的构成内容、工作对象、管理协调的需要，充分反映各项组织活动的规律性，体现组织的特点，保证制度具有可行性和实用性，切忌追求时髦，流于形式。

制定制度时的注意要点

制度是被用来实际应用的，必须能有效执行才行。因此，管理者在制定制度时不能凭空想象，必须要注意一些要点，方能让制度切合实际需要。

制定制度时的注意要点

1. 广泛征求意见，让制度被更多人理解接受
2. 制度要简明扼要，切忌过于繁杂
3. 制度制定必须以公平公正为原则
4. 从实际需要出发制定制度
5. 制度必须具有可执行性
6. 制度必须有利于员工工作的开展

什么管理手段嘛！太缺乏人性了。

快跑，再慢就又要损失二百元了。

制定出的制度必须要有可执行性，没有可执行性的制度还不如没有制度。

6. 重视员工的工作习惯的原则

懒惰是人的一大天性，没有人会主动更改自己熟悉的工作方式，所以在制定制度时，一定要认真分析现有的工作流程和工作习惯。在达到目标的原则上，要尽可能地继承原有的流程和习惯，这样才能有效地保证日后制度的执行。

7. 以需要为依据的原则

制度的制定要以需要为依据，即制度的制定要从需要出发，而不是为制度而制度。需要是一项制度制定与否的唯一标准，制定不必要的制度，反而会扰乱组织的正常活动。如有些非正式行为规范或习惯能很好发挥作用，就没有必要制定类似内容的行为规范，以免伤害员工的自尊心和工作热情。

8. 具有先进性的原则

制度是一个组织的"骨架"，先进的制度有利于组织的正常运营，因此，制定制度一定要从调查研究入手，总结本组织的经验，同时吸收其他组织的先进经验，引进现代管理技术和方法，保证制度的先进性。

9. 采取措施、改造习惯的原则

新制度的执行过程就是改变成员工作习惯的过程。管理者应该很清楚地认识到该制度的执行会带来哪些工作习惯的改变，这种改变成员是否可以接受，接受的程度是多少。根据具体情况，管理者必须采取一些辅助措施来加强对员工工作习惯的改变，比如在新制度执行时，进行制度培训，或进行频繁地抽查和监督等。

10. 具有操作性的原则

制度必须具有可操作性，否则就失去了制定制度的意义。要想使制度易于操作，最好在制度中明确操作方法。另外，要写明制度的原则，这样便于对特殊情况进行处理（最好能规定出解释权的归属部门）。

信息沟通系统要完善

完善的沟通媒介是制度化管理系统中一个非常重要的组成部分，一般来说，组织中信息沟通主要包含以下几个特点：

1. 口头联络

组织纲领所规定的口头信息沟通制度，一般仅限于比较小的范围。从一定程度上讲，正式权威体制包含着这样一个假定，即口头联络主要发生在一个人和他的直接上下级人员之间；但这也不是他们之间唯一的信息沟通渠道。

在一定程度上，正式组织还对向上沟通进行限制。除了直接下属之外，下属人员要想接近处于组织上层的人，用口头联系方式可能是相当困难的。

空间上的接近程度，可能是口头联络频繁程度的一个非常现实的条件。正因为如此，办公室布局成为信息沟通系统的重要决定因素之一。就连电话的问世，也未能大大降低这一因素的重要性，因为电话交谈绝不等于面对面接触。

2. 备忘录和信件

备忘录和信件受到正式规定的控制，往往比口头联络所受到的限制更多，比较大的组织尤其是这样。有些组织实际上要求一切书面通信材料经权威链流转；不过，这种做法并不普遍。或许更普遍些的要求是通讯材料沿权威链的传递不得跳过一级。也就是说，同一部门的两个不同单位的人如果想做书面联系，其中一人必须先将材料交给其所在单位的头头，这个头头可绕过部门领导人，将材料交给另一人所在单位的头头，然后由后者转交那个人。

不过大多数组织对此未做严格要求。更经常的做法是建立一些"审批"规则，要求把越级传递的通讯材料流向规定的轨道。

制度化管理中的沟通方式

沟通是信息传递的过程，也是企业各项政策和制度得以有效贯彻执行的必备条件。在实际管理中，组织的沟通方式主要分为口头沟通和文件沟通。

制度化管理中的沟通方式：

1. 口头沟通
面对面或电话沟通。
特点：快速及时，交流充分，但不能保存。

2. 文件沟通
通过信件、记录、文件、手册等纸质媒介沟通。
特点：沟通有流程限制，不能及时，但可保存。

沟通四大原则
- 准确性：表达的意思要准确；
- 完整性：表达的内容要全面完整；
- 及时性：沟通要及时、迅速、快捷；
- 策略性：要注意表达态度、技巧和效果；

3. 文件流转

文件流转是某些组织处理财务的典型方式，如保险公司、企事业会计部门、联邦贷款机构等就是如此。在这种情况下，组织的业务工作（或其部分工作）是以文件处理为中心而展开的。例如，人寿保险公司要接受申请单、审查申请单、予以批准或拒绝、发行保险单、给投保人开列保险费、计算保险费、支付保险赔偿费，等等。

因此，对这种情况来说，信息的组合是通过文件的流转，靠把在办公现场获得的信息传递到办公总部而实现的。对其他一些情况而言，信息的组合可能是通过指示、手册之类文件的流转，将办公总部的信息传递到办公现场而实现的。

4. 记录和报告

对任何组织来说，记录和报告差不多都是正式信息沟通系统的一个不可或缺的部分。在利用信件和备忘录进行信息沟通时，人们必须做出需要传递信息的决定，而且要决定传递哪些信息。记录和报告则与此不同，它们的独特性在于报告者和记录者知道该在什么时候写报告或记录（是定期写还是发生具体事件时再写），报告或记录中要包括哪些信息。这一点非常重要，因为这在很大程度上减轻了各个组织成员所面临的重要而困难的任务：决定他所拥有的哪些信息应当传递给哪些成员，以及应当采取什么形式传递等。

5. 手册

手册的作用是要把那些打算长期应用的组织惯例告诉组织成员。如果没有它，长久性的政策就只能留在组织老成员的心里，这样对组织工作会产生一定的影响。手册的准备和修改，为的就是确定组织成员对组织的结构和政策是否有一个共同的理解。

无论是在新成员培训期使用的手册，还是在其他时间单独的使用手册，其重要用途都是要让新成员了解组织的政策。手册的准备和使用，有一个几乎是必然会产生的结果，那就是它加强了决策的集中化。拟定手册的人出于对"完善""统一"的关心，差不多总是要把以前交给个人自己决定的事情，全都收入手册，而且把它们同组织的政策联系起来。这绝不是完全有益的，因为除非"完善"和"统一"是协调的，否则它们对组织没有什么特殊价值。

潜规则不能代替制度

我们生活的运行，经常受到潜规则的支配，而不是遵循冠冕堂皇的正式制度。而这种在实际上得到遵从的规矩，背离了正义观念或正式制度的规定，侵犯了主流意识形态或正式制度所代表的利益，因此不得不以隐蔽的形式存在，当事人对隐蔽形式本身也有明确的认可。

西方管理理念中，企业潜规则属于组织行为学的范畴。管理大师赖特指出，规则是在组织中，一种被两个人或者两个以上的人共同认同的态度、观念、感受、行为，来指引他们的日常工作，规则可以是正式的，也可以是非正式的。相对于公司愿景使命、发展策略、企业文化、规章制度的显规则，潜规则属于"非正式"的规则。它的形成原因有以下四个因素：

1. 企业中重复多次很难改变。
2. 企业过去情况的延续。
3. 企业发生重要事件形成潜规则。
4. 企业高层领导非正式设定的潜规则。

之所以存在潜规则，是因为人性不能用所有的规则全部设定出来，对不同的人性要实行不同的管理方法，领导力能起到潜移默化的作用，不可能有一种规则去应付它，无论最高决策者还是普通员工，都在遵循着自己行为规则中不言自明的信念，他们的行为都离不开人性与利益两把标尺。

如何规避潜规则

潜规则是相对于明文颁发执行的显规则而言的。潜规则的广泛存在，是对制度化管理的极大挑战，只要有潜规则存在，制度化管理就难以真正建立。

规避潜规则的几种方式：

- 领导以身作则，拒绝法外施恩
- 加强制度学习，让员工充分理解掌握
- 建立制度检查部门，严格监控
- 制定奖惩措施，违规者绝不留情
- 有利于工作的潜规则可使其制度化

这潜规则什么时候浮出水面啊？

潜规则对企业这艘大船来说就如隐藏在水下的冰山，一不注意就有被撞沉的危险。

这就造成了有些人喜欢按"潜规则"办事，比如有的人常常不是规范自己的行为，而是习惯去找关系"通融"，借权力"放行"。而一个执掌规则的人，只有学会网开一面、下不为例，才被认为"会处事"、"会做人"。真正讲原则、守规矩的人，却被讥为死板、迂腐，不懂变通。于是，在有些人心里，规则可以灵活掌握，法律富有弹性，秩序可以随意调整。

在很多企业中也一样，市场竞争越来越激烈，由于制度、管理安排不合理等方面的原因，造成某项工作出现真空现象，好像两个部门都管，其实谁都不管，出现问题又纠缠不休，互相扯皮，推诿责任，使原来的有序反而变成无序，造成极大浪费。

因此，一个有效的管理者应该分析造成无序的原因，努力抓住主要矛盾，建立完善的管理制度，并且很好地执行，使无序变为相对有序，从而整合资源，发挥出最大的效率。

没有规矩，不成方圆。法律和规则是社会运行的基石，也是企业赢利的根本，规章制度松懈，执行力度不够，是一个问题的两个方面。这都直接破坏了企业的正常运行，助长了员工偷工减料、懒散松懈的工作作风。

每一个企业的管理者，尤其是一线的执行者，都应该着力培养自己的规则意识和法制意识。须知，良好的规章制度和执行到底的作风是企业发展和赢利的基本保证。

制度不排斥任人唯亲

任人唯亲即是以情感的亲疏为选人标准。情感是人们对事物的深度体验，或者说，是人对客观事物是否符合人的需要而产生的深度体验。情感的体验是产生情感时自己主观的感受。这感受是从认识过程产生的。例如，对一个人的情感产生与对他的认识和评价。

人们交往频繁，有共同的信念，接近的兴趣、个性，对问题的深度相同，在思想感情上就融洽，关系就比较密切。当然，情感对认识也会有反作用。例如，某一领导者对某一位求职者接触较多，彼此感情融洽，往往易产生偏爱。这种偏爱就有可能造成对他产生片面的认识，对他的行为不能公正评价，只看到优点，看不到缺点，而无原则地加以选用。

许多人认为肥水不流外人田的观念是中国文化的特点，这种文化特点导致了人们普遍的近亲心理。在近亲心理作用下，亲情总是大于做人原则。这样，决策者以血缘关系作为用人的标准，致使组织家族化的倾向。

人事上的近亲繁殖，扭曲了用人标准，压抑了人才成长和能量的释放，导致山头林立、内耗严重、管理混乱，最后导致组织目标不能实现，组织崩毁。典型的例子是美籍华人王安的电脑王国的覆灭，而泰国华人的正大集团，由于在人事决策中避免了近亲繁殖，在剧烈的竞争中立于不败之地。

其实，"任人唯亲"本来没有什么不好。你是老板，你想用你的家里人，这别人管不着。但是常常因为一个企业用的都是家里人，让外聘的管理者无法管理，使得企业内部制度涣散，管理混乱，以致造成企业出现一些无法弥补的大问题。所以"任人唯亲"要看你用的人到底是不是真的"亲"，如果亲到足够对企业用心，那这种"亲"还是用得的。

但是如果用的人不是真的"亲"，没事就制造内讧，或是带走客户、资金独立门户，那对企业来说可是伤筋动骨的大事了。像国内有名的一家企业发生的父子之争，还有国际上著名的某化妆品公司的兄妹反目，还有许多诸如此类的事情。

这对企业老板来说无疑是不愿意看到的，所以对于亲属，更要用制度来约束。

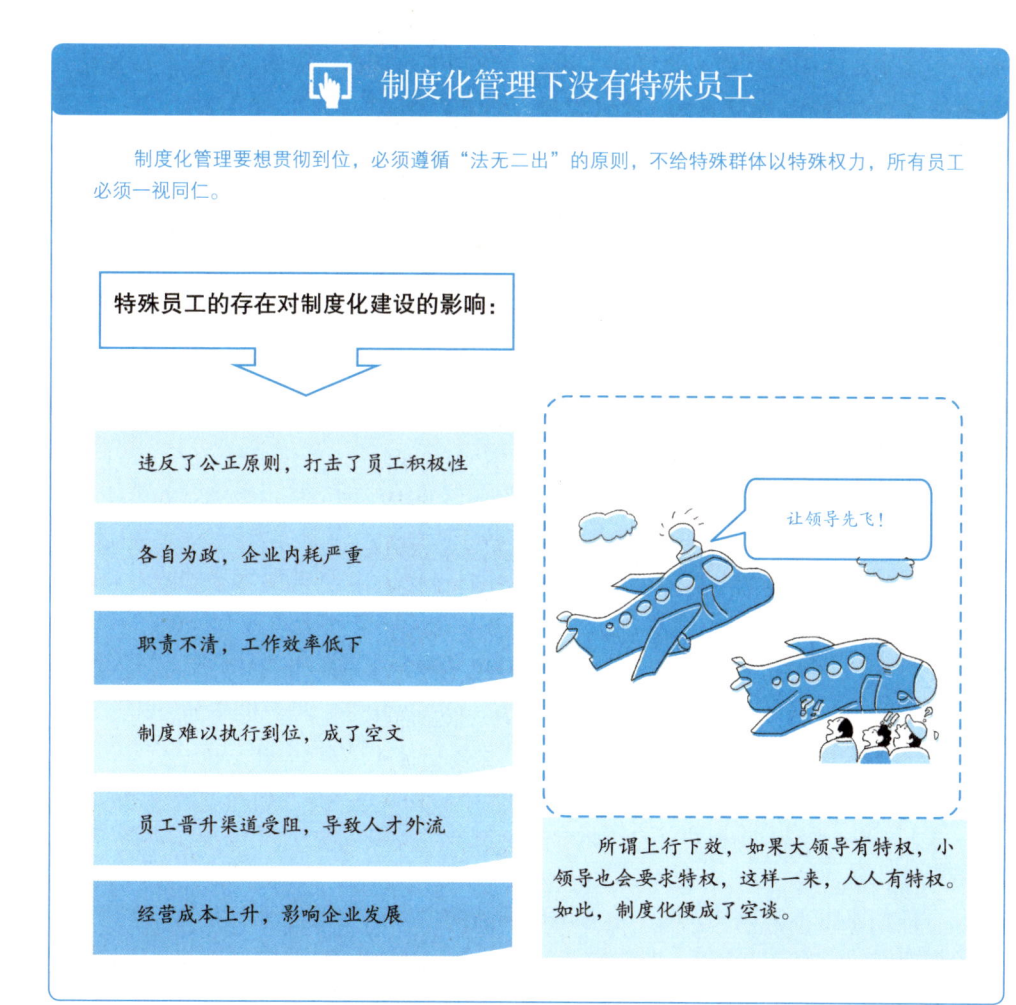

制度化管理下没有特殊员工

制度化管理要想贯彻到位，必须遵循"法无二出"的原则，不给特殊群体以特殊权力，所有员工必须一视同仁。

特殊员工的存在对制度化建设的影响：

- 违反了公正原则，打击了员工积极性
- 各自为政，企业内耗严重
- 职责不清，工作效率低下
- 制度难以执行到位，成了空文
- 员工晋升渠道受阻，导致人才外流
- 经营成本上升，影响企业发展

让领导先飞！

所谓上行下效，如果大领导有特权，小领导也会要求特权，这样一来，人人有特权。如此，制度化便成了空谈。

古代尚有"王子犯法与庶民同罪"，难道到了现代倒可以不予计较了吗？如像迟到早退一类的小事尚可原谅，但是一旦影响到企业全局的发展，再用制度来约束就来不及了。

必须兼具软硬两手

奖赏是正强化手段，即对某种行为给予肯定，使之得到巩固和保持；而惩罚则属于反强化，即对某种行为给予否定，使之逐渐减退，这两种方法，都是管理者驾驭下属不可或缺的。

管理者运用这些手段时，必须掌握两者不同的特点，适当运用。一般说来，正强化立足于正向引导，使人自觉地去执行，优越性更多些，应该多用；而反强化，容易造成对立情绪，故要慎用，将其作为一种辅助手段。

对违反规章制度的人进行惩罚时，必须照章办事，该罚一定罚，该罚多少即罚多少，来不得半点仁慈和宽容。这是树立管理者权威的必要手段，西方管理学家将这种惩罚原则称为"热炉法则"，十分形象地道出了它的内涵。

管理者必须兼具软硬两手，实施起来坚决果断。奖赏人是件好事，惩罚虽然会使人痛苦一时，但绝对必要。如果执行赏罚之时优柔寡断、瞻前顾后，就会失去应有的效力。

管理者运用批评、惩罚手段应更富有技巧性，应牢牢掌握三字诀，即惩罚要做到"稳、准、快"。

（1）稳。采用强硬手段惩罚一个人，也是要冒风险的。这主要是因为被惩罚者有时有良好的人际关系，有时掌握着关键技术信息等。

这时就要慎重行事。惩罚不当终会带来抵制和报复，因此应先想到后果，能够拿出应付一切情况的可行办法。

（2）准。批评、惩罚都要直接干脆，直指其弱点，直刺痛处，争取一针见血。有时某人总是犯同样的错误，或者代表一类人的错误，这时的惩罚一定要选准时机，待其犯错最典型、最明白、最有危害时进行，这时切忌无事生非、不明事实；也切忌小题大做。这才会做到让受罚人心服口服，也才会真正让众人引以为戒。

（3）快。一旦看准时机，下定决心，便要坚决果断，毫不留情。切忌犹豫不定，反复无常。

"即使不得不解雇某人时，也并不因强烈的内疚而变得犹豫不决。"这是一些杰出管理者的经验。这样做，也是在向众人显示，我们的做法是完全正确、适宜的，对这种做法我们决不后悔，充满信心，这是最好的选择。

第十二章
⊙ 制度管理：以制度塑造职业规范

要加强对下属的约束，须有强化纪律的书面规范，保证下属受到公平的对待，避免一时冲动而对他们进行严厉的惩罚。强化纪律有以下四个阶段：

第一次犯错，口头警告。下属必须知道他们哪里错了。你要记下给他们警告的时间、地点和周围环境。

第二次犯错，书面通知他们，并警告说下次犯错误会受罚，扣工资或者换工作。这封警告信一式三份，一份给犯错误的成员本人，一份给上司，一份存档。

运用"热炉法则"推进制度化管理

热炉法则：又称惩处法则，规章制度面前人人平等。它是将惩罚作为管理的一种基本方法，当一个组织的行为准则的底线被突破的时候，必须给予恰当的惩罚。

"热炉法则"四大惩处原则：

1. 警告性原则
热炉外观火红，不用手去摸，也可知道炉子是热得足以灼伤人的。

2. 验证性原则
用手触摸热炉，毫无疑问地会被烈焰灼伤。

3. 即时性原则
碰到热炉时，立即就被灼伤。

4. 公平性原则
不管谁碰到热炉，都会被灼伤。

凡有规章必应遵守，一朝废弛，贻害无穷。第一是权威坍塌，有令不行；第二是人心涣散，各行其是；第三是人各私利，有私无公；第四是同拆热炉，大厦将倾。

第三次犯错，临时停止工作。根据你们达成的协议和错误的性质及程序，给予长短不同的停职时间，停发一切报酬。

第四次犯错，降职、降级，或者调换工作、开除。上述惩罚中，调换工作是最常见的，因为这样既可减少解雇给他们造成的打击，又可以使自己减少一个问题户。实际上，整个组织并没有因你的这一行为获得任何好处，除非你确认他的表现不佳，确系工作不对，换一个工作会使他干得更好，否则不要轻易这样做。调换工作部门之后，你要将该人的资料全部移交过去。

坚决维护制度的公正性

管理者只有坚决维护制度的公正性，制度才能真正落实到位，企业才能逐渐树立起制度意识，即使在没有监督的情况下也能顺利运行。当然，冰冷的制度并不排斥人情。这样，会使员工更具积极性

狄仁杰担任的大理丞，相当于最高法院的法官，掌管着国家刑法大权。他在此任上的事迹被后人编撰成精彩的传奇故事，这也是"神探狄仁杰"称号的由来。虽然这些故事许多都是编造的，但狄仁杰在任期间不徇私枉法，坚决维护法律公正的精神却丝毫不假。

狄仁杰在担任大理丞时绝不徇私枉法，为维护法律尊严，甚至不惜犯上直谏。

一次，左威卫大将军权善才、右监门中郎将范怀义两人误砍了昭陵（唐太宗墓地）的柏树，按照当时的法律论罪，最多是将两人免官，但唐高宗却下旨将他们处死。

身为大理丞的狄仁杰据理力争，认为权善才、范怀义罪不当诛。高宗一听，火冒三丈："他们两人砍了昭陵里的柏树，让朕落了个不孝的罪名，必须杀了他们！"朝廷大臣见皇帝在气头上，纷纷暗示狄仁杰不要再继续顶撞。

狄仁杰却毫不让步，坦然对高宗说："皇上，有人说，自古以来顶撞君主的人都没有好下场，但臣并不以为然。在夏桀、商纣时代或许如此，而在尧、舜时期则不然。臣庆幸自己生在尧、舜一样的时代，不怕皇上听不进去我的良言相劝。

"汉朝时期，有一盗贼窃取了高祖庙里的玉环，文帝大怒，将盗贼交付廷尉张释之惩治。张释之按盗宗庙服御判处当诛，上奏文帝。文帝怒不可遏，斥责道：'人无道以至于此，竟敢盗取先帝明器！我交付廷尉，欲判他灭族之罪，而你却拘守成法，这有违我尊崇宗庙的原意。'张释之免冠磕头说：'法令该如此判处，今以盗宗庙器而灭族，假使万一有个无知愚民挖取长陵上的一锹土，皇上将如何惩治呢？'文帝终于认识到廷尉的判处是恰当的。

"今依照大唐法律，权善才、范怀义并没有犯下死罪，陛下却下旨要将二人处死，法令如此反复无常，以后还怎么治理国家呢？你现在为了昭陵上一棵柏树而处死两位大臣，后世之人将如何评价陛下呢？"在狄仁杰晓之以理的劝谏下，高宗最终免了两人的死罪。

公元 681 年，司农卿韦弘机在洛阳修建了华丽的宫殿，唐高宗想移住洛阳。狄仁杰上奏弹劾韦弘机，指出他的错误在于使皇帝生活腐化，会将皇帝引入歧途。高宗遂免了韦弘机的官职。

左司郎中王立本是朝廷的一位秘书，他倚仗皇帝的宠爱，在朝廷横行霸道，大臣们都不敢得罪他。只有狄仁杰上奏弹劾王立本的罪行，但唐高宗却下旨宽恕了王立本。狄仁杰再次上奏说："朝廷虽然缺乏人才，但也不缺少像王立本这样的人，陛下为什么为了宽大他而违反国家的法律呢？如果陛下一定要宽恕王立本，那么就先把臣流放到荒野之地，以警告朝廷的忠贞之士。"高宗最后将王立本依法治罪，满朝文武都佩服狄仁杰的胆量和勇气，对他肃然起敬。

必须维护制度的权威性

"法不严则不力，治不严则无获"。有了制度不执行，违反制度不追究，造成的后果比没有制度更严重。只有让违规者为自己的违规行为"埋单"，才能维护制度的权威性。

维护制度权威性的手段：

一是严肃追究干扰破坏制度的行为。

二是严肃追究不执行制度的行为。

三是加大对违规行为的惩罚力度，杜绝违规现象。

令无威则不行，当制度失去了它的权威性，也就失去了对员工的约束力。

不难看出，高宗时期的狄仁杰是以一个诤臣的面目出现在历史上的。他的犯颜直谏犹如太宗时期的魏征，他的铁面无私与刚正不阿几乎让高宗下不了台，也对高宗的统治助益良多。当然，他并非一味刚直，在处理民政时也会给予适当的宽厚。

有一次，狄仁杰奉命巡视岐州，在路上遇到数百逃亡的士兵抢劫老百姓的财物，人们非常恐慌，四处逃散。地方官府拘捕了一部分士兵，并严刑拷打，有的甚至被折磨致死。狄仁杰看到这种情况，对地方官员说："这种办法不对，若是把他们逼得走投无路，就要发生灾祸。因此，最好的做法就是对他们进行宽大处理。"

于是，岐州官府张贴了布告，声称抢劫财物的士兵只要投案自首，官府可以宽大处理，已被抓获的士兵只要说明了情况，当场释放。很快，这些士兵都主动前来官府自首，一次大的灾祸得以避免。这件事传到朝廷，高宗非常高兴，连声称赞狄仁杰办事得体、为政宽厚。

这件小事已经初步显现出狄仁杰对迂与直的合理把握，为此后他在武周政权中立足并顽强生存奠定了基础。

第十三章

绩效管理:让绩效真正发挥管理功能

绩效管理与绩效考核

绩效管理与绩效考核的联系是，绩效考核是绩效管理的一个不可或缺的组成部分，通过绩效考核可以为企业绩效管理的改善提供资料，帮助企业不断提高绩效管理的水平和有效性，使绩效管理真正帮助管理者改善管理水平，帮助员工提高绩效能力。

但绩效管理不等同于绩效考核，两者的区别有六个方面：

（1）绩效管理是一个完整的系统，而绩效考核只是这个系统中的一部分；

（2）绩效管理是一个过程，是注重过程的管理，而绩效考核则是一个阶段性的总结；

（3）绩效管理具有前瞻性，能帮助企业和管理者前瞻性地看待问题，有效地规划企业和员工的未来发展，而绩效考核则是回顾过去一个阶段的成果，它不具备前瞻性；

（4）绩效管理有着完善的计划、监督和控制的手段和方法，而绩效考核只是考核的一个手段；

（5）绩效管理注重能力的培养，而绩效考核则只注重成绩的大小；

（6）绩效管理能建立起管理者与员工之间的绩效合作伙伴关系，而绩效考核则使管理者与员工站到了对立的两面，距离越来越远，制造紧张的气氛和关系。

在企业绩效管理的实践中，许多管理者只是认识到了绩效考核的作用，认为通过绩效考核可以将员工的绩效水平区分开，可以依据绩效考核结果进行职务变动的决策，可以决定薪资的差别，可以决定培训的实施等，认为做到这些就是做好了绩效管理。

所以，有的企业具体操作绩效管理时，断章取义地将绩效考核定义成绩效管理，一门心思地设计绩效考核表格，设计考核指标，研究指标量化的可能性，让数字说话。不得不承认，企业的管理者着实为此下了一番工夫，为了能够获得考核的真经与秘籍，他们甚至不惜重金聘请咨询公司来帮助设计绩效考核方案，做关键绩效考核指标。

但是做来做去，却总也逃不出考核的陷阱，总也发现不了十全十美的考核方法，指标的量化总是不能尽如人意，考核的表面文章、形式主义依旧十分明显，考核造成的经理厌烦、员工害怕的局面仍然没有得到有效的改善，存在的问题依然存在，该解决的问题依然没有解决。这样使得管理者被考核绊住了脚，无法前进和提升。

要想解决这个问题，必须建立P—D—C—A的绩效管理循环系统。所谓P—D—C—

第十三章
绩效管理：让绩效真正发挥管理功能

绩效管理的构成

所谓绩效管理，是指各级管理者和员工为了达到组织目标共同参与的绩效计划制订、绩效辅导沟通、绩效考核评价、绩效结果应用、绩效目标提升的持续循环过程。

绩效管理由四部分组成： 绩效计划、绩效考评、绩效反馈和绩效改进。

组织目标分解

绩效管理循环

绩效计划：
活动：与下属一起确定任务、考核标准、权重。
时间：任务开始前。

绩效实施：
活动：任务执行、指导。
时间：整个任务执行过程中。

绩效考核：
活动：考核员工的绩效。
时间：任务结束时。

绩效反馈面谈：
活动：主管就考核的结果与员工讨论。
时间：绩效结束时。

评估结果适用：
员工发展计划、人事变动
薪酬调查、资金发放、培训

绩效考评与绩效管理的关系：绩效考评的质量和效率，对整个绩效管理具有决定性影响。同时，高质量、高效率的绩效管理，是做好绩效考评工作的前提条件和重要保障。

A 循环即是计划、执行、检查、调整。

落实到绩效管理上就是设定绩效目标、持续不断的过程沟通、做文档记录、绩效考核、绩效管理的诊断与提高的五步一循环。

通过这样五步一循环的操作,真正建立起企业的绩效管理体系,将绩效的关注点落在管理提高上,融入到管理活动的过程中,在企业管理者中树立绩效管理不是额外的工作,而是工作方法和管理方式的改变的观念。使管理者明白实施绩效管理是为了建立管理者与员工的绩效合作伙伴关系,而不是为了制造对立,通过完善的绩效管理体系的操作,一定能在很大程度上消除管理者与员工之间的对立,营造一个共同创造绩效良性循环的管理环境。

确立绩效管理的远期目标,着眼于未来求发展,应该战略性地看待绩效管理,绩效管理在短期内可能收不到什么明显的效果,甚至可能出现一些不良的反应,受到一些外来的阻力。但是企业的管理层一定不能浅尝辄止,盲目下结论、盲目判断,要给绩效管理足够长的观察期,以足够的耐心和爱心去培育它的成长,才可能真正获得收益。

弄清各方成功的前提

很多管理者都知道,绩效管理是通向成功的工具,那么了解企业、管理者和员工的成功需要些什么东西,是我们理解有效的绩效管理系统应该是什么样的系统的前提之一。

1. 企业成功的需求条件

企业的成功必须具备下面五个因素:

(1)企业需要有协调内部各部门的手段,以便使它们都向着共同的目标努力。

(2)当问题出现时,企业需要找到问题的解决办法,以便尽早发现问题或阻止问题的发生。不管是个人的问题(员工缺乏必要的技能),还是系统的问题(工作流程设计失误或是太官僚),都必须尽早发现并解决。

(3)企业必须遵守有关员工雇用方面的法律规定,以便得到法律的保护。

(4)在做重要的人力资源决策时,企业需要有获得信息的途径。如谁应当提升,哪些领域的知识需要培训等。

(5)企业需要不断地提高员工的素质,以使企业更具竞争力。

2. 管理者成功的需求条件

企业管理者成功需要的条件主要是以下六点:

(1)管理者需要掌握下列信息:即企业正在做什么,哪些方面运行很正常,哪些方面运行不正常，计划和项目完成的情况怎么样等。

（2）管理者需要掌握每个员工的工作状况，以及如何才能帮助他们进步的信息。如果绩效太差，管理者还需要知道为什么会出现这个问题。

（3）与企业一样，管理者也需要一些手段，使每位员工都向着共同的目标而努力，并协调他们的工作以实现这些目标。

（4）为了让员工感受到激励和尊重，管理者需要有鞭策先进和帮助每位员工进步的手段。

（5）管理者需要有机会将他对员工的工作期望告诉员工，哪些工作重要、哪些工作次要，以及员工们自己可以做哪些决策。

（6）管理者需要有记载绩效问题的途径。原因有两点：一是如果管理者不能准确地掌握绩效问题，他们就不能帮助员工进步。二是管理者可能被要求提供有关绩效低下或违反劳动纪律的准确数据，以证明纪律行动的正确性。

3. 员工成功的需求条件

员工们要想很好地完成本职工作需要以下条件：

（1）员工们要知道企业希望他们做什么，何时做，做到什么程度。如果连这些都不知道，他们是无法成功的。

（2）员工们需要经常的、具体的有关他们工作绩效情况的信息反馈。他们要知

有效的绩效管理让各方实现共赢

绩效管理对于提升企业竞争力有巨大的推动作用，没有有效的绩效管理，组织和个人的绩效得不到持续提升，组织和个人就不能适应激烈的竞争，最终将被市场淘汰。

绩效管理的作用

1. 绩效管理促进组织和个人绩效的提升

2. 绩效管理促进管理流程和业务流程优化

3. 绩效管理保证组织战略目标的实现

绩效管理强调组织目标和个人目标的一致性，强调组织和个人同步成长，形成"多赢"局面。

道哪些地方他们做得很好，哪些地方还需努力。如果他们不知道哪些方面需要保持、哪些方面需要改进，就不可能做得更好。

（3）员工们需要知道他们的工作与其他人的工作、本部门的任务以及公司总的使命和目标之间的关系。因为感觉到自己的工作是大目标的一部分以及帮助实现这个大目标的责任感对员工有激励作用。

（4）员工们需要在确定或重新确定他们的工作任务时以积极的角色出现。因为第一，这样做对他们有激励作用；第二，员工们特别是那些有经验的员工比别人更了解他们的工作，而且一般情况下他们最清楚如何消除他们成功道路上的障碍。

（5）员工们需要知道他们权力的大小。当他们知道哪些决策他们自己可以做、哪些决策需要与别人一起做以及哪些决策需要经理层来做时，他们工作会更加自信。员工了解这些以后，有助于决策过程的加快。

（6）员工们需要有提高技术和成长的机会。如果给员工学习新知识、运用新知识的机会，员工通常会保持较高的积极性而且不会轻易离职。

标准稍多优于稍少

对于企业绩效管理系统，制定明确的绩效标准，是不可或缺的一个环节。

1. 绩效标准设定的目的

第一，引导员工的行为达成既定的工作标准。国际知名的专家、美国管理协会会长杰姆士·海耶士曾说过，如果企业切实地与员工一齐建立起绩效标准，并且说明了企业对他们的要求，那么即使企业从不考核他们，也仍然是桩值得的事，因为大多人都会想做好工作使企业能够接受他们。

第二，奠定公平考核员工的基准。除非建立清楚的绩效标准，否则，将无法确保绩效考核的公平和公正。有效的绩效标准乃是根据工作而来，因此考核的标准应是可以达成的、易于了解的、明确且能衡量的。

员工应参与制定他们自己的绩效考核标准，标准能定得恰当，员工能受到鼓舞而努力去达成甚至去超越标准。如意见不能协调一致，企业应做最后的决定。

2. 绩效标准的特征

绩效标准与绩效目标不同，目标应是为个人而不是为工作所制定，而目标的典型特征是必须具有挑战性。因此，一个主管其下有多人从事相同的某项工作，他应该只制定出一套工作标准，但对每个部属可能设有不同的目标，该项目标应依据个人的经验、技术和过去的表现而有所不同。例如，对一个普通的部属，其工作目标也许就是与工作标准相同；但对一个优秀的部属，工作目标或许超出工作标准甚多。

一般而言，有效的绩效标准具有下列特征：

（1）标准是基于工作而非基于工作者制定的。绩效标准应该依工作本身来建立，而不管是谁在做这项工作。例如，秘书与领班就是有多人担任的职位，但其工作的标准应该只有一套，而非针对每个工作的人各制定一套。

（2）标准是可以达成的。本项特征与前述定义有直接关系，意指所有在职的员工实际上都应该能达到这些标准（可能的例外是新任员工尚在学习阶段，执行标准需在试用期满后方能适用）。大多数绩效标准在实际的情况下应该是每一个员工都能达到的，而且应有许多人都达到125%的水准。

（3）标准为人所知。主管及员工对标准都应该清楚明了。

（4）标准是可以改变的。因为标准需经同意并需切实可行，因此在必要时就应定期评估并改变。但这种变动的原因应该是因新方法的引进，或因新设备的添置，或因其他工作要项发生了变化，除此之外，工作标准不应该仅因为员工无法达成而给予轻易变更。

（5）标准经过管理者及执行者双方同意。

绩效标准必须经过高阶管理者、绩效审核者及部门执行主管的共同调整，没有经过双方同意的绩效标准会减低它的效果。因为由营业部门所提议的绩效标准不一定能顾及整体的需求，而高阶主管的意见则容易忽略执行细节与实施的困难，所以一定要综合两方的意见，寻求兼顾双方的平衡点。

（6）标准是具体而且可以评估衡量的。绩效标准必须能加以数量化，无法量化的标准在审核时，会引起不必要的困扰及争端，如果衡量的标准是以个人意见或以经验来衡量，结果一定会因为不容易计算而使员工产生不满或困扰的情绪。

（7）标准有明确的期间限制。

绩效标准应该附带明确的记录期间，以便提供评估审核。比如以每个月的销售额作为绩效评估的标准，一方面可以对以前同时期的数字进行比较，另一方面也可以对未来的同时期预估进行调整。

（8）标准有助于持续性改善。它必须要能对下一次的评估有对比的效果，这样才有意义。如果没有持续比较的功能，只能适用于专案类的特殊事件，并不适合一般的绩效标准。

3. 绩效标准的制定

因为标准要清楚且要彼此同意，所以让员工参与制定绩效标准是顺理成章的事情。此外，希望借员工的参与来激励他们达成甚至超过标准，协助订立标准可能使员工有较多和较高的工作承诺。

假设某项工作只有一个人在做，当然管理者应与该员工合力制定绩效标准。如果该工作有一个以上的人在做，则全体或起码应有一组代表参与制定绩效标准，此点与选定工作要项的步骤大致相同。当意见出现分歧时，管理者必须做出最后决定。

当然，管理者应尽力使该项标准公平合理。让员工参与订定绩效标准，有如下三种途径：

（1）管理者先考虑所有因素，暂拟标准，再与员工讨论而至达成协议。管理者需倾听员工的意见并愿意接纳好的建议。

（2）员工们先暂订标准再送予管理者，取得同意。管理者应先告知员工，其所订标准并不一定就是成案。

（3）管理者、员工分头拟订标准，再进行相互比较讨论，最终达成共识，并统一结论。

第一种方式的功效最差，因为员工可能不敢不苟同管理者的意见，而且管理者

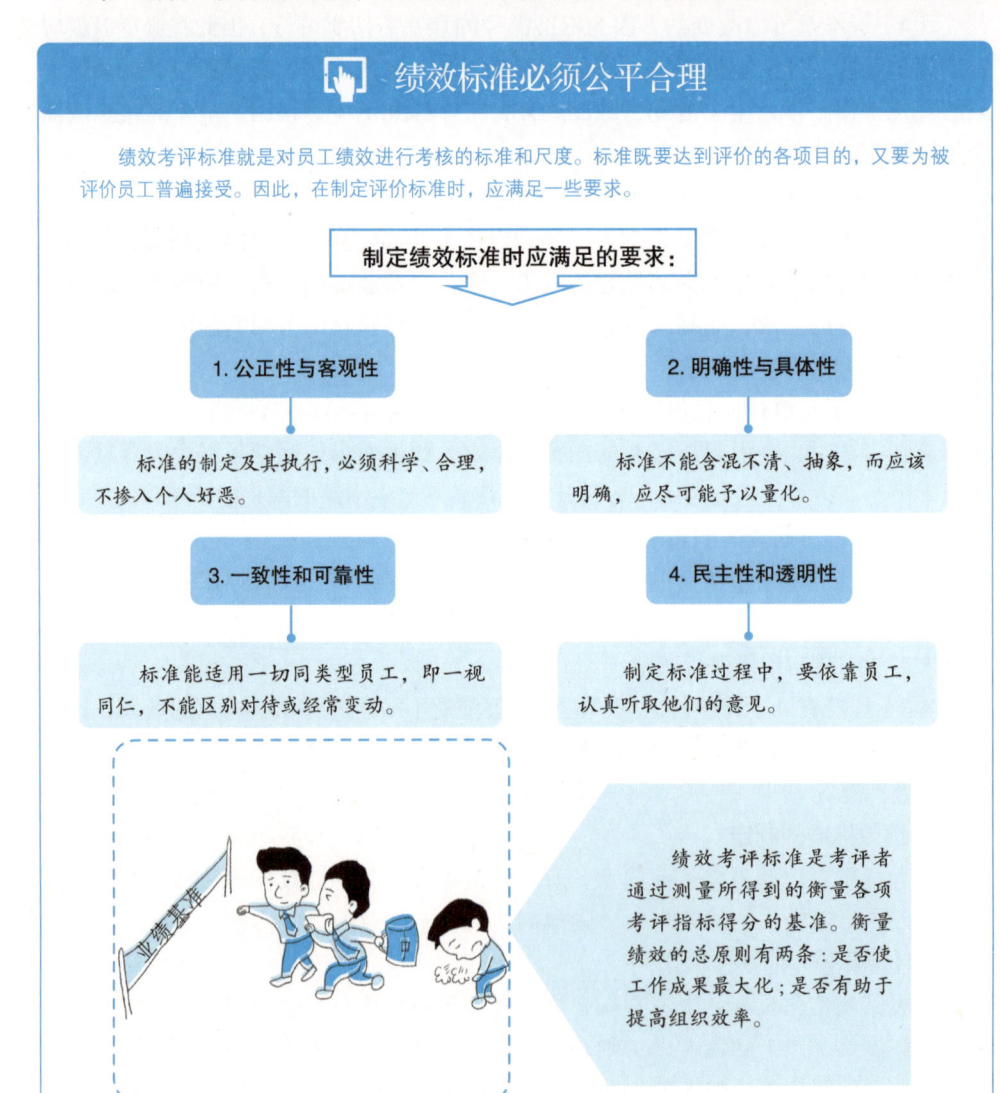

绩效标准必须公平合理

绩效考评标准就是对员工绩效进行考核的标准和尺度。标准既要达到评价的各项目的，又要为被评价员工普遍接受。因此，在制定评价标准时，应满足一些要求。

制定绩效标准时应满足的要求：

1. 公正性与客观性
标准的制定及其执行，必须科学、合理，不掺入个人好恶。

2. 明确性与具体性
标准不能含混不清、抽象，而应该明确，应尽可能予以量化。

3. 一致性和可靠性
标准能适用一切同类型员工，即一视同仁，不能区别对待或经常变动。

4. 民主性和透明性
制定标准过程中，要依靠员工，认真听取他们的意见。

绩效考评标准是考评者通过测量所得到的衡量各项考评指标得分的基准。衡量绩效的总原则有两条：是否使工作成果最大化；是否有助于提高组织效率。

在暂立了标准之后常常变得失去耐心，或者一味地强词夺理。要使第一种方式变得有效，管理者必须营造一种气氛使员工们轻松表达不同的看法，同时使员工相信该标准是可以商榷和更改的。

第二种方式相对于第一种方式来说，效果应好一些。因为该方式将大部分责任放在员工身上，而易使员工们产生向心力，愿意达成甚至超越标准。

第三种方式应该是最佳的，因为两方面都付出相当的时间与精力来制定合理的标准。特别是经过彼此讨论之后，应可产生最好的工作标准。

4.绩效标准的数量

这个问题与"要有几个工作要项"相似，并没有一个肯定的数字可以解答，也并不是概括地说完全依工作而定。实际上，决定标准多寡，主要还是看管理者觉得需要多少标准才能清楚说明他寄望员工的是什么。假设两个标准能够办到（比如说量与质两项），那么两项就足够了；如果需要十页或二十页才能说明，那么标准也就是十页、二十页。

共同沟通绩效计划

绩效计划常常是员工和管理者开始绩效管理的起点。管理者应该和员工一起讨论，以搞清楚在计划期内员工应该做什么工作、做到什么地步、为什么要做这项工作、何时应做完、以及其他的具体内容，如员工权力大小和决策级别等。

关于绩效计划，可以有两种理解。

一种是可以把"计划"理解成为一个名词，那么这个绩效计划就是一个关于工作目标和标准的契约；

另一种是可以把"计划"理解成为一个动词，那么这个绩效计划就是管理者和员工共同沟通，对员工的工作目标和标准达成一致意见，形成契约的过程。

1.绩效计划是关于工作目标和标准的契约

有人可能会认为，绩效评估是绩效管理过程中最重要的环节。那么，有没有考虑到要想很好地实现绩效评估，我们就必须知道依据什么对绩效进行评估？如果在对绩效进行评估之前没有能够就什么是好的绩效、什么是坏的绩效达成一致的标准，那么在绩效评估的过程中就容易产生争议和矛盾。

在绩效期开始的时候，管理者和员工必须对员工工作的目标和标准达成一致的契约。在员工的绩效契约中，至少应该包括以下几方面的内容：

（1）员工在本次绩效期间内所要达到的工作目标是什么？

（2）达成目标的结果是怎样的？

（3）这些结果可以从哪些方面去衡量，评判的标准是什么？

（4）从何处获得关于员工工作结果的信息？

（5）员工的各项工作目标的权重如何？

2. 绩效计划是一个双向沟通的过程

绩效计划不仅意味着纸面上的一纸契约，如何达成这个契约的过程也非常重要。建立绩效契约的过程是一个双向沟通的过程。所谓双向沟通，也就意味着在这个过程中管理者和被管理者双方都负有责任。建立绩效契约不仅仅是管理者向被管理者提出工作要求，也不仅仅是被管理者自发地设定工作目标。

在这个双向沟通的过程中，管理者主要向被管理者解释和说明的是：

（1）企业整体的目标是什么？

（2）为了完成这个整体目标，他们所处的业务部门的目标是什么？

（3）为了达到这样的目标，对被管理者的期望是什么？

（4）对被管理者的工作，应该制定什么样的标准？完成工作的期限应该如何制定呢？

被管理者应该向管理者表达以下几个方面内容：

（1）自己对工作目标和如何完成工作的认识。

（2）自己所存在的对工作的疑惑和不解之处。

（3）自己对工作的计划和打算。

（4）在完成工作中可能遇到的问题和需申请的资源。

绩效沟通必不可少

持续的绩效沟通就是一个双向追踪进展情况、找到影响绩效的障碍以及得到使双方成功所需信息的过程。持续的绩效沟通能保证企业和员工共同努力避免出现问题，或及时处理出现的问题，修订工作职责，因为这些问题在许多工作部门都会发生。

1. 绩效沟通的方法

不管使用何种方法进行绩效沟通，只要它是以促进成功为目标的就可以。下面是一些常用的方法：

（1）每月或每周同每名员工进行一次简短的情况通气会。

（2）定期召开小组会，让每位员工汇报他完成任务和工作的情况。

（3）每位员工定期进行简短的书面报告。

（4）非正式的沟通（例如经理到处走动并同每位员工聊天）。

绩效沟通的过程

绩效管理沟通主要是指组织者、考核者、被考核者之间沟通。根据绩效管理循环，将绩效沟通分为三个沟通过程：绩效计划沟通、绩效实施沟通和绩效结果沟通。

绩效沟通的三个过程

一、绩效计划沟通

这个过程主要涉及组织者、考核者和被考核三者之间的沟通。

二、绩效实施沟通

这个过程主要是考核者与被考核者之间的沟通。

三、绩效结果沟通

这个过程主要是考核者或管理者与被考核者之间的沟通。

这样的人 → 怎么谈

这样的人	怎么谈
◎ 优秀的下级	· 鼓励；制订发展计划；莫急于许愿
◎ 一直无明显进步的下级	· 开诚布公；讨论现职位是否适合他；使其认识自己的不足
◎ 绩效差的下级	· 具体分析原因；不要认为是个人问题
◎ 年龄大、工龄长的下级	· 尊重；肯定贡献；耐心而关切；为其出主意
◎ 过分雄心勃勃的下级	· 耐心开导；用事实说明其差距；不能只泼冷水；讨论未来发展可能性和计划，但不要让其产生错觉
◎ 沉默内向的下级	· 耐心启发；提非训导性的问题；征询意见
◎ 发火的下级	· 耐心听完；尽量不要马上争辩；找原因；冷静分析

不同的人要采用不同的绩效沟通方式

（5）出现问题时，根据员工的要求进行专门的沟通。

尽管绩效沟通的具体形式多种多样，从正式的书面报告到简单地聊天都有，但并不能确定哪种方法是最好的。企业应该根据使企业和员工都能成功的目标来决定何时沟通、如何沟通，以及多长时间沟通一次。对不同的员工可以采取不同的沟通方式，因为有些员工需要多介入一些，有些员工需要少介入一些；而有些工作相比而言需要更多的沟通。根据实际情况决定采取何种形式，以保证它实用且有意义。不要制定一些实际上行不通的沟通方式。

2. 绩效沟通的技巧

不管采用何种沟通方式，以下沟通技巧都将有助于改善绩效沟通。

（1）倾听技巧。绩效沟通主要是在企业管理者与员工之间进行。因此，企业管理者需从如下角度培养自己的倾听素质：

呈现恰当而肯定的面部表情。作为一个有效的倾听者，管理者应通过自己的身体语言来表明对员工谈话内容的兴趣。肯定性地点头、适宜的表情并辅之以恰当的目光接触，显示自己正在用心倾听。

避免出现隐含消极情绪的动作，如看手表、翻报纸、玩弄钢笔等动作，这样只会令员工感到主管对交谈不感兴趣，不予关注。

呈现出自然开放的姿态。可以通过面部表情和身体姿势表现出开放的交流姿态，不宜交叉胳膊和腿，必要时上身前倾，面对对方，去掉双方之间的杂物，如桌子、书本等。

不要随意打断员工。在员工说完之前，尽量不要做出反应。在员工思考时，先不要臆测。仔细倾听，让员工说完，再发言。

（2）绩效反馈技术。管理者可从如下角度锻炼自己的反馈技术：

多问少讲。发号施令的管理者很难实现从上司到"帮助者"、"伙伴"的角色转换。管理者在与员工进行绩效沟通时可遵循 80/20 法则：80% 的时间留给员工，20% 的时间留给自己，而自己在这 20% 时间内，用 80% 的时间来发问，20% 的时间用来"指导"、"建议"、"发号施令"，因为员工往往比管理者更清楚本职工作中存在的问题。换言之，要多提好问题，引导员工自己思考和解决问题，自己评价工作进展，而不是发号施令，居高临下地告诉员工应该如何做。

沟通的重心放在"我们"上。在绩效沟通中，多使用"我们"，少用"你"。如"我们如何解决这个问题"，"我们的这个任务进展到什么程度了"或"我如何才能帮助你"。

反馈应具体。管理者应针对员工的具体行为或事实进行反馈，避免空泛陈述。如"你的工作态度很不好"或是"你的出色工作给大家留下了深刻印象"。模棱两可的反馈不仅起不到激励或抑制的作用，反而易使员工产生不确定感。

对事不对人，尽量描述事实而不是妄加评价。当员工做出某种错误或不恰当的事情时，应避免用评价性语言，如"没能力"、"失信"等，而应当客观陈述发生的事实及自己对该事实的感受。

应侧重思想、经验的分享，而不是指手画脚地训导。当员工绩效不佳时，应避免说"你应该……，而不应该……"这样会让员工感到不平等，可以换成"我当时是这样做的……"

把握良机，适时反馈。当员工犯了错误，最好等其冷静后再作反馈，避免"趁热打铁"或"泼冷水"；如果员工做了一件好事则应及时表扬和激励。

绩效信息数据的收集

所谓绩效信息数据收集，就是得到有关能改善组织或个人绩效信息的过程。

这里需要明确，信息数据的收集不是只注意和记录坏事，好事、成就和业绩也同样需要注意和记录。例如，当管理者从一位顾客身边走过，注意到该顾客正对一位员工大声吼叫，而员工很快以非常职业和建设性的方式使顾客平静下来，管理者就可以将此事记录下来作为表扬员工或者给该员工长工资的依据。

数据收集、观察和做文档必须根据工作单位的现实和可能性来进行。下面是管理者常用的一些方法：

（1）经常四处走动进行观察（非正式的）。
（2）通过与员工会见，了解每个人的进展情况，以收集数据和信息。
（3）员工自己进行工作回顾。
（4）收集实际数据（例如为顾客服务花费的时间、检修所需要的时间、产品开发的情况、制造过程所需时间等）。
（5）在与员工会见时通过提问收集信息（成功或问题等）。

使用这些方法时管理者要十分小心，以免不知不觉地造成负面影响。因此，还需了解一下思维方式的问题。

有多种原因要求收集数据和做文档。最重要的也是管理者应该注意的一点就是要使企业和个人能取得进步。要解决问题，管理者必须发现这些问题，熟悉这些问题，这就需要信息。收集数据和做文档的另外一个原因就是在员工与直线上司之间出现分歧时对双方进行保护。如果管理者想证明电话响的次数过多或某些任务没有完成，管理者就需要诸如时间、日期之类的数据支持。

一些管理者抱怨他们不能给员工反馈信息的原因是他们不能每天都监督员工干活。员工也不希望上司整天盯着他们，这样糟糕的工作环境将影响生产率和士气。然而，如果管理者相信员工，那么管理者就不必一天到晚站在那儿盯着他们了。也

收集准确的绩效信息

信息记录和收集是绩效管理的一项基础工作,这项工作的好坏对绩效管理的效果具有非常重要的影响。

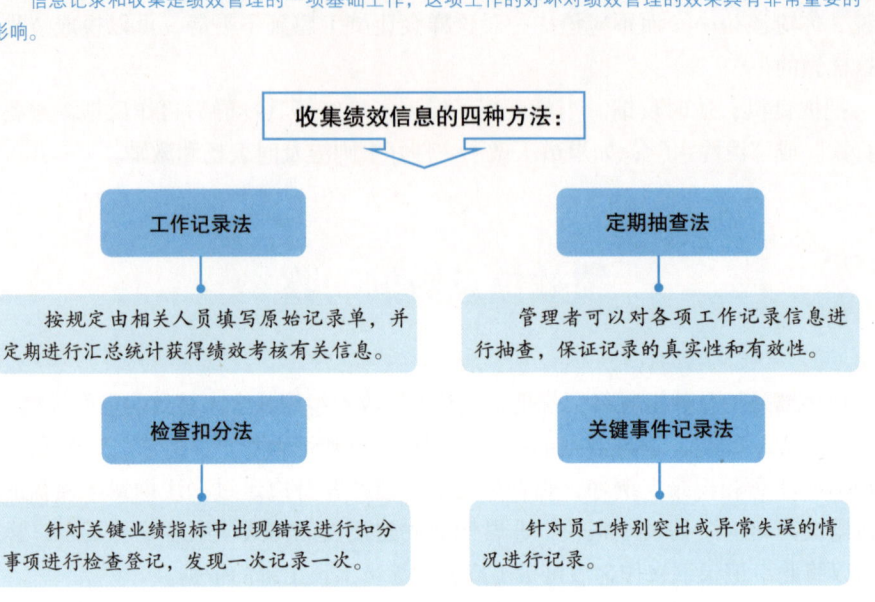

收集绩效信息的四种方法:

工作记录法
按规定由相关人员填写原始记录单,并定期进行汇总统计获得绩效考核有关信息。

定期抽查法
管理者可以对各项工作记录信息进行抽查,保证记录的真实性和有效性。

检查扣分法
针对关键业绩指标中出现错误进行扣分事项进行检查登记,发现一次记录一次。

关键事件记录法
针对员工特别突出或异常失误的情况进行记录。

关键绩效指标的收集、分析和改进

建立定期汇报的报告体系,实现业务改进的闭环跟踪。各级主管是KPI收集、分析和改进的直接责任人。

要求:数据准确、分析到位、行动计划SMART化、改进闭环。

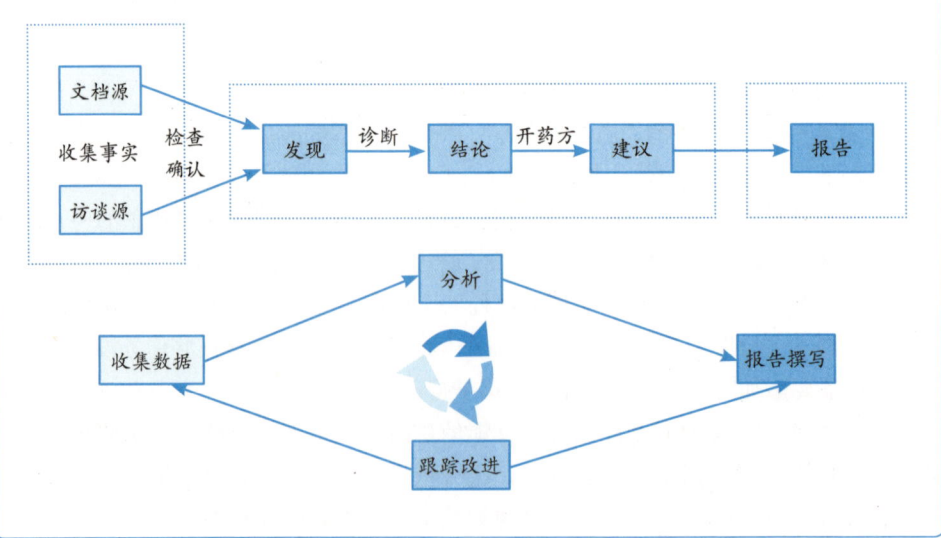

文档源 / 收集事实 / 访谈源 → 检查确认 → 发现 →(诊断)→ 结论 →(开药方)→ 建议 → 报告

收集数据 → 分析 → 报告撰写 → 跟踪改进 →(循环)

就是说由员工收集数据，管理者不必完全依靠自己一个人去观察，这时管理者就和员工站在了一边。

因此，管理者充分相信员工并同他们一起干是比较好的选择。坦率地讲，盯着员工既不切实际，又浪费时间；相反，应该让员工加入到数据收集和改善绩效的过程中来。

绩效评估和绩效改善

绩效评估不仅仅是评估工作，也是一个解决问题的机会。如果发现了某个问题，不管是某一位员工没有达到预定的目标，还是一个部门没有完成任务，最重要的工作就是找到原因。不找到原因，就无法阻止它的再次发生。

例如，某员工的几个指标没有完成可能是多种原因造成的。例如，技术水平不够，工作不够努力，没有组织好，有时也许同员工本人没有任何关系，而是企业内部有人不提供必需的资源，缺少原材料，抑或是管理者本人都不清楚应该做什么。因此，问题分析非常重要，而且它应该渗透到绩效管理整个过程的每个环节中。

一旦发现了绩效低下的原因，管理者和员工就需要共同努力排除障碍。而且管理者还需担当辅导员，帮助员工提高知识和技能，从而达到改善绩效的目的。

这个过程之所以重要，在于许多管理者评价员工时，都是在得出员工的工作在某些方面有差距的结论后，接着就将这个结论告诉员工，让员工自己去想如何解决这些问题。他们认为改善绩效完全是员工自己的责任。这是一个误区，也是一个很现实的问题。

大多数员工希望进步。有时他们需要一点帮助，聪明的管理者知道，在辅导方面做点投资对大家都有益。因为一个员工绩效的改善对企业内部各环节都有帮助，这一点说明改善绩效是大家共同的责任。

不同的人有不同的绩效改善的方法。关键的一点是，绩效改善贯穿于全年的工作。它可以作为评价过程的一个环节，但它们在管理者和员工就绩效问题进行交流的任何时候都适用（比如在定期会谈时或员工大会上等）。

在改善过程中，除了要找到预防问题发生的办法外，如果有必要，还可以做一些文档。例如，跟踪辅导过程，记录下管理者帮助员工提高绩效的办法。再比如，在诊断问题时，画一些流程图或做一些基本记录，这些东西也许在将来就有用。有些时候，改善过程中可能会产生提高绩效的书面行动计划，也就是对问题和需要采取的步骤的简要描述。

做完年度绩效回顾和系统中的其他环节后，管理者又要开始重新计划。有了上一年度工作绩效的讨论结果，即哪儿进行得好、哪儿进行得不好、为什么会这样管理者都清楚了，这样管理者在做下一年度的计划时就应该考虑这些问题。

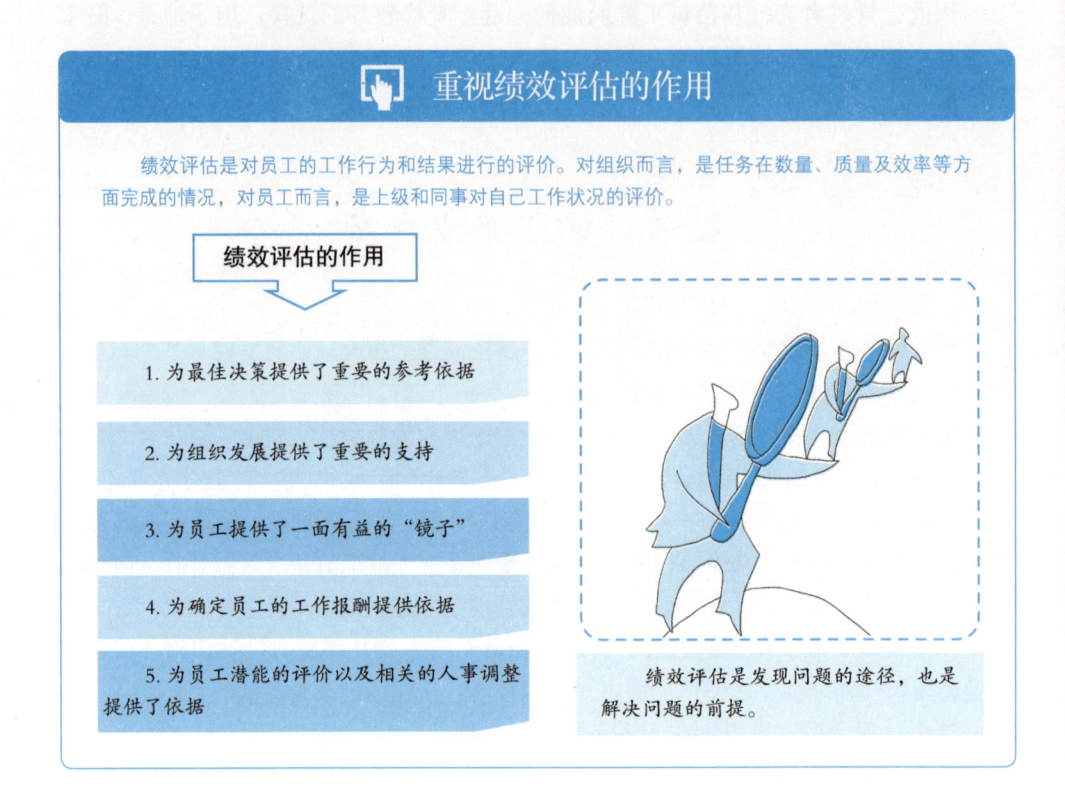

重视绩效评估的作用

绩效评估是对员工的工作行为和结果进行的评价。对组织而言，是任务在数量、质量及效率等方面完成的情况，对员工而言，是上级和同事对自己工作状况的评价。

绩效评估的作用

1. 为最佳决策提供了重要的参考依据

2. 为组织发展提供了重要的支持

3. 为员工提供了一面有益的"镜子"

4. 为确定员工的工作报酬提供依据

5. 为员工潜能的评价以及相关的人事调整提供了依据

绩效评估是发现问题的途径，也是解决问题的前提。

需要重视的几对关系

绩效管理系统的建立、完善和发展，需要处理好以下几个方面的关系。

1. 绩效管理与战略计划

许多公司都有一些展望未来的方法。公司级的战略计划可能包括公司总的宗旨、存在的意义及长期目标等最重要的内容。长期的战略计划随后又分解成许多年度计划。

绩效管理是如何同它们联系的呢？组织的长、短期目标要逐级地分解为各小部门和个人的目标和任务。这种将公司目标转换为个人责任的过程，正是通过绩效计划过程来完成的。这个过程将每个员工的工作同公司的目标相连。

除此之外，当管理者做计划的时候，如果知道有哪些障碍影响成功的话，自然是最棒的事。绩效诊断就能提供这方面的信息。管理者对潜在的障碍认识越深，就会对消除它们有越充分的准备。

2. 绩效管理与激励手段

绩效管理手段必须获得激励手段的良好支持才能充分地发挥作用。但是绩效不应仅与工资和奖金挂钩，那样会使员工认为实行绩效管理就是涨工资或减工资。应使激励的手段多样化，如员工个人能力的发展，让他们承担更多的工作责任，获得职位的提升，以及获得公开的精神奖励等。随着资本市场的成熟和规范，还可以尝试股票期权等激励方式。

为保持并提升企业的竞争力，有效的管理绩效低下的员工可能更为重要。如GE实行严格的ABC管理法，规定必须有10%的员工为C类，这些人会被降职或淘汰。在海尔，通过考评将员工划分为优秀、合格及试用三类，并将三类员工的比例保持在4：5：1，试用的员工必须设法提高绩效，否则必将会被淘汰。还有一些企业采用末位淘汰制。这些做法均是市场竞争的残酷性在企业内部的反映，管理者必须正视绩效不良员工的管理问题，使绩效管理制度真正地运行起来。

3. 绩效管理与绩效指标

管理者往往对绩效管理制度有一种不很现实的期望，希望通过指标体系的设计，将所有的工作过程和任务量化，以此减少管理人员在考核过程中的主观因素，达到绩效考核的公正和公平。绩效管理的指标体系很难实现全部的定量化。例如对于销售人员，尽管可以直接用销售额去衡量其业绩，但是考虑到企业的长期战略目标，对销售人员开发新客户的能力，与客户沟通的效果，服务客户的态度及水平的定性评价也很重要。对于一些依靠知识、经验及技能从事创造性工作的员工，如研发人员，定性的评价可能比定量的考核更重要。

任何一个好的管理制度，都不能替代优秀的经理人。管理者应当承担起而不应是逃避绩效管理的责任，对员工的绩效做出客观公正的、定性与定量相结合的评价。

4. 绩效管理与预算过程

做预算是公司的一项核心工作，绩效管理以两种方式同它联系。首先，公司的预算对员工完成工作职责时能做什么和不能做什么会形成一些制约。绩效管理是确保员工了解这些限制因素的理想途径。

另外，绩效管理的有关研讨过程也会为制定预算提供信息。例如，在制订绩效计划时，管理者和员工发现了完成一项工程的技术障碍。由于事先发现了这个问题，他们就可以追加预算，购置新设备以确保工程完工。

5. 绩效管理与企业信息系统

绩效管理体系对企业的管理信息系统有较强的依赖性。例如按照平衡计分法的绩效管理模型建立的指标体系，需要处理大量的财务、运作流程及市场的数据并使信息在企业内部快速地流动，才能使绩效指标及时地反映企业的经营状况，提高经营绩效反馈和调整的效率，缩短企业响应市场变化的时间。

但是这并不意味着不具备良好信息系统的企业就不能建立绩效管理体系。企业仍然可以借鉴平衡计分法的管理思想，根据发展战略，确定关键业务环节进行绩效控制。

优秀绩效系统应具备的特征

绩效管理系统对企业发展非常重要，有效的绩效管理能激发员工的工作潜能、使组织运转通畅、促进组织长短期目标的完成；无效的绩效管理则会带来很多问题。

优秀绩效系统应具备的特征

1. 绩效管理通过恰当的激励机制发生作用

2. 正激励和负激励要平衡使用，不能走极端

3. 绩效管理体系是站在公司战略发展的角度设计的

4. 绩效管理体系是站在提高组织和个人绩效的角度设计的

5. 系统的绩效管理需要企业具有相对完善的管理体系

6. 系统的绩效管理需要公司具备较强的执行力

7. 绩效考核注重结果考核和过程控制的平衡

8. 绩效管理注重管理者和员工的互动和责任共担

9. 体现以人为本的思想，使员工和组织得到同步成长

怎么分得一样多？

绩效管理的立足点在于激励，没有激励作用的考核机制一定是失败的。

绩效指标设定的原则

任何企业在不同的时期关注的绩效目标都有可能是不同的，设计的绩效指标也可能会不同。但是，一个能够反映企业需要达到的目标的绩效指标系统应该遵循以下几条原则：

1. 科学性原则

科学性原则是一切科学研究工作的共同原则。在设计企业绩效评价指标体系时，这一原则体现在把握企业绩效评价内涵的正确性、指标体系设计的完备性、数学处理方法的逻辑严密性以及参量因素分析的准确性等几个方面上。

2. 全面性原则

由于企业经营管理是配置资源、提供适合市场需要的产品和服务的运动过程，而经营活动和绩效评价本身又受多种因素的影响。所以，为真实反映企业的绩效水准，在设计企业绩效评价指标体系时，应按照全面性原则，以使指标体系全面反映各有关要素和各有关环节的关联及彼此间的相互作用过程。

3. 相对性原则

评价指标有相对性和绝对性之分。过去计划经济时代我国常常采用绝对指标对企业进行考核，如完成产量、实现产值、实现利税等。但绝对指标不能反映企业的资源使用的真实水平，掩盖了企业的生产效率，不能从真正意义上反映企业的投入产出效益。

而相对指标即比率指标则克服了绝对指标的这些缺陷，如采用净资产收益率、总资产报酬率来评价企业的收益性，可以说明企业的经济效益水平和盈利能力，真实地反映了资本与资产的投入产出水平。因此，企业绩效评价指标体系的定量指标应采用相对指标来评价企业绩效。

4. 系统性原则

由于企业绩效评价指标体系是一个系统分析和设计的过程，而系统分析的基本思想是整体最优化，即在全面性的原则下，考虑局部评价与整体评价的有机结合。

因此，在设置企业绩效评价指标体系和选取个体指标时，要坚持以构建科学、完整的评价系统为出发点，根据各指标对实现评价目标的重要程度，同时考虑各类指标在评价指标体系中的合理构成，以及指标间的勾稽关系和逻辑关联度，对指标及其权重进行合理取舍，使评价指标既能突出重点，又能保持相对的均衡统一，实现系统的最优化。

5. 定量与定性相结合原则

定量指标较为具体、直观，评价时可以计算实际数值，而且可以制定明确的评价标准，通过量化的表述，使评价结果给人以直接、清晰的印象。企业绩效评价是一个多维的复合系统，不是所有反映企业绩效的因素都能够量化，那么就需要设计定性指标予以反映。

这些定性指标所含信息量的宽度和广度远大于定量指标，不但可以弥补定量指标的不足，还可以纠正过于强调定量指标对企业长远利益所带来的负面影响，使企业绩效评价结果更具综合性和导向性。所以，评价指标的选择既要包括定量评价要素，又要包括定性评价要素，遵循定量指标与定性指标相结合的原则。

加强对管理者的考核

对管理者的考核是绩效考核的核心。怎样才能使管理者考核更加有效呢？明白考核工作的基本要求并且严格执行很重要。遵守这些基本要求会带来考核工作的高质量。做好考核工作的四项要求分别是：

1. 考核方法要可行

考核方法要可行是指考核的方法要为人们所接受，并能长期使用，这一点对考核是否能真正取得成效是很重要的。方法的可行与否，同方法本身的难易繁简有很大关系。要做到方法可行，要求如下：

首先，考核项目要适中，既不要太多，过于繁杂，也不要太少，达不到全面考核的要求。应根据各层次不同人员所在职位的重要性来确定。

其次，考核的结果要客观可靠，使人信服，这也是方法可行的一条重要要求。否则的话，不但起不到考核的积极作用，反而会产生消极作用。

再次，要明确所采用方法的目的与意义。人们只有了解了所采用方法的真正意义，才会接受它，并自觉地配合，不会使之流于形式。马马虎虎地、随随便便地填写鉴定表，比没有鉴定制度更具有潜在的危险性，因为这会不可挽回地损害一个人的一生的事业，因为错误的管理决策是由于基本情况失真所致的。

2. 考核指标要客观

考核是以考核的内容为基础的，在此基础上，需要设计一系列指标，才能具体地衡量管理者在各方面的工作绩效。指标设计的重要标准之一就是客观。要做到考核指标客观：

一方面，指标的含义要准确、具体，不能含糊不清，更不能用一些抽象的概念来作为衡量的标准。在实际工作中，许多企业在考核指标方面存在这方面的问题。

另一方面，指标尽可能定量化。考核指标可以分为定性指标和定量指标。在目前，考核指标中的定性指标较多一些，这是因为对人的考核不容易定量。但即使如此，我们还是要尽可能地将定性指标科学量化，以避免定性指标的较大程度上的主观随意性的缺点。指标的定量化，使一些数学方法得以运用到对人的考核之中，增加了考核工作的科学性和准确性。

3. 考核结果要反馈

考核的结果应该告诉被考核者，这是为了使被考核者能够及时知道自己的优缺点，知道自己在哪些方面做得比较好、在哪些方面还有欠缺，以便能在今后的工作中发扬长处，克服不足。此外，反馈也可促使被考核者通过别人的考核，对自己有一个正确的评价，例如自己有没有能力胜任工作？工作中出现漏洞或缺点，是由于自己知识和能力的欠缺所引起的，还是由于疏忽大意而引起的？如果是知识、能力的不足，能否通过培训来弥补？等等。

当然，考核结果的反馈需要较高的信息沟通技巧，一般来说，对一个人的评价既有优点也有缺点，优点的信息比较容易传递，而缺点的信息就不太容易传递了。因此，在考核结果的反馈中，一定要讲究沟通艺术，注意方式方法，使反馈能真正起到应有的作用。

4. 考核时间要合适

考核时间这个问题不可能有一个整齐划一的界限，因为组织内处于不同层次、不同职务的管理者的活动和要求以及与上下左右的关系等都不一样。因此，考核的时间也不可能相同。但是，考核时间的确定不能凭心血来潮，想什么时候考核就什么时候考核，而是应该预先有所规定。

具体确定考核时间的长短，需视其管理者个人情况以及职位的相对重要性而定。由于管理的效果总是要经过一段较长的时间才能表现出来，所以如果时间太短，则两次考核结果可能没有什么差别，而时间太长，则既不利于纠正偏差，也不利于鼓励工作出色的员工。一般来说，大部分企业为了方便起见，对各级人员的正式考核多是一年1~2次，对新选聘上来的人员考核次数要多一些，这是为了尽快了解他

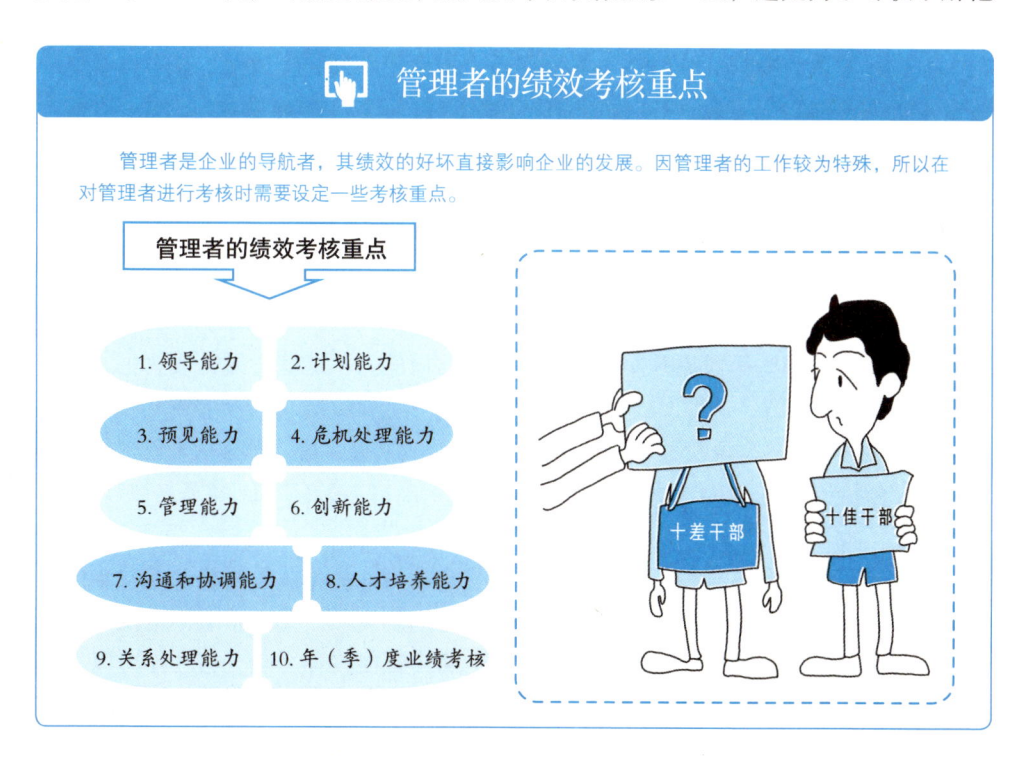

管理者的绩效考核重点

管理者是企业的导航者，其绩效的好坏直接影响企业的发展。因管理者的工作较为特殊，所以在对管理者进行考核时需要设定一些考核重点。

管理者的绩效考核重点

1. 领导能力
2. 计划能力
3. 预见能力
4. 危机处理能力
5. 管理能力
6. 创新能力
7. 沟通和协调能力
8. 人才培养能力
9. 关系处理能力
10. 年（季）度业绩考核

们的能力。

当前，由于环境变化和发展速度非常快，因此国外目前有一种增加对人员考核次数的倾向。这样做是为了尽可能多地获得有关人员的资料，作为人力资源管理的基础。同时，上级较多地进行人员考核工作，也有助于他们克服主观成见，增加他们对下级的了解。

评估中的敏感事件处理

在任何组织内部的绩效评估中，都会有敏感事情的发生。下面是一些评估工作中可能遇见的敏感事件，需要在进行绩效评估时给予高度重视。

1. 当员工误会管理者时

如果某个员工因偶然事件而受到过分的批评，他或她通常会认为这是对其有偏见。这时不要试图与员工争论，因为管理者否认没有偏见可能不会被接受。相反，试着承认在评估工作中有不对的地方，但是要准备好资料为自己解释。

比如，"小王，你为什么会认为我偏向小陈？如果我给你留下了那种印象，或许你可以帮助我找找原因。"小王可能会说："你让小陈做的工作都很简单，而我干的活都是别人不愿意干的差事。"那么管理者可以这样回答："我并不认为我给小陈的工作都很容易，相反我发现我让他做了许多需要集中精力才能完成的工作。当我需要立即完成某些事时，他似乎很容易做到。另一方面，我一直不知道是否应该让你做任何日常工作以外的事情，那是因为你的表现似乎让人觉得我在不公平地对待你。难道你不认为我在这方面依靠愿与我合作的人来完成工作是人之常情吗？或许你认为我偏向小陈是我的错，以后我会注意。但你是否可以也来承担这些重任？"

2. 机会是不是太大

是的，对于那些等候提升而又知道即使其前面的人不能获得提升或离去，他也很难提升的员工而言，这种说法更不好。假定一个实验室的二号分析员对你说："每次总结工作时，你总是说我工作做得不错。但是对我来说，这并没有带来任何好处。如果一号分析员不调动工作，那么我就只能拿现在工作的最高工资。我算是被钉住了。对我而言，所有的业绩总结都无异于在伤口上撒盐。"

管理者可以试着这样说："确实如此。我也认为让你排队等候机会是很难的。但是某些人总是错误地认为他们的升职只是靠他们的资历。我不希望你也陷入那个误区。如果再有更好的工作机会，我希望我们两个都能说你完全合格。你可以发现自己的弱点所在并且加以纠正。如果另一个人与你一样有能力，工作和你做得一样好，你就没有理由限制人家渴望获得一号分析员的愿望。或许你可以做一项选择,那就是跳到公司另外一个部门。"

3. 对新员工评估的时间

不必等到正式的评估时间。只要新员工一出现问题,就要提出建设性的批评意见。发现业绩不好的原因,询问业绩未令人满意的原因,看这些是否是因为遗忘、不精心、能力不够或未能理解预期的标准等因素造成的。提供给他们需要的任何帮助。对于新员工,管理者应该立即将谈话加以记录,送给他们一份备忘录并在他们的个人档案中放置一份副本。如果总是重复出现上述问题,可以立即与该员工面谈,并再次重申记录。否则,不良的开端可能造成一个员工难以令人满意但却要长久地待在你身边的情形。

4. 给员工较高的评价有无危险

了解自己在管理者心目中的位置对于业绩优秀的员工和成绩平平的员工都同样重要,如果管理者没有对优秀者表现表示认可,他们就可能认为:"做好工作有什么好处?没有人会赏识的。"

5. 员工业绩不好怎么办

对待不好的业绩表现不要过于急躁。尤其要确保通过鼓励能够提高业绩。否则,

绩效评估要坚持"五项注意"

评估过程中出现敏感性的问题在所难免,但是如果在实施评估过程中稍加注意,就会避免许多敏感性事件的发生。

评估过程中的"五项注意"

一. 要注意评估方法的适用性

二. 要注意评估员工的表现力

三. 要注意评估标准的合理性

四. 要注意提高员工的满意度

五. 要注意评估过程的完整性

(我们新员工为什么总是垫背的。)

(未分级考核)

年度绩效评估方案出来后,在实施中会产生偏差或发现一些不合理的地方,这时就需按实情进行更正,使之更完善,对人力资源管理起到更好帮助作用。

他们可能认为他们的业绩不佳是管理者的错误而不是他们的错误。

给予他们的指导应该是："以前我们已经做过这个,在以前六个月里我已经特意给你指出你在哪些方面做得不够。还记得你上星期错误处理旋转装置,导致整个车间陷于困境的情景吗?在我看来,你似乎并不适合机械车间的工作。"但是不要强迫员工,以让他们保留自尊。通过总结自己所发现的满意或不满意的事情来结束讨论。

6.员工虽经努力仍未达标怎么办

如果评估活动有缺陷的话,那就是管理部门为了使工作达标而迫使员工必须努力工作。但是事实上并不总是这样。许多因素都会影响员工的绩效。例如:

(1)员工被分配去做那些与他们能力不相适应的工作,其工作对他太难或太容易了。一个解决办法是将其转到另一个更适合的工作岗位上,或者重新设计工作以便给员工更好的职位。如某个员工可能无法处理好文件工作,那么说这项工作可以由其他人来完成。或某些工作对一位高智商的人来说太简单了,所需判断太少,可以通过重新分配工作,来为这个员工提供其发挥其能力的机会。

(2)员工可能未经过正确的培训。出现任何不良绩效时,管理者应该首先检查培训工作的情况,并和员工一起从头至尾总结工作程序上的问题,看是否把关键的东西忽略了。

(3)员工可能是工作压力的受害者。员工可能要尽力符合工作标准,但可能合作者不与其配合。为了改变这种情况,管理者要从整体出发去寻求改进或修正合作者状况的方法。

(4)员工可能因体力或情绪的原因达不到工作的要求,那么由企业的医务人员做检查则很有必要。如果有家庭问题——离婚、死亡、重病——管理者可以试试咨询。管理者应该对其深表同情,但是对其不良绩效的容忍必须有个限度。

(5)管理方法可能也有错误。事情总是具有两面性。绩效不佳可能是由于管理者未能提供准确的标准、未能有效地培训员工或在问题发生前未予以帮助造成的。

第十四章
项目管理：找准分化战略

项目管理的含义

项目管理是通过项目经理和项目组织的努力，运用系统论对项目及其资源进行计划、组织、协调、控制，旨在实现项目的特定目标的管理体系。在一般规模的项目中，项目管理由项目经理带领少量专职项目管理者完成，项目组织中的其他人员，包括技术与非技术人员负责完成项目任务，并接受管理。项目管理的目的是通过运用科学的项目管理技术，更好地实现项目目标。不能把企业管理的目的当成项目管理的目的，企业管理的目的是多方面的，而项目管理的主要目的是实现项目的预定目标。

一个项目在实施过程中，实现项目目标的责任和权力往往被集中到一个人或一个小组身上。由于项目任务是分别由不同的人执行的，所以项目管理要求把这些任务和人员集中到一起，把它们当作一个整体对待，最终实现整体目标。因此，需要以系统的观点来管理项目。项目管理的组织形式就是项目实施时所采用的领导组织机构形式，主要有三大类。

1. 职能制组织形式

职能制组织形式是把不同的管理机构，按职能从上到下分层次进行组织管理的形式。

职能制的优点是能够集中专业人才，进行专业管理，使他们充分发挥各自专长。但是，这种组织形式是按职能层次划分的，不同的职能部门有不同的业务目标，往往过多地强调本部门的业务，而忽视项目的总体目标；由于实行多头领导，不利于资源的集中使用，有时会妨碍对项目实施过程的统一指挥；涉及复杂的大中型项目时，职能制的内部会在资源安排等问题上发生矛盾，造成管理上的混乱。

2. 专业项目制组织形式

专业项目制的特点是按专业分工的原则，从项目管理部门中抽出一名项目经理，从各有关职能部门抽调专业人员，按不同项目而成立组织机构。这种形式主要用于时间紧迫的工程项目，因此有时又被称为工程队项目组织。

专业项目制的主要优点是目标单一、责任明确、指挥统一。项目经理可以直接控制一切必要的资源，集中统一指挥，充分发挥资源的作用；项目经理对上级部门以及对项目的成败均负有直接责任。各类专家集中在一起工作，造成一种团结合作的气氛，有助于相互交流，提高业务水平和工作效率，顺利实现项目的目标。

但这种组织也有缺点：

项目组织具有临时性。工作人员流动频繁，没有长远目标，会影响工作情绪。

各类人员在一起工作，实际工作量不等，会出现忙闲不均的现象。如施工前期，供料人员、施工人员任务繁忙，设备安装人员却无事可做。施工后期则相反。

专业项目组织形式和其他项目、职能部门同属于一个水平系统，容易造成不同项目之间、项目与职能部门之间的矛盾。

项目经理权力很大，而他们的精力与能力是有限的，很难胜任内部的各类控制与协调工作。如果项目经理的权力较小，这种形式的缺点便暴露得尤为明显。

3. 矩阵制组织形式

矩阵制组织形式是一种使直线职能制的纵向管理系统与横向的项目协调系统相结合、纵横交错的组织结构。

同时实施几个项目时，为了充分合理地使用技术人才，用较少的人力完成较多的项目，则矩阵制是一种比较合适的形式。其优点是：

加强了各职能部门之间的横向联系，具有较强的适应性和机动性，能更好地调动各类人员的积极性，有利于管理专业化。

矩阵制使职能制与专业项目制有机地结合起来，使职能机构的长期目标和项目的具体目标得到统一协调。

矩阵制的主要缺点在于各职能部门的人员都是双重领导，既受所属部门的直接领导，又受项目经理的间接领导。

因此必须有周密的计划、良好的控制，才能使项目管理获得成功。当项目机构和职能机构配合不佳时，会相互埋怨，项目经理会感到对职能机构无能为力，而职能部门负责人则感到项目经理过多地干涉了其职权，从而影响了双方的工作效率。

上述三种组织形式各有利弊，相互之间并不排斥，可以用于同一项目的不同阶段，也可用于同一组织的不同项目，决策者应根据项目的不同特点及其条件进行正确选择。

项目管理的九大领域

项目管理包括项目整体管理、人力资源管理范围、质量、费用、时间、沟通、风险、采购九大领域。

1. 项目整体管理

项目整体管理是项目管理的一个部分，是为了正确地协调项目所有组成部分而进行的各个过程的集成，是一个综合性过程。

项目整体管理由以下三个关键性的子过程组成：第一个是规划的子过程，叫制定项目计划；第二个是执行的子过程，叫项目计划执行；第三个是控制的子过程，叫整体变更控制。虽然所有的项目管理过程都在某种程度上贯穿了项目全过程，但这三个过程却是完全贯穿于项目始终的。

2. 项目人力资源管理

项目人力资源管理是项目管理的一部分，是为了保证有效地使用参加项目者的个人能力。其中包括下面的几个主要过程：

（1）组织规划。确定、记录，并分派项目角色、责任和互相通报的关系。

（2）招聘人员。招收项目需要的人员，并将其分派到需要的工作岗位上。

（3）班子建设。培养个人的和集体的工作能力，提高项目管理水平。

3. 项目时间管理

项目时间管理是项目管理的一个部分，是为了确保项目按时完成的过程。主要子过程有：

（1）活动定义。找出为创造各种项目的可交付成果必须进行的具体活动。

（2）活动排序。找出活动间的依赖关系，并形成文件。

（3）时间估算。对完成各个活动所需时间单位的数目进行估算。

（4）制定时间进度表。分析活动顺序、活动时间和资源要求，制定项目时间进度表。

（5）时间控制。控制项目进度。

4. 项目费用管理

项目费用管理是项目管理的一个部分，是为了保证在批准的预算内完成项目。费用管理主要有：

（1）资源规划。确定为完成项目中的活动，要用何种资源（人、设备、材料），以及每种资源的数量。

（2）费用估算。估算完成项目各活动所需资源的费用。

（3）费用预算。将总费用估算分摊到各工作细目上去。

（4）费用控制。控制项目预算的变更。

5. 项目质量管理

项目质量管理是项目管理的一部分，是为了保证项目能够满足原来设定的各种要求。其中主要的过程有：

（1）质量规划。确定哪些质量标准适用于本项目，同时确定应如何达到这些质量标准。

（2）质量控制。对项目的各种结果进行监督，确定这些结果是否符合有关的质量标准，进而找出办法，消除那些造成不良后果的原因。

（3）质量保证。对项目进展情况定期进行全面的评价，以便使工程项目能够达到有关的质量标准。

6. 项目范围管理

项目范围管理是项目管理的一个部分，就是确保项目不但完成全部规定要做的工作，而且最终成功地达到项目的目的。基本内容是定义和控制列入或未列入项目的事项。项目范围管理的主要过程包括：

（1）启动。让组织投身于项目的下一阶段。

（2）范围规划。编写一份书面范围说明书，作为将来项目决策的基础。

（3）范围定义。将主要的项目可交付成果划分为较小、更易管理的不同的组成部分。

（4）范围核实。正式认可项目的范围。

（5）范围变更控制。控制项目范围的变更。

项目区别于其他工作的特性

项目是指一系列独特的、复杂的并相互关联的活动，这些活动有着一个明确的目标或目的，必须在特定的时间、预算、资源限定内，依据规范完成。

项目的特性

1. 一次性
2. 独特性
3. 目标的确定性
4. 活动的整体性
5. 组织的临时性和开放性
6. 成果的不可挽回性

项目管理是在项目活动中运用知识、技能、工具和技术，以满足和超过项目关系人对项目的需求和期望。

7. 项目沟通管理

项目沟通管理是项目管理的一部分，即在人、思想和信息之间建立联系，这些联系对于取得成功是必不可少的。项目沟通管理是保证项目信息被及时、准确地提取、收集、传播、存储，以及最终进行处理。

8. 项目风险管理

项目风险管理是项目管理的一部分，需要的过程有识别、分析不确定因素，并对这些因素采取应对措施。主要过程有：

（1）风险识别。确定哪些风险会影响到本项目，并将每一项风险的特征都记录在案。

（2）风险量化。估计可能发生的范围及其发生的可能性大小。

（3）提出应对措施。确定对机会而采取的加强步骤，对威胁而采取的减缓步骤。

（4）应对措施控制。对项目进展过程中风险出现的变化采取应对措施。

9. 项目采购管理

项目采购管理是项目管理的一部分，需要进行的过程都是为了从项目组织外部获取货物或服务（为简单起见，货物和服务，不管是一种还是多种，以后一般都简称为"产品"）。

主要过程包括：

（1）采购规划。确定要采购何物以及何时采购。

（2）产品规划。编制产品要求文件并找出潜在的来源。

（3）询价。根据具体情况，取得报价、标价或建议。

（4）选择来源。从可能的卖方中选择。

（5）合同管理。管理同卖方之间的关系。

（6）合同收尾。完成并结算合同，包括解决任何未决的事项。

项目管理的四项原则

当前，项目管理失衡、创效能力不足等问题普遍存在。管理者要加强和优化项目管理，应遵循以下原则：

1. 决策的科学化、民主化原则

一方面，在项目决策过程中必须尊重客观规律，按照科学的程序进行决策。所谓科学程序就是坚持"先论证、后决策"的原则，必须做到先对项目进行调查研究和论证，然后进行决策。坚决杜绝"边投资，边论证"，更不应该采取"先决策，后论证"的违反客观规律的做法。

另一方面，社会化大生产的特点是投资项目规模大，投资多，技术复杂，牵涉面广。单凭个人决策经验很难做出正确判断，这就需要贯彻民主的原则，依靠群众的智慧，广泛听取经济、技术、管理等各方面专家的意见。

2. 系统性原则

系统性原则就是把项目看做国民经济大系统中的一个子系统，从整个系统的角度看项目的可行性与实际效用，同时，从项目内部各要素之间的相互关系中寻求其总体效益的最优化。在社会化大生产条件下，项目与企业和行业存在着密不可分的关系，新上一个投资项目，必然会打破原有的关系和利益格局，形成新的平衡协调关系。

这样，就需要妥善解决一系列新问题，如原材料、燃料、动力、交通运输及其他企业协作配套能力等。如果不能依赖现有的条件解决以上矛盾，就必须对这些方面进行相关投资。

在项目管理的前期论证中，要全面评价项目及所需的相关投资，考虑投资主体的投资承受力和项目投产后的产品协作配套能力等。

3. 重视资金的时间价值原则

在项目管理过程中，要考虑资金的时间价值，考虑机会成本。简单地说，资金的时间价值是指资金投入使用后随时间推延而带来的增值。这一增值具体反映在利息上。

由于资金投入的生产领域不同，会使所得的积累有多有少。无论是从国家还是从企业来看，都必须以尽可能少的资金，获取最大的物质财富。因此，在考虑资金投入时就要比较分析，究竟采用何种方式、究竟投入哪一生产领域才能获得资金的增值，讲求资金的时间价值。

另外，由于资金拥有量并不是无限的，一笔资金用于这一项目的投资，实际也就放弃了它在另一些项目上的投资使用。也就是说，我们在进行这项投资时，实际上是以放弃其他一些项目的投资为代价的，这种代价就称为机会成本。如果放弃的这种代价相对正进行的投资来看比较小，则表明正进行的投资是有利可图的、可行的；反之，则是不可行的。

在项目管理中，我们不能仅从静态角度分析评价项目的投资利税率的高低、投资回收期的长短，还要从动态角度分析资金在利率变动的情况下、在一定利息情况下，资金的总收益如何，从而推断项目在经济上的可行性，使资金利用效果达到最大。

4. 责任、利益、风险对称的原则

项目管理的责任、利益、风险是相对称的。没有责任与利益的统一，项目主体不可能真正承担投资风险，投资效益也就成为一句空话。因此，要赋予投资主体严格的经济责任，明确"谁决策、谁负责"。同时，作为投资主体应是形成的新资产

的所有者和受益者，做到"谁投资，谁受益""谁受益，谁承担风险"，使项目主体真正以自己的经济生命承担投资风险。这样，才能真正调动投资者、项目管理者等各方面的积极性，使项目获得预期效果。

项目管理的关键点

项目管理是个整体的系统过程，任何环节出错都有可能导致整个项目前功尽弃。因此在进行项目管理时必须多加注意。

项目管理中的关键点

1. 立项的可行性论证：你是在做一件有意义的事吗？

2. 设定合理的目标，控制范围：你要做事的终点与边界是什么？

3. 构建项目团队，团结一切可以团结的力量！

4. 制订计划：你要预见到未来可能发生的事情，才能把风险控制在有效的范围。

5. 过程控制，紧盯目标，控制范围，减少冲突、控制进度，一个都不能少。

6. 高效的总结：用最短的时间让所有人知道项目是有价值的，并且在向着目标迈进。

千里之堤，溃于蚁穴

如何挑选项目经理人

项目经理的挑选主要考虑两方面的问题：一是挑选什么样的人担任项目经理；二是通过什么样的方式与程序选出项目经理。

1. 挑选原则

选择什么样的人担任项目经理，除了考虑候选人本身的素质特征外，还取决于两个方面：一是项目的特点、性质、技术复杂程度等；二是项目在该企业规划中所占的地位。

（1）考虑候选人的能力。项目经理最基本的能力主要有两方面，即技术能力和管理能力。对项目经理来说，对其技术能力的要求视项目类型不同而不同，对于一般项目来说，并不要求项目经理是技术专家或比项目其他成员懂得多，但他应具有相关技术的沟通能力，能向高层管理者解释项目中的技术，能向项目小组成员解释顾客的技术要求。

（2）考虑候选人的敏感性。敏感性具体指三方面，即对企业内部权力的敏感性、对项目小组及成员与外界之间冲突的敏感性及对危险的敏感性。对权力的敏感性，使得项目经理能够充分理解项目与企业之间的关系，保证其获得高层领导者的必要的支持。对冲突的敏感性能够使得项目经理及时发现问题并解决问题。而对危险的敏感性，使得项目经理能够避免不必要的风险，及时规避风险。

（3）考虑候选人的领导才能。项目经理应具备领导才能，能知人善任，吸引他人投身于项目中，保证项目组成员积极努力地投入项目工作。

（4）考虑候选人应付压力的能力。压力产生的原因有很多，如管理者缺乏有效的管理方式与技巧，使其所在的企业面临变革，或经历连续的挫折而迫切希望成功。由于项目经理在项目实施过程中必然面临各种压力，项目经理应能妥善处理压力，争取在压力中获得成功。

2. 避免挑选失误

即使在高层管理者充分了解项目经理所应具备的个人特征及素质要求的基础上，甚至项目经理的职位也已经详细描述了，但高层管理者仍然有可能选择错误的人选。以下是造成错误选择的一些因素：

（1）成熟。成熟的项目管理者意味着他能够成熟地待人接物。高层管理者有可能被候选人外表的成熟所迷惑。成熟的项目经理应该是参与过几个不同类型的项目，而且在项目组织内担任过不同的职位。可能一个项目经理在同一类型的项目中有过10年的项目经理经历，但这并不表明他能够很好地管理其他类型的项目。因为对新的类型的项目，他有可能固守老项目的管理经验，反而不利于对新项目的管理。

（2）强硬的管理作风。对下属强硬并不是一种好的项目管理风格，项目经理应该给下属自由发挥的空间，创造良好的工作气氛，而不应该是没完没了的监督与指导。项目经理应该让下属清楚，在一定的阶段，他们会面临压力，但不是时刻不停的监督与压力。如果项目经理态度太过强硬，那么下一个项目开始时他就很难再找到合适的项目组人选。职能部门经理由于掌握着下属员工的薪水，所以他可以采取强硬的方式来控制下属，而项目经理对下属的工资待遇没有决策权，所以应该采取相对宽松的管理方式，从另外一个角度来激励下属。

（3）技术专家。高层管理者总愿意提拔技术部门的经理或技术专家来负责项目。一般来说，技术专家难以从项目的技术方面分身而成为一个好的项目经理。如果技术本身关系着项目的成败，那么由技术专家充当项目经理可能是较为合适的。但让高级技术专家充当项目经理有一定的危险性，因为技术专家的技术越高，越易沉湎于技术细节，而忽略了管理问题。项目经理必须了解如何有效地发挥项目组成员的作用，如何很好地与人相处，而这些往往是技术人员的薄弱之处。

（4）面向用户。高层管理者可能会应用户的要求而任命一个项目经理，但是能够与用户沟通并不表明一定能够保证项目的成功。如果屈服于用户的要求，那么同时就要建立一个强有力的支持团队。

（5）培养人才的误导。高层管理者可能从岗位轮换的角度考虑让一个人担任项目经理，这样做的目的仅仅是为了让他对项目管理有所体验。如让职能部门经理担任 18 个月的项目经理，然后再将其调回，这样会对项目或企业本身造成风险。18 个月的项目经理体验不但可能造成他在技术上的荒疏，也有可能令他对项目管理不能完全投入。

项目经理的必备素质

项目经理是指为项目的成功策划和执行负总责的人。对一个项目而言，项目经理的任命关系到整个项目的成败。

项目经理的必备素质：

1. 号召力——调动下属工作积极性能力。

2. 交流能力——有效倾听、劝告和理解他人行为的能力。

3. 应变能力——项目管理是一个动态管理，对不利情况要迅速做出反应。

4. 性格要求——必须自信、热情，充满激情、充满活力。

5. 技能要求——专业精通，懂财务知识，有洞察力和风险意识。

6. 管理能力——项目管理能力、目标管理能力、团队管理能力。

选对人，才能做对事。项目经理是项目成败的关键，必须要极为慎重。

3. 挑选项目经理的方式

（1）由企业高层领导委派。这种方式的一般程序是由企业高层领导提出人选或由企业职能部门推荐人选，经企业人力资源部门听取各方面的意见，进行资质考察，合格则经由总经理委派。这种方式要求公司总经理本身必须是负责任的主体，并且能知人善任。这种方式的优点是能坚持一定的客观标准和组织程序，听取各方面的评价，有利于选出合格的人选。企业内部项目一般采取这种方式。

（2）由企业和用户协商选择。这种方式的一般程序是分别由企业内部及用户提出项目经理的人选，然后双方在协商的基础上加以确定。这种方式的优点是能集中各方面的意见，形成一定的约束机制。由于用户参与协商，一般对项目经理人选的资质要求较高。企业外部项目，如为用户安装调试设备、为客户咨询等，一般采取这种方式。

对于企业外部项目，还存在一种特别的形式，即企业方有一个项目小组，而顾客方同时也有一个项目小组，每个项目小组各有项目经理负责。这种形式要求两方的项目经理能充分沟通，以保证项目要求及项目最终完成情况的一致性。

（3）竞争上岗的方式。竞争上岗主要局限于企业内部项目，具体方式不拘一格。其主要程序是由上级部门（有可能是一个项目管理委员会）提出项目的要求，广泛征集项目经理人选，候选人需提交项目的有关目标文件，由项目管理委员会进行考核与选拔。这种方式的优点是可以充分挖掘各方面的潜力，也有利于人才的选拔，有利于发现人才，同时有利于促进项目经理的责任心和进取心。竞争上岗需要一定的程序和客观的考核标准。

制订科学的项目计划

项目计划是决定项目成败的关键所在，制订项目计划时一定要认真谨慎。

1. 制定项目计划的七项建议

把精力集中到工作上，要抓住实际工作这一根本；
当面对问题时，要问一问以前是如何处理的，以便获得以往的经验；
避免过于乐观的估计，尤其在项目初期更是如此；
应当讨论项目的计划，而所制订的项目计划应当对整个项目范围都有效；
光用一张图来表示一个计划是不完整的，相关的说明是非常必要的；
必须在得到尽可能多的信息后，再制订计划或对计划进行调整；
项目计划在分发、内容和格式上都必须保持一致。

2. 项目计划涉及的关键问题

什么（What）：项目经理与项目团队应当完成哪些工作；

怎样（How）：如何完成这些工作和任务；

谁（Who）：确定承担工作分解结构中每项工作的具体人员；

项目计划的特点

项目计划是用于协调所有项目计划编制的文件、指导项目执行和控制的文件。主要描写所要完成的工作的部分、进度信息和预算信息。

项目计划的特点

1. 弹性和可调性——根据预测到的变化和实际的差异，及时调整。

2. 创造性——充分发挥想象力和抽象思维能力。

3. 分析性——探索项目中各种因素，分析不确定因素。

4. 响应性——及时确定存在的问题，提供多种可行方案。

项目流程图

- 确定项目目标和战略方针
- 制定项目的具体结构和相关的工作内容
- 确定各项工作的顺序
- 测算各项跟踪所需的时间和费用
- 整体总结项目计划状况
- 根据项目的资源状况调整项目进度表
- 根据项目成本和技术状况制订正式的项目计划表

项目计划在项目中起承上启下的作用，在制订过程中要按照项目总目标、总计划进行详细计划。计划文件经批准后作为项目的工作指南。

何时（When）：确定各项工作需要多长时间，何时开始，确定每项工作需要哪些资源等；

多少（How much）：确定每项工作需要多少经费；

哪里（Where）：确定各项工作在什么地方进行。

要使项目目标得以顺利实现，必须明确项目目标，综合分析与考虑各种因素，权衡利弊，扬长避短。

3. 在项目计划制订过程中一般应遵循的原则

（1）目的性。任何项目都有一个或几个确定的目标，以实现特定的功能、作用和任务，而任何项目计划的确定都是围绕项目目标的实现而展开的。项目计划具有目的性。

（2）系统性。项目计划本身是一个系统，由一系列子计划组成，各个子计划不是孤立存在的，彼此之间既相对独立，又紧密相连。因此，项目计划具有系统的目的性、相关性、层次性、适应性、整体性等基本特征，是一个有机协调的整体。

（3）动态性。这是由项目的寿命周期所决定的。一个项目的寿命周期短则数月，长则数年。在此期间，项目环境常处于变化之中，计划的实施会偏离项目基准计划，因此项目计划要随着环境和条件的变化而不断调整和修改，以保证项目目标完成。这就要求项目计划要有动态性，以适应不断变化的环境。

（4）相关性。项目计划是一个系统的整体，构成项目计划的任何子计划的变化都会影响到其他子计划的确定和执行，进而最终影响到项目计划的正常实施。制订项目计划要充分考虑各子计划间的相关性。

（5）职能性。项目计划的制订和实施不是以某个组织或部门内的机构设置为依据，也不是以自身的利益及要求为出发点，而是以项目和项目管理的总体及其职能为出发点，涉及项目管理的各个部门和机构。

4. 项目制订计划过程的五个步骤

（1）确定项目目标。在制订计划时，对项目目标的各种指标、终结物要有明确认识。

（2）确定项目模式。确定模式的重点是事先设计好完成项目所需的各项工作。

（3）估计并安排项目进度。重点是确定各项任务的持续时间、所需奖金及其他资源，要对任务进行正确的估计。

（4）平衡计划。项目与常规工作之间可能存在冲突，所以需要做好平衡工作。

（5）批准及公布计划。制订计划的最后一步是把综合计划发给项目组成员、管理部门及其他感兴趣的人，等待审批，获得批准后公布计划。至此计划工作告一段落。

项目成功管理的标志

项目管理是一个系统过程,管理者需要对影响项目成败的各种因素了然于胸。

1. 理性决策是项目选优的本质

做出理性决策的过程从根本上来说是一个对多个选项进行优先排序的过程。最佳选项升至序首,而最差选项则降至序尾。

2. 选择项目的五项规则

(1)明确定义的选择准则。选择项目要遵从明确定义的选择准则。这些准则应用大号的黑体字写出,并张贴在会议室的墙上。项目评估及筛选决定就在这样的会议室里进行。每次筛选会议开始,评估人员应按仪式要求复述这些准则。在会议过程中,大家不应为某一机构"能够"发财的可能性而分散注意力,而应按选择准则的要求,集中分析这个机构是否"需要"来发这个财。

(2)遵循项目筛选的程序。选择项目不能随意地进行,应不断改进做法,并严格地遵循。即使是机构中的权威人士,也应遵守这些程序。只有这样,做出的决策才不会过于专断。程序中也应有检验步骤,否则,这些不负责任地推动某一项目的权威人士就会说:"因为当时它看起来确实是个好项目。"

(3)做好应对质疑的准备。涉及项目潜在收益和成本的所有结论都应受到质疑。项目支持者倾向于放过一些潜在的问题,他们绘出的项目收益图景总是典型的玫瑰色。同样,项目批判者总是用最糟的颜料来给项目图景着色,并会举出各种实例来支持自己的立场。防止过分乐观或悲观的最有效途径是就支持者和批判者的主要断言的准确性进行提问。

(4)任命一个项目筛选班子。所有项目都服务于多重目的,并有着多重影响。显然,项目筛选班子应由代表性较强的个体来组成。项目筛选班子应由反映工程、市场、财务和生产等不同方面的成员组成。

(5)项目核心人物参与项目选择。让项目的核心人物参与项目的选择,有两个原因:

一是如果项目经理在某项目选择中担当了某种角色,他们就会自动地在这个项目上押宝。当项目实施时,他们就会干劲十足地实现项目目标,因为他们参与了它的立项。

二是如果他们被视为局外人,他们就会被动地理解只是实施项目而已。这样不利于项目的实施。但也经常会看到,当项目的核心人物不理解项目的初衷时,他们就会让原有的理念顺应自己的看法，从而引起一连串的问题。

3. 影响项目成败的三个因素

项目的成败受到四个方面的影响，即项目组内环境、项目组外环境、客户环境、自然与社会环境。从可控角度看，通常着重考虑前三个方面。

把前三个方面放在整个项目生命周期中进行考察，就可以得到影响项目成败的因素。

（1）项目运行环境。多数情况下，项目组织并不作为一个单独的经济实体存在，它依托于特定的管理。相对于外部客户而言，这属于内部支持环境。理顺项目运行内部环境的内容包括：汇报渠道、财务联系、人力资源联系以及与公司内部其他职能管理机构的联系等。

（2）不脱离客观实际情况。在项目运作的过程中，尤其是各种计划的制订，要时刻记住不脱离实际。"头脑发热"或"市场压力"形成的不切实际的项目计划往往从计划开始执行的那一刻就注定了失败的结局。

（3）保证项目平稳运作。总体来说，在项目中引入大的变革时要尽量采取渐进

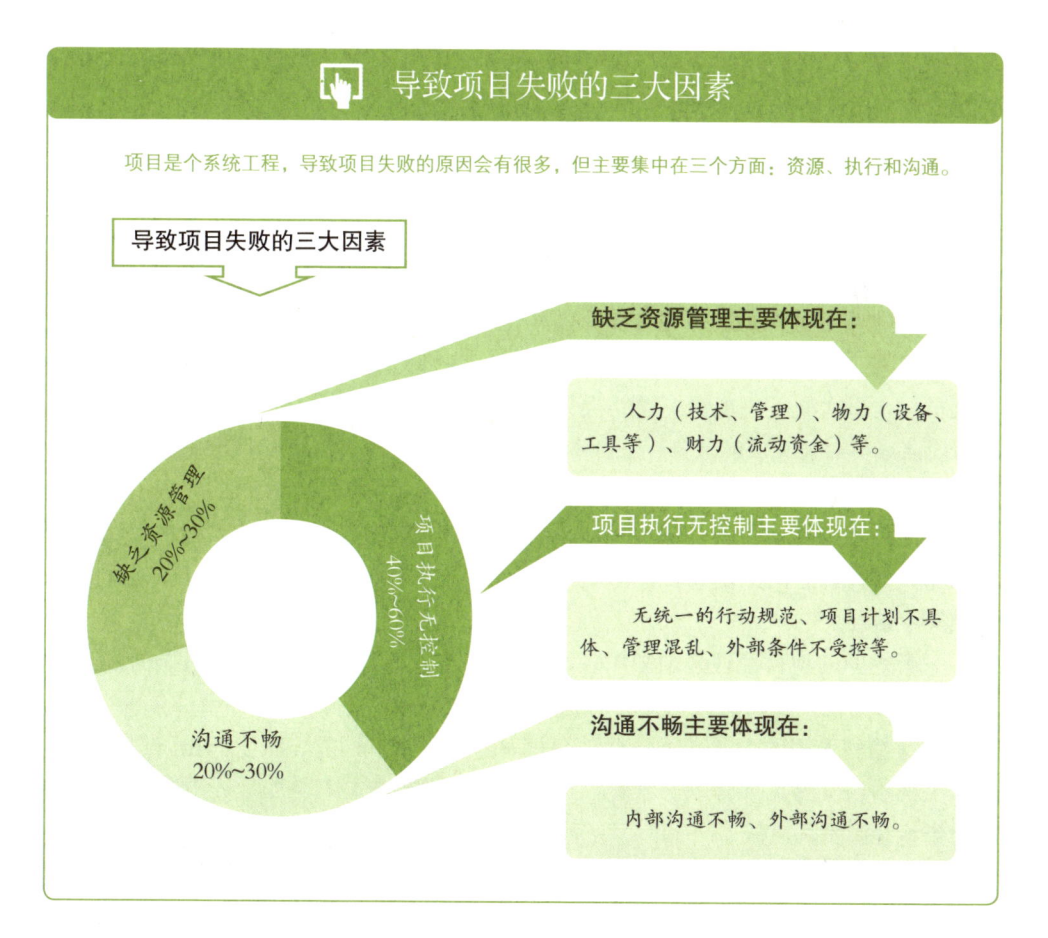

导致项目失败的三大因素

项目是个系统工程，导致项目失败的原因会有很多，但主要集中在三个方面：资源、执行和沟通。

导致项目失败的三大因素

- 缺乏资源管理 20%~30%
- 项目执行无控制 40%~60%
- 沟通不畅 20%~30%

缺乏资源管理主要体现在：
人力（技术、管理）、物力（设备、工具等）、财力（流动资金）等。

项目执行无控制主要体现在：
无统一的行动规范、项目计划不具体、管理混乱、外部条件不受控等。

沟通不畅主要体现在：
内部沟通不畅、外部沟通不畅。

的方式。变革涉及的活动包括过程的改进、新技术的引进、项目运作期间对组织架构的大幅调整等。这样的变革应该在事前进行足够的影响分析，必要时可以进行试点和评估，然后再全面引进。

团队绩效的影响因素

在项目的实施过程中，有很多影响团队绩效的因素，下面就指出了这些影响因素以及克服的建议：

1. 领导不力

领导不力是指项目经理不能够充分运用职权和个人权力去影响团队成员的行为，并带领和指挥团队为实现项目目标而努力。这是影响项目团队绩效最根本的一个因素。

作为一个项目经理一定要不时地问自己一些诸如"我做得怎么样"的问题，并不时地问管理人员和团队成员"我该怎样改进我的领导工作"等问题，积极征求团队对他的工作反馈意见，努力做好团队的领导工作。

2. 目标不明

目标不明是指项目经理未能够使全体团队成员充分了解项目目标，以及项目的工作范围、质量标准、预算和进度计划等方面的信息。项目经理不但要向团队成员宣传项目的目标和计划，而且要向其描述项目的未来结果及其所带来的好处。

项目经理不但需要在各种会议上讲述这些情况，而且要认真回答团队成员提出的各种疑问。如有可能还需要以书面形式把这些情况的说明提供给项目团队中的每位成员。在每次项目进度情况总结会议上，项目经理要定期说明项目目标，要经常了解团队成员对要完成的任务存在那些疑问。

3. 缺乏沟通

缺乏沟通是指项目团队成员们对项目工作中发生的事情知之甚少，项目团队内部和团队与外部之间的信息交流严重不足。这不但会影响一个团队的绩效，而且会造成决策错误。

一个称职的项目经理必须采用各种信息沟通手段，使项目团队成员及时地了解项目的各种情况，使团队与外界的沟通保持畅通和有效。

项目经理采用的沟通方法包括：会议、个人面谈、问卷、报表和报告等形式。对相关的项目文件，如计划、预算、进度计划以及报告材料，也要不断更新，并及时公告给全体团队成员。

第十四章
⊙ 项目管理：找准分化战略

克服影响团队绩效的不利因素

在团队试图实现既定目标的过程中往往会遇到很多不利的因素，管理者必须要尽力克服，以防小问题影响大局。

影响绩效的不利因素	管理人员克服不利因素的方法
管理人员领导不力	自我检讨，征询成员对领导工作的意见，努力改进。
团队目标不明	通过各种途径把整体目标以及个人目标传递给每位成员。
团队内部缺乏沟通	采用各种沟通形式，及时公告项目信息给团队成员。
团队成员职责不清	使每位成员明确角色和职责，以及与其他成员的联系。
团队激励不足	积极采取各种措施，创造出一个充分激励机制的环境。
规章不健全	制定管理规章，这些规章及其制定理由向全体成员做出说明。

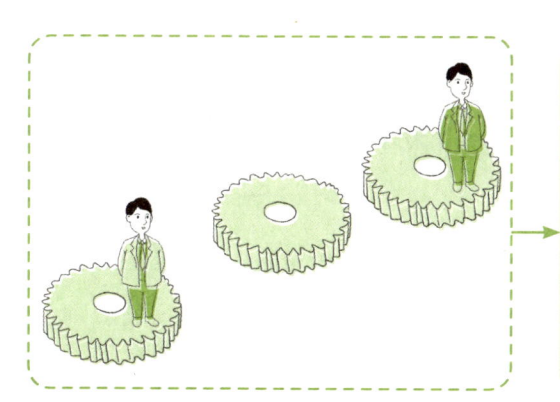

每一个团队成员都是高效团队的一个组成零件，当所有成员都能很好地完成本职工作时，整个团队才能正常运转。

417

4. 职责不清

项目职责不清是指项目团队成员对他们的角色和责任的认识含糊不清，或者是在管理上存在着一些团队成员的职责重复问题。项目经理在项目开始时就应该使项目团队的每位成员明确自己的角色和职责，以及他们与其他团队成员之间的角色联系和职责关系。

项目团队的成员也可以积极地要求项目经理界定和解决职责模糊不清的地方，以及明显存在的责任重复问题。在项目团队制订项目计划时要利用工作分解结构、职责矩阵、甘特图或网络图等工具去明确每个成员的职责。另外，最好把这类文件复印发放给每个团队成员，使他们不仅知道自己的职责，还能了解其他成员的职责，以及这些职责是如何有机地构成一体的。

5. 激励不足

激励不足是指项目经理在项目管理中所采用的各种激励措施力度不够，或者是缺乏激励机制和工作。这也是很重要的一个影响团队绩效的因素。因为这会使项目团队成员出现消极思想，从而严重地影响团队的绩效。

激励不足的项目团队成员可能会对项目目标的追求力度不够，或者对项目工作不太投入。要解决这一难题，项目经理需要采取各种各样的激励措施，这包括运用：目标的激励作用（向每个成员说明其角色对项目的重要意义）、工作挑战型的激励作用、提高薪酬的激励作用、满足个人职业生涯需要的激励作用，等等。项目经理应该知道每个成员自己的激励因素，并创造出一个充满激励的工作环境。

6. 规章不全

规章不全是指项目团队没有合适的规章去规范整个团队及其成员的行为和工作。在这种情况下，团队成员们会觉得一个团队里每个人的工作都无章可循。这种局面同样会造成项目绩效的低下。一般在项目开始时，项目经理就要制定基本的管理规章和工作规程。

每项规章或规程以及制定这些规程的理由，都要在项目会议上向团队做出解释说明，并把规程以书面形式传达给所有团队成员。当然，如果某些规程对项目工作不再有效，项目经理要接受有关废止或理顺规程的建议。

项目团队的文化建设

项目团队的文化涉及组织的各个层次，渗透于项目的各项工作中。一般来说，团队的文化主要包括以下几个方面：

（1）团队精神。团队精神是团队文化的表现形式。它是支撑项目团队生存和发展的支柱。是在生产、经营、管理的实践活动中形成的代表广大员工干劲的一种形为，通常可以用言语，或队歌的形式表达出来。

（2）团队价值观。这是一个团队的基本观念和信念。它是指项目团队所有成员参照一定依据，遵循一定的评价模式对团队的生产经营行为、提供的服务，以及社会声望和资信等的总看法。它具体地向队员说明什么是成功，并在队员中树立起成功的标准。

（3）团队目标。团队目标是团队文化以团队经营形式表现出来的一种观念形态文化。在实践中，团队目标是作为一种意念、一种符号、一种信息传达给全体队员的。团队目标可以划分为三个层次：整体目标、部门目标、小组目标或队员目标。通过团队目标的实现，团队才可能发展、壮大。

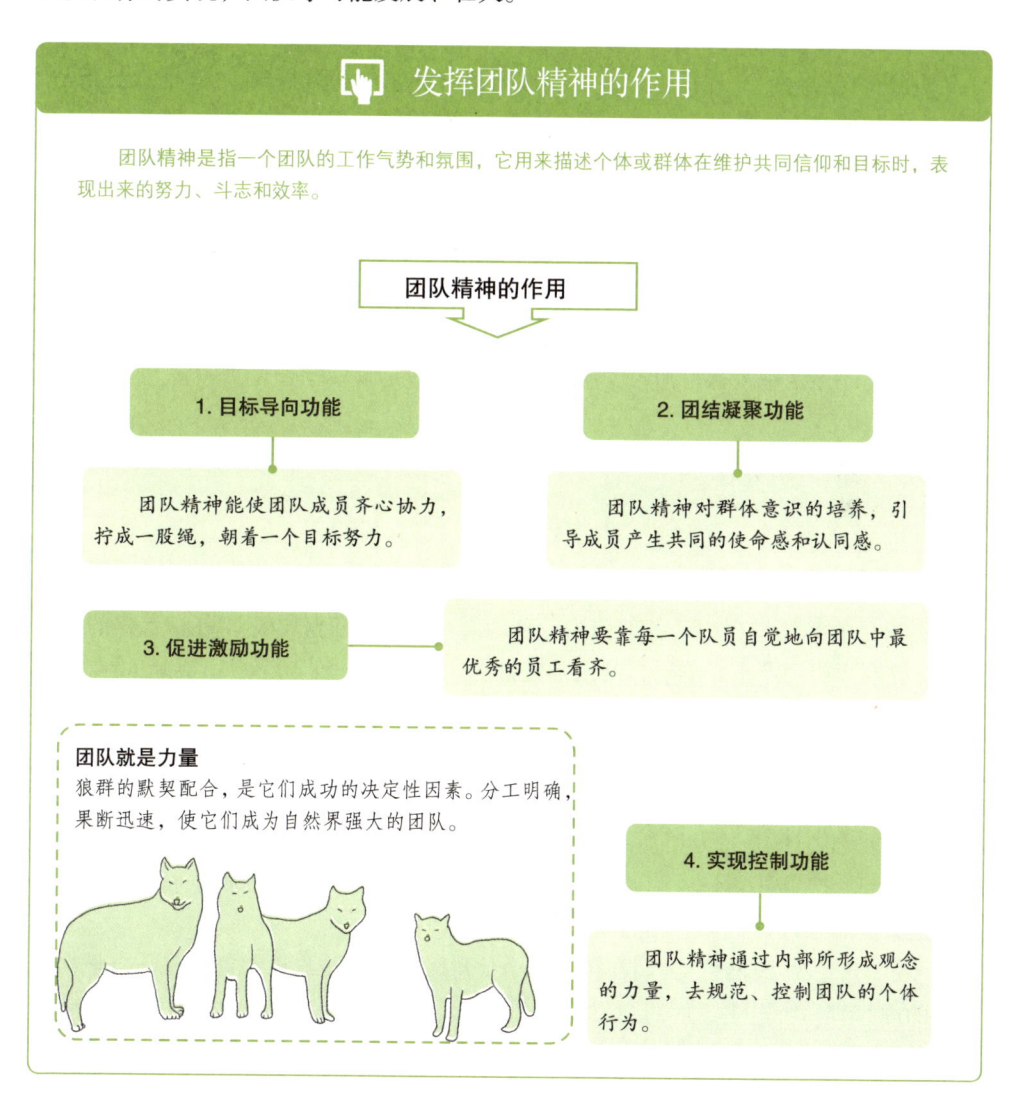

发挥团队精神的作用

团队精神是指一个团队的工作气势和氛围，它用来描述个体或群体在维护共同信仰和目标时，表现出来的努力、斗志和效率。

团队精神的作用

1. 目标导向功能
团队精神能使团队成员齐心协力，拧成一股绳，朝着一个目标努力。

2. 团结凝聚功能
团队精神对群体意识的培养，引导成员产生共同的使命感和认同感。

3. 促进激励功能
团队精神要靠每一个队员自觉地向团队中最优秀的员工看齐。

4. 实现控制功能
团队精神通过内部所形成观念的力量，去规范、控制团队的个体行为。

团队就是力量
狼群的默契配合，是它们成功的决定性因素。分工明确，果断迅速，使它们成为自然界强大的团队。

（4）团队道德。团队道德是调整队员之间以及项目组织与队员之间关系的思想意识和行为规范的综合，它是一种特殊的行为规范，是团队规章的必要补充。通过它，项目成员能在什么是对、什么是错、什么可被接受、什么不可被接受等问题方面取得共识。

（5）团队制度。团队制度是项目组织在项目管理的实践活动中所生成和发展起来的一种文化现象。它既是处理其相互之间工作关系的各种规章制度、组织形式和行为准则，又是项目组织为实现其盈利目标而要求队员共同遵守的办事规程。

（6）团队礼仪。团队礼仪是团队日常已经形成习惯的一系列文化活动的总称。这些礼仪活动体现了组织对队员的期望与要求，包括团队交流和社会礼仪、工作礼仪、管理礼仪，等等。它以形象化的形式，将团队的价值观灌输给了全体队员。可以说，没有团队礼仪，也就没有团队文化。

团队精神是一个相对的概念。从深度来讲，团队精神有程度的差别。但是通常而言，团队精神还是应建立在团队与个人相对统一的基础之上。

从广度而言，一个团队中可能只有少数几个人具有团队精神，也可能是多数人甚至是全部成员都具有团队精神。在后一种情况下，团队通常能取得辉煌的成功。当团队中只有少数人具有团队精神时，团队精神可能会逐渐弥漫扩展到整个团队；团队精神也可能会逐渐消失，这时，对团队精神的维护与培育就显得格外重要。

再次，团队精神还有一个范围的问题。通常来说，大团队精神要比小团队精神好，团队利益优先是处理团队精神范围问题的一个重要原则。

项目沟通障碍及改善

在项目的实施过程中，各部门内、部门与部门之间难免会存在各种各样的沟通障碍，这些障碍会严重影响项目的正常进行。

1. 项目沟通的障碍

在任何系统中都存在沟通的障碍。项目沟通的障碍归纳起来主要有以下几种：

（1）语义上的障碍。人与人之间的信息沟通是借助于语言进行的。由于人们表达能力的差别，对同一思想、事物的表达有清楚和模糊之分，有人听后马上理解了，有人听来听去还是不理解；有人听后做这样的解释，有人听后做那样解释，这样便产生语义上的障碍。

（2）知觉的选择性。人们在接收一个信息时，既符合自己需要的又与自身利益有关的内容容易听进去，而对自己不利的则不容易听进去。这样就会在不经意中产生知觉的选择性，造成沟通障碍。

项目管理要关注有效沟通

一个团队不能有效地沟通，就不能很好地协作，也很难达成团队的既定目标。

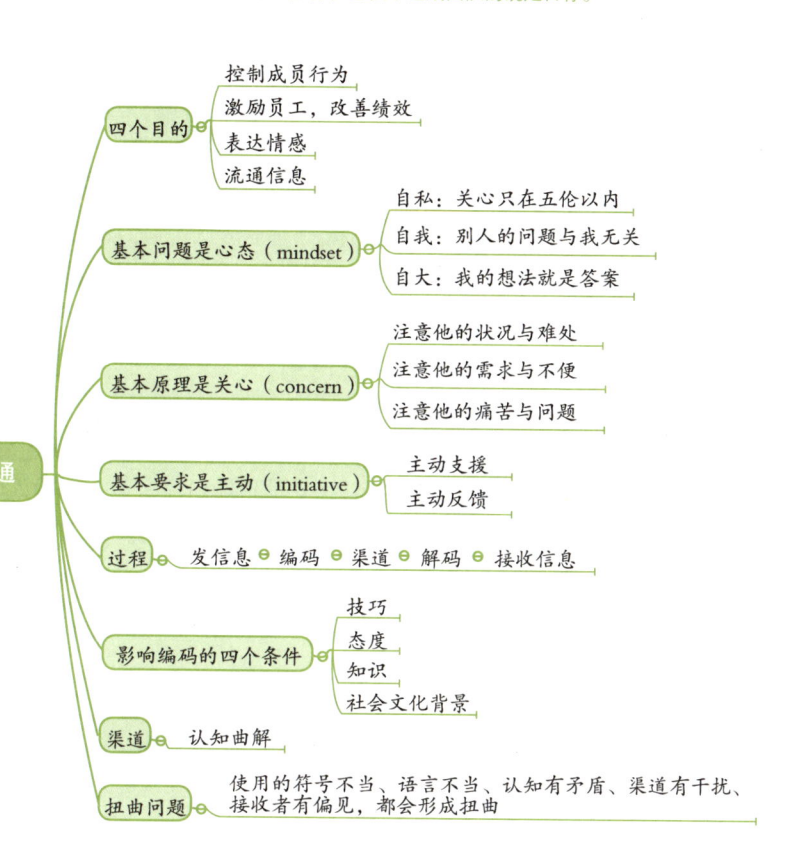

有效沟通
- 四个目的
  - 控制成员行为
  - 激励员工，改善绩效
  - 表达情感
  - 流通信息
- 基本问题是心态（mindset）
  - 自私：关心只在五伦以内
  - 自我：别人的问题与我无关
  - 自大：我的想法就是答案
- 基本原理是关心（concern）
  - 注意他的状况与难处
  - 注意他的需求与不便
  - 注意他的痛苦与问题
- 基本要求是主动（initiative）
  - 主动支援
  - 主动反馈
- 过程：发信息 → 编码 → 渠道 → 解码 → 接收信息
- 影响编码的四个条件
  - 技巧
  - 态度
  - 知识
  - 社会文化背景
- 渠道：认知曲解
- 扭曲问题：使用的符号不当、语言不当、认知有矛盾、渠道有干扰、接收者有偏见，都会形成扭曲

有效的项目沟通能确保团队的相关信息能及时、正确地产生、收集、发布、储存和最终处理。缺乏有效沟通，管理者就会如瞎子摸象一般，永远做不出正确的决策。

（3）知识经验水平的限制。若发送者与接收者在知识水平上相差太大，在发送者看来很简单的内容，而接受者却由于知识水平太低而理解不了，双方没有"共同的经验区"，接受者不能正确理解发送者发送的信息。

（4）心理因素的影响。信息沟通中的很多障碍是由心理因素引起的。个人的性格、气质、态度、情绪、兴趣等的差异，都可能造成信息沟通的障碍。

（5）沟通渠道的选择。信息沟通有多种渠道，各种渠道又有各自的优缺点，如果不考虑本组织机构的实际情况和具体要求，随便选择沟通方式和渠道，也会造成信息沟通的障碍。

（6）组织结构的影响。合理的组织结构有利于信息沟通。如果组织机构过于庞杂，不仅容易使信息传递失真，还会影响信息传递的及时性，最终影响工作效率。

（7）信息量过大。项目沟通中重要的是要交流有用的、优质的信息。信息过量会造成沟通障碍。

2. 有效沟通的方法

沟通的有效性，主要看发送者转交接收者时的态度及其程度。人际沟通能否成功，取决于领导者向下级人员提供的信息与下级人员理解的意义是否一致。

（1）重视双向沟通。双向沟通伴随反馈过程，使信息发送者及时了解到信息在实际中被如何理解，使信息接收者有机会表达接受的困难，从而得到帮助。

（2）正确运用文字语言。使用对方易懂的语言，表达要明确，条理要清楚，不能模棱两可；语言要精炼，针对性要强。

（3）利用多种沟通渠道。一个项目组织，往往综合运用多种方式进行沟通，如在语言沟通时辅之以表情、手势；又如会议结束时有个会议纪要，与会人员在口头传达时，参考纪要，可使会议精神更完整地被会外人员所理解。只有这样，才能提高信息沟通的整体效应。

3. 有效的沟通途径

（1）沟通前先澄清概念。管理人员事先要系统地明确和分析沟通信息，并考虑接收者及可能受到该项沟通的影响者。

（2）只沟通必要的信息。现代社会变化迅速，管理人员应从大量信息中选择，只把与下级人员的工作密切相关的信息提供给他们，避免他们信息负担过重。

（3）明确沟通的目的。管理人员必须清楚，开展这个沟通的目的是什么、要下级人员理解什么。确定了沟通的目标，沟通就容易了。

（4）考虑沟通时的环境情况。包括沟通的背景、社会环境、人的环境以及过去沟通的状况等。

（5）计划沟通内容时应与他人商议。这样既可以获得更深入的内容，也易于获得别人的支持。

（6）表达要精确。要把管理人员的想法精确地表达出来，而且要使接收者充分理解。

（7）要进行信息的追踪与反馈。信息传递后必须设法取得反馈，以弄清下属是否已确切了解、是否愿意遵循、是否采取了相应的行动等。

（8）要言行一致。管理人员必须以自己的行动支持自己的说法，更有效的沟通是"行"重于"言"。

（9）沟通时不仅要着眼于现在，还应该着眼于未来。大多数的沟通，既要切合当前的实际需要，又不能忽视长远目标的配合。

（10）成为一个"好听众"。管理人员在听别人陈述时，应专心专意，成为一个"好听众"，才能明白对方说了些什么。

进度失控的原因及对策

在项目实施的过程中，由于各种内部、外部的因素，有时会造成进度失控的情况。从项目管理的角度来看，进度失控主要是下列原因造成的。

1. 项目经理的不称职

项目经理负责项目的全部计划、组织、指挥、协调以及控制工作，是项目能否顺利完成的重要因素。如果项目经理不称职，那么进度就容易失控。

当项目失控时，项目经理常会把责任归于某个部门或资源的短缺，但即使这些现象客观存在，作为项目经理也应该承担起在整个项目中协调、处理的责任。当实际情况表明项目经理不再胜任时，应果断地调换。

2. 马虎的计划

进度计划是有效控制的基础，是按期完成项目任务的重要手段。但是，有些项目经理往往忽视编制进度计划的重要性。结果，项目在没有周密制订进度计划的情况下便开始了，当进度失控、严重超支或项目质量出现重大问题时，项目经理才发现一切都已经晚了。

3. 混乱的管理

有些项目经理缺乏足够的组织能力和应变能力，不清楚如何组织项目组成员，使项目组成员不清楚进度安排、不知道关键工作的"里程碑"，其最终结果必然导致进度失控。

在现实生活中不能充分而有效地利有资源是管理混乱的常见现象，例如，把没有经验的人员安排到需要经验丰富的人才能完成的工作岗位上；把资源集中于容易完成的短期工作上，而使需要重点管理的关键环节得不到资源保证。关键环节的拖延不可避免地导致进度失控，除非追加新的资源。

没有凝聚力的项目文化是管理混乱的另一现象，表现在信息交流不通畅和缺乏积极向上的工作气氛。在这种情况下，每个项目组成员只能独立地开展工作，而不能形成团结一致实现项目目标的内聚力。

可以从以下两方面来避免混乱的管理，一是利用各种技术方法建立起资源分配制度，有效地区分关键和非关键的工作环节，按照主次配备资源，避免浪费和因资源限制而使进度耽搁；二是建立良好的交流气氛，在关键项目环节达到之后及时召开项目会议，及时分发完成项目所需的各种数据和进度要求；另外，还要通过网络的建议和展示，使每个项目组成员都明确相互间的依赖和制约关系，明确自己的工作对项目的意义。

避免项目进度失控

项目进度指项目各阶段的进展程度和项目最终完成的期限。所有阶段任务都应该按项目计划表按期完成，如果项目进度失控，则项目就难以最终按期完成。

避免项目进度失控的措施

1. 任命称职的项目经理

项目经理是项目的总负责人，是项目成败最重要的因素。

2. 编制严密的进度计划表

进度计划表是项目的时刻表，必须准确严密，还必须严格执行。

3. 项目管理要有条不紊

制定系统的管理制度，明确成员职责，并严格贯彻实施。

4. 建立严密的监控手段

设立监管部门，对违规行为严惩不贷。

4. 控制薄弱

造成控制薄弱的主要原因是缺乏或不能正确应用有效的监控手段。项目进度控制需要准确、及时地评估项目状态，提供必要的信息。如果没有先进的监控工具，或者没有掌握先进的监控技术，所得到的信息就可能是过时的、片面的，甚至是无用的。

公共关系危机的预防

公共关系危机的预防，是指企业对危及企业公关的隐患及其发展趋势进行监测、判别与预控的一种管理活动。

1. 培养危机意识

培养全员的危机感，关键是要开展各种危机教育，让全体员工都了解危机的特征和危害，使全体员工都具有一种危机感，帮助他们形成优化自身行为、预防各种危机的思想。

企业将危机教育、危机发生情况和相应的处理措施等以通俗易懂的语言编成小册子，配一些示意图画，将这些小册子发给每个员工。还可以通过各种形式，如录像、幻灯、卡通片等向员工全面介绍应付危机的方法，让全体员工对出现危机的可能性有足够的了解，使其警钟长鸣。

2. 做好组织准备

组织准备是指为预控对策行动而开展的组织保障活动，它包括危机管理机构的设置、危机管理制度的制定和危机应急队伍的训练，目的在于为预控对策活动提供有保障的组织环境。

（1）设置危机管理机构。公共关系危机的预防管理与特定的危机处理不同，特定的危机处理是一次性的，而危机的预防管理则是日常性的，这是由公共关系危机在现代企业中广泛存在的特性所决定的。

公共关系危机日常管理机构的设置，不仅可以让其承担危机的日常检测、识别、诊断、评价和预警、预控工作，而且可以向企业的内外公众表明企业组织"认真负责的管理态度"。

公共关系危机管理机构一般由职位较高的组织者、公共关系部门负责人组成，其工作职责主要有：全面清晰地对公共关系危机进行预测；针对企业可能存在的各种公共关系危机制定防范的方针和政策；为处理公共关系危机制定有关的策略和步骤；指导与监督整个企业各部门公共关系危机预防管理的措施；编制公共关系危机管理的经费预算；对全员进行公共关系危机教育培训；在危机事件发生时，负责对危机事件处理进行指导和咨询等。

企业的危机公共关系管理机构，是进行公共关系危机预防管理的重要保证，也是进行公共关系危机管理行之有效的手段。对大中型企业来说，设立危机管理机构——危机管理委员会，是非常必要的。委员会平时的任务是保持定期的联系，借助会议、电话、电传、计算机或通信等，不断沟通信息，定时检查危机问题管理计划，预测局势的变化趋势，以调整应急措施，在发现危机前兆时，避免各部门间相互推诿及危机出现后互相推卸责任。

（2）建立危机管理制度。制度是用以规范人的行为、保证方针政策得以实施、实现企业良性运营的各种约束性规则。危机管理制度，也可以用来约束企业成员的公共关系行为，可以用来保证危机管理方针、政策、措施的有效实施。在当前一些企业管理者和员工危机意识不强、预防危机的思想意识淡薄、控制和处理危机的措施极为不力的情况下，强调建立危机管理制度则更是非常必要的。

培养企业危机意识

企业危机意识是指企业对紧急或困难关头的感知及应变能力。企业的危机来自企业外部与企业的内部。

培养企业危机意识的措施

1. 树立危机意识——培养企业全体员工的忧患意识。

2. 设立危机管理机构——由决策层、公关负责人和其他部门负责人组成。

3. 建立危机预警系统——加强对危机爆发前显示出的信号进行监测。

4. 制定危机管理方案——有效危机管理可防止危机出现或改变危机发生过程。

5. 媒体公关培训——预先对企业领导者以及公关人员进行公关处理技能培训。

6. 建立并维护媒体平台——定期与媒体进行沟通，获得媒体的信任与支持。

7. 加强传播流程管理——进行危机预演，让内部人员熟悉危机处理流程。

没有危机感是最大的危机

企业危机意识的前提是企业稳步发展，市场永远充满了变数，只有时刻保持居安思危的心态，正视缺点、不断创新，才有可能使企业基业长青。

（3）危机应急队伍的训练。危机是对企业人员素质的严峻考验。因此，拥有一支训练有素的危机应急队伍，以应对各种突发性事件，在危机来临之际，帮助企业顺利渡过难关也是组织准备的重要方面。

3. 设立危机预警处理系统

常言道："冰冻三尺，非一日之寒。"一般来说，在危机爆发之前，企业必然会显示出一些征兆来。在当今信息社会，企业应建立完备、准确的信息监测系统，及时收集有关信息，进行归纳总结，捕捉危机征兆，全面、准确地预测各种危机情况，并及时反馈到企业管理层，以便保持高度警惕。

（1）加强沟通。企业对其内外部同时进行日常监测，密切注意与员工、供应商、顾客、公众和媒体的沟通中的障碍。

（2）监测环境。通过信息情报机构及时汇总筛选危机信息以便进一步分析、发现和预测企业的潜在危机。古人云："凡事预则立，不预则废。"对企业危机管理而言，也是如此，越早认识、发现潜在的威胁，越有可能防止危机发生。

（3）编制计划。企业要编制危机管理手册，拟定危机管理计划，对所处行业的常规性危机事先应有所准备及必要的风险评估。企业应在国家法规和公司政策等允许的范围内，借鉴其他企业的经验教训，制定出企业危机处理的具体策略和步骤，形成书面意见，并使之制度化、规范化。

（4）展开各种危机培训。为强化危机管理小组的快速反应能力，检测危机管理计划是否切实可行，企业应进行危机管理小组的模拟训练。可采取情景模拟、角色扮演等直观有效的训练方法，如模拟在危机公关中，新闻记者深入企业采访，企业将如何应对；经理与公关人员、消费者的角色互换等。从不同的角度、以不同的思维预测危机、分析危机，寻找最佳处理危机的办法。

4. 做好物质准备

公共关系危机的预防和危机事件的处理都离不开必要的物质条件。

在危机管理中，一般需要准备的条件大致可以分为三类：危机管理经费的准备；危机管理设施的准备；危机管理信息资料的准备。

危机处理的原则和程序

企业的发展过程中，避免不了危机事件的发生。所以，要掌握危机处理的方法，积极引导公众，缓和矛盾，理顺企业各方面的关系，促进企业的形象建设。

1. 危机处理要兼顾的关系

（1）应急性与长远性的统一。危机公共关系处理主要是为了消除当前危机事件的影响，其对策与方案具有明显的应急成分。但是，不能囿于眼前，而应当立足于企业长远的发展目标和战略。

（2）诚恳性与责任性的统一。公共关系人员在危机事件的处理过程中接触公众时，应表现出诚恳的态度，虚心接受公众的批评，在讲话的内容、方式、姿态和语音、语调等方面，都要谦和、虚心，给公众留下良好的印象。

（3）务实性与务虚性的统一。在处理危机事件时，一方面公共关系人员要踏实积极地工作，以实际行动改善企业的处境；另一方面也要及时宣传，运用各种媒介，公布事实真相，宣传企业的改进措施，从舆论上争取公众的理解与支持。

（4）谨慎性与果断性的统一。公共关系人员一旦涉足危机事件，尤其是在公众面前，应谨慎从事，以自己稳重、稳妥的风范，稳定局势，稳住阵脚；同时，遇到具体问题时，要表现出坚决果断的工作作风，切忌优柔寡断和缺乏主见，以免给公众留下不可靠、无能的印象。

（5）主体性与整体性的统一。公共关系人员，作为专门职业人员，是消除危机事件影响的主体，从调查情况、决策计划、具体实施到评估总结，在整个运作过程中都发挥着主体作用。公共关系人员要敢于挑起重担，热情地投入工作中。

但是，只有公关人员的力量，要消除危机事件的影响是不够的。危机事件涉及面广，工作千头万绪，公关人员只有充分调动所有部门和员工的积极性，实行"全员公关"战略，形成强大的影响力，才能有效地劝服公众，从而改善企业的环境。

（6）原则性与灵活性的统一。危机型公关工作的运作，应该有明确、规范的工作方案。公关人员投入工作后，要忠于既定方案，表现出较强的原则性。但是，由于危机事件的突发性和公众需求的多变性，又要求公关人员能随机应变，在忠于既定方案基础上，适时修正方案，调整措施，以期更加有效地改变公众的消极态度。

2. 公共关系危机处理的程序

一个正确的工作程序，对危机事件的有效处理十分重要。这个工作程序应该和危机应急方案相衔接，同时根据当时情况予以调整。

（1）成立危机管理小组，设置危机控制中心。组成人员应包括企业负责人、公关部门负责人和经过培训的危机处理人员。指定新闻发言人和值班人员。

（2）深入现场，掌握第一手情况。除企业负责人、公关部门负责人外，还要有调查事故的专业人员，确实弄清事件发生的时间、地点、原因、人员伤亡和财产损失情况，并掌握事态的发展和控制的情况。

（3）搜集信息，确定对策。在掌握危机的第一手情况、了解公众和舆论反应的基础上，在企业高层人员的直接参与下，深入研究和确定采取的对策和措施。对策和措施不仅要考虑危机本身的处理，还要考虑如何处理好危机涉及的各方面的关系，如企业与员工、受害者、受害者家属、新闻媒介、社区、消费者、客户、政府主管部门等的关系。

第十四章
◉ 项目管理：找准分化战略

危机处理的流程

危机处理是公共关系活动中日益引起重视的管理思想和生存策略，企业或组织一个小小的意外或者事故就会被扩大到全国、甚至更大的范围内，产生严重后果。

危机处理的流程

- "征兆"浮现
- 情势加剧
- 危机爆发
  公司震惊媒体
  大量报道
- 对外闭口
  公司内部找出事实
  研商对策
  媒体持续报导
- 采取行动
  解决问题
  受害者、家属
- 实时沟通
  统一口径
  主管单位、员工、媒体
  受害者、家属
  媒体监看
- 情势稳定
  没有新的新闻点
  媒体不再关注
- 处理善后

在新时代，企业或组织更应该建立起完备的危机紧急处理系统，并懂得如何运用新的技术全方位地有效传播和收集信息，使损失降低至最低。

429

（4）组织力量，落实措施。这是危机管理的中心环节。公众和舆论不仅要看企业的宣言，更要看企业的行动。危机往往涉及面很广，光靠公关人员的力量是远远不够的，同样需要企业领导人亲自组织和协调力量，甚至要亲赴第一线。落实措施情况要详细记载并及时向公众和媒介宣布。采取措施不力会产生相反效果。如美国埃克森公司在清除于阿斯加泄漏的油污时拖拖拉拉，激起了当地政府的气愤，因而对公司提出了控告。

（5）总结检查，公之于众。这是危机管理结束阶段必不可少的工作。危机管理小组应对危机处理情况全面检查、评估，并将检查结果向董事会和股东报告，向公众和媒体公布。有些重大事故也可采取谢罪广告的形式在报上刊登，表明企业敢于承担责任，一切从公众利益出发，认真做好善后处理工作。

危机处理的基本对策

危机事件的发生对不同的公众产生的影响也不同，因此必须对症下药，针对不同的公众，根据其受影响的程度及其行为心理，采取不同的应对措施。

1. 对企业内部的对策

迅速成立处理事件的专门机构。由一名主要负责人任机构领导，公共关系部门会同各有关职能部门的人员组成有权威、有效率的工作小组。

制订方案，协同行动。工作小组要迅速判明情况，制定对策，并通告全体人员，统一口径。

及时传播信息。所制定的处理危机的基本方针、态度、立场观点和有关事故的真相等，要及时地向外界发布。

善后服务。如有内部伤亡，应立即通知伤亡者家属，采取果断措施进行救护或善后工作，安抚各有关人员；如属外部事件，应立即组织队伍参与抢救或应急服务工作。

2. 对受损害者的对策

了解情况，承担责任。认真了解受害者的情况，实事求是地承担相应的责任，向受害者表达歉意并通知有关各方。

倾听意见，赔偿损失。冷静地倾听受害者的意见，了解受害者的有关赔偿损失的要求。

把握分寸，表现风格。如受害者确实提出过分的要求，要大度、谦让，不能在事故现场与受害者发生争辩。应在合适场合单独与其商议，有分寸地让步，拒绝时，要注意方式、方法。

提供善后服务。给受害者以安慰和同情，并尽可能提供其所需的服务，尽最大努力做好善后处理工作。

尽快实现物质补偿。公布补偿方法及标准，并尽快实施。

3. 对新闻界的对策

让权威人士发言。公布事故最好是企业总负责人，如厂长、经理等。

统一发言口径。如何向新闻界发布事故消息，发布时如何措辞，应事先在企业内部统一认识，统一口径。

语言表达应给人留下深刻印象。说明事故时应简明扼要，尽量避免使用专业术语或晦涩难懂的词句。否则，可能会让新闻人士产生敷衍塞责或者故意遮掩的不良感觉。

切忌推测。要谨慎传播，在事实完全明了之前，不要对事件发生的原因、损失以及其他方面的任何可能情况进行推测性的报道。

提供准确的消息。一方面主动向新闻界提供清楚、准确的信息，公开表明组织机构的立场和态度，以减少新闻界的猜测，帮助新闻界做出正确的报道；另一方面对重要事项应以书面材料的形式发给记者，避免报道失真。

4. 对上级主管部门的对策

及时汇报。事故发生后，及时向企业直属的上级主管部门真实汇报，不要文过饰非，更不能歪曲真相。

做好危机的善后工作

危机的善后工作主要是消除危机处理后遗留的问题和影响。危机发生后，企业形象受到了影响，公众对企业会非常敏感，要靠一系列危机善后工作来挽回影响。

危机善后工作内容

1. 进行危机总结、评估
2. 对问题进行整顿
3. 寻找商机，探索经营的新路子

危机管理是企业发展战略中的一项长期规划。企业在不断谋求技术、市场、管理等一系列创新的同时，应将危机管理创新放到重要的位置上。

定期、及时联系。在事故处理中，应定期报告事态的发展，及时与上级主管部门取得联系，求得上级主管部门的指导。

总结报告。在事故处理后，详细报告处理经过、解决方法以及今后的预防措施等。

5. 对业务往来机构的对策

传递信息。尽快、如实地传递事件发生的信息。

传递对策。以书面的形式通报正在采取何种对策。

当面解释。如必要，还要派企业员工直接到各个机构当面解释。

传达处理经过。在事故处理中，定期向媒体和公众传达处理经过。

书面致歉。当事故处理完毕，应用书面的形式表达诚挚的歉意。

6. 对消费者的对策

疏通零售点渠道。通过零售点渠道向消费者散发说明书面材料。

疏通报刊言行渠道。如有必要，还应通过在报刊上登载广告来说明事故经过及其处理方法和今后的预防措施。

7. 对消费者团体代表的对策

热情接待消费者团体代表。如对方前来询问，不能拒绝会见，要热情接待。

以诚相待，不隐瞒事故的真相。消费者团体代表消费者，其在新闻界也很有发言权，所以，应该慎之又慎。

8. 对当地社区公众的对策

企业出面登门道歉。如当火灾、爆炸等突发事件出现在企业内部，并给当地居民带来了损失时，企业应以组织形式出面，向当地居民登门致歉。

员工出面分别道歉。根据事故的性质，也可以派遣本企业的员工去每个家庭分别道歉。

发表致歉广告。在全国性的大报和地方报纸上分别刊登致歉广告。

赔偿损失。必要时，应赔偿经济损失。